추천의 글

목회자들에게 성경해석법과 강해설교를 가르치고 나면 좋은 주석을 추천해달라는 부탁을 종종 받곤 한다. 그런 질문을 받으면 마음이 아팠다. 왜냐하면 우리말로 번역된 주석 가운데 선뜻 추천할 만한 것이 떠오르지 않았기 때문이다. 그런데 이번에 디모데를 통해『존더반 신약주석』이 번역된다는 소식을 듣고 여간 기쁘지 않았다. 이 주석 시리즈야말로 목회자들을 위한 최고의 주석 중 하나가 될 것이기 때문이다.

그동안 여타의 주석들은 매우 학문적이거나 아니면 지나치게 적용에만 치우친 것으로 그 종류가 나뉘어 설교자들은 여러 권의 주석을 한꺼번에 참조해야 했다. 또한 그것을 다시 종합하는 쉽지 않은 과정을 거쳐야 했다. 시간에 쫓기는 목회자에게 이러한 작업은 결코 쉽지 않은 것이다.

『존더반 신약주석』은 성경 각각의 구절을 어느 학문적 주석 못지않게 깊고 정확하게 연구해놓았을 뿐만 아니라, 그 연구 결과를 바탕으로 신학적 진리를 알기 쉽게 추출해놓았다. 책에서는 '석의적 개요'라고 지칭했지만 실제로는 '강해적 개요'에 가깝게 본문의 의미를 잘 강해해놓아 설교자가 곧바로 그 개요를 자신의 설교에 사용할 수 있도록 배려하였다. 거기에 더하여 따로 부문을 할애해 적용까지 충실하게 다루어주었다.

설교자가 반드시 알아야 할 전후 문맥을 잘 연구해놓은 것과 본문의 흐름을 명확하게 알 수 있도록 도표로 본문을 배열해놓은 점 그리고 헬라어에 능숙하지 않아도 충분히 의미를 이해할 수 있도록 배려한 점이 돋보인다. 만일 어느 설교자가 현존하는 우리말 주석 가운데 오직 한 권만 구입해야 한다면 나는 이 주석 시리즈가 될 것이라 확신한다. 신약을 깊고 올바르게 설교하려는 모든 설교자에게 이 시리즈를 추천한다. 설교자라면 반드시 서재에 비치하고 두고두고 보아야 할 주석이다.

박정근 _ 부산 영안침례교회 담임목사

나는 사람들과 나의 서가를 공유하는 것을 마다하지 않는다. 어떤 책이든 좋으니 다 꺼내 읽으라고 초대한다. 그럼에도 주석서만큼은 입장을 허용하지 않는다. 그만큼 설교자에게 주석서는 중요하다. 그럼에도 주석서를 탐구하며 말씀을 바르게 전하기 위해 노력하는 것보다 더욱 중요하게 생각하는 것이 있는데, 그것은 바로 하나님의 마음을 앞서지 않도록 머리가 지식으로 가득 차기 전에 멈추는 것이다. 이번에 한국에 소개되는 『존더반 신약주석』은 이런 염려에서 놓여날 수 있도록 해주었던 매우 탁월한 책이다.

주석서들은 보통 단어 해석이 탁월하거나, 배경 설명을 중점으로 하거나, 다양한 해석에 초점이 맞춰져 있는 등 어느 한쪽에 강점이 있기 마련이다. 때문에 준비하는 입장에서는 한 본문을 놓고도 많은 주석서를 참고해야 한다. 하지만 이 책은 관찰, 해석, 적용 이 세 가지 중 어느 하나도 놓치지 않고 있으며, 특히 적용까지 균형을 잃지 않고 담아놓았다. 무엇보다 찾기 쉽고 깔끔한 편집으로 핵심이 무엇인지 한눈에 파악할 수 있도록 배려했다.

통찰력 있지만 단순한 심령에 주님의 마음이 더 잘 담길 수 있다고 생각하는 이들에게 꼭 필요한 단 한 권의 주석서가 무엇인지 묻는다면, 나는 이 책이라고 생각한다. 최소한, 준비의 시작은 이 책이라고 권하고 싶다.

서정인 _ 한국컴패션 대표

교육가로서, 특히 어린이 사역자로서, 또 말씀을 선포하는 설교자로서 주석을 선정하는 기준은 두 가지다. 이 주석은 본문이 의미하는 바를 충분하고 명확한 그림으로 설명해주는가? 이 주석은 그 진리가 오늘 내 문제에 의미하는 바를 볼 수 있도록 분명하게 비추어주는가?

『존더반 신약주석』은 내가 원하는 내 스타일의 주석이다. 보배를 발견한 나의 가슴이 뛴다. 이 주석이 보배인 이유는 다음과 같다.

첫째, 정확한 그림을 보게 해주기 때문이다. 그 본문이 기록된 역사적 배경, 그 본문이 위치한 맥락과 각 단어의 종속관계 등을 면밀하게 살피는 문법적 분석, 성경이 하나님의 말씀이라는 복음주의 신학의 렌즈를 통해 본문이 독자에게 의미하는 바가 무엇인지를 정확히 드러내준다.

둘째, 큰 그림을 보게 해주기 때문이다. 본문을 통해 성경 저자가 말하려는 중심 사상을 한두 문장으로 졸여줌으로써 이 본문을 통해 내가 들어야 할 성령의 음성을 정확하게 붙들 수 있도록 도와준다.

셋째, 시각적으로 보여주기 때문이다. 성경은 평평한 지면에 검은 잉크로 인쇄되었기 때문에 거기에 사용된 어구의 높낮이나 의미상의 크기가 잘 구분되어 보이지 않는다. 그러나 이 주석은 그것을 입체적으로 시각화해주고 있다. 각 본문의 '번역' 부분은 헬라어의 문법적 구조에 따라 각 단어나 구가 어떻게 연결되고 종속되는지를 보여주는 멋진 그림이다.

단어나 문장의 위치를 통해 그리고 주동사 문장을 굵은 폰트로 강조함으로써, 한눈에 보아도 저자가 말하려는 중심 의도가 강조되고 있다.

넷째, 어떻게 적용해야 할지를 보여주기 때문이다. 성경을 연구하는 이유는 지적 유희를 위해서가 아니다. 그것은 순종하기 위해서다. 바른 진리를 알아야 하는 이유는 바른 삶을 살기 위해서다. 이 주석은 양쪽 언덕을 확고하게 이어주는 다리처럼 우리가 발견한 진리가 어떻게 우리 삶과 연결되는지까지 친절하게 연결해주고 있다. 더욱이 설교 구성이 서툰 설교자나 교사가 자신의 회중이나 학생들의 필요에 맞게 약간 조정만 하면 한 편의 설교안이나 교안이 될 개요까지 친절하게 제공해주고 있다.

『존더반 신약주석』을 통해 한국교회에 말씀의 능력으로 힘을 얻는 축복이 임하길 기대하며 기도한다.

양승헌 _ 세대로교회 원로 목사, 파이디온 공동설립자 및 전(前) 대표,
한국해외선교회(GMF) 이사장

『존더반 신약주석』은 하나님이 본문에서 의도하신 뜻을 정확하게 찾아내 청중에게 전달하기 위해 본문을 진지하게 공부하는 이들에게 진정 복음과 같다. 이 시리즈는 주석이 갖추어야 할 모든 요소를 포함하고 있는 탁월한 석의적 주석이다. 철저한 단어 연구, 문법적 세부 사항, 역사적, 문화적 배경, 전후 문맥, 본문 비평적 문제 등의 연구를 통해 본문의 의미를 정확하게 설명하고 있다. 뿐만 아니라 중요한 해석적 쟁점들을 최고의 복음주의 학자들과 최근의 학문적 연구들을 기초로 하여 균형을 추구하면서 본문이 의도하는 뜻을 찾기 위해 최대한의 노력을 기울인다.

주석의 구조 또한 명료하다. 각 장마다 저자가 사고하는 연결성을 강조하는 전후 문맥으로 시작하여 본문의 전체 흐름을 한눈에 볼 수 있는 도해 그리고 본문의 메인 아이디어(주요 개념), 본문의 사고의 흐름을 볼 수 있는 석의적 개요, 세부적인 본문 설명 그리고 적용에서의 신학으로 장을 마치는 자연스러운 구조로 지루하지 않게 본문의 내용을 따라가게 한다. 특히 각 장의 마지막 부분에서 다루는 '적용에서의 신학'은 현 시대를 살아가는 청중에게 본문의 핵심 메시지를 삶에 실제로 적용할 수 있게 다룸으로써 언제나 적용을 고민해야 하는 설교자들에게 큰 유익이 된다.

『존더반 신약주석』은 하나님의 말씀을 정확하고 올바르게 전하기를 소원하는 성경교사나 설교자가 절대로 놓쳐서는 안 될 귀중한 자산이 될 것이다. 정확하게 해석된 말씀으로 성도를 올바로 세울 때 한국교회가 건강하게 세워질 것을 믿음의 눈으로 바라보며, 모든 설교자에게 탁월한 길잡이가 될 『존더반 신약주석』을 강력하게 추천한다.

이재학 _ 디모데성경연구원 원장

창의적이면서도 탄탄하고 따뜻하면서도 엄밀한 조지 거스리의 빌립보서 주석은, 해석자들에게 바울의 가장 고무적인 서신 중 하나를 이해하고 그 진리를 따라 사는 데 도움을 주는 중요한 자료다. 수많은 도표와 그에 관련한 설명 덕분에 연구에 쉽게 활용할 수 있고, 모두 매력적인 문체로 기록되어 있다. 나는 교사와 설교자로서 이 주석에서 많은 것을 배우기를 기대한다. 또 예수 그리스도 안에 나타난 하나님의 장엄한 은혜를 제대로 이해하기 위해 자주 빌립보서를 집어 드는 우리 학생들과도 이 책을 함께 읽을 것이다.

에이미 필러 Amy Peeler _ 휘튼 칼리지 신약학 교수

빌립보서 주석이 차고 넘치는 가운데 조지 거스리의 책은 가장 좋은 연구 자료 중 하나로 눈에 띈다. 빌립보서에 대한 거스리의 분명하고도 이해하기 쉬운 설명은 깊고도 철저한 연구에 기초한다. 특히 그가 논증의 움직임에 주목한 것이 유익하다. 그것은 빌립보서를 효과적으로 가르치고 설교하는 데 큰 도움을 줄 것이다.

더글라스 무 Douglas Moo _ 휘튼 칼리지 성서학 석좌교수

거스리는 서신의 구조에 대한 탁월한 논의와 역사적 배경에 대한 광범위한 지식으로 빌립보서에 생명을 불어넣는다. 거스리의 품격 있는 글은 바울의 목회적 관심사를 전달한다. 모든 장마다 새로 발견한 보석 같은 정보가 담겨 있는 이 책은 연구자와 학생에게 모두 기쁨을 줄 것이다.

린 H. 코힉 Lynn H. Cohick _ 휴스턴 기독대학교 신약학 석좌교수

조지 거스리의 빌립보서 주석은 철저한 연구를 바탕으로 과거와 현재의 해석자들과 깊이 대화를 나눌 수 있도록 도와준다. 동시에 누구나 읽기 쉽게 쓰였다. 주해적, 수사학적 통찰, 유익한 도표와 그에 대한 설명, 목회적 지혜가 가득한 이 책은 놀라운 바울 서신을 진지하게 공부하고 삶에 적용하고 싶은 사람들에게 유익할 것이다. 나는 이 책을 몇 번이고 되풀이해서 읽을 것이다.

마이클 J. 고먼 Michael J. Gorman _ 세인트메리 대학원대학교 성서학 및 신학 석좌교수

조지 거스리는 바울의 빌립보서를 깊이 파헤쳐서 신구의 귀중한 통찰들을 끌어낸다. 이 주석은 지나치게 전문적이지 않으면서 적절하게 세부 사항을 전달한다. 빌립보서를 세심하고 체계적으로 탐구한 결과물인 이 책은, 사도 바울이 쓴 이 소중한 서신을 주해하고 설교하며 가르치는 사람들에게 유용한 자료가 될 것이다.

마이클 F. 버드 Michael F. Bird _ 리들리 칼리지 학장

조지 거스리의 학식은 학계와 교회에 주어진 선물이다. 폭넓은 학문적 지식에 더하여 새로운 주해적 통찰과 적절한 목회적 적용을 제공하는 이 주석은 앞으로 오랫동안 목사와 교사에게 소중한 자료가 될 것이다.

L. 마이클 모랄레스L. Michael Morales _ 그린빌 장로교 신학교 성서학 교수

빌립보서는 그 안에 담긴 풍성한 보물을 완전히 드러내기 위해 특별한 주석이 필요한 서신이다. 조지 거스리가 쓴 이 주석은 감탄스러울 정도로 그 목적에 부합한다. 이 책은 높이 평가받는『존더반 신약주석』시리즈 중 한 권으로 본문의 상세한 설명에 더하여 헬라어 본문의 도해식 레이아웃, '석의적 개요', '적용에서의 신학' 등 독특하게 구성되어 있다. 거스리는 철저히 분석한 내용을 매력적인 방식으로 전달한다. 그의 신학적 분별력 덕분에 이 책은 빌립보서를 설교하고 가르치는 사람들의 필독서가 될 것이다.

데이비드 E. 갈런드 David E. Garland _ 베일러 대학교 트루엣 신학대학원 신약학 교수

이 주석은 모든 신실한 성경 연구가에게 꼭 필요하다. 최신 연구를 바탕으로 헬라어 본문을 세심하고 친절하게 주해하면서도, 명료함과 간결함 그리고 실제적인 적용까지 겸비했다. 그리스도와 성경에 깊이 헌신한 학자가 유익한 내용을 통해 격려와 교훈을 전하는 이 주석을 적극 추천한다.

찰스 L. 퀄즈 Charles L. Quarles _ 사우스이스턴 침례신학교 신약학 및 성경신학 연구 교수

조지 거스리의 빌립보서 주석은 바울 및 빌립보서 연구 분야에 탁월한 성과를 냈다. 서론이 정교하게 잘 쓰였고, 바울 신학을 능숙하게 다루며, 내 생각에는 그 결론들도 정확하다. 주해 부분은 헬라어 본문에서 건전한 결론을 이끌어내고, 견고한 해석을 제시한다. 그러면서도 이 책은 읽기가 쉽다. 특히 '적용에서의 신학'은 현대 독자에게 오늘날의 세상을 살아가는 데 필요한 성찰과 지혜를 제공한다.

마크 J. 키온 Mark J. Keown _ 레이드로 칼리지 신약학 전임강사

조지 거스리는 통찰력 있는 주해와 풍부한 신학적 내용과 영적인 교훈이 풍성한 이 주석에서 그의 능력을 십분 발휘한다. 이처럼 세심하고 목회적으로 민감한 주석은 빌립보서라는 놀라운 서신을 설교하거나 가르치는 모든 사람이 곁에 두고 계속 참고해야 할 것이다.

로이 E. 시암파 Roy E. Ciampa _ 샘포드 대학교 종교학 석좌교수

나는 조지 거스리의 빌립보서 주석을 진심으로 추천한다. 거스리는 창의적으로 상상력을 발휘하여 충실하게 글을 쓴다. 그는 세심한 주해에 최신의 학문 성과를 접목한다. 그는 세부 사항을 세세하게 다루고 평가하면서도, 더 큰 이야기와 신학적 전망을 훼손하지 않는다. 거스리는 고대에 쓰였지만 시대를 초월하는 성경 본문을 현대 생활의 온갖 복잡한 일들과 관련짓는다. 독자들은 교수이자 목사인 저자가 바울의 가장 귀중한 서신 중 하나를 정확하고도 창의적으로 해설하는 내용을 만날 것이다. 모든 독자는 결코 실망하지 않을 것이다.

J. 스콧 듀발J. Scott Duvall _ 워시타 침례대학교 신약학 석좌교수

빌립보서는 바울 서신 중 기쁨이 가장 충만한 서신으로, 주변 문화의 압력 속에서 살아가고 교회 안의 분열로 고심하는 그리스도인들을 위한 격려가 가득하다. 읽는 자체로 즐거움을 주는 거스리의 주석은 그런 압박 속에서도 그리스도를 위해 잘 살아가기 위한 바울의 가르침을 생생하고도 설득력 있게 설명한다. 그는 바울이 장엄한 그리스도 찬가와 바울 자신을 포함한 그리스도 중심적인 모범을 사용하여, 그리스도인들이 신실한 삶을 살고 선교에 동참하도록 권면한 것을 잘 보여준다. 시의적절한 메시지를 담은 이 명쾌한 주석은 깊은 신학이 혼란한 삶을 어떻게 변화시킬 수 있는지 보여준다.

브라이언 S. 로즈너 Brian S. Rosner _ 리들리 칼리지 학장

조지 거스리는 매우 유익한 역사문화적 배경과 단어의 의미에 대한 철저한 분석 그리고 본문의 구조에 대한 세심한 분석을 담은 주석 및 신학 연구로 유명하다. 빌립보서를 탐구한 이 보물은 이 모든 것을 담고 있고, '적용에서의 신학'에서 큰 격려를 해주며 잘못을 깨우쳐주는 종합적인 내용으로 한 걸음 더 나아간다. 빌립보서 주석을 단 한 권만 소장할 수 있다면, 이 책을 사라. 이미 많은 주석을 갖고 있다면, 그럼에도 불구하고 이 책을 제일 먼저 참고하라.

크레이그 L. 블롬버그 Craig L. Blomberg _ 덴버 신학교 신약학 명예교수

조지 거스리는 한 상 가득 잔칫상을 차렸다. 사실상 이 책의 모든 페이지가 예리한 해석, 신학적 통찰 그리고 하나님의 백성을 위한 경건한 교훈으로 풍성하게 채워져 있다.

저스틴 K. 하딘 Justin K. Hardin _ 워시타 침례대학교 학사 부총장 및 성서학 교수

이 주석을 헌정한 대상인 고든 피처럼, 조지 거스리 또한 뛰어난 학자요 재능 있는 주석가다. 이 소중한 책을 집필한 거스리는 모든 목사와 평신도가 빌립보서를 더 신실하게 가르치고, 설교하며, 그 진리를 실천하도록 돕는 것을 목표로 삼았다. 빌립보서를 향한 그의 깊은 애정은 전염성이 있다. 나는 이 책을 당신에게 열렬히 추천한다. 또한 당신이 나와 함께 이 책을 정기적으로 읽으며 그 깊이를 헤아리고, 바울의 옥중서신에 담긴 보물을 다른 사람들과도 나눌 수 있기를 바란다.

토드 D. 스틸 Todd D. Still _ 베일러 대학교 트루엣 신학대학원 성서학 석좌교수

존더반 신약주석

강해로 푸는 빌립보서

옮긴이 **한화룡** 합동신학대학원대학교에서 신학을 공부하고(M. Div.), 웨스트민스터신학대학원(D. Min.)과 풀러신학대학원(Th. M.)에서 선교학을 전공했다. 2002년부터 백석대학교 기독교학부 교수로 활동했다. 저서로는 『빵인가 이마인가』, 『전쟁의 그늘』(포앤북스)이 있으며, 역서로는 『가난한 시대를 사는 부유한 그리스도인』, 『이것이 너희 신이다』(이상 IVP), 『강해로 푸는 로마서』, 『강해로 푸는 데살로니가전·후서』(이상 디모데) 등 다수가 있다.

ZONDERVAN
Exegetial Commentary on the New Testament Philippians

존더반 ZONDERVAN 신약주석
강해로 푸는 빌립보서

1쇄 발행 2025년 11월 14일

지은이 조지 H. 거스리
책임편집 클린턴 E. 아놀드
펴낸이 고종율
옮긴이 한화룡

펴낸곳 주) 도서출판 디모데 〈파이디온 선교회 출판 사역 기관〉
등록 2005년 6월 16일 제 319 – 2005 – 24호
주소 서울특별시 서초구 서초대로 141–25(방배동, 세일빌딩)
전화 마케팅실 070) 4018–4141
팩스 마케팅실 031) 902–7795
홈페이지 www.timothybook.com

ISBN 978–89–388–1723–5 04230
ISBN 978–89–388–1578–1 (세트)

존더반 ZONDERVAN 신약주석

강해로 푸는 빌립보서

조지 H. 거스리 지음

클린턴 E. 아놀드 책임편집 | **한화룡** 옮김

고든 피를 추모하며.

같은 장소에서
다른 시간에
같은 사명을 품고.

차례

시리즈 서론

복되게도 이 세대에는 탁월한 주석이 많다. 어떤 주석은 전문적인 것으로, 평론가들이 제기한 쟁점들을 잘 다룬다. 또 어떤 주석은 단어 용례에 대한 광범위한 정보를 제공하고, 다양한 해석적 문제들에 대한 거의 모든 견해를 나열한다. 또 어떤 주석은 문화적·역사적 배경 지식을 제공하는 데 초점을 맞춘다. 또한 적용을 위한 많은 통찰들을 끄집어내려는 주석도 있다.

문제는 당신이 주석에서 무엇을 찾고 있는가 하는 것이다. 당신이 다음 중 어느 하나에라도 해당된다면 이 주석 시리즈는 당신을 위한 것이다.

- 헬라어를 배웠으며, 자신이 잘 훈련받은 학자라고 생각하지는 않지만 배운 것을 적용하도록 도와줄 주석을 원한다.
- 주석가가 각 본문의 주된 요점으로 제시하는 간결한 한두 문장짜리 진술이 도움이 된다고 생각한다.
- 교회 생활과 관련이 없는 것처럼 보이는 학문적 문제에 얽히지 않으면서 성경에 나오는 말씀을 해석하는 데 도움을 얻고 싶다.
- 각 본문에서 사고의 흐름에 대한 시각적 설명(도해적 표시)을 보고 싶다.
- 원문의 의미를 가능한 명확하게 설명하고 중요한 해석적 쟁점들을 잘 헤쳐나가도록 돕는 견실한 복음주의 학자들의 전문적인 인도를 원한다.
- 본문의 의미를 조명하는 데 도움이 될 만한 최고이자 최근의 학문적 연구 결과와 역사적 정보에서 유익을 얻고 싶다.
- 각 본문에서 수집할 수 있는 핵심적인 신학적 통찰과 이러한 통찰이 오늘날 그리스도인들에게 적절한 것인가에 대한 논의의 요약을 얻기 원한다.

위의 사항들은 이 신약 주석 시리즈의 특징 중 몇 가지만 꼽은 것이다. 이 시리즈에 대한 아이디어는 편집국에서 목사와 교사들이 헬라어 본문에 기초한 주석 시리즈에서 원하는 것이 무엇인지 조사한 후 오랜 시간에 걸쳐 다듬어진 것이다. 이 일에 참여한 사람으로는 조지 거스리(George H. Guthrie), 윌리엄 마운스(William D. Mounce), 토마스 슈라이너(Thomas R. Schreiner), 마크 스트라우스(Mark L. Strauss)와 존더반 전체 편집차장 벌린 버브루그(Verlyn Verbrugge)와 전(前) 존더반 원고 검토 편집차장 잭 쿠하섹(Jack Kuhatschek) 등이다. 우리는 또한 교회에 도움이 될 만한 주석 시리즈를 계획하는 과정에서 도움을 받기 위해 목회를 하고 있는 목사, 사역 지도자, 신학교 교수들로 구성된 자문 편집진을 모집했다. 존더반 원고 검토 편집차장 데이비드 프리스(David Frees)가 지금까지 그 과정을 이끌어왔다. 존더반 선임 도서 편집자 카트야 코브렛(Katya Covrett)이 이제 그 과정을 완성까지 이끌어왔으며, 콘스탄틴 캠벨(Constantine R. Campbell)이 위원회에서 섬기고 있다.

이제 각 성경 본문을 다루기 위한 일곱 가지 구성 요소가 포함된 설계도를 보자. 다음은 이 주요 요소들에 대한 간략한 안내다.

문학적 전후 문맥

이 부분에는 본문이 그 책의 광범위한 문학적 전후 문맥 안에서 어떤 역할을 하는지에 대한 간결한 논의가 나온다. 주석가는 그 책에서 앞에 나오는 자료 및 뒤에 나오는 자료와의 연결들을 강조하고, 이 본문의 핵심적 특징들을 관찰한다.

주요 개념

많은 독자는 이것이 이 주석 시리즈에서 대단히 유용한 특징임을 알게 될 것이다. 각 본문에 대해, 주석가는 본문의 큰 개념 혹은 중심 취지를 한두 문장으로 주의 깊게 기술한다.

번역과 도해식 레이아웃

이 시리즈의 또 다른 독특한 특징은 헬라어 본문에 대한 각 주석가의 번역을 도해로 제시한다는 것이다. 이 도해의 목적은 독자들이 본문 안에 나오는 사고의 흐름을 시각화해서 더 잘 이해하도록 돕는 것이다. 번역 자체는 이 주석의 '설명' 부분에서 각 주석가가 내린 해석적 결정들을 반영한다. 다음은 이 책의 구성 방식이다.

1. 구절을 나타내는 숫자 바로 옆에는 성경 본문의 각 절이나 문구의 기능을 나타내는 해석적 분류 표시가 나온다. 본문에서 그에 해당되는 부분은 분류 표시 바로 옆에 배치되

었다. 쉽게 이해할 수 있도록 전문적인 특수 용어는 사용하지 않았다.

2. 일반적으로 모든 절(주어와 술어를 포함하는 단어들의 무리)을 별도의 행으로 잡으며, 그것이 어떻게 본문의 주요 주장을 뒷받침하는지 밝힌다(즉, 그것은 언제 행동이 일어났다고, 어떻게 그것이 일어났다고, 혹은 왜 그것이 일어났다고 말하고 있는가). 때로 더 긴 문구나 일련의 항목은 별도의 행으로 놓기도 했다.
3. 종속(혹은 독립)절과 문구들은 들여 써서 그것이 수식하는 단어 바로 밑에 둔다. 이것은 독자들이 본문의 흐름에서 절과 구의 관계의 특질을 더 쉽게 볼 수 있도록 돕는다.
4. 모든 주요 절은 굵은 활자로 되어 있으며, 분명히 알아볼 수 있도록 왼쪽 끝으로 밀어놓았다.
5. 때로 종속되는 말들이 너무 오른쪽에 놓이게 될 때 – 바울의 길고 복잡한 이야기가 종종 그렇듯이! – 이어지는 말들의 위치를 왼쪽으로 옮겨놓았다. 하지만 그렇게 했다는 것을 나타내기 위해 화살표를 사용했다.
6. 우리가 따른 전반적인 과정은 담화 분석 원리 및 이야기 비평(복음서와 사도행전에 대해서는) 원리에서 배운 것이다.

구조

번역 바로 다음에, 주석가는 본문에 나오는 사고의 흐름에 대해 말하고 어떻게 본문에서 각 절의 관계에 관한 해석적 결정들이 이루어졌는지 설명한다.

석의적 개요

상세한 석의적 개요에서는 본문의 전반적 구조를 묘사했다. 이것은 성경을 가르치거나 설교할 때, 본문에 나오는 사고의 흐름을 간결하게 설명할 수 있는 방식을 찾고 있는 사람들에게 특히 도움이 될 것이다.

본문 설명

이 책은 석의적 주석이므로, 본문의 의미를 해석하기 위해 헬라어를 사용한다. 당신의 헬라어가 다소 서툴다 해도(혹은 심지어 어느 정도 제한되어 있다 해도) 너무 염려하지 마라. 모든 헬라어 단어는 우리말 번역 다음에 괄호 안에 인용되어 있다. 우리는 이 주석이 비전문가들에게도 가능한 한 읽기 쉽고 유용한 것이 되도록 최선을 다했다.

이 주석에서 가장 도움을 받을 사람은 대학이나 신학교에서 2년 정도 헬라어 교육을 받은 사람일 것이다. 혹은 한두 학기 정도 중급 문법(Wallace, Porter, Brooks and Winberry 혹은 Dana and Mantey 같은)을 공부한 사람도 포함될 것이다. 저자들은 이 문법서들에 나오는 문법적 용어들을 사용한다. 하지만 본문의 문법에 관한 상세한 사항들은 본문 해석과 관련이 있을 때만 논한다.

본문의 이 부분을 강조하는 것은 의미를 전달하기 위해서다. 주석가들은 단어와 이미지, 문법적 세부 사항, 특정한 개념과 관련된 구약적·유대적 배경, 역사적·문화적 전후 문맥, 중요한 본문 비평적 문제, 표면에 부상하는 다양한 해석적 문제들을 검토한다.

적용에서의 신학

이것 역시 석의 주석 시리즈만의 독특한 특징이다. 우리는 본문이 다양한 세부 사항 속에서 무엇을 의미했는지 묘사하기 위해서뿐 아니라, 또한 그것이 신학적으로 기여하는 바를 성찰하기 위해서도 각 저자에게 이것이 중요하다고 생각했다. 이 부분에서는 본문의 신학적 메시지를 요약한다. 저자들은 본문의 신학을 그 책 안에서 그리고 더 광범위한 성경적-신학적 맥락에서 그것이 차지하는 위치에 비추어 논한다. 마지막으로, 각 주석가들은 본문의 메시지가 오늘날의 교회를 위해 무엇을 말하는지에 대해 몇 가지 제안을 한다. 이 시리즈 각 권 끝부분에는 이 책에서 다룬 신학적 주제 전체에 대한 요약이 나온다.

우리는 이 시리즈가 독자 스스로 신약 본문을 이해하기 위해서뿐 아니라, 하나님의 진리에 굶주린 사람들에게 그 말씀을 가르치고 설교하는 일에도 도움이 되기를 진심으로 바라고 기도한다.

클린턴 E. 아놀드(Clinton E. Arnold), 책임편집자

저자 서문

몇 년 전 이 책을 집필하는 프로젝트에 집중하기 시작했을 때, 나는 막 고린도후서 주석을 완성했다.[1] 내가 그 책 서문에서 언급한 대로, 랄프 마틴(Ralph Martin)은 한때 고린도후서를 "주석가들의 낙원이자 절망"이라고 불렀다.[2] 나는 고린도후서 주석을 쓰면서 낙원과 절망을 모두 발견했고, 같은 양의 고통과 황홀감을 느꼈다. 고린도후서(사도 바울이 사역을 하면서 겪는 심적 고통이 두드러지게 나타나는 서신)의 주석적, 구조적 미로를 벗어나 빌립보서의 비교적 간단하고, 기쁨으로 충만한 서신을 만나자 마치 한 모금의 신선한 공기를 마시는 것 같았다.

물론 빌립보서에도 나름대로 난제가 있다. 빌립보서는 헬라어로 쓰인 고대 서신이고, 그리스 로마 세계의 관례에 큰 영향을 받았으며, 유대 기독교 신학이 가득하다. 그러니 우리가 어떻게 빌립보서 본문을 그저 단순하게 읽을 수 있단 말인가? 이 책을 쓰면서 나는 연구가 더 필요하다고 느낀 여러 문제에 계속해서 직면했다. 적어도 나 자신이 제대로 이해하기 위해서라도 말이다. 예를 들어, 나는 1:15에서 다른 주석가들이 논의하지 않았던 문법적 구조를 발견했는데, 이 구조는 그 부분에서 생기는 특별한 난제를 푸는 데 도움을 줄 수 있다. 나는 또한 2:6-11의 이른바 '그리스도 찬송가'의 구조를 고찰해보고(이것을 다루지 않은 주석가가 있을까?), 빌립보서 전체의 구조에 대해 몇 가지 제안을 했다. 나는 아직도 그 문제로 씨름 중이다. 그러나 개인적으로 내가 누린 가장 큰 유익은 수년 동안 이 책을 품에 끼고 앉아 세세한 것까지 면밀히 살펴보고, 그것이 내 삶과 교회 안에 있는 형제자매의 삶에 어떤 의미를 주는지 곰곰이 생각해볼 수 있었던 것이다. 넘치는 진리로 풍성한 빌립보서를 연구하는 동안 나는 바울의 사상과 권고로 큰 도움을 받았다.

나는 이 프로젝트에 참여하는 기회를 얻은 것에 깊이 감사한다. 존더반 신약 주석이 시작될 때부터 편집팀에 참여한 나는 동료 편집자들과 함께 일하면서, 그리고 이 주석 시리즈가

1. George H. Guthrie, *2 Corinthians*, BECNT (Grand Rapids: Baker Academic, 2015).

2. Ralph P. Martin, *2 Corinthians*, WBC (Waco, TX: Word, 1986), x.

번창하는 것을 보면서 많은 기쁨을 누렸다. 편집장이자 절친한 친구인 클린턴 아놀드는 내가 다른 책들을 쓰느라 빌립보서 원고가 많이 늦어졌는데도 오랫동안 참고 기다려주었고, 예리한 통찰력으로 원고를 개선하는 데 큰 도움을 주었다. 콘 캠벨 역시 신약학과 헬라어 문법에 대한 탁월한 전문 지식으로 큰 기여를 했다. 나는 저자로서 지난 25년 동안 존더반 출판사와 작업해왔고, 교회를 위해 책을 쓰는 이 사역에 그들과 동역 할 수 있음에 대단히 감사한다. 존더반 아카데믹(Zondervan Academic)의 부회장이자 발행인인 카트야 코브렛은 항상 큰 격려를 해주었으며, 편집자 크리스 비담(Chris Beetham)은 마무리 단계에서 이 책의 완성도를 높이는 데 기여했다.

이 책을 저술하는 작업은 내가 테네시주 잭슨에 있는 유니언 대학교(Union University)에 재직하고 있을 때 시작되었다. 사랑하는 유니언 대학교의 행정부, 신학 및 선교학부의 동료 교수들 그리고 도서관 사서들에게 감사의 마음을 전한다. 나는 그곳에서 거의 30년을 근무했다. 유니언 대학교에서 재직하는 동안, 영국 케임브리지에 있는 틴데일 하우스(Tyndale House)에서 여러 달 동안 빌립보서 연구를 한 적이 있다. 늘 그렇듯 훌륭한 도서관과 그리스도인 공동체는 나의 삶과 일에 굉장한 격려와 응원이 되었다.

이 주석을 쓰는 마지막 단계는 밴쿠버에 있는 리젠트 칼리지(Regent College)로 옮긴 뒤에 마무리되었다. 리젠트 칼리지에서 이 프로젝트를 마치는 데 필요한 기쁨이 넘치는 공동체를 만날 수 있었다. 총장 제프 그린맨(Jeff Greenman)과 교무처장 폴 스필스베리(Paul Spilsbury)는 동료 교수 및 학생과 더불어 나에게 많은 지원과 격려를 해주었다. 언제나 필요한 도움을 주려고 애쓴 신디 알더스(Cindy Aalders)와 도서관 직원들에게 심심한 감사의 마음을 전한다. 또 두 명의 탁월한 조교에게 감사를 전하고 싶다. 대학원생인 알렉시 캔지안토니우(Alexi Chantziantoniou)와 마이클 세미누틴(Michael Seminutin)은 이 주석의 적용 부분을 연구해주었다. 나는 이 책을 훌륭한 학자이자 리젠트 칼리지 공동체의 일원인 고든 피(Gordon Fee)에게 헌정한다. 그의 영향은 이 주석 도처에 스며 있다. 많은 시간을 함께하지 못했지만, 우리는 삶과 성경을 통합하고자 하는 리젠트 칼리지의 비전을 공유한다. 고든 피는 그의 많은 책과 글을 통해 간접적으로만 나를 '멘토링'해주었지만, 그것은 나에게 지대한 영향을 끼쳤다.

마지막으로, 바울이 사역에 동참한 빌립보인들을 칭찬한 것처럼, 나의 가족이 사역에 동참해준 것에 감사하고 싶다. 지난 몇 년에 걸쳐 나는 자녀 조슈아(Joshua)와 안나(Anna)가 무럭무럭 자라 성인이 되는 것을 보았으며, 그들을 매우 자랑스럽게 생각한다. 그리고 조슈아는 멋진 아내 질리언(Gillian)과 결혼해서 가족에게 기쁨을 주었다. 나의 자녀들이 교회에 헌신적으로 봉사하고, 그들의 재능을 하나님 나라를 위해 사용하며, 함께 신학적인 대화를 나누고, 좋은 책과 음악과 글을 소개해준 덕분에 나는 계속해서 격려를 받았다. 특히 그들이 보여준 사랑으로 인해 나는 큰 힘을 얻었다. 사역에 있어 나의 "자매", "동역자", "함께 군사 된 자"(참고. 빌 2:25)에게 그리고 이 경주를 함께하고 있는 재능 많은 친구들과 동료 주자들에게 심심한 감사의 마음을 전하고 싶다. 내가 그 목표를 향해 계속 달려갈 수 있도록

(3:12-14) 도와주고, 꾸준히 격려해주며, 매 걸음마다 사랑을 베풀어준 것을 진심으로 고맙게 생각한다.

조지 H. 거스리,

2023년 3월

캐나다 밴쿠버 리젠트 칼리지에서

약어표

AB	Anchor Bible
ABD	*Anchor Bible Dictionary*. Edited by David Noel Freedman. 6 vols. New York: Doubleday, 1992
ACCS	Ancient Christian Commentary on Scripture
AcPB	Acta Patristica et Byzantina
AcT	Acta Theologica
AJA	*American Journal of Archaeology*
ANRW	*Aufstieg und Niedergang der römischen Welt: Geschichte und Kultur Roms im Spiegel der neueren Forschung*. Edited by Hildegard Temporini and Wolfgang Haase. Berlin: de Gruyter, 1972–
ANTC	Abingdon New Testament Commentaries
ASV	American Standard Version
AYB	Anchor Yale Bible
BapTheo	Baptistic Theologies
BBR	*Bulletin for Biblical Research*
BDAG	Danker, Frederick W., Walter Bauer, William F. Arndt, and F. Wilbur Gingrich. *Greek-English Lexicon of the New Testament and Other Early Christian Literature*. 3rd ed. Chicago: University of Chicago Press, 1999
BDF	Blass, Friedrich, Albert Debrunner, and Robert W. Funk. *A Greek Grammar of the New Testament and Other Early Christian Literature*. Chicago: University of Chicago Press, 1961
BECNT	Baker Exegetical Commentary on the New Testament
BHGNT	Baylor Handbook on the Greek New Testament
BI	*Biblical Illustrator*
Bib	*Biblica*
BibInt	*Biblical Interpretation*
BNTC	Black's New Testament Commentaries
BSac	*Bibliotheca Sacra*
BST	Bible Speaks Today
BTB	*Biblical Theology Bulletin*

BZNW	Beihefte zur Zeitschrift für die neutestamentliche Wissenschaft
CBQ	*Catholic Biblical Quarterly*
CECNT	Critical and Exegetical Commentary on the New Testament
CIL	*Corpus Inscriptionum Latinarum*. Berlin, 1862–
ConBNT	Coniectanea Biblica: New Testament Series
CSB	Christian Standard Bible
CTR	*Criswell Theological Review*
DBI	*Dictionary of Biblical Imagery*. Edited by L. Ryken, J. C. Wilhot, and T. Longman III. Downers Grove, IL: InterVarsity Press, 1998
DLNT	*Dictionary of the Later New Testament and Its Developments*. Edited by R. P. Martin and P. H. Davids. Downers Grove, IL: InterVarsity Press, 1997
DNTB	*Dictionary of New Testament Background*. Edited by Craig A. Evans and Stanley E. Porter. Downers Grove, IL: InterVarsity Press, 2000
DPL	*Dictionary of Paul and His Letters*. Edited by Gerald F. Hawthorne and Ralph P. Martin. Downers Grove, IL: InterVarsity Press, 1993
DPL2	*Dictionary of Paul and His Letters*. 2nd edition. Edited by Scot McKnight, Lynn H. Cohick, and Nijay K. Gupta. Downers Grove, IL: InterVarsity Press, 2023
EBib	*Etudes bibliques*
EDEJ	*Eerdmans Dictionary of Early Judaism*. Edited by John J. Collins and Daniel C. Harlow. Grand Rapids: Eerdmans, 2010
EDNT	*Exegetical Dictionary of the New Testament*. Edited by Horst Balz and Gerhard Schneider. ET. 3 vols. Grand Rapids: Eerdmans, 1990–1993
EEC	Evangelical Exegetical Commentary
EGGNT	Exegetical Guide to the Greek New Testament
ESV	English Standard Version
EvQ	*Evangelical Quarterly*
ExpTim	*Expository Times*
HALOT	*The Hebrew and Aramaic Lexicon of the Old Testament*. Ludwig Koehler, Walter Baumgartner, and Johann J. Stamm. Translated and edited under the supervision of Mervyn E. J. Richardson. 4 vols. Leiden: Brill, 1994–1999
HTR	*Harvard Theological Review*
HTS	Harvard Theological Studies
ICC	International Critical Commentary
Int	*Interpretation*
IVPNTC	InterVarsity Press New Testament Commentary
JB	Jerusalem Bible
JBL	*Journal of Biblical Literature*

JETS	*Journal of the Evangelical Theological Society*
JSNT	*Journal for the Study of the New Testament*
JSNTSup	Journal for the Study of the New Testament Supplement Series
JTS	*Journal of Theological Studies*
KEK	Kritisch-exegetischer Kommentar über das Neue Testament (Meyer-Kommentar)
KJV	King James Version
L&N	Louw, Johannes P., and Eugene A. Nida. *Greek-English Lexicon of the New Testament: Based on Semantic Domains*. 2nd ed. New York: United Bible Societies, 1989
LCL	Loeb Classical Library
LEH	Lust, Johan, Erik Eynikel, and Katrin Hauspie, eds. *Greek English Lexicon of the Septuagint*. Rev. ed. Stuttgart: Deutsche Bibelgesellschaft, 2003
LNTS	The Library of New Testament Studies
LSJ	Liddell, Henry George, Robert Scott, Henry Stuart Jones. *A Greek-English Lexicon*. 9th ed. with revised supplement. Oxford: Clarendon, 1996
LXX	Septuagint
MGS	Montanari, Franco. *The Brill Dictionary of Ancient Greek*. Edited by Madeleine Goh and Chad Schroeder. Leiden: Brill, 2013
NA^{28}	*Novum Testamentum Graece*, Nestle-Aland, 28th ed.
NAB	New American Bible
NAC	New American Commentary
NASB	New American Standard Bible
NCB	New Century Bible
NEB	New English Bible
Neot	*Neotestamentica*
NET	New English Translation
NIB	*The New Interpreter's Bible*. Edited by Leander E. Keck. 12 vols. Nashville: Abingdon, 1994–2004
NIBCNT	New International Biblical Commentary on the New Testament
NICNT	New International Commentary on the New Testament
NICOT	New International Commentary on the Old Testament
NIDOTTE	*New International Dictionary of Old Testament Theology and Exegesis*. Edited by Willem A. VanGemeren. 5 vols. Grand Rapids: Zondervan, 1997
NIGTC	New International Greek Testament Commentary
NIV	New International Version (2011)
NIVAC	NIV Application Commentary

NJB	New Jerusalem Bible
NKJV	New King James Version
NLT	New Living Translation (2nd ed.)
NovT	*Novum Testamentum*
NovTSup	Novum Testamentum Supplements
NRSV	New Revised Standard Version
NSBT	New Studies in Biblical Theology
NTS	*New Testament Studies*
OCD	*Oxford Classical Dictionary*. Edited by Simon Hornblower and Antony Spawforth. 3rd ed. Oxford: Oxford University Press, 1996
OTP	*Old Testament Pseudepigrapha*. Edited by James H. Charlesworth. 2 vols. New York: Doubleday, 1983, 1985
P.Oxy.	*The Oxyrhynchus Papyri*. Edited by Bernard P. Grenfell, Arthur S. Hunt, et al. London: Egypt Exploration Fund, 1898–
PNTC	Pillar New Testament Commentary
Presb	*Presbyterion*
PRSt	*Perspectives in Religious Studies*
PW	*Paulys Real-Encyclopädie der classischen Altertumswissenschaft*. New edition by Georg Wissowa and Wilhelm Kroll. 50 vols. in 84 parts. Stuttgart: Metzler and Druckenmüller, 1894–1980
REB	Revised English Bible
RevExp	*Review and Expositor*
RSV	Revised Standard Version
SBLDS	Society of Biblical Literature Dissertation Series
SBLMS	Society of Biblical Literature Monograph Series
SCJ	*Stone-Campbell Journal*
SGBC	Story of God Bible Commentary
SHBC	Smyth & Helwys Bible Commentary
SJT	*Scottish Journal of Theology*
SNT	Studien zum Neuen Testament
SNTSMS	Society for New Testament Studies Monograph Series
Str-B	Strack, Hermann Leberecht and Paul Billerbeck. *Kommentar zum Neuen Testament aus Talmud und Midrasch*. 6 vols. Munich: Beck, 1922–1961
TDNT	*Theological Dictionary of the New Testament*. Edited by Gerhard Kittel and Gerhard Friedrich. Translated by Geoffrey W. Bromiley. 10 vols. Grand Rapids: Eerdmans, 1964–1976
TDOT	*Theological Dictionary of the Old Testament*. Edited by G. Johannes Botterweck and Helmer Ringgren. Translated by John T. Willis et al. 8 vols. Grand Rapids: Eerdmans, 1974–2006
Thf	*Theoforum*

THNTC	Two Horizons New Testament Commentary
TJ	*Trinity Journal*
TLNT	*Theological Lexicon of the New Testament*. C. Spicq. Translated and edited by J. D. Ernest. 3 vols. Peabody, MA: Hendrickson, 1994
TNIV	Today's New International Version
TU	Texte und Untersuchungen
TynBul	*Tyndale Bulletin*
UBS^5	*The Greek New Testament*, United Bible Societies, 5th ed.
WBC	Word Biblical Commentary
WGRWSup	Writings from the Greco-Roman World Supplement Series
WTJ	*Westminster Theological Journal*
WUNT	Wissenschaftliche Untersuchungen zum Neuen Testament
ZNW	*Zeitschrift für die neutestamentliche Wissenschaft und die Kunde der älteren Kirche*
ZTK	*Zeitschrift für Theologie und Kirche*

빌립보서 서론

평원에 바람이 부드럽게 불어온다. 창밖으로 산맥 아래 넓게 펼쳐져 있는 들에서 일하는 농부들이 보인다. 밝고 푸른 하늘에 구름이 여기저기 흩어져 있고, 작은 정원에는 새들이 날아다닌다. 그중 한 마리는 설익은 멜론 위에서 춤을 춘다. 참으로 평화로운 장면이다. 하지만 내 마음은 극심한 혼란으로 가득 차 있다.

어제 저녁 루디아의 집에서 열린 모임에 다녀온 후 나는 배탈이 나서 힘든 시간을 보냈다. 밤새 잠도 못 자고 많이 울었다. 다음 날 아침 식사를 하고 나서 남편 니콜라스와 함께 산책을 했다. 우리는 도시 바깥 길에 있는 아크로폴리스 언덕 중턱에 앉아서 당면한 상황에 대해 이야기했다. 우리는 작고도 아름다운 로마 식민지를 내려다보았다. 포럼(forum) 근처에 최근 새로 지은 건물이 햇빛에 빛나고 있었다. 우리가 디아나 제단 근처에 있는 바위에 앉자 나비와 잠자리가 날아들었다. 하지만 신선한 공기와 아름다운 풍광도 별 도움이 되지 못했다. 나는 깊은 생각에 잠겼다. 어쩌다 이렇게 상황이 엉망이 된 걸까? 유오디아와 나는 좋은 친구이자 이웃이었고, 그리스도를 위해 함께 일하는 동역자였다. 하지만 그녀는 나에게 큰 상처를 주었다. 우리 가족에게 창피를 주었다. 그래서는 안 된다는 것을 알지만, 나는 그녀를 용서하고 싶지 않다. 그녀와 말하기도 싫다. 여전히 내 마음에는 깊은 상처가 남아 있고, 화가 가라앉지 않았다.

물론 우리는 모두 바울의 서신을 받고 기뻤다. 우리는 바울이 아직도 석방되지 않았다는 것과 그에게 도움이 더 필요하다는 소식을 듣고 몹시 걱정했다. 우리는 바울에 관한 사건이 일반 사람에게 널리 알려지고 정치적으로 기소되었다는 이야기를 들었다. 어떤 웅변가들은 포럼에서 바울 사도와 그의 메시지를 조롱하고, 그를 로마의 적이라고 칭하면서 그의 처형을 요구했다. 우리는 몇 주 동안 기다리면서 새로운 소식이 오기를 기도했다. 하지만 소식은 좀처럼 빠르게 전해지지 않는다. 나쁜 소식이 올지 모른다는 두려움이 있을 때는 더욱 그렇다.

2주 전 바울이 보낸 서신이 도착했을 때, 감독은 다음 날 저녁에 회의를 소집하여 그 서신을 모두에게 읽어주기로 했다. 나는 바울의 서신을 가져온 에바브로디도에게 바울의 상황이 어떤지 물어보았다.

그는 희망적이라고 말했지만, 얼굴에는 근심의 빛이 역력했다. 모임 시간에 맞추어 우리는 루디아의 큰 응접실에 둘러앉아 바울의 편지가 낭독되는 것을 들었다. 바울은 편지 첫머리에서 그와 함께해준 우리 '모두'를 칭찬했다(생각해보니 바울은 빌립보서에서 '모두'라는 단어를 많이 사용했다). 사도는 서신 전체에 걸쳐 상황에 대해 같은 관점을 갖고 연합하는 것을 계속 강조했다. 솔직히 말하면 최근 교회 안에, 특히 유오디아와 나 사이에 마찰이 있었기 때문에 마음이 불편해지기 시작했다. 에바브로디도가 서신의 주요 부분을 읽자 화살이 날아와 내 마음에 콕 박힌 느낌이 들었다. 바울은 나와 유오디아의 이름을 불러 공개적으로 지목했고, 우리 각각에게 복음을 위해 서로의 주장을 내려놓으라고 촉구했다. 바울은 장로에게 우리가 화해할 수 있도록 도우라고 요청했다. 그 말은 고발하는 어조가 아니었고, 담백하게 말한 것이었다. 에바브로디도는 그 부분을 조심스럽게 읽었지만, 그 말은 오해의 여지가 없을 정도로 매우 분명하고 구체적이었다.

나는 바닥만 내려다보고 있었다. 얼굴이 붉어지고 뜨거워졌다. 당혹감이 느껴졌고 너무 부끄러웠다. 바울이 바로 이어서 내가 선교에 동참한 것을 칭찬했을지라도 말이다. 나는 그 부분을 거의 듣지 못했다. 나는 유오디아를 쳐다볼 수 없었지만, 나중에 니콜라스가 그 당시 그녀가 슬픈 표정으로 나를 바라보았다고 말해주었다. 나는 일어나서 그 자리를 떠났다. 도저히 그 서신을 끝까지 들을 수 없었다. 내가 유오디아가 있는 쪽으로 매서운 눈빛을 보내며 그 방을 나갈 때, 몇몇 친구가 안쓰러워하며 손을 내밀어 다독여주었다.

바울이 정말로 상황을 제대로 이해할 수 있었을까? 여섯 달 전에, 니콜라스와 나는 유오디아와 아도니스를 존경하는 마음에서 그들의 딸 소피아와 우리 아들 페리클레스를 결혼시키자고 제안했다. 그리고 3일 후 그들은 거부 의사를 전했다. 그들은 페리클레스의 성격이 불안정하고 영적 헌신이 부족하다고 말했다. 물론 우리 아들은 이 사회에서 확고히 자리를 잡으려고 노력하는 중이다. 소피아는 로마의 미덕인 경건(*pietas*), 정숙(*pudicitia*), 조화(*concordia*)[1]를 지닌 소녀로서 페리클레스를 잘 도울 수 있었다. 그리고 나는 그가 잘할 것이라고 확신한다. 엄마인 내가 잘 안다.

아도니스와 유오디아는 우리보다 부자다. 그들은 성공을 이루어낸 것을 자랑스러워한다. 하지만 최근에 그들의 사업은 교회 안의 다른 상인들처럼 상당히 어려움을 겪었다. 빌립보의 조합 중 하나와 관계가 끊기자 우리는 모두 경제적으로 타격을 입었다. 그리고 물론 이로 인해 교회 안의 모든 사람이 영향을 받았다. 무엇보다도 가난한 사람들이 일용직을 구하는 데 어려움을 겪었다. 재정적인 압박감이 심각했다.

유오디아와 아도니스는 빌립보에 비교적 최근에 온 사람들로 8년 전 내륙 지방에서 왔다. 물론 그들은 로마 시민권자가 아니다. 우리는 그들을 도울 수 있었다. 남편 니콜라스는 빌립보의 공적 생활에서 맡은 역할이 크지는 않다. 게다가 우리가 그리스도께 헌신하면서 그 역할이 더 줄어들었다. 하지만 우리

1. 경건, 정숙, 관계적 조화는 로마 사회에서 여성에게 가장 중요한 가치였다.

는 나름 영향력 있는 사람으로서 우리의 지위를 교회와 동료 신자들을 위해 사용하려고 노력했다. 아무래도 유오디아는 우리가 시민권을 가진 것을 보고 타협했다고 생각하는 듯하다. 유대적 배경이 있는 니콜라스는 결코 황제의 제단에 공개적으로 제물을 바친 적이 없는데도 말이다. 우리가 로마 시민으로서 지는 책임과 관련하여 어떻게 처신해야 할지 때때로 고민하는 것은 사실이다. 교회에서 로마 시민권을 갖고 있는 사람은 소수에 불과하다. 바울은 편지에서 우리가 갖고 있는 "하늘의 시민권"을 강조했지만, 처음부터 그는 우리에게 로마 시민권을 어떻게 선하게 사용할지 보여주었다. 동시에 우리는 하나님의 백성이 되는 대가를 치렀다. 유오디아와 아도니스는 분명히 그 점을 알고 있다.

교회에 대한 우리의 태도는… 솔직하게 말하면 유오디아와 나 사이에 생긴 알력과 빌립보시의 유력자가 우리에게 가한 사회적, 경제적 압력으로 교회가 어려워지면서 관계가 분열되고 우리의 연합이 흔들리기 시작했다. 지난 밤 니콜라스는 조심스럽게 내가 격분하여 유오디아를 '파울로디아', 곧 '나쁜 길'이라고 부르는 죄를 지었다고 부드럽게 지적했다.[2] 부끄러운 말이지만, 나는 그녀의 어머니가 트라키아 사람이라고도 언급했다. 그렇게 말한 것도 큰 잘못이었다.

상처가 약간 아물어갈 때, 나와 유오디아가 벌인 소란이 우리를 해칠 뿐만 아니라 주변에 있는 사람들에게 복음을 증언하는 일에도 나쁜 영향을 끼친다는 사실을 깨달았다. 우리는 "한마음"을 품지 못했다. 그래서 우리는 그리스도의 메시지(화해의 메시지)를 온전히 선포할 수 없었다.

유오디아와 나는 여러 해 동안 복음 안에서 함께 행하고, 함께 일했다. 나는 매우 가깝게 지냈던 사람과 사이가 나빠지는 것이 싫다. 하지만 그녀는 왜 나를 그렇게 대했을까? 아마 내가 그녀를 찾아가야 할 것이다. 바울이 편지에서 자신의 이익보다 다른 사람들의 이익을 더 중요하게 여겨야 한다고 말한 것은 무슨 뜻일까? 우리가 그리스도처럼 자신을 낮추고 마음을 비워야 한다는 뜻일까? 하지만 나는 이 상처와 분노를 어떻게 처리해야 할까?

물론 순두게(독백의 화자)와 유오디아가 왜 껄끄러운 관계가 되었는지 구체적으로 알 수는 없다. 그들의 관계가 망가진 것이 사역 문제로 인한 갈등 때문인지, 개인적인 문제 때문인지, 아니면 또 다른 문제 때문인지 우리는 모른다. 현대 교회에서 갈등은 종종 개인적 문제나 사역과 관련된 문제들이 복합적으로 얽혀서 생기지 않는가? 내가 이렇게 역사적 픽션을 쓴 것은 추측을 하자는 것이 아니다. 이런 여성들이 살던 세상으로 독자들을 이끌어서 1세기 빌립보에 대한 상상력을 불타오르게 하고, 빌립보 교회가 직면했던 도전(예를 들어, 분열, 당국의 박해)을 주목하게 하며, 실제로 육신과 뼈와 감정이 있고 영적 싸움을 벌이는 '구체화된' 그들의 순간을 보여주고자 했다. 우리와 빌립보 교인은 수천 년의 시간과 거리 그리고 언어적, 문화적

2. 유오디아라는 이름은 '좋은 길' 또는 '좋은 여행'이라는 뜻이다.

배경에 의해 아주 멀리 떨어져 있지만, 그들은 힘겨운 시간과 어려운 환경 속에서 그리스도를 섬기려고 노력하며 애썼던 실존하는 사람이었다. 그들은 또한 인간관계 문제로 몸부림쳤다. 다시 말해, 우리는 그들과 공유하고 있는 것이 매우 많다. 바로 이 지점에서 이 서신은 우리에게 많은 소망과 도움을 줄 수 있다.

빌립보서를 읽을 때, 우리는 놀라울 정도로 풍성한 내용을 담고 있으며 큰 사랑을 받은 신약의 책을 만난다. 잠시 생각해보아도, 많은 신자는 다음과 같은 익숙한 구절들을 떠올릴 수 있다. "너희 안에서 착한 일을 시작하신 이가 그리스도 예수의 날까지 이루실 줄을 우리는 확신하노라"(빌 1:6). "이는 내게 사는 것이 그리스도니 죽는 것도 유익함이라"(빌 1:21). "푯대를 향하여 그리스도 예수 안에서 하나님이 위에서 부르신 부름의 상을 위하여 달려가노라"(빌 3:14). 또 빌립보서 중심 부분의 입구에 크게 자리잡은 2:6–11의 이른바 그리스도 찬송가는 성경 전체에서 가장 유명하고, 가장 많이 연구되며, 신학적으로 매우 강력한 구절 중 하나다. 실제로 빌립보서 전체는 "서양 문화의 기초를 이루는 문서 중 하나"[3]로 칭송받았다. 그리고 우리 중 많은 사람에게 빌립보서는 영적 삶을 위한 견고한 토대가 되고, 힘든 시기에 용기를 주며, 미래를 향해 나아갈 때 힘을 주는 원천이다. 우리 손에는 심오하고도 실용적인 책, 앞으로 우리가 살펴볼 것처럼 면밀하게 연구할 만한 가치가 있는 책이 들려 있다.

빌립보서는 우리를 결승선으로 이끌어가는 힘이 넘치고 혈통이 좋은 경주마와 같다. 이 편지에는 은혜와 힘이 넘치고, 장거리 경주를 위한 인내가 담겨 있다. 빌립보서 한 절 한 절은 풍부한 영양분으로 영혼을 채우는 산해진미가 가득한 잔치와 같다. 여기에는 생명을 유지시켜주는 자양물과 기쁨이 있다. 빌립보서는 암석이 곳곳에 자리 잡은, 낯설지만 아름다운 해안과 같다. 어느 지점은 탐색하기 어렵지만, 눈을 뗄 수 없을 정도로 매력적이다. 빌립보서는 깊이, 모험, 담대함으로 우리를 초대한다. 여기에는 경이로움과 신비와 용기가 있다. 빌립보서는 친구와 커피나 차를 마시면서 나눈 그 어떤 대화보다도 더욱 풍성하고 더 큰 위로를 준다. 여기에는 친근함과 따뜻함과 격려가 있다. 빌립보서는 순전한 기쁨이다.

그러므로 이어지는 서론의 목적은 바울이 교회에 보낸 이 서신을 제대로 다루기 위해 견고한 기초를 놓는 것이다. 특히 빌립보서가 쓰인 상황의 여러 측면, 즉 역사적, 정치적, 문화적, 종교적, 문학적 측면을 다룰 것이다. 이 아름답고, 강력하며, 여전히 유의미한 빌립보서의 메시지를 더 분명하게 이해하고, 그 메시지를 따라 더 신실하게 살도록 하기 위함이다. 나는 내가 속한 광범위한 학문 세계의 열매를 활용하려고 하지만, 나의 주요 청중은 그리스도를 따르는 동료들이다. 그들은 전임 사역을 하는 목회자와 교회에서 평신도로 봉사하는 성도다. 교회 안의 형제자매가 빌립보서를 더 효과적으로 가르치고, 설교하며, 그 진리를 따라 살도록 도와줄 수 있다면, 이 책을 쓴 나의 수고는 헛되지 않다.

3. Paul A. Holloway, *Philippians: A Commentary* (Minneapolis: Fortress, 2017), xi.

1세기 중엽의 빌립보

정치적 배경

유오디아와 순두게는 비교적 작지만 정치적으로 영향력이 있는 도시에 살았다. 빌립보인은 그 도시를 철저하게 로마로 보았다. 하지만 대부분의 고대 도시처럼 1세기 중엽 빌립보의 정치적 지위, 인종적 구성, 문화적 에토스가 형성되는 과정은 우여곡절이 많았다.[4] 빌립보는 주전 360년에 타소스 섬에서 온 그리스 식민지 주민들이 트라키아 지역에 세운 정착지로 시작되었다. 그 당시에 빌립보는 크레니데스(Krenides)로 불렸는데, 이는 도시 뒤편에 어렴풋이 보이는 언덕 주변에서 용솟음치는 "많은 샘들"에서 따온 이름이었다(Appian, *Civil Wars* 4.105). 도시의 남쪽으로는 커다란 습지가 있었고, 남동쪽으로 13킬로미터 떨어진 곳에 에게해의 북쪽 끝 항구인 네압볼리가 있었다. 빌립보 앞에는 비옥한 토양의 평야가 넓게 펼쳐져 있었고, 저 멀리 산맥이 솟아 있었다.[5]

주전 356년, 도시가 세워진 후 몇 년이 지나지 않아 필리포스 2세가 크레니데스를 정복했다. 그는 불과 3년 전 마게도냐의 왕이 된 사람이었다. 전략적으로 방어하기 좋은 위치, 이미 갖추어져 있던 상수도, 남서쪽에 위치한 판가이온 산의 광산이 필리포스의 관심을 끌었다. 그는 새로운 성벽을 세우고, 인구를 늘렸으며, 자신의 이름을 따라 도시의 이름을 바꾸어 그곳을 장악했다.[6] 필리포스는 트라키아 사람들이 오랫동안 금과 은을 채굴해온 광산을 통해 부를 축적했고, 이는 그가 군대를 확장하여 마게도냐 왕국을 더 강력하게 지배할 수 있는 수단이 되었다.[7] 필리포스 2세가 죽은 뒤 그의 아들 알렉산드로스가 왕위를 물려받으면서 지중해 세계의 문화에 강력하게 영향을 미친 사건들이 일어나기 시작했다. 알렉산드로스가 그리스를 정복한 뒤 그리스의 언어와 문화가 지중해 지역 및 그 너머로 퍼져나갔고, 그 유산은 결국 빌립보서가 헬라어로 작성되는 데까지 이어졌을 것이다. 헬라어는 바울 시대에 공용어로 오래 사용되어왔기 때문이다.

하지만 다음 1세기 반에 걸쳐 권력의 힘이 이동하면서 그리스인은 주전 168년 피드나 전

4. Eduard Verhoef, *Philippi-How Christianity Began in Europe: The Epistle to the Philippians and the Excavations at Philippi* (London: Bloomsbury T&T Clark, 2013), 1–7.
5. Charalampos Bakirtzēs and Helmut Koester, eds., *Philippi at the Time of Paul and after His Death* (Harrisburg, PA: Trinity Press International, 1998), 5–7. 빌립보와 그 주변 지역의 고고학과 지리에 대해서는 Peter Oakes, *Philippians: From People to Letter*, SNTSMS 110 (Cambridge: Cambridge University Press, 2001), 3–11에 수록된 자료 평가 및 개관을 보라.
6. Bakirtzēs and Koester, *Philippi at the Time of Paul*, 6–7; Craig Steven De Vos, *Church and Community Conflicts: The Relationships of the Thessalonian, Corinthian, and Philippian Churches with their Wider Civic Communities*, SBLDS 168 (Atlanta: Scholars Press, 1999), 234–36.
7. Lee Martin McDonald, "Philippi," in *DNTB* 787.

투에서 결국 로마인들에게 정복당하고 말았으며, 빌립보는 로마의 손에 넘어갔다.[8] 20년 후 비아 에그나티아(*Via Egnatia*)가 건설되면서 빌립보시의 위치는 더욱 중요해졌다(주전 약 145–130년). 빌립보시를 동에서 서로 관통하는 이 도로 덕분에 다른 도시로 여행하는 것이 더욱 쉬워졌다.[9]

또 한 세기가 흐른 후, 빌립보시는 주전 42년 빌립보 전투에서 고대의 세계 무대에 올라 널리 알려지는 순간을 맞이하게 된다. 빌립보시 앞에 펼쳐져 있는 넓은 평야는 전쟁터가 되었다. 그곳이 바로 율리우스 카이사르의 암살에 관여했던 브루투스와 카시우스의 군대가 삼두정치가들인 안토니우스와 옥타비아누스에게 패배한 곳이다. 패배를 피할 수 없다고 생각한 브루투스와 카시우스는 자살한다. 빌립보시는 그 승리를 경축하면서 '승리의 빌립보 식민지'(*Colonia Victrix Philippensium*)로 이름을 바꾸고, 로마 식민지의 지위를 얻었다. 이를 통해 시민들은 커다란 시민적 혜택을 누렸다. 그로부터 약 10년이 흐른 주전 31년, 옥타비아누스와 안토니우스의 정치적 연대가 무너지고, 악티움 해전에서 안토니우스가 옥타비아누스에게 패배한다. 이 결정적인 승리 후 군대가 대규모로 이동하는 과정에서, 안토니우스를 지지했던 토지를 소유한 이탈리아 농부들과 일부 군인이 빌립보에 정착했다. 이때 다시 이름이 바뀌었는데, 이번에는 '아우구스투스 율리우스의 빌립보 식민지'(*Colonia Iulia Augusta Philipensis*)로 바뀌었다(Dio Cassius, *Roman History* 51.4.6).[10] 이와 같이 빌립보시는 철저한 로마화의 길 위에 확고하게 들어섰고, 그 도시의 정체성은 대도시 로마와 긴밀하게 연결되었다.

문화적 상황

지리적 관점에서 바울이 서쪽으로 이동하면서 결국 빌립보에 가는 것은 자연스러운 일이었다. 아피아누스는 빌립보를 유럽과 아시아 사이에 있는 "관문"이라고 불렀다.[11] 주후 49/50년 겨울 바울이 빌립보에 도착했을 때, 그는 인구가 약 1만 명에 달하는 로마 식민지를 만났다. 당시 빌립보는 로마시와 문화적, 정치적으로 깊은 유대를 맺고 있었다.[12] 빌립보 시민은 실제로 로마시의 시민으로 간주되었다. 로마인은 빌립보 인구의 약 40퍼센트를 차지하고 있었다.[13]

---

8. Edgar M. Krentz, "Military Language and Metaphors in Philippians," in *Origins and Method: Towards a New Understanding of Judaism and Christianity: Essays in Honour of John C. Hurd*, ed. Bradley H. McLean, JSNTSup 86 (Sheffield: Sheffield Academic Press, 1993), 11–12; Markus N. A. Bockmuehl, *A Commentary on the Epistle to the Philippians* (Grand Rapids: Baker, 2013), 3.

9. Steve Booth, "Philippi: A Historical and Archaeological Study," *BI* 37 (2011): 40. 그 길은 제국의 동쪽 끝에서부터 로마로 뻗어 있었다.

10. Krentz, "Military Language and Metaphors in Philippians," 11–12; Peter Pilhofer, *Philippi: Band I. Die erste christliche Gemeinde Europas*, WUNT 87 (Tübingen: Mohr Siebeck, 1995), 78.

11. Appian, *Civil Wars* 4.106.

12. 바울이 방문한 다른 로마 식민지는 비시디아 안디옥, 루스드라, 이고니온, 드로아, 고린도였다. Cédric Brélaz, "First-Century Philippi: Contextualizing Paul's Visit," in *The First Urban Churches 4: Roman Philippi*, ed. James R. Harrison and L. L. Welborn, WGRWSup 13 (Atlanta: SBL Press, 2018), 153을 보라.

13. 빌립보의 로마 시민들은 로마 출신의 시민으로 빌립보에 이주해온 사람들, 시민권을 얻거나 수여받은 리베르티(*liberti*, 식민지 주민의 이전 노예)나 그들의 후손, 그리고 어떻게든 시민이 된 그리스인으로 구성되어 있었다(Oakes, *From People to Letter*, 71).

그들은 대부분의 토지를 소유하고 있었고, 정치적 리더십을 독점했으며(로마의 정치 체계를 따라 형성되었으며, 두 명의 최고 행정관이 이를 이끌었다), 가장 많은 부와 가장 높은 사회적 지위를 차지했고, 절대 다수였던 그리스 사람보다 법적으로 우위에 있었으며, 공식적인 비문과 문서에 라틴어를 사용했다. 빌립보 도서관에는 헬라어 두루마리뿐만 아니라 라틴어 두루마리도 있었을 것이고, 거리에서 사용되는 많은 동전은 로마풍으로 만들어졌을 것이다. 심지어 빌립보시는 라틴어로 연기하는 극단의 지도자까지 고용했다.[14] 빌립보가 식민지로서 지닌 지위와 시민들의 자부심은 언제나 두드러지게 드러났을 것이다. 로마 시민권은 조세 면제는 물론이요, 재산과 법적 권리를 부여했기 때문이다.[15] 따라서 처음으로 빌립보 여행을 하는 바울의 옷을 벗기고 공개적으로 잔인하게 때리며 감옥에 가둔(이는 모두 재판도 하지 않은 로마 시민에게 할 수 없는 불법 행동이었다) 관리의 면전에 로마 시민권을 제시한 것은(행 16:19–40) 참으로 영민한 조치였다.

사도행전에서 누가는 빌립보를 "마게도냐 지방의 첫 성이요 또 로마의 식민지"(πρώτη μερίδος τῆς Μακεδονίας πόλις, κολωνία, 행 16:12)로 묘사한다. 엄밀하게 말하면 데살로니가가 마게도냐의 수도였고, 빌립보가 위치한 지역의 수도는 암비볼리였다. 그래서 누가는 몇몇 영어 번역본에서 '첫째가는'(leading, πρώτη)으로 번역된 용어를 로마 식민지인 빌립보가 매우 높은 지위에 있고 존경받는 도시였다는 의미에서 경칭으로 사용했을 수 있다.[16] 어쨌든 빌립보에 도착했을 때 바울은 훨씬 더 큰 이웃 도시인 데살로니가 혹은 고린도와 비교하면 규모는 작았지만 자신감이 넘치는 한 도시를 만났던 것이다.

바울이 네압볼리 항구에서 위쪽으로 올라와 빌립보의 동쪽 끝에 있는 네압볼리 문을 통과할 때, 그는 오른쪽에 우뚝 솟은 대형 극장을 지나갔다. 아크로폴리스 아래에 위치한 그 건축물은 약 8천 명을 수용할 수 있는 규모였다.[17] 그 언덕을 따라 더 올라가면 로마 국가의 신들에게 바친 계단식 공간에 위치한 카피톨리움(*Capitolium*)을 볼 수 있었다. 바울은 빌립보시를 지나면서 로마식 목욕탕, 운동 트랙, 도서관, 주거 단지를 비롯해 분수, 미술관, 기념물, 상점이 있는 공공장소인 큰 포럼을 보았을 것이다. 포럼 뒤 남쪽으로는 식품 및 육류 시장과 경기장과 화장실이 있었다.[18]

빌립보시는 최근 도시 계획을 추진하여 대대적으로 재건 작업을 거친 상태였다. 아름답고도 현대적인 건물과 기념물이 도시 사방에 세워졌다. 바울 및 그와 함께 여행하는 동료들에

14. Peter Oakes, "The Imperial Authorities in Paul's Letter to Predominantly Greek Hearers in the Roman Colony of Philippi," in Harrison and Welborn, *First Urban Churches*, 226.

15. Oakes, *From People to Letter*, 74–75; Bockmuehl, *Philippians*, 4.

16. 단연 가장 강력한 사본의 지지를 받는 본문은 πρώτη μερίδος τῆς Μακεδονίας πόλις, κολωνία다. 하지만 다른 학자들은 원문을 "마게도냐의 첫 번째 지역(πρώτης μερίδος)에 있는 도시"로 읽어야 한다고 제안했는데, 이것이 그 당시의 정치적 상황과 일치할 것이다. 여기에서 본문 이형에 관한 토론에 대해 특히 다음을 보라. Bruce M. Metzger, *A Textual Commentary on the Greek New Testament* (Stuttgart: United Bible Societies, 1994), 393–95; Mikael Tellbe, *Paul between Synagogue and State: Christians, Jews, and Civic Authorities in 1 Thessalonians, Romans, and Philippians*, ConBNT 34 (Stockholm: Almqvist & Wiksell, 2001), 217; Brélaz, "First Century Philippi," 166.

17. Oakes, *From People to Letter*, 44–45.

18. Verhoef, *Philippi*, 60.

게 빌립보는 매우 로마적인 도시로 보였을 것이고, 따라서 인상적으로 느껴졌을 것이다.[19] 거리에는 로마인, 그리스인, 마게도냐 지역의 토착민, 비아 에그나티아 혹은 바다를 통해 지중해를 가로질러 온 방문객으로 북적였다. 바울은 빌립보와 다른 지역에서 온 상인, 노예, 장인, 농부, 제사장 그리고 다양한 직종의 수많은 사람을 지나쳤을 것이다.

앞에서 언급한 대로, 빌립보시는 약 1만 명의 인구를 자랑했다. 이에 더해 빌립보시 외곽의 교외에 5천 명이 거주했고, 1,900제곱킬로미터에 해당하는 전체 영토에 총 약 4만 6천 명이 살았다. 피터 오크스(Peter Oakes)는 다음과 같이 개략적으로 인구를 분류한다.[20]

· 엘리트	3퍼센트
· 식민지 농부	20퍼센트(반은 소유, 반은 임차)
· 서비스 제공자들	37퍼센트(그리스인과 로마인의 혼합)
· 노예	20퍼센트
· 빈민	20퍼센트(주로 그리스인들)

공동체나 시민 집단은 사람들에게 집단 정체성을 부여하는 데 중요한 역할을 했을 것이다.[21] 많은 주석가가 빌립보시의 군사적 배경과 초기의 방향성을 퇴역 군인 인구에 초점을 맞춘다. 하지만 바울은 빌립보가 로마 식민지로 세워진 지 거의 1세기가 지나 그곳에 갔고, 바울 당시 퇴역 군인 인구는 아마 3퍼센트에 불과할 정도로 적었을 것이다.[22] 빌립보의 에토스는 주로 두 가지 요인의 지배를 받았다. 첫째, 로마시와의 관계 그리고 둘째, 크고 비옥한 평야에 위치한 농업적 배경이다. 고린도, 아덴, 에베소 같은 도시의 부는 지중해 세계의 상업 중심지라는 위치에서 나왔던 반면, 빌립보의 '부'는 주로 그 경작지에서 나왔다.

종교적 다양성

빌립보에 도착한 바울은 대부분의 그리스 로마 도시처럼 다양한 문화적 기원을 둔 여러 여신과 남신에 대한 종교적 헌신이 강한 도시를 만났을 것이다.[23] 고고학적 증거에 따르면, 빌립보 사람들은 로마, 그리스, 트라키아 신뿐만 아니라, 이집트, 시리아, 아나톨리아 신들을 숭배했다. 그들 중에는 '지극히 높은 신'으로 알려진 주피터가 있었다(참고. 행 16:17). 튀케, 판, 니케, 아테나, 헤라클레스, 에노디아 헤카테, 머큐리, 마르스, 아폴로, 디오니소스, 비너스, 미네르바, 키벨레와 아티스, 이시스, 세라피스 등 많은 신을 빌립보에서 찾아볼 수 있었다.[24] 전원 지

19. Brélaz, "First Century Philippi," 156.
20. Oakes, *From People to Letter*, 40–54; Verhoef, *Philippi*, 16–17.
21. De Vos, *Church and Community Conflicts*, 287.
22. Oakes, *From People to Letter*, 53.
23. 빌립보시에 있는 매우 다양한 종교 집단들에 대해서는 Pilhofer, *Philippi*, 92–113을 보라.
24. Tellbe, *Synagogue and State*, 214–15.

역과 사냥의 여신 디아나(그리스 여신 아르테미스의 로마식 이름)는 농촌 공동체에서 숭배했다. 디아나와 그녀의 헌신적인 추종자가 묘사된 그림이나 비문 등이 아크로폴리스 여기저기에서 발견되었다. 그중 대다수가 그 도시를 향하고 있고, 언덕에 있는 그림과 비문의 50퍼센트를 차지한다.[25] 풍요, 초목, 과수원, 포도 수확, 포도주 양조, 포도주의 신인 디오니소스(즉, 바쿠스)를 숭배하는 것도 농업 중심의 배경에서는 당연했다. 다른 대중적인 신으로는 로마의 신 실바누스와 트라키아의 기수(Thracian Rider)가 있었다.[26]

그럼에도 로마의 국가 종교, 특히 황제 숭배가 빌립보시의 중심부를 지배했던 것 같다.[27] 로마 역사에서 빌립보가 차지한 중요한 위치 그리고 로마 제국을 탄생시킨 옥타비아누스와 빌립보시의 연관성 때문에 아우구스투스, 그의 아내 리비아, 아우구스투스 가문의 구성원들에 대한 숭배가 이루어졌다. 일례로 빌립보의 포럼에 그들의 조각상이 세워졌다.[28] 행정부 수반이 황제 숭배의 대제사장 역할도 수행하는 등 정부와 종교가 결합되었다. 식민지의 이름이 나오는 비문들은 클라우디우스 같은 로마 황제의 도무스 디비나(*domus divina*)를 때때로 신적 칭호를 사용해서 찬양한다.[29] 빌립보에서 정부, 종교, 사업이 결합되면서 작은 기독교 공동체는 이상하고 불온한 집단처럼 보일 수밖에 없었다. 앞으로 빌립보서를 자세히 살펴보면서 우리는 로마 종교가 빌립보를 지배하고 있는 배경에 비추어 읽어야 하는 여러 구절을 발견할 것이다. 예를 들어, 하나님이 예수님을 모든 사람이 무릎 꿇을 "주"로 높이셨다는 바울의 담대한 선언(빌 2:10–11)이 그에 해당한다. 이 고백은 가이사의 집에까지 전파되었다(4:22).

바울의 빌립보 사역

바울이 빌립보서의 저자라는 것은 거의 의문시되지 않았고,[30] 그렇게 할 이유도 없다.[31] 수페르스크립티오(*superscriptio*)[32]에 디모데가 포함되어 있지만, 빌립보서는 바울의 관점에서 쓰인 것이 명백하다. 전반적으로 바울은 자신을 언급하기 위해 동사와 대명사의 단수형을 사용하며, 디모데를 3인칭으로 언급한다(2:19–23).

---

25. Verhoef, *Philippi*, 62.

26. Bockmuehl, *Philippians*, 7.

27. 그의 입장은 과장되어 있지만, Lukas Bormann, *Philippi: Stadt und Christengemeinde zur Zeit des Paulus*, NovTSup 78 (Leiden: Brill, 1995)을 보라.

28. Tellbe, *Synagogue and State*, 214–15.

29. Tellbe, *Synagogue and State*, 216–17.

30. F. C. Bauer의 과격한 입장은 예외다. Richard R. Melick, *Philippians, Colossians, Philemon*, NAC 32 (Nashville: Broadman & Holman, 1991), 30에 나오는 논의를 보라.

31. Morna Hooker, "Philippians," in *The Cambridge Companion to St. Paul*, ed. James D. G. Dunn (Cambridge: Cambridge University Press, 2003), 105.

32. 당대의 편지는 종종 발신자의 이름을 밝히는 수페르스크립티오, 수신자의 이름을 언급하는 아드스크립티오(*adscriptio*), 그리고 공식적인 인사말인 살루타티오(*salutatio*)를 포함한 서문으로 시작했다. Hans-Josef Klauck and Daniel P. Bailey, *Ancient Letters and the New Testament: A Guide to Context and Exegesis* (Waco, TX: Baylor University Press, 2006), 17–18을 보라.

바울의 배경 중 최소한 세 가지 측면이 빌립보서 및 바울의 빌립보 사역에서 찾아볼 수 있는 것과 잘 맞는다. 첫째, 바울은 로마 시민으로(행 16:37–38; 22:27–28), 로마 제국의 훌륭한 교육 중심지이자 로마의 생활과 역사에서 중요한 위치를 차지하고 있던 도시인 다소에서 자랐다. 따라서 바울은 빌립보 거리에서 찾아볼 수 있는 로마 문화 및 정치를 잘 이해했다. 바울이 "시위대"(τὸ πραιτώριον, 1:13)와 "가이사의 집"(ἡ Καίσαρος οἰκία, 4:22)을 언급하는 것, "빌립보 사람들아"(φιλιππήσιοι, 4:15)라고 라틴 어투로 말하는 것, 시민권과 관련된 언어를 사용하는 것(πολιτεύεσθε, 1:27; πολίτευμα, 3:20) 그리고 반대의 위협 아래 결속하는 시민들의 이미지 등, 이 모든 것은 그가 로마의 삶과 문화에 익숙함을 나타낸다.[33]

둘째, 바울의 유대적 배경이 그의 표현과 신학에 반영되어 있다. 학자들은 점차 그의 유대인다움이 정체성의 핵심이라는 점을 인정한다. 우리가 빌립보서 3:5–6에서 분명하게 알 수 있듯, 사도의 유대적 유산은 그의 삶과 사역을 이해하는 심오한 기준점을 제공한다.[34] 그 유산은 빌립보서에서 분명하게 빛난다. 예를 들면, 빌립보 교인의 "평강"(1:2)을 바라는 바울, 그들을 위한 바울의 기도 패턴(1:3–11), 주님의 날을 사모함(1:10), 부활에 대한 소망(3:11, 21) 그리고 승귀하신 메시아에 대한 성경 말씀으로 가득한 찬양(2:6–11)에서 찾아볼 수 있다.[35] 사실 빌립보서에서 명시적으로 성구가 인용된 부분은 없지만, 앞으로 살펴볼 것처럼 바울은 빌립보서에 구약의 언어를 많이 끼워 넣었다.[36]

셋째, 가장 중요한 것으로 바울은 자신을 지중해 세계 전역 그리고 특별히 이방인에게 복음을 전파하도록 주 예수 그리스도가 보내신 특별한 사명을 받은 사도요 선교사로 이해했다(롬 11:13; 갈 2:8). 바울은 이 소명으로 지중해 세계에 나가 교회를 개척했고, 빌립보 교회는 그와 가장 가까운 사람들 사이에서 세워진 교회였다.

사도행전[37]은 바울과 그의 선교팀이 드로아에 있었을 때 바울이 "마게도냐 사람 하나가 서서 그에게 청하여 이르되 마게도냐로 건너와서 우리를 도우라"고 말하는 환상을 본 것을 묘사한다(행 16:9). 이에 반응하여 그들은 하나님이 마게도냐 사람들에게 복음을 전하도록 부르셨다고 결론 내리고, 즉시 에게해의 북동쪽을 건너가는 여행을 준비했다(10절). 사도행전의 저자인 누가는 이 그룹에 속해 있었던 것 같다. 왜냐하면 여기에서 저자가 3인칭 지시 대상에서 1인칭 복수로 바꾸어 사용하기 때문이다(16:10–17; 20:5–15; 21:1–18; 27:1–37; 28:1–16). 그 과정

---

33. Oakes, *From People to Letter*, 65–66.

34. Jörg Frey, "Paul's Jewish Identity," in *Jewish Identity in the Greco-Roman World/Jüdische identität in der griechischrömischen Welt*, ed. Jörg Frey, Daniel R. Schwartz, and Stephanie Gripentrog, Ancient Judaism and Early Christianity 73 (Leiden: Brill, 2008), 285–88; John Koenig, *Jews and Christians in Dialogue: New Testament Foundations* (Philadelphia: Westminster, 1979), 38.

35. 빌립보서 2:6–11에 기록된 그리스도 찬송가의 배경으로서 이사야서 53장에 대해, 이 책의 2:5–11 주석에서 '심층 연구: 찬송가로서 빌립보서 2:6–11'을 보라.

36. Jeffrey T. Reed, *A Discourse Analysis of Philippians: Method and Rhetoric in the Debate over Literary Integrity*, JSNTSup 136 (Sheffield: Sheffield Academic Press, 1997), 291을 보라.

37. 사료로서 사도행전에 대한 비판적 평가에 대해, Bockmuehl, *Philippians*, 11–12를 보라. 또 사도행전 16장에서 누가가 묘사한 빌립보의 정확성에 대해 Pilhofer, *Philippi*, 153–59를 보라. 최근 학계는 사도행전의 역사적 가치를 높이 평가하는 방향으로 나아갔다.

에서 바울과 선교팀은 사모드라게와 네압볼리 항구에 잠깐 머물렀지만 즉시 빌립보로 떠났다. 바울은 아마도 49–50년 겨울에 빌립보의 동쪽 끝에 있는 네압볼리 문을 걸어서 통과했을 것이다. 이후 여러 날에 걸쳐 바울과 그의 동역자들은 빌립보에 교회를 개척했다.

사도행전 16:12–40에 기록된 사건은 매우 유명하다. 안식일에 바울과 그의 동료들은 강가에 있는 "기도할 곳"(προσευχή, 13절)을 찾아갔다.[38] 거기에서 그들은 한 무리의 여성을 만났다. 그중에는 두아디라 출신의 사업가로 하나님을 경외하는 루디아가 있었는데, 그녀가 마음 문을 열고 복음을 받아들였다. 루디아의 가족도 세례를 받았고, 그녀는 선교사들을 집으로 초대해 머물도록 했다. 1세기 중엽 빌립보에는 유대인 회당이 없었기 때문에, 바울은 늘 하던 대로 먼저 회당을 찾아가 사람들에게 복음을 전할 수 없었다(행 13:5, 14–15; 17:1–2, 10; 18:4; 19:8). 따라서 처음부터 빌립보 교회는 유대인 공동체가 없는 상태에서 세워진 것으로 보이고, 중요한 교인 중 한 사람은 모임을 열 수 있을 만큼 큰 집을 소유하고 있으며 하나님을 경외하는 여자 사업가였다.[39]

이후 바울 일행은 다시 기도처로 가는 길에 귀신 들린 여종을 만났다. 점치는 일로 주인에게 많은 돈을 벌게 해준 사람이었다. 그녀는 여러 날 동안 계속해서 "이 사람들은 지극히 높은 하나님의 종으로서 구원의 길을 너희에게 전하는 자라"고 외쳤다(행 16:17). 바울은 그 소리 때문에 몹시 괴로워했고, 참을 만큼 참다가 마침내 그녀에게서 귀신을 내쫓았다(18절).[40] 돈을 벌게 해주는 귀신이 떠나갔음을 알아차린 여종의 주인들은 바울과 실라를 관리 앞으로 끌고 갔다. 관리들은 바울과 실라를 매로 때리고, 감옥에 가두어 엄중히 감시했다(19–24절). 하지만 바울과 실라가 한밤중에 찬송가를 부르자 하나님이 지진을 일으키셔서 옥문을 여시고 그들을 구출하셨다. 하나님은 또한 간수와 그의 가족의 마음을 여시고 복음을 받아들이게 하셨다. 이 이야기는 바울과 실라가 감옥에서 풀려난 뒤 로마 시민인 그들이 재판도 받지 않고 매를 맞았다는 이야기를 듣고 관리들이 두려워하는 것으로 끝난다. 잠시 루디아의 집에서 모인 빌립보 교회는 그들이 새로 발견한 신앙에 대해 격려를 받았고, 곧이어 사도와 그의 동역자들은 데살로니가로 떠났다(25–40절). 그 후 여러 해에 걸쳐 빌립보인들은 바울의 데살로니가 선교를 몇 차례 후원했다(빌 4:16). 우리에게 있는 정보에 따르면 바울은 5년 후까지, 아마도 55년 겨울까지 빌립보로 돌아가지 않은 것 같다.

이와 같이 빌립보를 처음 방문한 후 바울은 데살로니가, 베뢰아, 아덴을 거쳐 고린도로 가서 18개월을 보내면서 나중에 많은 문제를 일으킬 교회를 세웠다(행 17:1–18:1). 바울이 고린도에 머무르는 동안, 빌립보인들은 다시 한번 헌금을 보냈다(고후 11:9). 바울은 그다음 3년 동안 많은 시간을 에베소에서 보냈는데, 그가 선교의 중심을 아시아의 이 대도시로 옮기면서 그곳

38. 언급된 강은 빌립보시 남쪽 문 바로 바깥에 있었을 가능성이 높다. 그곳은 성벽에서 불과 약 50미터 떨어져 있었다. Bockmuehl, *Philippians*, 15를 보라. 그는 Pilhofer, *Philippi*, 171–73을 따른다.

39. Charles B. Cousar, *Philippians and Philemon: A Commentary* (Louisville: Westminster John Knox, 2009), 6.

40. 동사 διαπονέομαι는 극심한 소란 혹은 방해라는 의미로 사용될 수 있었다. 찬성 의견으로 BDAG 244.

에 "사는 자는 유대인이나 그리스인이나 다 주의 말씀을 [들었다]"(행 19:10).

그 후 54년 늦여름, 폭동이 일어나 바울은 에베소를 떠날 수밖에 없었다. 바울은 드로아를 향해 북쪽으로 이동한 후 마게도냐로 갔다. 사도행전은 마게도냐로 가는 이 여행을 간단히 이야기한다. "그 지방으로 다녀가며 여러 말로 제자들에게 권하고"(20:2). 그리고 여기에는 분명히 빌립보인들이 포함되었을 것이다. 확실히 알 수는 없지만, 고린도후서 또는 그 일부가 54/55년 가을부터 겨울 동안 빌립보에서 작성되었을 가능성이 있다(고후 9:1-2을 보라). 바울이 다음 여러 달 동안 마게도냐에서 사역하고, 아마도 일루리곤 주변까지 여행한(롬 15:19) 후 고린도로 돌아가서 56년 1월부터 3월까지 로마서를 썼을 것 같다. 그해 봄에, 배를 타고 수리아로 가려고 계획했던 바울은 대적자들 때문에 일정을 바꾸어 마게도냐를 거쳐 가기로 했다. 바울은 거기에서 다시 빌립보 교회에서 시간을 보내고, 무교절 후에 빌립보 항구에서 배로 떠났다(행 20:3-6). 예루살렘에 돌아왔을 때, 바울은 로마의 구금 상태에 놓였다.

49-50년 겨울	바울이 처음으로 빌립보에 도착하다.
54년 늦여름	바울이 에베소에서 2년 3개월 동안 체류한 후(행 19:8-10) 폭동(8월?)으로 그 도시를 떠나다.
54/55년 가을-겨울	드로아와 마게도냐에서 사역하고, 바울이 마게도냐에서 고린도후서를 쓰다.
55년 겨울-가을	마게도냐와 일루리곤에서 사역하다(롬 15:19).
55년 가을-겨울	마게도냐를 거쳐 그리스로 돌아가다.
56년 봄(3월 말?)	음모로 인해 바울이 배를 타고 수리아로 돌아가려는 계획을 취소하고, 마게도냐를 거쳐 돌아가기로 하다.
56년 4월	바울이 무교절 후에 배를 타고 빌립보를 떠났고(행 20:6), 최종적으로 예루살렘에 이르게 될 여행을 시작한다. 바울은 나중에 그곳에서 로마의 구금 상태에 놓일 것이다.
56-58년 가을	바울이 예루살렘에서 체포되고, 가이사랴에서 감금되다.
58-61년 겨울	바울이 로마로 이송되어 2년 동안 감금되다(빌립보서 저술?).

이와 같이 사도행전에 따르면 바울은 적어도 세 번 빌립보에서 직접 사역했다. 그리고 바울이 빌립보서(1:3-8; 2:12-13; 4:1, 15-17)와 고린도후서에서 "마게도냐 교회"에 대해 한 말(고후 8:1-5)에 비추어볼 때, 바울이 이 교회에 큰 애정을 갖고 있었던 것이 분명하다. 하지만 훨씬 더 중요한 것으로 빌립보서는 "그(그리스도)의 이름을 위하여 모든 이방인 중에서 믿어 순종하게 하[는]"(롬 1:5) 바울 선교의 핵심적인 측면을 구현한다. 바울이 빌립보의 형제자매에게 주는 가르침은 그들이 그리스도께 순종하는 가운데 성장하도록 돕고, 그들이 더 넓은 이방인 세계를 향한 바울의 선교에 동참하도록 도전하기 위한 것이다(빌 1:5; 4:15-18). 그렇다면 바울은 언제, 어디에서 빌립보서를 썼는가? 이제 이런 문제를 살펴볼 차례다.

빌립보서 작성

바울이 빌립보서를 쓴 장소

빌립보서의 저자가 바울인 것은 의심받은 적이 거의 없지만, 사도가 서신을 쓴 장소와 연대는 상당한 논란이 되어왔다. 이 문제를 둘러싼 논의가 광범위하고 미로같이 복잡하기 때문에, 여기에서는 그저 간단히 개관을 해보고자 한다. 그에 앞서 신약을 해석하고 가르치는 과정에서 그런 문제들이 어떤 역할을 차지하는지 잠깐 생각해보자.

역사는 중요하다. 하나님은 특별한 시간, 장소, 방법으로 그분의 말씀을 우리에게 주셨기 때문이다. 그러므로 신약 성경의 배경과 역사를 연구하는 것은 중요하고, 때때로 해석 문제와 직접적으로 연관된다. 예를 들어, 빌립보서의 기원을 말하면서 모이세스 실바(Moisés Silva)는 "다른 지리적 (따라서 연대기적) 배경은…바울의 대적자가 누구인지 밝히는 데 영향을 끼칠 것이고, 저자가 누구를 상대로 논쟁하고 있는지 아는 것보다 논쟁적인 구절을 이해하는 데 더 중요한 것은 없다"라고 말한다.[41] 이것이 사실일지라도, 우리는 1세기의 50년대 중반(빌립보서가 에베소에서 저술되었다면)과 그것보다 5년 후(로마에서 저술되었다면) 중 하나의 시기를 선택할 때, 둘의 시간적 차이가 매우 짧다는 사실을 명심해야 한다. 정치적이든 종교적이든 혹은 둘 다이든 바울의 대적자의 다양성과 목표는 그 기간에 크게 달라지지 않았을 것이며, 여러 대적자 집단에 대한 바울의 태도도 많이 변하지 않을 것이다. 장소와 상관없이 바울은 '유대주의자들'[42]이나 유랑하는 궤변가 또는 지중해 세계의 여러 지역에서 정치적 이유로 그를 반대하는 이들에게 관심을 가졌을 것이다. 우리는 특정 서신이 다룬 바울의 대적자들의 본질을 알아내려고 그 본문을 연구해야 하는가? 물론이다. 우리는 서신의 기원을 알아내기 위해 최선을 다해야 하는가? 물론이다. 그러나 우리가 갖고 있는 역사적 증거가 충분하지 않고, 작품의 역사적 배경의 여러 측면을 확실하게 평가하기가 어려울 수도 있다는 점도 인정해야 한다. 또한 우리는 역사적 상황을 지나치게 해석해서 그 서신에 있는 다른 해석적 문제들과 연결하여 다루지 않도록 주의해야 한다.

---

41. Moisés Silva, *Philippians*, BECNT (Grand Rapids: Baker Academic, 2005), 5를 보라. 최근에 발표한 글에서 Michael Flexsenhar는 다음과 같이 쓴다. "바울이 빌립보서를 쓴 장소에 대한 답은 초기 기독교의 전체적인 재구성, 즉 지리적 기원, 그 운동에 참여한 사람들의 신분, 그리스도를 따르는 추종자들의 사회·정치적 영향과 광범위한 로마 세계에서 그 운동이 발휘하는 힘, 바울의 순교 전통과 로마에서 이루어지는 사도적 계승에 대한 개념, 심지어는 장기적인 관점에서 기독교의 문화적 능력에 영향을 끼친다. 간단히 말해, 빌립보서의 기원은 종종 초기 기독교에 대한 더 큰 내러티브들과 연결되어 있다. 그래서 빌립보서 1:13에 대해 논의하는 것은 이념적인 투쟁처럼 느낄 수 있다." Michael Flexsenhar III, "The Provenance of Philippians and Why It Matters: Old Questions, New Approaches," *JSNT* 42 (2019): 21을 보라. 기원 문제가 해석사에서 기독교를 그와 같이 특정한 방식으로 재구성하도록 이끄는 것이 사실일 수도 있지만, 남용에 대한 반작용에서 비롯된 이 진술은 똑같이 불균형한 과장이라고 생각하지 않을 수 없다. 우리는 기원 문제의 중요성을 과장해서는 안 된다. 빌립보서의 강조점들은 기원을 명확히 밝히지 않고서도 인식할 수 있다.

42. '유대주의자들'(Judaizers)이라는 말이 바울 연구사에서 흔히 사용되어왔지만, 이 주석에서 나는 '유대주의자들'이라는 호칭이 갖는 문제 때문에 '유대인 선동가들'(Jewish agitators)이라는 표현을 사용한다. J. K. Hardin, "Judaizers," in *DPL2* 571–74를 보라.

그러므로 우리는 빌립보서를 다룰 때, 연대와 장소의 세부 사항을 이차적 문제로 다루어야 한다. 그것들은 본문에서 명백하게 나타나지 않기 때문이다. 중요한 것은 바울의 상황을 둘러싸고 있는 역학과 그 역학에 대한 바울의 반응을 파악하는 것이다. 사도의 신학적 자세와 빌립보 교인들을 향한 그의 권고적 도전은 빌립보서가 정확히 언제, 어디에서 저술되었는지를 어떻게 이해하든 바뀌지 않는다.

우리는 빌립보서 본문에서 바울이 처한 상황에 대해 무엇을 아는가? 상당히 많이 알 수 있다. 바울은 사형에 처할 만한 혐의로 감금되어 '매여'[43] 있고(1:7, 12–26, 30; 2:17),[44] 그의 생명이 위협받고 있었다(1:20–24; 2:17). 바울은 복음 안에서 '그리스도를 위해' 투옥되어 있다(1:12–14, 16). 동료 사역자에 대해 말하자면, 바울은 디모데와 함께 있다. 바울이 에바브로디도 편으로 편지를 보냈을지라도(2:25–30), 그는 곧 디모데를 빌립보인들에게 보내려 한다(1:1; 2:19–24). 또한 바울과 아주 가까운 곳에 다른 신자들이 있었는데(1:14, 16), 그들 중 일부는 "가이사의 집 사람들"(4:21–22)이었다. 그리고 그의 주변에는 반대자들(1:15, 17)도 있었다. 또한 바울은 그리스도의 메시지를 듣고 있는 광범위한 문화 안에 있는 여러 사람을 넌지시 언급한다(1:12–18). 여기에는 모든 "시위대"(πραιτώριον, 1:13) 안에 있는 사람들이 포함되는데, 이 표현은 황제의 '경비대'나 어떤 유형의 건물로 다양하게 이해되었다. 게다가 바울은 상당히 오랫동안 현재와 같은 상황에 처해 있었던 것 같다. 이는 빌립보 교인들이 도움의 손길을 보내는 데 시간이 걸렸을 것이고(4:10), 서신을 주고받을 만큼의 시간이 흘렀을 것이기 때문이다(2:25–28). 바울은 석방되면 빌립보를 방문할 계획이고, 곧 석방될 것이라는 희망에 차 있다(1:24–25; 2:24)

그렇다면 학자들은 빌립보서의 기원을 연구할 때 이 자료를 어떻게 해석해왔을까?[45] 기원과 관련하여 세 가지 주요 입장이 제시되어왔다. 로마와 에베소와 가이사랴다. 그리고 소수의 학자가 고린도를 제안했고, 최근에는 아시아의 다른 지역에 있는 행정 또는 공공 건물일 가능성이 제기되었다.[46] 여기에서 우리는 연구사에 나타난 세 가지 주요 입장에 집중할 것이며, 그 과정에서 더 최근에 등장한 제안들을 다룰 것이다.

가이사랴

다수의 학자는 바울이 가이사랴에서 빌립보서를 썼다고 믿는다.[47] 그 입장은 사도행전 21:37–

---

43. 이 주석에서 언급한 대로 이것은 문자적으로 사실일 수도 있고 아닐 수도 있다. '사슬에 묶여'(in chains)라는 말은 '감금되어' 있음을 뜻하는 비유적 표현일 수 있다.

44. 고대 세계의 투옥에 대해서는 다음을 보라. Holloway, *Philippians*, 19; Richard J. Cassidy, *Paul in Chains: Roman Imprisonment and the Letters of St. Paul* (New York: Crossroad, 2001); Craig S. Wansink, *Chained in Christ: The Experience and Rhetoric of Paul's Imprisonments*, JSNTSup 130 (Sheffield: Sheffield Academic, 1996).

45. 이해하기 쉬운 개관으로 Melick, *Philippians, Colossians, Philemon*, 34–40을 보라.

46. 찬성 의견으로 Flexsenhar, "Provenance," 32–36. 그는 에베소 기원설에 기울어 있지만, 빌립보 근처에 있던 로마 디움(Roman Dium) 같은 마을에 있는 건물일 가능성도 열어둔다.

47. 예를 들어, Gerald F. Hawthorne, *Philippians*, WBC 43 (Waco, TX: Word, 1983), xli. 그는 이 제안이 처음에 1779년 H. E. G. Paulus에 의해 발표되었다가 F. Spitta in *Zur Geschichte und Literatur des Urchristentums* (Göttingen: Vandenhoeck & Ruprecht, 1930), 3–4, 15–16, 40–41과 더 최근에 J. J. Gunther in *Paul: Messenger and Exile* (Valley Forge: Judson, 1972), 98–120, 그리고 John A. T. Robinson, *Redating the New Testament* (London: SCM, 1976; repr., Eugene,

26:32에 서술된 바울의 가이사랴 투옥에 비추어 읽을 때 설득력이 있다. 제럴드 호손(Gerald Hawthorne)의 논증을 예로 들어[48] 가이사랴를 지지하는 논거는 다음과 같이 요약할 수 있다.

(1) 누가는 가이사랴에서 바울이 헤롯의 프레토리움(*praetorium*, ἐν τῷ πραιτωρίῳ τοῦ Ἡρῴδου, 행 23:35; 참고. 빌 1:13)에 있었다고 분명히 진술한다. 그 건물은 헤롯 대왕이 건설했지만, 바울이 투옥되어 있는 동안 로마 총독의 거주지와 로마 수비대의 본부로 사용되었다. 그렇다면 빌립보서 1:13의 진술은 바울이 그리스도를 위해 투옥되었다는 사실이 총독의 궁전 전체에 알려지게 되었다는 뜻일 것이다. 이는 사도행전에 분명히 반영되어 있는 상황으로(24:14-16), 로마 관리에게까지 알려졌다. 빌립보서 4:22의 "가이사의 집"이라는 언급은 황제의 고용인이었던 행정 직원을 지칭했을 것이다.

(2) 가이사랴에서 투옥된 기간은 바울의 동료들이 빌립보를 여러 번 왕래하는 여행을 할 수 있을 만큼 길었다(최소 2년, 행 24:27). (3) 빌립보서와 사도행전의 이야기를 자세히 읽어보면 바울은 상당히 많은 자유를 누리고 있었고, 친구들이 그의 필요를 돌봐줄 수 있었다(행 24:23; 빌 2:25-30; 4:10-20). (4) 빌립보서 1:7, 16에 암시된 대로, 바울은 이미 복음을 변호했지만 여전히 감옥에 있었다(행 24:20-21). (5) 바울이 곧 석방돼서 빌립보를 방문할 수 있으리라는 기대는(빌 1:24-26; 2:24) 사도행전의 내러티브와 잘 맞는다(행 19:21; 23:11). 다른 한편으로, 로마 투옥은 바울이 석방되었을 때 계획을 변경하여 스페인을 향해 서쪽으로 가지 않기로 결정한 이유를 설명하기 어렵다(롬 15:23-29).

(6) 사도행전에 따르면, 바울은 투옥 전과 투옥되어 있는 동안 열광적인 유대인 광신도의 공격을 받았다(행 21:37-26:32). 몇몇 사람은 그것이 "할례파"(빌 3:3)에 반대하는 바울의 강력한 논증과 일치한다고 제안한다.[49] 사도행전은 바울이 로마에서 투옥되어 있는 시기의 상황을 매우 다르게 묘사한다(행 28:19-28). 마지막으로 (7) 빌립보서에서 바울은 에베소에서 사역하는 동안 그의 마음을 사로잡은 주제였던 '모금'을 언급하지 않는다. 이것은 모금이 완료된 이후의 연대를 암시한다. 이 점은 빌립보서의 에베소 기원설을 반대하고, 가이사랴와 로마 기원설을 지지한다. 바울이 가이사랴에서 빌립보서를 썼다면, 앞에서 간단히 제시한 연대표에 따라 서신은 57-58년에 작성되었으리라 추정할 수 있다.

다른 학자들은 이를 납득하지 못하고 다음과 같은 문제를 제기한다. 가이사랴와 빌립보 사이의 거리 때문에 에베소나 로마를 오가는 것보다 왕래하기가 더 어려웠을 것이다. 하지만 이 주장에 너무 많은 비중을 두지 말아야 한다. 연중 특정한 시기에 배가 정기적으로 가이사랴(당시 지중해 최고 항구 중 하나)를 떠났고, 몇 주면 에게해로 가는 여행을 할 수 있었다.

또 다른 반대 주장은 빌립보 교인들이 가이사랴의 상황을 어떻게 이해했는가 하는 것과

OR: Wipf & Stock, 2000), 60-61을 통해 발전되었다고 언급한다.

48. Hawthorne, *Philippians*, xli-xliv.

49. 찬성 의견으로 Hawthorne, *Philippians*, xlii.

관련이 있다. 빌립보 교인들이 동부 지방의 후미진 곳에 있는 총독의 궁에 복음이 전파된 사실에 감동을 받았을까?[50] 아마도 그러지 않았겠지만, 가이사랴 자체가 인상적인 상황에 있고 지중해 세계의 주요 항구 중 하나였다는 사실은 인정해야 한다.

마지막으로, 빌립보서의 가이사랴 기원설에 대한 주요 반대 주장은 바울의 투옥의 본질, 특히 외견상 그의 생명이 로마 당국으로부터 위협받고 있던 문제와 관련이 있다(빌 1:20; 2:17; 참고. 행 24:26; 25:27). 빌립보서가 저술된 장소가 가이사랴라는 주장에 반대하는 사람들은 이것이 가이사랴에서 바울이 처한 상황과 맞지 않는다고 제안한다. 이에 대해 바울이 가이사랴에서 유대인 과격주의자들에게 생명의 위협을 받았다는 반론은 잘 맞지 않는다.[51] 빌립보서 1:30에서 바울은 자신의 상황과 빌립보 교인이 경험하는 박해가 비슷하다고 밝히고, 로마의 정치적 상황에서 기인한 반대가 유대 지도자들의 반대보다 더 잘 부합하는 것 같다. 따라서 바울이 가이사랴에 투옥되어 있는 동안 빌립보서를 썼을 수 있지만, 이 입장은 연구사에서 소수파였다. 대부분의 학자는 더 나은 선택지가 있다고 믿는다.

에베소

1900년 H. 리스코(H. Lisco)가 제일 먼저 제안했고,[52] 최근 수십 년 사이에 인기를 얻고 있는 또 다른 제안은 바울이 에베소에서 빌립보서를 썼다는 것이다. 이 견해는 서신의 저작 연대를 사도가 가이사랴에 투옥되기 2–3년 전인 50년대 중반으로 본다.[53] 바울이 빌립보서를 쓴 장소로 에베소를 지지하는 두 가지 주요 논거는 (1) 바울이 그곳에서 사역하면서 보낸 상당히 많은 시간(그중 일부는 극심한 반대에 부딪혔다)과 (2) 에베소에서 빌립보까지의 짧은 거리다.

사도행전은 바울이 아시아에서 2년 넘게 시간을 보냈는데, 그 시간 동안 대도시 에베소에 머물면서 선교 활동을 했다고 말한다(행 19:10, 22). 고린도 서신에서 바울은 아시아에서 겪었던 어려움을 말하는데, 사도는 특히 그 끔찍한 시간 동안 자신이 사형 선고를 받은 것 같다고 느꼈다(고전 15:32; 고후 1:8–11). 에베소 기원설의 지지자들은 이 기간에 바울이 투옥되었다는 기록이 없다는 사실을 인정하지만, 바울의 에베소 투옥이 가능성은 있다고 제안한다. 고린도후서 11:23에 따르면, 사도행전에 기록된 투옥이 전부는 아님을 드러내기 때문이다. 또한 에베소에서 사역하는 동안 브리스길라와 아굴라가 바울과 함께 있었고(행 18:19, 26), 로마서 16:3–5에서는 에베소의 상황이 심각함을 강조하면서 그들이 사도를 위해 목숨까지 걸었다고 말한다.[54]

---

50. 찬성 의견으로 Bockmuehl, *Philippians*, 30; Gordon D. Fee, *Paul's Letter to the Philippians*, NICNT (Grand Rapids: Eerdmans, 1995), 36.

51. 찬성 의견으로 Hawthorne, *Philippians*, xliii; Robinson, *Redating the New Testament*, 60.

52. Hawthorne, *Philippians*, xxxviii.

53. 예를 들어, G. Walter Hansen, *The Letter to the Philippians*, PNTC (Grand Rapids: Eerdmans, 2009), 22–25는 이 견해에 기울어져 있다. Frank S. Thielman, "Ephesus and the Literary Setting of Philippians," in *New Testament Greek and Exegesis: Essays in Honor of Gerald F. Hawthorne*, ed. Amy Donaldson and Timothy B. Sailors (Grand Rapids: Eerdmans, 2003), 205–23은 주로 빌립보서가 갈라디아서 및 고린도전서와 문학적으로 유사하다는 점에 근거해서 자신의 주장을 펼친다.

54. Bockmuehl, *Philippians*, 26.

다른 한편으로, 사도행전의 내러티브와 빌립보서의 자료는 바울의 선교와 빌립보 교인 사이의 상호 접촉과 관련해 일치한다. 바울은 그들에게 디모데를 보냈고, 직접 방문하려고 계획했다(예를 들어, 행 19:22; 빌 1:1; 2:19, 23–24). 그리고 갈라디아서와 고린도 서신을 포함한 50년대 중반의 다른 서신과 빌립보서의 주제가 일치한다.[55]

빌립보서가 빌립보를 왕래하는 여러 번의 여행 중 전달된 여러 서신의 모음집이라고 보는 사람들에게는[56] 바울이 아시아에서 사역한 기간과 두 도시가 가깝다는 점이 중요하다. 에베소에서 빌립보까지는 약 700킬로미터로, 육로로는 걸어서 25–30일이 걸리고 배로는 불과 4–5일이 걸렸을 것이다. 게다가 사도행전(16:12; 20:1–6)과 고린도후서(1:16; 2:13; 7:5; 참고. 13:1)는 바울이 적어도 빌립보로 세 번 방문했다고 말하지만, 빌립보서는 이런 여러 방문을 언급하지 않고 단순히 그 도시에서 복음 사역이 시작되었다고 언급할 뿐이다(빌 1:5–6). 빌립보서가 첫 번째 빌립보 방문 후에 그리고 그 이후의 빌립보 방문들 전에 저술되었다면, 에베소 기원설은 매우 그럴듯하다고 추론할 수 있다.

에베소 기원설은 인기가 많지만 강력한 비판도 존재한다. 예를 들어, 고든 피(Gordon Fee)는 거리에 관한 논증(이것은 빌립보서의 통일성 결여와 연관된 이론과 관련된다)이 "믿기 힘든 또 다른 가설 위에 세워진 하나의 가설의 예"라고 직설적으로 말한다. 실제로 에베소를 지지하는 의견에 대해 피는 "이 견해를 옹호하는 단 하나의 **역사적 증거**도 없다"라고 썼다.[57] 마찬가지로 호손은 "에베소 투옥 가설의 치명적인 결함은 그것이 전적으로 추측 위에 세워져 있는 것"이라고 주장한다.[58] 에베소 투옥은 가정에 불과한 주장이라는 점을 인정해야 한다. 정부 건물로 이해하든 아니면 근위병의 일부로 이해하든지 간에 에베소에 프레토리움이 있었다는 증거가 없다. 이것을 건물로 이해한다면, 그것은 총독 본부가 아니었을 것이다. 아시아는 원로원 속주였기 때문이다.[59] 그리고 그것을 단순히 '궁전'으로 이해하면[60] 빌립보서에 반영된 것으로 보이는 기소된 정치적 상황과 전혀 맞지 않는다(1:12–17). 게다가 "가이사의 집" 구성원들이 지중해 전역에 흩어져 있던 것이 사실이기는 하지만(따라서 아시아 같은 지역이 그런 언급을 할 수 있는 장소다), 가이사에게 속한 사람들에 대한 대부분의 비문은 로마, 이탈리아, 북아프리카에서 나온다.[61]

에베소 기원설에 대한 주된 문제 중 하나는 바울의 투옥의 본질과 관련이 있는데, 그 투

55. Thielman, "Ephesus and the Literary Setting of Philippians," 215–21.
56. 빌립보인들은 바울이 옥에 갇혀 있다는 소식을 들었고(빌 1:12), 에바브로디도를 보내 바울을 돌보게 했으며(2:25), 에바브로디도가 아프다는 소식을 들었고(26절), 또 에바브로디도 편에 오는 편지를 받았다(28절). 여러 조각 서신을 주장하는 사람들은 더 많은 여행이 있었으리라는 견해를 고수하는데, 몇몇 사람은 상당히 거리가 멀기 때문에 그렇게 많은 여행을 할 수 없다고 말한다.
57. Fee, *Philippians*, 35(강조체 원저자).
58. Hawthorne, *Philippians*, xxxix.
59. Flexsenhar는 이 의견에 반대하면서 이 용어가 원로원 속주에 있는 총독의 본부를 가리키는 말로 사용될 수 있었다고 제안한다. 하지만 그가 제시하는 예는 로마 제국의 초기 몇십 년이 아닌 3세기의 것이다. Flexsenhar, "Provenance," 31–32를 보라.
60. 찬성 의견으로 Thielman, "Ephesus and the Literary Setting of Philippians," 222.
61. Bockmuehl, *Philippians*, 31에서 Weaver를 언급한 내용을 참고하라.

옥은 기간이 길었던 것 같다. 빌립보서에 따르면, 바울은 사형에 해당하는 기소를 당한 처지였기에 그가 살지 죽을지 불확실했다(1:13–14, 20; 2:17). 바울이 에베소에 있는 동안 죽을 고비를 맞이한 것은 사실이지만(고후 1:8–11), 이것이 반드시 투옥으로 이어지는 것은 아니고, 바울을 위협했던 에베소 투옥을 사형 선고로 상상하기는 어렵다. 게다가 그것은 몇 년이 아니라, 몇 개월 동안의 투옥이었다. 그것은 불가능한 일은 아니지만, 개연성이 낮아 보인다.

마지막으로, 빌립보서와 갈라디아서 및 고린도서의 주제가 일치하는 부분이 있지만, 이것은 반드시 그 서신들이 같은 시기에 저술되었다는 의미는 아니다. 예를 들어, 고린도서가 기록된 시기와 바울의 가이사랴 또는 로마 투옥의 시기의 차이는 단지 5년에서 10년으로 상당히 짧은 기간이다. 여러 대적자가 제기한 위협에 대한 바울의 설명은 그 시간 동안 대폭적으로 변하지 않았을 것이다. 또한 주제적 내용의 문제는 장단점이 있다. 에베소에서 사역하는 동안 바울은 예루살렘을 위해 모금하는 일에 열심이었다(예를 들어, 고전 16:1–4; 고후 8–9장). 이것은 빌립보서가 침묵하는 문제다. 명백히 침묵의 논증이기는 하지만, 모금이 이미 예루살렘에 전달되었다면 빌립보서에서 그 문제에 침묵하고 있는 것이 더 잘 이해된다.[62]

물론 빌립보서는 에베소에서 저술되었을 수도 있다. 하지만 내가 보기에 그 증거는 주로 정황에 근거한 것이고, 바울의 상황을 그의 명시적 진술과 맞추기 위해 무리하는 것 같다.

로마

마지막으로 피, 보크뮤엘(Bockmuehl), 홀러웨이(Holloway), 실바 같은 여러 학자와 다른 사람들은[63] 바울이 첫 번째로 로마에 투옥되었을 때 빌립보서를 썼다고 믿는다.[64] 세 가지 주요 기원설 중 로마 기원설이 일반적으로 전통적 입장으로 여겨진다. 특히 교회 초창기부터 살아남은 유일한 전통이기 때문이다.[65] 이것이 이 주석에서 받아들이는 입장이고, 이어서 제시할 요점은 그 입장을 지지하는 근거다.

(1) 사도행전은 바울이 2년 동안 로마에 투옥되었다고 기록한다. 집에 구금되어 있는 상태로 한 군인이 지키고 있었지만, 사역을 할 수 있을 만큼 상당히 자유로웠다(행 28:16, 20, 30). 그 정도의 시간이라면 바울의 동료들이 여러 번 로마를 왕래할 수 있었을 것이다. (2) 프레토리움(빌 1:13, 개역개정에는 "시위대"–역주)과 "가이사의 집 사람들"(4:22)에 대한 진술이 로마 바깥에 있는 장소나 사람들을 언급하는 것일 수 있지만, 이 표현들은 로마시 안에 있는 장소를 언급한다고 보는 것이 분명히 자연스럽고, 아마 가장 적합할 것이다. '프레토리움'(πραιτώριον)

62. Bockmuehl, *Philippians*, 27, 31.

63. Bockmuehl, *Philippians*, 32; Fee, *Philippians*, 34–37; Holloway, *Philippians*, 22–24; Silva, *Philippians*, 5–7.

64. 바울이 두 번째로 로마에 투옥되었을 때 빌립보서를 썼다는 입장을 옹호하는 주장은 Jim Reiher, "Could Philippians Have Been Written from the Second Roman Imprisonment?," *EvQ* 84.3 (2012): 213–33을 보라.

65. Silva, *Philippians*, 5. Hawthorne은 "2세기부터 마르키온파의 프롤로그가 바울 서신에 첨부되었다…8세기까지 모든 사람이 빌립보서가 로마에서 작성되었다는 '사실'을 이의 없이 받아들였다"라고 진술한다(Hawthorne, *Philippians*, xxxvii). 동시에 초기 전통의 획일성에 대한 의문이 제기되어 왔다. Flexsenhar, "Provenance," 21–22를 보라.

으로 번역된 헬라어는 라틴어 프레토리움(*praetorium*)에서 유래한 차용어였다. 그것은 1세기 중엽에 여러 가지 뜻으로 사용되었는데, 그중 하나는 로마에 배치된 근위병을 가리켰다.[66] 그들은 황제를 지키는 경비대뿐만 아니라 로마 제국을 위해 광범위한 의무를 수행하는 경관, 소방관, 정부 행정관으로 활동하는 6,000–9,000명의 남자로 이루어진 엘리트 집단이었다.[67]

바울이 "모든 시위대 안과 그 밖의 모든 사람에게"(ἐν ὅλῳ τῷ πραιτωρίῳ καὶ τοῖς λοιποῖς πᾶσιν)라고 쓴 대목에서 여러 가지 실마리를 얻을 수 있다. 첫째, 이 구절은 집단적으로 읽는 것, 즉 어떤 집단을 언급한다고 보는 것이 가장 자연스럽다. 이 경우에 프레토리움은 가이사의 엘리트 경비대를 언급하는 것으로 그리고 "그 밖의 모든 사람에게"(τοῖς λοιποῖς πᾶσιν)는 광범위한 집단의 사람들을 언급한다고 보는 것이다. 마찬가지로, "가이사의 집 사람들"은 로마 제국의 다른 곳에서 황제의 통치를 받는 다양한 신분을 가진 사람들을 지칭할 수 있지만, 가이사의 집 사람들의 대부분은 로마시 안에 살고 있었을 것이다. 로마시와 연관되어 있다는 사실에 자부심을 갖고 있던 빌립보 사람들은 그곳에 복음이 전파되는 것에 감명을 받았을 것이다. 바울이 프레토리움과 가이사의 집 사람들을 언급할 정도로 복음이 힘차게 전파되었다.

(3) 가이사랴 기원설의 입장과 마찬가지로, 예루살렘에 있는 하나님의 백성을 위한 모금에 대한 언급이 없는 것은 빌립보서가 그 헌금이 이미 전달된 때인 에베소 사역 기간보다 나중에 쓰였다고 보면 더 잘 이해가 된다. (4) 바울이 생명의 위협을 느낄 정도로 긴장된 정치적 상황에서 상당 기간 감금되어 있는 중에도 대중에게 큰 영향을 끼칠 만큼 사역할 수 있는 것 역시 로마의 상황과 잘 맞는 것 같다. (5) 보 라이케(Bo Reicke)가 주장한 대로 골로새서, 빌레몬서, 에베소서의 작성을 둘러싸고 있는 환경이 가이사랴 투옥과 잘 맞지만, 빌립보서의 상황은 로마 투옥과 더 잘 맞는다.[68]

여러 가지 점에서 빌립보서의 로마 기원설은 최근 수십 년 동안 점차 공격받는 입장이 되었다. 앞서 제시한 주장에 반대하는 일차적인 논거는 다음과 같다. 첫째는 지리와 관련된 주장이다. 에베소 기원설을 주장하는 학자들은 종종 빌립보와 로마 사이의 거리를 강조한다. 하지만 마게도냐와 로마 사이의 이동로는 그렇게 멀지 않았다. 비아 에그나티아를 따라 이동한 뒤 배를 타고 아드리아해를 건너 이탈리아 반도의 발꿈치 부분에 위치한 브린디시까지 간 다음, 비아 아피아(*Via Appia*)를 따라 로마까지 올라가는 경로를 택하면 (하루 평균 30킬로미터 속도로 이동할 때) 약 6–7주가 걸렸다.[69] 날씨가 좋으면, 배를 타고 빌립보에서 로마로 가는 여정은

66. 예를 들어, Suetonius의 *Nero* 9는 "퇴역 근위병"(*veteranis e praetorio*)에 대해 말한다. 클라우디우스가 죽은 후 네로는 안티움의 식민지에 그들을 정착시켰다. 또한 Tacitus, *Hist*. 1.19; 4.2. Sandra Bingham, *The Praetorian Guard: A History of Rome's Elite Special Forces* (Waco, TX: Baylor University Press, 2013), 16을 보라.

67. 특히 Bingham, *Praetorian Guard*, 81–114를 보라.

68. Bo Ivar Reicke, "Caesarea, Rome and the Captivity Epistles," in *Apostolic History and the Gospel: Biblical and Historical Essays Presented to F. F. Bruce on his 60th Birthday*, ed. W. Ward Gasque and Ralph P. Martin (Exeter: Paternoster, 1970), 277–86.

69. Bockmuehl, *Philippians*, 31–32; Lynn H. Cohick, *Philippians*, SGBC (Grand Rapids: Zondervan, 2013), 6에 나오는 논의를 보라.

중간에 여러 항구에 잠시 들러도 3주 안에 갈 수 있었다.[70] 바울은 2년 동안 로마에 구금되어 있었기 때문에, 빌립보와 로마를 여러 번 왕복하는 여행이 가능했을 것이다.[71] 따라서 거리의 관점에서 나온 주장은 설득력이 떨어진다.[72]

로마 기원설에 반대하는 다른 지리적 주장은, 바울이 로마를 방문한 후 서쪽으로 스페인을 향해 가려고 계획했기 때문에(롬 15:23-24, 28) 석방된 후 그가 빌립보로 돌아간다는 것(빌립보서에서 분명하게 표현된 바람)은 말이 안 된다는 것이다(빌 1:26; 2:24). 하지만 피와 다른 사람들이 언급하는 것처럼, 자유인이었을 때 세운 계획들은 언제든지 바뀔 수 있다. 특히 몇 년 동안 옥에 갇혀 있었다면 더욱 그럴 수 있다. 그리고 바울이 자신의 계획을 바꾼 것은 이번이 처음은 아니었을 것이다.[73]

로마 기원설을 반대하는 다른 주장은, 예를 들어 1:13에서 '프레토리움'(πραιτώριον, NIV: palace guard)을 언급하는 것에 초점을 맞춘다. 바울이 이 용어를 사용해서 로마 속주들에 있는 건물을 언급하는 것이라는 주장이 제기되었다. 그 용어가 제국 시대 동안 다양한 유형의 건물을 지칭하는 데 사용되었던 것은 사실이고, 이는 신약의 다른 곳에서도 흔히 사용되는 용법이다.[74] 따라서 바울이 그 용어를 제국의 다른 지역에서 자신이 투옥된 것을 언급하는 데 사용했을 가능성이 있다.

문제는 이 입장이 빌립보서 1:13에서 바울이 로마의 근위병을 언급했다는 견해보다 더 설득력이 있는가 하는 것이다. 이 문제와 관련해서, 바울이 사용하는 언어인 '모든 프레토리움 안'(ἐν ὅλῳ τῷ πραιτωρίῳ)은 사람들의 집단이 아닌 장소를 말하는 것으로 이해해야 한다는 제안이 등장했다. 첫째, 여러 곳에서 사도는 "모든"(ὅλος)을 사용해 사람들의 집단을 말한다는 점을 지적할 수 있다.[75] 둘째, 이 구절의 문법은 "시위대 안"(ἐν…τῷπραιτωρίῳ)을 가리킨다는 해석을 배제하지 않는다. 예를 들어, 플렉센하르(Flexenhar)는 여기에서 구절의 형태가 바울이 건물을 언급했음을 나타낸다고 주장하며 다음과 같이 진술한다. "잘 알려진 대로, 바울은 πραιτωρίον이라는 단어의 중성 단수 형태를 사용한다…그 자체로 홀러웨이가 옳게 언급한

70. 이 수치들은 ORBIS, The Stanford Geospatial Network Model of the Roman World를 사용해 계산한 것이다. 이것은 http://orbis.stanford.edu에서 찾아볼 수 있다.

71. Reicke, "Caesarea, Rome and the Captivity Epistles," 284를 보라.

72. Silva, *Philippians*, 5-7에서 주장하고, Bockmuehl, *Philippians*, 32에서 되풀이하여 말했다.

73. Fee, *Philippians*, 36. 바울이 그의 계획을 바꾼 것에 대해서는 Guthrie, *2 Corinthians*, 103-9를 보라.

74. 이 용어는 신약의 마태복음 27:27; 마가복음 15:16; 요한복음 18:28, 33; 19:9; 사도행전 23:35에서 총독의 본부를 지칭하는 데 사용된다. 이 용어의 다른 용법에 대해서는 특히 Flexsenhar, "Provenance," 33-37을 보라. 하지만 원로원 속주도 총독의 본부로 프레토리움을 갖고 있었을 수 있다는 점을 보여주기 위해 Flexsenhar가 사용한 사례는 매우 늦은 시기의 것이다(3세기, 31-32쪽을 보라).

75. 여기에서 "모든…안과"(in the whole, ἐν ὅλῳ)로 번역된 정확한 구절은 신약, LXX, 광범위한 유대 문헌, 비문에서 집단이 아닌 장소를 묘사하기 위해 보편적으로 사용된다는 점을 인정해야 한다. Angela Standhartinger, "Polis and Ekklēsia at Philippi: A Response to Kathy Ehrensperger, Paul Holloway and Julien Ogereau," in Harrison and Welborn, *First Urban Churches 4*, 145-46과 n24를 보라. 하지만 우리가 형용사 자체에 초점을 맞춘다면, 사도는 여러 번 "모든"(ὅλος)이라고 번역된 용어를 사용해서 사람들에 대해 말한다. 예를 들어, 로마서 16:23과 고린도전서 14:23에서 "온 교회"(ὅλης τῆς ἐκκλησίας/ἡ ἐκκλησία ὅλη) 또는 디도서 1:11에서 "온 가정들"(ὅλους οἴκους).

것처럼 πραιτωρίον은 건물을 가리키는 것이 자연스럽고, 중성 단수 –(ε)ιον으로 끝나는 단어는 일반적으로 건물을 지칭하기 때문이다."[76] 하지만 특히 그것이 황제의 근위병과 관련될 때 이 관점은 1세기의 명백한 언어적 증거에 의해 부정된다. 예를 들어, 근위병은 황제에게 라틴어로 작성된 증서를 받았다. 이 증서는 그들을 "나의 황제 근위대에서 일하는 자들"(*qui in meo praetorio militaverunt*)이라고 규정했다.[77] 또한 46년에 작성된 것으로 추정되는 클라우디우스의 통치 시대의 글에도 비슷한 구조가 나타난다. 그때는 바울이 2차 선교 여행으로 빌립보에 들어가기 불과 몇 년 전이었다. 그 비문에서 황제는 "나의 황실 근위대에서"(*in praetorio meo*; CIL 5.5050) 일한 자들에 대해 말한다.[78] 두 경우에 *praetorio*는 중성 탈격이며, 전치사 "…안에"(*in*)는 장소를 가리킨다. 따라서 이 라틴어 구절은 빌립보서 1:13의 '프레토리움 안'에서 바울이 사용하는 헬라어 구조와 직접적으로 일치한다. 즉, 전치사 '…안에'(ἐν)+중성 형태로 된 프레토리움(헬라어에서 그것은 여격이다, τῷ πραιτωρίῳ)이 함께 쓰여 장소를 나타내는 구조를 이룬다. 바울이 라틴어에서 헬라어로 그 구조를 거의 직역하듯이 옮긴 것으로 읽을 수 있다. 그래서 빌립보서 1:13에서 프레토리움과 관련된 단어는 사람들의 집단으로서 장소를 말하는 것으로 읽을 수 있다. 이 경우에 그 장소는 매우 많은 사람이 있는 곳, 즉 수천 명의 구성원으로 이루어진 기관으로 볼 수 있다.[79] 이 견해가 맞다면, 이는 가장 자연스럽게 바울의 위치가 로마에 있었던 것을 지지한다.

빌립보서 4:22에 나오는 "가이사의 집"이 로마가 아닌 다른 지역의 여러 지위나 상황에 있는 사람들을 가리킬 수 있다는 주장은 타당하다. 하지만 이 주장은 로마시에서 가이사의 수하에 있는 그리스도의 추종자를 가리킨다는 해석을 반박하는 논거가 되지는 못한다. 이는 단순히 상반되는 정보가 아니라 다른 대안일 뿐이다. 게다가 내가 4:22에 대한 설명에서 지적하는 것처럼, 바울이 로마에 투옥되기 전에 그곳에 복음이 전파된 경로에 대한 흥미로운 단서가 있다. 그것은 로마서 16장에 나오는 이름 목록에서 찾아볼 수 있다. "나깃수의 가족"(롬 16:11)은 클라우디우스 황제(41–54년)의 영향력 있는 예속 평민인 티베리우스 클라우디우스 나르키수스(Tiberius Claudius Narcissus)의 집에 속한 사람들을 지칭하는 것일 수 있다. 또한 "아리스도불로"(10절)는 클라우디우스의 궁정의 구성원이었던 헤롯 대왕의 손자를 언급하는 것일 수 있다. 로마서 본문에 언급된 또 다른 사람은 바울의 "친척"(συγγενῆ) 헤로디온이다. 그는 이 유력한 두 가문 사이에 이름이 나온다(11절). 이것은 바울이 로마의 공무원들과 가족 관계를 맺고

---

76. Flexsenhar, "Provenance," 29.

77. *CIL* 16.21.

78. Bingham, *Praetorian Guard*, 16을 보라.

79. 게다가 1:13에 대한 설명에서 언급한 대로, 거기에서 단어 선택이 어색한 문체적 이유가 있을 수 있다. 왜냐하면 그 절은 "…안에서"(in)와 "…안"(among)으로 각각 번역된 전치사(ἐν)에 의거한 두 구절 사이에 배치된 부정사로 균형을 이루고 있기 때문이다.

"그리스도 안에서" ἐν Χριστῷ
"(나타났)으니"(to be) γενέσθαι
"모든 시위대 안" ἐν ὅλῳ τῷ πραιτωρίῳ

균형 잡힌 구 ἐν Χριστῷ(엔 크리스토)와 ἐν ὅλῳ(엔 홀로)가 발음하기 쉬운 것에 주목하라. 바울이 사람들의 집단에 대해 말하고 있었다면, '모든 시위대 안에 있는 사람들'(τοῖς ἐν ὅλῳ τῷ πραιτωρίῳ)이라고 쓰는 편이 더 분명한 의미를 전달했을 것이다. 하지만 그렇게 하면 균형 잡힌 표현을 할 수 없었을 것이다.

있었음을 나타내는 것일 수 있다.[80] 로마서에 나오는 이런 언급들은 빌립보서 4:22에 나오는 "가이사의 집"에 속한 사람들과 일치할 수 있다. 바울이 언급하는 신자들이 유명한 가문에 속한 종이었을지라도 말이다.

그러므로 빌립보서의 로마 기원설에 대한 반론은, 바울이 빌립보서를 로마에서 썼다는 것을 반대하는 실질적인 논거를 제시하기보다는 대부분 가능성의 범위를 넓혀준다. 바울이 빌립보서를 쓸 때 로마가 아닌 다른 곳에 있었을 가능성이 있는가? 그렇다. 바울이 로마에 있었다고 생각할 정당한 이유가 있는가? 의심할 여지가 없다. 이 중 특정한 입장이 빌립보서의 신학 및 가르침에 대한 해석과 적용을 바꾸는가? 그렇지 않다. 바울이 빌립보 교회의 당면 과제를 다루는 방법은 빌립보서 본문에 분명히 드러난다. 이제 다음 단락에서 그것을 자세히 다룰 예정이다. 그렇다면 빌립보 교인은 누구였고, 그들에게 어떤 필요가 있었기에 바울이 이 서신을 작성하게 되었을까?

빌립보 교회와 바울이 편지를 쓴 이유

빌립보 교회와 관련이 있는 다수의 개인이 사도행전이나 빌립보서에 언급되어 있다. 에바브로디도, 순두게, 유오디아, 순두게와 유오디아를 도우라는 권고를 받은 형제, 글레멘드, 루디아와 그녀의 가족, 간수와 그의 가족 그리고 아마 바울이 축사해서 구출한 여종이 그에 해당한다. 빌립보서에 언급된 사람들 중 에바브로디도(2:25), 순두게와 유오디아(4:2)는 헬라식 이름이었던 반면, 글레멘드는 라틴식 이름이다. 사도행전의 내러티브에 언급된 루디아 역시 라틴식 이름이다.[81] 이와 같이 빌립보 교회는 그리스와 로마 배경을 가진 사람들이 섞여 있었고, 빌립보시의 전반적인 인구 구성과 매우 유사했다.[82]

피터 오크스는 빌립보 교회의 구성과 관련해서 다음과 같이 설득력 있는 추측을 제공했다.[83]

- 기독교 공동체의 1퍼센트는 빌립보시의 엘리트 출신이었다.
- 빌립보 교회의 43퍼센트는 다양한 서비스를 제공하는 사람이었을 것이다.
- 15퍼센트는 식민지 농부였다.
- 25퍼센트는 가난한 사람이었을 것이다.
- 16퍼센트는 종이었다.

80. Bockmuehl, *Philippians*, 269–70. 물론 바울이 클라우디우스 통치 후에 빌립보서를 썼다면, 이 가족들은 여전히 황실과 연결되어 있었을 수 있다.

81. 어떤 사람들은 루디아의 이름을 단순히 그녀의 출신지를 표시하는 것으로, 즉 '루디아 출신 여성으로' 받아들이지만, 고고학과 문학적 증거는 "루디아"가 그 지역에서 일반적인 이름이었음을 암시한다.

82. Oakes는 교회의 약 25–40퍼센트가 로마 배경을, 60–75퍼센트가 그리스 배경을 가졌다고 추정한다. Oakes, *From People to Letter*, 62를 보라.

83. Oakes, *From People to Letter*, 60–61.

오크스는 여러 변수가 이 비율에 큰 영향을 끼칠 수 있고, 따라서 이것이 단순한 근사치임을 인정한다. 하지만 이런 수치는 바울이 일반적으로 마게도냐 사람들에 대해 말하는 것과 일치한다. 즉, 그들은 엘리트와 유력자들이 아니라 "극심한 가난"(고후 8:2) 가운데서 바울의 선교에 헌금을 한 이들었다.

빌립보 교인의 경제적 상황과 빌립보에서 그들의 일반적인 신분은 거의 분명히 공동체로서 그들이 직면하고 있던 어려움에 영향을 미쳤을 것이고, 공동체가 압박을 받고 있다는 징후가 빌립보서에 분명히 나타나 있다. 예를 들어, 빌립보서 1:27–30은 문서 전체의 구조적, 주제적 주춧돌 역할을 한다. 바울은 이 구절로 서신의 본문을 시작한다.

> 오직 너희는 그리스도의 복음에 합당하게 생활하라 이는 내가 너희에게 가 보나 떠나 있으나 너희가 한마음으로 서서 한뜻으로 복음의 신앙을 위하여 협력하는 것과 무슨 일에든지 대적하는 자들 때문에 두려워하지 아니하는 이 일을 듣고자 함이라 이것이 그들에게는 멸망의 증거요 너희에게는 구원의 증거니 이는 하나님께로부터 난 것이라 그리스도를 위하여 너희에게 은혜를 주신 것은 다만 그를 믿을 뿐 아니라 또한 그를 위하여 고난도 받게 하려 하심이라 너희에게도 그와 같은 싸움이 있으니 너희가 내 안에서 본 바요 이제도 내 안에서 듣는 바니라.

여기 이 인상적인 단일 문장에서, 우리는 빌립보 교인이 처한 상황을 알려주는 몇몇 중요한 증거가 담겨 있는 기본적인 권고를 볼 수 있다. 가장 핵심적인 요점은 다음과 같다.

(1) **빌립보 교인은 광범위한 공동체와 관련해서 이상한 분리주의자로 인식되어 시 당국의 노여움을 샀을 것이다.** 먼저, 바울의 진술에서 시민권 문제가 가장 중요한 위치에 있음을 주목하라.[84] '하늘의 시민답게 행동하라'(πολιτεύομαι, 1:27)로 번역된 주동사(개역개정은 "합당하게 생활하라"–역주)는 시민으로서 자신의 임무나 의무를 이행하는 것을 함축한다. 브루스 윈터(Bruce Winter)는 그 시대의 비문에서 이 단어가 종종 사회적 덕목인 "조화"와 관련되었다는 점을 보여주었다.[85] 바울은 빌립보 교인들이 시민적 의미에서 이해하고 있는 '하나 됨'에 호소하면서도 그 덕목을 그들이 그리스도와 그분의 교회에 헌신하는 일에 적용한다. 사도가 이 동사를 사용한 것은 당시 문화가 요구했던 순응(강제적인 '연합')을 넌지시 언급하는 것일 수도 있다. 빌립보에서 교회를 "대적하는" 자들(τῶν ἀντικειμένων, 1:28)은 반문화적인 복음을 따르는 신자들이 야기한 시민 분열 때문에 교회를 대적했을 것이다. 사실 그리스도인들은 다른 우상을 숭배하는 여러 정치적, 종교적, 경제적(혹은 이것들이 결합된) 연합에서 탈퇴했는데, 특히 로마 황

84. 이에 관하여 1:27에 대한 설명에서 πολιτεύομαι를 논의한 내용을 보라.

85. Bruce W. Winter, *Seek the Welfare of the City: Christians as Benefactors and Citizens* (Grand Rapids: Eerdmans; Carlisle: Paternoster, 1994), 102–3.

제 숭배를 거부하는 것은 그들을 반체제적인 문제아로 낙인찍었을 것이고 시 당국의 우려를 샀을 것이다.[86]

(2) 비슷한 맥락에서 **빌립보 교인은 그리스도를 최고의 주님으로 모시는 일 때문에 빌립보 당국자들의 핍박을 받고 있었다.** 그들은 빌립보시나 로마 제국을 위해 살지 않고 '그리스도를 위해' 산다. 빌립보시의 공동체는 신격화된 황제를 "주"와 "구세주" 같은 칭호로 찬양했을 것이다. 황제를 숭배하는 고백을 공개적으로 삼가는 것은 작게는 스스로가 이상한 사람임을, 최악의 경우 반역자임을 드러내는 것이었다. 게다가 하나님인데 종의 형체(빌 2:7)를 취하고, 로마 제국의 십자가에서 죽은 이를 "주"와 "구세주"로 고백하는 것은 더욱 심한 조소와 반대를 불러일으켰다.[87] 빌립보서 1:30에서 바울은 "너희에게도 그와 같은 싸움이 있으니 너희가 내 안에서 본 바요 이제도 내 안에서 듣는 바니라"고 쓴다. 앞에서 이야기한 대로, 빌립보 교인은 바울이 빌립보를 처음 방문하는 동안 당국이 그와 실라를 잔인하게 괴롭혔을 때(행 16:20-24) 바울이 겪은 "싸움"을 '보았다.' 그리고 빌립보서를 쓰는 시점에도 바울은 그리스도를 위한 일 때문에 시 당국자들에 의해 다시 옥에 갇혀 있는 것으로 보인다(빌 1:12-14).[88] 빌립보 교인은 비슷한 형태의 박해를 경험하고 있었고, 대적자 때문에 '두려워하거나' 겁먹을 만한 이유가 있었다(1:28). 하지만 바울은 그들이 함께 반대에 맞서고, 그들이 그리스도를 위해 겪는 고난을 선물로 이해하라고 단언한다("너희에게 은혜를 주신 것은", ὑμῖν ἐχαρίσθη, 1:29).

(3) **빌립보 교인은 교회 내의 분열 문제로 어려움을 겪고 있었다.** 빌립보 교인들이 단결하고, 성령으로 하나가 되며, 한마음과 복음 정신을 지녀야 할 필요성은 주춧돌 구절(1:27-30)의 또 다른 핵심 요소다. 바울은 그들이 "한마음으로 서서 한뜻으로 복음의 신앙을 위하여 협력하[고]"(1:27) 있다는 소식을 듣기 원한다. 빌립보 교인이 그들의 운동에 대한 대중의 반대라는 외부의 도전을 받은 반면, 그들은 또한 내부에서 교회의 분열이라는 문제에 직면했다. 피가 언급한 것처럼 이 문제는 아직 노골적인 분열의 수준에 이르지 않았지만, 바울은 분명히 분열의 조짐에 관심을 갖고 결정적인 행동을 취해야 한다고 믿었다.[89]

빌립보서에서 '하나 됨'과 다른 사람들을 위해 자신을 사심 없이 내어놓는다는 주제는 서신의 주요 본문(1:27-4:4a)을 읽어나가면 매우 명백하게 드러난다. 1:27-30의 권고에 이어 사도는 즉시 빌립보 교인들을 향한 자신의 도전을 확장하여 연합하기 위해 노력하라고 호소한

86. 빌립보의 공동체 집단과 조합에 대해서는 De Vos, *Church and Community Conflicts*, 287을 보라. 그는 "빌립보에서 기독교 공동체와 시민 공동체의 관계는 전통적인 숭배 의식에 참여하지 않는 것 때문에 생긴 아주 심각한 갈등 및 억압적인 조치와 관련이 있었다"라고 말한다. 나는 이 일반적인 진술이 사실일 가능성이 높다고 믿지만, 빌립보에서 발생한 분열의 본질에 대한 저자의 일부 결론은 확신하지 못한다. 예를 들어, 교인들 중 배교한 사람이 있었다는 증거가 있는가? 시 당국과의 갈등에 대해서는 Mikael Tellbe, "The Sociological Factors behind Philippians 3.1-11 and the Conflict at Philippi," *JSNT* 17.55 (1995): 211; Bockmuehl, *Philippians*, 2-8; Bormann, *Stadt und Christengemeinde*, 217-24; Fee, *Philippians*, 30-31을 보라.

87. Fee, *Philippians*, 31-32.

88. Fee, *Philippians*, 29-31을 보라. Fee는 바울이 빌립보서에서 자신의 고난과 투옥을 강조하는 것이(예를 들어, 1:3-8의 감사와 1:22-26의 자신의 일에 대한 내러티브에서) 그런 어려움을 다루는 방법에 대한 예시를 보여주기 위한 것이었다고 말한다.

89. Fee, *Philippians*, 32-33.

다. 바울은 그리스도와 하나 됨과 성령에 참여함 그리고 "마음을 같이하여 같은 사랑을 가지고 뜻을 합하며 한마음을 품[는 것]"(2:2)에 대해 말한다. 빌립보 교인은 이기적인 야심과 허영심을 버리고, 겸손을 실천하며, 다른 사람들의 이익을 자신의 이익보다 우선하라는 권면을 받는다(2:1–4). 그리스도는 그분의 지위에 합당한 권리를 요구하지 않으시고 죽기까지 모든 것을 희생하셔서 '자기를 비우신' 탁월한 모범이다(2:6–11). 바울은 그리스도의 모범을 제시하면서 빌립보인들에게 "원망과 시비가 없이"(2:14) 협력하라고 격려한다.

빌립보서의 중앙 부분은 디모데와 에바브로디도(2:18–30) 그리고 바울(3:4–14)을 예시로 들어, 연합을 이루게 하는 겸손하고도 희생적인 사역의 모범을 제시한다. 연합하라는 요청은 4:2–3에서 최고조에 달한다. 거기에서 바울은 유오디아와 순두게에게 "주 안에서 같은 마음을 품으라"고 간곡히 부탁한다. 다시 말해, 그들은 '사이좋게 지내라'는 요청을 받는다. 연합하라는 요청은 복음에 대한 관심과 시종일관 통합될 정도로 중요해 보인다(예를 들어, 1:27–28; 2:22, 30; 4:2–3). 분열된 교회는 좋은 소식이 필요한 세상에 통일된 소리를 낼 수 없다.

이와 같이 바울은 한편으로는 빌립보 교회 내의 관계가 분열되는 문제와, 다른 한편으로는 그들이 주변 문화에서 경험하는 압박을 다루기 위해 편지를 썼다. 그들은 대부분 재정적으로 부유하지 않았고, 그들이 반문화적 복음을 따라 살면서 직면한 갈등은 경제적 어려움을 악화했을 것이다. 그렇다면 바울은 옥에 갇혀 있는 자신을 보살펴준 동역자들에게 어떻게 보답하는가? 바울은 우리가 빌립보서로 알고 있는 서신을 공들여 써서 그들에게 그리스도를 위해 인내하며 잘 살라고 권고하고, 본받을 만한 강력한 모범을 제공하며, 그들이 자신의 선교에 동참한 일을 칭찬하고, 그들이 계속 믿음 가운데 성장할 수 있도록 강력한 신학적 기초를 제시한다.

빌립보서의 저작과 장르

이메일과 문자 메시지를 보내는 오늘날, 펜과 잉크로 편지를 쓰는 문화는 점차 사라져가고 있다. 하지만 예술 활동을 해본 사람이라면(특히 만년필을 사용하는 용감무쌍한 영혼은), 그런 경험이 사도와 친밀감을 느끼게 해준다고 생각할 수 있다. 우리는 구금되어 있던 바울이 책상에 조용히 앉아 빌립보 교인에게 보낼 서신을 쓰는[90] 모습을 상상할 수 있다. 하지만 고대 세계에서 서신 쓰기는 일반적으로 간단한 일이 아니었다.

우선 동물 가죽과 파피루스(종이 같은 물질) 같은 필기 재료는 비쌌고, 서신을 쓰는 일은 전문가나 훈련받은 필경사[전문 용어로는 아마누엔시스(*amanuensis*), 즉 비서]를 통해 이루어졌다.[91]

90. Valentin de Boulogne의 작품으로 여겨지는 17세기 초 작품. 유명한 유화인 "Saint Paul Writing His Epistles"와 마찬가지로.

91. E. Randolph Richards, *Paul and First-Century Letter Writing: Secretaries, Composition, and Collection* (Downers Grove, IL: InterVarsity Press, 2004), 59–80.

명확하고 매력적인 글씨로 쓰는 일은 쉽지 않았다. 서신을 쓰는 과정은 일반적으로 다음과 같이 진행되었다. 필경사는 고무, 검댕, 기름으로 잉크를 만들고 저자의 생각을 받아 적은 다음, 파피루스에 줄을 긋고 저자의 생각을 정리해서 깨끗이 옮겨 적으면서 서신을 어떤 표현으로 채워갈지 저자와 상의했다. 전문적인 필경사가 진행하는 경우 이 모든 과정은 비용이 많이 들고 시간이 걸렸지만, 그로 인해 저자는 육체노동으로 여겨진 기계적인 필사 작업보다 내용을 구성하는 데 집중할 수 있었다. 빌립보서 같은 서신의 저술은 적어도 여러 날에 걸쳐 글의 생각과 흐름을 정교하게 다듬어가며 작업했을 것이다.

바울이 빌립보서 저술에 아마누엔시스를 사용했다는 증거가 없지만, 이는 매우 흔한 관례였고 바울도 종종 사용했기 때문에 그가 아마누엔시스와 작업했다고 해도 놀랍지 않다.[92] 어쨌든 우리는 바울이 빌립보서를 저술할 때 단 몇 분 만에 생각을 간결하게 적는 단순한 과정이 아니라, 오랜 시간 동안 서신에 쓰일 단어들을 다듬는 작업을 했음을 이해해야 한다. 사도는 혼자 또는 필경사와 함께 빌립보 신자들에게 심원한 영향을 끼칠 강력한 메시지를 만들어내기 위해 공을 들였을 것이다.

빌립보서의 내용을 자세히 살펴보면, 그것이 바울 시대에 쓰인 서신의 일반적 형태를 따르고 있는 것이 분명하다. 예를 들어, 서신은 서문과 기도 보고(1:1–11)를 포함한 '서신 시작 부분'과 수신자에게 보내는 마지막 말, 공식적인 인사말, 축복(4:10–23)을 포함한 '서신 끝부분'으로 이루어져 있었다. 그런데 빌립보서는 어떤 종류의 서신이었는가? 우리가 오늘날 '업무용 편지'나 '추천서'를 쓸 때 정해진 서식을 사용하는 것처럼 혹은 개인적 편지의 처음에 '사랑하는'이나 공식적 서신의 끝에 '진심으로' 같은 관례적 표현을 쓰는 것처럼, 그 시대의 편람은 여러 종류의 의사소통에 활용할 수 있는 요소들을 언급한다. 학자들은 최근 몇 년 동안 빌립보서를 면밀하게 검토한 후 빌립보서의 구체적인 장르를 확정하기 위해 많은 글을 썼다. 몇몇 사람은 빌립보서를 일반적인 권면 서신으로 평가한 반면,[93] 또 다른 사람들은 빌립보 교인이 바울의 투옥 및 그들의 고난으로 의기소침해졌기 때문에 쓰인 위로 서신으로 평가했다.[94] 그런데 대부분의 사람은 모든 바울 서신처럼, 빌립보서도 여러 서신 형식의 요소를 복합적으로 담고 있다는 점을 인정할 것이다.[95]

---

92. 예를 들어, 로마서 16:22에서 더디오라는 동료 신자가 로마서를 쓴 것을 분명히 알 수 있다(참고. 벧전 5:12). 여러 다른 곳에서, 바울은 친히 자신의 손으로 인사말을 쓴다고 언급하면서 서신을 끝맺는다(고전 16:21; 갈 6:11; 골 4:18; 살후 3:17; 몬 1:19). 그것은 서신의 나머지 부분을 실제로 아마누엔시스가 썼음을 거의 확실하게 가리킨다. 데살로니가후서 3:17에서 사도는 개인적으로 직접 쓰는 인사말을 편지마다 "표시"(sign, σημεῖον)로서 쓴다고 말하기까지 한다. 그것은 아마 바울이 친필 인사를 편지가 진짜임을 나타내는 증거로 여겼음을 의미한다.

93. 예를 들어, Timothy C. Geoffrion, *The Rhetorical Purpose and the Political and Military Character of Philippians: a Call to Stand Firm* (Lewiston, NY: Mellen, 1993), 23을 보라. 그는 다음과 같이 제안한다. 군사적, 정치적 언어를 사용하는 사도는 "주로 빌립보의 그리스도인들이 하나님과 그리스도와 복음 사역에 계속 굳게 헌신하도록 격려하기 위한 그리고 어떻게 그렇게 할 수 있는지 보여주기 위한 권고 서신으로" 빌립보서를 썼다.

94. Paul A. Holloway, *Consolation in Philippians: Philosophical Sources and Rhetorical Strategy*, SNTSMS 112 (Cambridge: Cambridge University Press, 2001), 161.

95. John T. Fitzgerald, "Philippians in Light of Some Ancient Discussions of Friendship," in *Friendship, Flattery, and Frankness of Speech: Studies on Friendship in the New Testament World*, ed. John T. Fitzgerald,

하지만 최근에 많은 사람이 빌립보서는 사도의 문화에서 우정 서신으로 알려진 편지의 형태와 의도에 가장 잘 맞는다고 주장했다.[96] 예를 들어, 우정 서신은 일반적으로 수신자들과 함께하지 못하고 '부재'한 것에 대한 언급(빌 1:27; 2:12), 저자와 수신자가 현재 처한 상황(1:12, 27; 2:19, 23) 그리고 수신자들이 어떤 식으로든 발신자의 필요를 채우는 데 참여한 일에 대한 감사(4:14)로 구성되어 있다.[97] 빌립보서에 표현된 따뜻함과 기쁨은 이 서신을 '친근한 서신'으로 특징짓는 것 같다. 하지만 고든 피는 바울의 서신들을 당시의 일반적인 우정 서신 이상의 것으로 보아야 한다고 강조한다. 왜냐하면 그의 서신들은 선교와 관련하여 깊은 수준의 우정 및 동반자 관계를 반영하기 때문이다. 사실상 바울은 그의 교회를 확대 가족으로 여기고 편지를 쓰며, 당시의 가족 서신들은 또한 '친근한 서신'의 부분 집합으로 여겨졌다.[98] 게다가 피가 지적한 대로, 바울의 서신들은 건강한 권고를 포함한다. 따라서 빌립보서는 깊은 우정, 심지어는 가족 관계의 따뜻함을 표현하는 동시에, 형제자매에게 그리스도를 위해 잘 살아가도록 도전하는 도덕적 권면을 담고 있다.[99] 피는 서신에서 발견되는 역학의 이런 조합을 고려하면서 빌립보서를 기독교적인 "우정의 권고 서신"이라고 부르는데, 이 표현은 빌립보서의 특징을 잘 드러낸다.[100] 빌립보서의 권고적 본질은 또한 사도가 서신을 작성하는 과정에서 사용한 일반적인 수사학 관례에 주목해야 함을 암시한다.

문화적 관례, 수사법 그리고 시대를 초월한 바울의 메시지

앞에서 언급한 대로, 바울 서신들은 1세기 그리스 로마 세계에서 원활하게 의사소통하기 위한 언어와 형식으로 형성되었다. 동시에 사도는 하나님을 대신하여 일한다고 주장한다. 바울의 메시지와 의도(그의 세계를 형성하는 복음)는 문화를 초월하며, 역사의 특정한 시대에 얽매이

NovTSup 82 (Leiden: Brill, 1996), 143–44를 보라. 그는 "빌립보서는 부분적으로(사실상 대부분) '우정의 편지'이지만, 또한 그 외에도 많은 의미를 내포한다"라고 제안한다. 마찬가지로, David E. Aune, *The New Testament in Its Literary Environment* (Philadelphia: Westminster, 1987), 203을 보라. 그는 바울이 "창조적이고 다재다능한 서신 저자였다"라고 주장한다.

96. 예를 들어, M. White, "Morality between Two Worlds: A Paradigm of Friendship in Philippians," in *Greeks, Romans, and Christians: Essays in Honor of Abraham J. Malherbe*, ed. D. L. Balch, E. Ferguson, and W. A. Meeks (Minneapolis: Fortress, 1990), 201–15; S. K. Stowers, "Friends and Enemies in the Politics of Heaven: Reading Theology in Philippians," in *Pauline Theology, Volume I*, ed. J. M. Bassler (Minneapolis: Fortress, 1991), 105–21. Duane Watson은 이 호칭에 반발하면서, 우정은 그리스 로마 세계에 널리 퍼져 있던 사회적 가치이기 때문에 그 명칭은 도움이 되지 않는다고 지적한다. Duane F. Watson, "The Integration of Epistolary and Rhetorical Analysis of Philippians," in *The Rhetorical Analysis of Scripture: Essays from the 1995 London Conference*, ed. S. E. Porter and T. H. Olbricht, JSNTSup 146 (Sheffield: Sheffield Academic Press, 1997), 402를 보라.

97. Fee, *Philippians*, 3.

98. 부분적으로 Loveday Alexander, "Hellenistic Letter-Forms and the Structure of Philippians," *JSNT* 37 (1989): 87–101을 따른다. 그는 또한 수신자들을 위한 기도(빌 1:3–11), 발신자에 대해 안심시키는 말(12–26절) 그리고 중개자들의 움직임에 대한 정보(2:19–30)와 같은 서신 요소들을 포함시킨다. 빌립보서에 나타난 가족 역학에 대해서는, 특히 Joseph H. Hellerman, "Brothers and Friends in Philippi: Family Honor in the Roman World and in Paul's Letter to the Philippians," *BTB* 39.1 (2009): 15–25를 보라. 또 Reed, *Discourse Analysis*, 169를 보라.

99. Fee, *Philippians*, 10–11.

100. Fee, *Philippians*, 12.

지 않는다. 바울의 말은 오늘날의 우리에게도 신선하고 어느 시대에나 유의미한 메시지를 전한다. 그의 말은 본래 빌립보인들에게 주어진 것이었지만, 궁극적으로 모든 시대와 장소의 하나님 백성의 일원인 우리에게 주어진 하나님의 말씀이기 때문이다. 하지만 이 말씀을 오늘날 우리에게 주어진 말씀으로 받으려면, 우리는 먼저 그 말씀을 듣고 이해하며, 그 말씀이 본래의 맥락에서 빌립보 교인들에게 무슨 의미로 어떻게 전달되었는지를 파악해야 한다.

예를 들어, 빌립보서 4:10-20 같은 구절은 특정한 문화적 역학을 이해하는 것이 중요함을 강조한다. 특히 바울의 세계를 사는 사람들이 우정을 어떻게 생각했는가 하는 것이다. 그 당시의 문화적 관점은 우리가 오늘날 우정의 관계를 생각하는 방식과 매우 다르다. 의사소통은 언제나 여러 종류의 문화적 표현 속에서 구체화되는데, 그 표현들은 각각 고유한 메시지를 전달한다.

우리는 이 책의 여러 곳에서 그리스 로마 수사학에 비추어 본문을 읽을 것이다. 그리스 로마 수사학은 그 시대 교육의 핵심을 차지하고 있었다.[101] 초보적인 수준에서부터 공공 웅변술의 매우 발전된 형태에 이르기까지 수사학은 설득력 있고 강력한 의사소통의 기술을 가르쳤고, 많은 학자가 다양한 형태의 수사학에 비추어 빌립보서를 연구했다.[102] 그와 같은 접근법은 적어도 두 가지 수준에서 이루어진다. 예를 들어, 몇몇 사람은 서신 전체를 당시의 수사학 편람에 나타난 공공 웅변의 일반적인 형태에 비추어 읽으려고 했다. 마치 전체 서신이 한 연설문의 방식을 따라 형성된 것으로 보았다.[103] 하지만 다른 사람들은 그렇게 생각하지 않는다. 예를 들어, 제프리 리드(Jeffrey Reed)는 그 시대의 서신이 수사학적 요소를 포함할 수는 있지만, "수사학적 서신"을 작성하는 이론은 당시 편람에서 찾아볼 수 없고 서신 쓰기는 다른 분야에 해당했다고 제안한다.[104] 그럼에도 빌립보서 같은 서신에서 우리는 매우 미시적 수준에서 수사학적 요소를 발견할 수 있다.

예를 들어, 2:6-11과 관련하여 우리는 찬가(*hymnos*) 형태의 수사학적 영향을 찾아볼 수 있다. 2:6-11에 대한 설명의 서론에서 언급한 대로, 그와 같은 글이나 말은 어느 정도 로마의 가

101. 예를 들어, Bruce W. Winter, "Rhetoric," in *DPL* 820-22를 보라.

102. 최근에 신학계는 바울이 빌립보서에서 수사학을 사용한 것에 주목했다. 예를 들어, L. G. Bloomquist, "The Rhetoric of Suffering in Paul's Letter to the Philippians: Socio-Rhetorical Reflections and Further Thoughts on a Post-Colonial Contribution to the Discussion," *Thf* 35.2 (2004): 195-223; Samuel Guy, "A Politeuma Worth Pursuing: A Rhetorical Analysis of Philippians 3:20 in Light of Philippi's Sociological Composition," *SCJ* 22.1 (2019): 89-100; A. H. Snyman, "Philippians 4:10-23 from a Rhetorical Perspective," *AcT* 27.2 (2007): 168-85; Andris H. Snyman, "A Rhetorical Analysis of Philippians 1:1-11," *AcT* 24.2 (2004): 81-104; 같은 저자, "A Rhetorical Analysis of Philippians 1:12-26," *AcT* 25.1 (2005): 89-111; 같은 저자, "A Rhetorical Analysis of Philippians 3:1-11," *Neot* 40.2 (2006): 259-83; 같은 저자, "A Rhetorical Analysis of Philippians 3:12-21," *AcPB* 17 (2006): 327-48; Duane F. Watson, "A Rhetorical Analysis of Philippians and Its Implications for the Unity Question," *NovT* 30.1 (1988): 57-88을 보라.

103. 이 접근법의 선도자는 Duane Watson인데, 그는 빌립보서에 대해 다음과 같이 쓴다. "세 종류의 수사학 중 빌립보서는 심의적 수사학으로 분류되어야 한다. 왜냐하면 그것은 이 종류의 주요 특성을 나타내기 때문이다." Watson, "Rhetorical Analysis of Philippians," 59를 보라. Watson은 빌립보서를 대체로 엑소르디움(*Exordium,* 1:3-26), 나라티오(*Narratio,* 1:27-30), 프로바티오(*Probatio,* 2:1-3:21), 페로라티오(*Peroratio,* 4:1-20)로 나눈다. 하지만 Watson은 후속 글에서 이런 유형의 수사학적 분석을 서간문 분석과 통합하려고 시도한다. 같은 저자, "Integration"을 보라.

104. Reed, *Discourse Analysis*, 453-54.

치를 강화하면서 개인을 찬양하는 방식으로 사용되었다. 하지만 이른바 그리스도 찬송가의 탁월함은 그것이 로마의 문화적 가치를 전복한다는 것이다. 즉, 최고의 지위에 이르는 길은 수치와 죽음이라는 점을 나타내 보임으로써 로마의 문화적 가치를 근본적으로 뒤엎는다. 수치와 죽음은 로마적인 생각이 전혀 아니다. 명예를 통해 지위를 얻는 것이 최고의 가치인 명예 지향적 사회 전체에 강하게 반기를 든 메시지가 빌립보의 거리에서 어떻게 전달되었을지 생각해보라.

1:18에서 우리는 바울이 "그러면 무엇이냐"(τί γάρ)라는 수사학적 질문을 사용하는 것을 볼 수 있다. 또한 1:22b–23에서 바울은 두비타티오(*dubitatio*)로 알려진 수사학적 장치를 사용한다. 이 장치를 사용하는 저자나 화자는 두 가지 선택지 중 어느 것이 최선의 방책이 될 수 있을지 모르는 척한다. 이로써 저자가 더 낫다고 생각하는 것을 드러내기 전에 청중을 한껏 긴장시키는 효과를 낼 수 있다. 또한 우리는 바울이 2:19–3:1에서 디모데와 에바브로디도의 모범을 사용하는 것과 3:2에서 두운법(βλέπετε τοὺς κύνας, βλέπετε τοὺς κακοὺς ἐργάτας, βλέπετε τὴν κατατομήν)을 사용하는 것을 볼 수 있다. 이 두운법은 각 권고의 처음을 '브'(b) 소리로 시작하면서, 멋지고 박력 있는 형태의 수사학적 문장을 형성한다. 사도는 3:13에서도 두운법을 사용한다. 여기에서는 '에'(e) 소리로 시작하는 표현을 사용하여(ἕν, ἐπιλανθανόμενος, ἔμπροσθεν, 그리고 ἐπεκτεινόμενος) 의기양양한 스타일로 담화에 강력한 순간을 만들어낸다.

앞에서 언급한 것은 모두 빌립보서가 입고 있는 문화적 옷의 측면이다. 그와 같은 문화적 틀과 수사학적 형태는 현대의 문화적 맥락에 바로 옮겨올 수는 없다(몇몇은 현대 문화에서 유사한 것이 있기는 하다). 하지만 강력한 담화로서 바울의 시대를 초월한 메시지를 잘 듣기 위해서는 이런 것들을 이해해야 한다. 영원한 메시지는 문화적 경계를 초월하지만, 그것은 본래 우리가 이해할 수 있고 이해하기 위해 노력해야 하는 언어, 논증 수단, 문화적 관례 안에서 표현되었다.

빌립보서의 통일성

빌립보서는 매우 정교한 작품으로서 처음부터 끝까지 식별 가능한 궤적을 따라 전개되고, 풍부한 내용을 담고 있으며, 통일성 있게 작성된 편지다. 하지만 빌립보서에는 그 구조를 분명히 이해하고자 하는 학자들을 난처하게 만드는 여러 요소(문학적 전환과 변화)가 있다. 실제로 20세기 중엽, 여러 학자는 빌립보서가 최소한 두 개 혹은 세 개의 서신으로 구성되어 있고, 문학적으로 짜깁기된 결과물이라는 입장을 옹호했다. 예를 들어, 빌립보서 3:1에서 "끝으로 나의 형제들아…"라는 바울의 말은 서신을 끝내려는 말처럼 들린다. 그런데 3:2–14에서는 갑자기 거짓 사역자들을 향한 다소 거친 경고와 바울의 종교적 정체성에 대한 사상으로 내용이 바뀐다. 몇몇 사람은 그와 같은 전환을 서신의 단편을 가리키는 것으로 읽는다. 그럼에도 빌립보서가 편집자에 의해 더 짧은 서신들이 결합되어 구성되었다는 견해는 점차 힘을 잃었는데, 이에 대해서는 충분한 이유가 있다.[105] 빌립보서의 전반적인 저술 작업, 전개, 응집력이 현 상태 그대로 이치에 맞기 때문이다. 곧 빌립보서의 구조를 설명하겠지만,[106] 그에 앞서 책 전체가 '서로 잘 맞도록' 정교하게 작업이 이루어졌음을 입증하는 두 개의 중요한 사례를 통해 빌립보서의 광범위한 통일성을 살펴보기로 하자.

첫째, 제럴드 피터맨(Gerald Peterman)은 1:3-11과 4:10-20에 광범위한 언어적, 개념적 평행이 있다는 점을 입증했다. 즉, 빌립보서 전체는 사도와 빌립보 교인들의 관계, 특히 빌립보 교인이 바울의 사역에 동참한 것에 대한 성찰로 짜맞춰져 있다.[107] 이 구절 중 전자는 '서신의 시작 부분' 역할을 하고, 후자는 '서신의 끝부분' 역할을 한다. 따라서 빌립보서 전체는 빌립보 형제자매들에 대한 처음 생각과 마무리 생각으로 균형이 잡혀 있음을 알 수 있다. 이런 여러 평행은 다음과 같이 (특히 헬라어 단어들에 주의를 기울일 때) 찾아볼 수 있다.[108]

"기쁨"	"내가…기뻐함은"
χαρᾶς(1:4)	Ἐχάρην(4:10)
"너희가…참여하고"	"참여한"
τῇ κοινωνίᾳ ὑμῶν(1:5)	ἐκοινώνησεν(4:15)

105. 1985년에 David Garland가 "많은 사람이 빌립보서는 하나의 통일체라고 여전히 주장하지만, 그 숫자는 줄어드는 것 같다"라고 쓴 반면(David E. Garland, "The Composition and Unity of Philippians: Some Neglected Literary Factors," *NovT* 27.2 [1985]: 142), 2017년에 Paul Holloway는 "한 세대 전에 대부분의 비평 학자는 사본 전승에 나타난 빌립보서가 별개의 바울 서신 두세 개를 붙인 합성 문서라는 점에 동의했다. 하지만 오늘날 그 견해는 대체로 폐기되었다"라고 썼다(Holloway, *Philippians*, 10).
이 논의의 배경에 대해서는 Holloway, *Consolation*, 7-33을 보라. 이 합성 문서 접근법의 외적 증거는 약하다. 내적 증거는 빌립보서의 내용에 초점을 맞춘다. 예를 들어, 3:1에서 "끝으로"(τὸ λοιπόν)는 일반적으로 한 서신의 끝맺음을 표시하지만, 끝나지 않고 계속 이어지다가 4:8에서 "끝으로"(τὸ λοιπόν)를 반복한다. 하지만 Margaret Thrall이 지적한 대로 τὸ λοιπόν은 고전기 이후의 헬라어에서 전환 장치로 사용될 수 있었다(하지만 빌립보서 3:1의 경우에 그것은 끝맺는 공식으로 읽을 수도 있다고 결론짓는다). Margaret E. Thrall, *Greek Particles in the New Testament: Linguistic and Exegetical Studies*, New Testament Tools, Studies and Documents 3 (Leiden: Brill, 1962), 25-30을 보라. 또한 우리가 현 상태 그대로 빌립보서를 만들어낸 저자의 움직임을 이해할 수 없다면, 어떻게 편집자가 이런 식으로 최종 작품을 만들어냈을 것이라는 가설을 세울 수 있단 말인가? Fee, *Philippians*, 22를 보라.

106. Reed, *Discourse Analysis*, 412-13에서 특히 빌립보서의 상세한 담화 분석을 보라. 그는 다음과 같이 쓴다. "결과적으로 증거는 빌립보서를 단일 서신으로 읽게 한다. 즉, 독자는 단일한 전체로서 담화를 그 언어학적 구조와 조화를 통해 일관성 있게 읽을 수 있다 …빌립보서의 서간문 구조(기재 사항)는…그 유형의 다른 서간 문학과 비교할 때 단일한 전체로서 설명할 수 있다."
여기에서 서술한 문학적 분석에 더하여 Watson, "Rhetorical Analysis of Philippians," 57-88에서 시도한 것처럼, 빌립보서의 통일성에 대한 수사학적 분석도 있다. 하지만 Reed는 다음과 같이 결론을 내린다. 그 시대의 서신이 수사학적 요소들을 포함했을 수 있지만 "수사학적 서신"을 쓰는 이론은 수사학 편람에서 찾아볼 수 없었다. 서신 쓰기는 다른 분야로 간주되었다(Reed, *Discourse Analysis*, 453-54). 위에서 언급한 글을 쓰고 몇 년 후 Watson은 서간문의 역학에 비추어 빌립보서의 수사법을 평가하고자 했다. Watson, "Integration"을 보라.

107. Gerald W. Peterman, *Paul's Gift from Philippi: Conventions of Gift Exchange and Christian Giving*, SNTSMS 92 (Cambridge: Cambridge University Press, 1997), 91-92.

108. Peterman, *Paul's Gift from Philippi*, 91-93. 나는 사용된 용어나 강력한 개념적 유사성과 관련해서 가장 명백해 보이는 평행을 이 목록에 담았다.

"복음"	"복음"
τὸ εὐαγγέλιον(1:5)	τοῦ εὐαγγελίου(4:15)
"첫날부터"	"시초에"
ἀπὸτῆς πρώτης ἡμέρας(1:5)	ἐν ἀρχῇ(4:15)
"너희 안에서 착한 일을 시작하신 이"	"내게 능력 주시는 자"
ὁ ἐναρξάμενος ἐν ὑμῖν ἔργον(1:6)	τῷ ἐνδυναμοῦντί με(4:13)
"너희 무리를 위하여…생각하는 것이"	"나를 생각하던 것이"
φρονεῖν ὑπὲρ πάντων ὑμῶν(1:7)	τὸ ὑπὲρ ἐμοῦ φρονεῖν(4:10)
"함께…참여한 자"	"함께 참여"
συγκοινωνούς(1:7)	συγκοινωνήσαντές(4:14)
"매임"	"내 괴로움"
δεσμοῖς(1:7)	τῇ θλίψει(4:14)
"풍성하게 하사"	"내게는 모든 것이 있고 또 풍부한지라"
περισσεύῃ(1:9)	περισσεύω(4:18)
"가득하여"	"풍족하니/채우시리라"
πεπληρωμένοι(1:11)	πεπλήρωμαι/πληρώσει(4:18, 19)
"열매"	"열매"
καρπόν(1:11)	καρπόν(4:17)
"예수"	"예수"
Ἰησοῦ(1:11)	Ἰησοῦ(4:19)
"하나님의 영광"	"하나님…께…영광"
δόξαν…θεοῦ(1:11)	τῷ…θεῷ…δόξα(4:20)

저자는 왜 이와 같은 언어적, 개념적 평행을 광범위하게 사용했는가? 우리는 고대의 작품이 대부분 끊어지지 않고 계속 이어지는 문자들로 이루어진 행이었다는 사실을 기억해야 한다. 표제도 없었고, 마침표도 없었으며, 단어들 사이에 공백도 없었다. 따라서 당시 저자는 문서의 흐름을 다른 식으로 표시해야 했다. 그들이 사용했던 한 가지 중요한 관례는 인클루지오(*inclusio*)였다. 담화의 처음과 끝이나, 담화의 하위 단락이나, 짧은 구절을 사용하여 멀리 떨어져 있는 평행을 표시했다. 즉, 처음과 끝에 같거나 비슷한 단어를 사용하는 방식이었다. 고

대 저자들은 이런 식으로 인클루지오를 사용해 본문의 응집성을 표시했다. 이것은 오늘날 우리가 책을 쓸 때 각 장에 부제를 사용하는 것과 아주 비슷하다. 우리가 빌립보서 1:3-11과 4:10-20의 평행을 고려할 때, 이 두 단락은 전체 서신을 응집력 있는 하나의 문서로 나타낼 만큼 명백하고 광범위하다.

하지만 이것은 빌립보서에서 멀리 떨어져 있는 평행법이 사용된 유일한 사례가 아니다. 1985년 데이비드 갈런드(David Garland)는 「빌립보서의 구성과 통일성: 무시된 몇 가지 문학적 요인」(The Composition and Unity of Philippians: Some Neglected Literary Factors)이라는 논문에서 1:27-2:4과 3:16-4:3 사이에 여덟 개의 문학적 평행을 지적하면서 1:27-4:3을 서신의 중요하고도 응집력 있는 부분, 즉 빌립보서의 주요 본문으로 제시한다.[109] 앞부분에서 '빌립보 교회와 바울이 편지를 쓴 이유'라는 소제목의 단락에서 이미 살펴본 것처럼, 바울은 1:27-2:4로 빌립보서의 중심 부분을 시작한다. 갈런드는 이 단락의 언어가 빌립보서의 주요 본문의 끝에 해당하는 3:16-4:3에서 광범위하게 되풀이된다고 지적한다. 나는 갈런드의 목록을 확장하여 1:27-2:4과 3:15-4:4a 사이에 최소한 17개의 어휘적, 개념적 평행을 찾았다.

"복음에 합당하게"	"복음에"
ἀξίως τοῦ εὐαγγελίου(1:27)	ἐν τῷ εὐαγγελίῳ(4:3)
"그리스도의"	"그리스도의"
Χριστοῦ(1:27, 29)	Χριστοῦ(3:18; 참고. 3:20)
"합당하게 생활하라"	"시민권은 하늘에 있는지라"
πολιτεύεσθε(1:27)	πολίτευμα(3:20)/περιπατοῦντας/ περιπατοῦσιν(3:17-18)
"너희가 한마음으로 서서"	"주 안에 서라"
στήκετε ἐν ἑνὶ πνεύματι(1:27)	στήκετε ἐν κυρίῳ(4:1)
"협력하는 것과"	"나와 함께 힘쓰던"
συναθλοῦντες(1:27)	συνήθλησάν μοι(4:3)

109. 평행은 다음과 같다. πολιτεύεσθε(1:27)/πολίτευμα(3:20); στήκετε(1:27)/στήκετε(4:1); συναθλοῦντες(1:27)/συνήθλησάν μοι(4:3); ἀπωλείας(1:28)/ἀπώλεια(3:19); σωτηρίας(1:28)/σωτῆρα(3:20); παράκλησις(2:1)/παρακαλῶ(4:2); φρονῆτε/ἓν φρονοῦντες(2:2)/φρονῶμεν/φρονεῖν(3:15; 4:2); χαράν(2:2)/χαρά(4:1). Garland, "Composition,"160-62를 보라. Garland는 또한 빌립보서 전체를 응집력 있게 만드는 다른 요소들을 지적했다. 구성 장치로서 인클루지오의 용법에 대해 다음을 보라. George H. Guthrie, *The Structure of Hebrews: A Text-Linguistic Analysis*, NovTSup 73 (Leiden: Brill, 1994), 15; H. Van Dyke Parunak, "Oral Typesetting: Some Uses of Biblical Structure," *Bib* 62.2 (1981): 153-68.

"복음의 신앙을 위하여"	"복음에"
τῇ πίστει τοῦ εὐαγγελίου(1:27)	ἐν τῷ εὐαγγελίῳ(4:3)
"멸망의"	"멸망"
ἀπωλείας(1:28)	ἀπώλεια(3:19)
"구원의"	"구원하는 자"
σωτηρίας(1:28)	σωτῆρα(3:20)
"대적하는 자들"	"원수"
τῶν ἀντικειμένων(1:28)	τοὺς ἐχθρούς(3:18)
"하나님께로부터"	"하나님"
ἀπὸ θεοῦ(1:28)	ὁ θεός(3:15, 19)
"너희가 내 안에서 본 바요… 내 안에서 듣는 바니라"	"나를 본받으라"
εἴδετε ἐν ἐμοὶ καὶ ἀκούετε ἐν ἐμοί(1:30)	Συμμιμηταί μου γίνεσθε(3:17)
"사랑"	"사랑하고"
ἀγάπη(2:1, 2)	ἀγαπητοί(4:1)
"권면"	"내가…권하노니"
παράκλησις(2:1)	παρακαλῶ(4:2)
"마음을 같이 하여…한마음을 품어"	"같은 마음을 품으라"
τὸ αὐτὸ φρονῆτε/φρονοῦντες(2:2)	φρονῶμεν/τὸ αὐτὸ φρονεῖν(3:15; 4:2)
"나의 기쁨"	"나의 기쁨"/"기뻐하라"
μου τὴν χαράν(2:4)	χαρὰ…μου(4:1)/χαίρετε(4:4a)
"겸손"	"낮은"
ταπεινοφροσύνη(2:3)	ταπεινώσεως(3:21)
"돌보아"	"눈여겨보라"
σκοποῦντες(2:4)	σκοπεῖτε(3:17)

이런 평행 요소들은 빌립보서의 핵심 주제인 연합을 강조하는 동시에 서신의 중심 부분을 나타내는 데 중요한 역할을 한다. 이 책에서 빌립보서 구절을 주해하면서 서신의 하위 단락들을 구성하기 위해 사용하는 문학적 평행법뿐만 아니라 이런 요소들과 관련된 세부 사항도 다룰 것이다. 그러나 나는 우선 빌립보서 전체가 핵심 주제들을 되풀이한다는 점과 서신에서 전개되는 주요한 움직임들을 표시하기 위해 정교하고도 전략적으로 만들어졌다는 점을 강조하고자 한다. 이와 같이 평행법이 폭넓게 사용된 것은 전체 서신을 하나의 응집력 있는 문서로 받아들여야 하는 강력한 이유를 제공한다.

하지만 빌립보서가 어떻게 형성되었는가 하는 문제를 마무리하기 전에, 이 서신에서 찾아볼 수 있는 다른 흥미로운 역학 관계, 즉 빌립보서 전체에 걸쳐 나타나는 역학을 고려할 필요가 있다. 그것은 바울이 '기뻐하라/기쁨'이라는 주제를 자주 사용한 것이다. 앞에서 1:27–2:4과 3:15–4:4a에 나타난 평행을 살펴보면, 2:4과 4:1에서 "나의 기쁨"이 반복되는 것을 볼 수 있다. 또한 빌립보서 전체에 걸쳐 여러 중요한 전환점에서 기쁨이라는 주제를 찾아볼 수 있다. 실제로 몇 군데에서 바울은 기쁨에 대한 진술 또는 권고를 두 번 반복하는데, 이는 빌립보서의 구성에 대한 한 가지 중요한 실마리를 제공한다.

예를 들어, 1:18에서 처음으로 '기뻐하라'는 권고가 두 번 나온다. 첫 번째 권고는 앞에서 이미 말한 것을 언급하는 반면, 두 번째 권고는 사도가 앞으로 말할 것을 예상한다. 첫 번째 권고에서 바울은 그리스도가 전파되고 있는 것을 기뻐한다. 심지어 잘못된 동기를 갖고 있는 사람들이 그리스도를 전파하고 있는 것도 기뻐한다. 두 번째 권고에서는 자신의 구출을 기대하며 계속 기뻐한다. 이런 식으로 1:18에서 기뻐하라는 주제를 반복한 것은 빌립보서의 한 움직임(movement, 소주제를 갖고 있는 독립된 부분–역주)에서 다음 움직임으로 전환하는 문학적 '경첩' 역할을 할 수 있다.[110] 바울은 빌립보서의 다른 중요한 전환점 세 군데에서(2:17–18; 2:28–3:1; 4:4) 기쁨에 대한 진술 또는 기뻐하라는 권고를 두 번 반복한다. 이런 이음매들은 전환점으로도 읽을 수 있다.[111] 기쁨이라는 주제는 빌립보서를 구조적으로 형성하는 데 중요한 역할을 하고, 서신 전체의 통일성에 기여한다. 기쁨이라는 주제로 강조되는 이음매들을 다음과 같이 설명할 수 있다.

---

110. 다른 신약 책에서 전환 장치의 비슷한 용법에 대해 Guthrie, *Structure of Hebrews*, 94–111, 특히 "고리 단어"(hook words)와 "중첩 전환"(overlapping transitions)을 다루는 자료를 보라.

111. 당연히 몇몇 이음매의 경우 앞뒤 어느 부분을 언급하는 것인지 분명하지 않다. 담화에서 이루어지는 전환 순간으로서 한 섹션의 끝과 다음 섹션의 시작의 정확한 위치 파악은 전환 표시를 알아보는 것만큼 중요하지 않다. 따라서 예를 들어, 학자들은 3:1의 권고가 앞의 단위를 결론짓는 것인지 아니면 뒤의 단위를 소개하는 것인지 광범위하게 논의해왔다. 또 우리는 4:4a과 4:4b 사이를 단절하여 구분하는 것을 두고 옥신각신할 수 있다. 하지만 전환은 본질상 매끄러운 변화를 촉진하기 위한 것이다. 따라서 이 책의 빌립보서 개요에 나타나는 '이해하기 어려운' 단절들은 그것 자체를 심각하게 받아들이지 말고, 그저 주요한 움직임을 벗어나는 표시를 하는 것으로 여겨야 한다.

	앞/뒤 언급	빌립보서의 이음매	다른 가능한 전환 표시
1	↑	"이로써 나는 기뻐하고"(1:18g).	
	↓	"또한 기뻐하리라"(1:18h–i).	
			"나의 기쁨을 충만하게 하라"(2:4).
2	↑	"나는 기뻐하고 너희 무리와 함께 기뻐하리니"(2:17).	
	↓	"이와 같이 너희도 기뻐하고 나와 함께 기뻐하라"(2:18).	
		인클루지오?	*인클루지오?*
3	↑	"너희로 그를 다시 보고 기뻐하게 하며… 주 안에서 모든 기쁨으로 그를 영접하고"(2:28–29).	
	↓	"주 안에서 기뻐하라"(3:1).	
		인클루지오?	"나의 기쁨"(4:1).
4	↑	"주 안에서 항상 기뻐하라"(4:4a).	
	↓	"내가 다시 말하노니 기뻐하라"(4:4b).	
	↓	"내가 주 안에서 크게 기뻐함은"(4:10).	

빌립보서의 중요한 곳에서 두 번 반복되는 '기쁨'이라는 주제가 담당하는 구조적 역할을 이렇게 읽는 것이 옳다면, 이 중요한 주제는 서신에서 세 개의 중요한 움직임 주변에 인클루지오를 형성하는 역할을 하는 것으로 볼 수 있다(위의 표에서 묘사한 바와 같다). 앞에서 2:4과 4:1에 나오는 바울의 기쁨 사이의 평행을 언급한 바 있다. 우리는 2:18–30과 3:1–4:4a을 구분해 표시하는 비슷한 평행들을 볼 수 있다. 바울이 2:18에서 먼저 빌립보인들에게 기뻐하라고 격려하는 것에 주목하라. 그리고 이것은 2:28–29에서 되풀이되는데, 특별히 그들에게 에바브로디도를 기쁨으로 영접하라고 격려한다. 또한 3:1과 4:4a에서 "주 안에서 기뻐하라"(χαίρετε ἐν κυρίῳ)는 말이 정확히 반복되는 것을 주목하라. 이같이 정확한 표현이 나타나는 곳은 빌립보서에서(사실상 신약 전체에서) 이 두 구절뿐이다. 4:10에서 기뻐하라는 동사가 한 번만 사용된 것은 무엇인가? 여기에서는 그 주제가 두 번 반복되지 않는다. 또 그것은 인클루지오를 형성하는 것과도 관련이 없는 듯 보인다. 바울이 빌립보서를 마무리할 준비를 하면서 기쁨이라는 주제를 반복해 자신의 기뻐하는 행위(1:18; 2:17)에 대한 성찰로 돌아감으로써 그 패턴을 깰 가능성이 있다. 이런 기쁨의 표현은 이제 언급할 내용인 바울을 향한 빌립보 교인의 관심과 그

관심에 대한 바울의 기쁨을 가리킨다.

'빌립보서의 통일성'을 다룬 이 부분의 요점은 빌립보서가 하나의 서신으로 구성된 것이 서신의 통일성의 문제를 말한다는 점을 보여주는 것이다. 바울이 빌립보서의 여러 부분을(사실상 책 전체) 평행법으로 나타낸 것과, 처음부터 끝까지 '기뻐하라/기쁨'이라는 주제를 지속적이고 전략적으로 사용한 것은 빌립보서를 하나로 통일된 전체로 보아야 함을 암시한다. 나는 "빌립보서는 처음부터 끝까지 식별 가능한 궤적을 따른다"라고 말하면서 이 부분을 시작했다. 이 말은 빌립보서의 구조를 식별하는 것이 쉽다는 뜻이 아니다. 전혀 그렇지 않다! 따라서 이제 우리는 빌립보서의 구조 문제를 살펴보아야 한다.

빌립보서의 구조

빌립보서를 우리 방식대로 그리고 이 주석 시리즈의 관례에 맞추어 연구하면서 문학적 배경과 각 단위의 구조를 자세히 살펴볼 것이다. 또 설교와 교육을 위해 독자들로 하여금 여러 구절이 기능하고 '말하는' 방식에 관심을 갖게 할 것이다. 하지만 서신의 주요 움직임들을 파악하고 그것들이 서로 어떻게 관련되는지 알 수 있도록, 빌립보서의 큰 그림을 설명하는 것이 유익하다. 넓은 의미에서 빌립보서는 시작 부분, 중심 부분, 끝부분으로 구성되어 있다. 이와 같은 빌립보서의 전반적인 전개는 서신 중심부의 하위 단락들과 함께 다음과 같이 정리할 수 있다.

서문 및 빌립보 교인이 복음 사역에 동참한 것을 칭찬하는 기도 보고가
　포함된 시작 부분(1:1–11)
중심 부분(1:12–4:9):
　　바울의 투옥에 초점을 맞춘 본문의 서두(1:12–26)
　　권고로 이루어진 일련의 모범을 소개하는 서신의 주요 본문(1:27–4:4a):
　　　– 연합하여 살아가라는 권고(1:27–2:4)
　　　– **그리스도의 모범**(2:5–11)
　　　– 연합에 대한 추가 권고(2:12–17)
　　　– **디모데와 에바브로디도의 모범**(2:18–30)
　　　– **바울의 그리스도 중심적 삶과 사역의 모범** 및 최초로 나오는 일련의 권고(3:1–14)
　　　– **바울의 그리스도 중심적 모범**을 본받고 서로 연합하라는 권고(3:15–4:4a)
　　일련의 권고를 제공하는 본문의 끝부분(4:4b–9)
빌립보 교인들과 함께한 동반자 관계에 대한 생각을 담은 끝부분 및 추신(4:10–23)

빌립보서가 균형 있게 전개되는 방식에 주목하라. 기도 보고를 기록한 서신의 시작 부분은 끝부분 및 추신과 아주 비슷하다. 둘 다 어느 정도 빌립보 교인이 바울의 사역에 동참하고 있음에 초점을 맞춘다. 바울이 현재 처해 있는 상황과 복음의 진보에 초점을 맞춘 중심 부분의 서두(1:12–26)는, 바울이 빌립보인들에게 염려하지 말고 그의 모범을 따르라고 도전하는 중심 부분의 끝(4:4b–9)과 균형을 이룬다. 빌립보서의 중심부에는 리더십에 대한 훌륭한 모범(그리스도, 디모데, 에바브로디도, 바울)이 서로 연합하여 잘 살아가라는 권고와 함께 나온다. 3:2–4과 3:18–19에 언급된 거짓 교사 또는 대적자는 바울이 제시한 참된 기독교 사역자에 대한 사도적 비전 및 그의 모범과 대조를 이룬다.

이와 같이 우리는 기쁨에 대한 표현과 기뻐하라는 권고가 가득한, 아름답고 강력한 빌립보서라는 우정의 격려 서신을 만난다. 바울은 일반적으로 서신 형식의 대략적인 개요를 따르지만, 빌립보 교인들이 직면하고 있는 중요한 문제들은 물론이요, 그가 마음 깊이 사랑하는 교회와의 관계를 다루기 위해 그 형식을 다듬는다. 빌립보서의 핵심은 교회 연합의 필요성에 초점을 맞추고, 건전한 사역의 모범을 살펴보라고 격려하는 것이다. 이를 통해 그들은 여러 형태의 반대에 맞서 단결하고, 세상에서 복음을 선포하는 일에 도움을 받을 것이다.

개요

I. 서신 시작 부분: 서문과 기도 보고(1:1–11)
  A. 서신 서문(1:1–2)
    1. 발신자와 수신자(1절)
    2. 축복(2절)
  B. 기쁨에 찬 기도 보고(1:3–11)
    1. 빌립보 교인을 향한 바울의 애정 어린 감사(3–8절)
    2. 빌립보 교인을 위한 바울의 기도(9–11절)
II. 서신 중심 부분(1:12–4:9)
  A. 본문 서두: 바울의 현 상황(1:12–26)
    1. 복음의 진전에 대한 기쁨에 찬 보고(12–18g절)
      a. 바울의 투옥이 복음의 진전을 낳다(12–14절)
      b. 여러 가지 동기로 메시아 선포가 이루어지다(15–18g절)
    2. 투옥과 관련한 바울의 희망찬 기대(18h–26절)
      a. 결과에 대한 확신(18h–20절)
      b. 두 가지 좋은 대안: 삶 또는 죽음(21–24절)
      c. 바울은 살아서 사역을 완수할 것을 확신한다(25–26절)

B. 서신의 주요 본문: 교회 연합을 위한 호소(1:27–4:4a)

1. 공동체의 연합을 실행하라는 권고(1:27–2:4)

a. 연합을 확실히 유지하라(27절)

b. 반대에 맞서 연합을 유지하라(28–30절)

c. 희생적으로 서로 사랑하여 연합을 실행하라(2:1–4)

2. 자기희생의 탁월한 모범이신 그리스도 예수님처럼 돼라(2:5–11)

a. 그리스도의 마음을 품으라(5절)

b. 겸손하신 그리스도의 모범을 따르라(6–8절)

c. 하나님이 그리스도의 지위를 대역전시키신 것을 주목하라(9–11절)

3. 연합에 대한 추가 권고와 기쁨의 외침(2:12–17)

a. 하나님이 행하시는 일을 수행하라(12–13절)

b. 공동체의 연합을 실행하라(14–16절)

c. 빌립보 사역에 대한 바울의 기쁨(17절)

4. 자기희생의 모범이 되는 디모데와 에바브로디도(2:18–30)

a. 바울의 기쁨에 참여하라는 권고(18절)

b. 디모데(19–24절)

c. 에바브로디도(25–30절)

5. 그리스도 중심적 삶과 사역에 대한 바울의 모범(3:1–14)

a. 기뻐하라는 권고(1절)

b. 하나님과의 관계에 대한 잘못된 기준과 참된 기준(2–6절)

c. 하나님과의 관계에 대한 참된 본질, 그리스도를 아는 것(7–14절)

(1) 바울은 그리스도를 아는 것의 "유익"과 비교해서 모든 것을 "해"로 여긴다(7–8b절)

(2) 그리스도를 아는 것의 "유익"(8c–14절)

6. 바울의 그리스도 중심적 생활 방식을 본받으라는 권고(3:15–4:4a)

a. 바울의 그리스도 중심적 생활 방식을 본받으라는 요청(15–16절)

b. 올바른 지도자들을 본받으라(17–21절)

c. 연합을 확실히 유지하라는 마지막 권고(4:1–4a)

C. 본문 끝: 권고(4:4b–9)

III. 서신 끝부분(4:10–23)

A. 빌립보 교인들의 선물과 동반자 사역(4:10–20)

1. 빌립보 교인들이 준 선물에 대한 바울의 기쁨(10절)

2. 바울의 자족하는 삶(11–13절)

3. 바울과 동역하는 빌립보 교인들(14–20절)

B. 추신: 마지막 인사말과 축복(4:21–23)

1. 끝인사(21–22절)

2. 축복(23절)

참고문헌

Alexander, Loveday. "Hellenistic Letter-Forms and the Structure of Philippians." *JSNT* 37 (1989): 87–101.

Allen, Pauline, ed. *John Chrysostom, Homilies on Philippians*. Writings from the Greco-Roman World 16. Atlanta: Society of Biblical Literature, 2013.

Anderson, Garwood P. *Paul's New Perspective: Charting a Soteriological Journey*. Downers Grove, IL: IVP Academic, 2016.

Arzt-Grabner, Peter. "Paul's Letter Thanksgiving." Pages 129–58 in *Paul and the Ancient Letter Form*. Edited by Stanley E. Porter and Sean A. Adams. Pauline Studies 6. Leiden: Brill, 2010.

Attridge, Harold W. *The Epistle to the Hebrews: A Commentary on the Epistle to the Hebrews*. Hermeneia. Philadelphia: Fortress, 1989.

Aune, David E. *The New Testament in Its Literary Environment*. Philadelphia: Westminster, 1987.

Bakirtzēs, Charalampos, and Helmut Koester, eds. *Philippi at the Time of Paul and after His Death*. Harrisburg, PA: Trinity Press International, 1998.

Balz, Horst Robert, and Gerhard Schneider. *Exegetical Dictionary of the New Testament*. Grand Rapids: Eerdmans, 1990.

Barclay, John M. G. *Paul and the Gift*. Grand Rapids: Eerdmans, 2015.

Barrett, C. K. *The Gospel according to St John: An Introduction with Commentary and Notes on the Greek Text*. London: SPCK, 1978.

Barth, Karl. *The Epistle to the Philippians*. Louisville: Westminster John Knox, 2002.

Basevi, C., and J. Chapa. "Philippians 2.6–11: The Rhetorical Function of a Pauline 'Hymn.'" Pages 338–56 in *Rhetoric and the New Testament: Essays from the 1992 Heidelberg Conference*. Edited by Thomas H. Olbricht and Stanley E. Porter. JSNTSup 90. Sheffield: JSOT Press, 1993.

Bauckham, Richard. *Jesus and the God of Israel: God Crucified and Other Studies on the New Testament's Christology of Divine Identity*. Grand Rapids: Eerdmans, 2008.

Becker, Ernest. *The Denial of Death*. New York: Free Press, 1997.

Begg, Alistair. *On Being a Pastor: For Pastors and Teachers*. Chicago: Moody, 2004.

Bengel, Johann Albrecht. *Gnomon of the New Testament, Tr., with Notes, Revised and Ed. by A. R. Fausset*. Edinburgh: T&T Clark, 1857.

———. *New Testament Word Studies*. 2 vols. Kregel Reprint Library. Grand Rapids: Kregel, 1971.

Bernat, David A. "Circumcision." Pages 471–74 in *Eerdmans Dictionary of Early Judaism*. Edited by John J. Collins and Daniel C. Harlow. Grand Rapids: Eerdmans, 2010.

Berry, Wendell. *A Timbered Choir: The Sabbath Poems, 1979–1997*. Washington, DC: Counterpoint, 1998.

Bingham, Sandra. *The Praetorian Guard: A History of Rome's Elite Special Forces*. Waco, TX: Baylor University Press, 2013.

Bird, Michael F., and Preston M. Sprinkle. *The Faith of Jesus Christ: Exegetical, Biblical, and Theological Studies*. Milton Keynes: Paternoster; Peabody, MA: Hendrickson, 2010.

Blass, Friedrich, and Albert Debrunner. *A Greek Grammar of the New Testament and Other Early Christian Literature*. Edited by Robert Walter Funk. Chicago: University of Chicago Press, 1961.

Bloomquist, L. G. "The Rhetoric of Suffering in Paul's Letter to the Philippians: Socio-Rhetorical Reflections and Further Thoughts on a Post-Colonial Contribution to the Discussion." *Thf* 35 (2004): 195–223.

Bockmuehl, Markus N. A. *A Commentary on the Epistle to the Philippians*. BNTC. Grand Rapids: Baker Academic, 2013.

———. "'The Form of God' (Phil 2:6): Variations on a Theme of Jewish Mysticism." *JTS* 48 (1997): 1–23.

Booth, Steve. "Philippi: A Historical and Archaeological Study." *BI* 37 (2011): 39–42.

Bormann, Lukas. *Philippi: Stadt und Christengemeinde zur Zeit des Paulus*. NovTSup 78. Leiden: Brill, 1995.

Bounds, E. M., and Edward D. Andrews. *Power through Prayer: A Healthy Prayer Life*. Updated and Expanded. Cambridge, OH: Christian Publishing House, 2018.

Brélaz, Cédric. "First-Century Philippi: Contextualizing Paul's Visit." Pages 153–88 in *The First Urban Churches 4: Roman Philippi*. Edited by James R. Harrison and L. L. Welborn. WGRWSup 13. Atlanta: SBL Press, 2018.

Brewer, Raymond Rush. "The Meaning of *Politeuesthe* in Philippians 1:27." *JBL* 73 (1954): 76–83.

Bridges, Jerry. *The Discipline of Grace*. Colorado Springs, CO: NavPress, 2006.

Briones, David. "Paul's Intentional 'Thankless Thanks' in Philippians 4.10–20." *JSNT* 34 (2011): 47–69.

Broneer, O. "The Isthmian Victory Crown." *AJA* 66 (1962): 259–63.

Bruce, Alexander Balmain. *The Humiliation of Christ in Its Physical, Ethical, and Official Aspects*. Edinburgh: T&T Clark, 1876.

Bruce, F. F. *Philippians*. NIBCNT. Peabody, MA: Hendrickson, 1989.

Buchanan, Colin Ogilvie. "Epaphroditus' Sickness and the Letter to the Philippians." *EvQ* 36 (1964): 157–66.

Buechner, Frederick. *Beyond Words: Daily Readings in the ABC's of Faith*. San Francisco: HarperOne, 2004.

Burk, Denny. "On the Articular Infinitive in Philippians 2:6: A Grammatical Note with Christological Implications." *TynBul* 55 (2004): 253–74.

Campbell, Constantine R. *Paul and Union with Christ: An Exegetical and Theological Study*. Grand Rapids: Zondervan, 2012.

Capes, David B. *Old Testament Yahweh Texts in Paul's Christology*. WUNT 2/47. Tübingen: Mohr Siebeck, 1992.

Capes, David B., Rodney Reeves, and E. Randolph Richards. *Rediscovering Paul: An Introduction to His World, Letters, and Theology*. Downers Grove, IL: IVP Academic; Nottingham: Apollos, 2007.

Cassidy, Richard J. *Paul in Chains: Roman Imprisonment and the Letters of St. Paul*. New York: Crossroad, 2001.

Cerfaux, Lucien. *Le Christ dans la Théologie de Saint Paul*. Paris: Éditions du Cerf, 1951.

Cicero. *The Verrine Orations, Volume II*. LCL 293. Translated by L. H. G. Greenwood. Cambridge: Harvard University Press, 1953.

Cohick, Lynn H. *Philippians*. SGBC. Grand Rapids: Zondervan, 2013.

Collins, Adela Yarbro. "Psalms, Philippians 2:6–11, and the Origins of Christology." *BibInt* 11 (2003): 361–72.

Colson, Charles W., and Ellen Santilli Vaughn. *The Body*. Nashville: Thomas Nelson, 1994.

Cornwell, Bernard. *Waterloo: The History of Four Days, Three Armies and Three Battles*. New York: HarperCollins, 2014.

Cousar, Charles B. *Philippians and Philemon: A Commentary*. Louisville: Westminster John Knox, 2009.

Crosby, H. Lamar, trans. *Dio Chrysostom: Discourses 37–60*. LCL 376. Cambridge: Harvard University Press, 1946.

Croy, N. Clayton. "'To Die is Gain' (Philippians 1:19–26): Does Paul Contemplate Suicide?" *JBL* 122 (2003): 517–31.

Cullmann, Oscar. *Peter, Disciple, Apostle, Martyr: A Historical and Theological Study*. Translated by Floyd Filson. London: SCM, 1953.

Culpepper, R. Alan. "Co-workers in Suffering: Philippians 2:19–30." *RevExp* 77 (1980): 349–58.

Dana, H. E., and Julius R. Mantey. *A Manual Grammar of the Greek New Testament*. New York: Macmillan, 1969.

Danker, Frederick W. "A Symphony of New Testament Hymns: Commentary on Philippians 2:5–11, Colossians 1:15–20, Ephesians 2:14–16, 1 Timothy 3:16, Titus 3:4–7, 1 Peter 3:18–22, and 2 Timothy 2:11–13." *CBQ* 60 (1998): 161–62.

Danker, Frederick W., Walter Bauer, and William Arndt, eds. *A Greek-English Lexicon of the New Testament and Other Early Christian Literature*. 3rd ed. Chicago: University of Chicago Press, 2000.

De Vos, Craig Steven. *Church and Community Conflicts: The Relationships of the Thessalonian, Corinthian, and Philippian Churches with Their Wider Civic Communities*. SBLDS 168. Atlanta: Scholars Press, 1999.

Denniston, J. D., and K. J. Dover. *The Greek Particles*. London: Duckworth [Bristol Classical Press]; Indianapolis: Hackett, 1996.

Droge, Arthur J. "Mori Lucrum: Paul and Ancient Theories of Suicide." *NovT* 30 (1988): 263–86.

Droge, Arthur J., and James D. Tabor. *A Noble Death: Suicide and Martyrdom among Christians and Jews in Antiquity*. San Francisco: HarperSanFrancisco, 1992.

Dunn, James D. G. *Beginning from Jerusalem*. Grand Rapids: Eerdmans, 2008.

———. "Christ, Adam, and Preexistence." Pages 74–83 in *Where Christology Began: Essays on Philippians 2*. Edited by Ralph P. Martin and Brian J. Dodd. Louisville: Westminster John Knox, 1998.

———. "Once More, Πιστις Χριστου." Pages 61–81 in *Pauline Theology, Volume IV: Looking Back, Pressing On*. Edited by E. Elizabeth Johnson and David M. Hay. Atlanta: Scholars Press, 1997.

Edart, Jean-Baptiste. *L'Épître aux Philippiens: Rhétorique et Composition Stylistique*. Études Bibliques 45. Paris: Gabalda, 2002.

Edsall, Benjamin A., and Jennifer R. Strawbridge. "The Song We Used to Sing?: Hymn 'Traditions' and Reception in Pauline Letters." *JSNT* 37 (2015): 290–311.

Edwards, Mark J., ed. *Galatians, Ephesians, Philippians*. ACCS 8. Downers Grove, IL: IVP Academic, 1999.

Ellicott, Charles John. *A Critical and Grammatical Commentary on St. Paul's Epistles to the Philippians, Colossians, and to Philemon, with a Revised Translation*. London: John W. Parker and Son, 1861.

Ellis, E. Earle. "Paul and His Coworkers." Pages 183–89 in *Dictionary of Paul and His Letters*. Edited by Gerald F. Hawthorne, Ralph P. Martin, and Daniel G. Reid. Downers Grove, IL: InterVarsity Press, 1993.

———. *Prophecy and Hermeneutic in Early Christianity: New Testament Essays*. Tübingen: Mohr Siebeck, 1978.

Erickson, Millard J. *Christian Theology*. Grand Rapids: Baker, 1983.

Fabricatore, Daniel J. *Form of God, Form of a Servant: An Examination of the Greek Noun μορφή in Philippians 2:6–7*. Lanham, MD: University Press of America, 2010.

Fee, Gordon D. *1 and 2 Timothy, Titus*. NIBCNT. Peabody, MA: Hendrickson, 1995.

———. *God's Empowering Presence: The Holy Spirit in the Letters of Paul*. Peabody, MA: Hendrickson, 1994.

———. *Paul's Letter to the Philippians*. NICNT. Grand Rapids: Eerdmans, 1995.

———. "Philippians 2:5–11: Hymn or Exalted Pauline Prose?" *BBR* 2 (1992): 29–46.

Fitzgerald, John T. "Philippians in Light of Some Ancient Discussions of Friendship." Pages 141–60 in *Friendship, Flattery, and Frankness of Speech: Studies on Friendship in the New Testament World*. Edited by John T. Fitzgerald. NovTSup 82. Leiden: Brill, 1996.

Fitzmyer, Joseph A. "The Consecutive Meaning of Eφ' Ω in Romans 5.12." *NTS* 39 (1993): 321–39.

Flexsenhar, Michael, III. "The Provenance of Philippians and Why It Matters: Old Questions, New Approaches." *JSNT* 42 (2019): 18–45.

Fowl, Stephen E. *Philippians*. THNTC. Grand Rapids: Eerdmans, 2005.

———. *The Story of Christ in the Ethics of Paul: An Analysis of the Function of the Hymnic Material in the Pauline Corpus*. JSNTSup 36. Sheffield: Sheffield Academic Press, 1990.

Frey, Jörg. "Paul's Jewish Identity." Pages 285–321 in *Jewish Identity in the Greco-Roman World/Jüdische Identität in der Griechisch-Römischen Welt*. Edited by Jörg Frey, Daniel R. Schwartz, and Stephanie Gripentrog. Ancient Judaism and Early Christianity 73. Leiden: Brill, 2008.

Furnish, Victor Paul. "The Place and Purpose of Philippians 3." *NTS* 10 (1963): 80–88.

Garland, David E. "The Composition and Unity of Philippians: Some Neglected Literary Factors." *NovT* 27 (1985): 141–73.

———. "Philippians 1:1–26: The Defense and Confirmation of the Gospel." *RevExp* 77 (1980): 327–36.

Garrett, James Leo. *Systematic Theology: Biblical, Historical, and Evangelical*. 2 vols. Grand Rapids: Eerdmans, 1995.

Geoffrion, Timothy C. *The Rhetorical Purpose and the Political and Military Character of Philippians: A Call to Stand Firm*. Lewiston, NY: Mellen, 1993.

Golden, Mark. *Sport in the Ancient World from A to Z*. London: Routledge, 2004.

Gorman, Michael J. *Apostle of the Crucified Lord: A Theological Introduction to Paul and His Letters*. 2nd ed. Grand Rapids: Eerdmans, 2017.

———. *Participating in Christ: Explorations in Paul's Theology and Spirituality*. Grand Rapids: Baker Academic, 2019.

Gundry, Robert H. "Style and Substance in 'the Myth of God Incarnate' according to Philippians 2:6–11." Pages 271–93 in *Crossing the Boundaries: Essays in Biblical Interpretation in Honour of Michael D. Goulder*. Edited by Stanley E. Porter, Paul M. Joyce, and David E. Orton. BibInt 8. Leiden: Brill, 1994.

Gundry Volf, Judith M. *Paul and Perseverance: Staying in and Falling Away*. WUNT 2/37. Tübingen: Mohr Siebeck, 1990.

Guthrie, George H. *2 Corinthians*. BECNT. Grand Rapids: Baker Academic, 2015.

———. "Paul's Triumphal Procession Imagery (2 Cor 2.14–16a): Neglected Points of Background." *NTS* 61 (2015): 79–91.

———. *The Structure of Hebrews: A Text-Linguistic Analysis*. NovTSup 73. Leiden: Brill, 1994.

Guy, Samuel. "A Politeuma Worth Pursuing: A Rhetorical Analysis of Philippians 3:20 in Light of Philippi's Sociological Composition." *SCJ* 22 (2019): 89–100.

Hamilton, James M. *God's Glory in Salvation through Judgment: A Biblical Theology*. Wheaton, IL: Crossway, 2010.

Hansen, G. Walter. *The Letter to the Philippians*. PNTC. Grand Rapids: Eerdmans, 2009.

———. "Transformation of Relationships: Partnership, Citizenship, and Friendship in Philippi." Pages 181–204 in *New Testament Greek and Exegesis: Essays in Honor of Gerald F. Hawthorne*. Edited by Amy Donaldson and Timothy B. Sailors. Grand Rapids: Eerdmans, 2003.

Hardin, J. K. "Judaizers." Pages 571–74 in *Dictionary of Paul and His Letters*. 2nd edition. Edited by Scot McKnight, Lynn H. Cohick, and Nijay K. Gupta. Downers Grove, IL: InterVarsity Press, 2023.

Harris, Murray J. *Prepositions and Theology in the Greek New Testament: An Essential Reference Resource for Exegesis*. Grand Rapids: Zondervan, 2012.

Harrison, James R., and L. L. Welborn, eds. *The First Urban Churches 4: Roman Philippi*. WGRWSup 13. Atlanta: SBL Press, 2018.

Hawthorn, T. "Philippians 1:12–19: with Special Reference to vv 15, 16, 17." *ExpTim* 62 (1951): 316–17.

Hawthorne, Gerald F. "In the Form of God and Equal with God (Philippians 2:6)." Pages 96–110 in *Where Christology Began: Essays on Philippians 2*. Edited by Ralph P. Martin and Brian J. Dodd. Louisville: Westminster John Knox, 1998.

———. *Philippians*. WBC 43. Waco, TX: Word, 1983.

Hawthorne, Gerald F., and Ralph P. Martin. *Philippians*. Rev. ed. WBC 43. Nashville: Thomas Nelson, 2004.

Hays, Richard B. *The Faith of Jesus Christ: An Investigation of the Narrative Substructure of Galatians 3:1–4:11*. Atlanta: Scholars Press, 1983.

Hellerman, Joseph H. "Brothers and Friends in Philippi: Family Honor in the Roman World and in Paul's Letter to the Philippians." *BTB* 39 (2009): 15–25.

———. *Philippians*. EGGNT. Nashville: B&H Academic, 2015.

———. *Reconstructing Honor in Roman Philippi: Carmen Christi as Cursus Pudorum*. SNTSMS 132. Cambridge: Cambridge University Press, 2005.

Hengel, Martin. *Crucifixion in the Ancient World and the Folly of the Message of the Cross*. Philadelphia: Fortress, 1977.

Hengel, Martin, and Roland Deines. *The Pre-Christian Paul*. London: SCM; Philadelphia: Trinity Press, 1991.

Hill, Wesley. *Paul and the Trinity: Persons, Relations, and the Pauline Letters*. Grand Rapids: Eerdmans, 2015.

Hofius, Otfried. *Der Christushymnus Philipper 2,6–11: Untersuchungen zu Gestalt und Aussage eines Urchristlichen Psalms*. WUNT 17. Tübingen: Mohr Siebeck, 1991.

Holloway, Paul A. *Consolation in Philippians: Philosophical Sources and Rhetorical Strategy*. SNTSMS 112. Cambridge: Cambridge University Press, 2001.

———. *Philippians: A Commentary*. Hermeneia. Minneapolis: Fortress, 2017.

Hooker, Morna D. "Another Look at πίστις Χριστοῦ." *SJT* 69 (2016): 46–62.

———. "On Becoming the Righteousness of God: Another Look at 2 Cor 5:2." *NovT* 50 (2008): 358–75.

———. "Philippians." Pages 105–15 in *The Cambridge Companion to St. Paul*. Edited by James D. G. Dunn. Cambridge: Cambridge University Press, 2003.

———. "Philippians." Pages 497–549 in vol. 11 of *The New Interpreter's Bible*. Edited by Leander E. Keck. Nashville: Abingdon, 2000.

———. "Philippians 2:6–11." Pages 151–64 in *Jesus und Paulus: Festschrift für Werner Georg Kümmel zum 70. Geburtstag*. Edited by E. Earle Ellis and Erich Grässer. Göttingen: Vandenhoeck & Ruprecht, 1975.

———. "Philippians: Phantom Opponents and the Real Source of Conflict." Pages 377–95 in *Fair Play: Diversity and Conflicts in Early Christianity: Essays in Honour of Heikki Räisänen*. Edited by Ismo Dunderberg, C. M. Tuckett, and Kari Syreeni. NovTSup 103. Leiden: Brill, 2002.

———. "ΠΙΣΤΙΣ ΧΡΙΣΤΟΥ." *NTS* 35 (1989): 321–42.

Hoover, R. W. "The HARPAGMOS Enigma: A Philological Solution." *HTR* 64 (1971): 95–119.

Hunter, W. B. "Prayer." Pages 725–34 in *Dictionary of Paul and His Letters*. Edited by Gerald F. Hawthorne, Ralph P. Martin, and Daniel G. Reid. Downers Grove, IL: InterVarsity Press, 1993.

Hunzinger, Claus H. "Zur Struktur der Christus-Hymnen in Phil 2 und 1 Petr 3." Pages 142–56 in *Der Ruf Jesu und die Antwort der Gemeinde: Exegetische Untersuchungen, Joachim Jeremias zum 70. Geburtstag gewidmet von Seinen Schülern*. Edited by Eduard Lohse, Christoph Burchard, and Berndt Schaller. Göttingen: Vandenhoeck & Ruprecht, 1970.

Hurst, Lincoln D. "Christ, Adam, and Preexistence Revisited." Pages 84–95 in *Where Christology Began: Essays on Philippians 2*. Edited by Ralph P. Martin and Brian J. Dodd. Louisville: Westminster John Knox, 1998.

Hurtado, Larry W. *Lord Jesus Christ: Devotion to Jesus in Earliest Christianity*. Grand Rapids: Eerdmans, 2003.

Jeremias, J. "Zu Phil. 2,7: ΕΑΥΤΟΝ ΕΚΕΝΩΣΕΝ." *NovT* 6 (1963): 182–88.

Jewett, Robert. "Conflicting Movements in the Early Church as Reflected in Philippians." *NovT* 12 (1970): 362–90.

Keener, Craig S. *Acts: An Exegetical Commentary, 15:1–23:35*. Vol. 3. Grand Rapids: Baker Academic, 2014.

Keller, Timothy. *Galatians for You*. Epsom, UK: The Good Book Company, 2013.

———. *Prayer: Experiencing Awe and Intimacy with God*. New York: Penguin Random House, 2014.

Keown, Mark. *Philippians 2:19–4:23*. EEC. Bellingham, WA: Lexham, 2017.

Klauck, Hans-Josef, and Daniel P. Bailey. *Ancient Letters and the New Testament: A Guide to Context and Exegesis*. Waco, TX: Baylor University Press, 2006.

Klijn, A. F. J. "Paul's Opponents in Philippians iii." *NovT* 7 (1964): 278–84.

Knight, George W. "Two Offices (Elders or Bishops and Deacons) and Two Orders of Elders (Preaching or Teaching Elders and Ruling Elders): A New Testament Study." *Presb* 11 (1985): 1–12.

Koenig, John. *Jews and Christians in Dialogue: New Testament Foundations*. Philadelphia: Westminster, 1979.

Koester, Helmut. "The Purpose of the Polemic of a Pauline Fragment." *NTS* 8 (1961): 317–32.

Köstenberger, Andreas J., and Scott R. Swain. *Father, Son and Spirit: The Trinity and John's Gospel*. NSBT 24. Downers Grove, IL: IVP Academic, 2008.

Krentz, Edgar M. "Military Language and Metaphors in Philippians." Pages 105–27 in *Origins and Method: Toward a New Understanding of Judaism and Christianity: Essays in Honour of John C. Hurd*. Edited by Bradley H. McLean. JSNTSup 86. Sheffield: Sheffield Academic Press, 1993.

Lau, Te-Li. *Defending Shame: Its Formative Power in Paul's Letters*. Grand Rapids: Baker Academic, 2020.

Lennox, John. *Gunning for God: Why the New Atheists Are Missing the Target*. Oxford, UK: Lion Hudson, 2011.

Liddell, Henry George, Robert Scott, and Henry Stuart Jones. *A Greek-English Lexicon*. 9th ed. with revised supplement. Oxford: Clarendon, 1996.

Lightfoot, J. B. *Saint Paul's Epistle to the Philippians: A Revised Text with Introduction, Notes, and Dissertations*. London: Macmillan, 1898.

Lohmeyer, Ernst. *Die Briefe an die Philipper, an die Kolosser und an Philemon*. KEK. Göttingen: Vandenhoeck & Ruprecht, 1928.

———. *Kyrios Jesus: Eine Untersuchung zu Phil. 2,5–11*. Heidelberg: C. Winter, 1928.

Longenecker, Richard N. *The Epistle to the Romans: A Commentary on the Greek Text*. NIGTC. Grand Rapids: Eerdmans, 2016.

Louw, J. P., and Eugene A. Nida. *Greek-English Lexicon of the New Testament: Based on Semantic Domains*. New York: United Bible Societies, 1988.

Macaskill, Grant. *Living in Union with Christ: Paul's Gospel and Christian Moral Identity*. Grand Rapids: Baker Academic, 2019.

Manson, T. W., and Matthew Black. *Studies in the Gospels and Epistles*. Manchester: Manchester University Press, 1962.

Marshall, I. Howard. *The Epistle to the Philippians*. London: Epworth, 1992.

Martin, Michael W. "Ἁρπαγμός Revisited: A Philological Reexamination of the New Testament's 'Most Difficult Word.'" *JBL* 135 (2016): 175–94.

Martin, Michael W., and Bryan A. Nash. "Philippians 2:6–11 as Subversive *Hymnos*: A Study in the Light of Ancient Rhetorical Theory." *JTS* 66 (2015): 90–138.

Martin, Ralph P. *2 Corinthians*. WBC 40. Waco, TX: Word, 1986.

———. *A Hymn of Christ: Philippians 2:5–11 in Recent Interpretation and in the Setting of Early Christian Worship*. Downers Grove, IL: IVP Academic, 1997.

———. *Philippians*. NCB. Grand Rapids: Eerdmans, 1980.

Martin, Troy W. "Investigating the Pauline Letter Body: Issues, Methods, and Approaches." Pages 185–212 in *How to Begin, and Why? Diverse Functions of the Pauline Prescript within a Greco-Roman Context*. Edited by Stanley E. Porter and Sean A. Adams. Leiden: Brill, 2010.

Matlock, R. Barry. "The Rhetoric of πίστις in Paul: Galatians 2:16, 3:22, Romans 3:22, and Philippians 3:9." *JSNT* 30 (2007): 173–203.

McCool, Matthew. *Writing around the World: A Guide to Writing across Cultures*. New York: Continuum International, 2009.

McDonald, Lee Martin. "Philippi." Pages 787–89 in *Dictionary of New Testament Background*. Edited by Crag A. Evans and Stanley Porter. Downers Grove, IL: InterVarsity Press, 2000.

McEntyre, Marilyn. *Caring for Words in a Culture of Lies*. Grand Rapids: Eerdmans, 2009.

Mearns, Chris. "The Identity of Paul's Opponents at Philippi." *NTS* 33 (1987): 194–204.

Melick, Richard R. *Philippians, Colossians, Philemon*. NAC 32. Nashville: Broadman & Holman, 1991.

Metzger, Bruce M. *A Textual Commentary on the Greek New Testament*. 2nd ed. Stuttgart: United Bible Societies, 1994.

Meyer, Heinrich August Wilhelm. *The Epistles to the Philippians and Colossians*. Translated by John C. Moore and William P. Dicksone. CECNT. Edinburgh: T&T Clark, 1875.

Michael, John Hugh. *The Epistle of Paul to the Philippians*. London: Hodder and Stoughton, 1928.

Miller, Ernest C. "Πολιτεύεσθε in Philippians 1:27: Some Philological and Thematic Observations." *JSNT* (1982): 86–96.

Mitchell, Margaret M. "New Testament Envoys in the Context of Greco-Roman Diplomatic and Epistolary Conventions: The Example of Timothy and Titus." *JBL* 111 (1992): 641–62.

Moo, Douglas J. *The Epistle to the Romans*. NICNT. Grand Rapids: Eerdmans, 1996.

Morgan, Christopher W., and Robert A. Peterson. *The Glory of God*. Wheaton, IL: Crossway, 2010.

Motyer, J. Alec. *The Message of Philippians*. Bible Speaks Today. London: Inter-Varsity Press, 1984.

Müller, Jac. J. *The Epistles of Paul to the Philippians and to Philemon*. Grand Rapids: Eerdmans, 1955.

Müller, Ulrich B. "Der Christushymnus Phil 2 6–11." *ZNW* 79 (1988): 17–44.

Nanos, Mark D. "Paul's Reversal of Jews Calling Gentiles 'Dogs' (Philippians 3:2): 1600 Years of an Ideological Tale Wagging an Exegetical Dog?" *BibInt* 17 (2009): 448–82.

Neusner, Jacob, and William Scott Green, eds. *Dictionary of Judaism in the Biblical Period: 450 B.C.E. to 600 C.E.* New York: Macmillan Library Reference, 1996.

Nongbri, Brent. "Two Neglected Textual Variants in Philippians 1." *JBL* 128 (2009): 803–8.

Oakes, Peter. "Jason and Penelope Hear Philippians 1.1–11." Pages 155–64 in *Understanding, Studying and Reading: New Testament Essays in Honour of John Ashton*. Edited by C. Rowland and C. H. T. Fletcher-Louis. JSNTSup 153. Sheffield: Sheffield Academic Press, 1998.

———. *Philippians: From People to Letter*. SNTSMS 110. Cambridge: Cambridge University Press, 2001.

———. *Rome in the Bible and the Early Church*. Carlisle: Paternoster, 2002.

Ogereau, Julien M. *Paul's Koinonia with the Philippians: A Socio-Historical Investigation of a Pauline Economic Partnership*. WUNT 377. Tübingen: Mohr Siebeck, 2014.

Ollrog, Wolf-Henning. *Paulus und Seine Mitarbeiterdand: Untersuchungen zu Theorie und Praxis der Paulinischen Mission*. Neukirchen-Vluyn: Neukirchener Verlag, 1979.

Osiek, Carolyn. *Philippians, Philemon*. ANTC. Nashville: Abingdon, 2000.

Packer, J. I. *Rediscovering Holiness*. Ann Arbor, MI: Vine Books, 1992.

Park, Mi Young Sydney. *Submission within the Godhead and the Church in the Epistle to the Philippians: An Exegetical and Theological Examination of the Concept of Submission in Philippians 2 and 3*. LNTS 361. London: T&T Clark, 2007.

Parunak, H. Van Dyke. "Oral Typesetting: Some Uses of Biblical Structure." *Bib* 62 (1981): 153–68.

Pascal, Blaise. *Pensées*. Penguin Classics. London: Penguin, 1995.

Peterlin, Davorin. *Paul's Letter to the Philippians in the Light of Disunity in the Church*. NovTSup 79. Leiden: Brill, 1995.

Peterman, Gerald W. *Paul's Gift from Philippi: Conventions of Gift Exchange and Christian Giving*. SNTSMS 92. Cambridge: Cambridge University Press, 1997.

Peterson, David. "Prayer in Paul's Writings." Pages 84–101 in *Teach Us to Pray*. Edited by D. A. Carson. Eugene, OR: Wipf & Stock, 2002.

Pilhofer, Peter. *Philippi: Band I. Die Erste Christliche Gemeinde Europas*. WUNT 87. Tübingen: Mohr Siebeck, 1995.

Plutarch. *Plutarch's Lives: Pericles and Fabius Maximus, Nicias and Crassus*. LCL 3. Edited by Bernadotte Perrin. Cambridge: Harvard University Press; London: W. Heinemann, 1916.

Porter, Stanley E., and Sean A. Adams, eds. *Paul and the Ancient Letter Form*. Pauline Studies 6. Leiden: Brill, 2010.

Porter, Stanley E., and Andrew W. Pitts. "Πίστις with a Preposition and Genitive Modifier: Lexical, Semantic, and Syntactic Considerations in the πίστις Χριστοῦ Discussion." Pages 33–53 in *The Faith of Jesus Christ: Exegetical, Biblical, and Theological Studies*. Edited by Michael F. Bird and Preston M. Sprinkle. Milton Keynes: Paternoster; Peabody, MA: Hendrickson, 2010.

Purves, Jim. "The Missional Doxology of the Philippian Hymn." *BapTheo* 3 (2011): 15–30.

Rapske, Brian. *The Book of Acts and Paul in Roman Custody*. Grand Rapids: Eerdmans; Carlisle: Paternoster, 1994.

Reed, Jeffrey T. *A Discourse Analysis of Philippians: Method and Rhetoric in the Debate over Literary*

Integrity. JSNTSup 136. Sheffield: Sheffield Academic Press, 1997.

———. "Philippians 3:1 and the Epistolary Hesitation Formulas: The Literary Integrity of Philippians, Again." *JBL* 115 (1996): 63–90.

Reicke, Bo Ivar. "Caesarea, Rome and the Captivity Epistles." Pages 277–86 in *Apostolic History and the Gospel: Biblical and Historical Essays Presented to F. F. Bruce on His 60th Birthday*. Edited by W. Ward Gasque and Ralph P. Martin. Exeter: Paternoster, 1970.

Reid, Daniel G. "Paul and His Coworkers." Pages 752–54 in *Dictionary of Paul and His Letters*. Edited by Gerald F. Hawthorne, Ralph P. Martin, and Daniel G. Reid. Downers Grove, IL: InterVarsity Press, 1993.

Reiher, Jim. "Could Philippians Have Been Written from the Second Roman Imprisonment?" *EvQ* 84 (2012): 213–33.

Reumann, John. "Church Office in Paul, Especially in Philippians." Pages 82–91 in *Origins and Method: Toward a New Understanding of Judaism and Christianity: Essays in Honour of John C. Hurd*. Edited by Bradley H. McLean. JSNTSup 86. Sheffield: JSOT Press, 1993.

———. *Philippians: A New Translation with Introduction and Commentary*. AYB. New Haven: Yale University Press, 2008.

Richards, E. Randolph. *Paul and First-Century Letter Writing: Secretaries, Composition, and Collection*. Downers Grove, IL: InterVarsity Press, 2004.

Robbins, Charles J. "Rhetorical Structure of Philippians 2:6–11." *CBQ* 42 (1980): 73–82.

Robertson, A. T. *A Grammar of the Greek New Testament in the Light of Historical Research*. Nashville: Broadman, 1934.

Robinson, John A. T. *Redating the New Testament*. London: SCM, 1976. Repr., Eugene, OR: Wipf & Stock, 2000.

Runge, Steven E. *Discourse Grammar of the Greek New Testament: A Practical Introduction for Teaching and Exegesis*. Peabody, MA: Hendrickson, 2010.

Ryken, Leland, Jim Wilhoit, and Tremper Longman, eds. *Dictionary of Biblical Imagery*. Downers Grove, IL: InterVarsity Press, 1998.

Sanders, Jack T. *The New Testament Christological Hymns: Their Historical Religious Background*. SNTSMS 15. Cambridge: Cambridge University Press, 1971.

Sapp, David A. "The LXX, 1QIsa, and MT Version of Isaiah 53 and the Christian Doctrine of Atonement." Pages 170–92 in *Jesus and the Suffering Servant: Isaiah 53 and Christian Origins*. Edited by W. H. Bellinger and William R. Farmer. Harrisburg, PA: Trinity Press International, 1998.

Schenk, Wolfgang. *Die Philipperbriefe des Paulus*. Stuttgart: Kohlhammer, 1984.

Schmittals, W. "Die Irrlehrer des Philipperbriefes." *ZTK* 54 (1957): 297–341.

Schnabel, Eckhard J. *Early Christian Mission*. Downers Grove, IL: InterVarsity Press; Leicester, 2004.

Shepherd, M. H. "Elder in the New Testament." Pages 273–75 in *Interpreter's Dictionary of the Bible: An Illustrated Encyclopedia*. Edited by George A. Buttrick. Downers Grove, IL: InterVarsity Press, 1962.

Silva, Moisés. *Philippians*. BECNT. Grand Rapids: Baker Academic, 2005.

Simmons, Charles. *Laconic Manual and Brief Remarker*. North Wrentham, MA: John D. Flagg, 1852.

Smith, David. *The Kindness of God: Christian Witness in Our Troubled World*. Downers Grove, IL: InterVarsity Press, 2013.

Snyman, Andris H. "Philippians 4:10–23 from a Rhetorical Perspective." *AcT* 27 (2007): 168–85.

———. "A Rhetorical Analysis of Philippians 1:1–11." *AcT* 24 (2004): 81–104.

———. "A Rhetorical Analysis of Philippians 1:12–26." *AcT* 25 (2005): 89–111.

———. "A Rhetorical Analysis of Philippians 3:1–11." *Neot* 40 (2006): 259–83.

———. "A Rhetorical Analysis of Philippians 3:12–21." *AcPB* 17 (2006): 327–48.

Spicq, Ceslas. *Theological Lexicon of the New Testament*. Translated and edited by James D. Ernest. 3 vols. Peabody, MA: Hendrickson, 1994.

Stendahl, Krister. "Paul at Prayer." *Int* 34 (1980): 240–49.

Still, Todd. *Philippians and Philemon*. SHBC. Macon, GA: Smyth & Helwys, 2011.

Stirewalt, M. Luther. *Paul, the Letter Writer*. Grand Rapids: Eerdmans, 2003.

Stowers, Stanley K. "Friends and Enemies in the Politics of Heaven: Reading Theology in Philippians." Pages 105–21 in *Pauline Theology*. Edited by J. M. Bassler. Minneapolis: Fortress, 1991.

Sumney, Jerry L. *Philippians: A Greek Student's Intermediate Reader*. Peabody, MA: Hendrickson, 2007.

Sussman, Max. "Sickness and Disease." Pages 6–15 in vol. 6 of *The Anchor Bible Dictionary*. Edited by David Noel Freedman. New York: Doubleday, 1992.

Talbert, Charles H. "A Hymn of Christ: Philippians 2:5–11 in Recent Interpretation and in the Setting of Early Christian Worship." *PRSt* 28 (2001): 141–42.

Tellbe, Mikael. *Paul between Synagogue and State: Christians, Jews, and Civic Authorities in 1 Thessalonians, Romans, and Philippians*. ConBNT 34. Stockholm: Almqvist & Wiksell, 2001.

———. "The Sociological Factors behind Philippians 3.1–11 and the Conflict at Philippi." *JSNT* 17 (1995): 97–121.

Thielman, Frank S. "Ephesus and the Literary Setting of Philippians." Pages 205–23 in *New Testament Greek and Exegesis: Essays in Honor of Gerald F. Hawthorne*. Edited by Amy Donaldson and Timothy B. Sailors. Grand Rapids: Eerdmans, 2003.

———. *Philippians*. NIVAC. Grand Rapids: Zondervan, 1995.

Thompson, Michael B. *Clothed with Christ: The Example and Teaching of Jesus in Romans 12.1–15.13*. JSNTSup 59. Sheffield: JSOT Press, 1991.

Thrall, Margaret E. *Greek Particles in the New Testament: Linguistic and Exegetical Studies*. New Testament Tools, Studies and Documents 3. Leiden: Brill, 1962.

Tite, Philip L. "How to Begin, and Why? Diverse Functions of the Pauline Prescript within a Greco-Roman Context." Pages 57–99 in *Paul and the Ancient Letter Form*. Edited by Stanley E. Porter and Sean A. Adams. Pauline Studies 6. Leiden: Brill, 2010.

Varner, William C. *Philippians: A Handbook on the Greek Text*. BHGNT. Waco, TX: Baylor University Press, 2016.

Verhoef, Eduard. *Philippi: How Christianity Began in Europe: The Epistle to the Philippians and the Excavations at Philippi*. London: Bloomsbury T&T Clark, 2013.

Vincent, Marvin R. *A Critical and Exegetical Commentary on the Epistles to the Philippians and to Philemon*. ICC. Edinburgh: T&T Clark, 1897.

Wallace, Daniel B. *Greek Grammar beyond the Basics: An Exegetical Syntax of the New Testament*. Grand Rapids: Zondervan, 1996.

Wallis, Ian G. *The Faith of Jesus Christ in Early Christian Traditions*. SNTSMS 84. Cambridge: Cambridge University Press, 2005.

Wansink, Craig S. *Chained in Christ: The Experience and Rhetoric of Paul's Imprisonments*. JSNTSup 130. Sheffield: Sheffield Academic Press, 1996.

Ware, James P. *The Mission of the Church in Paul's Letter to the Philippians in the Context of Ancient Judaism*. NovTSup 120. Leiden: Brill, 2005.

———. *Synopsis of the Pauline Letters in Greek and English*. Grand Rapids: Baker Academic, 2010.

Watson, Duane F. "The Integration of Epistolary and Rhetorical Analysis of Philippians." Pages 398–426 in *The Rhetorical Analysis of Scripture: Essays from the 1995 London Conference*. Edited by Stanley E. Porter and T. H. Olbricht. JSNTSup 146. Sheffield: Sheffield Academic Press, 1997.

———. "Paul and Boasting." Pages 77–100 in *Paul in the Greco-Roman World: A Handbook*. Edited by J. Paul Sampley. Harrisburg, PA: Trinity Press International, 2003.

———. "A Rhetorical Analysis of Philippians and Its Implications for the Unity Question." *NovT* 30 (1988): 57–88.

Watson, Francis. *Paul, Judaism, and the Gentiles: Beyond the New Perspective*. Grand Rapids: Eerdmans, 2007.

Watts, Rikki E. *Isaiah's New Exodus and Mark*. WUNT 2/88. Tübingen: Mohr Siebeck, 1997.

White, John L. "Introductory Formulae in the Body of the Pauline Letter." *JBL* 90 (1971): 91–97.

Wiles, Gordon P. *Paul's Intercessory Prayers: The Significance of the Intercessory Prayer Passages in the Letters of St. Paul*. SNTSMS 24. Cambridge: Cambridge University Press, 1974.

Windisch, Hans, and Georg Strecker. *Der Zweite Korintherbrief*. Göttingen: Vandenhoeck & Ruprecht, 1970.

Winter, Bruce W. *Philo and Paul among the Sophists: Alexandrian and Corinthian Responses to a Julio-Claudian Movement*. Grand Rapids: Eerdmans, 2002.

———. "Rhetoric." Pages 820–22 in *Dictionary of Paul and His Letters*. Edited by Gerald F. Hawthorne, Ralph P. Martin, and Daniel G. Reid. Downers Grove, IL: InterVarsity Press, 1993.

———. *Seek the Welfare of the City: Christians as Benefactors and Citizens*. Grand Rapids: Eerdmans; Carlisle: Paternoster, 1994.

Witherington, Ben. *Paul's Letter to the Philippians: A Socio-Rhetorical Commentary*. Grand Rapids: Eerdmans, 2011.

Wortham, Robert A. "Christology as Community Identity in the Philippians Hymn: The Philippians Hymn as Social Drama (Philippians 2:5–11)." *PRSt* 23 (1996): 269–87.

Wright, N. T. "ἁρπαγμός and the Meaning of Philippians 2:5–11." *JTS* 37 (1986): 321–52.

———. *The Climax of the Covenant: Christ and the Law in Pauline Theology*. Edinburgh: T&T Clark, 1991.

Yancey, Philip. *Vanishing Grace: What Ever Happened to the Good News*. Grand Rapids: Zondervan, 2014.

Zerwick, Max. *Biblical Greek*. Translated by Joseph Smith. Scripti Pontificii Instituti Biblici 114. Rome: Pontifical Biblical Institute, 1963.

Zoccali, Christopher. "Rejoice, O Gentiles, with His People: Paul's Intra-Jewish Rhetoric in Philippians 3:1–9." *CTR* 9 (2011): 17–31.

빌립보서 1:1-2

CHAPTER 1

문학적 전후 문맥

당대의 교육받은 사람으로서 사도 바울은 서신이라는 매체를 통해 장거리 의사소통을 했다. 따라서 그가 쓴 빌립보서는 정교하게 구성된 작품으로서, 광범위한 그리스 로마 문화의 서신과 공통적인 요소들이 있고, 유대교와 초기 기독교라는 사도의 특정 종교적 상황이 반영되어 있다.[1] 주로 서신은 서문으로 시작하고[2] 이어서 '프로엠'(proem)이라고 불리는 서론이 이어지는데, 바울은 빌립보서에서 그 패턴을 따른다. 서문은 1:1-2에 나오며, 서론(감사, 즐거움, 기도 보고)은 1:3-11에서 이어진다.

I. 서신 시작 부분: 서문과 기도 보고(1:1-11)

➡ **A. 서신 서문(1:1-2)**

B. 기쁨에 찬 기도 보고(1:3-11)

II. 서신 중심 부분(1:12-4:9)

III. 서신 끝부분(4:10-23)

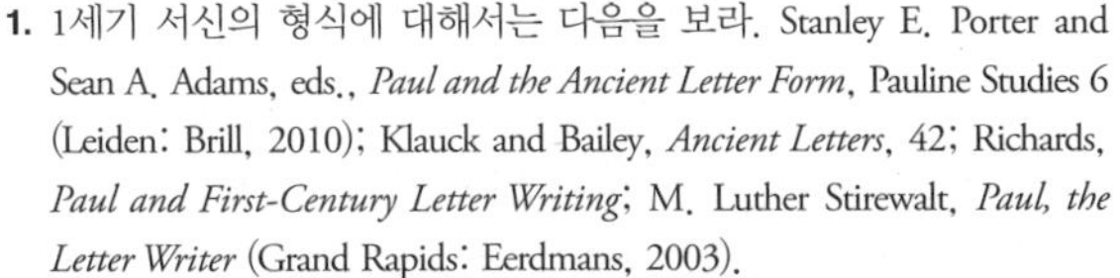

1. 1세기 서신의 형식에 대해서는 다음을 보라. Stanley E. Porter and Sean A. Adams, eds., *Paul and the Ancient Letter Form*, Pauline Studies 6 (Leiden: Brill, 2010); Klauck and Bailey, *Ancient Letters*, 42; Richards, *Paul and First-Century Letter Writing*; M. Luther Stirewalt, *Paul, the Letter Writer* (Grand Rapids: Eerdmans, 2003).

2. 고대 서신의 서문에 대해서는 다음을 보라. Philip L. Tite, "How to Begin, and Why? Diverse Functions of the Pauline Prescript within a Greco-Roman Context," in Porter and Adams, *Paul and the Ancient Letter Form*, 57-99.

주요 개념

바울은 문화적 배경에 적합한 방식으로 그리고 당면한 목회적 필요에 맞추어 뉘앙스를 섬세하게 조정한 표현을 사용하여 빌립보서를 시작한다. 바울은 자신과 디모데를 서신의 발신자로 밝히고, 빌립보 교인들과 그들의 지도자들에게 편지를 쓰며, 그들을 하나님 아버지와 주 예수 그리스도로부터 오는 은혜와 평강으로 축복한다.

번역

빌립보서 1:1-2

1a	발신자	그리스도 예수의 종 **바울과 디모데는**
b		그리스도 예수 안에서
c	수신자/구체적	빌립보에 사는
d	수신자/일반적	모든
e	신원	**성도와**
f		또한 감독들과
g		집사들**에게** 편지하노니
2a	축복	하나님 우리 아버지와
b		주 예수 그리스도부터
c		**은혜와 평강이** 너희에게 있을 지어다

구조

빌립보서에 기록된 바울의 서문은 발신자를 밝히는 수페르스크립티오(*superscriptio*), 빌립보 교인들과 그들의 지도자들을 수신자로 밝히는 아드스크립티오(*adscriptio*) 그리고 하나님 아버지와 주 예수 그리스도로부터 오는 은혜와 평강의 축복을 기원하는 살루타티오(*salutatio*)로 구성되어 있다. 서문에 속한 이 세 부분은 다음과 같이 나타낼 수 있다.

수페르스크립티오(발신자)	그리스도 예수의 종 바울과 디모데는
아드스크립티오(수신자)	그리스도 예수 안에서 빌립보에 사는 모든 성도와 또한 감독들과 집사들에게

살루타티오(인사말)	하나님 우리 아버지와 주 예수 그리스도로부터 은혜와 평강이 너희에게 있을지어다

석의적 개요

➡ A. 서신 서문(1:1-2)

1. 발신자와 수신자(1절)
2. 축복(2절)

본문 설명

1:1a 그리스도 예수의 종 바울과 디모데는(Παῦλος καὶ Τιμόθεος δοῦλοι Χριστοῦ Ἰησοῦ). 바울은 자신과 디모데를 발신자로 밝히며 인사말을 시작한다. 그는 태어났을 때부터 히브리 이름인 '사울'(שָׁאוּל)로 불렸고, 어느 시점부터 우리가 "바울"(Παῦλος, 행 13:9)로 번역하는 헬라 이름을 받거나 택하게 되었을 것이다. 그 이름은 그의 히브리 본명과 비슷한 발음이다.

바울 서신 중 여섯 개는 디모데를 공동 발신자로 이름을 밝힌다(고린도후서, 빌립보서, 골로새서, 데살로니가전후서, 빌레몬서). 빌립보서에서 바울이 자신을 1인칭으로(예를 들어, 빌 1:3) 그리고 디모데를 3인칭으로(예를 들어, 2:19-23) 언급하는 것을 주목하라. 그래서 대부분의 주석가는 이 젊은 사역자가 빌립보서의 공동 저자라기보다 확증하는 증인 역할을 했을 것이라고 생각한다.[3] 바울이 이 사역 편지에 그의 젊은 후배를 포함하는 것은 당연하다. 디모데는 빌립보 교회가 세워질 때 바울과 함께했기 때문이다. 그 사이에 디모데는 그의 선교 멘토와 함께 빌립보 교인들에게 중요한 사역을 계속 수행했다(행 16:1, 13; 빌 2:22).

바울은 서신 서문에서 자주 자신을 "사도"라고 부른다(롬 1:1; 고전 1:1; 갈 1:1; 엡 1:1; 골 1:1; 딤전 1:1; 딤후 1:1). 하지만 바울은 여기에서는 그렇게 하지 않는다.[4] 주석가들은 바울이 빌립보 교인에게 편지를 쓰면서 사도적 지위를 주장하지 않은 이유를 궁금해했다. 바울이 사도라는 칭호를 사용하지 않은 네 개의 서신 중 세 개가 마게도냐 사람들에게 보낸 것이라는 점은 주목할 만하다(살전 1:1; 살후 1:1; 빌 1:1). 바울은 이런 방법을 통해 높은 수준의 상호 존중과 애정을 누렸던 것 같다(살전 2:7-8, 17-20; 3:1-10).[5] 게다가 바울은 빌립보서에서만 자신을 일컬으면서 공동 발신자인 디모데를 포함하

3. 찬성 의견으로 Bockmuehl, *Philippians*, 49; Silva, *Philippians*, 39. 공동 발신자의 이름을 밝히는 일반 관례는 증언을 확인하기 위해 두 증인을 요구하는 법과 관련이 있을 수도 있다(신 19:15). 찬성 의견으로 Hans Windisch and Georg Strecker, *Der Zweite Korintherbrief* (Göttingen: Vandenhoeck & Ruprecht, 1970), 26. 이런 의미에서 공동 발신자는 서신의 기원 및 메시지의 사실을 증명하는 역할을 했다. Fee는 Bruce를 따라 디모데가 바울의 비서였을 수 있다고 제안한다. Fee, *Philippians*, 61을 보라.

4. 목회 서신을 '바울의 저작'에 포함하는 근거에 대해서는 Gordon D. Fee, *1 and 2 Timothy, Titus* (Peabody, MA: Hendrickson, 1995), 23-26을 보라.

5. Silva, *Philippians*, 39. 네 번째 서신은 빌레몬서였으며, Silva는 특히 빌레몬서 1:17-20에 나타난 그 상황의 미묘함에 주목한다.

여 두 사람을 모두 "예수 그리스도의 종"(δοῦλοι Χριστοῦ Ἰησοῦ)이라고 칭했다. 바울은 "종"이라는 칭호를 다른 여러 곳에서 자신이나 동료 사역자들에게 사용한다(롬 1:1; 고후 4:5; 갈 1:10; 골 4:12; 딤후 2:24; 딛 1:1).

"종"으로 번역된 단어는 원래의 독자들에게 자신의 삶의 상황이나 가정, 상점, 거리, 들판에서 일하는 종의 지위를 떠올리게 했을 것이다. 그런데 이 단어에는 풍부한 구약적 배경도 있다. 헬라어 구약 성경에서 "여호와의 종들"이 언급되는데,[6] 그것은 여호와를 대신하여 사역하는 것뿐만 아니라 탁월하게 섬기는 일을 한 자들을 일컫는 경칭이기도 했다.[7]

빌립보서에서 "종"이라는 용어는 2:7에서 그리스도께 사용되면서 가장 고상하게 된다. 그리스도는 성육신하시면서 "종의 형체"(μορφὴν δούλου)를 취하셨다가 우주를 다스리는 왕으로 높아지셨다. 따라서 바울과 디모데는 겸손한 주님이신 메시아 예수를 대신하여 빌립보 교인을 섬긴다.[8] 또한 바울이 이 짧은 서문에서 메시아 예수님을 세 번 언급하고 있음을 주목하라.[9] 이 점은 바울의 사도적 사역이 그리스도 중심적이라는 것과, 거기서 비롯하여 빌립보서의 본질 또한 그리스도 중심적임을 드러낸다.

1:1b–g 그리스도 예수 안에서 빌립보에 사는 모든 성도와 또한 감독들과 집사들에게 편지하노니

(πᾶσιν τοῖς ἁγίοις ἐν Χριστῷ Ἰησοῦ τοῖς οὖσιν ἐν Φιλίπποις σὺν ἐπισκόποις καὶ διακόνοις). 수신자들에 대한 언급은 세 부분으로 나누어 생각할 수 있다. 첫째, 사도는 수신자를 일반적으로 "그리스도 예수 안에서…모든 성도"(πᾶσιν τοῖς ἁγίοις ἐν Χριστῷ Ἰησοῦ)라고 부른다. 수신자인 '하나님의 거룩한 백성에게'(to all of God's holy people, τοῖς ἁγίοις, 참고. NIV, NLT)는 대략 '교회에'(τῇ ἐκκλησίᾳ, 고전 1:2; 고후 1:1; 살전 1:1; 살후 1:1; 몬 1:2; 갈 1:2에서는 복수)와 동의어로 보인다. 따라서 일정한 장소에 있는 그리스도의 추종자들을 가리킨다. 몇몇 현대 영어 성경은 이 구절을 "성도들에게"(to…the saints)로 번역한다(예를 들어, ESV, NASB, NRSV, NET). 하지만 이 번역은 많은 문화적인(교회적이고 대중적인) 영향을 받았다. 물론 바울이 높은 영적 지위를 획득한 슈퍼 엘리트 집단을 향해 편지를 쓴 것은 아니다. 성인이라는 단어가 일반적으로 그런 사람들을 의미하게 되었기 때문이다. 영어권의 문맥에서 일반적으로 '성인'(saint)이라는 단어는 긍정적 의미와 부정적 의미를 모두 담은 용어로 사용되며 어려움을 겪어왔다. 이것은 한편으로 선행을 하는 사람을 가리키기도 하고(예를 들어, '그녀는 성인이야!'), 또 다른 한편으로는 자기 의에 빠진 사람을 뜻하기도 한다(예를 들어, '그는 자기가 무슨 성인인 줄 아나봐!').

---

6. 예를 들어, 수 24:29; 삿 2:8; 왕하 9:7; 10:23; 18:12; 시 35:1; 133:1; 134:1; 욘 1:9을 보라.

7. Chrysostom은 바울이 그리스도의 종으로서 그와 디모데의 섬김을 참된 자유를 이루는 큰 명예로 여긴다고 언급한다. "그리스도의 종인 사람은 진정으로 죄에서 자유롭다. 그가 진정으로 그리스도의 종이라면, 그는 다른 어떤 영역에서도 종이 아니다. 다른 영역에서 종노릇할 때 그는 그리스도의 종이 아니라 오직 반쪽짜리 노예일 뿐이기 때문이다"(Mark J. Edwards, *Galatians, Ephesians, Philippians*, ACCS 8 [Downers Grove, IL: IVP Academic, 1999], 217 [*Homily on Philippians* 2.1.1–2]).

8. 빌립보서 1:1의 Χριστοῦ Ἰησοῦ는 관계의 속격 또는 아마도 소유적 속격으로 읽을 수 있다. 바울과 디모데는 그리스도께 속한다.

9. 칭호로서 Χριστός는 메시아 예수님을 언급하며 또 빌립보서에서 35번, Ἰησοῦς와 함께 20번 등장한다(𝔓[46,61vid] ℵ A K L P Ψ 075. 81. 𝔐에서처럼 3:12에 Ἰησοῦ를 포함시키는 것이 타당하다면; 참고. 이 주석 전체에 걸쳐 본문 비평 논의에 사용된 상징들은 NA[28]에서 유래하며, 따라서 추가 정보를 원하는 독자는 그 28판을 참조하기 바란다. UBS[5]에 수록된 증거 또한 참고한다). NA[28] 본문에 따르면, 20쌍 중 13쌍에서 순서상 Χριστός가 먼저 나오고, 7쌍에서 Ἰησοῦς가 핵심 위치를 차지한다. 단어의 순서는 의미상 차이가 없는 것 같지만, 바울은 빌립보서에서 두 단어 앞에 κύριος가 나올 때 일반적으로 Ἰησοῦς를 Χριστός 앞에 놓는 경향이 있다(빌 1:2; 2:11; 3:20; 4:23). 또한 두 단어 앞에 전치사 ἐν이 나올 때, 바울이 관용구 ἐν Χριστῷ를 규칙적으로 사용하는 방식에 따라 그 순서가 바뀐다(빌 1:1, 26; 2:5; 3:3, 14; 4:7, 19, 21).

오히려 우리에게는 거룩한 백성으로 구별된 하나님께 속한 사람들을 가리키는 영어 표현이 필요하다. 그리스도의 모든 추종자를 언급할 때 '하나님의 거룩한 백성'이라는 구절은 그분 자신을 위해 한 백성을 구별하시는 하나님과 관련된다. 하나님은 그들을 죄에서 결정적으로 깨끗하게 하시고, 그들이 그에 맞춰 사는 백성이 되게 하신다. 그리스도의 희생으로 여호와의 추종자들은 '거룩한' 백성이 되었다. 이제 그들은 보통의 인류와 구별되고, 하나님과 맺은 독특한 관계 속에 산다(히 8:7-13; 10:14-17).

물론 하나님과 맺은 이 관계는 이 백성이 "그리스도 예수 안에"(ἐν Χριστῷ Ἰησοῦ) 있기 때문에 가능하다. 바울이 즐겨 사용하는 이 표현은 빌립보서에서 같은 형태로 8번 사용되고(1:1, 26; 2:5; 3:3, 14; 4:7, 19, 21), 또 사도가 쓴 다른 저술에서 38번 사용된다.[10] "그리스도 안에서"라는 주제는 바울 신학의 핵심으로, 신자의 변화는 물론이요 그리스도와의 연합과도 관련되어 있다.[11] 마이클 고먼(Michael Gorman)은 "참여는 바울 신학 및 영성의 단순한 한 측면도 아니고, 더 근본적인 어떤 것을 보충하는 것도 아니다. 오히려 그것은 바울의 사상과 삶의 핵심이다. 바울의 구원론(구원의 신학)은 본질적으로 참여적이고 변혁적이다"라고 쓴다.[12] 콘스탄틴 캠벨(Constantine Campbell)은 바울 신학의 이 풍성하고 중요한 주제를 철저하게 연구한 후 그 성과를 연합, 참여, 신분, 합동이라는 용어로 요약한다.

> 연합은 그리스도와 믿음으로 연합함, 상호 내주, 삼위일체, 결혼 개념을 전달한다. 참여는 그리스도의 내러티브 사건에 참여하는 것을 뜻한다. 신분은 그리스도의 영역 안에 있는 신자들의 위치 및 그들이 그분의 주 되심에 충성하는 것을 요약한다. 합동은 그리스도의 몸에 속한 지체의 집단적 측면을 종합한다.[13]

특히 빌립보서에서 바울은 신자들이 그의 사역을 자랑하는 것이 "그리스도 예수 안에서"(1:26), 즉 그들이 그리스도와 맺은 상호 관계 속에서 커지기를 소망한다. 빌립보 교인들은 "그리스도 예수 안에서" 성육신으로 나타난 모범과 동일한 태도로 서로 섬겨야 한다(2:5). 혹은 그들이 그리스도 안에 참여하면서 경험한 대로 서로 섬겨야 한다. "그리스도 예수 안에서"는 바울의 삶과 사역에서 그의 기쁨과 자랑의 대상이 되고(3:3), 하나님이 위에서 부르신 부름의 상은 그가 그리스도와 맺은 관계에 기인한다(14절). 또한 한 사람이 그리스도와 맺은 관계는 평강의 삶과(4:7) 공급의 삶과(19절) 그리스도의 폭넓은 공동체의 일원으로서 사는 삶의 토대가 된다(21절).

그런데 바울은 왜 "그리스도 예수 안에서 모든(πᾶσιν) 성도에게" 편지를 쓰는가? 사도는 그의 서신 끝부분은 물론이요,[14] 종종 그의 서신 서문에서도 그런

---

10. 롬 3:24; 6:11, 23; 8:1-2, 39; 15:17; 16:3; 고전 1:2, 4, 30; 4:17; 15:31; 16:24; 갈 2:4; 3:14, 26, 28; 엡 1:1; 2:6-7, 10, 13; 3:6, 21; 골 1:4; 살전 2:14; 5:18; 딤전 1:14; 3:13; 딤후 1:1, 9, 13; 2:1, 10; 3:12, 15; 몬 1:23. 이 형태의 변형에는 "그리스도 안에서", "주 안에서", "주 예수 안에서", "그 안에서"가 포함된다.

11. 이 구절의 해석사에 대해서는 Michael J. Gorman, *Participating in Christ: Explorations in Paul's Theology and Spirituality* (Grand Rapids: Baker Academic, 2019), xvii-xxiv을 보라. Gorman은 "오늘날 바울의 인생 경험('영성')과 그의 신학에서 참여하는 것의 중심성을 인식하지 못하고 바울을 제대로 다루는 일은 거의 불가능하다"(xviii)라고 쓴다.

12. Gorman, *Participating*, xviii.

13. Constantine R. Campbell, *Paul and Union with Christ: An Exegetical and Theological Study* (Grand Rapids: Zondervan, 2012), 420. 또한 Grant Macaskill, *Living in Union with Christ: Paul's Gospel and Christian Moral Identity* (Grand Rapids: Baker Academic, 2019)를 보라. 그는 기독교적 도덕 신학이 어떻게 그리스도와의 연합 사상에서 나오는지 탐구한다.

14. 롬 16:15-16; 고전 16:24; 고후 13:12-13; 갈 6:16; 엡 6:24; 빌 4:21-22; 살전 5:26-27; 살후 3:18; 딛 3:15.

언어를 사용한다.[15] 바울은 포괄성을 강조하기 위해 “모든”(πᾶς)으로 번역된 이 헬라어 용어를 사용하여 독자들에게 말하는 것 같다. 하지만 빌립보서의 서문에서 사용된 대로 이 단어는 특히 중요한 의미를 지닐 수 있다. 왜냐하면 그것은 비교적 짧은 이 편지에서 33번,[16] 처음 여덟 개 절에서 7번 등장하기 때문이다. 이 같은 반복은 사도가 교회 안에서 “연합을 이룰 것을 강력하게 거듭 권고함”을 강조하는 것으로 이해할 수 있다.[17] 바울은 빌립보 교인들이 스스로를 하나로, 즉 그리스도의 주 되심 아래 함께 일하는 ‘모두’(all) 로 이해하기를 원한다.

게다가 사도는 이 신자들의 구체적 위치를 “빌립보에 사는 [자들에게]”(τοῖς οὖσιν ἐν Φιλίπποις)라고 밝힌다.[18] 사도는 서신 뒷부분에서 그들을 “빌립보 사람들아”(Φιλίππηοιοι, 4:15)라고 부를 것이다. 그리고 빌립보가 로마와 맺고 있는 특별한 관계는, 1:27과 3:20 같은 구절에서 바울이 로마 시민권을 언급하는 것을 평가할 때 고려할 만한 주안점이 될 것이다.[19]

마지막으로 독자들에게 편지를 쓰면서 사도는 “감독들과 집사들에게”(σὺν ἐπισκόποις καὶ διακόνοις)를 덧붙이는데, 이것은 주목할 만하다.[20] 그는 오직 여기에서와 목회 서신에서 교회 지도자들을 이 용어로 언급하기 때문이다(참고. 행 20:28; 딤전 3:2; 딛 1:7). 하지만 “감독”(overseer, ἐπισκόπος)은 제2성전 시기의 문헌에서 넓은 의미로 사용되었다. 예를 들어, 그리스 로마 문헌에서 이 용어는 후견인 또는 특별한 임무를 수행하는 책임을 지닌 직무에 대해 사용될 수 있다(예를 들어, Soph., *Ant.* 217; Plato, *Laws* 762d). 칠십인역에서 이 단어는 예배의 어떤 측면을 감독하는 책임을 지닌 이들이나(민 4:16; 왕하 12:12; 대하 34:12, 17) 군대를 지휘하는 장교들을 뜻할 수 있다(민 31:14; 왕하 11:18). 간단히 말해 “감독”은 어떤 종류의 감독 활동을 제공한 종교적, 군사적, 시민적 지도자를 가리킬 수 있었다(예를 들어, 느 11:9, 14, 22; 사 60:17).[21] 하나님이 사람들의 생각과 행동을 판단하실 때도 “감독”으로 언급되실 수 있다(욥 20:29; Wis 1:6; 참고. 벧전 2:25).[22]

적어도 빌립보서 1:1에서 감독이라는 표현은 빌립보 교회 안에 있는 지도자 집단(일반적인 신자들과 구별되는)을 언급하는 것 같다. 그리고 ‘종들’ 또는 “집사들”로 불리는 또 다른 집단과도 구별된다. 단어를 연구해보면, 이런 “감독들”은 회중 가운데서 어느 정도 감독 역할을 하는 것으로 추정하는 것이 합리적이다. 사도행전과 디

15. 예를 들어, 바울은 로마서에서 “로마에서 하나님의 사랑하심을…받은 모든 자에게” 편지를 쓴다(롬 1:7-8). 고린도전서에서 서문의 수신자는 “각처에서 우리의 주 되신 예수 그리스도의 이름을 부르는 모든 자들에게”를 포함하며(고전 1:2), 고린도후서는 “고린도에 있는 하나님의 교회와 또 온 아가야에 있는 모든 성도에게”로 시작한다(고후 1:1). 이 단어는 또한 갈라디아서의 처음과(1:2) 데살로니가전서의 감사 부분에(1:2) 사용된다.
16. 1:1, 3-4, 7-9, 13, 18, 20, 25; 2:9-11, 14, 17, 21, 26, 29; 3:8, 21; 4:5-7, 12-13, 18-19, 21-22.
17. J. B. Lightfoot, *Saint Paul's Epistle to the Philippians: A Revised Text with Introduction, Notes, and Dissertations* (London: Macmillan, 1898), 83.
18. 나는 남성 현재 분사 τοῖς οὖσιν을 ‘있는 자들에게…’(to the ones being)로 번역했다. 그것은 빌립보에 “사는”(who live) 사람들을 분명하게 언급한다. εἰμί 동사는 종종 장소에 대한 언급과 함께 사용된다(BDAG 284). 여격 형태는 수신자들을 언급하는 이 분사에 기인한다.
19. Fee, *Philippians*, 66을 보라.
20. 바울이 언급한 “감독들과 집사들”은 많은 논의를 불러일으켰다. 예를 들어 다음을 보라. Morna D. Hooker, “Philippians,” in *NIB* 11:497-549; George W. Knight, “Two Offices (Elders or Bishops and Deacons) and Two Orders of Elders (Preaching or Teaching Elders and Ruling Elders): A New Testament Study,” *Presb* 11.1 (1985), 1-12; John Reumann, “Church Office in Paul, Especially in Philippians,” in McLean, *Origins and Method*, 82-91.
21. Josephus는 요시아 왕이 개혁하는 동안 그가 임명한 지도자들에 대해(*Ant.* 10.53) 그리고 Antiochus 왕의 끔찍한 요구에 유대인들이 순종하게 만든 “감독들”에 대해 이 용어를 사용했다(*Ant.* 12.254).
22. Philo(*Alleg. Interp.* 3.43; *Migration* 135)와 위경(예를 들어, *Sib. Or.* 21.3) 또한 하나님을 ἐπίσκοπος라고 말한다.

도서가 가리키는 것처럼 감독들이 "장로들"(elders)과 동의어라면(나는 그럴 가능성이 높다고 생각한다),[23] 그들은 예루살렘 교회의 가장 초기 단계에 그러했듯(행 15:2, 4, 6, 22–23; 16:4; 20:17; 21:18; 약 5:14) 교회의 영적 감독과 지도력을 행사하는 장로의 모범을 따랐을 것이다. 그 모범은 더 일반적인 유대교 전통에서도 명백히 나타난다(예를 들어, 행 4:5, 8, 23; 6:12; 22:5; 23:14; 24:1; 25:15). "감독들"이 먼저 언급된 것은 그들이 가장 초기의 기독교에서 일반적으로 "장로들"과 관련된 역할을 수행하는 교회의 주요 지도자임을 나타낸다.[24]

다른 한편으로 διακόνοις는 신약에서 더 광범위하게 그리고 덜 특수하게 사용된다. 복음서에서 이 명사는 문자적으로든, 비유적으로든 "종"의 역할을 수행하는 사람을 가리킨다(마 20:26; 22:13; 23:11; 막 9:35; 10:43; 요 2:5, 9; 12:26). 서신서에서 정부(롬 13:4), 그리스도(롬 15:8), 복음의 사역자(고전 3:5; 고후 3:6; 6:4; 엡 3:7; 6:21; 골 1:7, 23, 25; 4:7; 딤전 4:6) 그리고 심지어 거짓 교사들도(고후 11:15, 23) "종들"로 언급될 수 있다(거짓 교사들을 언급할 때는 경멸적이다). 이 용어가 뵈뵈에게 사용될 때(롬 16:1) 그리고 디모데전서에서 "집사들"(3:8, 12)에 대해 사용될 때, 그것은 일반적인 의미를 넘어 교회 안에서 특별한 역할을 가리키는 듯 보인다. 이 "종들"은 명시되지는 않은, 특정한 필요에 집중했다.

우리는 바울이 왜 서신 서문에 이 지도자들을 언급하는 것인지 확실히 알 수 없다. 그들이 사도를 재정적으로 후원하는 일에 나섰기 때문에 특별히 언급할 가치가 있었을 수 있다.[25] 아니면 그들이 교회 연합을 촉진하는 데 핵심적인 역할을 담당했기 때문일 수도 있다(예를 들어, 4:1–2).[26]

1:2 하나님 우리 아버지와 주 예수 그리스도로부터 은혜와 평강이 너희에게 있을지어다(χάρις ὑμῖν καὶ εἰρήνη ἀπὸ θεοῦ πατρὸς ἡμῶν καὶ κυρίου Ἰησοῦ Χριστοῦ). 바울은 빌립보의 형제자매들에게 "하나님 우리 아버지와 주 예수 그리스도로부터 은혜와 평강이 너희에게 있을지어다"라고 인사한다. 이 표현은 바울이 서신을 시작할 때 시종일관 사용하는 풍성한 문구다(롬 1:7; 고전 1:3; 고후 1:2; 갈 1:3; 엡 1:2; 살후 1:2; 몬 1:2).[27] 하나의 양식이 된 이 인사말은 각 행에 네 개의 헬라어 단어가 배치된 균형 잡힌 구조로 이루어져 있다.

χάρις ὑμῖν καὶ εἰρήνη	너희에게 은혜와 평강이
ἀπὸ θεοῦ πατρὸς ἡμῶν	우리 아버지
	하나님으로부터
καὶ κυρίου Ἰησοῦ Χριστοῦ	주 예수 그리스도와

고든 피는 '너희에게 은혜와' 다음에 "평강"이 이어지는 것이 중요해 보인다고 지적한다. 은혜는 하나님 아버지와 주님으로부터 나오며 그 결과는 평강이다.[28] 따라서 이 인사말은 기독교적 삶과 사상에서 "은혜" 개

23 사도행전 20:28과 디도서 1:5을 인용함. Theodoret은 바울이 "감독이라는 용어를 장로들에게" 적용한다고 언급한다. "왜냐하면 그 당시에 그들은 두 이름을 갖고 있었기 때문이다." 그는 여기에서 우리의 헬라 용어인 ἐπίσκοπος와 πρεσβύτερος를 언급한다(Edwards, *Galatians, Ephesians, Philippians*, 218[*Epistle to the Philippians* 1.1–2]을 보라).

24. 빌립보의 "감독들"을 목회 서신에 나오는 더 발전된 역할과 동일시할 수 없다는 입장은 추측에 불과하다. 초대 교회의 "장로들"에 대해 M. H. Shepherd, "Elder in the New Testament," in *Interpreter's Dictionary of the Bible: An Illustrated Encyclopedia*, ed. George A. Buttrick (Downers Grove, IL: InterVarsity Press, 1962), 73–75를 보라.

25. Lightfoot, *Philippians*, 82; Ralph P. Martin, *Philippians*, NCB (Grand Rapids: Eerdmans, 1980), 61.

26. 찬성 의견으로 Davorin Peterlin, *Paul's Letter to the Philippians in the Light of Disunity in the Church*, NovTSup 79 (Leiden: Brill, 1995), 101–32. 그러나 Cousar, *Philippians and Philemon*, 26에 나오는 이 견해에 대한 합리적인 반대 의견을 보라.

27. NA[28]에 반영된 본문 결정이 옳다면, 골로새서와 데살로니가전서는 더 짧은 형태를 제시한다.

28. Fee, *Philippians*, 70.

념의 기본적인 본질을 암시한다. 은혜는 신자들이 살아가면서 의존하는 바위이자, 그들이 사역하면서 다른 사람들과 함께 의존하는 바위다. 빌립보서 1:7에서 바울은 빌립보 교인들을 "나와 함께 은혜에 참여한 자"(συγκοινωνούς μου τῆς χάριτος)라고 부름으로써 그들을 높이 평가한다. 왜냐하면 그들은 바울이 투옥당하고 복음을 변호하는 동안 그와 함께했기 때문이었다.

자주 지적되는 것처럼 χάρις("은혜")의 용법은 헬라 서신에서 볼 수 있는 패턴에서 각색(유의미한 신학적 변화)한 것이다. 헬라 서신은 '문안 인사'(greetings, χαίρειν, 예를 들어, 행 15:23; 23:26; 약 1:1)로 시작했다. 그래서 기독교 전통은 '문안 인사'(χαίρειν)를 "은혜"(χάρις)로 바꾸고 "평강"(שָׁלוֹם, 샬롬)이라는 일반적인 유대 인사말을 덧붙였다. 1:2에 기록된 인사말이 바울의 다른 서신들뿐만 아니라[29] 베드로전서 1:2, 베드로후서 1:2, 요한계시록 1:4에도 쓰였다는 점에 비추어볼 때, 그 인사말은 광범위한 기독교 운동에 널리 알려져 있었을 것이다.

은혜와 평강은 "하나님 우리 아버지와 주 예수 그리스도로부터" 나온다. 이와 같이 성부와 성자가 함께 은혜와 평강의 원천이 되신다. 예수님은 제자들에게 "우리 아버지여…"로 기도를 시작하라고 가르치셨는데(마 6:9-13), 그것이 여기에 나오는 고백의 기원일 수 있다. 초기 기독교 전통은 이런 방식을 따라 하나님의 아버지 되심을 많이 언급한다(예를 들어, 고전 8:6; 15:24; 갈 1:4; 4:6; 엡 1:3, 17; 4:6; 골 3:17; 약 1:27; 요일 2:14). 바울 또한 빌립보서 2:11과 4:20에서 하나님을 아버지로 언급한다. 사도가 전한 예수님을 메시아로 받아들이지 않은 유대인들에게는 은혜와 평강을 공급하는 주체로서 "주 예수 그리스도"를 성부와 나란히 두는 것은 충격적인 일이었을 것이다. 이런 식으로 바울의 인사말은 주 그리스도의 독특한 지위, 즉 지극히 높아지시고 다른 모든 이름 위에 뛰어난 이름을 받으신 분(빌 2:11)에 대해[30] 그리고 그분과 성부가 자신의 백성에게 제공하시는 축복에 대해 증언한다.

적용에서의 신학

빌립보서 1:1-2 서론에서 언급한 대로, 바울은 신약의 다른 서신들을 포함하여 헬라 서신에서도 발견되는 형식에 맞추어 서신의 서문을 쓴다. 우리는 이런 형식적 요소들을 과도하게 해석하지 않도록 주의해야 한다.[31] 바울이 빌립보서에서 일반적인 패턴을 따르기도 하고 벗어나기도 하는데, 우리는 이 점을 깊이 생각해보아야 한다. 서신을 적용할 때 우리는 여러 요소에 초점을 맞출 수 있다. 예를 들어, 우리 주 그리스도의 신적 정체성, 하나님의 '거룩한' 백성, 교회의 지역적 표현 그리고 은혜와 평강의 필요성 등이다. 하지만 여기에서는 기독교적인 리더십과 관련된 두 가지 요점을 생각해볼 것이다. 하나는 바울의 서문에 나타난 겸손이고, 또 다

29. 목회 서신에서 디모데전서 1:2과 디모데후서 1:2에는 변형되어 나온다. '은혜, 긍휼, 평강'(χάρις ἔλεος εἰρήνη). 또한 디도서 1:4은 "은혜와 평강"(χάρις καὶ εἰρήνη)이라고 나온다.

30. 특히 Richard Bauckham, *Jesus and the God of Israel: God Crucified and Other Studies on the New Testament's Christology of Divine Identity* (Grand Rapids: Eerdmans, 2008), 107-51을 보라.

31. 어떤 사람이 나에게 현대의 업무용 편지 서두에 "친애하는 조지"라고 쓰면, 나는 "'친애하는'이라는 말이 정확히 무슨 뜻인가요?"라고 물어봐야 하는가? 물론 아니다. 그러나 내 아내가 "사랑하는"이라고 쓴다면, 그 인사말에는 어떤 의미가 담겨 있다. 그녀가 평소에 하던 말과 다르기 때문이다. 그런 변화는 다른 무언가를 암시한다.

른 하나는 기독교 리더십의 형태다.

1. 격식을 갖춘 겸손

신약은 그리스 로마와 초기 기독교의 언어 및 문화의 상호 작용을 구현해준다. 의사소통의 격식은 문화마다 다르다. 예를 들어, 개인적 정체성을 강조하는 미국 문화는 격식을 차리지 않는 것을 중시한다. 그러나 1세기 지중해 세계의 문화처럼, 집단적 정체성이 강한 문화에서는 격식을 더 많이 갖추는 경향이 있다.[32]

결과적으로, 미국 문화는 종종 격식을 딱딱하고 진정성이 없는 것으로 간주한다. 그러나 서신 서문에 나타난 바울의 모범을 주목하라. 지위는 그리스 로마 세계에서 중요한 개념이었다. 따라서 지도자가 종의 자세를 취하는 것은 예상 밖의 행동이고 모욕당할 위험이 있었을 것이다. 자신과 디모데를 "그리스도 예수의 종"이라고 밝힘으로써, 바울은 서신의 기조를 정하는 매우 반문화적인 자세를 취하며 자신의 주님과 함께한다(빌 2:7). 바울의 접근 방식은 딱딱하고 진정성이 없는 것이 아니라, "주의 종"이 고귀한 일을 한다는 구약 문헌의 메시지처럼 진정한 사역자의 모습을 내보인다. 바울은 자신을 사도적 권위를 가진 사람으로 제시하지 않고(바울이 다른 곳에서 그렇게 하는 이유는 다른 곳에서 다룰 문제다), 주의 종이라고 소개하며 자신을 낮춘다. 공식적인 서신에서 권위 있는 인물에게 기대할 수 있는 목소리와는 다르게 말하는 바울에게서 우리는 격식을 갖춘 겸손을 본다.[33]

우리가 어떤 문화적 규범을 따르면서 동시에 특별한 필요를 채우기 위해 그 형식을 세심하게 다듬어 의사소통할 때, '격식'은 생동감 있고 아름다우며 좋은 것이 된다. 우리 또한 품위 있는 격식을 활용하는 것을 생각해볼 수 있다. 그 격식은 우리 시대에서도 반문화적인 것이 될 수 있다. 맛있는 저녁 식사를 하면서 고무적인 대화를 나눈 후에 쓴 사려 깊은 '감사의 메시지'는 더 돈독한 관계를 맺게 해주는 신비한 순간을 선사해주고, 격려가 절실히 필요한 영혼에게 위로는 주는 사역을 하는 수단이 될 수 있다. 단순히 악수하는 것도 하나의 격식이 될 수 있지만, 긴장된 관계에서 손을 건네는 것은 마음을 여는 효과를 가져온다. 형식은 갑작스럽게 고상하고, 희생적인 기능을 하기도 한다. 이와 같이 격식은 세상 속에서 자신의 위치에 대한 인식과 겸손과 감사하는 마음을 표현한다. 우리가 서로 의사소통을 하는 방식은 중요하다. 겸손하게 전해지는 우리의 말은 "은혜와 평강"을 전하는 통로가 될 수 있다.

---

32. Matthew McCool, *Writing around the World: A Guide to Writing across Cultures* (New York: Continuum International, 2009), 51.

33. McCool, *Writing around the World*, 53.

2. 기독교 리더십의 형태

1절에 대한 설명에서 언급한 것처럼, 바울은 "종"(δοῦλος)으로 번역된 단어를 사용해서 자신이나 다른 기독교 사역자들을 그리스도나 다른 사람들의 "종"으로 묘사한다(롬 1:1; 고후 4:5; 갈 1:10; 골 4:12; 딤후 2:24; 딛 1:1). 물론 이 개념의 배경은 이중적이다. 모든 신자는 그리스도의 종으로서 그리스도의 주 되심 아래 산다. 그들은 더 이상 자기 자신에게 속하지 않는다(예를 들어, 고전 7:22; 고후 5:15). 그리스도는 지상 사역을 하실 때, 그분을 따르는 사람들에게 모범을 보이시면서 서로 섬기라는 명령을 주셨다(예를 들어, 막 10:45; 요 13:12-17). 신약에서 '노예'나 "종"의 리더십은 바울 시대와 우리 시대에 공히 놀라울 정도로 반문화적인 개념이다. 그리고 바울의 개념은 '우리는 너희를 다스리는 그리스도의 종'이 아니라 '우리는 그리스도를 섬기는 마음으로 너희를 섬기는 그리스도의 종'이라는 것이다(예를 들어, 고전 9:19; 고후 4:5; 빌 2:17). 종의 리더십에 대해 쓰면서 존 스토트(John Stott)는 다음과 같이 말한다.

> 모든 종류의 기독교 사역자에 대해 제일 먼저 말해야 하는 것이 있다. 그것은 그들이 사람들 '위에' 있는 리더는커녕 주인은 더더욱 아니며, 오히려 사람들의 종으로서 사람들 '아래' 있다는 것이다. 예수님은 이 점을 분명히 말씀하셨다. 기독교 지도자들의 주요한 특질은 권위가 아니라 겸손이고, 힘이 아니라 온유함이라고 주장하셨다.[34]

라틴 아메리카 신학자 르네 빠디야(René Padilla)는 스토트와 만난 초창기의 이야기를 들려준다. 그때 두 사람은 폭우가 쏟아지는 중에 아르헨티나의 바릴로체에 도착했다. 그들이 방에 들어가자 신발에 묻은 진흙 때문에 바닥에 발자국이 남았다. 빠디야는 다음 날 아침 일어나 솔질하는 소리를 들었다고 기록한다. 일어나 보니 스토트가 빠디야의 구두를 솔로 닦고 있었던 것이다. 충격을 받은 그가 "목사님! 지금 뭐하고 계신 거예요?"라고 외쳤다. 존경받는 이 기독교 지도자는 이렇게 대답했다고 한다. "예수님이 우리에게 서로 발을 씻어주라고 가르치셨지요. 내가 당신 발을 씻는 것은 어렵겠지만, 당신 구두를 솔질할 수는 있어요."[35]

지도자라는 지위나 직책 때문에 혹은 자신을 회중보다 높은 곳에 둠으로써 섬기는 이들과 사이가 틀어지는 경우가 적지 않다. 신약에 담긴 종의 리더십에 대한 신학을 삶에서 실천하고 우리의 태도에 깊이 스며들게 하지 않으면, 우리는 '지위', '보수', '명성'이라는 문화적 가치를 리

---

34. Richard Kauffman, "Quotations to Stir the Heart and Mind," *Christianity Today*, Oct. 1, 2001, 69에서 인용.

35. Tim Stafford, "John Stott Has Died," *Christianity Today*, July 27, 2011, www.christianitytoday.com/ct/2011/julyweb-only/john-stott-obit.html.

더십 사다리의 정점에 오른 사람의 권리로 인식할 것이다. 그러나 마이클 카드(Michael Card)가 제자들의 발을 씻기신 예수님(요 13:5)을 숙고하여 만든 노래 "대야와 수건"(The Basin and the Towel)의 가사에 쓴 것처럼, 우리는 자신을 종으로 낮추고 자랑하고 싶은 마음을 부수며, 우리와 다른 사람들 사이에 있는 간격을 메워야 한다. 무엇보다 나는 개인적으로 "대야와 수건"의 리더십을 더 많이 실천해야 한다. 빌립보서 서문에 넌지시 암시되어 있는 바울의 모범은 그 점을 잘 상기시켜준다.

CHAPTER 2

빌립보서 1:3–11

문학적 전후 문맥

빌립보서를 신학적으로 풍부한 서문으로 시작한 바울은 이제 서신 시작 부분의 또 다른 전형적 특징으로 이동한다. 바로 서론적 감사와 기도다(1:3–11). 서신의 이 부분에서 저자는 수신자를 향한 감사와 애정을 표현하고, 기도하며, 기쁨을 표현했다.[1] 바울은 여기에서 이 모든 것을 한다. 빌립보서 1:3–11은 두 개의 주요 움직임을 보여준다. 첫 번째는 빌립보 교회에 대한 사도의 감사와 애정을 표현하고(1:3–8), 두 번째는 그들을 위해 강력한 중보 기도를 드린다(1:9–11). 뒤이어 바울은 그들에게 자신의 상황을 보고할 것이다(1:12–26).

'빌립보서 서론'에서 언급한 것처럼,[2] 1:3–11과 4:10–20 사이에는 광범위한 언어적, 개념적 평행이 있다.[3] 4:10–20에서 바울은 특별히 자신의 사역을 재정적으로 후원한 빌립보 교인들과의 동반자 관계를 칭송한다. 무엇보다도 이는 바울이 빌립보 교인들의 헌금을 서신의 처음부터 염두에 두었음을 보여준다. 하지만 바울이 빌립보 교회에 감사하는 것은 단순히 재정적 후원에만 국한되지 않았다. 바울은 빌립보 교인들을 복음 선교의 완전한 동역자이자 준비된 참여자로 여겼기 때문이다.

1. 특히 Klauck and Bailey, *Ancient Letters*, 42를 보라. 감사와 기도 보고에 대해서는 Peter Arzt–Grabner, "Paul's Letter Thanksgiving," in Porter and Adams, *Paul and the Ancient Letter Form*, 129–58을 보라.
2. 이 책의 56–57쪽을 보라.
3. Peterman, *Paul's Gift from Philippi*, 91–93.

I. 서신 시작 부분: 서문과 기도 보고(1:1–11)

A. 서신 서문(1:1–2)

➡ **B. 기쁨에 찬 기도 보고**(1:3–11)

II. 서신 중심 부분(1:12–4:9)

III. 서신 끝부분(4:10–23)

주요 개념

바울은 빌립보 교인을 향해 품은 깊고도 기쁨 가득한 애정을 표현하고, 그들이 복음에 계속 참여하는 것에 하나님께 감사하며, 그들이 앞으로 기독교 신앙 및 선교에 헌신하리라 확신한다고 말한다. 또한 바울은 그들이 그리스도의 날까지 계속해서 믿음이 역동적으로 성장하고, 모두 하나님의 영광이 되기를 기도한다.

번역

빌립보서 1:3-11

3a	때/빈도	내가 너희를 생각할 때마다
b	감사	**나의 하나님께 감사하며**
4a	상황	간구할 때마다 너희 무리를 위하여
b	태도	기쁨으로…간구함은
c	시간	항상
5a	근거	너희가…참여하고 있기 때문이라
b	시작	첫날부터
c	기간	이제까지
d	영역	복음을 위한 일에
6a	동격	너희 안에서 착한 일을 시작하신 이가
b	지속	그리스도 예수의 날까지
c	행동	이루실 줄을

d	형편	우리는 확신하노라
7a	주장	**내가…이와 같이 생각하는 것이 마땅하니**
b	대상	너희 무리를 위하여
c	7a절의 근거	이는 너희가 내 마음에 있음이며
d	상황	나의 매임과
e	상황	복음을 변명함과
f		확정함에
g	주장	너희가 다…참여한 자가 됨이라
h	연관	나와 함께
i	대상	은혜에
8a	7c절의 설명	[왜냐하면]
b	태도	내가 예수 그리스도의 심장으로
c	내용	너희 무리를 얼마나 사모하는지
d	선서	**하나님이 내 증인이시니라**
9a		[그리고]
b	기도	**내가 기도하노라**
c		너희 사랑을…점점 더 풍성하게 하사
d		
e	핵심	지식과
f		모든
g	핵심	총명으로
10a	결과	너희로 지극히 선한 것을 분별하며
b	목적	또 진실하여
c		허물 없이
d	지속	그리스도의 날까지 이르고
11a	중개	예수 그리스도로 말미암아
b	형편	의의 열매가 가득하여
c	결과	하나님의 영광과 찬송이 되기를 원하노라

구조

우리는 본문에서 두 개의 주요 움직임(3–8절과 9–11절)을 볼 수 있다. 바울이 하나님께 감사를 표현하고 빌립보 교인을 향한 깊은 애정을 보여주는 1:3–8은[4] 매우 어렵고 심지어 문장 구조가 대단히 난해하기까지 하다.[5] 하지만 구조적인 측면에서 보면 한 단위의 처음과 끝에서 여러 요소가 발견되는데, 이것은 저자가 담화를 뚜렷이 구별하는 구절이나 일부분 처음과 끝을 '표시하는' 관례인 인클루지오를 형성하는 것에 주목할 수 있다. 여기에서 이런 요소는 "하나님"과 "무리"를 똑같이 두 번 언급하는 것, 1인칭 대명사, 바울이 빌립보 교인을 얼마나 사랑하는지를 언급하는 것(1:3, 8)이다.

"내가 너희 무리를 위하여 이와 같이 생각하는 것이 마땅하니"(καθώς ἐστιν δίκαιον ἐμοὶ τοῦτο φρονεῖν ὑπὲρ πάντων ὑμῶν, 1:7)로 번역된 구절은 '경첩' 역할을 한다. 이것은 이 단위의 전반부와 후반부를 나누는 구조적 전환점이다. 그런데 바울은 "너희"라는 대명사(헬라어 σύ의 복수형)를 사용해서 빌립보 교인에게 계속 초점을 맞춘다. 이 세 절이 어떻게 본문의 뼈대를 형성하는지 주목하라.

> 내가 너희를 생각할 때마다 나의 하나님께 감사하며(1:3).
> 내가 너희 무리를 위하여 이와 같이 생각하는 것이 마땅하니(1:7).
> 너희 무리를 얼마나 사모하는지 하나님이 내 증인이시니라(1:8).

이와 같이 본문의 첫 번째 움직임의 중심에는 바울이 빌립보 교회를 향해 품은 애정이 자리 잡고 있다. 바울은 그들에 대해 생각하고, 그들을 위해 하나님께 기도하며, 애정을 품고 그들을 사모한다. 원컨대 우리가 섬기는 사람들을 향해 모두 이런 마음을 품게 되기를!

이 세 개의 주요 구조적 지주는 균등하게 균형 잡힌 네 개의 종속절로 강조되고(1:4–5; 1:6; 1:7c; 1:7e–g), 다음과 같이 교차대구법 구조를 형성한다.

---

4. 바울의 서신의 감사에 대한 개론은 Arzt-Grabner, "Paul's Letter Thanksgiving"을 보라.

5. 예를 들어, 4절에서 부사 πάντοτε와 뒤따라 나오는 구절(ἐν πάσῃ δεήσει μου ὑπὲρ πάντων ὑμῶν)은 3절 시작 부분에 있는 동사 εὐχαριστῶ의 범위를 정하는가, 아니면 4절 끝에 있는 분사 ποιούμενος의 범위를 정하는가? 완료 능동 분사 πεποιθώς로 시작하는 6절에 대해서도 똑같은 질문을 할 수 있다. 게다가 7절 맨 앞에 나오는 καθώς는, Fee가 제안하는 대로 그 문장을 계속 이어가는가(Fee, *Philippians*, 88–89) 아니면 BDAG 494에서처럼 새 문장을 시작하는가? 이것들은 문제의 시작에 불과하다.

A **내가 너희를 생각할 때마다 나의 하나님께 감사하며**(1:3).

B 너희 무리를 위하여 기쁨으로…간구함은 너희가…참여하고 있기 때문이라(1:4-5).

C 이루실 줄을 우리는 확신하노라(1:6).

D **내가 너희 무리를 위하여 이와 같이 생각하는 것이 마땅하니**(1:7a-b).

C′ 이는 너희가 내 마음에 있음이며(1:7c).

B′ 너희가 다 나와 함께 은혜에 참여한 자가 됨이라(1:7g-i).

A′ **너희 무리를 얼마나 사모하는지 하나님이 내 증인이시니라**(1:8).

본문의 두 번째 주요 움직임인 1:9-11에는 한 개의 주절에 여러 개의 종속절이 덧붙여진 아름다운 기도가 나온다. 이 단위는 "내가 기도하노라"(καὶ τοῦτο προσεύχομαι)로 시작하는데, 여기서 τοῦτο(이것을, 개역개정에는 번역되어 있지 않음-역주)는 이 기도에서 뒤따라 나오는 내용을 가리킨다. 바울은 9절에서 ἵνα를 사용하여 자신의 기도 내용을 소개한다.[6]

본질적으로 바울은 빌립보 교인의 "사랑을 지식과 모든 총명으로 점점 더 풍성하게 하사"(ἡ ἀγάπη ὑμῶν ἔτι μᾶλλον καὶ μᾶλλον περισσεύῃ ἐν ἐπιγνώσει καὶ πάσῃ αἰσθήσει)라고 기도한다. 이 ἵνα절 바로 뒤에는 "너희로 지극히 선한 것을 분별하며"(εἰς τὸ δοκιμάζειν ὑμᾶς τὰ διαφέροντα)라는 결과절이 나온다. 다시 말해, 그들은 사랑 가운데 성장하면서 최선의 것이 무엇인지 분별하게 될 것이다. 이 결과절 바로 뒤에는 분별의 열매를 가리키는 목적절이 나온다. "진실하여 허물 없이"(ἵνα ἦτε εἰλικρινεῖς καὶ ἀπρόσκοποι). 분별은 진실하고 허물이 없도록 이끈다. 마지막 종속절에서(11절) 바울은 "그리스도의 날까지" 빌립보 교인들의 진실하고 허물이 없는 상태, 곧 "의의 열매가 가득[한]" 상태에 있게 될 것이다. 따라서 이 기도의 논리적 관계는 다음과 같이 묘사할 수 있다.

내가 기도하노라.

[내용] 너희 사랑을 지식과 모든 총명으로 점점 더 풍성하게 하사.

[결과] 너희로 지극히 선한 것을 분별하며.

[목적] 또 진실하여 허물 없이.

[형편] 의의 열매가 가득하여.

6. Fee가 언급한 대로 이것은 흔한 코이네(Koine) 관용구다(Fee, *Philippians*, 98).

석의적 개요

➡ **B. 기쁨에 찬 기도 보고(1:3-11)**

1. 빌립보 교인을 향한 바울의 애정 어린 감사(1:3-8)

a. 바울은 빌립보 교인으로 인해 감사한다(3-6절)

b. 바울은 빌립보 교인을 향한 애정을 표현한다(7-8절)

2. 빌립보 교인을 위한 바울의 기도(1:9-11)

a. 그들의 사랑이 통찰력 있는 지식 가운데 넘치기를(9절)

b. 그 결과 영적으로 가치 있는 것을 분별할 수 있기를(10a절)

c. 다음과 같은 목적을 위해(10b-11절)

(1) 빌립보 교인이 그리스도의 날까지 진실하고 허물이 없기를

(2) 그리스도를 통해 의의 열매가 가득해지기를

(3) 그들의 삶이 하나님의 영광과 찬송이 되기를

본문 설명

1:3 내가 너희를 생각할 때마다 나의 하나님께 감사하며 (Εὐχαριστῶ τῷ θεῷ μου ἐπὶ πάσῃ τῇ μνείᾳ ὑμῶν). 바울은 빌립보 교인으로 말미암아 하나님께 감사를 드리면서 구약 문헌, 특히 시편에서 나오는 풍부한 주제를 활용한다.[7] 여러 가지 축복에 대해 하나님께 감사를 표현하는 것은 바울 시대의 유대 기도의 표준이었다. 그것은 신약(예를 들어, 마 15:36; 막 14:23; 요 11:41; 행 28:15)과 광범위한 헬라 유대교의 서신에도(예를 들어, 2 Macc 1:10-13) 등장한다. 바울은 유대 경건의 이 일반적 표현을 여러 서신의 프롤로그에서 사용한다.[8] 다른 사람들로 말미암아 감사하는 것이 바울의 삶의 일상적인 패턴을 이룬다.[9] 물론 선한 모든 것의 창조자요 수여자이신 하나님이 사도가 감사하는 궁극적인 대상이다.[10] 대명사 "나의"(μου)[11]를 더한 것은 바울의 감사 표현에 개인적인 느낌을 더하는데, 이것 또한 바울이 다른 서신에서 비슷하게 감사를 표현하면서 사용하는 일반적인 구약 언어에 의지한 것이다(롬 1:8; 고전 1:4; 몬 1:4).[12]

본문에서 바울은 빌립보 교인이 생각날 때마다 항

7. 삼하 22:50; 대상 16:8; 대하 31:2; 시 7:17; 9:1; 18:49을 보라. 하지만 LXX에서 일반적으로 사용되는 용어는 ἐξομολογέω이다.

8. 롬 1:8; 고전 1:4; 엡 1:16; 골 1:3; 살전 1:2; 살후 1:3; 2:13; 몬 1:4.

9. "내가…감사하며"(εὐχαριστῶ)로 번역된 현재 시제 동사의 미완료상과 뒤이어 나오는 "…때마다"(ἐπὶ πάσῃ; ἐπί+여격은 이 경우에 시간적이다)로 번역된 구는 바울의 감사 표현이 계속 진행 중임을 나타낸다. 동사의 상에 대해 Constantine R. Campbell, *Basics of Verbal Aspect in Biblical Greek* (Grand Rapids: Zondervan, 2008), 65를 보라.

10. "하나님께"(τῷ θεῷ)로 번역된 구는 여격 직접 목적어다.

11. 이것은 아마 '관계의 소유격'일 것이다. '넓은 의미에서' 소유의 소유격으로 볼 수 있다는 Wallace의 단서를 감안하면, 소유의 소유격으로 보는 것도 가능하기는 하다(Daniel B. Wallace, *Greek Grammar beyond the Basics: An Exegetical Syntax of the New Testament* [Grand Rapids: Zondervan, 1996], 82). 그러나 성경에서 사람이 하나님과 맺는 언약 관계를 고려하면 '관계의 소유격'이 더 낫다. 이것은 Wallace의 '가족 관계' 구조(p. 83)에 적합하지 않지만, 바울이 염두에 두고 있는 것을 더 잘 설명하는 것 같다. 사도가 의미하는 것이 무엇이든지 간에 언약 관계가 그 기초가 된다.

12. 예를 들어, 신 26:3; 수 9:23; 14:8; 24:27; 삼상 2:1; 삼하 22:30; 24:24; 시 17:30; 103:33; 145:2; 합 1:11.

상 하나님께 감사한다. "내가 너희를 생각할 때마다 나의 하나님께 감사하며." 여기에서 '생각하다'(remember, μνεία)로 번역된 단어는 바울 서신에서 7번 등장하는데, 거의 언제나 서신 서두에서 감사하는 부분에 나온다.[13] 이 명사는 기억과 관계가 있는 어족에 속하고, '기억' 혹은 누군가에 대한 '언급'으로 번역할 수 있다.[14] 바울은 기도 중에 빌립보 교인을 상기하는 것을 말하는 맥락에서 이 단어를 사용한다. 사도가 많은 감사와 애정을 품고 있는 이 교회를 생각할 때, 그는 하나님에 대한 감사로 가득 차며 그들에 대한 감사를 표현하게 된다.

몇몇 사람은 여기에서 바울의 의도가 빌립보 교인이 바울을 기억하는 것에 대해 하나님께 감사하는 것이라고 제안했다.[15] 하지만 이 문장을 바울이 빌립보 교인에 대해 감사를 표현하는 것으로 읽는 것이 더 낫다.[16] 이것은 바울 서신을 시작하는 감사 부분에서 그가 일반적으로 수신자들에 대해 하나님께 감사하는 다른 경우들과 일치한다.[17] 앞의 '구조'에서 다룬 것처럼, 빌립보 교인을 향한 바울의 행동과 태도는 본문 전체에 걸쳐 일관된 초점을 맞추어 본문의 근간을 형성하는 것처럼 보인다.[18] 실제로 세 방향으로 통하는 관계를 관찰할 수 있다. 즉, 바울은 빌립보 교인에 대해 하나님께 감사하는 자세를 모범적으로 보여준다. 그 관계는 4:10-20에서 자세하게 설명할 것이다.[19]

1:4 간구할 때마다 너희 무리를 위하여 기쁨으로 항상 간구함은(πάντοτε ἐν πάσῃ δεήσει μου ὑπὲρ πάντων ὑμῶν, μετὰ χαρᾶς τὴν δέησιν ποιούμενος). 사도는 빌립보 교인을 위해 기쁨이 넘치는 기도를 한다. 문법적으로 "항상"(πάντοτε)이라는 단어는 앞 절에서 "내가…감사하며"로 번역한 동사에 대해 무언가를 말하는 것으로 읽을 수 있다[εὐχαριστῶ, '내가 항상 감사하며', 고전 1:4; 엡 5:20; 골 1:3; 살전 1:2; 살후 1:3; 2:13; 몬 1:4(?)과 마찬가지로]. 하지만 비슷한 여러 문맥에서 바울은 일반적으로 기도와 관련해서 "항상"이라는 단어를 사용한다[롬 1:9; 골 4:12; 살후 1:11; 몬 1:4(?)]. 현재의 문맥에서 "항상"이라는 단어(주동사와 약간 떨어져 있는)가 뒤이어 나오는 기도를 수식한다고 읽는 것이 타당하다(즉, '내가 항상 간구한다'). 왜냐하면 그 기도와 관련하여 사도는 매우 빠른 속도로 두운을 맞춘 요소를 말하기 때문이다(중간에 나오는 단어들의 첫 문자 π를 주목하라).[20]

---

13. 롬 1:9; 엡 1:16; 빌 1:3; 살전 1:2; 3:6; 딤후 1:3; 몬 1:4. 하지만 데살로니가전서 3:6은 예외다.

14. 예를 들어, 예레미야 31:20(38:20 LXX)은 "에브라임은 나의 사랑하는 아들 기뻐하는 자식이 아니냐 내가 그를 책망하여 말할 때마다 깊이 생각하노라(μνείᾳ)."

15. "너희"(ὑμῶν)를 주격적 소유격으로 읽는 견해. 이 논거의 일부는 전치사 ἐπί+여격은 목적격적 소유격 해석과 마찬가지로 시간적으로가 아니라 인과적으로 읽어야 한다는 것이다. 예를 들어, David E. Garland, "Philippians 1:1-26: The Defense and Confirmation of the Gospel," *RevExp* 77 (1980): 329-30; Peterman, *Paul's Gift from Philippi*, 94-96; Ben Witherington, *Paul's Letter to the Philippi+ans: A Socio-Rhetorical Commentary* (Grand Rapids: Eerdmans, 2011), 56; John Reumann, *Philippians with Introduction and Commentary*, AYB (New Haven: Yale University Press, 2008), 148-49. Holloway는 목적격적 소유격 해석을 고수한다. 그럼에도 그는 이 전치사구를 인과적으로 해석해야 한다고 제안하면서 "너희가 기억하는 모든 것에 대해"로 번역한다(Holloway, *Philippians*, 69-72). 하지만 이 구를 시간적으로 읽는 것에 '원인'이 내재해 있다고 제안할 수도 있다. 바울은 빌립보인들을 기억할 때 무언가에 대해 하나님께 감사한다.

16. Fee가 지적한 대로 "'기억'을 나타내는 동사들과 명사들은 소유격을 그것들의 목적어로 취한다." 따라서 그 대명사를 목적격적 소유격으로 읽는 것이 더 낫다(*Philippians*, 78). 찬성 의견으로 Marvin R. Vincent, *A Critical and Exegetical Commentary on the Epistles to the Philippians and to Philemon*, ICC (Edinburgh: T&T Clark, 1897), 6; Joseph H. Hellerman, *Philippians*, EGGNT (Nashville: B&H Academic, 2015), 20; Hansen, *Philippians*, 46; Hawthorne, *Philippians*, 19.

17. Fee, *Philippians*, 77-79.

18. Reed, *Discourse Analysis*, 200-201, 387.

19. David Briones, "Paul's Intentional 'Thankless Thanks' in Philippians 4.10-20," *JSNT* 34 (2011): 47-69를 보라.

20. 두운은 실제로 3절에서 πασῃ로 시작해서 5-6절까지 계속된다.

	πάντοτε	"항상"
ἐν	πάσῃ δεήσει μου	"간구할 때마다"
ὑπὲρ	πάντων ὑμῶν, μετὰ χαρᾶς	"너희 무리를 위하여 기쁨으로"
τὴν δέησιν	ποιούμενος	"간구함은"

바울은 빌립보 교회를 위해 끊임없이 기도하면서 그 신자들을 위해 지속적이고 개인적으로 기도한다.

다른 사람들을 "위해"[21] 기도하는 것은 바울의 기독교적 삶과 사역의 기초가 된다.[22] 그리고 바울의 기도가 포괄적이라는 점에 주목하라. 그는 '너희 모두를 위해 기도한다'(I pray for you all, ὑπὲρ πάντων ὑμῶν). 1:1에 대한 설명에서 말한 대로, 바울은 사람들을 포괄적으로 언급할 때 종종 "모두"(πᾶς)라는 단어를 사용한다.[23] 그러나 프롤로그에서 이 헬라어를 사용한 횟수(처음 여덟 개의 절에서 7번)와 이 비교적 짧은 서신에서 33번 사용한 것은 사도가 더 큰 목적(즉, 교회 안에서 연합의 필요성을 강조하는 것)을 염두에 두었음을 나타낸다. 바울은 (4:2절까지) 특별한 관심과 우려의 대상으로 특정한 사람이나 집단들을 지목하지 않는다. 오히려 그는 빌립보에 있는 모든 형제자매를 위해 기도한다.

마지막으로, 바울의 기도는 "기쁨으로"(μετὰ χαρᾶς) 가득 차 있다. 세슬라스 스피크(Ceslas Spicq)는 기쁨을 "유대 기독교 종교의 독특한 특징"이라고 일컫는다.[24] 고대 세계에는 기쁨에 대한 유대 기독교적 개념과 종교적으로 비슷한 것이 없고, 마커스 보크뮤엘이 지적한 대로 구약 선지서에서 "기쁨은 구속 시대의 특별한 특징이다"(예를 들어, 사 12:3, 6; 25:9; 35:1-10; 55:12).[25] 하나님의 복음은 기쁨이 충만한 삶의 기초를 형성한다. 바울의 경우 이 즐거운 서신에 명백히 드러나는 것처럼, 감옥조차도 그의 기쁨을 꺾을 수 없었다(빌 1:18, 25; 2:2, 17-18, 28-29; 3:1; 4:4, 10). 왜냐하면 바울은 자신의 불편보다 복음의 진보에 초점을 맞추기 때문이다.[26] 따라서 사도는 신자들에게 계속해서 "주 안에서 기뻐하라" 고 권고할 뿐만 아니라, 그 또한 직접 기쁨을 경험했고, 빌립보 교인이 그의 선교에 참여한 일을 생각하면서 기도할 때 우러나오는 기쁨을 표현한다. 이와 같이 빌립보서 1:3-4에 표현된 것처럼, 바울의 기도는 감사가 넘치고, 지속적이며, 포괄적이고, 기쁨이 가득하다.[27]

1:5 너희가 첫날부터 이제까지 복음을 위한 일에 참여하고 있기 때문이라(ἐπὶ τῇ κοινωνίᾳ ὑμῶν εἰς τὸ εὐαγγέλιον ἀπὸ τῆς πρώτης ἡμέρας ἄχρι τοῦ νῦν). 바울은 이제 빌립보 교인을 위해 기도할 때 자신의 기도가 기쁨으로 가득한 이유를 설명한다. 여기에서처럼 "…때문이라"(ἐπί)고 번역된 전치사는 행동의 근거를 표시하는 데 사용될 수 있다.[28] 특별히 바울은 빌립보 교인이 복음에 "참여"(κοινωνία)한

---

21. 여기에서 전치사 ὑπέρ+소유격은 어떤 사람 또는 어떤 것의 이익을 위해 수행되는 활동을 나타낸다.

22. 예를 들어, 롬 10:1; 고후 1:11; 9:14; 엡 6:18; 빌 1:19; 4:6; 딤전 2:1; 딤후 1:3.

23. 서신 시작 부분: 롬 1:7-8; 고전 1:2; 고후 1:1; 갈 1:2; 살전 1:2. 서신 끝부분: 롬 16:15-16; 고전 16:24; 고후 13:12-13; 갈 6:16; 엡 6:24; 빌 4:21-22; 살전 5:26-27; 살후 3:18; 딛 3:15.

24. *TLNT* 3:498.

25. Bockmuehl, *Philippians*, 59. 예수님에 대한 좋은 소식을 전하기 시작한 처음부터 구원의 말씀은 큰 기쁨의 메시지로 선포되었고(눅 2:10-11), 예수님의 추종자들은 기쁨을 그들의 경험의 일반적인 측면으로 드러냈다(예를 들어, 마 13:20, 44; 28:8; 눅 15:7, 32; 19:6; 요 15:11; 16:24; 17:23; 행 2:46; 8:8, 39; 13:48-52). 따라서 기쁨이 진정한 기독교 사역의 특징이 된 것은 놀랄 일이 아니다(고후 7:4, 13; 빌 2:2; 4:1; 살전 2:19-20; 3:9; 딤후 1:4; 몬 1:7).

26. 실제로 바울은 자주 그의 서신에서 명사를 사용하거나(롬 14:17; 15:13, 32; 고후 1:24; 2:3; 7:4, 13; 8:2; 갈 5:22; 빌 1:4, 25; 2:2, 29; 4:1; 골 1:11; 살전 1:6; 2:19-20; 3:9; 딤후 1:4; 몬 1:7), 동족 동사를 사용하여(롬 12:12, 15; 16:19; 고전 7:30; 13:6; 16:17; 고후 2:3; 6:10; 7:7, 9, 13, 16; 13:9, 11; 빌 1:18; 2:17-18, 28; 3:1; 4:4, 10; 골 1:24; 2:5; 살전 3:9; 5:16) 기쁨에 대해 말한다.

27. Gordon D. Fee, *God's Empowering Presence: The Holy Spirit in the Letters of Paul* (Peabody, MA: Hendrickson, 1994), 62.

28. BDAG 364.

일이 자신에게 기쁨을 가져다주었다고 말한다. 바울은 그들이 처음 만났던 때부터 현재까지 그의 복음 선교에 함께 참여한 것을 칭송한다. 관계를 나타내는 풍부한 단어인 "참여"(κοινωνία)는 어떤 사람과의 친밀한 유대, 나눔, 친교를 뜻한다. 그것은 종종 선의 혹은 이타심이 강하게 작용하여 나온다.[29] 따라서 이 용어는 다른 사람과 '나누는 것' 혹은 어떤 작업에 함께 참여한다는 의미로 사용되었다. 후자가 지금 이 구절에 해당하는 의미다.

따라서 사도는 빌립보 교인이 그의 복음 선교에 참여하고, 그리스도에 대한 좋은 소식을 전하는 일에 그와 함께한 것을 칭송한다(롬 15:26; 고후 8:4을 보라). 피는 "복음"[τὸ εὐαγγέλιον, 빌립보서에서 9번 사용된 단어, 빌 1:5, 7, 12, 16, 27(2번); 2:22; 4:3, 15]을 "바울의 삶의 유일한 열정" 그리고 빌립보 교인을 하나로 묶는 접착제라고 일컫는다. 무엇보다도 복음은 그리스도의 인격과 사역에 중심을 두고 있기 때문이다. 복음을 선포하는 것은 그리스도를 선포하는 것이며(1:15-16), 복음에 합당하게 사는 것은(27절) 그리스도께 합당하게 사는 것이다.[30] 메시아가 곧 그들이 전하는 메시지이며, 빌립보 교인이 복음에 깊고도 확고하게 헌신하는 가운데 바울의 선교에 거리낌 없이 참여했다고 말할 수 있다. 이는 그들이 사도의 사역에 물질을 후원한 방식으로 입증된다(4:15). 바울의 관점에서 볼 때, 복음 선교는 빌립보 교인이 본을 보여주었던 것처럼 공동체 선교가 되어야 한다.

그러나 우리는 빌립보 교인이 바울의 사역에 참여한 문제를 조금 더 탐구해야 한다. 학자들이 두 개의 주요 의견을 주장해왔기 때문이다. 몇몇 사람은 바울이 주로 감옥에 있는 동안 빌립보 교인이 재정적 후원을 해줌으로써 그의 선교에 동참한 일을 염두에 두고 있다고 제안한다. 다른 사람들은 '동반자 관계'가 주로 빌립보 교인들이 바울과 함께 고난을 겪은 일을 포함한다고 제안한다. 빌립보 교인 또한 빌립보 거리에서 복음을 전했기 때문이다.[31] 1장 끝에 나오는 평행 및 1:3-11과 4:10-20 사이에 있는 광범위한 평행을 고려할 때, 고난과 헌금이라는 두 요소 모두 바울과 교회 사이에 구축된 '동반자 관계'에 한몫을 한다고 보는 것이 신중한 판단이다. 사도는 여기에서 그것들을 칭송하고 있다.[32]

이와 같이 빌립보 교인이 "첫날부터 이제까지" 복음에 참여한 일은 바울이 지중해 세계 사방에 복음을 전할 때(심지어 바울이 감옥에 갇혀 있는 동안에도) 후원한 일을 분명히 포함하지만, 좋은 소식을 전하는 일에 바울과 함께 적극적으로 참여한 일도 포함한다(1:27-30; 4:2-3). "첫날부터 이제까지"라고 번역된 전치사구는 무엇보다 모두 시간을 표시하는 것으로, 빌립보 교인의 "참여"의 시작과 지속을 칭송한다. 빌립보 교인은 복음에 반응하고, 바울과 그의 선교팀 그리고 그들에게 주어진 사명을 받아들임으로써 복음 선교에 헌신했다. 사도행전에서 누가는 루디아가 선교사들에게 자신의 집을 개방했을 뿐만 아니라 복음에 마음을 열었다고 설명한다(행 16:14-15, 40). 마찬가지로, 복음을 믿은 후 빌립보 간수는 바울과 실라를 집으로 데려갔고, 그들의 상

29. BDAG 552-53.

30. Fee, *Philippians*, 82.

31. Peter Oakes가 Jason과 Penelope를 대조하는 허구적인 이야기를 보라. Peter Oakes, "Jason and Penelope Hear Philippians 1.1-11," in *Understanding, Studying and Reading: New Testament Essays in Honour of John Ashton*, ed. C. Rowland and C. H. T. Fletcher-Louis, JSNTSup 153 (Sheffield: Sheffield Academic Press, 1998), 156-57. Oakes의 이야기에서 Jason은 빌립보에서 어렵게 살면서 그리스도의 고난에 동참한 것을 바울이 칭찬하는 말을 듣는다. 다른 한편으로 Penelope는 바울의 선교에 아낌없이 헌금한 것에 대해 바울이 그녀와 그녀의 남편에게 감사하는 말을 듣는다.
고난을 주요 요인으로 보는 학자들은 다음과 같다. Ernst Lohmeyer, *Die Briefe an die Philipper, an die Kolosser und an Philemon*, KEK (Göttingen: Vandenhoeck & Ruprecht, 1928), 26; Lightfoot, *Philippians*, 85; Oakes. 이 학자들은 모두 특히 1:7과 1:27-30의 연결을 가리킨다. 바울이 재정적 도움을 염두에 두고 있다는 입장과 또 다른 가능한 의미를 철저히 다룬 글로 Keown, *Philippians 1:1-2:18*, 131-33을 보라. Keown은 우리가 동반자 관계의 범위를 제한할 필요가 없다고 올바르게 언급한다.

32. 찬성 의견으로 Fee, *Philippians*, 92-93.

처를 치료해주었으며, 그들에게 음식을 대접했다(32–34절). 선교사들이 빌립보를 떠나자마자, 빌립보 교인들은 복음을 공개적으로 지지하면서 반대를 무릅쓰고 다른 사람들에게 복음을 전했다.

1:6 너희 안에서 착한 일을 시작하신 이가 그리스도 예수의 날까지 이루실 줄을 우리는 확신하노라(πεποιθὼς αὐτὸ τοῦτο, ὅτι ὁ ἐναρξάμενος ἐν ὑμῖν ἔργον ἀγαθὸν ἐπιτελέσει ἄχρι ἡμέρας Χριστοῦ Ἰησοῦ). 빌립보 교인이 변함없이 바울의 복음 선교에 동참하고 물질을 후원하면서 바울은 그들의 영적 상태에 큰 확신을 갖게 되었다. '확신하다'(πεποιθώς)로 번역된 용어는 '설득하다' 또는 '설득당하다'라는 뜻이다. 이 문맥에서는 그리스 로마 문헌에서 나오는 것처럼(Herodotus, *Histories* 9.88; Sophocles, *Ajax* 769), 어떤 것 또는 어떤 사람에 대해 확신을 갖는 것을 의미하고, 제2성전 시기에 특히 칠십인역과 필론의 글에서 점차 널리 알려졌다.[33] "확신"의 의미는 신약에서 잘 증명되며, 바울은 이 단어를 빌립보서의 여러 곳에서 시종일관 같은 의미로 사용한다(빌 1:14, 25; 2:24; 3:3–4). 본문에 대한 '번역'에서 볼 수 있듯, 이 분사는 4절 끝에 언급된 기쁨에 찬 기도에 대해 더 말하는 것으로 이해해야 한다. 다시 말해, 바울의 기도는 빌립보 교인이 과거에 그의 사역에 참여한 전력 때문에 기쁨이 넘치는(1:5) 한편, 그의 기도는 또한 하나님이 빌립보 교인의 삶에 계속 역사하실 것을 기대하기 때문에 소망이 넘친다.[34] 바울은 확신을 갖고 기도한다.

바울의 확신은 '바로 이것'(this very thing, αὐτὸ τοῦτο)으로 표현된다. 여기에서 αὐτὸ는 대명사 τοῦτο('이것')를 강화한다. 사도는 그다음에 '이것이 그것이다' 구조를 활용하는데, 다음과 같이 도식화할 수 있다.[35]

이것(this)을 확신하노라.
↓ (동격)
(that) 너희 안에서 착한 일을 시작하신 이가….

물론, "착한 일을 시작하신 이"는 바울이 믿음의 인내를 위해 참되고 확실한 기초로 하나님과의 활발한 관계를 강조한 것처럼 하나님을 가리킨다. 사도가 빌립보 교인이 복음 선교에 동참한 "일"을 칭찬한 것과(1:5) 주님이 그들 가운데 역사하신 일을 그가 찬양한 것이(1:6) 나란히 놓인 것은 바울의 성경 신학에 아무런 문제가 되지 않는다. 이런 주제들은 바울의 저술에 완전히 통합되어 있다(2:12–13을 보라).[36] 황금의 입이라 불리는 교부 요한네스 크리소스토무스는 바울의 사상에 나타난 능숙한 목회적 균형에 주목하면서 다음과 같이 말했다.

> 바울은 그들에게 최고의 칭찬을 한 다음, 인간이 빠져들기 쉬운 낙담에 빠지지 않도록 하기 위해 즉시 그들에게 과거와 미래(모든 것)를 그리스도와 관련시키라고 가르친다. 그리스도는 그분이 그들 안에서 시작하신 일을 완성하실 것이다. 그리스도는 그들이 이룬 업적에서 어떤 것도 제거하지 않으신다. 그분은 그들의 매우 수준 높은 책임을 가리키시면서 "내가 너희들의 교제로 말미암아 기뻐한다"라고 말씀하셨기 때문이다. 그러나 그분은 그 업적을 그들이 홀로 이루었다는 뜻으로 말씀하신 것은 아니다. 오히려 그것은 무엇보다도 그들 가운데서 하나님이 역사하신 결과였다(*Homily on Philippians* 2.1.6).[37]

33. *TLNT* 3:66–77.
34. 이렇게 읽으면, 이 분사는 상황적인 것으로 이해된다.
35. A. T. Robertson, *A Grammar of the Greek New Testament in the Light of Historical Research* (Nashville: Broadman, 1934), 699와 마찬가지로, ὅτι절은 τοῦτο와 동격으로 관련된다.
36. Silva, *Philippians*, 45.
37. Edwards, *Galatians, Ephesians, Philippians*, 209–10.

하나님이 빌립보 교인 '안에서 착한 일을 시작하셨다[38]'(ὁ ἐναρξάμενος ἐν ὑμῖν ἔργον ἀγαθόν)는 말은 앞 절의 "첫날부터"(ἀπὸ τῆς πρώτης ἡμέρας)와 상응한다. 하나님은 바울이 빌립보에 처음 도착했을 때, 빌립보서를 쓰기 거의 10년 전에(49년 후반이나 50년 초반) 빌립보인 가운데서 그분의 일을 시작하셨다. 사도행전 16:12–34에 따르면 그 일은 안식일에 루디아가 회심하면서 시작되었고, 빌립보 간수와 그의 가족이 회심하는 것으로 이어져나갔다. 바울은 하나님이 그들 "안에서"(ἐν ὑμῖν) "착한 일"(ἔργον ἀγαθόν)을 이루신 것을 찬양한다.[39]

또한 사도는 하나님이 시대 동안 "그리스도 예수의 날까지"(ἄχρι ἡμέρας Χριστοῦ Ἰησοῦ) 그 일을 "이루실"(ἐπιτελέσει) 것을 확신한다. "이루실"(ἐπιτελέω)이라고 번역된 동사는 어떤 것을 '끝내다' 또는 '완성하다'라는 뜻이다.[40] 예를 들어, 바울은 다른 곳에서 이 용어를 사용해서 성도를 위한 모금을 끝내는 것을 말하거나(롬 15:28; 고후 8:6, 11), 여기에서 보는 것처럼 그리스도인의 성장과 성숙 과정을 '완성하는' 것을 말한다(고후 7:1; 갈 3:3).

구약 선지자들은 여호와의 "날"(또는 '날들')에 대해 말했다. 그날이 오면 하나님의 백성이 구출되고, 그들의 적은 심판당할 것이다(예를 들어, 사 2:2–21; 욜 1–3장; 암 8:9–11; 9:9–12). 때때로 이스라엘 사람들은 그날이 오면 자신에게 좋은 결과가 있으리라 생각하고 여호와의 날을 고대했지만, 아모스는 그날은 그들이 기대했던 날이 아니며 "빛"의 날이 "어둠"의 날이 되리라고 예언했다(암 5:18). 묵시 문학은 그날을 "심판의 날"이라고 말했지만(예를 들어, 1 En. 94.9; 4 Ezra 7.26–44), 바울의 저술과 신약 전체에서 '그날'은 그리스도의 재림의 날을 가리킨다(예를 들어, 고전 5:5; 살전 5:2; 벧후 3:10). 그것은 여기에서도 분명히 그렇다. 바울은 하나님이 1세기 중반에 빌립보인 안에서 시작하신 일을 시대의 끝에 완성하실 것이라고 기대한다. 그리고 바울은 그들이 죽은 자로부터 부활할 것을 염두에 두었을 수 있다. 정말로 완전한 '완성' 말이다!

1:7a–c 내가 너희 무리를 위하여 이와 같이 생각하는 것이 마땅하니 이는 너희가 내 마음에 있음이며(καθώς ἐστιν δίκαιον ἐμοὶ τοῦτο φρονεῖν ὑπὲρ πάντων ὑμῶν διὰ τὸἔχειν με ἐν τῇ καρδίᾳ ὑμᾶς). 앞에서 살펴본 것처럼 바울은 3–6절에서 빌립보 교인이 복음 선교에 동참한 것과 그들의 영적 상태를 확신한 것으로 기뻐하면서 그들로 말미암아 하나님께 감사한다. 그러고 나서 바울은 이제 7–8절에서 빌립보 교인을 향한 애정을 표현하면서 그들이 자신과 함께 "은혜에 참여한 자"라고 말한다. 그런데 본문의 이 두 부분은 어떻게 관련되는가? 그리고 특별히 바울이 이 둘을 '따라서'(accordingly, καθώς, 개역개정에는 번역되어 있지 않음–역주)라는 단어로 연결하는 이유는 무엇인가? 여기에서 καθώς는 7절 처음에 나오는 사도의 진술, 즉 "내가 너희 무리를 위하여 이와 같이 생각하는 것이 마땅하니"를 소개한다.[41]

---

38. 신약에서 '시작하다'(ἐνάρχομαι)라는 이 단어가 사용되는 유일한 곳은 갈라디아서 3:3이다. 거기에서 바울은 신학적인 실수를 범한 갈라디아 교회를 꾸짖는다. "너희가 이같이 어리석으냐 성령으로 시작하였다가(ἐναρξάμενοι) 이제는 육체로 마치겠느냐."

39. Hawthorne, *Philippians*, 21과 마찬가지로 "착한 일"은 좁은 의미로 빌립보 교인의 재정적 후원보다 그들 가운데 전개된 복음 운동 전체를 언급하는 것으로 이해되어야 한다.

40. BDAG 383.

41. 7절에 이르러 우리는 헬라어 본문의 문법적 문제에 직면하게 된다. '따라서'(καθώς)라고 번역하는 단어가 맨 앞에 나와 있는 절은 6절의 문장을 계속하는가 아니면 새로운 문장을 시작하는가? 헬라어 문법은 단어 καθώς가 한 문장의 처음에 사용될 수 있다고 언급한다. BDF 236; Robertson, *Grammar*, 1382를 보라. 이것은 그 부사가 οὕτως와 상관 관계로 사용되지 않을 때도 그렇다(예를 들어, 갈 3:6; 딤전 1:3). 그러나 Fee는 서신 서두의 감사 부분에서 καθώς가 한 문장의 계속을 알리는 예로 사용된 고린도전서 1:6과 데살로니가전서 1:5을(또한 살후 1:3을 보라) 지적하면서 반대한다. 하지만 Fee가 예로 든 고린도전서 1:6과 데살로니가전서 1:5은 삽입구적 진술이므로 독립적인 절로 읽을 수 있다. NET가 두 절을 그렇게 번역했다.

바울이 1:3-6에 표현된 사고 과정이 '마땅하다'(δίκαιον)고 말할 때, 이 용어는 그 과정이 '공정하다' 또는 '적절하다'는 뜻이다. 이 진술을 소개하는 καθώς는 원인을 나타내는 접속사(즉, '…때문에')로 읽을 수 있지만,[42] 여기에서는 의미가 통하지 않는다. 바울은 '내가 너희 무리를 위하여 이와 같이 생각하는 것이 마땅하기 때문에 내가 기뻐하며 확신한다'고 말하는 것이 아니다. 오히려 바울은 그들에게 품고 있는 애정 때문에("이는 너희가 내 마음에 있음이며", διὰ τὸ ἔχειν με ἐν τῇ καρδίᾳ ὑμᾶς) 기쁨과 확신 면에서 그들 '무리에 대해(ὑπέρ[43]) 이와 같이 생각하는 것이' 적절하다고 말한다. καρδία라는 용어는 신약에서 156번 사용되고, 칠십인역에서 912번 더 사용된다. 그것은 사람의 육체적, 영적, 정신적 삶의 많은 측면을 포함하는 광범위한 의미를 지닌다.[44] 하지만 우리가 오늘날 '마음'(heart)이라는 단어를 사용하는 것처럼, 그것은 내적 삶 또는 감정을 묘사할 수 있다(롬 1:24; 9:2; 고후 2:4). 여기에서 이 단어는 애정의 깊은 느낌을 표현한다.

이 애정은 앞 절에서 표현한 바울의 기쁨 및 확신과 어울리며 또 부합한다(καθώς). 따라서 "이와 같이"(τοῦτο)로 번역된 단어는 앞 절에 나오는 기쁨과 확신을 가리킨다. 바울이 빌립보 교인을 생각할 때 느끼는 애정, 기쁨, 확신은 마치 부모가 바르게 생활하는 아이에게 큰 기쁨과 확신을 느끼는 것과 비슷할 것이다. 이 기쁨과 확신은 부모가 아이에게 느끼는 깊은 애정과 밀접한 관련이 있다. 바울의 경우, 그가 빌립보 교인으로 말미암아 하나님께 감사하는 것과 그들에게서 느끼는 기쁨과 확신은 그가 빌립보 교인을 향해 품고 있는 깊은 애정과 밀접한 관련이 있다. 바울은 이 애정을 "너희가 내 마음에 있음이며"(τὸ ἔχειν με ἐν τῇ καρδίᾳ ὑμᾶς)라는 말로 표현한다.

1:7d-i 나의 매임과 복음을 변명함과 확정함에 너희가 다 나와 함께 은혜에 참여한 자가 됨이라(ἔν τε τοῖς δεσμοῖς μου καὶ ἐν τῇ ἀπολογίᾳ καὶ βεβαιώσει τοῦ εὐαγγελίου συγκοινωνούς μου τῆς χάριτος πάντας ὑμᾶς ὄντας). 이 절이 계속되면서 우리는 바울이 빌립보 교인에게 품고 있는 애정의 원천이 무엇인지 배운다. 이 애정은 빌립보 교회가 바울의 선교에 동참하는 중에 생겨났다. 빌립보 교인은 바울과 함께 복음 사역을 했고, 그 사역 때문에 어려운 상황이 찾아와도 함께했다.

바울이 7절 끝에서 "너희가…됨이라"(ὑμᾶς ὄντας)는 표현으로 빌립보 교인에게 계속해서 말하는 것에 주목하라.[45] 7절의 이 후반부는 빌립보 교인들에 대해 추가로 무언가를 설명한다.[46] "너희가 다"(πάντας ὑμᾶς) "나와 함께 은혜에 참여한 자"(συγκοινωνούς μου τῆς χάριτος)다. 몇몇 주석가는 인칭 대명사 "나"(μου)가 뒤이어 나오는 "은혜에"(τῆς χάριτος)와 관련되는 것으로 이해한다[47](즉, '나의 은혜에 함께 참여한 자', 이 대명사는 문맥에서 모호하다). 하지만 "함께…참여한 자"(συγκοινωνούς)를 개인화한 것으로

42. 찬성 의견으로 BDAG 493.
43. 전치사 ὑπέρ는 "일반적인 내용"을 나타내는데(BDAG 1031), 그것은 바울 서신에서 드문 일이다. φρονεῖν ὑπὲρ πάντων ὑμῶν 구절은 4:10에 나오는 τὸ ὑπὲρ ἐμοῦ φρονεῖν과 인클루지오를 형성한다(찬성 의견으로 Bockmuehl, *Philippians*, 259). 하지만 4:10에서 ὑπέρ 구문은 이로운 점을 전하는 것 같다. 그것이 바울에게 더 일반적인 용법이다.
44. BDAG 508-9.
45. Robertson은 ὑμᾶς가 반복되기 때문에, 이것은 목적격 절대구문이 아니라고 언급한다(Robertson, *Grammar*, 491).
46. '…이다'(are, ὄντας)로 번역된 현재 분사는 부정사 '…이 있다'(have, ἔχειν)의 범위를 정하는 설명적인 것으로 읽을 수 있으므로, 다음 질문에 대답하는 것으로 이해할 수 있다. '바울은 왜 빌립보 교인을 그의 마음에 두는가?'(찬성 의견으로 NET, NASB, NRSV, ESV) 왜냐하면 그들이 바울의 사역에 동반자로 참여하고 있기 때문이다.
47. 예를 들어, Brent Nongbri, "Two Neglected Textual Variants in Philippians 1," *JBL* 128.4 (2009): 805를 보라. 그는 초기 사본에서 μου의 모호한 위치를 명백히 하고자 이 대명사가 χάριτος 뒤에 나오는 후대의 사본을 읽는다. μου를 χάριτος와 관련시키는 사람들은 일반적으로 빌립보서 4:14을 언급한다.

보고 "나와 함께…참여한 자"로 읽는 것이 더 낫다.[48]

"함께…참여한 자"(συγκοινωνός)로 번역된 이 단어 [1:5에서 "참여"(κοινωνία)로 번역한 단어와 관련되어 있음]는 고대 세계에서 '사업 동업자'를 가리키는 말로 사용될 수 있었다.[49] κοινωνία가 일반적으로 참여에 대해 말한다면, 복합어는 "함께 참여자가 되는 것"을 강조한다.[50] 신약 저자들은 이 복합어를 세 번 사용하면서(롬 11:17; 고전 9:23; 계 1:9), 어떤 노력에 다른 사람들과 함께 '참여하는' 개념을 강조한다. 예를 들어, 고린도전서 9:23에서 바울은 복음의 유익에 '참여하고자' 복음을 위해 모든 일을 한다고 쓴다. 요한계시록 1:9에서 요한은 독자들에게 함께 환난과 나라와 참음에 동참하는 것을 말한다.

그렇다면 바울은 1:7에서 무엇을 염두에 두고 있는가? 바울은 빌립보 교인을 그와 함께 "은혜에" 참여한 자로 본다. 물론 χάρις는 일반적으로 하나님의 "은혜"를 가리킬 수 있었지만, 관사는 하나님 은혜의 특별한 표현을 가리키는 것으로 보인다. 그것은 바울이 빌립보 교인이 그의 복음 사역에 참여한 것을 염두에 두고 있음을 암시하는 것일 수 있다. 바울은 5절에서 이미 그것을 언급한 바 있다.[51] 결국 바울이 지시하는 대상은 "나의 매임과 복음을 변명함과 확정함에"로 분명해진다. 따라서 1:5에 대해 설명한 것처럼, 빌립보 교인은 바울과 함께 다방면의 일에 참여했다. 그들은 복음을 전하는 일에 그들 자신은 물론이요 재정도 내놓았다. 이 해석은 고린도후서 8:1-2과 일치하는 것 같다.

> 형제들아 하나님께서 마게도냐 교회들에게 주신 은혜를 우리가 너희에게 알리노니 환난의 많은 시련 가운데서 그들의 넘치는 기쁨과 극심한 가난이 그들의 풍성한 연보를 넘치도록 하게 하였느니라.

일반적인 번역인 '나의 투옥'(in my imprisonment, 예를 들어, ESV, NASB, NLT, NET)은 '내가 쇠사슬에 묶여'(in my chains, ἔν τε τοῖς δεσμοῖς μου, 참고. 빌 1:13-14, 17; 골 4:18; 딤후 2:9; 몬 1:10, 13)를 환유법으로 번역한 것이다. 높은 사회적 지위에 있는 죄수만이 쇠사슬 없이 감금됐던 만큼, 바울은 여기에서 거의 분명히 말 그대로 쇠사슬을 염두에 두었을 것이다.[52] 바울이 그의 "복음을 변명함"과 "확정함"에 대해 말하는 것으로 보아 사도는 거의 분명히 그가 처한 현재의 상황을 염두에 두었을 것이다.[53] 일반적으로 죄수들은 재판을 기다리면서 감금되어 있었지만(그들을 보호하거나 처벌할 수 있을 때까지 붙잡아두기 위해) 투옥은 또한 처벌의 한 형태로 사용될 수 있었고, 간수의 감시 아래 지내는 생활은 가혹할 수 있었다(예를 들어, Josephus, *Ant.* 18.203).[54] 바울은 여러 번 투옥당했다(고후 6:5; 11:23). 빌립보 교인이 그런 끔찍한 환경에서 그와 함께하고, 복음을 위한 고난과 변호에 동참했을 때 바울은 깊이 감사했다.

법적 상황에서 종종 사용되는 "변명함"(ἀπολογία)은 다른 사람을 대신하여 변론하는 연설 또는 변호하는 행위다(행 25:16; 딤후 4:16). 하지만 바울은 여기에서 그가 복음 자체를 변호하는 것을 말한다.[55] 또 다른 법적

---

48. 이 독법은 μου를 관련의 소유격으로 이해한다(예를 들어, 롬 8:17; 엡 2:19; 5:7; 골 4:10; 계 19:10). Bockmuehl, *Philippians*, 63에서 이 문제에 대한 논의를 보라. 그는 편지를 공개적으로 낭독하는 상황에서 "모호한 경우, 더 일반적인 헬라어 용법은 μου를 앞에 나오는 명사와 관련시키는 것이었다(또한 8절에서 '하나님이 내 증인이시니라'처럼)"라고 언급한다.

49. 찬성 의견으로 BDAG 952.

50. Fee, *Philippians*, 91.

51. Silva, *Philippians*, 47.

52. 찬성 의견으로 Fee, *Philippians*, 92; Brian Rapske, *The Book of Acts and Paul in Roman Custody* (Grand Rapids: Eerdmans; Carlisle: Paternoster, 1994), 28; Cassidy, *Paul in Chains*, 45.

53. 사도행전 16:11-40에 기록된 대로, 바울이 처음 빌립보를 방문한 동안 그와 실라는 매를 맞은 다음 발에 차꼬를 찬 상태로 깊은 감옥에 던져졌다(24절).

54. Rapske, *Paul in Roman Custody*, 9, 16-20, 256-59; Craig S. Keener, *Acts: An Exegetical Commentary, 15:1-23:35* (Grand Rapids: Baker Academic, 2014), 2484, 2486.

용어인 "확정함"(βεβαίωσις)은 어떤 것의 타당성을 입증하는 증거를 뜻한다(참고. 히 6:16). 이 경우에 바울은 복음의 확립된 진리를 증언하기 위해 그의 생명을 바쳤다. 여기에서 그 용법은 히브리서 2:3-4에 나오는 동족 동사 '확증하다'(βεβαιόω)의 용법과 비슷하다. 거기에서 구원의 말씀은 예수님께 그 말씀을 직접 받은 최초의 증인들로 말미암아 '확증되었고', 하나님은 역사의 증인석에 서서 표적, 기사, 기적, 성령의 은사로 그 메시지를 입증하시면서 그들과 함께 증언하셨다. 그래서 바울은 당국 앞에서 증언함으로써 복음의 타당성을 선포한다. 하지만 바울의 요점은 빌립보 교인도 복음을 변명하고 확정하는 이 두 가지 활동에 그와 함께 참여했다는 것이다.

1:8 내가 예수 그리스도의 심장으로 너희 무리를 얼마나 사모하는지 하나님이 내 증인이시니라(μάρτυς γάρ μου ὁ θεὸς ὡς ἐπιποθῶ πάντας ὑμᾶς ἐν σπλάγχνοις Χριστοῦ Ἰησοῦ). 법정을 배경으로 하는 언어를 계속 사용하면서 그리고 특히 구약의 패턴을 암시하면서(예를 들어, 수 22:27; 삼상 12:5; 렘 42:5), 바울은 빌립보 교인을 향한 자신의 애정을 입증하는 "증인"(μάρτυς···μου)으로 하나님을 언급한다. 하나님은 모든 행동, 모든 생각을 아신다. 하나님의 영은 모든 동기를 분별하시며 모든 의도를 구분하신다. 바울에게 더 나은 증인은 있을 수 없고, 바울은 그의 서신에서 여러 차례 그와 같은 진지한 선서를 한다(롬 1:9; 고후 1:23; 살전 2:5, 10). 요컨대 사도는 빌립보 교인에게 그들을 향한 자신의 깊은 감정을 가장 강력한 용어로 장담한다. 사실상 8절 전체는 바울이 "너희가 내 마음에 있음이며"라고 쓴 7c절에 대한 설명이다('왜냐하면', γάρ).

관계 부사 ὡς는 바울이 선서한 내용[56]을 표시한다. 이 부사가 소개하는 절은 '내가 사모하다'(ἐπιποθῶ)로 번역된 현재 시제 동사 주변에 밀착해 있다. 여기에서 이 동사는 어떤 것에 대한 강력한 열망을 갖는 것을 말한다. 당시의 광범위한 문헌에서 이 용어는 열망은 물론이요, 염려나 심지어 두려움을 뜻할 수 있었다.[57] 이 단어의 의미론적 범위가 다소 넓기 때문에 문맥이 매우 중요하다. 신약의 다른 곳에서 이 동사는 젖을 사모하는 것(벧전 2:2), 사람들을 '시기하기까지 사모하시는' 하나님(약 4:5) 그리고 신자가 부활의 몸을 사모하면서 탄식할 때 경험하는 '갈망'(고후 5:2)의 이미지를 묘사하는 데 사용될 수 있다.

그러나 이 구절은 바울의 저술 중 관계적인 갈망을 말하는 맥락에 속하고, 종종 누군가를 '그리워하거나'['보다'(to see, ἰδεῖν)와 결합될 때, 예를 들어, 롬 1:11; 살전 3:6; 딤후 1:4] 어떤 사람에게 '깊은 애정을 갖는'(고후 9:14)다는 의미를 지닌다.[58] 따라서 사실상 바울은 '내가 정말로 너희 모두를 그리워한다'고 말하는 것이다. 바울은 빌립보 교인들을 "너희 무리"(all of you, πάντας ὑμᾶς)라고 언급하면서 다시 그의 애정의 포괄성을 강조하는데, 이는 교회에 연합이 필요하다는 그의 광범위한 주제를 뒷받침하는 것일 수 있다. 바울이 계속해서 빌립보 교인에 대한 이 깊은 갈망을 "예수 그리스도의 심장으로[59]"(ἐν σπλάγχνοις Χριστοῦ Ἰησοῦ)라고 규정하는 것은 놀랍다. '애정'(affection, σπλάγχνον, 개역개정에는 "심장"-역주)으로 번역된 용어는 문자적으로 내장(몸의 내부, 행 1:18)을 언급한다. 이 단어는 비유적으로 감정의 좌소[영어에서 '마음'(heart)이라는 단어를 사용하는 것처럼] 또는 여기에서처럼 감정 그 자체(종종 복수로), 즉 '사랑' 또는

55. 이와 같이 '복음의'(of the gospel, τοῦ εὐαγγελίου)는 목적격적 소유격의 기능을 한다. ἐν τῇ ἀπολογίᾳ καὶ βεβαιώσει τοῦ εὐαγγελίου 구절에서 전치사와 관사는 βεβαιώσει로 이어지고, τοῦ εὐαγγελίου는 ἀπολογίᾳ와 βεβαιώσει의 범위를 정한다.

56. BDAG 1105.

57. BDAG 377.

58. *TLNT* 2:58-60.

59. 전치사 ἐν은 "방편"을 소개하는 표시어로 사용된다(BDAG 328).

'애정'(눅 1:78; 고후 6:12; 7:15; 골 3:12; 몬 1:7, 12, 20; 요일 3:17)이라는 의미로 사용되었다. 바울은 빌립보 교인을 향한 사랑을 그리스도가 그들에게 갖고 계신 사랑이나 동정의 연장으로 본다.[60] J. A. 벵겔(Bengel)이 언급한 것처럼 "바울 안에 사는 것은 바울이 아니라 예수 그리스도다. 그러므로 바울은 자신의 창자에 의해 움직이는 것이 아니라 예수 그리스도의 창자에 의해 움직인다."[61]

심층 연구

바울 서신에 나타난 기도

바울은 종종 서신의 수신자들에게 기도하라고 권고하거나,[62] 그들에게 기도해달라고 부탁한다.[63] 바울의 기도에서 우리는 그의 기도 신학이 구현되는 것과 그가 개인적으로 기도에 헌신하는 모습을 발견한다. 사도의 기도 어휘는 신약에서 가장 풍부하며, 그 활동에 대해 16개의 단어를 사용하고, 다른 신약 저자들보다 기도를 더 자주 언급한다.[64] 바울이 기도를 언급할 때 자주 사용하는 단어는 προσεύχομαι('간구하다 혹은 기도하다', 17개 절에서 19번),[65] προσευχή('기도' 혹은 '기도의 장소', 14개 절에서 14번)[66] 그리고 δέησις('간구' 혹은 '기도', 10개 절에서 12번)[67]가 있다. 이 세 개의 용어가 모두 빌립보서에서 사용된다. 바울은 서신 여러 곳에서 기도를 언급하지만 인사말과 찬송과 끝맺는 말에는 거의 언제나 기도문이 포함되고, 종종 서신의 특정 주제와 관련된다.[68] 또한 바울의 저술에는 종종 여러 형태의 기도가 포함되는데, 그중에는 '소원 기도'라고 불리는 것이 있다(예를 들어, 롬 15:5-6, 13; 갈 6:18; 살전 5:23-24; 살후 2:16-17; 딤후 1:16; 4:22; 딛 3:15). 이 기도는 "사도의 깊고도 책임감 있는 사랑, 즉 각각의 특정 교회를 향해 품고 있는 중대한 염려와 강렬한 소망을 생생하게 표현한다."[69] 바울은 또한 '기도 보고'를 하는데, 여기서 그는 자신이 독자를 위해 어떻게, 무엇을 기도해왔는지 이야기한다. 빌립보서 1:3-4, 9-11 그리고 에베소서 1:15-23과 골로새서 1:3-14 같은 구절에서 그런 기도 보고를 볼 수 있다. 바울의 기도의 다른 형태들은 송영, 찬송가, 자랑, 축복 및 찬양 등을 포함한다.[70] 바울의 기도는 특히 하나님께 드리는

60. Todd Still, *Philippians and Philemon*, SHBC (Macon, GA: Smyth & Helwys, 2011), 33. 이와 같이 우리는 소유격 Χριστοῦ Ἰησοῦ를 근원의 소유격 또는 아마도 주격적 소유격으로 읽는다.
61. Johann Albrecht Bengel, *New Testament Word Studies*, 2 vols., Kregel Reprint Library (Grand Rapids: Kregel, 1971), 2:426.
62. 예를 들어, 롬 12:12; 엡 6:18; 골 4:2; 살전 5:17; 딤전 2:1, 8.
63. James P. Ware, *Synopsis of the Pauline Letters in Greek and English* (Grand Rapids: Baker Academic, 2010), 26-27; 예를 들어, 롬 15:30-33; 고후 1:11; 엡 6:18-20; 빌 1:19-20; 골 4:3-4; 살전 5:25; 살후 3:1-2; 몬 1:22.
64. W. B. Hunter, "Prayer," in *DPL* 729.
65. 롬 8:26; 고전 11:4-5, 13; 14:13-15; 엡 6:18; 빌 1:9; 골 1:3, 9; 4:3; 살전 5:17, 25; 살후 1:11; 3:1; 딤전 2:8.
66. 롬 1:10; 12:12; 15:30; 고전 7:5; 엡 1:16; 6:18; 빌 4:6; 골 4:2, 12; 살전 1:2; 딤전 2:1; 5:5; 몬 1:4, 22.
67. 롬 10:1; 고후 1:11; 9:14; 엡 6:18; 빌 1:4, 19; 4:6; 딤전 2:1; 5:5; 딤후 1:3.
68. Krister Stendahl, "Paul at Prayer," *Int* 34.3 (1980): 241; Gordon P. Wiles, *Paul's Intercessory Prayers: The Significance of the Intercessory Prayer Passages in the Letters of St. Paul*, SNTSMS 24 (Cambridge: Cambridge University Press, 1974), 229.
69. Wiles, *Paul's Intercessory Prayers*, 154.
70. 바울의 기도의 여러 가지 형태 및 그것들이 바울 서신에서 차지하는 위치에 대해서는 Wiles, *Paul's Intercessory Prayers*, 297-302에 수록된 목록을 보라.

감사로 가득하다(예를 들어, 롬 1:8; 고전 1:4; 고후 2:14; 9:15; 엡 1:15-16; 골 1:3; 살전 1:2; 2:13; 3:9; 살후 1:3; 딤전 1:12; 몬 1:4).

다른 내용에 대해 말하자면, 바울은 자신과 그의 사역을 위해 기도하거나 기도를 요청한다. 예를 들어, 바울은 적에게서 구출되기를(롬 15:30-32; 고후 1:8-11), 예루살렘에 전해줄 헌금을 위해(롬 15:30-32),[71] 로마 사람들과(롬 1:8-10) 데살로니가 사람들을(살전 3:10-11) 만나러 갈 여행을 할 수 있는 능력을 주시기를, 하나님이 그의 가시를 없애주시기를(고후 12:7-9) 그리고 그가 복음을 담대하게 선포할 수 있도록(엡 6:19-20; 골 4:2-4) 기도하거나 기도를 요청한다.

교회를 위한 바울의 중보 기도에는 교회의 연합을 위한 기도(롬 15:5-6), 기쁨과 평강과 소망을 위한 기도(롬 15:13), 그들이 올바른 일을 하고 성숙하게 자라기를 구하는 기도(고후 13:7-9), 지혜와 지식 가운데 성장해서 하나님을 더 잘 알기를 바라는 기도, 그들이 특별히 사랑 가운데 확고해져서 그리스도의 사랑을 온전히 이해하고 하나님의 충만하심으로 채워지기를(엡 1:15-23; 3:14-21; 빌 1:9-11) 바라는 기도가 포함된다. 더불어 바울은 신자들의 사랑이 흠 없는 삶 속에서 넘쳐흐르며, 그들이 거룩해지고 복음에 합당한 자로 인정받기를 기도한다(살전 3:12-13; 5:23-24; 살후 1:11-12). 그는 하나님이 그리스도를 따르는 사람들의 모든 선한 목적을 이루시기를, 그리스도가 그들 안에서 영광을 받으시며 그들은 그분 안에서 칭찬받기를(살후 1:12), 그들이 격려와 힘을 받아 믿음 가운데 인내하기를(살후 2:16-17; 3:5), 평화롭고 경건한 삶을 살게 되기를(딤전 2:1-2) 기도한다. 바울은 하나님이 그들과 함께하시기 때문에 이런 일이 일어나리라 기대한다(살후 3:16).

바울의 기도는 편지의 기능을 지니고 있으며 서신의 구성 면에서 중요한 역할을 하는 것이 분명하다. 그러나 바울은 독자들을 깊이 염려하고 있기 때문에 그의 기도는 본질상 목회적 성격을 띤다. 바울은 그들의 영적인 삶에 영향을 미치기 위해, 그들에게 기도하는 방법을 가르쳐주기 위해 기도한다. 사실상 바울은 자신의 삶이 기도로 충만한 만큼, 기도가 동료 신자에게 좋은 모범이 되기를 기대한다.[72]

바울의 기도가 지닌 이런 목회적 성향은 두 가지 역학으로 만들어진다. 첫째는 사도의 선교 의식이다.[73] 바울이 하나님께 받은 소명이 교회에 대한 그의 깊은 책임 의식을 떠받친다. 서신들이 선교에 중요한 역할을 하는 것처럼, 서신들을 흠뻑 적시고 있는 기도가 선교에 핵심적 역할을 한다. 기도가 바울의 사역 중심에 자리 잡고 있다는 말은 과장이 아니다. 기도의 궁극적인 목표는 그리스도가 재림하실 때 동료 신자들이 하나님의 영광과 찬송이 되도록 그들을 그분께 드리는 것이다.[74] 둘째, 바울이 기도

71. Hunter, "Prayer," 726.

72. David Peterson은 "(신학적 논증을 하는 중에 갑자기 찬양을 하기 시작하는) 이 관례는 기도와 감사의 삶이 일정한 시간과 장소에 국한되지 않고 하나님의 성품과 섭리를 인정하는 것이 그리스도인의 일상적인 대화에서 자연스러운 부분이 되어야 함을 제안한다"라고 말한다(David Peterson, "Prayer in Paul's Writings," in *Teach Us to Pray*, ed. D. A. Carson [Eugene, OR: Wipf & Stock, 2002], 91).

73. Stendahl, "Paul at Prayer," 242-49.

74. Peterson, "Prayer in Paul's Writings," 100.

> 하면서 감사, 축복, 찬송, 하나님의 성품과 일하심을 찬양하는 것 등 자발적으로 끊임없이 하나님을 지향하는 태도는 하나님을 향한 진심 어린 사랑을 보여준다. 바울에게 기도는 단순한 종교적 활동이 아니다. 은혜로 구원하시고 부르신 하나님과 맺은 친밀한 관계를 표현하는 것이다.[75]

1:9 내가 기도하노라 너희 사랑을 지식과 모든 총명으로 점점 더 풍성하게 하사(καὶ τοῦτο προσεύχομαι, ἵνα ἡἀγάπη ὑμῶν ἔτι μᾶλλον καὶ μᾶλλον περισσεύῃ ἐν ἐπιγνώσει καὶ πάσῃ αἰσθήσει). 9-11절에는 빌립보 교인을 위해 아름답게 작성된 기도가 나온다. 앞의 '문학적 전후 문맥'에서 언급했듯이 기도는 당시의 서신 시작 부분에서 일반적인 관례였다. 이 기도는 골로새서 1:9-11과 어느 정도 비슷하다. 거기에서도 사도는 독자들이 하나님을 위한 삶을 살아갈 수 있는 총명과 지식이 충만해지기를 기도한다.

여기에서 문학적으로 1장 앞부분에서 관찰한 요소를 연상시키는 중요한 내용을 발견할 수 있다. 예를 들어, 바울이 빌립보인들을 계속 언급하고 주님을 "예수 그리스도"(1:2에서처럼)라고 언급하면서 방금 감사한 것이 계속되기를 기도하는 것이다.[76] 바울은 그리스도의 "날"(1:6에서처럼)에 대해 말하고, "하나님"(1:2-3, 8에 세 번 나온 것처럼)에 대해 말한다. 이와 같이 9-11절의 기도가 빌립보서의 처음 여덟 절을 특징짓는 풍부하고도 촘촘히 짜인 관계 신학에서 흘러나오는 것을 볼 수 있다. 이 기도는 다음과 같이 구성된다.

사랑하는 삶을 살 수 있기를 기도한다. 이 삶은
분별하는 삶과 통합되어
의로운 삶이라는 열매를 맺어야 하는데,
그 삶은 결국
하나님께 영광을 돌리는 삶으로 나타난다.

먼저 바울은 그들이 사랑하는 삶을 살 수 있기를 기도한다. ἵνα절의 주어로서 "사랑"(ἀγάπη)은 사도의 기도에 있어 근본적인 요청이 된다. 이것은 다른 곳에 나온 바울의 가르침 및 일반적인 신약의 가르침과 비슷하다. 사랑은 확고한 기초를 형성한다.[77] '믿음'(πίστις) 및 '소망'(ἐλπίς)과 더불어 사랑은 기독교적 삶의 위대한 세 가지 요소의 기본적인 측면을 형성한다(예를 들어, 고전 13:13; 골 1:4-5; 살전 1:3; 5:8). 사실상 형제를 사랑하라는 요청은, 사랑이 예수님의 제자로 참되게 사는 사람들을 세상에 드러낼 것이라는 예수님의 말씀을 따른다(요 13:35).

따라서 바울이 여기에서 기도하는 것은 빌립보인들의 사랑이 '점점 더 풍성해지는' 것이다(ἔτι μᾶλλον καὶ μᾶλλον περισσεύῃ). 때때로 '풍부하다' 또는 '넘치다'로 번역되는 이 동사(περισσεύω)는, 사도가 좋아하는 단어로 그의 저술에서 26번 사용된다. 이 단어는 '풍부한', '뛰어난', '풍부하게 존재하는' 무언가를 뜻한다.[78] 바울은

75. Peterson, "Prayer in Paul's Writings," 91-93.

76. Fee, *Philippians*, 97. 9절 맨 앞에 나오는 접속사 '그리고'(καί)는 다시 시작한다는 뜻을 지닌 것으로 보인다. 기도에 대한 진술이 4절에서 언급된 바울의 기도를 이어받아 계속되기 때문이다. 찬성 의견으로 Silva, *Philippians*, 49.

77. 바울은 그의 저술에서 이 단어를 75번 사용해서 신자들을 위한 하나님의/그리스도의 사랑에 대해(예를 들어, 롬 5:8; 8:39; 엡 1:4; 2:4; 4:2), 바울이 세운 교회의 교인들을 향한 바울 자신의 사랑에 대해(예를 들어, 고전 4:21; 16:24; 고후 2:4) 그리고 신자가 서로 사랑하는 것에 대해(롬 13:10; 14:15; 고전 13장; 14:1; 갈 5:13; 엡 1:15; 골 1:4; 2:2) 여러 가지로 말한다.

78. 롬 3:7; 5:15; 15:13; 고전 8:8; 14:12; 15:58; 고후 1:5; 3:9; 4:15; 8:2, 7; 9:8, 12; 엡 1:8; 빌 1:9, 26; 4:12, 18; 골 2:7; 살전 3:12; 4:1, 10.

빌립보 교인이 공동체에서 사랑의 짐을 지기를 원한다. 그는 빌립보 교인이 믿음 가운데 성장하는 것처럼 그리고 그 공동체가 복음의 진보를 통해 규모가 커지는 것처럼, 이 역동적이고 풍부한 사랑이 항상 커져가기를 기도한다. 바울은 "점점 더"(ἔτι μᾶλλον καὶ μᾶλλον)를 덧붙여서 그 생각을 확대한다. 이와 같이 빌립보 교인은 과거에 그들을 특징지었던 사랑의 제자도를 계속 표현해야 한다.

"지식"(ἐπίγνωσις)과 "총명"(αἴσθησις)으로 번역된 두 단어는 의미상 중복되지만 미묘한 차이가 있다. 성경 문헌에서 이 두 단어 중 전자는 특히 하나님에 대한 지식을 언급한다. 예를 들어, 한 곳(왕상 7:2)를 제외한 모든 경우 칠십인역의 저자들은 이 단어를 사용하여 어떤 식으로든 하나님과 관련된 지식을 말한다(잠 2:5; 호 4:1, 6; 6:6; Jdt 9:14; 2 Macc 9:11). 예를 들어, 호세아 6:6은 "나는 인애를 원하고 제사를 원하지 아니하며 번제보다 하나님을 아는 것을 원하노라"고 말한다.

일반적으로 바울은 이 용어를 사용해서 진리에 대한 지식(딤전 2:4; 딤후 2:25; 3:7; 딛 1:1)이나 죄에 대한 이해(롬 3:20)를 언급한다. 그러나 바울은 종종 이 용어를 취해서 특히 하나님을 인정하는 것에 대해(롬 1:28) 혹은 하나님이나 하나님의 아들에 대한 지식(롬 10:2; 엡 1:17; 4:13)을 말한다. 그리고 후자의 지식은 하나님의 뜻을 아는 지식과 밀접한 관련이 있다(골 1:9-10; 2:2; 3:10). 그 지식의 윤리적 지향성을 고려하건대, 아마 현재의 문맥에서는 하나님의 뜻을 아는 지식을 뜻할 것이다. 따라서 바울은 빌립보 교인의 사랑이 하나님과 그분의 뜻에 대한 올바른 기독교적 이해와 통합되고 그 이해로 채워져서 빌립보 교인의 사랑이 점점 자라나기를 원한다. 사랑은 이런 종류의 지식으로 채워져야 한다. 지식이 없는 사랑은 "지극히 선한 것을 분별하[지]"(빌 1:10a) 못한다.

하지만 사랑은 분별력, 즉 여기에서 번역한 대로 '간파하는 통찰력'(penetrating perception, πάσῃ αἰσθήσει, 개역개정에는 "모든 총명"-역주)이 필요하다. αἴσθησις(신약에서 오직 여기에서만 사용됨)라는 단어는 영적인 지각 또는 분별력을 언급한다. 그리스 로마 세계의 문헌에서 αἴσθησις는 사냥하면서 냄새를 맡는 것을 포함하여 감각에 의한 지각을 뜻할 수 있었다.[79] 요세푸스(Josephus)는 종종 이 용어를 사용해서 어떤 사건이 일어난 것을 감지하는 것을 말한다(*J.W.* 3.326, 328, 332). 하지만 칠십인역에서 이 용어는 영적, 지적 분별력(어떤 것을 일종의 영적 의식 또는 이해력을 갖고 정신적으로 파악할 수 있는 능력)이라는 뜻으로 가장 많이 쓰였다(예를 들어, 출 28:3). 그것은 종종 이해, 통찰력, 지혜와 연관된다.[80] 그것은 단순한 지식이 아니라 지혜롭고, 의로운 삶으로 이끄는 영적 지각을 가리킨다. 여기에서 '간파하는'(πάσῃ, 보다 직설적으로는 "모든")이라는 말이 추가된 것은 다면적인 또는 여러 상황에 관여하는 분별력, 즉 '모든 종류의 통찰력'을 뜻할 수 있다(찬성 의견으로 NET, BDAG 784). 그러나 그것은 오히려 높은 수준의 영적 분별력이나 예리한 지각을 언급하는 것일 수 있다(예를 들어, NIV: depth of insight). 그래서 바울은 빌립보 교인의 사랑이 지식과 분별력으로 "형성되고 채워지도록"[81] 기도한다. 사랑이 없는 지식은 생기가 없지만(고전 13:2), 지식이 없는 사랑은 잘못될 수 있고, 심지어 파괴적인 결과를 낳을 수 있다. 이것은 맹목적이고 감상적이거나 제멋대로 행동하는 사랑이 아니라, 살아 계신 하나님의 지식이 주입되고, 사람이 세상에서 그분을 위해 어떻게 살아야 하는지 아는 분별력으로 유지되는 사랑이다.

79. LSJ 42; Philo, *Creation* 31, 53, 62, 112; Sir 22:19을 보라.
80. 예를 들어, 잠 1:4, 7; 2:3, 10; 5:2; 8:10; 14:6-7; 15:7; 참고. 골 1:9. 비슷한 기도에서 영적 지혜와 지식에 대해 말한다.
81. Bockmuehl, *Philippians*, 67.

1:10 너희로 지극히 선한 것을 분별하며 또 진실하여 허물 없이 그리스도의 날까지 이르고(εἰς τὸ δοκιμάζειν ὑμᾶς τὰδιαφέροντα, ἵνα ἦτε εἰλικρινεῖς καὶ ἀπρόσκοποι εἰς ἡμέραν Χριστοῦ). 10절에서는 9절에서 기도한 것의 결과[82]를 볼 수 있다. 바울은 영적 분별력을 지식이 있고 지각이 있는 사랑의 결과로 이해한다. "분별"(동사 δοκιμάζω에서)로 번역된 부정사는 어떤 것의 진위나 가치를 결정하기 위해 그것을 비판적으로 조사하는 것을 뜻할 수 있었다.[83] 예를 들어, 고대 그리스 저자들은 당국에 증거를 제시한 법적 사례들을 묘사하는데, 거기에서 당국은 그 증거가 타당한지 평가하고 분별한다.[84] 그런 분별은 금속을 검사할 때(잠 8:10; 17:3), 혹은 비유적으로 하나님이 사람의 마음을 시험하실 때(시 66:10)처럼 조사와 확인 작업을 거쳐서 이루어진다. 이런 '확인'의 의미는 신약에서도 찾아볼 수 있지만(예를 들어, 고전 3:13; 벧전 1:7), 빌립보서 1:10에서 그것은 '분별하다'라는 뉘앙스로 쓰였다. 그리고 로마서 12:2과 에베소서 5:10에서처럼, 그 개념은 주님을 기쁘시게 하는 것이나 참된 가치가 있는 것을 분별하는 것과 관계가 있다.

게다가 바울은 특별히 빌립보 교인이 "지극히 선한 것을"(τὰ διαφέροντα) 분별하기를 기도한다. 이 단어는 다른 것"보다 더 가치 있는" 혹은 "뛰어난" 것을 가리킨다.[85] 영적 분별력은 사람이 어떤 하나를 다른 것과 구별해서 질이나 신분에서 최고의 것이나 뛰어난 것을 결정할 것을 요구한다(고전 15:41; 갈 2:6; 4:1). 여기에서 바울은 영적으로 가치 있는 생각과 생활 패턴을 분별해서 그렇지 않은 것과 구분하는 것을 염두에 두고 있다. 이것은 때때로 '선'과 '악'을 분별하는 것과 '선'과 '최선'을 분별하는 것을 포함했을 수 있다.

그 목적은 빌립보 교인이 그리스도가 재림하시는 날까지 기독교적 성품과 진실한 자세로 살기를 바라는 바울의 갈망과 관계가 있다. "또 진실하여 허물 없이 그리스도의 날까지 이르고"(ἵνα ἦτε εἰλικρινεῖς καὶ ἀπρόσκοποι εἰς ἡμέραν Χριστοῦ). 각각 "진실하여"와 "허물 없이"로 번역된 두 헬라 기술어는 고대 문헌에서 아주 희귀하다. 신약에서 오직 여기와 베드로후서 3:1에서 사용되었는데, 첫 번째 단어는 진실함, 순수한 삶, 가식이나 감춰진 동기가 없는 삶을 뜻한다. 이 단어는 사람의 행동에 적절한 기초가 되는 중요한 요소인 마음의 올바른 상태를 가리킨다. 예를 들어, 베드로후서 3:1은 "진실한 마음을 일깨워 생각나게 하여"라고 말한다. 두 번째 용어(ἀπρόσκοποι)는 '깨끗한' 양심(행 24:16) 혹은 비난할 여지가 없고 죄가 없는 삶(고전 10:32)을 뜻할 수 있다. 이와 같이 바울은 빌립보 교인이 하나님과 그들을 지켜보고 있는 세상 앞에서 정직하고 진실하며 순수한 삶을 사는 백성이 되기를 원한다.

바울의 기도는 빌립보 교인이 "그리스도의 날까지"(εἰς ἡμέραν Χριστοῦ) 이런 식으로 사는 것이다. 1:6에서 사도는 이미 빌립보 교인 "안에서 착한 일을 시작하신 이가 그리스도 예수의 날까지 이루실" 것이라는 확신을 표현한 바 있다.[86] 빌립보서에서만 '그날'이 "그리스도의 날"로 한정되어 있는 것은 흥미롭다. 6절에 대한 설명에서 언급한 대로 '여호와의 날'에 대한 구약의 개념은 초기 기독교 사상에서 '그날'에 대한 배경이 된다.

---

82. εἰς τό+부정사. 학자들은 εἰς τό+부정사+부정사의 목적격 주어가 목적(다수의 주석가가 여기에 동의, 또한 ESV, CSB, Message, NIV, NET, RSV도 마찬가지)을 나타내는지 아니면 결과(H. E. Dana and Julius R. Mantey, *A Manual Grammar of the Greek New Testament* [New York: Macmillan, 1969], 285–86; NLT?)를 나타내는지의 여부로 의견이 갈린다. 바울의 경우에는 이 구문의 용법이 둘 다 나타난다. 이에 대해서는 Douglas J. Moo, *The Epistle to the Romans*, NICNT (Grand Rapids: Eerdmans, 1996), 105n66을 보라.
83. BDAG 255.
84. *TLNT* 1:354.
85. BDAG 239.
86. 거기에서 우리는 ἡμέρας Χριστοῦ Ἰησοῦ를 보는 반면, 1:10과 2:16 이 부분에서는 축약된 ἡμέραν Χριστοῦ를 본다.

여기에서 바울은 지속을 말하기 위해 "그리스도의 날까지"('그리스도의 날까지 줄곧')라고 쓰는데, 여기에는 기대하는 마음도 담겨 있다. 바울은 빌립보 교인이 믿음 가운데 인내하기를 바라지만, 또한 매우 중요한 마지막 날에 하나님께 영광을 돌리고 그분의 백성이 온전히 변화되는 순간을 기대하며 기다린다. 바울은 빌립보 교인이 그 순간에 준비되어 있기를 원한다.

1:11 예수 그리스도로 말미암아 의의 열매가 가득하여 하나님의 영광과 찬송이 되기를 원하노라(πεπληρωμένοι καρπὸν δικαιοσύνης τὸν διὰ Ἰησοῦ Χριστοῦ εἰς δόξαν καὶ ἔπαινον θεοῦ). 하나님께 영광과 찬송이 되는 의로운 삶이 빌립보 교인을 위한 기도의 궁극적 목표다. "가득하여"(πεπληρωμένοι)라는 완료 분사는 "그리스도의 날"을 시간적 기준으로 삼고 있고, 절정의 날에 이르렀을 때 진실하고 흠이 없는 사람들의 영적 상태를 언급한다. 바울이 빌립보 교인에 대해 품은 갈망이 이루어질 때, 그들의 영적 삶은 하나님[87]으로 말미암아 "의의 열매"(καρπὸν δικαιοσύνης, 참고. 잠 3:9; 11:30; 암 6:12; 엡 5:9; 히 12:11)로 가득할 것이다. "열매"(καρπός)는 어떤 상태나 활동의 "결과 또는 이익"을 생생하게 묘사하는 단어다(BDAG 510, 예를 들어, 롬 1:13; 6:21, 22; 갈 5:22; 엡 5:9; 빌 1:22; 4:17). "의"[88]라는 단어는 소유격(δικαιοσύνης)이므로 여러 가지 의미로 번역될 수 있다. '의가 되는' 열매(동격), '의로운 열매'(서술) 혹은 '의가 만들어낸 열매'(생산의 소유격,[89] 참고. 마 7:16, 20). 10절의 윤리적[90] 지향을 고려하건대 이 중 마지막 해석이 가장 그럴듯하고, 여기에서 "열매"는 갈라디아서 5:22-23에서처럼 기독교적 삶과 관계가 있으며, 빌립보 교인들 "안에 심긴 새 생명이 자연스럽게 만들어낸 결과다."[91]

물론 '의가 만들어낸 열매'는 오직 "예수 그리스도로 말미암아"(διὰ Ἰησοῦ Χριστοῦ)서만 맺힐 수 있다.[92] 새 언약에 근거하여 그리스도는 믿음으로 가능해진 변화를 통해 사람들이 복음을 믿을 때 그들을 변화시키셔서 그들이 의롭게 살 수 있게 하셨다.[93] 이러한 사상은 3:9에서 더 명백하게 드러난다. 거기에서 바울은 율법을 지켜서 얻는 의와 "그리스도를 믿음으로 말미암은"(διὰ πίστεως Χριστοῦ)[94] 의['믿음을 근거로 하나님으로부터' 오는 의(ἐκ θεοῦ δικαιοσύνην ἐπὶ τῇ πίστει)]를 대조한다. 신자가 복음을 통해 그리스도와 연합할 때, 하나님의 의가 그들 삶에 나타난다. 그리스도가 의의 원천이시기 때문에(고전 1:30), 신자는 "의와 거룩함을 구현하게 되는 것이다."[95]

따라서 9-11b절을 요약하면, 바울은 빌립보 교인이

87. 이 분사는 '신적 수동태'로 하나님의 일을 가정한다. 그것은 διὰ Ἰησοῦ Χριστοῦ라는 문구로 표시된 그리스도의 중개에 반영되어 있다(Bockmuehl, *Philippians*, 69).

88. 바울은 그의 저술에서 δικαιοσύνη를 58번 사용한다. 이 용어는 복잡하며 많은 논란을 불러일으켜왔는데, 특히 사도가 '하나님의 의'에 대해 말할 때 그렇다. Moo, *Epistle to the Romans*, 79-90에 수록된 보충 설명을 보라. 하지만 여기에서 바울은 빌립보 교인이 하나님을 기쁘시게 하는 일을 따라 사는 것처럼, 사람의 "올바른 행동의 특성 또는 특질"(BDAG 248)에 대해 말하는 것 같다(예를 들어, 시 14:2 LXX; 마 5:6, 10, 20; 롬 6:13, 16, 19-20; 10:5; 고후 6:14; 9:10; 엡 4:24; 빌 3:6; 딤전 6:11; 딤후 2:22; 3:16; 약 1:20). 이 사상의 배경은 언약적 신실함에 대한 구약 개념에 있다. 그것은 하나님의 방법을 따라 경건하게 살아가는 삶, 즉 하나님을 위해 열매를 맺는 삶을 의미한다(찬성 의견으로 Moo, *Epistle to the Romans*, 80-81).

89. Wallace, *Greek Grammar*, 104-5.

90. Silva는 이 구절이 여러 가지 이유로 법정적이기보다 윤리적이라고 제안한다. Silva, *Philippians*, 52-53을 보라.

91. F. F. Bruce, *Philippians*, NIBCNT (Peabody, MA: Hendrickson, 1989), 37.

92. 이 구 앞에 나오는 관사(즉, τόν)는 관계 대명사의 기능을 하며 "열매"(καρπόν)라는 단어와 관련된다. 따라서 '예수 그리스도를 통해 생기는…열매'라고 번역된다. 게다가 διά+소유격 구문은 중개를 나타낸다. 그리스도는 의가 만들어 낸 열매를 맺게 해주시는 분이다.

93. 찬성 의견으로 Fee, *Philippians*, 103-4, "변혁적 교환"에 대해서는 Guthrie, *2 Corinthians*, 315를 보라.

94. 또는 '그리스도의 신실함을 통해', 3:9에 대한 설명을 보라.

95. Morna D. Hooker, "On Becoming the Righteousness of God: Another Look at 2 Cor 5:2," *NovT* 50.4 (2008): 373.

하나님의 지식과 예리한 지각으로 충만한 사랑의 삶을 살기를 바라고, 그 결과 생긴 분별력으로 그리스도로 말미암아 가능해진 의로운 삶을 살게 되기를 소망한다. 궁극적으로 신자의 삶에서 의의 열매는 그들이 "하나님의 영광과 찬송"(εἰς δόξαν καὶ ἔπαινον θεοῦ)이 되게 한다.[96] 그와 같은 찬양은 유대 기도의 결론에서 규칙적으로 나타나는 사상을 표현한다.[97] 이 두 용어를 사용하는 찬송가에서 칠십인역 역대상 16:27은 "영광(δόξα)과 찬송(ἔπαινος)이 그의 앞에 있으며"라고 읽는다. 여기에서 언급된 영광과 찬송의 대상은 인간이 아닌 하나님이다.[98] 이와 같이 사도가 하나님께 감사하는 것으로 시작하고 그분께 영광과 찬송을 돌리는 것으로 끝내면서 하나님에 대한 언급이 빌립보서 1:3–11을 괄호로 묶는다. 따라서 하나님이 빌립보 교인을 구원하시고, 거룩하게 하시며, 선교하시는 사역(사도가 3절부터 찬양해온 내용)은 하나님께 초점을 맞추면서 최고조에 달한다.

적용에서의 신학

빌립보서 서두의 전반부에서 바울의 말은 놀라울 정도로 신학적으로 풍성한 마음을 드러내준다. 따라서 모든 사역자는 이 부분을 주의 깊게 고찰해야 한다. 나는 '풍성한 마음'(mindfulness)이라는 말로 다른 사람들이 우리의 삶과 그리스도의 선교에 대해 갖는 중요성을 깊이 생각하고 인식하는 패턴을 이야기하고자 한다. 17세기 스코틀랜드 목사 새뮤얼 러더포드(Samuel Rutherford)는 다음과 같이 썼다. "내 영혼은 교구에서 그리스도가 어떤 역사를 일으키고 계시는지 듣기를 간절히 바랍니다…나는 잠을 자면서 내 교구 사람들을 생각합니다…내가 낮에 생각하는 것도 밤에 생각하는 것도 다 여러분입니다."[99] 풍성한 마음의 사역을 한다는 것은 우리가 살고, 움직이며, 여러 사역 상황을 거치는 동안 '다른 사람들을 염두에 두는' 것이다. 빌립보서 1장에서 '기도 보고'가 그와 같은 풍성한 마음의 사역을 하기 위한 배경이 된다. 바울은 하나님 앞에서 빌립보인들에 대해 생각하고, 그들로 인해 하나님께 감사하며, 그들을 향한 애정을 표현하고, 그들이 하나님의 영광에 이르도록 성장하기를 의도적으로 기도한다.

풍성한 마음의 사역, 즉 자신과 자신의 문제보다 다른 사람들에게 사랑을 표현하고 그들에게 초점을 맞추는 것은 자연스럽게 이루어지지 않는다. 우리는 다른 사람들의 이야기를 듣

96. 여기에서 사본 증거는 약간 혼란스럽다. F, G 그리고 Ambst는 και επαινον μοι로 읽으며, 𝔓[46]은 θεου και επαινον εμοι로 읽는다. Silva는 후자의 독법이 원본일 가능성이 있다고 말하지만, 오직 한 개의 증거를 갖고 있는 점에 비추어 주저한다(Silva, *Philippians*, 58). 그럼에도 불구하고, 사본 증거의 깊이와 넓이는 NA[28]과 UBS[5](ℵ A B D[2] I K L P Ψ 075. 0278. 33. 81. 104. 365. 630. 1175. 1241. 1505. 1739. 1881. 2464 𝔐 lat sy co)에 반영된 독법을 선호한다. 찬성 의견으로 Metzger, *Textual Commentary*, 544.

97. 찬성 의견으로 Hawthorne, *Philippians*; 29–30; 예를 들어, 삼하 22:50; 시 35:28; 41:13; Pr Man 15; 1QSb 4.25.

98. 찬성 의견으로 '목적격적 소유격.' 반대 의견으로는 Witherington(*Philippians*, 67), Reumann(*Philippians*, 159). Schenk는 그것을 주격적 소유격으로, 즉 하나님이 그분의 백성에게 하신 칭찬으로 읽는다(Wolfgang Schenk, *Die Philipperbriefe des Paulus* [Stuttgart: Kohlhammer, 1984], 123–28).

99. Alistair Begg, *On Being a Pastor: For Pastors and Teachers* (Chicago: Moody, 2004), 150–51.

고 있는 동안에도 자신이 다음에 해야 할 일과 어떻게 대화를 내 관심사로 돌릴 것인지를 생각하고 있을 수 있다. 특히 사람보다 일을 더 중시하는 사람은 자신의 영향력 아래 있는 사람들이 일에 도움이 되는지, 손해가 되는지 여부에 따라 평가할 수 있다(예를 들어, 설교, 책, 모임, 선교, 기관, 모금 운동). 일 중심적 삶이나 사역을 추구하는 사람은 다른 이가 일에 '방해'된다고 느낄 때가 있다. 이럴 때는 사람들을 존중하고 배려하는 마음을 갖기가 어렵다. 지금 우리의 삶은 '다른 사람들에게 초점을 맞추고 있는가?' 우리는 한 사람을 인격체로 보면서 사역하고 있는가? 빌립보서 1:3-11에 나오는 바울의 모범을 주목하라. 사도는 빌립보 교인과 관련하여 세 가지 중요한 표현을 신중하게 전한다. 그것은 과거에 대한 진정한 감사, 현재 빌립보 교인을 향해 품은 긍정적인 애정, 미래를 위한 기도와 소망이다. 각각의 의미를 살펴보자.

1. 과거를 돌아보며 하나님께 감사하라

사도가 감사하는 범위가 얼마나 넓은지 주목하라. 그리고 빌립보서 서두에 나오는 감사가 바울 시대의 문화에서 일반적이었다는 사실은 우리가 이 본문에서 얻는 교훈을 해치지 않는다. 바울은 지속적으로 즐겁게 확신을 가지고 빌립보 교인으로 말미암아 하나님께 감사한다. 바울이 "내가 너희를 생각할 때마다"(1:3)라고 말할 때, 이것은 그가 빌립보 교인에 대해 하나님께 끊임없이 감사했다는 뜻이다. 이것이 바울이 하는 기도의 일상적인 모습이다. 바울은 빌립보 교인이 지난 10년에 걸쳐 복음 사역에 계속 동참했기 때문에 기쁨으로 기도한다. 우리는 빌립보 교인이 바울의 복음 선교 사역에 동참하고, 광범위한 지역에서 이루어지는 그의 선교 사역을 후원했으며, 예루살렘 성도를 위해 헌금했다는 사실을 안다. 그들이 "복음을 위한 일에 참여"한 것을 생각하는 것만으로도 사도는 기쁨을 느낀다. 오랫동안 좋은 일에 함께하는 동반자가 있다는 것은 참으로 기분 좋은 일이다. 바울은 하나님이 과거에 빌립보 교인 가운데 하신 일을 언급하면서 확신을 품고 기도한다. 그들 삶의 열매는 앞으로 좋은 일이 있으리라 예고하는데, 바울은 이것으로 말미암아 감사한다.

우리는 함께 사역하는 사람들에 대해 그리고 우리의 사역 대상에 대해 감사하는지 잠시 생각해볼 수 있다. 그런 감사가 기도에서 지속적으로 나오는가? 하나님이 인생길에 보내주신 동역자들로 말미암아 기쁨을 경험하는가? 사역 영역에 있는 사람들의 신실함이 지닌 의미를 숙고하고, 그 신실함을 하나님이 '그날까지' 계속 역사하실 것을 기대하게 하는 격려의 지표로 인식하는가? 잠시 시간을 내서 당신의 삶에서 중요한 사역 동역자 두세 사람을 떠올리며 하나님께 감사 기도를 드리라. 그와 같은 감사 기도가 일상적으로 이루어지지 않고 있다면, 앞으로 그렇게 하라.

어려운 사역 환경에 있는 사람들에게는 감사의 태도를 기르는 것이 어려운 일일 수 있다. 공격당하거나 의심받거나 예상하지 못한 방법으로 방해받고 있다면, 감사하는 마음이 쉽게 생길 수 없다. 그러나 기쁘게 감사를 표현하고 있는 빌립보서의 근거는 바울이 현재 처한 환경, 즉 쇠사슬에 매여 있다는(1:13) 사실 때문에 더욱더 두드러진다. 그리고 십중팔구 사도는 이 시점에 적어도 3년 동안 감금되어 있었다. 바울은 공격당했고 의심받았으며 수많은 방해를 받았다. 하지만 그는 감사했다. 바울의 자세는 블레즈 파스칼(Blaise Pascal)의 말을 떠올리게 한다. "하나님이 자신을 감추셨다고 불평하는 대신, 하나님이 자신에 대해 매우 많은 것을 계시하신 일에 대해 하나님께 감사하라."[100] 그와 같은 성숙한 제자도의 성품은 오랜 시간에 걸쳐 배양되는 법이며, 그 영광은 어두운 곳에서 더 밝게 빛난다.

이러한 감사는 베트남 전쟁 당시 미국을 위해 싸웠던 해병대원이자 그리스도의 헌신된 제자인 존 리스터맨(John Listerman) 지휘관의 삶에서 밝게 빛났다. 그는 또 다른 지휘관인 찰스 크룰락(Charles Krulak)과 함께 복무했는데, 그는 당시 기독교 신자가 아니었지만 나중에 그리스도께 자신의 삶을 드렸다. 1965년 12월, 리스터맨과 크룰락은 전투 지역에 함께 있었다. 크룰락은 거기서 일어난 일을 이렇게 이야기한다.

> 우리는 순찰 중에 정글에 난 오솔길을 따라 이동하고 있던 중에 오솔길 모퉁이를 돌다가 복병을 만났다. 존은 처음에 오른쪽 무릎에 50구경 총탄을 맞았다. 그의 슬개골이 파열되면서 큰 소리가 났는데 마치 포탄이 터지는 소리 같았다. 그는 공중에 붕 떴다가 땅에 떨어졌다. 땅에 떨어지면서 그는 두 번째 총탄을 맞았는데, 이번에는 심장 아래를 맞고 옆구리로 빠져나갔다. 나도 부상을 당했지만 치명적이지는 않았다. 나는 존이 30미터 떨어진 곳에 쓰러져 있는 모습을 보았다. 그의 다리는 날아가고 없었다.
>
> 나는 그를 향해 기어가서 "괜찮아? 도와줄 거 없나?"라고 말하려 했지만, 그 말을 하기도 전에 그가 나를 향해 머리를 돌려 "어때? 척? 괜찮나?"라고 말했다.
>
> 나는 "그래. 존, 나는 괜찮아"라고 답했다. 그가 "부하들은 안전한가?"라고 물어서 "존, 자네 부하들은 무사하네"라고 말해주었다. 그 순간 그는 얼굴을 돌려 하늘을 바라보면서 이 말을 반복했다. "감사합니다. 주님, 감사합니다. 주님, 제 부하들을 지켜주셔서 감사합니다. 저를 살려주셔서 감사합니다."

크룰락은 이 일화를 전하며 "당시에는 놀라서 말이 안 나왔다"라고 말했다. 후에 리스터맨과 크룰락은 병원으로 후송되었고, 크룰락은 결국 그리스도인이 되었다.[101] 위기와 고통의 순간에 리스터맨은 다른 사람들에게 초점을 맞추었을 때 나오는 감사를 구체적으로 보여주었다. 확실히 사역자가 되는 것은 쉽지 않다. 우리는 때때로 공격받고 상처를 입는다. 하지만 감사하는 마음은 우리가 섬기는 사람들 그리고 그들과 함께 사역하는 여정에서 하나님이 이루신 일과 지금도 하고 계신 선한 일에 우리의 주의를 집중시킬 수 있다. 바울이 그러했듯, 그와

100. Blaise Pascal, *Pensées* (London: Penguin, 1995), 117.

101. Linda M. Gehrs의 발표. Oak Park, Illinois; 출처: General Charles Krulak, Wheaton, Illinois, Leadership Prayer Breakfast (October 2000)에서 전달한 메시지.

같은 선한 선물에 감사하는 마음이 우리의 특징이 되어야 하고, 그 마음을 통해 앞으로 일어날 좋은 일들에 대한 확신을 얻어야 한다.

2. 지금 애정을 표현하라

둘째, 우리는 함께 사역을 수행해온 동역자들에게 애정을 표현해야 한다. 우리는 사도가 빌립보 교인에게 애정을 표현하는 방식을 고찰해볼 수 있다. 바울은 "너희가 내 마음에 있음이며"(1:7)라고 진술하고, 모든 것을 아시는 하나님은 자신이 "예수 그리스도의 심장으로"(8절) 빌립보 교인을 사모한다는 사실을 아신다고 말한다. 바울이 "매임과 복음을 변명함과 확정함에"(7절) 있을 때 그들이 "함께 은혜에 참여한 자"로서 그를 지지한 일로 빌립보 교회를 향한 그의 애정이 어느 정도 형성되었다. 우리는 사역에서 중요한 순간들, 특히 어려운 순간을 함께한 사람들을 더욱 사랑하게 된다. 난관을 함께 헤쳐나가며 "은혜에 참여한" 동료 사역자들에게 복이 있기를!

그러나 바울의 말은 질문을 불러일으킨다. '나는 내가 사역하는 사람들과 동료 사역자들에게 애정을 품고 있는가?' '나는 그 애정을 표현하는가?' 사람들에게 내가 그들에 대해 깊은 관심을 품고 있다고 말하는가? 그리고 떨어져 있어야 할 때, 그들에게 "예수 그리스도의 심장으로" 그들을 사모한다고 알려주는가? 당신이나 나는 "내 방식이 아닌데"라고 답할지도 모른다. 그러나 그것이 당신과 나의 방식이 되어야 한다.

알리스테어 벡(Alistair Begg)은 목회 사역에 관해 쓴 책에서 우리가 돌보는 모든 사람을 똑같은 사랑으로 사랑하려고 노력해야 한다고 언급하면서 이렇게 말한다. "주 예수님을 향한 사랑과 그분 백성을 향한 사랑이 목회 사역에 대한 탁월한 동기다"(요 21:15-17). 또 그는 이렇게 덧붙여 말한다. "우리가 섬기는 사람들은 의심할 나위 없이 우리의 사랑 안에 있어야 하고, 필요한 경우 우리는 그 사실을 그들에게 확신시키는 수고를 아끼지 않아야 한다(참고. 요일 2:7; 3:2, 21; 4:1, 7, 11; 요삼 1:2, 5, 11)." 벡은 사역의 이 중요한 측면을 찰스 워(Charles Warr)에 대한 이야기로 설명한다. 그는 한때 스코틀랜드에 있는 성 바울 그리녹 교회의 목사로 섬겼다. 어느 날 워에게 한 교구민이 찾아왔다. 워는 그 이야기를 다음과 같이 전한다.

> 아서 케어드 씨가 나를 찾아왔다. 그는 언제나 옷을 완벽하게 차려입었고, 모든 사람이 입을 모아 말하듯 빼어난 외모만큼이나 친절했다. 얼마 동안 두서없이 대화를 나눈 후, 그가 손으로 자신의 은발 머리를 빗어 넘기고, 항상 반짝거리는 친절한 눈으로 나를 쳐다보면서 성 바울 교회에 내가 부임한 첫해의 사역을 칭찬하며 따듯한 말을 건넸다. 그러고 나서 그는 주저하다가 짧게 한마디했다. "정원에 있는 아름다운 모든 것이 사랑스럽습니다. 아니, 거의 모든 것이 그렇죠." 나는 약간 염려하는 마음으로 다음 말을 기다렸다. 아더 케어드 씨가 일어나 다가오더니 내 어깨 위에 자애롭게 손을 얹고서 이렇게 말했다. "목사님, 정원

은 한 꽃이 피기를 아직도 기다리고 있어요. 그 꽃이 피지 않으면 어떤 목사의 정원도 완전할 수가 없지요." 그는 또 한 번 주저하다가 이렇게 말했다. "저는 우리가 완벽하지 않다는 사실을 잘 압니다. 우리가 꾸지람을 많이 들어야 하는 것도 분명해요. 하지만 당신이 우리에게 강의하는 대신 때때로 당신이 우리를 사랑한다는 것을 보여주려고 노력하기만 하면 우리는 모두 지금 모습보다 훨씬 더 좋아질 거예요."

찰스 워는 "이 말이 내 사역에 전환점이 되었다"고 말했다.[102]

당신이 한 교회의 목사라면, 이 본문을 적용할 수 있는 한 가지 방법이 있다. 빌립보서 1:3-11을 설교하면서 본래의 문맥과 의미를 설명한 다음, 오늘날의 상황으로 이동해서 회중에게 애정을 표현하는 것이다. 시간을 내서 그들이 당신의 사역에 참여해준 것에 감사를 전하고 애정을 표현하라. 그리스도 안에서 그들을 사랑한다고 말해주라.

3. 열매가 풍성한 미래를 위해 기도하라

마지막으로, 우리는 우리가 섬기는 사람들을 위해, 특별히 그들이 앞으로 지식이 있고 분별력이 있는 사랑 가운데 성장할 수 있도록 기도해야 한다. 그리하여 그리스도의 날까지 영적 열매를 풍성히 맺고, 하나님께 큰 영광을 돌릴 수 있도록 말이다. 서양의 많은 사람은 실질적인 물질주의자이자 산업주의자다. 그들은 기도의 강력한 기초 위에서 성경적으로 일하기보다 물질과 이 세상의 절차, 프로그램, 원리를 붙들고 일한다. E. M. 바운즈(Bounds)는 다음과 같이 썼다.

> 참으로 모든 성공적인 사역에서 기도가 지배하는 힘이 있다는 사실은 영적인 이치라고 말할 수 있다. 기도는 설교자의 삶과 그가 펼치는 사역의 깊은 영성을 명백히 지배하는 힘이 되어야 한다. 사역은 기도 없이도 매우 사려 깊은 사역이 될 수 있다. 설교자는 기도 없이도 명성과 인기를 얻을 수 있다. 설교자의 삶과 사역이라는 기계는, 기도라는 기름 한 방울 없이도 혹은 겨우 그것의 톱니바퀴 한 이에 기름칠할 만큼 아주 조금 기도하고도 움직이게 할 수 있다. 그러나 기도가 설교자와 그의 사역을 명백하게 지배하는 힘이 되지 않으면, 어떤 사역도 설교자와 그의 회중에게 거룩함을 실현하는 영적 사역이 될 수 없다.[103]

우리는 기도를 이렇게 본질적인 것으로 보는가? 사역과 관련된 사람들을 위해 기도할 때 우리는 무엇을 위해 기도하는가? 우리가 종종 여러 가지 어려움, 건강 문제, 재정적 위기, 일

---

102. Begg, *On Being a Pastor*, 150-51.

103. E. M. Bounds and Edward D. Andrews, *Power through Prayer: A Healthy Prayer Life*, updated and expanded (Cambridge, OH: Christian Publishing House, 2018), 29.

과 관련된 상황 같은 당면한 필요에 집중하는 것은 당연하다. 그러나 팀 켈러(Tim Keller)가 말한 것처럼 "바울의 저술을 통틀어 친구들을 위한 기도문에 그들의 환경을 변화시켜달라는 간구가 없다는 사실은 놀랍다."[104]

빌립보서 1장에서 사도가 지식과 분별력으로 형성된 그리고 결국 "의의 열매"를 맺게 될 특별한 종류의 사랑을 위해 구체적으로 기도하는 것에 주목하라. 바울은 기독교적 사상으로 형성된 매우 특별한 종류의 사랑, 즉 올바른 그리스도인의 삶에 나타나 시대의 종말에 "그리스도 예수의 날까지" 하나님의 영광과 찬송이 될 사랑을 위해 기도한다. 하나님의 지식 및 경건한 삶에 대한 분별력과 멀리 떨어져 있는 현대 서양 문화의 경험적 '사랑'은 문제가 있다. 그 사랑은 다른 힘으로 말미암아 형성되기 때문이다. 주가 되시는 예수 그리스도와 그분 안에 계시된 하나님의 지식을 믿고 받아들이지 않는 사람, 즉 오로지 개인의 경험과 현시대의 문화적 추세에 의지해 살아가는 사람은 '일반 은총'에 속한 사랑의 형태(다른 사람을 돌보고 돌봄을 받는 기쁨)는 경험할 수 있다. 그러나 그들은 결코 "지극히 선한 것"을 분별하지 못할 것이고, "진실하여 허물 없이" 되는 것이 무슨 의미인지 모를 것이며, "의의 열매가 가득[한]" 상태를 경험하지 못할 것이다. 이 모든 것은 "예수 그리스도로 말미암아" 생기고, 종내에는 "하나님의 영광과 찬송"이 된다. 바울의 기도는 이 모든 좋은 것이 하나님에게서 비롯된 영적 역학에서 나오고, 그분의 영광과 찬송을 위해 특별한 방법으로 역사한다는 사실을 알려준다.

104. Timothy J. Keller, *Prayer: Experiencing Awe and Intimacy with God* (New York: Penguin Rando House, 2014), 20.

CHAPTER 3

빌립보서 1:12-18g

문학적 전후 문맥

앞에서 언급한 것처럼 고대 서신의 시작 부분에는 수신자에게 감사와 애정을 표현하고, 기도를 드리며, 기쁨을 표현할 수 있었다. 바울은 빌립보서의 시작 부분에서 이 모든 것을 한다(빌 1:3-11). 우리는 이제 '본문 서두'라고 불리는 부분으로 이동한다. 이것은 서신 중심 부분의 첫 번째 움직임이고(1:12-26),[1] 여기에는 1:12-18g과 1:18h-26의 두 개의 하위 움직임이 포함된다. 1:12-26 전체는 복음의 진보를 말하는 인클루지오(단락의 처음과 끝을 같거나 비슷한 단어로 표시하는 것)에 의해 괄호로 묶여 있다.[2] 1:12-14과 1:24-26에서 다음과 같은 평행을 주목하라. '알다'(γινώσκειν/οἶδα), "너희"(σύ)와 "나"(ἐγώ)로 번역된 대명사의 형태, "진전"(προκοπή), "그리스도 안에서"(ἐν Χριστῷ), "모든"(πάσιν), '설득하다'(πεποιθότας/πεποιθώς), '더욱/풍성하다'(περισσοτέρως/περισσεύῃ). 또한 피는 1:12-26에 앞서 나온 주제들을 다시 언급하거나 뒤에 나올 주제들을 예상하는 많은 요소가 있다고 지적한다.[3] 이와 같이 앞서 1:5, 7에 나온 주제들을 상기시키면서 사도는 12절에서 복음의 진보를 말한다. 그는 1:13, 14, 16-17에서 복음을 옹호하면서 자신의 투옥을 다시 언급한다(참고. 1:7). 그리고 1:9에 나온 사랑의 주제가 1:16에서 다시 등장한다. 게다가 "착한 뜻"(15절), "사랑"(16절), "다툼"(17절), '기뻐함'(18절), "믿음"(25, 27절)과 같은 주제는 빌립보서의 나머지 부분에서 그런 주제들이 추가로 표현될 것을 예시한다. 따라서 1:12-26에 상세히 묘사된 바울의 경험은 빌립보서에 담겨 있는 여러 핵심 주제의 요약으로 이해할 수 있다.

본문 서두에 있는 두 개의 움직임 중 첫 번째(1:12-18g)를 주목하라. 여기에서 바울은 빌립

1. 고대 서신의 본문에서 움직임을 파악하는 것의 어려움에 대해서는 다음을 보라. Troy W. Martin, "Investigating the Pauline Letter Body: Issues, Methods, and Approaches," in *How to Begin, and Why? Diverse Functions of the Pauline Prescript within a Greco-Roman Context*, ed. Stanley E. Porter and Sean A. Adams (Leiden: Brill, 2010), 185-212.

2. 인클루지오는 저자가 동일하거나 관련된 단어들을 반복해서 한 움직임의 처음과 끝을 표시한 고대의 문학적 장치였다. 인클루지오의 용법에 대해 더 알려면 Guthrie, *Structure of Hebrews*, 15를 보라.

3. Fee, *Philippians*, 107.

보 교인을 칭찬하고 기도하는 것에서 자신의 투옥에 대한 보고로 내용을 바꾼다. 바울은 자신의 감금이 복음을 진전시킨 예기치 않은 수단이라고 말한다(12–18g절). 바울은 옥에 갇혀 있지만, 복음은 그렇지 않다. 바울이 복음을 전파함으로써 그가 투옥된 이유가 시위대 및 황실과 관련된 다른 사람들은 물론이요(12–13절), 믿는 형제자매들에게도 널리 알려졌다. 그 결과 그들은 두려움 없이 담대하게 그리스도를 전파하게 되었다(14절). 바울의 선교와 메시지를 부정적으로 말해서 바울을 해치려는 사람들조차 무심코 좋은 소식을 전파했는데, 이 또한 바울을 기쁘게 만든다(15–18g절).

본문 서두의 두 번째 움직임(1:18h–26)에서 사도는 자신의 미래에 대해 희망찬 기대를 표현하고, 어렵고 불확실한 환경 속에서도 하나님을 온전히 신뢰하는 성경의 가장 아름다운 사상을 전한다. 바울은 결국 사형에 처할 가능성에 직면해 있다. 하지만 사도는 임박한 위협 앞에서 하나님을 온전히 신뢰하면서, 죽어서 주님과 함께 있거나 혹은 살아서 빌립보 교인을 위해 계속 사역하겠다는 마음을 솔직히 고백한다. 바울의 감동적인 관점은 1:21에 아름답게 표현되어 있다. "이는 내게 사는 것이 그리스도니 죽는 것도 유익함이라." 그럼에도 바울은 자신이 빌립보 교인을 위해 계속 사역할 것이라는 확신을 표현하면서 이 단락을 끝낸다(25–26절).

- I. 서신 시작 부분: 서문과 기도 보고(1:1–11)
- **II. 서신 중심 부분(1:12–4:9)**
  - A. 본문 서두: 바울의 현 상황(1:12–26)
    - ➦ **1. 복음의 진전에 대한 기쁨에 찬 보고(12–18g절)**
    - 2. 투옥과 관련한 바울의 희망찬 기대(18h–26절)
  - B. 서신의 주요 본문: 교회 연합을 위한 호소(1:27–4:4a)
  - C. 본문 끝: 권고(4:4b–9)
- III. 서신 끝부분(4:10–23)

주요 개념

바울은 하나님이 복음의 진보를 위해 자신의 구금을 사용하신 사실을 빌립보 교인이 알기 원하고, 예수님의 메시지가 전파된 두 가지 방식을 언급한다. 첫째, 사도의 투옥이 그리스도 때문이라는 사실이 널리 알려지게 되었다. 둘째, 메시아 예수를 선포하는 일이 많아졌다. 형제자매들이 더욱 담대하게 하나님의 말씀을 전하고, 나쁜 동기로 메시아에 대해 이야기하는 논쟁적인 사람들이 무심코 메시아를 선포하기 때문이다! 이와 같이 바울의 선교 및 메시지를 공개적으로 논의하는 사람이 그의 후원자든 비난자든 상관없이 사도는 공개적인 논의가 복음 선교에 '유리하게 작용한다'고 여긴다.

번역

빌립보서 1:12-18g

절	구분	본문	
12a	소원	형제들아…**너희가 알기를 원하노라**	
b	내용	내가 당한 일이 도리어…진전이 된 줄을	
c	이점	복음 전파에	
13a	결과 (1)	1) 이러므로…나타났으니	
b	사실	나의 매임이 그리스도 안에서	
c	장소	모든 시위대 안과	
d		그 밖의 모든 사람에게	
14a		[그리고]	
b	결과 (2)	2) 형제 중 다수가	
c	관련	나의 매임으로 말미암아	
d	대상	주 안에서	
e	형편	신뢰함으로	
f	태도	겁 없이	
g	결과 (2) 계속	하나님의 말씀을	
h		더욱 담대히 전하게 되었느니라	
15a	확대	[이들 외에]	
b	묘사	**어떤 이들은** 투기와	A
c		분쟁으로,	
d	대조적 묘사	**어떤 이들은** 착한 뜻으로	B
e	행동	그리스도를 **전파하나니**	C
16a	(15d절의) 평가	**이들은**…사랑으로 하나	B′
b	설명	내가 복음을 변증하기 위하여 세우심을 받은 줄 알고	
17a	(15b–c절의) 대조적 평가	**그들은**…다툼으로	A′

b	기대	나의 매임에 괴로움을 더하게 할 줄로 생각하여	
c	태도	순수하지 못하게	
d	행동	**그리스도를 전파하느니라**	C′
18a	수사적 질문	**그러면 무엇이냐**	
b	주장	[오직 이것이다]	
c	태도/구체적	겉치레로 하나	
d	대안	참으로 하나	
e	태도/일반적	무슨 방도로 하든지	
f	감탄	**전파되는 것은 그리스도니**	
g	반응	**이로써 나는 기뻐하고**	

구조

빌립보서 1:12–14과 1:15–18g은 독특한 구조로 이루어져 있다. 전자는 바울이 소원을 표현하는 것으로 시작한다. "형제들아…너희가 알기를 원하노라." 여기서 그들이 알기 원하는 내용의 핵심은 ὅτι로 소개되는 절로 진술된다. "내가 당한 일이 도리어 복음 전파에 진전이 된 줄을." 바울의 구금은 선교를 방해하지 못했다. 오히려 그 일은 선교를 전진시켰다. 그러고 나서 바울은 13절 도입부에 "이러므로"(ὥστε)라는 단어로 이 주장을 풀어 설명하기 시작한다. 여기에서 바울은 두 가지 결과를 소개한다. (1) 바울이 그리스도 때문에 투옥된 사실이 널리 알려지게 되었다. (2) 형제자매들이 하나님의 말씀을 선포하는 일에 더욱 확신을 갖게 되었다. 13절에서 "이러므로"(ὥστε) 바로 뒤에 나오는 "나의 매임"(τοὺς δεσμούς μου)과 14절의 "나의 매임"(τοῖς δεσμοῖς μου)이 이 평행 결과들을 드러내는 것에 주목하라. 두 결과는 모두 바울의 투옥이 불러온 좋은 결과와 관련되어 있다. 따라서 12–14절에서는 내용 절이 뒤따라 나오고, 결과를 표현하는 평행 절이 뒤이어 나오는 소원 진술을 볼 수 있다.

1:15–18g에서 우리는 잘 만들어진 교차대구법 구조를 확인할 수 있는데, 이는 메시아에 대해 공개적으로 말하는 사람들의 대조적인 동기에 수복하게 한다.

어떤 사람들은 증오에 찬 시기심과 당파심으로 일한다.	A
다른 사람들은 선의로 일한다.	B
후자의 사람들은 사랑 가운데 말한다.	B′
전자의 사람들은 자기중심적 논쟁 가운데 말한다.	A′

바깥쪽의 두 묘사(A와 A′)는 바울의 사역과 가르침, 즉 예수님에 대해 공개적으로 말하는 사람들에게로 주의를 끈다. 그들은 사도와 그의 선교에 맞서 싸우려는 동기로 행동한다. 즉, 바울이 감옥에 있는 동안 그에게 "괴로움을 더하게 할 줄로 생각하여" 그리스도를 전파한다(17절). 이 사람들이 '그릇된 동기로'(개역개정에는 "겉치레로"–역주) 그리스도를 전할지라도, 결국 무심코 그리스도를 전하게 된다(1:18f). 교차대구법 구조의 안쪽에 있는 두 묘사(B와 B′)는 바울 및 그의 선교 활동과 메시지에 동조하는 사람들에 대해 말한다. 그들은 하나님이 바울을 불러 재판에서 복음을 변증하도록 하신 것을 알고, 착한 뜻과 사도를 향한 사랑으로 행동한다(1:15d–16). 그들은 '참된' 동기를 품고 있다(1:18d). 이런 대조는 공개적 선포와 관련된 평행 동사들 주위에 구조적으로 형성되어 있다. 따라서 전체 구조는 다음과 같이 정리할 수 있다.

어떤 이들은	투기와 분쟁으로	A
어떤 이들은	착한 뜻으로	B
그리스도를 전파하나니		**C**
이들은	내가 복음을 변증하기 위하여 세우심을 받은 줄 알고	
	사랑으로 하나	B′
그들은	나의 매임에 괴로움을 더하게 할 줄로 생각하여	
	순수하지 못하게	
	다툼으로	A′
그리스도를 전파하느니라		**C′**

바울이 투옥된 상황이나 그의 사역에 맞서 싸우는 반대자들은 복음을 억제할 수 없다. 따라서 바울은 그 상황이 어떠하든, 그 수단이 무엇이든 그리스도가 선포되는 것을 기뻐한다.

석의적 개요

➡ **1. 복음의 진전에 대한 기쁨에 찬 보고(1:12–18g)**

- **a. 바울의 투옥이 복음의 진전을 낳다(1:12–14)**
  - (1) 그리스도를 위해 투옥된 사실이 널리 알려졌다(12–13절)
  - (2) 다수의 형제자매가 더욱 담대하게 하나님의 말씀을 전했다(14절)
- **b. 여러 가지 동기로 메시아 선포가 이루어지다(1:15–18g)**
  - (1) 어떤 사람들은 그릇된 동기로 메시아에 대해 공개적으로 말한다(15a–c, 17, 18c절)
  - (2) 어떤 사람들은 순수한 동기로 메시아에 대해 공개적으로 말한다(15d, 16, 18d절)

(3) 결론: 바울은 메시아가 공개적으로 선포되는 것을 기뻐한다(18g절)

본문 설명

1:12 형제들아 내가 당한 일이 도리어 복음 전파에 진전이 된 줄을 너희가 알기를 원하노라(Γινώσκειν δὲ ὑμᾶς βούλομαι, ἀδελφοί, ὅτι τὰ κατ᾽ ἐμὲ μᾶλλον εἰς προκοπὴν τοῦ εὐαγγελίου ἐλήλυθεν). 서신 쓰기는 고대 세계에서 많은 기능이 있었다. 여기에는 저자가 경험한 최근의 사건들을 수신자에게 알리는 것이 포함되었다. 따라서 저자는 독자가 "알기"(γινώσκειν) '원하는'(βούλομαι) 것을 표현할 수 있었다. 이것은 '공지 공식'(disclosure formula)이라고 불린다.[4] 바울이 "형제들아"(ἀδελφοί)[5]라는 호칭으로 부르는 빌립보 교인들은 아마 그들의 사도가 옥에 갇혀 있다는 사실을 알았을 것이다. 그들이 몰랐던 것 그리고 바울이 원하는 바 그들이 알기를 바란 것은, 하나님이 사도의 투옥을 놀랍게 구원하셔서 그가 '쇠사슬'에 묶인 상황을 복음이 전파되는 기회로 바꾸셨다는 사실이다. 따라서 바울은 서신 중심 부분을 시작하면서 자신의 투옥이 예기치 않은 긍정적인 결과를 낳은 사실을 그들이 알기 원한다.

바울은 전달할 내용(ὅτι)을 설명하면서 그가 "당한 일"[문자적으로 '나에게 따른 일들'(the things according to me, τὰ κατ᾽ ἐμέ)[6]]이 다 이유가 있어서 '일어났다'(ἐλήλυθεν)고 지적한다.[7] 바울은 상황이 유리하게 작용했다고 주장한다. 즉, "복음 전파에 진전을" 가져왔다(εἰς προκοπὴν τοῦ εὐαγγελίου). 바울은 이 결과가 다소 예기치 않은 것임을 알고, "도리어"(μᾶλλον)라는 용어를 사용해서 다른 결과가 가능했음을 인정한다(찬성 의견으로, ESV, CSB, NET, NLT, NIV).[8]

"진전"(προκοπή)이라는 단어는 신약에서 오직 이 구절과 빌립보서 1:25 그리고 디모데전서 4:15에만 등장한다. 빌립보서 1:25에서 바울은 빌립보 교인의 믿음의 진보(προκοπήν)를 이야기한다. 디모데전서 4:15에서 바울은 젊은 디모데의 사역 기술과 성품의 진보에 대해 쓴다. 복음이 바울의 투옥을 통해 진전되었다는 사실은 복음 메시지가 그 문화에 속한 사람들의 삶에 침투해 들어갔음을 가리킨다.[9] 어쨌든 "복음"(εὐαγγέλιον)은 본

4. 예를 들어, P.Oxy. 1493은 "형제여, 나는 당신이…알기 원한다"라고 기록되어 있고, P.Oxy. 50의 저자는 "나는 우리가 그 도시에 도착했다는 사실을 당신이 알기 원한다"라고 쓴다(David B. Capes, Rodney Reeves, and E. Randolph Richards, *Rediscovering Paul: An Introduction to His World, Letters, and Theology* [Downers Grove, IL: IVP Academic; Nottingham: Apollos, 2007], 61; John L. White, "Introductory Formulae in the Body of the Pauline Letter," *JBL* 90.1 [1971]: 93–94; 참고. 롬 1:13; 고후 1:8; 갈 1:11; 살전 2:1).
5. ἀδελφοί 용어는 고대 세계의 종교적 상황에서 남자와 여자를 둘 다 언급했다. 따라서 이 단어를 번역할 경우 양성을 정확하게 표현해야 한다. 일례로, 예수님은 한 제자를 "형제"라고 부르신다(예를 들어, 마 12:50; 28:10; 막 3:35; 요 20:17). 빌립보 교회의 여성들을 이끄는 여성 유오디아와 순두게가 4:2에서 명백하게 언급된 것은 바울 서신이 남자와 여자 모두를 수신자로 염두에 두었음을 나타낸다.
6. 바울은 에베소서 6:21과 골로새서 4:7에서 이 구문을 비슷하게 사용한다. 참고. 롬 1:15과 골 2:14에 나타난 다른 용법.
7. 이 완료 시제 동사(ἔρχομαι에서 파생한)는 단순히 무슨 일이 일어나거나 발생했다는 뜻이고(BDAG 394), 완료형의 상태적 시상은 바울이 현재 상황에서 절정에 달한 사건을 말하고 있음을 가리킨다.
8. NASB가 "복음의 더 큰 진전을 위해 이루어졌다"(have turned out for the greater progress of the gospel)라고 번역한 것은 잘못된 것 같다. μᾶλλον은 형용사가 아니라 부사다. 따라서 동사 ἐλήλυθεν의 범위를 정하는 것으로 읽어야 한다.
9. 예를 들어, Philo(*Alleg. Interp.* 2.81)와 Sir 51:17은 이 용어를 사용해서 지혜 면에서 진전을 이루는 사람에 대해 말한다. 또한 Philo는 인생에서 모든 참된 진전은 하나님으로부터 온다고 주장할 수 있다(*Alleg. Interp.* 2.93). 동족 동사 προκόπτω는 (나쁜 것일지라도) 최종 단계를 향해 '앞으로 움직이다' 또는 어떻게 해서든 진전을 이루거나 전진하다는 뜻이 될 수 있다(눅 2:52; 롬 13:12; 갈 1:14; 딤후 2:16; 3:9, 13).

질상 역동적이고 활동적이다. 예수님은 갈릴리를 두루 다니시면서 좋은 소식을 전파하셨다(마 4:23; 9:35). 그리고 결과적으로 복음이 전 세계에 전파되기를 기대하셨다(마 24:14; 26:13; 막 13:10; 14:9). 바울의 복음은 선교 활동을 통해 이곳저곳에 전파되었고(롬 15:19; 고후 2:12; 10:14; 살전 3:2), 바울은 복음을 방해하는 모든 것을 거부했다(고전 9:12). 참으로 복음 사역자의 발은 언제나 이동할 '준비성'을 갖추고 있어야 한다(엡 6:15). 본질상 복음은 전진해서 세상을 향한 하나님의 뜻을 이루어야 하기 때문이다. 하지만 복음이 전진하는 수단은, 이어지는 구절에서 볼 수 있듯 때때로 놀랍다.

심층 연구

바울과 로마 세계의 투옥

사도행전과 바울 서신을 읽은 우리는 사도가 상당한 시간을 감옥에서 보냈다는 것을 안다. 그의 서신 중에는 '옥중 서신'으로 분류되는 것이 있다(빌립보서, 에베소서, 골로새서, 빌레몬서). 바울이 자신을 죄수라고 부르거나 '옥에 갇혀 있다'고 언급하기 때문이다(엡 3:1; 4:1; 6:20; 빌 1:7, 13, 14, 17; 골 4:3, 10, 18; 몬 1:1, 9-10, 13, 23). 전통적으로 바울의 저작으로 알려진 다른 서신 중 '목회 서신'이라고 불리는 디모데후서도 이 목록에 추가될 수 있다(딤후 1:8, 16; 2:9). 바울은 투옥에 대해 말할 때 다양한 용어를 사용하는데, 거기에는 "갇힌 자"(δέσμιος, 엡 3:1; 4:1; 딤후 1:8; 몬 1:1, 9), '매이다'(δέω, 골 4:3; 딤후 2:9), "매임" 또는 '갇힘'(δεσμός, 빌 1:7, 13-14, 17; 골 4:18; 딤후 2:9; 몬 1:10, 13), "함께 갇힌 자"(συναιχμάλωτος,[10] 롬 16:7; 골 4:10; 몬 1:23), "사슬"(ἅλυσις, 엡 6:20; 딤후 1:16) 등이 포함된다. 사도행전은 바울이 빌립보(16:19-40), 가이사랴(23:23-24:27), 로마(28:16-31)에서 투옥되었다고 기록하는데, 고린도후서 11:23은 고린도의 반대자들보다 바울이 "더 많이" 투옥되었다는 사실을 보여준다. 누가가 기록한 것보다 더 많이 투옥되었던 것이 분명하다. 그리고 사도행전은 바울이 고린도후서를 쓰기 전에 이루어진 단 한 번의 투옥만을 말한다. 초대교회의 한 전통(1 Clem. 5:6)은 사도가 투옥된 횟수를 7번으로 본다.[11]

예외가 있을 수 있지만,[12] 로마 세계에서 투옥은 일반적으로 범죄에 대한 처벌이 아니라 재판이나 처형을 기다리는 죄수를 붙잡아두는 수단이었다.[13] 죄수들은 전용 감옥이 아니라, 바울이 예루살렘에서 구금되어 있던 병영(행 21:37; 23:16)이나 그가 가이사랴에 도착했을 때 구금되어 있던 총독 본부(23:35)인 프레토리움 같은 다양한 장소에 수감될 수 있었다.

---

10. συναιχμάλωτος라는 용어는 바울이 자신과 함께 복음 사역을 위해 투옥되는 고통을 겪었던 사람들을 부르는 명예스러운 칭호였다고 볼 수도 있다. 찬성 의견으로 Daniel G. Reid, "Paul and His Coworkers," in *DPL* 754.

11. Wansink, *Chained*, 200.

12. Rapske, *Paul in Roman Custody*, 16-20; Wansink, *Chained*, 32. Rapske는 감금을 하는 여러 이유를 지적한다. 거기에는 피고인이 재판정에 확실히 나올 수 있도록 피고인을 보호하는 것과 판결이나 처형, 억류나 처벌을 기다리는 죄수를 붙잡아두는 것이 포함된다(10-20).

13. Reid, "Paul and His Coworkers," 753.

또한 투옥은 우리가 신약 사례에서 보는 것처럼 광범위한 형태로 이루어졌다. 예를 들어, 빌립보에서 바울과 실라는 옷을 벗어야 했고, 심하게 매를 맞았으며, 깊은 감옥에 갇혔고, 발에 차꼬를 찼다(행 16:22-24). 다른 한편 로마에서는 가택 연금이라는 자비로운 형태로 이루어졌던 것 같다(28:16, 20). 최악의 투옥 형태는 카르케르(*carcer*)라고 불리는 것으로서 바울이 빌립보에서 구금된 것처럼 형편없는 환경에서 쇠사슬에 묶인 채 지내는 것이었다. 다른 한편으로 군사적 구금인 쿠스토디아 밀리타리스(*custodia militaris*)는 덜 가혹했다. 쇠사슬에 묶인 죄수는 움직일 수 있었고, 친구들이나 가족의 돌봄을 받을 수 있었다(예를 들어, Josephus, *Ant*. 18.6.7 그리고 18.6.10). 이것이 사도행전 끝에 나오는 투옥 형태인 것 같다. 거기에서 바울은 처음으로 로마 투옥을 경험했다. 세 번째 투옥 형태는 '자유로운 구금'인 쿠스토디아 리베로(*custodia libero*)로 죄수가 군 병력이 아닌 행정관 같은 다른 대리인에게(예를 들어, Suetonius, *Vit*. 7.3) 또는 심지어 가족 구성원에게 감독을 받는 형태였다.[14]

감옥의 환경은 로마 시민인지의 여부, 사회적 지위, 범죄의 성격 그리고 고발자의 신분과 지위를 포함하여 다양한 변수에 영향을 받았다.[15] 정의감 또는 현대의 공평 개념은 작동하지 않기도 했다. 로마 시민은 가이사 황제에게 상소할 수 있는 권리를 가졌지만, 상소하는 데 비용이 많이 드는 경우가 흔했다. 상소한 사람이 로마까지 가는 여비와 공판을 기다리면서 로마에서 사는 생활비 그리고 소송 비용을 지불해야 했기 때문이다.[16]

우리가 갖고 있는 자료는 많지 않지만, 카르케르 감옥에 구금되는 것은 끔찍했을 것이다. 죄수들이 어둡고 더러우며 비위생적인 환경에 한꺼번에 수감되어 있었기 때문에, 육체적으로 쇠약해지고 심리적으로 황폐해질 수 있었다. 루키아노스(Lucian, *Tox*. 29)는 "게다가 방에서 나는 악취와 숨 막힐 듯한 공기(많은 사람이 거의 숨을 쉴 수 없을 정도로 비좁고 갑갑한 방에 계속 감금되어 있기 때문이다), 쇠사슬이 부딪히는 소리, 부족한 잠 등 모든 조건이 힘들고 견디기 어려웠다"라고 쓴다.[17] 죄수들은 종종 쇠사슬에 묶여 있었는데, 이는 구금의 끔찍한 측면이 될 수 있었다. 실제로 쇠사슬에 묶이는 것은 흔한 경험이어서 "족쇄" 또는 "쇠사슬"은 감옥에 있는 것과 동의어로 사용될 수 있었다.[18] 플루타르코스(Plutarch)는 『모랄리아』(*Moralia*)라는 저술에서 쇠사슬의 고통에서 벗어나는 것에 대해 말하면서 "잠은 죄수들의 쇠사슬을 가볍게 하며, 상처를 둘러싸고 있는 염증과 육체에 생긴 궤양의 맹렬한 괴롭힘 그리고 극심한 고통을 잠들어 있는 사람들에게서 제거한다"라고 쓴다.[19] 동시에 쇠사슬의 관습과 용도는 다양했다. 때때로 쇠사슬은 팔과 손에 사용된 반면, 어떤 경우에는 다리와 발에 사용되기도 했다. 어떤 죄수들에게는 무쇠로 된 목줄을 채웠다. 야간에는 더 큰 제약이 있었고, 거의 움직일 수 없게 하는 차꼬를 만들어 사용했다. 앞에서 언급한 대로, 쇠사슬은 덜 가혹한 유형의 투옥에서도 사용되었다.[20]

14. Cassidy, *Paul in Chains*, 39-43.
15. Rapske, *Paul in Roman Custody*, 37-59.
16. Rapske, *Paul in Roman Custody*, 55.
17. Wansink, *Chained*, 33-35.
18. Wansink, *Chained*, 46-47.
19. Plutarch, *Moralia*, translated by Frank Cole Babbitt, LCL (Cambridge: Harvard University Press; London: W. Heinemann, 1962), 459 (§165).
20. Cassidy, *Paul in Chains*, 46.

로마 세계의 죄수들은 종종 친구나 가족에게 도움을 받았다. 그런 도움에는 음식과 옷 같은 기본 필수품을 받는 것이 포함되었다. 또한 친구들은 죄수가 더 나은 대우를 받을 수 있도록 간수에게 '돈을 주었다.' 예를 들어, 루키아노스는 데메트리우스라는 사람에 대해 쓰는데, 그는 투옥된 친구 안티필루스를 돌본다.[21]

> 그 이후 그는 그에게 두려워하지 말라고 말하면서 그의 짧은 망토를 반으로 찢어 절반은 자신이 입고, 나머지 절반은 안티필루스가 입고 있는 아주 더럽고 낡아 빠진 누더기 옷을 벗긴 후 그에게 주었다. 그때 이후로 그는 모든 방면에서 그와 삶을 공유하며 그를 돌보았다. 그는 이른 아침부터 정오까지 항구의 선원으로 고용되어 부두 인부로 일하면서 많은 돈을 벌었다. 일을 마치고 돌아오면, 번 돈의 일부를 문지기에게 주어 그를 다루기 쉽고 온순하게 만들고, 나머지 돈은 친구를 돌보는 일에 아낌없이 썼다. 매일 오후 그는 안티필루스와 함께 지내면서 마음으로 그를 지켰으며, 밤에 그가 감옥에 들어가면 그는 감옥 문 바로 앞에서 잠을 잤다. 그는 그곳에 누울 자리를 만들고 낙엽을 깔고 잠을 잤다(*Tox*. 30–31).

이런 지원의 필요성은 빌립보 교인이 에바브로디도를 통해 지원한 것에 관한 바울의 말을 이해할 수 있게 해준다. "내게는 모든 것이 있고 또 풍부한지라 에바브로디도 편에 너희가 준 것을 받으므로"(빌 4:18). 마찬가지로, 우리는 디모데후서 4:9–13에서 지원과 사귐에 대한 바울의 진심 어린 소원을 들을 수 있다.

> 너는 어서 속히 내게로 오라 데마는 이 세상을 사랑하여 나를 버리고 데살로니가로 갔고 그레스게는 갈라디아로, 디도는 달마디아로 갔고 누가만 나와 함께 있느니라 네가 올 때에 마가를 데리고 오라 그가 나의 일에 유익하니라 두기고는 에베소로 보내었노라 네가 올 때에 내가 드로아 가보의 집에 둔 겉옷을 가지고 오고 또 책은 특별히 가죽 종이에 쓴 것을 가져오라.

마지막으로, 명예와 수치가 중요한 사회적 기준점이었던 세상에서 투옥은 죄수 및 그 죄수에게 도움을 준 사람들에게 수치스러운 것이었다. 이는 고린도후서 11:23에서 바울이 자신의 투옥을 자랑한 것의 역설을 드러낸다. 투옥과 연관된 수치는 종종 버림받는 것을 의미했다. 필로스트라투스(Philostratus)는 『아폴로니우스의 생애』(*Life of Apollonius*, 4.37)에서 아폴로니우스가 투옥되었을 때 그것을 자신에게서 철학을 배우는 제자들의 기량을 시험해볼 기회로 보고 기뻐한 이야기를 전한다. 그와 함께 공부를 시작한 34명 중 8명만이 실제로 로마까지 갔고, 나머지는 참된 철학자가 아니라 겁쟁이임을 스스로 드러낸

21. Cassidy, *Paul in Chains*, 49–50.

셈이었다.[22]

바울은 자신의 투옥의 한계와 그 위험성과 수치스러울 것의 가능성을 인정했지만, 그의 관점은 매우 다른 세계관에 의해 깊이 형성되었다. 바울에게 투옥은 우주의 참된 왕의 고난에 참여할 수 있는 기회이자 그가 처한 상황 가운데서 그리스도가 높아지실 수 있는 기회였다. 복음을 선포할 수 있는 용기가 사라질 때만 수치심이 생길 것이다(빌 1:20). 따라서 바울의 투옥은 좌절이라기보다는 복음이 전진하는 기회이자 선교를 추진하는 발판이 되었고(12-14절), 또한 그렇기 때문에 빌립보 교인과 동반자 관계를 맺는 계기가 되었다(1:3-5; 4:14-19). 게다가 사도는 자신이 로마 당국에 의해 구속된 것으로 여기지 않았다. 오히려 그는 시종일관 자신을 "그리스도 예수의 일로…갇힌 자"(엡 3:1; 몬 1:1, 9) 또는 '주 안에서 갇힌 자'(엡 4:1; 참고. 딤후 1:8)로 소개했다. 그래서 바울은 그의 궁극적인 '투옥'이 우주의 진정한 가이사(황제)가 되시는 그리스도의 주권 아래 있음을 경축했다. 이것이 바로 바울에게 투옥이 그와 빌립보 교인들이 기뻐할 수 있는 상황이었던 이유다(빌 1:18; 2:17-18).

1:13 이러므로 나의 매임이 그리스도 안에서 모든 시위대 안과 그 밖의 모든 사람에게 나타났으니(ὥστε τοὺς δεσμούς μου φανεροὺς ἐν Χριστῷ γενέσθαι ἐν ὅλῳ τῷ πραιτωρίῳ καὶ τοῖς λοιποῖς πᾶσιν). 13절과 14절은 바울의 투옥에 따른 결과 두 가지를 설명하는데("이러므로", ὥστε), 모두 복음이 공개적으로 선포되는 것과 관련되어 있다. 이 두 가지 결과는 (1) 바울의 투옥이 널리 알려지게 되었다는 것과 (2) '다수'의 형제자매가 담대하게 말하게 되었다는 것이다. 13절에 기록된 첫 번째 결과는 아직 그리스도를 알지 못하는 사람들, 즉 "모든 시위대 안과 그 밖의 모든 사람에게" 복음이 전파된 사실을 가리킨다. '빌립보서 서론'에서 폭넓게 설명한 것처럼, 사도가 언급한 "시위대"(imperial guard, τῷ πραιτωρίῳ)는 라틴어 프레토리움(*praetorium*)에서 유래한 차용어로, 사도가 빌립보서를 작성한 장소에 대한 중요한 단서를 제공한다.[23]

원래 라틴어 프레토리움은 군영에 있는 집정관의 천막과 그 천막을 둘러싸고 있는 지역을 가리켰다. 이 단어는 오랜 시간 동안 발전하면서 일반적으로 황제의 속주에 있는 총독의 관저에 대해 사용되었는데, 이는 신약 저자들이 이 단어를 일관되게 사용하는 방식을 설명한다(마 27:27; 막 15:16; 요 18:28, 33; 19:9; 행 23:35).[24] 하지만 이 단어는 또한 로마에 있는 황실 근위대를 지칭할 때 사용되기도 했다.[25] 이 황실 근위대는 1세기에 매우 다양한 역할을 수행했는데, 그중에는 경찰관, 소방관, 정부 관리자 같은 역할이 있었다. 하지만 그들의 주요 역할은 황제의 개인적 친위대로 황제를 위해 복무하는 것이었다.[26] 여기에서 나는 바울이 빌립보서 1:13에서 이 집단을 언급했을 것이라는 입장을 지지한

22. Cassidy, *Paul in Chains*, 49에서 언급된 것처럼.
23. 이 책의 '빌립보서 서론' 46-47쪽을 보라.
24. 하지만 학자들은 복음서 저자들이 염두에 두고 있는 건물이 정확히 무엇인지를 두고 논쟁한다(BDAG 859).
25. 예를 들어, Suetonius, *Nero* 9; Tacitus, *Hist*. 1.19; 4.2를 보라. Bingham, *Praetorian Guard*, 16을 보라.
26. 특히 Bingham, *Praetorian Guard*, 81-114를 보라.

다.[27] 이 해석을 지지하는 두드러진 이유 중 하나는 그것이 "그 밖의 모든 사람"(καὶ τοῖς λοιποῖς πᾶσιν)으로 번역된 다음 구절과 잘 맞는다는 것이다. 이 구절 역시 사람들의 한 집단을 언급하는 것 같다.

어떤 사람들은 시위대가 너무 큰 단체라 바울이 언급하는 것처럼 '복음이 널리 알려질' 수 없었다고 반박할 수 있다. 어쨌든 황실 근위대에는 약 6천 명에서 9천 명에 이르는 대원이 있었다. 그러나 "모든 시위대"라는 말은 그들 하나하나가 다 바울의 소송에 대해 알았다는 뜻은 아니다. 오히려 "모든…안"(ἐν ὅλῳ)은 "그 밖의 모든 사람"과 더불어 사도의 상황과 그 원인이 로마 당국의 핵심에 있는 사람들 가운데 널리 알려지게 되었다는 뜻을 의미하는 일반적인 언급이 될 수 있다.[28]

하지만 복음이 정확히 어떤 방식으로 황실 근위대 대원들 및 다른 사람들에게 전파되었는가?(참고. 4:22) 여기에서 바울은 사람들이 복음을 받아들였다고 말하는 것이 아니라, 사도의 투옥 때문에 예수님에 대한 메시지가 알려졌다는 사실을 말한다. 바울에 대해 알게 되면서, 친위대와 황실 근처에 있는 사람들이 예수님을 알게 되었다. 여기에서 "나의 매임이 그리스도 안에서"(τοὺς δεσμούς μου…ἐν Χριστῷ γενέσθαι)라는 표현은 어색하지만, 그 의미는 "나의 매임", 즉 문자적으로 '나의 쇠사슬'이 바울의 투옥을 가리키는 방식이라는 것이다.[29] 앞의 '심층 연구'에서 언급한 대로, 감옥은 종종 재판을 기다리는 자들을 붙잡아두는 감방이었다.[30] 바울의 상황에서는 네 시간마다 교대 근무를 하는 간수들이 쇠사슬에 매여 있는 바울을 감시했을 것이다.[31] 따라서 사도는 그리스도의 메시지와 그 메시지가 어떻게 자신을 현재의 상황에 이르게 했는지 간수들과 이야기할 기회가 많이 있었을 것이다. 어떻게든 바울의 투옥은 '나타났다'(public knowledge, φανερούς). 이 단어는 투옥되어 있던 바울과 가까이 있는 사람들의 '눈에 보이거나 공개된' 것을 뜻한다. 추가 문구인 "그리스도 안에서"(ἐν Χριστῷ)는 바울이 일반적으로 사용하는 기술어의 특이한 용법이다.[32] 이 문구는 단순하게 '…이다'(is, γενέσθαι)로 번역해온 단어에 대해 더 많은 것을 말해준다. 즉, 그것은 부정사 양옆에 전치사 '…안에'에 의거한 두 문구가 배치된 균형 잡힌 헬라어 구문을 형성한다(ἐν이 두 번 쓰인 것에 주목하라).

"그리스도 안에서"	ἐν Χριστῷ[33]
'…이다'	γενέσθαι
"모든 시위대 안"	ἐν ὅλῳ τῷ πραιτωρίῳ

그 의미는 바울의 투옥이 널리 알려져서 사람들이 그 일이 그리스도와 관련되어 있다는 것, 즉 바울의 기독교 선교사 활동 때문에 그가 투옥되었다는 사실을

27. 바울은 그가 간수에게 붙잡혀 있다고 말하는 것이 아니라, 그의 상황과 메시지가 시위대 전체에 알려지게 되었다고 말하는 점에 특히 주목해야 한다.

28. 이러한 일반화된 언어 사용은 현대 문화에서 어떤 사람이 "마을 전체가 야단이 났다!"라고 말하는 것과 비슷하다. 요점은 모든 마을 사람이 영향을 받았다는 것이 아니라 그 상황의 충격이 광범위했다는 것이다.

29. Wansink는 "본문에서 제유법을 사용하여 '쇠사슬'을 뜻하는 헬라어와 라틴어를 '감옥'을 뜻하는 단어와 자주 교차해서 사용할 만큼 투옥은 자주 쇠사슬에 묶여 있는 것과 관련되어 있다"라고 언급한다(*Chained*, 46–47).

30. Wansink, *Chained*, 30–31.

31. 우리는 간수가 시위대 대원인지 아닌지 알 방도가 없다.

32. Constantine Campbell은 이것을 "신자들에 대한 우회적 표현으로서 그리스도 안에서"라는 목록에 포함시키지만, 빌립보서 1:13은 분류하기가 어렵다는 점을 인정한다. Campbell, *Union with Christ*, 124–25를 보라.

33. 바울이 이 지점에서 이 특별한 구문을 사용하는 동기는 이 13절이 역할을 차지하는 인클루지오 구문과 관계가 있다. 나는 이 문장이 다소 생략된 것 같다고 생각하는 Fee와 의견을 같이한다. 즉, "그리스도 안에 (있는 것으로)"와 같이 '있다'(being)라는 동사가 생략된 것으로 본다. 찬성 의견으로 Fee, *Philippians*, 112–13(특히 n29를 보라).

알게 되었다는 것이다. 따라서 이 구절은 바울이 자신의 투옥 가운데 그리스도와 연대하는 것을 말하는 것 같지만, 또한 바울이 이 장소에 오게 된 목적을 알려준다. 바로 '그리스도를 위해서다.'[34] 이것은 문맥에서 메시아 선포를 강조하고 있는 것에 분명히 부합한다. 바울이 그리스도 및 그분의 복음과 자신을 계속 동일시하는데, 이것은 바울의 투옥에 대한 사람들의 인식을 형성한다. 그 과정에서 그들은 복음 자체를 배우게 된다. 바울은 이것을 선교를 위한 놀라운 전진으로 본다. 자신의 투옥이 그를 황실 권력의 내부로 인도했기 때문이다. 로마 제국의 중심에 있는 사람들 사이에서 바울의 대의와 그가 전하는 그리스도가 알려졌고, 그로 인해 복음의 진보가 이루어졌다.

1:14 형제 중 다수가 나의 매임으로 말미암아 주 안에서 신뢰함으로 겁 없이 하나님의 말씀을 더욱 담대히 전하게 되었느니라(καὶ τοὺς πλείονας τῶν ἀδελφῶν ἐν κυρίῳ πεποιθότας τοῖς δεσμοῖς μου περισσοτέρως τολμᾶν ἀφόβως τὸν λόγον λαλεῖν). 여전히 13절 맨앞에 나온 "이러므로"(ὥστε)에 대해 설명하면서 바울은 자신이 투옥된 결과로 복음이 전진한 두 번째 방식을 언급한다. 이 두 번째 결과는 로마에 있는 '다수의 형제'와 관련되는데, 그들은 하나님의 말씀을 더욱 담대히 전하게 되었다. 여기에서 "다수"(τοὺς πλείονας, 단어 πολύς에서 유래)로 번역된 단어는 다수 또는 '대부분'이라는 뜻이고(예를 들어, 고전 9:19; 고후 2:6; 9:2), 이 경우에는 로마에 있는 바울의 동료 신자인 '형제자매 다수'(τῶν ἀδελφῶν)를 언급한다.[35] 이와 같이 사도는 이제 교회 안에 있는 사람들, 특별히 바울의 상황에 관한 대화를 나눌 때 복음에 대해 말하는 사람들에게 자신의 투옥이[36] 미친 영향에 초점을 맞춘다.[37]

본질적으로 로마의 신자들은 바울의 투옥과 관련하여 '주 안에서 신뢰하게'(ἐν κυρίῳ πεποιθότας) 되었다. 여기에서 '신뢰하게 되다'(πείθω)로 번역된 동사는[38] 일반적으로 '확신시키다' 또는 '설득하다'라는 의미를 지니지만, 여기 14절에서는 사람이 어떤 것을 매우 확신해서 누군가를 신뢰하는 것을 뜻한다(BDAG 792). 이 경우에는 '주님'이다.[39] 그것은 사도의 투옥이 주님에 대한 신자의 신뢰를 증가시켰다는 말이 아니었다(찬성 의견으로 NASB, NLT, NIV, NET). 오히려 복음 선교가 명백히 퇴보하고 있는데도 신뢰가 커졌다! 그들의 신뢰가 커진 것은 바

34. Bockmuehl은 '그리스도 안에서 투옥되었다'는 바울의 진술을 읽으면서 "(바울이 그리스도의 고난에 참여하는 것)이 어떻게 그 자신 이외에 다른 사람에게 '명백히 나타날' 수 있는지 분명하지 않다"라고 말한다. 오히려 그는 빌레몬서 1:1, 9, 13; 에베소서 3:1; 4:1; 6:20을 가리키면서 예언자적 드라마의 맥락에서 사도가 그리스도의 죄수가 되는 것을 역설적으로 언급하는 것으로 이해한다. 다시 말해, 바울은 그리스도에 의해 강제로 복음을 말하도록 '묶여' 있다. Bockmuehl, *Philippians*, 75를 보라. 그러나 사도의 투옥과 그리스도 안에서 이루어지는 그의 섬김이 직접적으로 관련되기 때문에, 사도의 진술은 상징적이라기보다는 상당히 솔직한 것처럼 보인다.

35. 여기서 '형제자매들'(brothers and sisters)로 번역하는 것에 대해서는 12절에 대한 설명을 보라. 반대 의견으로 E. Earle Ellis는 여기에서 이 언급을 바울의 동역자들에 대한 전문적인 칭호보다 교회의 일반적인 사람들을 언급하는 것으로 본다. E. Earle Ellis, *Prophecy and Hermeneutic in Early Christianity: New Testament Essays* (Tübingen: Mohr Siebeck, 1978), 3–22를 보라. 이것은 부분 속격으로 '다수'가 일부를 이루는 전체를 가리킨다. Wallace, *Greek Grammar*, 84–86을 보라.

36. τοῖς δεσμοῖς μου 구절은 관련의 여격으로 읽을 수 있다. 따라서 '나의 투옥과 관련해서'(with reference to my imprisonment)라고 번역할 수 있다.

37. 적어도 바울이 로마서를 썼을 당시의 로마 교회의 구성에 대해서는 Moo, *Epistle to the Romans*, 9–13을 보라. Moo는 이방인 그리스도인이 다수이고, 유대인 그리스도인은 소수라고 주장한다. 우리는 바울의 로마 투옥이 교회의 구성에 어떤 영향을 끼쳤는지 알지 못하지만, 본문으로부터 복음 선포에 도움이 되었다는 사실을 분명히 알 수 있다. 이것은 물론 60년대 중반 로마에서 박해가 심해지기 전의 상황, 아마도 히브리서에 언급된 시간을 나타낸다.

38. 완료 능동 분사 πεποιθότας는 남성 복수 목적격으로, 문법적으로 14절 초에 나오는 τοὺς πλείονας와 관련이 있다. 이 표현의 상태적 시상은 사도가 감옥에 있을 때 시작된 상황에 대해 말하고 있음을 암시한다.

39. 따라서 이 지점에서 전치사 ἐν은 친밀한 개인적 연합을 뜻한다. BDAG 328이 언급한 대로, 바울은 종종 ἐν κυρίῳ문구를 확신, 소망, 신뢰를 의미하는 동사들과 함께 사용한다(예를 들어, 롬 14:14; 15:17; 고전 15:31; 갈 5:10; 빌 2:19; 살후 3:4; 몬 1:8). 이 문법적 패턴은 ἐν κυρίῳ가 τῶν ἀδελφῶν보다(즉, '주 안에서 형제자매들', 예를 들어, NLT, KJV처럼) 주로 분사와 관련된 것으로 읽어야 할 중요한 이유를 제공한다.

울의 투옥 '때문'이 아니라, 그 투옥과 '관련'해서 이루어진 일이었다. 다시 말해, 그들은 주님이 바울의 투옥을 통해 어떻게 일하시는지 지켜보면서, 곧 하나님이 주권적으로 '나쁜' 상황을 복음에 유리한 상황으로 바꾸시는 것을 보면서 그들은 더욱 힘차게 하나님의 말씀을 선포하게 되었다. 의심할 여지 없이 바울이 주님을 신뢰하는 것을 목격하면서 형제자매들의 신뢰가 커졌다. 따라서 누가는 사도행전을 끝내면서 바울이 로마에 투옥되어 있는 동안 펼친 사역을 이렇게 묘사한다. "바울이 …자기에게 오는 사람을 다 영접하고 하나님의 나라를 전파하며 주 예수 그리스도에 관한 모든 것을 담대하게(μετὰ πάσης παρρησίας) 거침없이 가르치더라"(행 28:30-31). 그리스도를 따르는 로마의 추종자들은 사도의 영웅적인 용기와 그것이 복음 전파에 끼치는 영향을 보면서 용기가 점점 커져갔다. 바울은 그 점을 균형 잡힌 절로 다음과 같이 표현했다.

"더욱 담대히"	περισσοτέρως τολμᾶν
"겁 없이 하나님의 말씀을…전하게"	ἀφόβως τὸν λόγον λαλεῖν

동사 '대담하게 …하다'(to dare, τολμάω)는 부정적인 의미로 사용될 수 있지만[영어로 '감히 어떻게'(How dare you!)처럼, 예를 들어, 마 22:46; 롬 15:18; 고전 6:1; 고후 10:12], 또한 긍정적으로 담대하게 혹은 용기 있게 말하는 것에도 사용될 수 있다. 즉, 반대나 어려움에 직면하여 어떤 일을 '담대하게' 한다는 것이다(롬 5:7; 15:18; 고후 10:2; 11:21). 여기에서 "더욱"(περισσοτέρως)[40]으로 번역된 부사는 신자들이 이전보다 더욱 담대해졌음을 뜻한다. 그들은 바울의 상황을 논의하면서 복음에 대해 공개적으로 이야기하게 되었다.

특별히 그들은 "겁 없이"(ἀφόβως), 즉 적대적인 환경에서 '두려움 없이' 하나님의 '말씀을 전했다'[41](τὸν λόγον λαλεῖν). '말씀을 전하다'(τὸν λόγον λαλεῖν)라는 정확한 표현은 신약에서 오직 여기에만 나온다. 하지만 변형된 표현은 흔하게 나온다.[42] 일반적으로 이 말은 하나님의 말씀에 대해 사용되는데, 어떤 사람이 "하나님의 말씀"(예를 들어, 행 4:31; 13:46; 고후 2:17; 히 13:7) 또는 "주님의 말씀"(예를 들어, 행 8:25; 16:32; 살전 1:8)을 말하는 것을 표현할 때 쓰인다. 게다가 바울은 다른 곳에서 "십자가의 도(말씀)"(고전 1:18) 혹은 "화목하게 하는 말씀"(고후 5:19)을 언급했다. 근접 문맥에서 "그리스도를 전파"하는 것을 언급하는 것을 보면(빌 1:15, 17), 1:14에서 말씀을 전하는 것은 어떤 형태로든 공개적으로 복음에 대해 발언한다는 의미인 것이 분명하다.

1:15-17 어떤 이들은 투기와 분쟁으로, 어떤 이들은 착한 뜻으로 그리스도를 전파하나니 이들은 내가 복음을 변증하기 위하여 세우심을 받은 줄 알고 사랑으로 하나 그들은 나의 매임에 괴로움을 더하게 할 줄로 생각하여 순수하지 못하게 다툼으로 그리스도를 전파하느니라[43](τινὲς μὲν καὶ διὰ φθόνον καὶ ἔριν, τινὲς δὲ καὶ δι' εὐδοκίαν τὸν Χριστὸν κηρύσσουσιν· 16 οἱ μὲν ἐξ ἀγάπης, εἰδότες ὅτι εἰς ἀπολογίαν τοῦ εὐαγγελίου κεῖμαι,

40. 이 부사는 비교급이며 우리에게 부정사 "대담하게 …하다"(τολμᾶν)에 대해 더 말해준다.

41. '말씀을 전하다'(τὸν λόγον λαλεῖν)라는 본문은 $\mathfrak{P}^{46}$ D^{2} K 630. 1505. 1739. 1881 𝔐 r vg^{ms} $Mcion^{T}$를 따라서, NA^{28}과 UBS^{5}에 반영되어 있다. "하나님의"(τοῦ θεοῦ)를 덧붙인 변형은 강력하고 다양한 지지를 받지만(ℵ A B [D*] P Ψ 048^{vid}. 075. 0278. 33. 81. 104. 326. 365. 629. 1175. 1241. 2464 lat $sy^{p.h**}$ co; Cl), 그것은 서기관이 추가한 것이 거의 분명하다. 더 짧은 독법인 전자가 후자를 생기게 한 것이 거의 확실하기 때문이다.

42. 예를 들어, 막 2:2; 4:33; 5:36; 8:32; 눅 24:44; 요 12:48; 15:3; 행 4:29, 31; 8:25; 11:19; 13:46; 14:25; 16:6, 32; 골 4:3; 히 13:7.

43. 앞의 '번역'에서 주요 동사절 τὸν Χριστὸν κηρύσσουσιν은 문장의 흐름에 따라 배치된다. 문장의 흐름을 유지하는 것이 본문의 평행법과 교차대구법 구조를 강조하기 때문이다. 하지만 여기에서 나는 본문의 구조적 흐름과 단절되지만, 더 읽기 쉬운 방식으로 이 본문을 제시했다('번역'에서는 "the former out of selfish ambition

17 οἱ δὲ ἐξ ἐριθείας τὸν Χριστὸν καταγγέλλουσιν, οὐχ ἁγνῶς, οἰόμενοι θλῖψιν ἐγείρειν τοῖς δεσμοῖς μου). 바울은 이제 메시아에 대해 공개적으로 말하는 일에서 상반된 동기를 지닌 두 그룹을 묘사한다. 사람들이 바울의 투옥에 대해 논의하면서 도시 안에서 그리스도에 대한 많은 대화가 이루어졌는데,[44] 그 대화 중 일부는 불순한 동기에서 비롯되었다. 실제로 본문은 사도를 싫어하고 그를 해치려 한 사람들을 암시한다.[45] 15–17절에 사용된 언어에서 그 점을 알 수 있다.

그럼에도 바울이 14절에서 15절로 전환하는 방식과 반대자들에 대한 묘사의 모호함은 바울의 '반대자들'에 대한 해석적 난제를 일으킨다. 그들은 앞 절에서 언급한 "형제"의 소집단인가? 아니면 그들은 신약의 다른 곳에서 언급된 갈라디아의 유대인 선동가나 고린도의 침입자들과 비슷한 반대자인가? 아니면 바울은 빌립보의 문제 그룹을 언급하는 것인가?[46] 그리고 18절에서 바울이 회유적인 어조로 말하는 것을 어떻게 읽어야 하는가?

이 해석학적 난제를 풀기 위해 어떤 해석이 자료에 가장 잘 맞는지 고려하기 앞서, 문맥에서 사도의 요점을 이해하려고 노력하면서 본문을 하나씩 검토해나가야 한다. 이 난제를 푸는 것은 약간 복잡하다. 그래서 몇 가지 중요한 문제를 다루는 동안 관대하게 봐줄 것을 독자에게 부탁한다. 먼저 이 구절의 구조와 더불어, 이 구절을 앞 절과 연결하는 요소들을 살펴보고자 한다. 그 다음에는 각 그룹에 대한 묘사뿐만 아니라, 그들이 메시아에 대해 공개적으로 말하는 활동을 볼 것이다.

본문의 구조

첫째, 앞에 나오는 '구조'에서 언급했듯, 우리는 15–17절에서 대조적인 평행과 교차대구법 구조로 정교하게 만들어진 단위 하나를 볼 수 있다.

어떤 이들은	투기와 분쟁으로	A
어떤 이들은	착한 뜻으로	B
그리스도를 전파하나니		**C**
이들은	내가 복음을 변증하기 위하여 세우심을 받은 줄 알고 사랑으로 하나	B′
그들은	나의 매임에 괴로움을 더하게 할 줄로 생각하여 순수하지 못하게 다툼으로	A′
그리스도를 전파하느니라		**C′**

이 대조는 두 그룹을 묘사한다. 바울에 반대하는 사람들은 교차대구법 구조의 처음과 마지막 움직임으로(A와 A′) 묘사되는 반면, 바울의 후원자들은 이 구조의 안쪽에 있는 두 움직임으로(B와 B′) 묘사된다. 또한 이 단위의 중심에 있는 평행 동사들을 주목하라. 그것들은 "전파하나니"(make public declarations, κηρύσσουσιν, C)와 "전파하느니라"(speak publicly, καταγγέλλουσιν, C′)로 번

speak publicly about the Messiah" 그리고 '본문 설명'에서는 "the former speak publicly about the Messiah out of selfish ambition"이라고 제시되어 있다–역주).

44. 13절에서 시위대 및 그 밖의 다른 사람들에 대한 언급과 14절에서 형제에 대한 언급이 바울의 투옥과 직접 관련된다는 점을 주목하라. 이것은 15–18절에 묘사된 전파에 대한 배경을 설정하는데, 17절에서 바울의 투옥이 다시 언급된다.

45. 현대 기독교의 일부 교파에 존재하는 바울에 대한 숭배에 이끌리면, 사도가 당시의 주류 유대교에서는 물론이요 초기 기독교에서 얼마나 논란이 되는 인물이었는지 상상하기가 어려울 수 있다. 예를 들어, Barth는 "예수 그리스도의 사도로서 바울에 대한 일반적인 존경은 기독교계에서 비교적 늦은 시기에 시작되었다"라고 진술한다(Karl Barth, *The Epistle to the Philippians* [Louisville: Westminster John Knox, 2002], 29).

46. 이 점에 대해서는, 이 책 260–264쪽에서 반대자들을 다룬 '심층 연구'를 보라.

역되어 있다. 그래서 어떤 의미에서 메시아에 대해 공개적으로 말하는 것은 바울의 후원자와 반대자가 모두 수행하는 활동이었다.

핵심적인 해석적 문제는 정교하게 만들어진 이 단위가 문법과 의미 면에서 앞 절과 어떻게 연결되는가 하는 것이다. 제일 중요한 것은 바울이 이 구절의 헬라어 구문을 대조적인 평행으로 구성했는데, 둘 다 '한편으로…또 다른 한편으로…'와 같이 대조를 이룬다는 것이다. 15절에서 μὲν καί…δὲ καί 그리고 16-17절에서 μέν…δέ. 하지만 앞 절로부터 전환을 가져오는 것은 이 둘 중 첫 번째 μὲν καί…δὲ καί다. 성경 문헌에서 오직 여기에서만 나타나는 이 구조는 해석적 난제를 풀 수 있는 열쇠를 제공한다.

많은 주석가는 15절의 "어떤 이들은…어떤 이들은"(τινές…τινές)의 언급을 14절에서 언급된 "형제" 중에 있는 대조적인 소그룹들을 가리키는 것으로 해석한다. 이 해석에 따르면, 주 안에서 확신을 얻게 되었고 겁 없이 하나님의 말씀을 전하는 사람들은(1:14) 두 파벌로 구성되어 있다. 사도를 후원하는 사람들과 후원하지 않는 사람들이다.[47] 이 경우 헬라어에서 15절의 세 번째 단어 '이외에'(in addition, καί, 개역개정에는 번역되어 있지 않음-역주)는 앞 절에서부터 부드럽게 전환되도록 돕는 가벼운 연결사로 읽을 수 있다. 혹은 15-17절의 내용을 기대하는 강조의 '참으로'(indeed)로 읽힌다. 그 구절은 로마에서 전도하는 사람들을 두 그룹으로 구분하는 역할을 한다.

다른 한편으로 빈센트(Vincent)는 15절과 17절의 반대자들이 14절에 언급된 "형제"와 다른 사람들이라고 보고, 바울이 "같은 부류의 사람들이 아니라 또 다른 부류의 사람들을 소개한다"라고 진술한다.[48] 마찬가지로, 엘리콧(Ellicott)은 15절의 첫 번째 "어떤 이들"(τινές)이 14절에 언급된 "방금 말한 것에 대한 예외"로 해석한다.[49] 바울의 투옥으로 '말미암아 주 안에서 신뢰하게 된' 사람들이(1:14) 그를 심하게 반대한다는 것은(심지어는 그를 해치려고 하면서까지) 말이 안 된다는 엘리콧의 주장은 옳다. 이 점은 우리가 15-17절에서 반대자들에게 사용된 언어를 다룰 때 더 분명해질 것이다.

1:15-17에 언급된 반대자들이 1:14에서 칭찬한 "형제"와 다르다는 입장을 강화하는 근거를 추가할 수 있다. 이는 앞에서 언급한 헬라어 구문과 관계가 있는데, 그것은 15절에서 '이외에…반면'(in addition…while, μὲν καί…δὲ καί)으로 번역되어 있다. δὲ καί 구문은 바울이 자주 사용하는 구문으로 그의 저술에서 33번 사용되고,[50] 종종 방금 언급한 것에 대한 대안을 제시한다. 이 표현은 일관적으로 '뿐만 아니라'를 뜻한다(BDAG 213). 우리가 다루는 구문의 다른 부분인 μὲν καί는 신약 다

47. 예를 들어, 찬성 의견으로 Walter Hansen은 "바울이 용기 있게 하나님의 말씀을 전하는 형제자매들에 대한 좋은 소식을 알린 후, 그를 향한 태도가 둘로 나누어진다는 나쁜 소식을 전한다. 바울은 이 두 그룹을 날카롭게 대조하지만, 그는 그들이 동일한 정체성과 동일한 메시지를 가지고 있다고 분명히 생각한다"라고 쓴다(Hansen, *Philippians*, 71). Bruce, *Philippians*, 43은 "복음을 매우 힘차게 선포한 모든 로마 그리스도인들이 바울과 함께하는 동료 의식으로 고무된 것은 아니었다"라고 진술한다. 또한 Bockmuehl, *Philippians*, 76-77; Silva, *Philippians*, 63-64; Still, *Philippians & Philemon*, 36; Jac. J. Müller, *The Epistles of Paul to the Philippians and to Philemon* (Grand Rapids: Eerdmans, 1955), 52; Reumann, *Philippians*, 198; Gerald F. Hawthorne and Ralph P. Martin, *Philippians*, rev. ed., WBC 43 (Nashville: Nelson, 2004), 45; 그리고 이 외에도 많은 사람이 있다.

48. Vincent, *Philippians*, 18. καί의 "친숙한 대조적 힘"에 대한 Vincent의 논평은 신중하게 받아들여야 한다. 대조는 일반적으로 맥락적 문제들에 근거하여 식별되기 때문이다.

49. Charles John Ellicott, *A Critical and Grammatical Commentary on St. Paul's Epistles to the Philippians, Colossians, and to Philemon, with a Revised Translation* (London: John W. Parker and Son, 1861), 17. Ellicott은 반대자들이 유대인 선동가라고 믿는다.

50. 롬 2:10; 8:26; 고전 1:16; 3:8; 4:7; 7:3-4, 11, 28, 40; 14:15; 15:15; 고후 4:3; 5:8, 11; 6:1; 8:11; 11:6; 엡 5:3, 11; 빌 1:15; 3:18; 4:15; 딤전 1:9; 3:7; 5:13, 24; 딤후 2:5; 딛 3:14; 몬 1:9, 11, 22. 이 구문은 거의 언제나 부가적 의미를 전달한다. μὲν καί는 또한 전체를 강조하는 역할을 하는 부가적인 것이 될 수 있는가?

른 곳에서 나타나지 않는다. 하지만 이 표현은 바울 당시의 헬라 문헌에서 흔히 볼 수 있는데,[51] 그 점은 그동안 이 구절에 대한 논의에서 간과되어왔다.[52]

예를 들어, 필론의 경우 μὲν καί가 98번 사용되고, 이 빌립보서 본문에서처럼 δὲ καί와 함께 사용되는 구절이 29개 나온다.[53] 요세푸스의 글에서는 μὲν καί가 83번 사용되고, 그중 18번은 δὲ καί와 함께 나온다. 그리스 로마 문헌을 찾아보면 대략적으로 똑같은 패턴이 흔하게 쓰인다는 것을 알 수 있다. 많은 경우 μὲν καί 단독으로 또는 (빌 1:15처럼) δὲ καί와 짝으로 나오는 구문은 뒤따라 나오는 것이 그 논의에 '덧붙여진' 요소나 사람임을 나타낸다. 그것은 때때로 이미 언급된 그룹과 대조를 이룬다(예를 들어, 이어지는 '심층 연구'를 보라).[54] 이 부가적인 뉘앙스는 대다수 번역본에서(예를 들어, ESV, CSB, NIV, NLT, NET) 그리고 그 구절의 해석에서 누락되어 있다.

빌립보서 1:15처럼 δὲ καί와 함께 사용될 때, 이 구조는 μέν…δέ의 일반적인 의미인 '한편으로…다른 한편으로'라는 뜻이다. 이 모든 것들을 종합적으로 고려해서, 나는 15절 초에 나오는 "어떤 이들은"(τινές)+μὲν καί라는 구문을 바울이 14절의 "형제"와 15절의 반대자들을 구분하는 것처럼 '이들 외에 어떤 사람들은 또한…'(in addition to these, some people also…)으로 번역한다. 바울은 도시에서 이루어진 그리스도에 대한 공개적 대화를 회고하면서 그들이 생각났기 때문에 그 논의에 이 반대 그룹을 더한다.[55] 이와 같이 15절 서두에서 비난자들로 전환한 다음, 바울은 이제 평행 방식으로 그의 반대자들과 후원자들을 대조한다. 14절의 요점은 "형제" 가운데서 복음 전도가 일어나고 있다는 것이다. 15–17절은 바울 자신, 특별히 비난자와 후원자가 그를 대하는 매우 다른 태도에 초점을 맞춘다. 하지만 우리가 정밀하게 조사한 문법에 근거해볼 때, 비난자들은 14절에서 칭찬한 "말씀"을 전하는 사람들 '중에' 있는 소그룹이 아닌 것 같다. 오히려 그들은 완전히 다른 그룹에 속해 있다.

심층 연구

1:15 해석을 위한 문법적 열쇠

앞에서 1:15에 나타난 특이한 문법적 구문을 다루면서 바울 저작에서 '그리고 또한'(δὲ καί)은 진행 중인 논의에 덧붙여진 것으로 '또한'이라는 뉘앙스를 전달하는 것으로 읽어야 한다고 언급했다. 그리스 로마 세계의 일반적인 문헌에서 '이외에…또한'(μὲν καί)으로 번역한 '접속사 구문'의 첫 번째 부분에 대해서도

51. 이 구문은 J. D. Denniston and K. J. Dover, *The Greek Particles*, 2nd ed. (London: Duckworth; Indianapolis: Hackett, 1996), 371에서 논의된다. 거기에서 그들은 그것이 종종 부가적인 뜻('그러나 또한')을 지닌다고 지적한다.

52. 대부분은 15절에서 μὲν…δὲ를 동일한 방식으로 반복되는 것으로 읽으며, καί…καί가 더해지는 것을 의미 있게 주목하지 않는다. 예를 들어, 찬성 의견으로 Cousar, *Philippians and Philemon*, 35. Silva는 첫 번째 καί를 앞 절과의 연결을 촉진하는 것으로만 단순하게 인식하면서 "바울의 구문론은 언제나 정확한 논리적 분석을 할 수 있는 것은 아니"라고 말한다(Silva, *Philippians*, 63).

53. 때때로 δὲ καί는 μὲν καί 앞에 나오거나 같은 문맥에서 한 번 이상 사용된다.

54. Denniston and Dover, *Greek Particles*, 306 및 뒤에 나오는 보충 설명을 보라.

55. 바울이 종종 τινές를 사용하여 반대자들에 대해 말한다는 점을 또한 지적할 수 있다(롬 3:3, 8; 11:17; 고전 4:18; 6:11; 8:7; 10:7–10; 15:6, 12, 34; 고후 3:1; 갈 1:7; 빌 1:15; 딤전 1:6, 19; 4:1; 5:15; 6:10, 21).

똑같이 말할 수 있다. 이 구문은 칠십인역 지혜서 7:1에서 단 한 번 사용되었으며, 부가적으로 읽을 수 있다. “나 자신은 또한(μὲν κἀγώ) 모든 사람처럼 죽을 운명이고, 이 세상에 태어난 최초로 만들어진 인간의 후손이다”(NETS). 구약 위경에서 이 구문이 등장한 세 번 중 두 번(T. Ash. 2.5; Let. Aris. 13)은 분명히 부가적이다(“또한”). 예를 들어, 「아셀의 유언」(Testament of Asher) 2.5에서 저자는 “두 측면”(διπρόσωπον, 즉, ‘양면적인’)을 지닌 악, 즉 선과 악이 섞인 형태에 대해 말한다. 그는 2.1–4에서 선과 악에 대한 ‘양면적인’ 접근법을 두 번 언급하면서 예를 제시한다. 그는 두 측면을 지닌 악의 세 번째 실례를 들 때, “또 한 사람은 도둑질하고, 부당하게 행하며, 약탈하고, 속여 빼앗으며, 가난한 사람들을 동정한다. 이것도 이중적인 측면을 지니고 있지만(διπρόσωπον μὲν καὶ τοῦτο), 전체가 다 악이다”(5절)라고 진술한다.[56] 여기에서 그는 분명히 이 구문을 사용해서 논의에 덧붙인다.

게다가 이 구문의 부가적 용법은 필론, 요세푸스, 에픽테토스의 글에서도 분명히 나타난다. 예를 들어, 그들의 작품에서 “또한 다른 많은 것”이 나오는 구문에서 그것이 놓인 위치로 분명해진다.[57] 필론은 「창조」(*Creation*) 170에서 모세가 한 창조 이야기를 언급하며 “많은 다른 것을 덧붙여”(many other things in addition, πολλὰ μὲν καὶ ἄλλα, 저자 번역) 가르친 다음, 성경에서 이끌어낸 다섯 개의 아름다운 교훈을 언급한다. 이와 같이 그는 이미 논의 중인 주제에 덧붙인다.

당연히 이 두 구문 μὲν καί와 δὲ καί는 각각 단독으로 있을 때 때때로 부가적으로 사용될 수 있고, 빌립보서 1:15에서와 같이 μὲν καί…δὲ καί 구문에서 함께 사용될 때 부가적 뉘앙스를 전달할 수 있다(앞에서 나온 논의나 개념에 더하여).[58] 앞에서 언급한 대로, 이 구문은 요세푸스의 글에서 18번, 필론의 글에서 29번 나온다.[59] 이런 용법 중 일부는 분명히 부가적이며,[60] 방금 논의한 것에 ‘덧붙여’ 사람이나 주제를 추가한다. 예를 들어, 필론은 「희생」(*Sacrifices*) 6에서 “독학해서 얻은 지식과 또한(μὲν καί) 자신의 뜻이 가치가 있다고 생각한 이삭은 그의 영혼에 붙어 있던 모든 육체적 본질을 떠나, 그리고 덧붙여(δὲ καί, ‘그리고 또한’으로 번역될 수 있음) (앞서 언급한 다른 사람들 같은 사람이 아니라) ‘민족’과 함께 상속자가 되었다”(Yonge)라고 썼다. 이런 식으로 이삭은 기존의 논의에 추가된다.

이렇듯 문법 구문을 검토한 것에 비추어볼 때, 빌립보서 1:15에 나오는 τινὲς μὲν καί를 ‘덧붙여…어떤 사람들은 또한’(in addition…some also)으로 부가적으로 읽는 것이 그럴듯하다. 또한 광범위한 그리스 로마 문헌에서 μὲν καί…δὲ καί를 함께 사용하는 때뿐만 아니라 μὲν καί와 δὲ καί를 독립적으로 사용할 때의 용법도 일치한다. 본문에서 이것은 15절 서두에 나오는 “어떤 이들은”(τινές)이 14절에서 언급된 신

56. Craig A. Evans, trans., *The Pseudepigrapha(English)* (BibleWorks LLC, 2008).

57. 예를 들어, Philo, *Creation* 53, 170; *Heir* 217; *Spec. Laws* 1.164; Josephus, *Ant.* 16.76; 19.65; Epictetus, *Diatr.* 2.10.17.

58. 항상 그런 것은 아니라는 점을 강조하고 싶다. 여기에서 나의 주장은 빌립보서 1:15을 부가적으로 읽는 독법이 광범위한 문헌에서 충분한 지지를 받을 만큼 풍부한 증거를 갖고 있다는 것이다.

59. 그것은 성경 문헌의 다른 곳에서 나타나지 않고, 구약 위경에도 나타나지 않는다.

60. 예를 들어, Josephus, *Ag. Ap.* 2.172; Philo, *Planting* 60; *Drunkenness* 141; *Heir* 243; *Dreams* 290, 297.

자들의 일부를 언급하기보다 다른 그룹을 소개함을 의미한다. 바울은 '그들 중 일부'(τινὲς ὧν)라고 쓰지 않고 τινὲς μὲν καί라고 쓴다. '이외에도, 어떤 이들은 또한…'이라는 의미로 '어떤 이들은 또한'이라는 번역도 가능하고, 그 구문은 15–17절에서 구체적으로 나타난 대조를 시작한다. 바울의 반대자와 후원자의 정확한 신원에 관해서는 본문이 모호하고(뒤에 나오는 '심층 연구'를 보라), 문법은 지금까지 살펴본 수준까지만 우리를 인도한다. 분명한 것은 이 두 그룹은 대조적인 동기로 행동한다는 것이다. 그리고 그것은 바울을 반대하는 사람들의 신원에 대해 최소한의 암시를 제공한다.

바울의 반대자와 후원자의 대조적 동기

이제 1:15–17에서 바울의 후원자와 맞서는 바울의 반대자에 대한 묘사를 살펴볼 차례다. 1:15–17은 그리스도의 메시지가 공개적으로 전파될 때, 사도에 대한 각각의 태도에 초점을 맞춘다. 이 구절들은 특별히 바울의 투옥과 관련하여 두 개의 다른 집단 가운데 나타난 동기에 초점을 둔다. 바울의 투옥은 지난 세 절에서 세 번에 걸쳐 나왔는데, 암시되거나(1:12) 명시적으로 언급되고(1:13, 14), 1:17에서 다시 언급된다.

공개적으로 사도를 반대하는 사람들의 동기는 15절에 묘사된다. 그들은 '투기와 분쟁으로 전파한다'(διὰ φθόνον καὶ ἔριν).[61] 여기서 처음 두 기술어는 전치사 "…으로"(διά)와 함께 소개되는데, 원인 또는 동기를 나타낸다. 첫 번째 "투기"(φθόνος)는 주로 신약의 악덕 목록에서 나타나는데 '시기'나 '질투'를 뜻한다.[62] 하지만 브루스 윈터(Bruce Winter)가 지적하는 것처럼, 이 용어는 단순히 어떤 사람에 대한 나쁜 감정이 아니라 적극적인 형태의 시기를 나타낼 수 있다. 즉, 이 용어는 때때로 미움을 포함하는 강렬한 형태의 시기를 뜻하고,[63] 그 대상을 해치는 것을 추구한다.[64] 이것은 마태복음 27:18 같은 구절에 분명히 나타난다. 거기에서 종교 지도자들은 "시기로" 예수님을 로마 당국에 넘겨주었다고 묘사된다. 그들은 단순히 질투한 것이 아니었다. 그들은 경쟁 상대를 파괴하려고 했다.

본문과 관련해서, 이 용어는 그리스 로마 세계의 공공 영역에서 일어난 갈등을 묘사하는 것에 나타난다. 크리소스토무스가 쓴 것으로 알려졌으나 아마 파보리누스(Favorinus)라고 불리는 로마인이 쓴 작품에서,[65] 저자는 경쟁 도시들을 향해 서로 연합하여 일하라고 격려한다. 그는 시민 관계에 고통을 유발하는 악덕이 제거되어야 한다고 지적한다. 그는 그중 첫 번째로 "투기"(φθόνος)를 언급하고 그것을 '호전성'(φιλονικία)과 함께 분류한다. 두 태도는 '다툼' 또는 '불화'(στάσις)로 이어

61. Morna Hooker가 지적한 대로 로마와 관계가 있는 문서인 1 Clement는 베드로와 바울의 죽음을 '질투'(ζῆλος)와 '시기'(φθόνος)의 탓으로 여기며(5:2), 바울의 죽음을 특별히 '질투'(ζῆλος)와 '불화'(ἔρις)의 탓으로 여긴다(5:5). Morna Hooker, "Philippians: Phantom Opponents and the Real Source of Conflict," in *Fair Play: Diversity and Conflicts in Early Christianity: Essays in Honour of Heikki Räisänen*, ed. Ismo Dunderberg, C. M. Tuckett, and Kari Syreeni, NovTSup 103 (Leiden: Brill, 2002), 394를 보라.

62. 예를 들어, 롬 1:29; 갈 5:21; 딤전 6:4; 딛 3:3; 벧전 2:1.

63. 예를 들어, Dionysius of Halicarnassus, *Ant. rom.* 6.85.2를 보라.

64. Winter, *Welfare of the City*, 94.

65. H. Lamar Crosby, trans., *Dio Chrysostom, Discourses 37-60*, LCL 376 (Cambridge: Harvard University Press, 1946), 1.

지고, 그것은 결국 "서로 음모를 꾸미고, 이웃의 불행에 고소함을 느끼며, 이웃의 행운에 분개하는" 것으로 나타난다.[66]

마찬가지로, 빌립보서 1:15에서 바울은 "투기"(φθόνος)와 "분쟁"(ἔρις)을 짝짓는데, 그것은 경쟁의식 또는 불화에 대해 말한다. φθόνος처럼 이 용어는 신약의 악덕 목록에 자주 나타나고,[67] 두 용어는 로마서 1:29과 디모데전서 6:4에 함께 나타난다. 이와 같이 "분쟁"(ἔρις)은 경쟁의식, 분열, 또는 연합의 파괴를 일으키는 다른 사람을 향한 태도 또는 자세를 함축한다.

이 동일한 반대자 그룹은 17절에서 "나의 매임에 괴로움을 더하게 할 줄로 생각하여 순수하지 못하게 다툼으로"(ἐξ ἐριθείας τὸν Χριστὸν καταγγέλλουσιν, οὐχ ἁγνῶς, οἰόμενοι θλῖψιν ἐγείρειν τοῖς δεσμοῖς μου) 말하는 것으로 묘사된다. 이와 같이, 1:15-17에서 바울은 반대자들의 세 번째 부적절한 자세를 언급하면서 그들이 "다툼"(out of selfish ambition, ἐριθεία)으로 말한다고 쓴다. 바울은 이 용어를 전치사 ἐκ와 함께 소개하는데, 그것은 근원을 나타낸다.[68] 이 단어는 공동체를 파괴하는 '당파심'에 대해 말하지만, 또한 '이기심'이나 '이기적 야심'이라는 의미를 전달한다(롬 2:8; 고후 12:20; 갈 5:20; 빌 1:17; 2:3; 약 3:14, 16). 스피크는 본래 이 용어가 고용되어 하는 일과 관계가 있었지만, 나중에 더 부정적인 의미를 지니게 되었다고 설명한다.

> 결과적으로, 에리데이아(*eritheia*, 유급 노동)라는 용어는 원래 긍정적인 의미였지만, 오로지 불순한 동기로 행하는 뜻으로 바뀌었다('그게 내게 무슨 이익이 되는가?'). 이런 이유로 그것은 국가를 섬기기 위해서가 아니라 명예와 부를 얻기 위해 어떻게든 직위나 치안판사 자리를 차지하려는 것을 의미한다. 이를 통해, 이익을 얻으려고 논쟁하거나 음모를 꾸미는 것 그리고 사람이 오로지 자신의 이익만을 추구한다는 두 가지 다른 의미가 발전했다.[69]

따라서 이 단어는 '남을 음해하며 출세하려고 하는 사람'을 묘사한다. 그리스 로마 문헌에서 이 단어는 정치 공작이나 음모를 통해 성공하려고 시도하는 공인을 언급하는 맥락에서 사용될 수 있었다.[70] 아마도 바울의 반대자들은 그를 로마에서 메시아 예수를 전하는 운동의 라이벌 지도자로 보았을 것이다. 따라서 그들은 바울이 몇 년 전에 다룬 고린도의 침입자들과 비교될 수 있을 것이다. 아니면 바울을 유대인 거짓 교사로 본 유대인 지도자들일 수도 있다. 분명한 것은 그들이 바울을 해치고 자신들의 이익을 위해 공적 광장에서 그에 대한 반감을 사용했다는 것이다. 바울은 그들의 계획을 좌절시키면서 길을 가로막고 있었음에 틀림없다. 이것은 '이기적 야심'(ἐριθεία)이라는 의미에 잘 맞는다.

이런 형태의 이기적 야심은 "순수"(ἁγνῶς)와 대조된다.[71] 이와 같이 반대자들은 '순수한 동기에서' 메시아에 대해 말하는 것이 아니라, 이기적 야심에 이끌려서 행동한다. 특별히 1:17에서 바울은 반대자들이 그의 정치적 상황에 부정적인 영향을 끼치려 했다고 직설적으로 말한다. "나의 매임에 괴로움을 더하게 할 줄로 생각하

---

66. Crosby, *Dio Chrysostom, Discourses 37-60*, 87-88. 저자는 또한 이것들의 반대로 "좋은 것들을 나누는 것, 마음과 정신의 통합, 사람들이 똑같이 기뻐하는 것"을 언급한다(κοινωνίαν ἀγαθῶν, ὁμοφροσύνην, ἐπὶ τοῖς αὐτοῖς ἀμφοτέρων χαράν; Dio Chrysostom, *To the Nicomedians* 38.43). 여기에 나오는 덕목들을 빌립보서 1:27과 2:2-3에 나오는 연합에 대한 권고와 비슷한 것으로 이해하는 데는 많은 상상력이 필요하지 않다.

67. 예를 들어, 롬 1:29; 13:13; 고후 12:20; 갈 5:20; 딤전 6:4; 딛 3:9.

68. BDAG 392.

69. *TLNT* 2:70.

70. Winter, *Welfare of the City*, 95.

71. 이것은 사도적 교부들에게서 일관적으로 찾아볼 수 있는 의미인 것 같다(Barn. 2.3; Herm. 13.1; 59.6; 102.2; 103.2; 104.2). 흥미롭게도, 이 용어는 Herm. 59.6에서 "시민으로서 자신의 생활을 영위하다"라는 뜻을 지닌 동사 πολιτεύομαι와 연관된다. 그것은 바울이 빌립보서 1:27에서 사용하는 용어다.

여." 반대자들은 사도의 '괴로움의 수준을 높이'거나 '괴로움을 자극할'(θλῖψις ἐγείρειν) 수 있다고 생각하면서,[72] 투옥되어 있는(τοῖς δεσμοῖς μου) 바울이 해를 입기를 기대한다(οἰόμενοι). 바울이 지중해 전역에 복음을 선포할 때, "환난"은 그의 변함없는 동료였다.[73] 성경 문헌에서 일반적으로 '환난'(θλίψις)으로 번역되는 이 용어는 심한 고통을 유발하는 적대적 환경이나 사건들을 언급할 수 있다. 즉, '억압', '고통', '박해'를 가리킬 수 있다. 이 단어는 사람의 내적인 감정적 상태와 관계가 있을 수 있지만, 1:15–17의 문맥에서는 반대자들이 단순히 바울을 감정적으로 동요시키기를 원하는 것이 아니라 그를 해치고 싶어 하는 것을 암시한다. 윈터는 다음과 같이 말한다. "곤란을 불러일으킨 것은 법정에서 그의 소송 결과에 해를 끼치려는 의도였다. 적어도 이 정도는 말할 수 있다. 바울의 반대자들은 재판받을 때 바울의 어려움을 가중하려고 계산된 행동을 했다."[74] 빌립보서를 쓸 때 사도의 생명이 위협받고 있었던 점은 명백하다(1:21–26). 이와 같이 반대자들의 분노는 바울의 상황을 악화할 음모를 꾸밀 만큼 극심했음에 틀림없다. 아마도 그들은 사도가 영원히 사라지기를 원했을 것이다.

바울의 후원자들에 대해 말하자면, 그들의 동기는 반대자들과 정반대다. 칠십인역에서 "착한 뜻"(goodwill, εὐδοκία, 1:15)으로 번역된 단어는 종종 백성을 향한 하나님의 자비, 인정, 호의를 뜻한다.[75] 신약에서 예수님은 하나님의 진리를 "어린아이들"에게 계시하시는 하나님 아버지의 '선한 기쁨'(good pleasure)을 찬양한다(마 11:26; 눅 10:21). 바울은 때때로 이 용어를 이런 맥락에서 사용하지만(엡 1:5, 9; 빌 2:13), 그것은 여기에서처럼 다른 사람을 향한 한 사람의 "착한 뜻" 또는 호의에 대해 사용될 수 있다(예를 들어, 롬 1:10; 살후 1:11; Pss. Sol. 3.4).[76] 반대자들은 "투기와 분쟁으로" 행동하는 반면, 바울의 후원자는 사도를 향한 착한 뜻으로 행동한다.

게다가 그들은 바울이 "복음을 변증하기 위하여 세우심을 받은 줄 알고 사랑으로"(ἐξ ἀγάπης, εἰδότες ὅτι εἰς ἀπολογίαν τοῦ εὐαγγελίου κεῖμαι, 16절) 말한다. 사랑은 기독교 공동체의 기본적인 미덕으로, 신약에서 성령의 열매이며 기독교적 행위의 특징이다(요 13:34–35; 롬 12:9–21; 갈 5:22). 바울은 빌립보 교인들에게 교회 안에서 사랑의 관계를 육성하라고 권고한다(빌 1:9; 2:1–2). 사랑은 신자들이 서로를 위해 희생하고 섬기면서 연합을 이루게 하기 때문이다. 여기에서 바울은 공개적으로 그리스도에 대해 말하는 사람들에게 "사랑으로" 말하려는 동기가 있음을 인정한다. 다시 말해, 그들은 어려운 상황에 놓여 있는 사도를 돕기 원한다. 그 이유는 무엇인가? 그 대답은 그들이 바울은 "복음을 변증하기 위하여 세우심을 받은 줄" 알기 때문이다. 물론 바울은 다메섹

72. ἐγείρω라는 단어는 긍정적으로 사용될 수 있었다. 예를 들어, 사람을 낮은 지위에서 높은 지위로 올리다, 또는 죽은 자로부터 일으키다. 후자는 바울이 가장 흔히 사용하는 용법이다(예를 들어, 롬 4:24–25; 6:4, 9; 7:4; 8:11, 34; 10:9). 그러나 여기에서 그 목적어(θλῖψις)는 적대감을 일으키는 것에 대해 말하는 동사의 용법을 가리킨다. 게다가 빌립보서(4:14)에서 θλῖψις의 다른 용법은 바울이 잠깐 투옥되어 있을 때 괴로움을 경험했고, 빌립보 교인들이 과거에 그를 섬겼다는 점을 보여준다. 빌립보서 1장의 문맥에서 현재 시제 동사들의 미완료 시상은 빌립보서를 쓸 때, 메시아에 대한 공개적 이야기가 진행 중이었음을 나타낸다. 따라서 괴로움이 아직 존재하지 않은 것처럼, ἐγείρειν을 '야기하다'로 번역해서는 안 된다(찬성 의견으로 CEV, NASB, NET). 오히려 여기에서 그 개념은 상승, 곧 이미 존재하는 괴로움을 증가하거나 '자극하는' 것 같다(찬성 의견으로 NLT, NRSV).

73. LSJ 1208. 롬 2:9; 5:3; 8:35; 12:12; 고전 7:28; 고후 1:4, 8; 2:4; 4:17; 6:4; 7:4; 8:2, 13; 엡 3:13; 빌 1:17; 4:14; 골 1:24; 살전 1:6; 3:3, 7; 살후 1:4, 6을 보라.

74. Winter, *Welfare of the City*, 95.

75. 예를 들어, 대상 16:10; 시 5:12; 19:14; 51:18; 79:17.

76. 반대 의견으로 Hooker, "Philippians: Phantom Opponents," 385. 바울을 후원하는 사람들이 바울의 상황을 신적 목적에 근거를 둔 것으로 생각하기 때문에 후원하고 있다는 점에서 그는 "착한 뜻"에 신적 요소가 있다고 본다. 하지만 16절에서 언급된, 사도의 후원자들을 움직이는 "사랑"에 대한 평행 언급이 가리키는 것처럼, 여기에서 모든 대조는 인간의 자세를 가리킨다.

도상에서 예수님을 만난 사건을 통해 통치자들 앞에서 복음을 말하도록 '택함을 받았다'[77](κεῖμαι, 행 9:15). 하지만 이 문맥에서 바울은 자신이 황제 앞에서 복음을 공개적으로 "변증"(ἀπολογία)할 것을 신자들이 예상하고 있고, 그들이 교회를 대표하여 기독교 메시지를 변증할 기회를 받은 그리스도인 형제인 바울을 사랑한다는 것을 뜻할 수 있다. 따라서 그들은 사도가 감옥에서 재판을 기다리는 동안 바울과 메시아에 대해 공개적이고 적극적으로 말하고 있다.

복음 전파와 당파심?

이것은 우리에게 반대자들의 부정적인 동기와 후원자들의 긍정적인 동기를 나타낸 활동을 분별하게 한다. 바울은 두 그룹이 메시아를 '공개적으로 선포'(κηρύσσουσιν) 하거나 '공개적으로 말하고'(καταγγέλλουσιν) 있다고 진술한다. 이것은 표면적으로 이상해 보인다. 바울에 대한 후원과 그에 대한 공격이 그리스도를 전하거나 선포하는 맥락에서 동시에 언급되기 때문이다. 하지만 앞에서 언급했듯이 우리는 어휘론 및 이 언어가 만들어진 배경을 주의 깊게 생각해야 한다. 먼저, 이 용어들 자체와 다른 곳에서의 용법을 살펴보자.

칠십인역의 저자들은 이 동사를 '선언하다, 알리다, 크게 선포하다'(κηρύσσω)[78]로 번역해서 31번 사용하는데, 그중 거의 대부분이 어떤 종류의 공식적, 공개적 선언을 언급한다(벧전 3:19; 계 5:2처럼).[79] 우리는 선지서 중에서 '선포하는'으로 이해될 수 있는 움직임을 찾아볼 수 있다. 그것은 여호와의 말씀을 전하는 것과 관련된다(예를 들어, 사 61:1; 단 3:4; 욘 3:7; 습 3:14; 슥 9:9). 이 단어는 신약에서 61번 사용됐는데(그중 19번이 바울 서신에 나온다), 그중 몇몇은 예수님이나 세례 요한의 "전파"(예를 들어, 마 3:1; 4:17, 23) 같은 공개적 선포를 언급한다. 또 다른 몇몇은 거라사의 귀신 들린 사람이 예수님께서 자신에게 행하신 일을 "전파"(막 5:20)한 것처럼, 예수님이 어떤 사람에게 행하신 일에 대한 증언을 가리킨다(예를 들어, 막 1:45; 7:36; 눅 8:39). 이 동사의 용법 대부분이 복음의 "전파" 또는 공개적 선언, 즉 그리스도 및 그가 이루신 일에 대해 말하는 것과 관련된다.[80] 물론 바울은 이 용어를 이런 방식으로 일관되게 사용하지만, 그는 때때로 그 단어를 잘못된 가르침이나 반대자들의 "전파"에 대해 사용한다(예를 들어, 롬 2:21; 고후 11:4; 갈 5:11). 따라서 이 표현은 다양한 형태의 공개적 선언 혹은 선포를 가리키는 다양한 방식으로 사용될 수 있다. 그러나 바울의 경우 대체로 그것은 옳든 그르든 간에 공개적으로 그리스도에 대해 말하는 것과 관련된다.

두 번째 동사 καταγγέλλω는 본질적으로 "(광범위한 전파를 함축하여) 공개적으로 알리다, 선포하다, 선언하다"라는 뜻이다.[81] 또한 그것은 어떤 것 또는 어떤 사람을 공표하는 데 사용될 수 있다. 사도행전에서 이 용어는 "이때"(3:24), 죽은 자의 부활(4:2), 하나님 또는 주의 말씀(13:38; 15:36; 17:13), 구원의 길(16:17), 풍속(16:21), 알지 못하는 신(17:23), 빛(26:23)을 공표하는 데 사용된다. 따라서 공표된 대상의 목록은 아주 광범위하지만, 이 단어는 대체로 기독교적 메시지를 공개적으로 선포하는 것에 사용된다. 바울은 이 동사를 로마 그리스도인의 믿음(롬 1:8), 하나님의 증거(고전 2:1), 복음(고전 9:14), 주의 죽으심(고전 11:26), 그리스도(빌 1:18; 골 1:28)를 선포하는 것에 사용한다. 이 단어의 목적어 목록은 다양

77. 이 동사의 이런 용법은 신약에서 특이하다. 데살로니가전서 3:3에 나타난 다른 경우에 바울은 또한 박해에 대해 말한다.

78. BDAG 543.

79. 예를 들어, 창 41:43; 출 32:5; 36:6; 왕하 10:20; 대하 20:3; 24:9; 36:22; 에 6:9, 11; 잠 1:21; 8:1; 단 3:4; 호 5:8; 욜 2:1, 15; 4:9; 욘 3:5, 7; 미 3:5; 습 3:14; 슥 9:9. 또한 1 Macc 5:49; 10:63–64; Pss. Sol. 11.1을 보라.

80. 예를 들어, 고전 1:23; 15:12; 고후 1:19; 4:5; 갈 2:2; 살전 2:9.

81. BDAG 515.

성을 보여주지만, 이 단어는 종종 기독교적 메시지와 어떤 식으로든 관련된 것을 선포하는 것이나 공개적으로 논의하는 것을 가리킨다.

빌립보서 1:15-17의 문맥에서 "그리스도"(τὸν Χριστόν)에 대한 평행 언급은 이런 동사들의 목적어를 분명히 진술하지만, 바울의 반대자와 후원자는 그리스도를 어떤 의미로 '전파하고' 있었는가? 앞서 언급한 것처럼, 그리스도의 메시지는 바울의 투옥과 관련해서 논의된다. 다음 표가 보여주는 바와 같이 사도는 그 점을 12-14절에서 주장하고, 17절에서 다시 강조한다.

절	바울의 투옥	복음의 진전
12	"내가 당한 일"	"복음 전파에 진전"
13	"나의 매임"	"그리스도 안에서"
14	"나의 매임으로 말미암아"	"하나님의 말씀을…전하게"
17	"나의 매임에 괴로움을 더하게 할 줄로 생각하여"	"그리스도를 전파하느니라"

바울의 투옥이 그리스도 안에 있다는 사실이 널리 알려졌다. 따라서 기독교 메시지 및 선교에 대한 논의가 '퍼져' 나갔다. 따라서 1:15-18은 그리스도에 대한 공개적인 이야기와 관련이 있지만, 그와 같은 논의는 '바울 자신 및 그의 투옥과 관련해서' 이루어진다. 이 점을 간과해서는 안 된다. 배경은 공적 광장이다. 바울의 후원자들은 사도에 대한 '선의'와 '사랑'을 표현하는 방식으로 그리스도에 대해 말하는 반면, 반대자들은 시기와 당파심과 이기적 야심을 품고 그리스도에 대해 공개적으로 말한다. 바울이 투옥되어 있는 동안 반대자들이 그를 괴롭히려고 했다면, 그들의 이야기는 그 메신저는 물론이요 그의 메시지에 대한 것이며, 사도에게 더 해를 가할 수 있는 권력자들을 거론했을 것이 분명하다. 이와 같이, 그 이야기는 공개적이었을 뿐만 아니라 정치적이기도 했다(사도를 붙잡아두고 있는 정치권력을 이야기했기 때문이다). 그러므로 이것이야말로 바울이 후원자와 비난자가 '그리스도에 대해 공개적으로 말한다'(비난자와 후원자가 바울과 그의 메시지에 대해 이야기한다)고 할 때 의미하는 바 같다. 또한 다음 절에서 볼 수 있듯이 바울은 이것을 좋은 일로 인식한다. 이와 같이, 반대자들은 우리가 일반적으로 복음 전도에 대해 생각하는 것처럼 '그리스도를 전하는' 것이 아니었다. 오히려 그들은 사도를 가둔 권력자들에게 말하면서, 바울과 그의 선교에 대해 공개적으로 논쟁하는 자리에서 바울의 사역을 공격하는 동시에 그리스도 예수에 대해 이야기한다.

1:18a-g 그러면 무엇이냐 겉치레로 하나 참으로 하나 무슨 방도로 하든지 전파되는 것은 그리스도니 이로써 나는 기뻐하고(τί γάρ; πλὴν ὅτι παντὶ τρόπῳ, εἴτε προφάσει εἴτε ἀληθείᾳ, Χριστὸς καταγγέλλεται, καὶ ἐν τούτῳ χαίρω). 18절은 많은 주석가가 공격적인 반대자에 대한 반응으로는 기이하게 유순하다고 여긴 질문으로 시작한다. 하지만 여기에서 핵심은 이 유순한 반응이 향하는 대상에 초점을 맞추는 것이다. 바울의 이 말은 자신의 사역에 반대하는 사람들에 대한 우려를 완화하지 않는다. 오히려 그는 자신이 처한 형편의 어려움을 경시한다. 그의 기쁨은 고난 자체에 있지 않고, "모든 피루엣(pirouette, 발레에서 한 쪽 발로 서서 빠르게 도는 것-역주)을 그 자체의 아름다움과 하나님의 구속적 과정이라는 전체 동작에서 그것이 차지하는 위치를 볼 수 있는 그의 능력에 있다."[82] 바울은 사람들이 그리스도의 메시지를 더 많이 알게 된 것을 기뻐한다. 비록 그렇게 알려지게 한 수단이 바울을 해치려 하는 잘못된 동기로 이루어지더라도 말이다.

82. Fee, *Philippians*, 124.

'무슨 말을 할 수 있는가?'(What can be said in response?, τί γάρ;)라는 짧은 질문은 영어 성경에서 다양하게 번역되었다. '그렇다면 무엇인가?'(What then?, ESV, NASB, KJV), '그것이 무슨 상관인가?'(What does it matter?, CSB, NRSV, NIV), '그 결과는 무엇인가?'(What is the result?, NET). 이 중 첫 번째 번역은 다소 어색하고 모호해 보인다. NET의 번역은 가능성이 있고,[83] 문맥에 잘 맞는다. 그리고 두 번째 번역은 바울이 개인적으로 치르는 대가를 덜 중요하게 다루면서 상반되는 자세들의 중요성에 대한 의문을 제기한다. 우리는 여기에서 사도가 의도하는 뉘앙스를 어떻게 파악할 수 있는가?

바울은 그의 저술에서 τί γάρ를 5번 더 사용하는데(롬 3:3; 4:3; 고전 5:12; 7:16; 고후 12:13), 이 두 단어가 질문을 구성하는 경우는 오직 한 번뿐이다(롬 3:3). 거기에서 바울은 '우리는 이것에 대해 어떻게 생각해야 하는가?' 또는 '이것에 대해 무엇이라고 말할 수 있는가'라는 의미로 그 질문을 사용하는 것 같다. 그러고 나서 사도는 독자에게 그 상황을 어떻게 생각해야 할지를 이야기한다.[84] 칠십인역에서 이 짧은 수사적 질문은 욥기에서 '여기에 어떤 대답을 할 수 있는가?'라는 비슷한 의미로 쓰인다(예를 들어, 욥 4:17; 6:5, 22; 16:3; 18:4; 21:4).[85] 이 번역은 우리가 다루는 문맥에서도 의미가 통한다. 사도는 그리스도에 대해 공개적으로 말하는 후원자들과 반대자들로 이루어진 혼합된 상황을 묘사한다. 반대자들은 어떻게든 그리스도를 알리는 일에 사용되고 있지만 바울을 해치려고 한다. 그래서 바울은 τί γάρ로 명백한 질문을 한다. "선과 악이 뒤엉켜 있는 이 '혼합된' 상황에 비추어 우리는 무엇을 말할 수 있는가?"

바울은 '오직…'(only that, πλὴν ὅτι)이라는 말로 답을 소개하는데, 그것은 대조의 의미이고 한 가지에 집중된 대답에 관심을 집중시킨다. 이 질문에 대한 사도의 반응은 다양할 수 있다. 예를 들어, 반대자들의 불경건함이나 후원자들의 신실함을 가리킬 수 있다. 바울은 오해와 부당한 대우를 받는 것에 대해 슬픔이나 고통을 나눌 수 있었다. 혹은 그와 주님과 복음에 깊은 관심을 갖고 있는 사람들의 선의와 사랑을 기뻐할 수 있었다. 그러나 언어의 깔때기처럼 πλὴν ὅτι는 그 상황에서 가장 중요한 것이 무엇인지를 평가하는 바울의 분명한 진술로 좁혀진다. 즉, 그릇된 동기든 참된 동기든 각각의 방식으로 그리스도가 공개적으로 전파된다는 것이다. "방도"(τρόπος)로 번역된 용어는 어떤 것이 행해지는 방식을 언급하고,[86] "무슨"(πᾶς)은 바울이 여전히 그의 후원자들과 반대자들의 반응을 염두에 두고 있음을 말해준다. "…하나…하든지"(εἴτε…εἴτε)로 번역된 구문은 이런 반응들을 구분한다. 반대자들은 "겉치레로"(πρόφασις) 하는데, 이 단어는 핑계나 구실을 뜻한다. 대조적으로 바울의 후원자들은 "참으로"(ἀλήθεια) 한다. 우리는 그것을 '순수한' 동기라고 부를 수 있다. 그럼에도 거짓이든 참이든 상반되는 동기는 그리스도가 공개적으로 선포되는 결과를 낳는다. 바울에게 그것은 양쪽 모두 유리한 상황이다. 이것은 바울이 "당한 일이 도리어 복음 전파에 진전이 된"(1:12) 방법이며, 복음의 진전이 언제나 기뻐할 일인 이유다!

---

83. 참고. Josephus(*J.W.* 3.401)에 나타난 용법. 거기에서 이 구문은 '그 목적은 무엇인가?'의 의미를 지닌 것 같다.

84. Fee는 γάρ를 설명적인 것으로 읽는데, 그것은 우리의 독법에 맞는다. 하지만 Fee는 중요성을 나타내면서 그것을 '어떻든 무슨 상관인가?'로 번역한다(예를 들어, CSB, NIV처럼). 나는 오히려 그 뉘앙스가 적절하거나 합리적인 반응과 관계가 있다고 생각한다. '우리가 이것을 어떻게 이해할 수 있는가?'(How can we make sense of this?)

85. 이 평행은 바울이 다음 절에서 욥을 암시한다는 점을 인식하면서 강화된다(욥 13:13–18 LXX; Silva, *Philippians*, 70을 보라).

86. BDAG 1017.

적용에서의 신학

사역에 위기가 찾아왔을 때, 올바른 신학을 따라 올바른 반응을 보여야 한다. 고든 피가 말한 것처럼 "이 구절(12–18절)을 일화적인 내러티브로 혹은 바울이 단순히 나쁜 상황에 대해 면치레하는 것으로 치부하기 쉽지만,"[87] 여기에는 훨씬 많은 것이 담겨 있다. 물론 이 본문에는 수사학적 전략이 사용되었다(바울은 빌립보 교인이 특정한 방식으로 반응하기를 원한다). 그런데 그는 무엇에 근거하며 어떤 목적을 지향하는가? 이 본문의 적용과 관련해서 몇 가지 교훈을 이야기할 수 있다.

첫째, 위기에 직면했을 때 신학적 관점을 개발하도록 하라. 사도는 멋진 말을 만들어내거나 '현실과 분리된 신학 작업'을 하기보다, 실제로 위협을 받는 중대한 위기의 상황에서 글을 쓰면서 신학적 확신과 우선순위를 드러낸다. 다시 말해, 바울은 눈앞의 위기의 땅을 깊이 파고 들어가 신학이라는 기반암에 의존하여 반응한다. 바울은 그 순간의 감정보다 그의 믿음 가운데서 반응한다. 그의 참된 가치는 메시아가 중심이 되시는 메시지에 나타난다. 사실상 바울은 '우주의 중심은 나의 상황과 불편함이 아니다. 복음이 우주의 중심이다'라고 말한다. 무슨 목적으로 그렇게 말하는가? 빌립보 교인으로부터 시작하여, 모든 것이 하나님의 영광을 위해 그리고 그분의 복음이 세상에 전파되도록 역사한다. 이와 같이 바울은 그가 현재 처한 상황, 곧 쇠사슬에 매여 있고 반대자들이 도전하는 상황을 영적으로 높은 관점에서 내려다본다.

나는 최근에 버나드 콘웰(Bernard Cornwell)이 워털루 전투에 대해 쓴 역사적 이야기를 읽었다.[88] 1815년 벨기에에서 벌어진 이 결전은 나폴레옹이 엘바섬에서 탈출했다가 군대에 잠깐 복귀한 직후 일어났으며 양측에 치명적인 피해를 입혔다. 이 전투의 중요한 순간에 프랑스군은 웰링턴 공작의 군대가 잠복해 있는 산등성이에 수천 명의 군인을 내몰았다. 연기가 너무 자욱해서 많은 전투원은 겨우 몇 걸음 앞밖에 보지 못했다. 이 잔혹한 전쟁에서 웰링턴의 일부 군인들은(그들은 사방에서 쓰러지는 사상자들로 인해 제대로 볼 수 없었다) 자신들이 전투에서 패했다고 생각하고 공황에 빠졌다. 그러나 대다수는 냉철함을 유지하고 웰링턴의 명령을 염두에 두면서 승리하겠다는 목표에 계속 집중했다. 유럽의 미래가 걸려 있었다. 웰링턴은 고지대의 유리한 지점에서 지휘하며 전투에 임했다. 그는 겉으로 침착해 보였지만 위험이 계속 그의 주변을 맴돌고 있었다. 그의 결정과 그의 아래 있는 다른 지휘관들의 결정이[89] 전투에 영향을 미쳤고, 그 결과 그의 연합군이 '패배를 모르는' 나폴레옹을 물리치고 승리자가 되었다. 이 전투는 특별한 관점을 따라 진행되었고 결국 승리를 거두었다.

둘째, 신학에 깊이 뿌리박은 관점을 따라 살면 반대에 직면하여 담대하게 살 수 있다. 하나님은

---

87. Fee, *Philippians*, 125.

88. Bernard Cornwell, *Waterloo: The History of Four Days, Three Armies and Three Battles* (New York: HarperCollins, 2014).

89. 나폴레옹의 지휘관들이 저지른 치명적인 실수와 더불어 프로이센 연합군 지도자들의 공이 크다.

투옥에 대한 바울의 자세, 태도, 반응을 사용하셔서 형제자매들을 담대하게 하셨다. 그리고 그들은 주님의 말씀을 겁 없이 전하게 되었다(1:14). 하나님은 사도를 그와 같은 영향력을 가진 존재가 되게 하셨다. 바울은 우리 대부분(특히 서양에 사는 우리)보다 위협을 다루는 일에서 훨씬 더 경험이 많았다. 하지만 우리가 반대에 부딪혔을 때 보이는 반응(좋든 나쁘든)을 다른 사람들이 본다는 사실을 알아야 한다. 우리는 어려운 상황에 반응하는 방법을 훈련시키는 사람들이다.

나는 여러 해 동안 한 아시아 국가에서 가정 교회 사역자들을 훈련하는 단체의 이사회에서 일하는 특권을 누렸다. 그 당시 우리의 사역은 많은 반대를 만났지만, 그곳의 형제자매들은 어려운 상황 속에서도 품위 있고 담대하게 처신하는 놀라운 모범을 보여주었다. 나중에 주님 품에 안긴 한 자매는 20대 때 옥에 갇혔다. 그녀는 거기에서도 복음을 전하고, 동료 수감자들을 위해 기도하며(그중 일부는 병 고침을 받았다), 귀신을 내쫓기도 하며 감옥 환경을 개선하기 위해 일했다. 어느 날 교도관이 찾아와서 그녀에게 이렇게 말했다. "우리는 당신이 하는 일을 이해하지 못하겠습니다. 하지만 우리는 당신을 다른 교도소로 보내서 그곳에서도 같은 일을 할 수 있게 하겠습니다." 그녀는 어둡고 척박한 장소를 변화시키는 일을 위해 하나님께 사용되었다. 억압이 기회로 바뀐 것이다. 그 자매가 인생의 그 고된 기간을 견딘 방법과 그 땅의 교회에 끼친 광범위한 영향은 나를 포함한 많은 사람에게 놀라운 모범이 되었다. 내가 원래 가르쳤던 장소를 떠난 후, 나는 신앙에 큰 격려를 받고 담대해졌다. 그들의 담대함은 많은 사람에게 선한 영향력을 끼쳤다.

그런 담대함은 복음을 위해 우리의 어려움을 구속하시는 하나님을 볼 때 생긴다. 따라서 우리는 **기회를 기회로 보는 법을 배울 수 있다.** 빌립보서 1:12-18g에 나타난 주목할 만한 역학 중 하나는 바울이 경험하고 있는 반대를 거꾸로 보는 관점이다. 우리 대부분은 좌절이나 자신에게 손해를 입힐 위협에 집중하는 반면 바울은 기회를 본다. 물론 본문에 대한 중요한 해석적 문제 중 하나는 이 반대의 본질과 관계된다. 그러나 바울을 반대하는 사람들이 나쁜 일을 꾸민 것은 분명하다. 그들의 위협에 대한 바울의 유순한 반응은 주석가들을 당혹스럽게 했지만, 복음을 위한 선한 기회를 핵심으로 보는 바울의 반전된 가치는 이 시점에서 그가 한 말의 뜻을 명료하게 한다.

바울과 그의 사역을 향한 공개적 공격이 복음 전파의 수단, 즉 그리스도가 전해지는 수단이 되었다는 것은 기이해 보일 수 있다. 하지만 그와 유사한 오늘날의 사례를 떠올려보라. 이스라엘 네타니아에서 활동하는 '원 포 이스라엘'(One for Israel)이라는 단체는 중동의 수많은 유대인과 아랍인에게 사랑, 소망, 화해라는 복음의 메시지를 전파한다. 나는 이 사역과 관련된 대학에서 여러 번 가르쳤고, 이 형제자매들이 깊이 헌신된 그리스도의 제자라는 사실을 안다. 그들은 평화적으로 말하고, 이스라엘 사람들을 희생적으로 섬기며, 건전한 신학을 견지한다. 그들의 미디어 사역은 창조적이고 탁월하여 매우 풍성한 열매를 맺고 있다.

몇 년 전 이스라엘의 초정통 유대교 반(反)선교 단체 중 하나가 기독교 사역의 성공에 위기감을 느끼고, '원 포 이스라엘'을 공격하겠다고 공개적으로 선포했다. 그들은 추종자들에게 "그 기독교 사역의 웹사이트에 접속하지 말라"고 말했다. 그들은 공개적으로 예수님과 기독교 복음 메시지를 이야기하면서 예수님과 복음을 공격했다. 심지어 기독교 방송 영상과 관련된 사람들을 해치겠다고 위협했다. 무슨 일이 일어났을까? 웹사이트 접속자 수가 치솟았다! 공개적인 공격은 반대자들이 의도했던 것과 정반대의 결과를 가져왔다. 수많은 사람이 '원 포 이스라엘' 사역과 복음을 알게 되었다. 역설적이게도 기독교 신앙에 대한 공개적인 공격은 사실상 복음의 메시지를 전파했고, 그리스도인을 반대하는 이들은 복음을 전파하는 효과적인 도구가 되었다.

CHAPTER

4

빌립보서 1:18h–26

문학적 전후 문맥

빌립보서 1:18h–26은 빌립보서의 '본문 서두'에 해당하는 1:12–26의 두 번째이자 마지막 움직임을 구성한다. 이 부분은 빌립보서 1:1–11의 서신 서문 및 기쁨에 찬 기도 보고를 기반으로 한다. 본문 서두의 첫 번째 움직임에서(1:12–18g) 사도는 자신의 투옥에 대한 열정적인 관점을 제공한다. 그가 자신이 처한 환경을 복음의 진전을 위해 역사한 것으로 이해하기 때문이다. 바울은 구금되어 있지만, 복음은 구금되지 않는다. 오히려 그리스도에 대한 메시지는 바울이 시위대 및 가이사 황실에 속한 다른 사람들과 매우 가까이 있는 덕분에 널리 퍼져 나갔다(1:12–13; 4:22). 게다가 교회 안에 있는 형제자매들은 바울이 처한 상황에서 보인 반응에 큰 격려를 받아 주저하지 않고 담대하게 복음을 전했다(1:14). 사도는 자신을 해치려고 그리스도를 공개적으로 말하는 반대자들에 대해서도 기뻐할 수 있다. 적어도 그리스도가 광장에서 공개적으로 논의되고 있기 때문이다(15–18g절)! 이와 같이 1:12–18g 전체는 바울의 선교를 방해하는 장애물을 하나님이 어떻게 구속하시는지에 대한 관점을 강화하는 통찰을 제공한다.

바울은 1:18h–26에서 '기쁨의 자세'를 확대해서 자신의 투옥이 결국 구출로 끝날 것이라는 확신을 표현한다. 또한 사도는 자신이 수치를 당하지 않고 살든지 죽든지 그리스도를 영화롭게 할 것이라는 소망을 드러낸다(18h–20절). 어떤 의미에서 바울의 생명은 육신의 몸을 입고 계속 사역하는 것과 그리스도가 계신 본향으로 돌아가는 것 사이에서 균형을 잡는 것에 달려 있는데, 바울은 분명히 후자를 선호한다(21–23절). 하지만 빌립보 교인들을 위해 이 땅에 머무르는 것이 더 시급하다고 확신한 사도는 당분간 세상에서 사역을 계속하리라고 기대한다. 이와 같이 빌립보 교인들과 함께함으로써 사도는 그들이 믿음 가운데 진보를 이루고 기쁨을 알게 될 것이라고 확신한다. 이 행복한 상태는 훗날 그들이 예수님 안에서 품고 있는 경건한 자부심을 넘치게 할 것이다(24–26절).

본문 서두는 26절로 끝난다. 그리고 바울은 서신의 주요 주제인 교회의 연합으로 넘어간다. 따라서 1:27–2:4에서 사도는 빌립보 신자들이 '하나'(1:27; 2:2)가 되고, 그들이 생각하는 방식에서 그리고 특히 그들의 공동체의 연합에서 "한마음"(2:2)을 품으라고 거듭 이야기한다. 이것은 25절에 언급된 빌립보 교인의 믿음의 "진보"에서 매우 중요한 측면이다. 바울이 반대에 직면하는 것처럼 빌립보 교인도 반대에 직면하지만(29–30절), 그들은 단결하면서 반대에 잘 대처할 수 있다.

I. 서신 시작 부분: 서문과 기도 보고(1:1–11)
II. 서신 중심 부분(1:12–4:9)
A. 본문 서두: 바울의 현 상황(1:12–26)
1. 복음의 진전에 대한 기쁨에 찬 보고(12–18g절)
➦ **2. 투옥과 관련한 바울의 희망찬 기대(18h–26절)**
B. 서신의 주요 본문: 교회 연합을 위한 호소(1:27–4:4a)
C. 본문 끝: 권고(4:4b–9)
III. 서신 끝부분(4:10–23)

주요 개념

바울은 자신이 죽어서 그리스도와 함께 있든지 아니면 육신의 몸을 입고 계속 사역을 하든지 간에, 그 결과는 좋을 것이라고 확신한다. 바울은 자신이 더 좋아하는 것을 선택하기를 주저하는 듯 보이지만, 이 땅에 머무르며 계속 빌립보 교인을 향해 사역하는 것(그가 기대하는 "구원"의 형태)이 더 긴급한 필요이고, 궁극적으로 빌립보 교인을 영적으로 성장시킬 것이라고 생각한다.

번역

빌립보서 1:18h-26

18h	반복	또한
i	선언	**기뻐하리라**
19a	근거	**이것이…아는 고로**
b	수단	너희의 간구와
c	수단 2	예수 그리스도의 성령의 도우심으로
d	결과	나를 구원에 이르게 할 줄

20a	일치/내용 1	나의 간절한 기대와
b	내용 2	소망을 따라 아무 일에든지
		부끄러워하지 아니하고
c	시간	지금도 전과 같이
d	자세	온전히 담대하여
e	수단	살든지
f	대조	죽든지
g	영역	내 몸에서
h	(20b절과) 대조	그리스도가 존귀하게 되게 하려 하나니
21a	설명	이는
b	관련	내게
c	선언	**사는 것이 그리스도니**
d	대안(연속)	**죽는 것도 유익함이라**
22a	발전적 접속사	그러나
b	조건	만일 육신으로 사는
c	결과	**이것이 내 일의 열매일진대**
d	수사적 질문	**무엇을 택해야 할는지**
	고백 1	**나는 알지 못하노라**
23a	고백 2	**내가…끼었으니**
b		그 둘 사이에
c	설명/소원	차라리 세상을 떠나서
d	장소	그리스도와 함께 있는 것이
e	비교	훨씬 더 좋은 일이라
f	양보	그렇게 하고 싶으나
24a	행동	내가 육신으로 있는 것이
b	이점	너희를 위하여
c		더 유익하리라
25a	기대	**내가 살 것과**
b	결과/이점 1	너희 믿음의 진보와
c	이점 2	기쁨을 위하여
d	연관	너희 무리와 함께
e	기대	**거할**
f	근거	이것을 확실히 아노니

26a	수단	내가…너희와 같이 있음으로
b	시간	다시
c	목적	그리스도 예수 안에서 너희 자랑이…풍성하게 하려 함이라
d	원인	나로 말미암아

구조

본문에는 두 개의 주요 움직임이 있다(1:18h–20과 1:21–26). 첫 번째는 바울의 기쁨에 찬 확신에 초점을 맞추고, "또한"(indeed, ἀλλὰ καί)이라는 표현으로 앞선 단위에서 전환된다. 이제 바울의 기쁨은 자신이 미래에 구출될 것을 기대하는 것으로 표현된다. 이 움직임의 나머지 부분(19–20절)은 설명적이다(γάρ). 바울은 독자들에게 이 구출이 그들의 기도 및 예수 그리스도의 영의 도우심을 통해 이루어질 것이라고 말한다. 그리고 이 구출은 수치를 당하지 않고 '그리스도가 존귀하게 될' 것이라는 그의 간절한 기대 및 소망에 맞추어 이루어질 것이라고 말한다. 앞의 '번역' 부분에 표시되어 있는 것처럼 1:18h–20을 구성하는 구와 절은 바울 서신의 공통적인 특징인 다수의 종속절[하이포택시스(hypotaxis)라고 불림] 형태로 배치되어 있다.

대조적으로 두 번째 하위 단위는 이 세상에서 그리스도를 위해 계속 살 것과 죽어서 그리스도와 함께하는 '유익'을 경험하는 것의 대조에 초점을 맞춘 등위적인 독립절[파라택시스(parataxis)]을 중심으로 구성된다. 21절은 이 대조에 대해 말하고, 22–23b절은 바울이 두 가지 가능성을 고려하면서 겪는 어려움과 불확실함을 표현한다. 이 난제는 23c–24절에서 간단하게 설명되는데, 사도는 그리스도와 함께 있고 싶은 자신의 소원과 빌립보 교인을 위해 계속 사역해야 할 필요를 대조한다. 본문은 일련의 종속적 절과 구로 끝난다. 바울은 그가 남아서 빌립보 교인을 위해 계속 사역할 것을 확신한다("너희 무리와 함께"). 그 결과 그들은 "진보와 기쁨"을 얻을 것이고, 그의 사역은 특별한 목적을 위해 이루어질 것이다. "그리스도 예수 안에서 너희 자랑이 나로 말미암아 풍성하게 하려 함이라."

이와 같이 1:18h–26 전체는 확신을 나타내는 진술로 시작하고, 수사학적으로 제시된 난제의 불확실함으로 이동하며, 확실함에 대한 진술로 끝맺으면서 A-B-A 패턴을 형성한다.

석의적 개요

➡ **2. 투옥과 관련한 바울의 희망찬 기대(18h–26절)**

a. 결과에 대한 확신(18h–20절)

(1) 결국 바울은 구출될 것이다

(2) 구출은 다음의 두가지를 통해 이루어질 것이다
a) 빌립보 교인들의 기도
b) 예수 그리스도의 성령의 도우심
(3) 구출은 바울의 간절한 기대 및 소망과 일치할 것이다
a) 바울은 아무 일에도 부끄러워하지 않을 것이다
b) 바울은 그리스도를 존귀하게 할 것이다
i) 온전히 담대하게
ii) 지금도 전과 같이
iii) 바울의 육신에서
iv) 살든지 죽든지

b. 두 가지 좋은 대안: 삶 또는 죽음(21–24절)
(1) 바울의 관점
a) 사는 것이 그리스도
b) 죽는 것도 유익함
(2) 난제: 선택이 어렵다
a) 사는 것은 신실한 사역을 의미할 것이다
b) 떠나서 그리스도와 함께 있는 것이 더 좋다
c) 남아서 빌립보 교인에게 사역하는 것이 더 긴급한 필요인 것 같다

c. 바울은 살아서 사역을 완수할 것을 확신한다(25–26절)
(1) 바울은 빌립보 교인들이 그가 계속 그들 가운데서 사역해주기를 원한다고 믿는다
(2) 그 결과 그들은 믿음의 진보와 기쁨을 누릴 것이다
(3) 의도하는 결과는 그리스도 예수 안에서 그들의 자랑이 풍성해지는 것이다

본문 설명

1:18h–19 또한 기뻐하리라 이것이 너희의 간구와 예수 그리스도의 성령의 도우심으로 나를 구원에 이르게 할 줄 아는 고로(ἀλλὰ καὶ χαρήσομαι, 19 οἶδα γὰρ ὅτι τοῦτό μοι ἀποβήσεται εἰς σωτηρίαν διὰ τῆς ὑμῶν δεήσεως καὶ ἐπιχορηγίας τοῦ πνεύματος Ἰησοῦ Χριστοῦ). 1:18h–19에서 바울은 빌립보 교인들의 기도와 협력하여 성령이 역사하실 것을 믿으면서 자신이 감옥에서 구출될 것이라는 기쁨에 찬 확신을 표현한다. "또한"(ἀλλὰ καί)으로 번역된 두 개의 헬라어 접속사는 진행형으로,[1] 18절에 나오는 최초의 기쁨의 외침에 의거한다. 바울은 '기뻐하다'(χαρήσομαι)라

1. 그리고 강조하는 것으로 볼 수 있다. Denniston and Dover, *Greek Particles*, 21. 2:27에서처럼 바울에게서 이 구문은 '…뿐만 아니라 …또한'(οὐ μόνον…ἀλλὰ καί) 구문에서 가장 흔하게 찾아볼 수 있다.

는 동사의 미래형을 사용하여 아름답고 매끄러운 '갈고리 단어'(hook word)[2] 전환을 만들어내면서 바로 앞 단위 끝에 나왔던 어조를 연이어 반복한다. 물론 '기쁨'은 빌립보서의 가장 중요한 주제 중 하나다. '빌립보서 서론'에서 언급한 대로, 사도는 '기쁨'이라는 주제를 빌립보서의 구조에서 중요한 전환점으로 사용하면서(1:18; 2:17-18, 28; 3:1; 4:4, 10),[3] 서신 내용을 진전시키기 전에 '숨을 고르고' 청자의 주의를 하나님께 다시 집중시킨 뒤 기쁨의 자세를 취하라고 권고한다. 1:18h-19에서 그 자세는 사도가 현재 처한 환경에서 경험하는 기쁨에서, 이어지는 설명(γάρ)에서 볼 수 있듯 그가 미래에 구출되는 기쁨을 기대하는 것으로 변화된다.

바울은 '나는 확신한다'(I am confident, οἶδα)라고 번역된 단어를 신학의 한 측면을 이해한다는 의미로 가장 자주 사용하지만,[4] 그것은 또한 어떤 사건이나 상황에 대해 안다는 뜻이기도 하다(예를 들어, 고전 1:16; 16:15; 골 2:1; 살전 2:1, 5, 11; 3:4). 여기에서 우리는 비교적 덜 흔한 용법을 본다. 사도는 미래에 어떤 일이 일어날 것을 '아는 것'에 대해 말한다(롬 15:29; 몬 1:21을 보라). 여기에서 그 단어는 헬라어 πείθω('나는 믿는다, 확신한다, 신뢰한다')와 비슷한 의미이고, 바울은 때때로 이 두 단어를 함께 사용한다(롬 14:14; 고후 5:11; 빌 1:25; 딤후 1:12; 몬 1:21).

특히 바울은 자신의 구금이 "구원에 이르게 할 줄"(ἀποβήσεται εἰς σωτηρίαν)[5] 확신한다. '이르게 하다'(ἀποβαίνω)로 번역된 동사는 '떠나다' 또는 '나가다'라는 뜻일 수 있지만, 그것은 여기에서 특별한 "상태 또는 조건"[6]으로 이끄는 행동을 비유적으로 말한다. 그리고 여기서 염두에 두고 있는 조건은 자유다. 일반적으로 "구원"(σωτηρία 및 그것과 어원이 같은 형태와 더불어)으로 번역되는 헬라어는 그리스 로마 세계의 문헌에서 광범위하게 세속적으로 사용되었다. 예를 들어, 그것은 노예 상태에서 구출되는 것(예를 들어, 행 7:25), 죽음에서 구출되는 것(예를 들어, 27:34), 적의 손에서 구출되는 것을 뜻할 수 있다.[7] σωτηρία라는 단어는 여기에서처럼 감옥에서 '구출되는 것'에 사용될 수 있다.[8] 바울은 이 부분을 욥기 13:16 칠십인역에서 직접 인용하는데, 이 욥기 구절은 현재의 끔찍한 환경에서 옹호받고 구출되는 것에 대해 말한다. 바울은 본질적으로 투옥의 결과가 '구출'(εἰς σωτηρίαν),[9] 즉 투옥에서 해방으로 즉시 변화될 것을 확신한다고 말하는 것이다.[10]

바울에게 있어 감옥에서 풀려나는 일은 빌립보인들의 기도와[11] "예수 그리스도의 성령의 도우심"[12]을 통해

2. 이 유형의 전환 장치는 같은 단어나 단어들을 한 단위의 끝과 다음 단위의 처음에 사용해서 두 단위를 함께 붙인다. 전환 장치로서 '갈고리 단어들'에 대해 더 알려면 Guthrie, *Structure of Hebrews*, 12, 98, 102를 보라.
3. '빌립보서 서론' 에서 60-62쪽을 보라.
4. 예를 들어, 롬 2:2; 3:19; 5:3; 6:9, 16; 고전 3:16; 5:6; 6:2-3, 9, 15 16, 19.
5. 접속사로서 ὅτι의 '내용' 용법은 사도가 무엇에 대해 확신을 표현하는지 소개한다.
6. BDAG 107.
7. 예를 들어, Plutarch, *Reg. imp. apophth*. 39.6; 72.2; *Sert.* 15.1; *Comp. Pel. Marc.* 3.1; Polybius, *Hist.* 11.9; Josephus, *Ant.* 2.331. 이 주제에 대해 그리고 이 단어의 몇몇 반의어에 대해 더 알려면 Guthrie, *2 Corinthians*, 171을 보라.
8. 분명히 몇몇 학자는 바울의 선언에서 광범위하고 종말론적인 함축을 보지만, 근접 문맥은 그가 감옥에서 풀려나는 것을 염두에 두고 있음을 제안한다. 특히, 바울은 다음에 이어서 언급되는 빌립보 교인의 기도가 그의 종말론적 구원에 기여하는 것으로 보지 않는다. 그것은 근접 문맥에 맞지 않는 것 같다. 바울이 종말론적 구원을 말한다는 견해에 대해서는 Bockmuehl, *Philippians*, 83을 보라. Cousar는 그 지시 대상을 구출이나 종말론적 구원보다는 옹호로 이해한다. Cousar, *Philippians and Philemon*, 38을 보라.
9. 또한 μοι는 이점의 여격으로 읽을 수 있다. "나를 위해."
10. 여기에서 전치사 εἰς+목적격은 한 상태에서 다른 상태로 변화되는 것을 나타낸다.
11. 여기에서 διά+소유격은 수단을 표시하는 기능을 한다. 즉, 그것에 의해 어떤 일이 일어난다.
12. Fee가 지적한 대로, 여기에는 전치사 δία의 복합 목적어 역할을 하는 두 명사가 나오는데, 그 두 명사는 한 관사로 소개된다. 따라서 바울은 그가 기대하는 좋은 결실을 가져오는 데 빌립보 교인의 기도와 성령의 "도우심"이 밀접하게 관련된 것으로 이해한다. Fee, *Philippians*, 132n27; Max Zerwick, *Biblical Greek*, trans. Joseph Smith (Rome: Pontifical Biblical Institute, 1963), 59를 보라.

(διά) 일어날 것이다. 따라서 바울을 위해 그들이 하나님께 "간구"(τῆς ὑμῶν δεήσεως)하는 것과 "예수 그리스도의 성령의 도우심"(ἐπιχορηγίας τοῦ πνεύματος Ἰησοῦ Χριστοῦ)이 사도의 구출에 중요한 역할을 한다. 바울은 이미 빌립보인들을 위한 자신의 끊임없는 기도(1:4)를 언급한 바 있다. 또한 그는 마게도냐에 있는 이 친구들을 위해 감동적이고 삶을 형성하는 기도로 서신의 시작 부분을 끝마치기까지 한다(9–11절). 그러나 기도에 있어 동반자 관계는 쌍방향이 되어야 한다. 4:6에서 바울은 빌립보 교인들에게 염려하기보다는 하나님께 기도하고 간구하는 일에 힘쓰라고 권고한다(τῇ προσευχῇ καὶ τῇ δεήσει). 그들은 기도하는 백성이 되어야 하며, 바울은 그들이 기도한 결과로 자신이 감옥에서 풀려날 것을 확신한다.

"도우심"(provision, ἐπιχορηγία)이라는 단어는 신약에서 여기와 에베소서 4:16에서만 찾아볼 수 있다.[13] 그것은 주어지거나 공급된 무언가나, 지원용으로 제공된 무언가를 언급한다. 이 단어의 동사 형태는 더 흔히 사용되고(ἐπιχορηγέω, 고후 9:10; 갈 3:5; 골 2:19; 벧후 1:5, 11), 어떤 것을 선물로 주는 것, 필요한 것을 공급하거나 제공하는 것, 다른 사람의 복지를 위해 후원하는 것을 뜻한다.[14] '공급'이라는 점에서 1:19에 나오는 명사를 생각하면, 아마도 그 뉘앙스에서 크게 벗어나지 않을 것이다.

하지만 바울은 어떤 도우심을 염두에 두고 있는가? 어떤 사람들은 그 도우심을 성령 자체로 이해한다.[15] 이 해석은 갈라디아서 3:5과 잘 맞는다. 거기에서 바울은 비슷한 언어를 사용해서 "너희에게 성령을 주시고(ὁ οὖν ἐπιχορηγῶν ὑμῖν τὸ πνεῦμα) 너희 가운데서 능력을 행하시는 이의 일이 율법의 행위에서냐 혹은 듣고 믿음에서냐"라고 쓴다. 그럼에도 갈라디아서 3장에서 바울이 성령의 선물을 언급한 것은 갈라디아 교인들이 하나님과 맺은 새 언약 관계와 관련되기 때문에 지금의 본문과 꼭 들어맞지 않는다.

오히려 여기에서 바울은 예수님이 보내신 성령에 의한 도우심을 언급하는 것 같다.[16] 따라서 "성령의"(τοῦ πνεύματος)는 '매개'(agency)를 뜻한다고 보는 것이 더 낫다. 즉, 바울이 투옥과 심문을 앞둔 상태에서 성령의 도우심, 사실상 성령의 능력 주심(즉, '성령에 의한' 공급)으로 읽는 것이다. 문맥을 고려해보건대, 바울은 그가 로마 당국과 교류할 때 받게 되는 후원이라는 점에서 성령에 의한 도우심을 기대한다(참고. 마 10:20; 막 13:11; 눅 12:12). 성령은 바울을 담대하게 만들어서 그리스도의 말씀을 두려움 없이 말하게 하고, 그 과정에서 그리스도를 존귀하게 할 것이다. 그것이 20절의 주제다.

1:20 나의 간절한 기대와 소망을 따라 아무 일에든지 부끄러워하지 아니하고 지금도 전과 같이 온전히 담대하여 살든지 죽든지 내 몸에서 그리스도가 존귀하게 되게 하려 하나니(κατὰ τὴν ἀποκαραδοκίαν καὶ ἐλπίδα μου, ὅτι ἐν οὐδενὶ αἰσχυνθήσομαι ἀλλ' ἐν πάσῃ παρρησίᾳ ὡς πάντοτε καὶ νῦν μεγαλυνθήσεται Χριστὸς ἐν τῷ σώματί μου, εἴτε διὰ ζωῆς εἴτε διὰ θανάτου). 바울은 현재 당면한 위기를 잘 대처해서 살든지 죽든지 그리스도를 존귀하게 하기를 소원한다. 그는 자신의 석방에 대해 생각하면서 공개 심문이나 소송이 어떤 결과를 낳든지 간에 자신이 취할 반응에 대해 어떤 기준을 염두에 두고 있다. 유감스럽게도 여러 현대 번역본은 20절 초반부에 나오는 "…을 따라"[17]라는 표현을 생

13. 여기에서 바울은 그리스도의 몸의 역사를 묘사하면서 "각 마디를 통하여 도움을 받음으로"(πάσης ἁφῆς τῆς ἐπιχορηγίας)라고 언급한다.

14. BDAG 387.

15. Fee가 주장하는 대로, τοῦ πνεύματος를 목적격적 소유격으로 읽는다. Fee, *Philippians*, 133–34; Bockmuehl, *Philippians*, 84를 보라.

16. 성령이 '예수 그리스도로부터'(Ἰησοῦ Χριστοῦ)라고 묘사되는 것은 (신약 이곳에서만 사용되는 구문), 성령이 예수 그리스도로부터 보내심을 받는 것처럼(예를 들어, 요 16:7) '근원'을 함축하는 것으로 이해될 수 있다.

17. '…을 따라'(κατά)+목적격 ἀποκαραδοκίαν의 용법은 '간절한 기대'로 번역된다.

략한다(예를 들어, NLT, NRSV, NIV, CSB, NET). 하지만 이 단어는 중요하다. 19절에서 설명한 것처럼 바울은 자유를 기대한다. 그러나 사도는 무슨 대가를 치러서라도 자유를 얻는 것에 관심을 두는 것은 아니다. 그는 비겁하게 자신의 석방을 구걸하지 않을 것이다. 오히려 바울은 그의 입장에서 특별한 자세에 "따라"(κατά+목적격) 이루어지는 자유를 기대한다. 그 자세는 그리스도가 존귀하게 될 '온전히 담대한' 자세다.

바울은 이 자세를 "나의 간절한 기대와 소망"(τὴν ἀποκαραδοκίαν καὶ ἐλπίδα μου)으로 소개한다. 이 명사들 중 첫 번째는 이 구절과 로마서 8:19에만 나온다. 로마서에서 바울은 "피조물이 고대하는 바는(ἡ …ἀποκαραδοκία) 하나님의 아들들이 나타나는 것이니"라고 쓴다. 예를 들어, 관련 동사(ἀποκαραδοκέω)는 전투를 시작하기 직전에 군인이 경험하는 격렬한 감정에 대해 사용될 수 있었다(Josephus, *J.W.* 3.264). 20절에서 바울은 주 예수의 복음을 담대하게 증거하고자 하는 그의 간절한 기대를 말한다. 이 해석은 바울이 "…와 소망"(καὶ ἐλπίδα)을 덧붙인 것으로 더 확실해진다. 현재의 문맥에서 "소망"은 "확신할 수 있는 근거를 갖고 무언가를 기대하는 것"을 뜻한다.[18] 그리스도를 위해 담대해져야 할 때가 오면, 이 절의 나머지 부분이 명백히 보여주는 것처럼 바울은 계속해서 움츠러들지 않고 담대하게 행동할 것이다.

사도의 담대한 반응은 두 부분으로 구성된 내용(ὅτι) 절로 표현된다. 첫 번째 부분은 수치와 관련이 있다. '부끄러워하다'(αἰσχύνω)라는 뜻의 동사는 자신에 대해 '부끄러워하는 것'이나 어떤 사람이나 상황에 의해 '부끄러움/수치를 당하는 것'을 뜻할 수 있다.[19] 사도는 자신이 그리스도를 위해 공개적으로 증언할 기회가 올 때 "아무 일에든지(ἐν οὐδενί) 부끄러워하지" 않기를 소망한다.[20]

그리스 로마 사회에서 명예는 얻으려 애써야 하는 것이었고, 부끄러움은 어떻게 해서든지 피해야 하는 것이었다. 바울은 이런 배경에서 명예와 부끄러움을 말하지만, 그의 관점은 그리스도를 아는 것으로 말미암아 형성되어 있다. 그리고 그런 관점은 그리스 로마의 가치 체계를 완전히 뒤집는다. 세상이 명예롭게 생각하는 것은 하나님 앞에서 부끄러운 것이다. 하나님이 명예롭게 여기시는 것은 세상에서 부끄럽게 여겨진다. 사도는 십자가 처형을 당하시고 높아지신 주님과 함께 약하고 어리석은 십자가의 그림자 속에 담대하게 서서 세상의 '명예'를 멀리한다. 그는 권력 앞에서 부끄러움을 당하는 일을 두려워하지 않는다. 그는 그리스도에 대해 공개적으로 말하지 못해서 부끄러움을 당하는 것을 두려워한다.[21]

사도는 '그러나'(ἀλλ', 개역개정에는 번역되어 있지 않음–역주)로 그 대조를 강조한다. 바울은 부끄러워하기보다 이제까지 보여준 삶과 사역의 패턴대로 그리스도를 공개적으로 존귀하게 하기를 원한다(ἐν πάσῃ παρρησίᾳ ὡς πάντοτε καὶ νῦν μεγαλυνθήσεται Χριστός). 이와 같이, 회피해야 할 '부끄러움'은 "온전히 담대하여"(ἐν πάσῃ παρρησίᾳ)라는 표현과 대조를 이룬다. 사도행전 28:31에서 거의 똑같은 구절이 나온다. 누가는 거기에서 로마에 있는 바울이 "하나님의 나라를 전파하며 주 예수 그리스도에 관한 모든 것을 담대하게(μετὰ πάσης παρρησίας) 거침없이 가르치더라"고 기록한다. 몇몇 신약 용법에서 담대함을 뜻하는 이 단어는 '용기'나 '확신'을 언급하고, 그 뉘앙스는 부끄러운 행위와 대조를 이루는 현재의 문맥에 쏙 맞는다.

18. BDAG 319–20.
19. 예를 들어, 눅 16:3; 고후 10:8; 빌 1:20; 벧전 4:16; 요일 2:28.
20. 더 분명하게 '나는 아무것도 부끄러워 하지 않을 것이다.'
21. 그리스 로마 문화에서 명예와 수치에 대해서는, 예를 들어 Bruce W. Winter, *Philo and Paul among the Sophists: Alexandrian and Corinthian Responses to a Julio-Claudian Movement* (Grand Rapids: Eerdmans, 2002), 71–72를 보라.

하지만 빌립보서 1:20과 사도행전 28:31에 쓰인 표현에서 우리는 관련은 있지만 약간 다른 의미를 볼 수 있다. παρρησία는 단순하게 말하는 것, 즉 열린 태도로 말하는 것을 뜻한다(예를 들어, 막 8:32; 요 7:4, 13, 26; 10:24; 11:14; 16:29; 고후 3:12). 이것이 바울이 염두에 두고 있는 뉘앙스라면, 그는 공적 광장에서 완곡한 태도로 반응하기보다 그리스도에 대한 진리와 복음을 솔직하게 말하고 공개적으로 선포하기를 원한다는 것을 의미한다. 물론 '담대함'과 '솔직함'의 개념은 밀접하게 관련되기 때문에 우리는 이 둘을 명확하게 구분하지 않는다. 어쨌든 로마 제국의 심장부에서 주님이신 그리스도를 공개적으로 말하는 일에는 상당한 용기가 필요했겠지만, 이것은 바울에게 새삼스러운 일이 아니었다.

실제로 바울은 "지금도 전과 같이"(ὡς πάντοτε καὶ νῦν)라는 문구로 자신이 공적인 자리에서 기회가 주어질 때마다 복음을 위해 항상 용기 있게 반응한다는 점을 언급한다.[22] 바울은 현 상황에서 두려움 없이 복음을 선포하는 자신의 자세가 지금까지 그의 삶과 사역을 특징지었던 패턴과 일치할 것이라는 확고한 소망을 드러낸다. 바울이 다메섹에서 담대하게 그리스도를 존귀하게 했듯이(행 9:19b-20), 지금도 동일하게 행동하고 있다. 바울이 빌립보에서 박해를 당하는 중에 찬송을 부르면서 그리스도를 공개적으로 높인 것처럼(행 16장), 지금도 똑같이 행하고 있다. 무리에게 매를 맞은 직후 사도가 예루살렘 성전에 서서 적대적인 무리에게 다메섹 도상에서 만난 그리스도에 대해 말한 것처럼(행 21-22장), 지금도 같은 행동을 하고 있다.

'존귀하게 할 것이다'(will magnify, μεγαλυνθήσεται)[23]로 번역된 동사는 '어떤 것을 크게 또는 위대하게 만들다'라는 뜻으로 사용될 수 있지만, 여기에서 그것은 그리스도를 "찬양이나 행위를 통해 크게 높이는" 것을 뜻한다.[24] 이 단어의 용법은 성경 외에 유사한 예를 찾아볼 수 없다. 칠십인역에서 그것은 사람이나 나라에 대해 사용될 수 있는데, 하나님의 은혜 아래 지위나 권력이 높아지는 경우다.[25] 하나님, 그분의 성품, 그분의 역사가 '존귀하게 될' 수 있다(삼상 12:24; 시 57:10; 69:31). 따라서 마리아는 '주를 찬양할' 때 구약의 언어를 사용하며(눅 1:46), 사도행전에서 다른 방언으로 하나님을 높이는 자들도 그렇게 한다(행 10:46).[26] 게다가 "주 예수의 이름"은 악령의 증언을 통해서도 높아질 수 있었다(행 19:15-17).

그렇다면 바울이 자신의 몸에서 그리스도를 존귀하게 하는 것(ἐν τῷ σώματί μου, 빌 1:20)은 무슨 의미인가? 고린도후서 4:7-15에는 이 개념이 조금 더 자세히 설명되어 있다. 사도는 박해, 곧 복음을 위해 육체적으로 고난당하는 것이 선교의 일반적인 측면이라고 이해한다. 잃어버린 사람들 앞에서 그리스도를 높이는 복음은 "질그릇"에 복음이라는 "보배"를 담은 종, 곧 '육신을 가진' 연약한 종을 통해 적대적인 세상에서 전진한다.[27] 이와 같이 바울의 사슬(그리스도를 위해 핍박받는 것)은 사역의 부산물이 아니다. 그것은 바울의 사역 전체와 깊이 관련되어 있다. 바울은 이 땅에서 살아가며 그리스도를 높이는 메시지를 선포하는 전도자의 역할을 할 수도 있었고, 죽음을 통해 복음 증거가 강력하고도 감동적으로 이루어질 수도 있었다. 바울은 자신의 임박한 구출에 대해 확신 있게 말할 수 있지만, 주제넘게 말하지는

22. Wallace, *Greek Grammar*, 670-71. 비교 접속사 ὡς는 καί와 상관관계를 나타내는 역할을 한다. 그리고 καί는 초점을 맞추는 강조로 읽어야 한다.
23. 기술적으로 "그리스도"는 이 미래 수동태 동사의 주어이지만('그리스도가 존귀하게 될 것이다'), 나는 영어에서 그 뜻을 명료하게 하기 위해 1인칭 능동태로 번역하는 것을 선호한다('나는 존귀하게 할 것이다').
24. BDAG 459-60.
25. 창 12:2; 대상 29:25; 대하 1:1; Sir 45:2; Wis 19:22.
26. *TLNT* 2:459-60.
27. 더 자세한 논의에 대해서는 Guthrie, *2 Corinthians*, 251-67을 보라.

않는다. 바울은 자신이 그리스도와 자신을 동일시함으로써 결국 죽음에 이를 수도 있음을 안다. 따라서 그의 목표는 "살든지 죽든지"(εἴτε διὰ ζωῆς εἴτε διὰ θανάτου)[28] 그리스도가 존귀하게 되는 것이다.

1:21 이는 내게 사는 것이 그리스도니 죽는 것도 유익함이라 (ἐμοὶ γὰρ τὸ ζῆν Χριστὸς καὶ τὸ ἀποθανεῖν κέρδος). 바울은 계속해서 삶과 죽음을 대조하면서 자신의 관점을 표명한다. "내게"(as far as I am concerned).[29] "이는"(γάρ) 자체는 설명으로 이끄는 것으로 읽을 수 있고, 바울은 특히 앞 절에 나오는 '삶'과 '죽음'의 주제에 대해 추가 설명을 하는 것 같다. 사도는 삶과 죽음이 그에게 동등하게 타당한 대안이 되는 이유를 분명히 밝힌다. 그는 이 대조를 아름답게 균형 잡힌 최소한의 언어로 표현한다.

"사는 것이 그리스도니"	τὸ	ζῆν Χριστὸς	καὶ
"죽는 것도 유익함이니라"	τὸ	ἀποθανεῖν	κέρδος

크리스토스(Χριστός)와 케르도스(κέρδος)의 처음과 마지막 음절이 비슷한 소리를 내는 것에 주목하라. 게다가 사도는 여기에서 언어유희를 하고 있는 것 같다. 당시의 그리스 로마 문화에는 ζῆν χρηστός, 즉 '인생은 좋다'라는 통속적인 표어가 있었다. 바울은 Χριστός를 사용해서 일반적인 문화의 가치 시스템을 전복하고 '좋은 삶'이 아닌 그리스도께 초점을 맞춘다.[30] 바울에게 있어 모든 삶의 중심은 메시아다.

한편으로 부정사절 "죽는 것"(τὸ ἀποθανεῖν)은 예리한 대조를 이루면서 여전히 가장 긍정적인 용어로 선포된다.[31] 간단히 말해, 그리스도는 바울의 삶의 전체이며 그가 존재하는 이유 그 자체다. 그리스도와 함께 사는 삶으로 들어가는 문으로서 죽음은 손실이 아니라 '이득'(κέρδος)이자 이익이다(3:7을 보라).[32] 바울은 3장에서 이 주제를 더 자세히 설명한다(7–14절).

사도가 죽음을 바라보는 관점은 많은 고대인이 그 주제에 직면했을 때 경험한 불안과(또한 많은 현대인이 느끼는 감정과) 극명히 대조된다. 키케로, 세네카, 에픽테토스 같은 그리스 로마 저자들은 죽음이라는 피할 수 없는 유령과 관련하여 사람들이 느끼는 공포를 이야기한다. 다른 견해를 갖고 있기는 하지만, 1세기 유대인 저자인 필론은 "살고자 하는 소원을 품고 죽음을 두려워하는 것만큼 사람의 마음을 노예로 만드는 것은 없다"라고 쓴다(*Good Person* 22). 마찬가지로, 문화인류학자 어니스트 베커(Ernest Becker)는 다음과 같이 쓴다. "죽음에 대한 생각, 죽음에 대한 두려움은 그 무엇보다도 인간이라는 동물을 괴롭힌다. 그것은 죽음의 숙명을 피하려는 인간의 활동, 즉 죽음이 인간의 최종적 운명이라는 사실을 어떻게든 부인함으로써 죽음을 극복하기 위한 활동의 주요 동기다."[33] 하지만 바울에게 살고 죽는 것은 둘 다 긍정적인 결과를 낳는다. 투옥의 절정에 이른 사도는 죽든 살든 모두 유리한 상황에 직면한다.

---

28. εἴτε…εἴτε 구문은 삶과 죽음이라는 조건적 대안을 나타내고, διά+소유격은 존귀하게 할 수단을 나타낸다. 이 삶과 죽음의 대조는 그 둘에 대한 생각을 교대로 표현한다. 사는 것이 그리스도니(1:21a), 죽는 것도 유익하다(21b절), 육신으로 사는 것은 열매 맺는 수고를 의미할 것이다(22절), 떠나서 그리스도와 함께 있는 것이 더 낫다(23절), 육신을 입고 남아 있는 것이 더 필요하다(24절). Cousar, *Philippians and Philemon*, 38을 보라.

29. ἐμοί를 관련의 여격으로 읽는다("내게").

30. Arthur J. Droge and James D. Tabor, *A Noble Death: Suicide and Martyrdom among Christians and Jews in Antiquity* (San Francisco: HarperSanFrancisco, 1992), 121. 이 통찰에 대해 나의 학생 Kylie Guenther에게 감사한다.

31. 바울은 때때로 ἀποθνήσκω의 현재 시제형을 사용해서 그리스도를 위해 죽임당할 계속적인 취약성에 초점을 맞춘다(예를 들어, 롬 14:8; 고전 15:22, 31; 고후 6:9). 예를 들어, 고린도전서 15:31에서 그는 "너희에 대한 나의 자랑을 두고 단언하노니 나는 날마다 죽노라"고 쓴다. 21절에서 이런 부정사 각각은 실명사로서 그 절의 주어 역할을 하며, 두 경우에 그 동사는 '…이다'(to be)로 이해된다.

32. 이 명사는 상업 세계에서 가져온 것으로 '이익'을 뜻하지만, 여러 가지 이점과 취득에 대해 사용될 수 있었다. 하지만 그것은 또한 여기에서처럼 영적인 의미도 담고 있었다. *TLNT* 2:159를 보라.

33. Ernest Becker, *The Denial of Death* (New York: Free Press, 1997), xvii.

1:22a–c 그러나 만일 육신으로 사는 이것이 내 일의 열매일 진대(εἰ δὲ τὸ ζῆν ἐν σαρκί, τοῦτό μοι καρπὸς ἔργου). 바울이 계속해서[34] 다음 두 절에서 이 대안들을 평가하면서 그는 각각의 이점을 구체적으로 설명한다. 첫째, 계속 사는 것은 그리스도의 나라를 위해 열매를 맺을 것이다. 여기에서 "만일"(εἰ)로 번역된 접속사는[35] "원인 관계"[36]의 가능성을 주장한다. 바울이 '살'(τὸ ζῆν) 것이라는 점은 첫 번째 가능성을 나타내면서 앞 절에 나오는 "사는 것"을 되풀이한다. 물론 사도가 계속 산다면, 그는 "육신으로"(ἐν σαρκί) 살게 될 것이다. 바울은 종종 이 짧은 구절(딱딱하게 "육신으로"라고 번역한)을 사용해서 인간의 몸이나 세상에서 '육신을 가진' 인간으로서 삶의 측면과 관련된 것을 언급한다(롬 2:28; 고후 10:3; 갈 2:20; 6:12; 엡 2:11; 빌 3:4; 골 2:1; 딤전 3:16).[37] 여기에서 그 용법은 20절에 나오는 "내 몸에서"(ἐν τῷ σώματί μου)라는 구절과 대략 일치한다.

바울이 계속 살아가면 빌립보 교인을 대상으로 사역을 이어가면서 많은 열매를 맺을 것이다(τοῦτό μοι καρπὸς ἔργου).[38] 이것은 주님이 사도를 산 자의 땅에 남아 있도록 하실 강렬한 이유를 제공한다. "열매"(καρπός)와 "일"(ἔργου)을 결합하는 표현은 단도직입적으로 '일의 열매'로 번역할 수 있지만, 거의 모든 현대 번역본은 이 표현을 '열매 맺는 수고'(fruitful labor)나 '열매 맺는 일'(fruitful work)로 번역한다(예를 들어, ESV, CSB, NASB, NLT, NRSV, NIV, NET). 이것은 헬라어 본문을 완전하게 잘 번역한 것이지만, 우리는 여기에서 일 자체보다 열매가 강조되는 점에 주목해야 한다. "일의"(ἔργου)라는 소유격은 생산을 표현한다(즉, '일에 의해 생산된 열매'). 다시 말해, 그것은 그리스도의 임재로 옮겨 가는 것이 지체되는 것을 뜻할 수도 있지만, 바울은 자신의 매우 어려운 사역이 계속될 가능성을 받아들인다. 계속되는 사역이 하나님의 나라를 위해 열매를 맺을 것이기 때문이다.

1:22d–23 무엇을 택해야 할는지 나는 알지 못하노라 내가 그 둘 사이에 끼었으니 차라리 세상을 떠나서 그리스도와 함께 있는 것이 훨씬 더 좋은 일이라 그렇게 하고 싶으나(καὶ τί αἱρήσομαι οὐ γνωρίζω. 23 συνέχομαι δὲ ἐκ τῶν δύο, τὴν ἐπιθυμίαν ἔχων εἰς τὸ ἀναλῦσαι καὶ σὺν Χριστῷ εἶναι, πολλῷ [γὰρ] μᾶλλον κρεῖσσον). 22절의 마지막 부분은 사도 앞에 놓인 '삶 또는 죽음'의 가능성에 대한 그의 생각을 이어간다. 사도는 육신을 입고 살면서 하나님 나라를 위해 열매 맺는 사역을 수행할 것인가, 아니면 그리스도를 증언한 것으로 죽임당해서 사명에서 벗어나 그리스도의 임재 안에 들어갈 것인가?

바울은 "무엇을 택해야 할는지"(τί αἱρήσομαι)라는 수사학적 질문으로 시작하는데, 동사의 미래형을 사용한다.[39] 이 동사(αἱρέω)는 성경 문헌에서 매우 희귀하고, 신약에서 오직 3번 그리고 칠십인역에서 10번 사용된다. 그것은 일반적으로 선택과 관련되어 있고, 보통 백성을

34. 접속사 δέ는 연속적이다.
35. 𝔓[46]과 D*은 εἰ δέ 대신에 εἴτε('둘 중 어느 하나/…인지 아닌지')로 기록되어 있는데, 아마도 20절 끝에서 삶과 죽음의 대조에 사용된 그 형태에 영향을 받은 듯하다.
36. Wallace, *Greek Grammar*, 682–83.
37. 이것은 베드로전서 4:2과 비슷하다. "그 후로는 다시 사람의 정욕을 따르지 않고 하나님의 뜻을 따라 육체의 남은 때를 살게 하려 함이라."
38. 다시 말하지만, 동사가 보충되어야 하고 "내게"(μοι)는 이점의 여격으로 이해해야 할 것이다('나를 위해').
39. 몇몇 번역본은 이 동사를 선호를 나타내는 것으로 번역했다('더 좋다', '선호하다', 예를 들어, NLT, NRSV, NET). 여러 주석가도 이 번역을 선호한다. 예를 들어, Cousar, *Philippians and Philemon*, 37. 그러나 이 용법은 성경 문헌에서 전례가 없는 것 같다. 또는 적어도 그것은 거의 찾아보기가 어렵다[삼상 19:1 LXX은 "요나단이 다윗을 더 많이 선택했다(choosing)"라고 말하는데, 그것은 요나단이 다윗을 '더 좋아했다'는 의미로 이해될 수 있었다]. 그것을 여기에서처럼 '선택하다'라는 의미로 이해하는 수사학적 배경이 있다. 그 점에 대해서는 다음에 분명히 설명할 것이다.

선택하시는 하나님 또는 하나님의 도를 선택하는 백성에 대해 말한다.[40] '무엇을 택해야 하는가'라고 사도는 질문한다. 그리고 "나는 알지 못하노라"(οὐ γνωρίζω)고 고백한다. 이 경우에 '어떤 것에 대한 정보를 갖거나 지식이 풍부함'을 의미하는 동사를 사용한다.[41] 일반적으로 바울은 계시되거나 공개되는 어떤 것을 말할 때 이 동사를 자주 사용하지만,[42] 여기서는 당혹스러운 마음을 표현하면서 이어서 논의할 수사학적 관습을 사용한다.

불확실한 마음은 1:23 초반부에서도 이어진다. "내가 그 둘 사이에 끼었으니"(συνέχομαι δὲ ἐκ τῶν δύο). 여기에서 "끼었으니"(I am torn, συνέχω)로 번역된 단어는 광범위한 의미를 담고 있다. '뭉치다', '닫다', '가득 메우다', '지키다', '괴롭히거나 학대하다'(즉, 감정적으로 찢기다), '누군가의 주의를 끌다', '강력히 권고하다', '지휘하다, 지배하다' 등 여러 가지 뜻을 나타낸다.[43] 여기에서 사도는 이 동사를 두 가지 대안 앞에서 감정적으로 찢어진다는 의미로 사용한다. "그 둘 사이에"(ἐκ τῶν δύο)라는 전치사구는 삶과 죽음이라는 두 가지 대안을 언급한다.[44] 이 모든 일 가운데 바울이 생사의 문제에서 자신이 선택권을 갖고 있다고 생각하는 것처럼 보이는 것은 인상적이다. 그래서 어떤 사람은 사도가 자살을 생각하고 있었다는 결론을 내리기도 했다.[45] 그러나 이 구절을 해석하는 더 좋은 방법이 있다. 클레이턴 크로이(Clayton Croy)가 지적한 대로, 바울은 여기에서 그리스 로마 문헌에서 흔히 찾아볼 수 있는 수사학적 장치를 사용한다.[46] 공개 연설가(또는 바울의 경우에는 서신 저자)는 두비타티오를 사용하여 두 가지 대안에 대한 불확실성을 가장할 수 있었다. 이런 방식은 청중으로 하여금 논의되는 대안을 감정적으로 고려하도록 이끌었다. 예를 들어, 제기된 대안은 연설가가 묘사하는 상황에 적합한 단어가 무엇인지, 또는 여기에서처럼 두 가지 결과 중 어느 쪽이 더 바람직한지를 포함할 수 있다.[47]

이것은 본문의 해석에 어떤 의미를 갖는가? 그것은 주님이 바울로 하여금 계속 사역을 하게 하시고 그가 본향에 돌아오는 것을 연기시키신다면, 바울은 빌립보 교인을 위해 기쁘게 계속 사역을 하기로 이미 결단을 내렸음을 암시한다. 이는 더 고상하고, 자기를 희생하는 선택이었다. 따라서 사도는 이 서신의 중심부에 (그리스도, 디모데, 에바브로디도 그리고 바울 자신의 예를 통해) 예시된 핵심 가치를 보여주는 모범이 된다. 그 핵심 가치는 바로 다른 사람들을 위해 자신의 이익을 포기하는 것이다. 그래서 바울은 정말로 자신이 살 것인지 죽을

---

40. 또한 신약에서 살후 2:13; 히 11:25을 보라. 칠십인역에서는 신 26:17–18; 수 24:15; 삼상 19:1; 삼하 15:15; 2 Macc 11:25; 욥 34:4; 사 38:17; 렘 8:3. 참고. Pss. Sol. 17.21. 여기서 예레미야 8:3은 특별히 사는 것보다 죽는 것을 선택하는 것에 대해 말하지만, 여기에서 바울이 의미하는 것과는 전혀 다른 상황에서 말한다. 예레미야는 여호와의 도를 저버리고 멸망을 '선택한' 자들을 다룬다.

41. 하지만 Bockmuehl, *Philippians*, 90의 논의를 보라. 그는 이 동사를 "나는 말할 수 없노라"로 번역한다. γνωρίζω는 주로 '알리다' 또는 '밝히다'를 의미하기 때문이다.

42. 신약에서(주로 바울 서신에서) 25번 사용된다(예를 들어, 롬 9:22–23; 16:26; 고전 12:3; 15:1; 고후 8:1; 갈 1:11; 엡 1:9; 3:3, 5, 10; 6:19, 21; 빌 1:22; 4:6; 골 1:27; 4:7, 9). BDAG 203을 보라. 동사 γνωρίζω는 또한 '정보를 알려지게 하다, 알리다, 드러내다'라는 의미로 사용될 수 있었다. 이것이 BDAG에서 첫 번째로 언급된 의미다.

43. BDAG 970–71.

44. 소유격과 함께 사용된 전치사 ἐκ는 부분 소유격과 같은데, 여기에서는 '둘 사이에' 또는 '둘 중 하나'를 의미한다.

45. 분명히 자살이 적절한 것으로 인식되는 상황을 다루는 그리스 철학적 전통이 있다. 또한 광범위한 유대 문헌에서도 조금 다뤄진다. 빌립보서 1:21–26을 죽음에 대한 소원으로 본 배경 및 해석에 대해 Arthur J. Droge, "Mori Lucrum: Paul and Ancient Theories of Suicide," *NovT* 30 (1988): 264–75와 그 입장을 개관한 Wansink, *Chained*, 97–100을 보라.

46. N. Clayton Croy, "'To Die is Gain' (Philippians 1:19–26): Does Paul Contemplate Suicide?," *JBL* 122.3 (2003): 517–531. 예를 들어, Quintilian, *Inst.* 9.2.19를 보라. 이 장치는 ἀπορία 또는 διαπόρησις(라틴어로 *dubitatio* 또는 *addubitatio*)로 알려져 있다.

47. Croy는 *De pace* 38–39에 나오는 Isocrates 연설에서 바울이 여기에서 사용한 것에 대해 특히 적절한 평행을 제공한다("'To Die is Gain,'" 528–29).

것인지 선택하지 않았다. 그 선택은 하나님의 손에 달려 있었다. 하지만 사도는 살든지 죽든지, 하나님의 뜻에 순종하기로 선택할 수 있었다.

분명히 바울은 "세상을 떠나서 그리스도와 함께 있는 것"(εἰς τὸ ἀναλῦσαι καὶ σὺν[48] Χριστῷ εἶναι)을 바랐다. 그는 그것을 "훨씬 더 좋은 일"[πολλῷ (γὰρ) μᾶλλον κρεῖσσον]로 묘사한다.[49] '떠나다'(ἀναλύω)로 번역된 단어는 문자적으로 어떤 장소를 떠난다는 의미로 사용될 수 있으며(예를 들어, Jdt 13:1; 2 Macc 9:1; 12:7; 15:28; 1 Esd 3:3), 따라서 비유적으로 죽는 것에 대해 사용되었다(예를 들어, Socrates, *Ep.* 27).[50] 그러나 바울은 '명령을 받은 사람'으로서 그저 자신만을 기쁘게 할 수는 없다. 따라서 또 다른 대안, 즉 고상한 대안이 더 긴급한 필요로 제안되어야만 한다.

1:24–25 내가 육신으로 있는 것이 너희를 위하여 더 유익하리라 내가 살 것과 너희 믿음의 진보와 기쁨을 위하여 너희 무리와 함께 거할 이것을 확실히 아노니(τὸ δὲ ἐπιμένειν [ἐν] τῇ σαρκὶ ἀναγκαιότερον δι' ὑμᾶς. 25 καὶ τοῦτο πεποιθὼς οἶδα ὅτι μενῶ καὶ παραμενῶ πᾶσιν ὑμῖν εἰς τὴν ὑμῶν προκοπὴν καὶ χαρὰν τῆς πίστεως). '그러나'(yet, δέ, 개역개정에는 번역되어 있지 않음–역주)로 번역된 접속사는 논의에 새로운 전개를 표시한다.[51] 사도는 빌립보 교인의 상황에 초점을 맞추면서 그가 기대하는 자유가 그들 삶에 어떤 영향을 끼칠지 다룬다. 그의 첫 번째 선택이 아닐지라도, 바울은 그가 사랑하는 교회를 위해 자신이 '육신으로 있을'[τὸ⋯ἐπιμένειν (ἐν)[52] τῇ σαρκί] 것을 믿는다. 이 절과 다음 절에서 사도는 밀접하게 관련된 세 개의 동사를 사용한다. '꾸준히 계속하다'(I persevere, ἐπιμένω, 개역개정에는 "있는 것"–역주), '남아 있다'(I remain, μένω, 개역개정에는 "살 것"–역주), '계속하다'(continue, παραμένω, 개역개정에는 "함께 거할"–역주). 24절에서 사용된 첫 번째 동사는 단순히 '남아 있다' 또는 '머무르다'라는 의미일 수 있지만, 그것은 '지속하다', '꾸준히 계속하다'라는 뜻일 수도 있다. 바울의 상황과 그가 떠나기를 더 선호하는 점을 고려하건대, '지속'은 중요한 뉘앙스가 될 수 있다. 특히 그가 다음에 나오는 전치사구로 그 동사의 뜻을 명확하게 하기 때문에 그렇다. 우리가 22절에서 본 것처럼, "육신으로"[(ἐν) τῇ σαρκί]는 계속 인간의 몸을 입고 있는 것이나 세상 가운데 사는 것을 언급한다.[53]

바울은 왜 인내하면서 주님이 그가 본향으로 돌아가는 일을 늦추시는 것을 기꺼이 받아들여야 하는가? 바울은 빌립보 교인에게 머무르는 것이 "너희를 위하여 더 유익하리라"(ἀναγκαιότερον δι' ὑμᾶς)고 말한다. "너희를 위하여"(δι' ὑμᾶς)는 이유, 즉 사도를 움직이는 합리적인 동기를 표현한다. 사도는 빌립보의 형제자매들이 그를 필요로 했기 때문에 머무를 것이다. 여기에서 '더욱 긴급한'(more urgent, ἀναγκαιότερον, 개역개정에는 "더 유익하리라"–역주)으로 번역된 단어는 ἀναγκαῖος의 비교형으로 '필요한' 또는 '긴급한'을 뜻하는 형용사다.[54] 예를 들어, 그리스 로마 문헌과 파피루스에서 이 용어는 선지급한 현금을 돌려달라는 요구나, '필수적인 것으로' 섬

---

48. 여기에서 σύν에 너무 많은 의미를 부여하여 읽지 않아야 하는 점에 대해서 Fee, *Philippians*, 146n33을 보라.

49. Fee는 이 일련의 단어들을 "놀라운 최상급 복합어"라고 부른다(*Philippians*, 146n34). 23절의 이 부분에서 상당한 원문 혼란이 존재한다. NA[28]에서 γάρ는 설명적인데, 다른 강력한 증거 중 $\mathfrak{P}^{46}$ ℵ A B의 지지를 받으며, 그 구문이 아무리 어색할지라도 보유되어야 한다.

50. BDAG 67.

51. Runge는 δέ가 그 문맥에 내재된 대조가 있는 문맥과 함께 작동하는 경우에만 대조적이라고 제안한다. 이 접속사 자체의 기능은 논의에 있어 새로운 발전을 나타내는 것이다. Steven E. Runge, *Discourse Grammar of the Greek New Testament: A Practical Introduction for Teaching and Exegesis* (Peabody, MA: Hendrickson, 2010), 29–32를 보라.

52. ℵ A C P Ψ를 포함하는 다수의 증거는 ἐν을 생략하는 반면, $\mathfrak{P}^{46}$ B D F G K L은 ἐν을 보유한다. 이와 같이 양측을 지지하는 강력한 증거가 있다. 따라서 NA[28]은 이 단어를 괄호 안에 넣는다.

53. 롬 2:28; 고후 10:3; 갈 2:20; 6:12; 엡 2:11; 빌 3:4; 골 2:1; 딤전 3:16을 보라.

54. 행 13:46; 고전 12:22; 고후 9:5; 빌 2:25; 딛 3:14; 히 8:3을 보라.

김의 의무를 이행하라는 압력에 대해 사용될 수 있었다. 또한 이 단어는 사람의 개인적 복지를 위해 없어서는 안 될('필요한') '친밀한' 친구들이나 친척들에 대해 사용되었다.[55] 여기에서 비교형은 필요성의 의미를 더 강하게 하는데, 바울은 육신으로 남아 있는 것이 '더 필요하다'고, 즉 이 교회의 영적 유익을 위해 '더 긴급하다'고 묘사한다.

바울은 계속해서(καί) "이것을 확실히"(believing this to be the case, τοῦτο πεποιθώς)라는 분사구를 사용해서 이 생각에 대해 더 설명한다. 그것은 사도가 방금 24절에서 쓴 내용의 진리와 관련해서 그의 확신을 표현한다. "확실히"(believing, πείθω에서 유래)로 번역된 완료 분사는 "어떤 것을 신뢰할 만큼 확신하는" 것을 뜻한다.[56] 이 신뢰는 "너희 무리와 함께 거할 이것을 아노라"(οἶδα ὅτι μενῶ καὶ παραμενῶ πᾶσιν ὑμῖν)는 말로 빌립보 교인 앞에 개진된다. 1:19에서처럼, 이 경우에 '안다'(confident, οἶδα)는 것의 의미는 "확실히"(πείθω)와 거의 뜻이 같아서 어떤 것을 '확신한다'는 뜻이고, 이 두 단어는 다른 곳에서 함께 사용된다.[57] 그래서 사도는 자신이 빌립보 교회에 있는 "무리와 함께 거할"(remain and continue with all) 것을 확신한다. 여기서 '머무르다'(μενῶ)와 '계속하다'(παραμενῶ)로 번역된 두 동족어는 차이점이 있다. 전자는 바울이 그리스도께로 돌아가는 것보다 계속 살 것이라는 그의 확신을 단순히 언급한다. 후자는 접두사가 암시하는 것처럼 누군가와 함께, 즉 이 경우에 빌립보 교인과 함께 남아 있는 것을 언급하는 데 사용될 수 있다.

게다가 사도는 "믿음"과 관련하여[58] 빌립보 교인[59]의 "진보와 기쁨"(προκοπὴν καὶ χαράν)[60]이라는 두 가지 유익을 위해(εἰς)[61] 자신이 그들을 계속해서 돌볼 수 있을 것을 확신한다. 바울의 투옥이 전도에 끼치는 영향을 가리키면서 로마에서 '복음의 진보'(εἰς προκοπὴν τοῦ εὐαγγελίου)를 경축하는 것으로 서신에서 더 넓은 부분이 시작되었다(1:12). 바울은 이제 1:12–26을 마무리하기 시작하면서 빌립보 교인이 믿음에서 "진보"를 이루어야 할 필요성에 초점을 맞춘다. 그것은 빌립보 교인이 다음의 세 가지 일을 하면서 공동체에 복음을 구현할 때 이루어질 것이다. (1) '그리스도의 복음에 합당한' 방식으로 살아가는 것(1:27), (2) 고난을 받기에 이르기까지 믿음을 위해 담대하게 결속하는 것(1:27–30), (3) 사심 없이 서로 희생하는 것(2:1–4)이다.

그와 같은 진보는 기쁨을 수반할 것이다. 바울은 이 문장을 정교하게 만들어 "진보"(προκοπήν)와 "기쁨"(χαράν)이 서로 깊이 관련되어 있음을 나타냈다. 빌립보 교인은 그리스도를 따르면서 '믿음이 충만한' 진보를 이룰 때 기쁨을 알게 될 것이다. 바울의 투옥으로 말미암아 복음의 진보가 이루어졌으므로(1:12), 그의 석방은 빌립보 교인이 그리스도인으로서 삶의 진보를 이루는 데 사용될 것이다. 바울의 사역에서 두 단계는 다 하나님의 나라를 전진시킨다.

---

55. *TLNT* 1:97–98. 마찬가지로, 인생의 어려운 순간에 우리는 누군가에게 "나는 지금 네가 정말로 필요해"라고 말할 수 있다.
56. BDAG 791.
57. 롬 14:14; 고후 5:11; 딤후 1:12; 몬 1:21을 보라. 이와 같이 οἶδα는 신학의 한 측면을 '아는 것'에 대해 말하지 않는다(예를 들어, 롬 2:2; 3:19; 5:3; 6:9, 16; 고전 3:16; 5:6; 6:2–3, 9, 15–16, 19). 어떤 과거 또는 현재의 사건이나 상황을 아는 것에 대해서도 말하지 않는다(예를 들어, 고전 1:16; 16:15; 골 2:1; 살전 2:1, 5, 11; 3:4). 이것은 이 단어의 드문 용법으로, 미래의 어떤 일에 대한 확신을 말한다(롬 15:29; 몬 1:21을 보라).
58. 아마도 τῆς πίστεως는 여기에서 관련의 소유격이다.
59. πᾶσιν("무리")에 ὑμῖν("너희")을 포함시킨 것은 빌립보 교인이 분열의 문제를 다루어야 할 필요성을 암시하는 것일 수 있다. 찬성 의견으로 Fee, *Philippians*, 152.
60. 강조하기 위한 위치에 놓인 ὑμῶν과 범위를 정하는 τῆς πίστεως가 προκοπήν과 χαράν 둘 다와 관련되는 것처럼, 전치사와 목적격 관사는 προκοπήν과 χαράν 둘 다와 관련된다. 이와 같이 "진보"와 "기쁨"은 함께 묶이며 서로 관련되어 있다.
61. 전치사 εἰς는 아마도 여기에서 "특별한 기준점을 표시하는 것"으로 사용된다(BDAG s.v. εἰς 5).

1:26 내가 다시 너희와 같이 있음으로 그리스도 예수 안에서 너희 자랑이 나로 말미암아 풍성하게 하려 함이라(ἵνα τὸ καύχημα ὑμῶν περισσεύῃ ἐν Χριστῷ Ἰησοῦ ἐν ἐμοὶ διὰ τῆς ἐμῆς παρουσίας πάλιν πρὸς ὑμᾶς). 바울이 살아남아서 빌립보 교인에게 사도의 역할을 계속 수행하면, 바울이 그들에게 돌아올 때 그들이 그리스도를 찬양하는 일이 풍성해지는 결과를 낳을 것이다. "…하려 함이라"(ἵνα)는 목적을 나타내지만, 또한 앞 절에 나오는 '함께 거하는' 것의 자연스러운 결과이기도 하다.[62] 바울은 빌립보 교인이 그리스도를 찬양하는 일이 "내가 다시 너희와 같이 있음으로"(διὰ τῆς ἐμῆς παρουσίας πάλιν πρὸς ὑμᾶς) 이루어질 것이라고 쓴다. '빌립보서 서론'에서 제안한 것처럼 사도가 로마에서 서신을 쓴다면, 우리가 여기에서 보는 것은 계획이 변경된 것에 해당한다. 전에 로마 신자들에게 자신이 로마에서 일을 마친 후 스페인으로 여행을 가려는 계획을 말했기 때문이다(롬 15:23-28). 하지만 시간이 지나면서 계획은 바뀔 수 있다(고후 1:15-17을 보라).[63] 바울이 투옥되어 있던 2년 동안, 자신이 세운 교회들을 다시 방문할 필요를 느꼈다고 상상하기란 어렵지 않다.[64]

사도가 빌립보로 돌아갈 한 가지 이유는 "그리스도 예수 안에서 너희 자랑이 풍성하게"(τὸ καύχημα ὑμῶν περισσεύῃ ἐν Χριστῷ Ἰησοῦ) 하는 것이었다. 바울은 "자랑"(pride, καύχημα)이라는 단어를 그의 서신에서 여러 번 사용하고,[65] 밀접하게 관련된 다른 단어들을 45번 사용한다.[66] 그러므로 사도는 사람이 무엇을 '자랑하거나 뽐내느냐'의 주제를 예수님의 추종자들이 중요하게 고려해야 할 문제라고 생각한다. 이 명사는 긍정적으로 사용될 때, 현대 영어권에서 "그는 나의 자랑이자 기쁨이야"(He is my pride and joy)라고 말하는 것과 다소 비슷하다.

현대 서양에서는 '뽐내다'(boast)라는 영어 단어를 불편하게 생각한다. 뽐내는 것은 불쾌한 행위로 여겨지기 때문이다. 하지만 광범위한 그리스 로마 세계와 그 당시의 유대교에서, 어떤 사람이 '뽐내는 것'은 부정적으로 여겨질 수도 있었고, 혹은 여기에서처럼 매우 긍정적으로 간주될 수도 있었다. 우리가 살펴보고 있는 26절의 배경은 구약이다. 거기에서 하나님과 그분의 역사를 찬양하는 것은 증언과 예배의 행위가 될 수 있다. 다른 곳에서 사도는 인간의 능력 및 업적을 뽐내는 것과 '주 안에서 자랑하는 것'을 뚜렷하게 구분한다(예를 들어, 고후 10:12-18). 게다가 바울은 하나님과 관련된 상태의 '흘러넘침' 또는 '풍성함'에 대해 많이 쓴다.[67] 또한 바울은 그가 도착할 때(ἐν ἐμοί),[68] 빌립보 교인이 그리스도와 맺은 관계에서[69] 샘솟는 적절한 자랑이 빌립보 거리에 쏟아져 나올 만큼 '풍성할'(περισσεύῃ) 것을 기대한다.

62. BDAG 475. 목적과 결과는 이 시기에 ἵνα절에서 종종 미묘한 차이를 나타낸다.

63. 이것에 대해 Guthrie, *2 Corinthians*, 104-5를 보라.

64. 찬성 의견으로 Bockmuehl, *Philippians*, 95.

65. 롬 4:2; 고전 5:6; 9:15-16; 고후 1:14; 5:12; 9:3; 갈 6:4; 빌 1:26; 2:16.

66. "자랑"(καύχησις) 10번(롬 3:27; 15:17; 고전 15:31; 고후 1:12; 7:4, 14; 8:24; 11:10, 17; 살전 2:19), 동사 '자랑하다'(καυχάομαι) 35번(예를 들어, 롬 2:17, 23; 고전 1:29, 31; 3:21; 고후 5:12; 7:14; 갈 6:13-14; 엡 2:9; 빌 3:3).

67. 예를 들어, 고후 1:5; 3:9; 4:15; 8:2, 7; 9:8, 12; 엡 1:8; 빌 1:9, 26; 4:12, 18; 골 2:7; 살전 3:12; 4:1, 10.

68. 이 번역은 '…로 말미암아'(ἐν)가 원인을 함축하는 것으로 이해하지만, 이것은 '매개'나 '관련'(즉, '…와 관련하여')이나 '관계'로 이해하는 것과 미묘한 차이가 있을 뿐이다.

69. "그리스도 예수 안에서"(ἐν Χριστῷ Ἰησοῦ)는 여기에서 관계를 나타내는 것으로 해석된다. 빌립보서에서 이 풍부한 구절 및 그 용법의 해석에 대해서 Campbell, *Paul and Union with Christ*, 99, 101, 104, 111, 370을 보라.

적용에서의 신학

1. 사는 것이 그리스도니

내 친구이자 동료인 브루스 힌드마쉬(Bruce Hindmarsh)의 아버지, 더그 힌드마쉬(Doug Hindmarsh)가 최근에 주님께로 돌아가셨다. 이제 그분은 빌립보서 1:21이 말하는 "유익"을 실제로 알게 되었을 것이다. 나는 그분을 잘 알지 못했지만, 브루스의 추도사를 듣고 크게 감동받았다. 그 추도사는 매우 좋은 사람의 모습을 그린다. 나는 그의 인생 이야기를 듣고 도전을 받아 더 나은 사람이 되고 싶다는 생각이 들었고, 인생에서 진정으로 중요한 일에 더 집중해야겠다고 결심했다. 더그는 기독교 지도자이자 한 회사의 간부였다. 그는 가족을 사랑했고, 교회를 사랑했으며, 많은 기독교 사역을 후원했다. 하지만 무엇보다도 그는 그리스도를 사랑했으며, 굉장히 진실한 사람으로 알려져 있었다. 그는 그리스도를 섬기는 일에 자신의 삶을 전적으로 헌신했다.

브루스 사촌인 스탠은 "더그 삼촌이 분열된 삶이 아니라 하나로 통일된 삶을 살아내셨다는 걸 깨달은 적이 있다"고 회상했다. 브루스는 그의 아버지가 "직장, 가정, 길거리, 교회 등 어디에 있든지 한결같이 진실한 인격을 지닌 사랑스러운 그리스도인이었다"라고 말했다. 그와 같은 진실함 그리고 여러 가지 요소가 통합되어 있는 삶은 궁극적으로 한 가지를 고수하는 삶에서 비롯된다. "사는 것이 그리스도니"라는 원리를 붙들고 사는 것이다. 더그는 리젠트대학(Regent College)의 영성 신학 및 기독교사 교수인 아들 브루스에게 '영적 호흡'을 실천하는 방법을 가르쳐주었다. "그것은 들이쉬고 내쉬는 호흡처럼 자연스러워야 하며, 매 순간 하나님의 임재를 경험하는 것이다." 이것이 바로 '사는 것이 그리스도'라는 원리를 따르는 삶이다.

더그는 인생 말년에 몸이 점차 쇠약해지기 시작했다. 브루스는 아버지가 돌아가시기 1년 전에 방사선 치료를 위해 병원에 모시고 갔다. 그들은 함께 치료실에 갔다. 직원이 더그의 치료를 준비할 때, 그를 이동 침대 위에 올려놓고 방사선 치료를 준비했다. 치료가 끝나고 차를 타고 돌아가는 길에 브루스는 조용히 아버지에게 인생의 이 시기에 하나님이 무엇을 가르쳐 주시는 것 같은지 물어보았다. 브루스는 그 대답을 이렇게 전한다. "윙윙 돌아가는 기계 안에 누워 그냥 숨죽여서 이렇게 기도했어. '주 예수여, 내 몸의 모든 세포가 당신께 속합니다. 내 몸의 모든 세포가 당신께 속해 있습니다.'" 이것이 바로 '사는 것이 그리스도'라는 원리를 따르는 삶이다.

2. 담대함, 부끄러움 그리고 그리스도를 존귀하게 하는 일

가장 좋은 의미로 담대하게 표현되는 공개적인 "자랑"은 우리의 가치관을 크게 반영한다. 공개적으로 아내의 은사와 미덕을 칭송하는 남편은 그가 아내를 얼마나 귀중하게 여기는지 보여준다. 다른 한편으로, 부끄러움은 우리 자신에 대한 것이든 아니면 다른 사람들에게서 발견하는 비난거리든 우리가 가장 보잘것없게 여기는 것을 보여준다. 바울은 그리스도를 그 무엇보다 귀하게 여기고 그분이 세상에서 가장 존귀해지기를 원했기 때문에 담대하게 그분을 전했다. 그것은 단순히 의무 때문에 한 일이 아니었다. 오히려 그의 마음 깊은 곳에서 우러나오는 헌신이 표현된 것이었다. 문화의 힘에 위축되어 자신을 지키기 위해서나 높은 곳에 오르기 위해 그리스도를 부끄러워하고 문화의 가치를 받아들이는 사람들은, 그들의 마음속 깊은 곳에 그리스도를 향한 헌신이 아닌 자신을 섬기고 있다는 것을 드러낸다.

얼마 전 나는 이스라엘의 나사렛에서 30명가량의 기독교 목사에게 히브리서를 가르쳤다. 그들 중 절반은 유대인이었고 나머지 절반은 아랍인이었다. 그 당시 나는 교육 인생에서 가장 풍요로운 경험을 했다. 어느 날 저녁, 나사렛 출신인 아랍 형제가 나에게 관광 안내를 해주겠다고 제안했다. 호텔을 나올 때 유대인 형제 세 사람이 함께 가고 싶다고 해서 다 같이 길을 나섰다. 저녁 9시경 우리는 나사렛 거리 골목을 산책하면서 수태고지 교회당에 이르게 되었다. 그곳은 예수님이 자라셨던 집이 있는 전통적인 장소였다. 우리가 그 교회당에 도착했을 때, 두 명의 나이 든 아랍 남자가 한 젊은 여인과 함께 거리를 걷고 있었다. 두 남자 중 하나가 우리에게 자신이 관광 가이드로 일한다고 밝히면서, 그의 다 큰 딸을 소개한 후 곧장 교회당의 역사를 훌륭하게 설명하기 시작했다.

투어 가이드를 마쳤을 때, 다른 남자가 적의보다는 호기심을 가지고 나와 동행한 아랍 형제에게 물었다. "당신은 아랍 사람이고, 다른 사람들은 유대인인데(그는 아마 내가 누구인지 제대로 파악할 수 없었던 것 같다), 이게 어떻게 된 일인가요?" 내 친구 네 사람은 모두 주저하지 않고 열정적으로 선언했다. "우리는 예수아(예수)를 따르는 사람들입니다!" 그들은 예수님과 복음 때문에 자신들이 하나이며 형제라는 점을 설명했다. 그들은 담대했다. 그것은 깊은 사랑과 확신, 그리스도를 존귀하게 하고 싶은 단순한 충동에서 비롯된 담대함이었다. 오늘날 예수님의 참된 제자들이 이와 같이 살아 계신 그리스도에 대해 사도와 같은 증언을 할 때 똑같은 열매를 맺을 것이다.

3. 희생적 리더십과 가장 긴급한 필요를 분별하기

빌립보서의 핵심 주제 중 하나는 희생적 리더십이다. 바울이 빌립보 친구들을 위해 본향에 돌아가는 것을 기꺼이 미루는 모습은 이 성품의 강점을 드러낸다. 바울은 필요성을 평가하고 그에 따라 우선순위를 정한다. 최근에 나는 던컨 해밀턴(Duncan Hamilton)이 쓴 탁월한 전기에 나오는 에릭 리델(Eric Liddell)에게서 이 정신을 발견했다. 이 책의 제목은 『영광을 위하여』

(*For the Glory*, 복있는사람 역간)이다.[70] 많은 사람은 〈불의 전차〉(Chariots of Fire)라는 영화를 통해 리델이 올림픽에서 승리한 사실을 안다. 나는 역사적 사실을 각색한 것까지 포함하여 그 영화를 여전히 사랑하지만, 리델의 삶에 대한 더 자세한 이야기는 영화가 살짝 다룬 그의 기독교적 헌신에 깊이와 넓이와 무게를 더한다. 리델은 지구 반대편, 자신이 사랑하는 땅에서 그를 필요로 하는 사람들을 섬기기 위해 명성과 높은 사회적 지위와 물질적 풍요를 누릴 기회를 과감히 포기했다.

제2차 세계대전 당시 일본이 중국을 침략하던 시기에 리델이 속해 있던 선교 기관은 그에게 어려운 요청을 한다. 그와 가족이 살던 중국의 도시를 떠나 위험하고, 자원이 빈곤하며, 한창 교전이 벌어지고 있는 산둥성으로 가라는 것이었다. 거기에서 리델은 결국 포로로 잡혀서 서양인 수용소에 억류된 뒤 뇌종양으로 죽는다. 하지만 여러 달에 걸친 길고도 혹독한 고난 속에서도 그가 보여준 그리스도를 향한 깊은 헌신과 주변 사람에게 보인 지속적이고도 희생적인 섬김은 믿을 수 없을 정도로 강렬했다. 무엇이 그의 삶을 이끌었는가? 그것은 바로 필요였다. 그는 사람들이 그를 필요로 했기 때문에 산둥성에 갔다. 전쟁이 끝난 후 그와 함께 수용되어 있던 많은 동료는 리델의 섬김을 증언했다. 그는 다른 사람들의 필요에 강력하게 집중했다. 그는 때로 자신을 크게 희생하면서까지 몇 번이고 사람들을 섬기는 일에 발 벗고 나선 것으로 널리 알려졌다. 그는 주변에 있는 긴급한 필요들을 파악하고 그에 따라 행동했다.

물론 필요가 항상 소명을 이루지는 않는다. 많은 목사의 가정이 모든 필요를 소명으로 받아들이는 오해 때문에 망가지고 말았다. 그러나 때때로 거대한 갈림길이 우리 앞에 놓이기도 하고, 마음을 아프게 하는 필요에 직면하기도 한다. 그리스도의 교회의 필요를 채우기 위해 안락과 지위, 명성과 재산을 내던지는 사람들을 보며 하나님을 찬양하라.

70. Duncan Hamilton, *For the Glory: Eric Liddell's Journey from Olympic Champion to Modern Martyr* (New York: Penguin, 2016).

CHAPTER 5

빌립보서 1:27–2:4

문학적 전후 문맥

앞에서 언급한 것처럼 빌립보서의 본문 서두는 26절로 끝난다. 사도는 이제 개인적 내러티브에서 권면으로 전환한다.[1] 본문 서두에서 바울은 빌립보 교인들에게 자신의 상황과 복음의 진보에 대해 기쁨에 찬 보고를 했고(1:12–18g), 결국 자신이 구출될 것이라는 희망찬 기대를 표명했다(18h–26절). 이제 1:27–2:4에서 사도는 서신의 중심 주제인 교회의 연합을 말하기 시작한다. 이 단위는 서신의 본문 서두와 주요 본문을 연결하는 경첩 역할을 한다. 바울은 박해 가운데서의 '기쁨'(이미 서신에 분명히 드러나 있다)이라는 주제에 주의를 기울이고, 빌립보 교인이 연합을 이루어 살 때 자신의 기쁨이 '충만해질'(2:4) 것이라고 언급한다.

빌립보서 1:27–2:4은 두 개의 하위 움직임으로 구성되어 있다(1:27–30; 2:1–4). 바울은 빌립보 신자들이 복음을 위해 함께 애쓸 때 '하나'(1:27)가 되어야 함을 재차 강조하고, '마음을 같이하고', 연합 가운데 서로 사랑하며, 단단한 공동체를 구현하고, '한마음을 품을 것'을 말한다(2:2). 그들과 사도가 반대에 직면해 굳게 설 때 그들은 사도와 하나가 된다(1:29–30). 그런데 그들이 성령의 능력에 따라 살고(27절) 서로 연합을 이룰 때만 그 반대에 잘 맞설 수 있다.

1:27–2:4에 이어서 2장 나머지와 3:1–14에서는 주로 일련의 모범적 사례가 제시된다. 그리스도(탁월한 모범), 디모데와 에바브로디도와 바울은 각각 희생적이고 겸손한 리더십의 강력한 모델이 된다. 빌립보 교인은 연합을 추구하면서 이 모범적 예를 따라야 한다. 그다음에 빌립보서 본문의 이 핵심은 3:15–4:4a로 완결된다. '빌립보서 서론'에서 자세히 설명한 대로, 이 부분에는 1:27–2:4과 관련해서 어휘적, 개념적으로 유사한 것이 17개나 나오고, 빌립보서의 중심 부분을 둘러싸는 인클루지오를 형성한다.[2]

1. Fee, *Philippians*, 156.

2. 구체적인 평행에 대해서는 '빌립보서 서론'의 58–59쪽을 보라. 구조화 장치로서 인클루지오의 용법에 대해서는 Guthrie, *Structure of Hebrews*, 15; Parunak, "Oral Typesetting," 153–68을 보라.

I. 서신 시작 부분: 서문과 기도 보고(1:1–11)
II. 서신 중심 부분(1:12–4:9)
A. 본문 서두: 바울의 현 상황(1:12–26)
B. 서신의 주요 본문: 교회 연합을 위한 호소(1:27–4:4a)
➡ **1. 공동체의 연합을 실행하라는 권고(1:27–2:4)**
2. 자기희생의 탁월한 모범이신 그리스도 예수님처럼 돼라(2:5–11)
3. 연합에 대한 추가 권고와 기쁨의 외침(2:12–17)
4. 자기희생의 모범이 되는 디모데와 에바브로디도(2:18–30)
5. 그리스도 중심적 삶과 사역에 대한 바울의 모범(3:1–14)
6. 바울의 그리스도 중심적 생활 방식을 본받으라는 권고(3:15–4:4a)
C. 본문 끝: 권고(4:4b–9)
III. 서신 끝부분(4:10–23)

주요 개념

바울은 서신의 주요 본문에 대한 서론적 설명을 제공한다. 그는 여기서 교회 안에 연합을 이루는 것에 초점을 맞춘다. 빌립보 교인은 반대에 직면하여 연합을 이루고, 성령의 능력과 자기희생적 사랑이라는 기초를 토대로 연합해야 한다.

번역

빌립보서 1:27-2:4

27a	초점	오직
b	권고	**너희는 그리스도의 복음에 합당하게 생활하라**
c	목적	이는
d	가능한 일	내가 너희에게 가 보나
e	대안적 가능성	떠나 있으나
f	소망/구체적	▲ 너희가…서서
g	태도	한마음으로
h	태도	한 뜻으로

절	구조	본문
i	이점	복음의 신앙을 위하여
j	행동/수단	협력하는 것과
28a	정도	무슨 일에든지
b	매개	대적하는 자들 때문에
c	자세/태도	두려워하지 아니하는
d	소망/일반적	이 일을 듣고자 함이라
e	평가/추론	이것이…증거요
f	받는 사람	그들에게는
g	속성	멸망의
h	대조	너희에게는 구원의 증거니
i	주장	이는 하나님께로부터 난 것이라
29a	이점	그리스도를 위하여
b	(28i절의) 근거	너희에게 은혜를 주신 것은
c	내용	다만 그를 믿을뿐 아니라
d	이점	또한 그를 위하여
e	확대	고난도 받게 하려 하심이라
30a	형편	너희에게도…있으니
b	묘사	그와 같은 싸움이
c	동일시	너희가 내 안에서 본 바요
d		이제도 내 안에서 듣는 바니라
2:1a	추론	그러므로
b	원인 목록	그리스도 안에 무슨 권면이나
c	(1b–e절)	사랑의 무슨 위로나
d		성령의 무슨 교제나
e		긍휼이나 자비가 있거든
2a	수단 목록	마음을 같이하여
b	(2a–d절)	같은 사랑을 가지고
c		뜻을 합하며
d		한마음을 품어
3a	대조	아무 일에든지 다툼이나
b	대안	허영으로 하지 말고
c	태도	오직 겸손한 마음으로
d	대조(3a–b절)	각각 자기보다 남을 낫게 여기고

4a	확대	각각	
b	대상		자기 일을 돌볼뿐더러
c	대조적 대상		또한 각각 다른 사람들의 일을 돌보아
d	권고	**나의 기쁨을 충만하게 하라**	

구조

1:27–30과 2:1–4을 별개의 단위로 읽을 수 있지만, 이 둘은 한 가지 목적으로 연결되어 있다. 즉, 빌립보 교인이 연합을 이루도록 권고하기 위해 각 단위는 서로 다른 방식으로 격려하는 과제를 다룬다. 또한 1:27–30과 2:1–4의 문법적 구조를 고려할 때, 각 단위는 하나의 주요 절을 중심으로 정교하게 구성되어 있다.

1:27–30의 핵심에서 우리는 “오직 너희는 그리스도의 복음에 합당하게 생활하라”(Live out your heavenly citizenship in a manner worthy of the gospel of Christ, 27절)는 메시지를 접한다. 여기서 ‘시민 노릇’(πολιτεύεσθε, 개역개정에는 “생활하라”–역주)으로 번역된 주요 동사는 바울이 원하는 바 빌립보 교인이 따르기를 바라는 생활 방식, 특히 그들이 지닌 하늘 시민권에 합당한 생활 패턴에 이 절 전체를 고정한다. 이 절 앞에는 “오직”(μόνον)이라는 단어가 나와 이 절을 소개한다. 그리고 이어서 빌립보 교인이 이런 방식으로 살기 원하는 이유를 제시하는 목적절이 소개된다. 다시 말해, 바울은 그들이 믿음을 위해 결속하여 굳건히 서 있다는 소식을 듣기 원한다. 이 목적절(“이는”, ἵνα)의 앞뒤에는 연관된 내용이 나와 이 구절을 둘러싸고 있다. 즉, 바울의 형편을 언급하는 “내가 너희에게 가보나 떠나 있으나”가 앞에 나오고, 나머지 27–30절 전체가 그것을 분석한다. 실제로 27–30절 전체는 헬라어로 한 문장이다. 하지만 영어 번역본들은 읽기 쉽도록 두세 문장으로 나누어 놓는다(예를 들어, ESV, CSB, NET, NIV). 또한 28절 끝에 나오는 “이는 하나님께로부터 난 것이라”(τοῦτο ἀπὸ θεοῦ)가 이 구절의 나머지와 관련해서 맞는 자리에 있는 것인지 의심스럽다. 바울이 “이는”(τοῦτο)으로 언급하는 것은 정확히 무엇인가? 그것은 28절 앞부분에 나오는 “증거”인가? 아니면 그것은 지금까지의 내용, 특히 빌립보 교인이 ‘한마음으로 서 있는’ 행위인 목적절 전체의 내용인가? 그것이 그 증거인가? 분명한 것은 27–30절 전체는 27절의 권면을 중심에 두고 흐른다는 것이다.

빌립보서 2:1–4은 그와 다르게 전개된다. “그러므로”(οὖν)로 번역된 추론 접속사는 먼저 1:27–30과 2:1의 원인을 나타내는 절을 연결한다. 2:1–4의 핵심에는 2:4의 “나의 기쁨을 충만하게 하라”는 권면이 놓여 있다. 곧이어 사도는 빌립보 교인이 어떻게 그렇게 할 수 있는지 설명함으로써 이 권면을 기쁨과 연결한다.

석의적 개요

➦ **1. 공동체의 연합을 실행하라는 권고(1:27–2:4)**

a. 연합을 확실히 유지하라(1:27)

(1) 바울이 있든지 없든지

(2) 한마음, 한뜻으로

(3) 공동 목적을 위해 함께 노력하기

b. 반대에 맞서 연합을 유지하라(1:28–30)

(1) 반대 앞에서 두려워하지 말라

(2) 이것이 증거다

(a) 대적자에게는 멸망의 증거

(b) 너희에게는 구원의 증거

(3) 고난은 하나님의 선물이다

c. 희생적으로 서로 사랑하여 연합을 실행하라(2:1–4)

(1) 우리는 그리스도 안에서 놀라운 자원을 갖고 있다

(2) 모든 면에서 연합하라

(3) 겸손을 통해 연합을 실천하라

본문 설명

1:27a–b 오직 너희는 그리스도의 복음에 합당하게 생활하라 (Μόνον ἀξίως τοῦ εὐαγγελίου τοῦ Χριστοῦ πολιτεύεσθε). 본문 서두(1:12–26)의 끝에서 바울은 주님이 그를 이 땅에 살아 머물도록 하셔서 계속 빌립보 교인을 위해 사역할 수 있게 하시리라는 확신을 고백한다. 바울이 빌립보 교인 가운데 거하면 그들의 믿음이 강해질 것이고, 그리스도와 맺은 관계에서 기쁨을 알며, 자랑을 경험하는 진보를 할 것이다(24–26절). 바울은 이제 자신이 빌립보에 있든 없든 간에, 빌립보 교인이 공동체로서 무엇이 되어야 하는지에 집중한다. 사도는 빌립보 교인에게 복음에 합당한 방식으로 하늘 시민답게 살라고 도전한다.

그래서 이제 바울은 자신의 형편에서 눈을 돌려 빌립보 교인의 매우 특별한 필요로 화제를 바꾸는데, "오직"(Make this your focus, μόνον)이라는 말로 그 필요에 예리한 초점을 맞춘다. 여기에서 이 단어는 담화의 전환을 표시하고,[3] 사람이 가장 특별하게 추구해야 하는 것을 가리킨다. 요컨대 바울은 "지금 이것에 특별한 주의를 기울여라!"고 말하는 것이다.[4]

3. Reed, *Discourse Analysis*, 266.

4. John Chrysostom은 빌립보서에 대한 설교 5에서 μόνον을 "추구하는 것"으로 설명한다(τὸ ζητούμενον μόνον). Pauline Allen, ed., *John Chrysostom, Homilies on Philippians*, Writings from the Greco-Roman World (Atlanta: Society of Biblical Literature, 2013), 85를 보라. Karl Barth가 "경고의 손짓을 하다"라고 말한 것을 가리키면서(Barth, *Epistle to the Philippians*, 45), Bockmuehl은 바울에 대해 "이 점을 강조하기 위해 왔다 갔다 하면서 집게손가락을 드는 그를 상상할 수 있다!"라고 쓴다(Bockmuehl, *Philippians*, 97).

사도는 강력한 권고로 빌립보 교인의 주의를 집중시킨다. "너희는 그리스도의 복음에 합당하게 생활하라"(ἀξίως τοῦ εὐαγγελίου τοῦ Χριστοῦ πολιτεύεσθε). 이 절의 끝에 위치한 '하늘 시민답게 살아가라'(live out your heavenly citizenship, πολιτεύεσθε, 개역개정에는 "합당하게 생활하라"–역주)고 번역된 현재 명령법 동사는 상당한 주의를 끌었다. 여러 번역본은 이 동사를 '행동하라'(conduct yourselves) 또는 '삶을 살라'(live your lives)와 비슷하게 번역한다(예를 들어, ESV, CSB, Message, NIV, NET). 하지만 바울은 그의 독자들에게 일반적인 삶의 패턴에 대해 권고할 때,[5] '걷다'(walking)라는 단어 그림을 가장 선호한다.[6] 그렇다면 여기에서 '시민답게 산다'는 것에 초점을 맞추는 이유는 무엇인가?[7]

빌립보는 제국 내에서 법적 지위를 부여받은 로마 식민지였다. 빌립보 시민은 그런 지위를 경축하고 자랑했을 것이다. 따라서 이 동사는 시민으로서 자신의 의무나 책임을 이행하는 의미로 읽을 수 있다. 바울이 빌립보 교인의 연합을 강조한 점을 고려할 때, 당시의 비문에서 이 단어가 종종 사회적 미덕으로서 '조화'와 관련되었다는 사실은 의미심장하다.[8] 몇몇 사람은 그 충고를 문자적으로 '그리스도를 높이는 방식으로 로마 시민으로서 살라'는 의미로 받아들였다.[9] 그러나 사도가 3:20에서 "우리의 시민권(πολίτευμα)은 하늘에 있는지라"고 말하며 동족 명사(πολίτευμα)를 사용한 것에 비추어볼 때,[10] 바울이 신자들의 '하늘' 시민권을 가리키는 것이 거의 확실하다.[11] 우리는 이 생각이 신약의 다른 곳에 나온 것을 볼 수 있다. 히브리서 11:10, 16에서 믿음의 위대한 용사들은 하나님이 만드신 도시를 찾는다(또한 Philo, *Confusion* 78; *Giants* 61을 보라). 본문에서 바울이 이 단어를 사용한 것에 대해 보크뮤엘은 다음과 같이 쓴다.

> 바울은 식민지가 로마의 특권적 시민권에 심취해 있는 것에 대항하여 전혀 다른 시민권을 제시한다. 그리고 이 나라의 수도와 권좌는 이 세상이 아니라 저 하늘에 속해 있고, 그것을 보장해주는 분은 네로가 아니라 그리스도다. 빌립보가 주인 가이사(Lord Caesar)의 개인적, 제국적 후원을 향유하는 식민지일 수는 있지만, 빌립보 교회는 무엇보다 주 되신 그리스도의 개인적 식민지다(2:10–11).[12]

개인보다는 교회 전체의 집단적 책임이 강조된다. 빌립보 교인은 그들을 분열시키고 그들의 신앙을 억누르는 반대자의 맹공격에 맞서 함께 연합을 이룰 때 이 하늘의 시민권을 실행한다.

"합당하게"(ἀξίως)로 번역된 부사는 빌립보 교인이 공

---

5. 현재 명령법의 시상은 종종 일반적인 교육을 나타낸다.

6. 찬성 의견으로 Fee, *Philippians*, 161. 예를 들어, 롬 6:4; 8:4; 13:13; 14:15; 고전 3:3; 7:17; 고후 5:7; 갈 5:16; 엡 2:2을 보라.

7. 신약의 다른 곳에서는 행 23:1에서 그리고 칠십인역에서는 Esth 16:15; 2 Macc 6:1; 11:25; 3 Macc 3:4; 4 Macc 2:8, 23; 4:23; 5:16에서 사용됨.

8. Winter, *Welfare of the City*, 102–3.

9. 찬성 의견으로 Raymond Rush Brewer, "The Meaning of *Politeuesthe* in Philippians 1:27," *JBL* 73 (1954): 76–83; 참고. Ernest C. Miller, "Πολιτεύεσθε in Philippians 1:27: Some Philological and Thematic Observations," *JSNT* 15 (1982): 86–96. 하지만 빌립보 교회 안에 있는 많은 사람이 로마 시민권을 갖고 있지 않았을 것이기 때문에, 이 입장은 받아들이기가 매우 어렵다. 로마 시민권에 대해서 Carolyn Osiek, *Philippians, Philemon* (Nashville: Abingdon, 2000), 47–48을 보라.

10. 또한 2 Macc 12:7에서 그 용법을 보라. Philo는 이 동족 명사를 사용해 "도시"나 사회에서 도덕적인 사람으로 적절하게 사는 것에 대해 말한다(찬성 의견으로 *Creation* 143; *Agriculture* 81; *Confusion* 109; *Spec. Laws* 2.45). Philo에게 그런 도시는 자연 전체나 인간 영혼을 언급할 수 있다.

11. 찬성 의견으로 Fee, *Philippians*, 162; Silva, *Philippians*, 80, 88. Silva가 언급한 대로 Philo와 Diognetus는 둘 다 하늘의 시민권에 대해 말한다(88). 바울은 빌립보서의 이 두 곳에서만 이런 관련 단어들을 사용해서 그것들을 함께 고려하는 것을 적절하게 한다. 따라서 바울은 그들의 로마 시민권이 아니라 그들의 궁극적인 하늘 시민권을 언급한다. 이 하늘 시민권은 복음에 합당한 삶을 사는 지향점을 제공한다.

12. Bockmuehl, *Philippians*, 98.

동체로서 하늘 시민권을 실행하는 방법을 제안한다. 이 부사는 주어진 상황에서 적합하거나 적절한 행동의 질적 평가와 관계가 있다. 따라서 빌립보 교인은 특히 서로와 세상 앞에서 "그리스도의 복음"(τοῦ εὐαγγελίου τοῦ Χριστοῦ)을 실천할 때 적절한 방법으로 행동해야 한다. 그들의 삶은 복음을 손상시키기보다 복음을 긍정적으로 증언해야 한다. "복음에"(τοῦ εὐαγγελίου)는 기준점을 제공한다. 좋은 소식을 전하는 백성은 특별히 관계를 맺는 방식이 복음을 염두에 두고 전하는 메시지와 부합하는지 확실히 확인해야 한다. 이것이 "그리스도의"(τοῦ Χριστοῦ) 복음이라는 것은 '그리스도에게서 기원하는' 또는 '그리스도에 대한'이라는 뜻으로 이해할 수 있고, 바울이 복음에 대해 말하는 일반적인 방법이다.[13] 예수님은 복음의 기원자요, 중재자요, 완성자요, 주요한 지시 대상이요, 주님이시다. 복음은 처음부터 끝까지 그것의 원천이자 그것이 핵심적으로 가리키는 대상인 예수님과 관계가 있다.

1:27c–j, 28d 이는 내가 너희에게 가 보나 떠나 있으나 너희가 한마음으로 서서 한 뜻으로 복음의 신앙을 위하여 협력하는 것과…이 일을 듣고자 함이라(ἵνα εἴτε ἐλθὼν καὶ ἰδὼν ὑμᾶς εἴτε ἀπὼν ἀκούω τὰ περὶ ὑμῶν, ὅτι στήκετε ἐν ἑνὶ πνεύματι, μιᾷ ψυχῇ συναθλοῦντες τῇ πίστει τοῦ εὐαγγελίου). 바울은 빌립보인들이 언쟁을 일시적으로 중단하는 것보다 복음으로 연합하는 강력한 생활 방식을 확립하기를 바라며, 연합 공동체를 세우는 일은 환경에 따라 달라져서는 안 된다고 말한다. 1:25–26에서 사도는 자신이 빌립보 교인 가운데 거하는 것이 그들의 성장에 기여할 것이라고 말했지만, 빌립보 교인은 연합하며 성장하는 일에 대해서는 바울에게 의존할 수 없다. 바울이 그들에게 오든 오지 않든[14] 그들은 연합하고, 하늘의 시민권을 공고히 하며, 복음의 진보를 위해 일하라는 부름을 받는다.

27절이 계속되면서 바울은 교인들이 복음에 합당하게 살아야 하는 한 가지 이유[15]를 전한다. 바울은 그들의 영적 결심에 대해 좋은 보고를 "듣고자"(ἀκούω)[16] 한다. 첫째, 사도는 일반적인 단어로 말하면서 자신이 그들에게 일어나고 있는 "이 일"(τὰ περὶ ὑμῶν)을 듣기 원한다고 말한다.[17] 그렇지만 사도는 특히(ὅτι)[18] 그들이 '서 있는'(στήκετε) 것에 관심이 있음을 명백히 밝힌다.

'굳게 서다'(stand firm, στήκω)를 뜻하는 이 단어는 문자 그대로 신체 자세에 사용될 수 있었지만(예를 들어, 막 3:31; 요 1:26), 여기에서처럼 강한 확신이나 믿음을 실행하는 것을 비유적으로 말할 수 있었다. "믿음에 굳게 서서"(고전 16:13) 또는 "주 안에 서라"(빌 4:1; 살전 3:8). 그래서 사도는 반대에 직면한 이 교회가 그리스도와 함께, 그분을 위해 서 있다는 소식을 듣기 원한다. 빌립보서 4:1에서 사도가 주님과 맺은 관계에서 '굳게 서라'고 교회에 권고하면서 서신의 중심 부분을 마무리할 때, 1:27에 나온 것과 똑같은 동사를 사용한다. 이 주제는 바울이 빌립보서를 쓰면서 염두에 둔 핵심적 내용이다.

---

13. 예를 들어, 롬 15:19; 고전 9:12; 고후 2:12; 9:13; 10:14; 갈 1:7; 빌 1:27; 살전 3:2.

14. 바울은 또한 그의 서신의 다른 곳에서 '존재'와 '부재'를 사용한다. 예를 들어, 그의 존재와 부재는 고린도후서에서 수사학적 틀을 형성한다(Guthrie, *2 Corinthians*, 47–48을 보라).

15. 여기에서 우리는 목적(ἵνα)절을 본다. 그런데 이것은 ἵνα가 목적보다 의도된 결과를 소개하는 기능을 하는 드문 사례로 해석될 수 있다. Wallace, *Greek Grammar*, 677을 보라. 이렇게 읽으면, 그들이 연합 가운데 살고 있다는 소식을 바울이 '듣게 되는 것'은 그들이 합당한 시민으로 살아야 하는 목적이 아니다. 오히려 그것은 성과, 즉 그러한 생활 패턴의 결과다.

16. 여러 사본이 부정과거 가정법을 입증하지만(ἀκούσω; ℵ[1] A C D[2] F G K L Ψ 0278. 33. 81. 104. 365. 630. 1175. 1505. 1739. 1881 𝔐), 그것은 현 상태의 본문과 비교해볼 때 훨씬 약한 독법이다($\mathfrak{P}^{46}$ ℵ* B D* P 629. 1241. 2464). Fee가 언급한 대로, 부정과거형은 기본 사례인 경우가 더 많고, 서기관들은 그것에서 벗어날 가능성이 더 적으며 현재형을 '수정할' 가능성이 더 컸을 것이다. Fee, *Philippians*, 158을 보라.

17. 문자적으로 '너희에 관한 일들.'

18. 이것은 보충적 해설의 ὅτι절이다.

즉, 연합하여 함께 서는 것은 주님과 신학적으로 건강한 관계를 맺은 데서 흘러나온다.

이어서 28절의 끝까지 나오는 세 개의 주요 구절은 빌립보 교인이 굳게 서는 방법을 설명한다. 여기에 이 셋 중 하나에 종속되는 또 다른 구절 7개가 나온다. 빌립보 교인은 다음과 같이 서야 한다.

한 영으로
협력하여
두려워하지 아니하고

피는 '한 영으로'(in one Spirit, ἐν ἑνὶ πνεύματι, 개역개정에는 "한마음으로"–역주)가 "공동체의 연합 정신"보다는 성령을 언급하는 것이라고 강력하게 주장했다. 그는 네 가지 근거를 가지고 그렇게 주장한다.[19] (1) 헬라 문헌에, 특히 바울 서신과 신약에 비슷한 평행 본문이 없다. 신약에서 '한 영으로'는 집단 연대라는 의미로 사용된다. 바울은 공동체의 사고방식을 인류학적으로 설명하는 단어 그림으로 '영'이라는 단어를 사용하지 않는다. (2) 바울이 '서다'(στήκω)를 사용하면서 그다음에 ἐν('…안에서')을 앞세운 전치사구를 배치할 때, 그는 언제나 '영역'을 염두에 둔다. 따라서 피에 따르면, 바울은 그들이 서야 하는 태도를 언급하기보다(그것은 바울 서신에서 평행을 찾아볼 수 없다) 성령의 '영역'을 말하는 것이다. (3) 성령에 근거한 관계를 맺는다는 이 개념은 2:1에서 반복되고, 1:27에서처럼 '연대'(2:2, solidarity, σύμψυχοι)하라는 권면이 따라 나온다. (4) 마지막으로, 신자들이 하나님의 성령을 통해 갖는 공통적인 경험에 대해 말하는 '한 영으로'라는 표현은 고린도전서 12:13과 에베소서 2:18에 나타난다. 따라서 이 문구가 성령을 언급한다고 이해하는 것은 바울의 용법과 매우 일치한다.

이와 같이 바울은 신자들이 성령과 맺은 공통적인 관계에 호소하는 것에 근거해서 교회 연합을 권고한다. 다시 말해, 성령의 역사하심을 떠나서는 교회 안에 연합은 없다. 고린도전서 12:13처럼, 한 성령이 그리스도의 추종자들을 "한 몸"으로 만든다. 그러므로 "한 성령"(ἑνὶ πνεύματι)은 공동체의 하나 됨이 무엇보다도 이 한 성령으로부터 흘러나와야만 한다는 점을 강조한다.[20]

사도는 빌립보 교인이 굳게 서는 두 번째 방법을 논하면서 "협력하는 것"(striving together, συναθλοῦντες)으로 번역된 현재 능동 분사를 중심으로 문장을 정교하게 구성한다. 동사 συναθλέω는 '다투다' 또는 '함께 싸우다'라는 뜻이다. 즉, "어떤 것을 위해 다른 사람들과 함께 투쟁에 돌입하다"라는 의미다.[21] 신약에서 이 동사가 등장하는 다른 유일한 곳은 빌립보서 4:3이다. 거기에서 바울은 유오디아와 순두게가 자신과 글레멘드와 사도의 다른 동역자들과 함께 '복음에 힘썼다'(ἐν τῷ εὐαγγελίῳ συνήθλησαν)고 말한다.

바울은 두 구절로 "협력하는 것"에 대한 헌신을 명백히 한다. 헬라어 원문의 어순에 따르면 하나는 그 단어 앞에 나오고 다른 하나는 뒤에 나온다. "한뜻으로"(harmoniously, μιᾷ ψυχῇ)는 그들이 협력하는 태도에 대해 말하는데, 공통 목적을 가지고 함께 살아가는 연합된 공동체를 요구한다. 헬라어 ψυχή는 사람이나 동물의 '영혼'을 언급할 수 있다. 즉, 생기를 주는 원리(예를 들어, 계 8:9)나 내적 생명(예를 들어, 눅 12:19; 요 10:24; 행 14:2)을 가리킨다. 또한 그것은 사람 전체를 언급할 수 있었다(예를 들어, 행 2:43; 3:23; 롬 2:9). 때로 이 단어는 단순히 "생명", 특히 살아 있는 상태를 말한다.[22] 여기에

19. Fee, *Philippians*, 164–66.
20. Fee는 "근원"의 관점에서 이 역할에 대해 말한다. Fee, *Philippians*, 166을 보라.
21. BDAG 964; LSJ 1692.
22. BDAG 1099–100.

서 바울은 아마도 빌립보 교인에게 동일한 사명 안에서 연합된 공동체를 추구하면서 공동의 삶을 지향하며 살아가라고 요구하는 듯하다.

그 사명은 "복음의 신앙을 위하여"(τῇ πίστει τοῦ εὐαγγελίου)라는 표현으로 요약될 수 있다. "신앙"(πίστει)으로 번역된 단어는 이점의 여격, 즉 세상에서 신앙을 증진하기 위해 협력하는 빌립보 교인으로 읽을 수 있다. 신앙은 하나님을 신뢰하는 태도로 그리스도를 따르는 운동과 거의 동의어로 이해되었다. 이 신앙은 '복음에 의해 유발되었다.'[23] 이 해석은 "복음의 신앙을 위하여 협력하는 것"을 유오디아와 순두게가 바울과 함께 "복음에"(ἐν τῷ εὐαγγελίῳ) 힘썼다는 것과 비슷한 관점으로 보는 것이다. 바울이 아마도 이 두 곳에서 염두에 둔 것은 복음 메시지의 전달자로서 다른 사람과 함께 세상 앞에 서는 것이었다.

1:28 무슨 일에든지 대적하는 자들 때문에 두려워하지 아니하는…이것이 그들에게는 멸망의 증거요 너희에게는 구원의 증거니 이는 하나님께로부터 난 것이라(καὶ μὴ πτυρόμενοι ἐν μηδενὶ ὑπὸ τῶν ἀντικειμένων, ἥτις ἐστὶν αὐτοῖς ἔνδειξις ἀπωλείας, ὑμῶν δὲ σωτηρίας, καὶ τοῦτο ἀπὸ θεοῦ). 1:27의 끝에 나오는 "복음의 신앙"에 대한 해석은 '서다'라는 개념을 명백히 밝히는 또 다른 구절로 추가적인 지지를 받는다. 빌립보 교인은 '두려워하지 아니하고'(καὶ μὴ πτυρόμενοι, 참고. NIV) 그렇게 해야 한다. 신약 이 구절에서만 등장하는 '두려워하다'(πτύρω)라는 동사는 어떤 것에 위협을 느끼거나, 겁을 내거나, 무서워하는 것을 뜻한다.[24] 바울은 어떤 형태의 위협(ἐν μηδενί, "무슨 일에든지")도 빌립보 교인이 담대하게 복음을 향해 나아가는 것을 방해하지 못했다는 소식을 듣기 원한다.

바울의 반대자들을 다룬 '심층 연구'에서 언급한 대로,[25] 이 구절이 빌립보 교인의 상황을 엿볼 수 있는 중요한 단서를 제공하지만 반대자들의 신원은("대적하는 자들 때문에", ὑπὸ τῶν ἀντικειμένων)[26] 확실하지 않다. 우리가 알고 있는 사회문화적 상황에 비추어보건대, 빌립보의 이교 시민 권력자는 교인들에게 문화적, 정치적 가치에 순응하도록 엄청난 압력을 가하고 있었을 것이다. 한 가지 예를 들자면 신자들은 황제에게 공개적으로 제사를 드리도록 강요받았다.[27] 혹은 빌립보서에서 유대인 선동가들을 분명히 암시하고 있는 구절(예를 들어, 3:2-3)은 거짓 교사들이 그 지역에 있었고 그들이 교회에 문제를 일으키고 있었음을 제안한다. 하지만 빌립보서에 나오는 이런 암시들은 현재 빌립보에서 일어난 특별한 문제들보다 잠재적인 위협에 대한 일반적인 경고로 읽을 수 있으므로, 전자의 해석이 더 그럴듯해 보인다. 그래서 바울은 빌립보 교인이 공공연한 극심한 반대에 직면해 뒷걸음질 치기보다, 위협에 굴하지 않고 계속해서 신앙을 굳게 붙잡기를 소망한다.

---

23. Hawthorne, *Philippians*, 57. Hawthorne과 함께 나는 소유격 τοῦ εὐαγγελίου를 주격 소유격으로 읽는다.

24. 예를 들어, 이 단어는 깜짝 놀라거나 겁에 질린 말(馬)에 대해 사용할 수 있었다. LSJ 1549; Hellerman, *Philippians*, 81. 예를 들어, 제2차 포에니 전쟁 당시 Hannibal이 로마를 위협하자 자만심에 빠진 Gaius Flamininus는 로마에서 그 전투를 피하고 싶어서 Hannibal의 군대와 교전을 시작했다. 하지만 Flamininus가 그의 말 위에 올라타자, "그 말은 두려움에 사로잡혀 떨었고(ἐνροόμου τοῦ ἵππου γενομένου καὶ πτυρέντος), 그는 떨어져서 땅바닥에 곤두박질했다." 몇몇 사람이 이것을 징조로 받아들였지만, Flamininus는 자신의 전투 계획을 그대로 밀고 나가서 자신의 군대와 함께 멸망당했다(Plutarch, *Fab.* 3.1; Bernadotte Perrin, *Plutarch, Lives, Volume III: Pericles and Fabius Maximus, Nicias and Crassus*, LCL 65 [Cambridge: Harvard University Press; London: Heinemann, 1916], 125).

25. 이에 대해서는 260-264쪽을 보라.

26. 동사 ἀντίκειμαι는 적의 행동 또는 어떤 사람이나 어떤 것에 대해 '반대하다'라는 뜻을 함축한다. BDAG 88을 보라. 참고. 고전 16:9; 살후 2:4.

27. 예를 들어, Bockmuehl, *Philippians*, 100-101.

문화적 압력에 직면해 복음을 굳게 붙잡는 이 자세는 그들의 반대자들에게("그들에게는", αὐτοῖς)[28] "증거"(sign, ἔνδειξις)[29]의 역할을 할 것이며, 그 증거는 구원과 멸망을 가리키면서 이중의 메시지를 전달한다. 그리스 로마 문헌에서 "멸망"과 "구원"은 종종 정반대의 개념으로 제시된다. 예를 들어, 두 단어는 전쟁 상황에서 한편으로 죽음과 황폐에 대해, 다른 한편으로는 구출과 해방에 대해 말하는 데 사용될 수 있다.[30] 또한 여기에서처럼 바울은 고린도후서 2:14–16과 4:3에서 관련 용어들을 사용하여 악한 자들에 대한 심판과 하나님의 백성에 대한 구원을 가리키면서 종말론적 현실을 말한다.[31] 빌립보서 2:12에서 사도는 신자들에게 하나님 앞에서 두려운 마음으로 그들의 "구원"을 이루라고 권고하며, 3:19에서는 그리스도의 십자가의 원수인 자들은 결국 "멸망"에 이를 것이라 지적한다. 그것은 아마도 종말에 악한 자들에 대한 하나님의 심판을 기대할 것이다. 따라서 빌립보 신자가 문화적 반대에 맞서 복음을 위해 싸울 때, 그들은 장차 올 것에 대한 증거 역할을 한다. 그들이 그리스도와 함께하는 자세로 복음을 구현하는 것은, 그리스도가 그분의 백성과 함께 싸우시고 반대자들이 하나님의 심판에 직면하는 종말의 전조가 된다.

빌립보 교인이 '굳게 서는' 모습을 그려주는 이 세 가지 핵심에 이어서 1:28은 "이는 하나님께로부터 난 것이라"는 문구로 마무리된다. "이는"(τοῦτο)은 서 있는 행동을 가리킨다. 특별히 빌립보 교인이 하나님의 도우심으로 반대에 직면해 견딜 수 있는 능력을 말한다.[32] 그들이 성령님을 떠나서는 연합하여 살 수 없는 것처럼, 빌립보 교인은 하나님의 능력 없이 반대에 맞설 수 없다.

1:29–30 그리스도를 위하여 너희에게 은혜를 주신 것은 다만 그를 믿을 뿐 아니라 또한 그를 위하여 고난도 받게 하려 하심이라 너희에게도 그와 같은 싸움이 있으니 너희가 내 안에서 본 바요 이제도 내 안에서 듣는 바니라(ὅτι ὑμῖν ἐχαρίσθη τὸ ὑπὲρ Χριστοῦ, οὐ μόνον τὸ εἰς αὐτὸν πιστεύειν ἀλλὰ καὶ τὸ ὑπὲρ αὐτοῦ πάσχειν, 30 τὸν αὐτὸν ἀγῶνα ἔχοντες, οἷον εἴδετε ἐν ἐμοὶ καὶ νῦν ἀκούετε ἐν ἐμοί). 빌립보인들은 두 가지 선물을 통해 축복을 받았다. 곧, 그리스도를 믿고 그분을 위해 고난을 받는 것이다. 이 둘은 바울의 경험과 유사하다. 29–30절에서 사도는 1:27–30에 대한 신학적 '마침표'를 찍으면서, 하나님은 그들이 굳게 설 수 있도록 능력을 주시는 분이라는 1:28의 주장의 "근거"를[33] 제시한다. 바울은 강조하기 위해 대명사 "너희에게"(ὑμῖν)를 구절의 처음에 배치한다. 그는 빌립보 교인이 처한 특별한 상황, 즉 그들이 받은 믿음과 고난이라는 특별한

28. 우리가 갖고 있는 사본에는 강력한 외적 증거가 있다(ℵ A B C D* F G 0278. 33. 81. 365. 1175. 1241. 1739. 1881. 2464 lat). 몇몇 서기관은 이 절 뒤에 나오는 δέ와 상관관계 구문을 만들면서, μέν을 추가해야 할 필요성을 느꼈던 것 같다(예를 들어, K L 630 𝔐, ἐστίν 앞에 μέν; D[1] P Ψ 075. 104. 1505, αὐτοῖς 뒤에 μέν).

29. 이 단어는 '증거' 또는 '입증'의 의미를 전달할 수 있었지만, 여기에서는 '신호', 즉 장차 올 어떤 것에 대한 징조를 언급한다. BDAG 332를 보라.

30. George H. Guthrie, "Paul's Triumphal Procession Imagery (2 Cor 2.14–16a): Neglected Points of Background," *NTS* 61.1 (2015): 89를 보라. Plutarch, *Apoph.* 2.22; 2.23.1; *Crass.* 25.11; Dionysius of Halicarnassus, *Ant. Rom.* 8.12.4; Herodotus, *Hist.* 3.14.11; Plato, *Leg.* 728b 인용. 또한 Philo, *Cherubim* 130; *Alleg. Interp.* 3.225; *Flight* 27; 그리고 LXX에서 암 2:14–15; 렘 31:8; Wis 18:5–7을 보라.

31. 예를 들어, 명사 ἀπώλεια는 로마서 9:22; 빌립보서 1:28; 3:19; 데살로니가후서 2:3; 디모데전서 6:9에서 나타난다. 바울은 이 명사를 광범위하게 사용한다. 롬 1:16; 10:1, 10; 11:11; 13:11; 고후 1:6; 6:2; 7:10; 엡 1:13; 빌 1:19, 28, 2:12; 살전 5:8–9; 살후 2:13; 딤후 2:10; 3:15.

32. 비슷한 의견으로 Silva, *Philippians*, 82–83. 그는 이 언급이 "구원이 아니라…개념 전체(갈등, 멸망, 인내, 구원)에 대한 것이다. 빌립보 교인들이 격려를 받는 참된 근거는 그들이 경험한 어떤 것도 하나님의 감독을 벗어나서 일어난 일은 없었다는 깊은 확신이었다"라고 말한다.

33. 찬성 의견으로, 예를 들어, Silva, *Philippians*, 83. 이것은 문법적으로 설명적인 ὅτι절이다.

선물을 염두에 두었다.[34] 그들은 "그리스도를 위하여"[35] 자신에게 "주신"(ἐχαρίσθη) 한 쌍의 특권으로서 이 둘을 경험한다. 바울 서신에서 이 동사(χαρίζομαι)는 '용서하다'라는 의미로 사용될 수 있지만(고후 2:7, 10; 12:13; 엡 4:32; 골 2:13; 3:13), 이 본문과 다른 곳에서 이 동사는 어떤 것을 주거나 받는 행동을 뜻한다(롬 8:32; 고전 2:12; 갈 3:18; 빌 2:9).

그리스도를 '믿고' 그분을 위해 '고난받는' 것은 일반적인 "…뿐 아니라 또한…도"(οὐ μόνον…ἀλλὰ καί) 구문으로 표현된다. 비중이 같은 이 두 가지 중 '믿음'이 근본적인 것이다. 바울 서신에서 이 동사(πιστεύειν)는 기본적으로 특별한 방식으로 자신을 맡길 만큼 어떤 것을 믿는 것과 관계가 있다.[36] 많은 영어 번역본이 이 단어를 '믿다'(believe)로 번역한다(예를 들어, ESV, CSB, NASB, NRSV, NIV, NET). 그런데 현대 영어에서 '믿다'는 인식적 지향을 나타낼 수 있고, 반드시 어떤 식으로든 헌신의 개념을 포함하지는 않는다. 반면 '신뢰하다'(trust, NLT, the Message)는 그리스도를 향한 적극적이고도 헌신적인 신뢰의 뉘앙스를 담고 있다.

고난은 그리스도를 신뢰하는 일을 뒤따라 찾아오고, 신자들의 삶 전반에 스며든다. 그리고 하나님은 이 고난을 구속하신다. 바울은 그리스도 안에서 겪는 고난을 비정상적인 것이나 겁을 먹을 이유로 삼지 않는다. 고난은 하나님이 신자들을 포기하셨다는 증거가 아니라, 그리스도를 위해 고난당하는 사람이 고난당하시는 구세주와 하나 됨을 나타낸다. 따라서 빌립보 교인이 사도의 삶에서 보았고, 여전히 보고 있는 "그와 같은 싸움"(τὸν αὐτὸν ἀγῶνα ἔχοντες)은 놀라운 일이 아니다. 사도는 자신의 고난을 그리스도가 보여주신 패턴과 일치하는 것으로 보았다(고후 4:10–14). "싸움"(ἀγών)으로 번역된 이 단어는 운동 경기의 한 측면에 대해 사용될 수 있었고, 그 이미지는 영적 영역으로 넘어가서 복음을 위한 싸움이나 투쟁을 나타냈다.[37] 빌립보 교인은 다른 모욕과 더불어 "그들의 믿음 때문에 기피 대상이 되고, 공개적 창피를 당하며, 개인적 명예와 지위에 대한 인정을 받지 못하고, 후원 제도에서 차별"을 경험하고 있었을 수 있다.[38] 그럼에도 그들에게는 그런 경험을 다루는 방법에 대한 훌륭한 모범을 보여주는 바울이 있다. 무엇보다 바울은 빌립보에 처음 왔을 때 사람들에게 끌려가 고통받았고 당국의 학대를 받았으며(행 16:19–24), 빌립보 교인은 지금 그가 투옥되어 있다는 보고를 듣는다(빌 1:12–14). 따라서 바울은 그들에게 그리스도를 위해 고난을 잘 견디는 방법을 보여준다.

2:1 그러므로 그리스도 안에 무슨 권면이나 사랑의 무슨 위로나 성령의 무슨 교제나 긍휼이나 자비가 있거든(Εἴ τις οὖν παράκλησις ἐν Χριστῷ, εἴ τι παραμύθιον ἀγάπης, εἴ τις κοινωνία πνεύματος, εἴ τις σπλάγχνα καὶ οἰκτιρμοί). 사도는 여기에서 1:27–30의 권고에 근거해서 공동체로서 하나가 되라는 격려를 더한다. 그는 2:1을 시작으로 일련의 조건절을 사용하여 그렇게 한다. 여기에서 "그러므로"(οὖν)로 번역된 추론 접속사는[39] 2:1–4이 1:27–30의 개념에서 흘러나온 것을 나타낸다. 2장을 시작하는 처음 네 절은 감정적으로 연합을 호소하며, 빌립보 교인에게 연합을 이루는 방법을 가르친다. 앞서 본문에 대한 '번역'에서 본 대로, 1절과 2절은 주요 절인 "나의 기

34. 찬성 의견으로 Cousar, *Philippians and Philemon*, 46.

35. 전치사 ὑπέρ+소유격은 "이익", 즉 어떤 사람이나 어떤 것을 대신하여 혹은 그것을 위해 행하는 일을 나타낸다(BDAG 1030). 이것은 "…대신에"(in place of, instead of)라는 Hawthorne의 해석보다 더 낫다(Hawthorne, *Philippians*, 61).

36. BDAG 816–17.

37. BDAG 17.

38. Osiek, *Philippians, Philemon*, 50; Hellerman은 "그리스도인은 시민들이 섬기는 로마 신에게 바치는 공개 집회, 특히 가이사를 주로 숭배하는 집회에 참여하는 것을 거부함으로써 고난을 받았을 것"이라고 지적한다(*Exegetical Guide*, 87).

39. Silva는 Schenk를 따라서 이 용어에 "다시 시작하는"이라는 말을 덧붙인다(Silva, *Philippians*, 85).

쁨을 충만하게 하라"(πληρώσατέ μου τὴν χαράν, 개역개정에는 4절-역주)를 중심으로 균형을 이룬다. 네 가지 생각이 주절 앞에 나오고, 또 다른 네 가지 생각이 그 절 뒤에 나온다.

2:1에 나오는 네 개의 조건절(if, εἰ)은 연합에 필요한 근본적이고 관계적인 역학을 강조한다. 그것은 권면, 위로, 교제, 긍휼, 자비다. 각 절은 평행 형태로 이루어진 '만일'(εἰ)+"무슨"(τις)으로 시작한다. 이 네 개의 조건절에는 동사가 생략되어 있다. 그 결과 이 문장은 간결하고 구두점이 명확한 묘사가 되며, 이는 서정적인 방식으로 읽혔을 것이다. 처음 세 개는 "그리스도"와 "성령"을 명백하게 표현하고 하나님 아버지를 함축적으로 언급하여 삼위일체적 틀을 표현하는 것으로 읽을 수 있다.[40] 바울은 고린도후서 13:13에서 하나님을 언급하는 비슷한 삼인조 표현을 사용한다.[41] 또한 고린도후서 1:3에서 하나님 아버지를 "자비"(οἰκτιρμός)와 "위로"(παράκλησις)라는 단어로 묘사한다. 이 단어들은 빌립보서 2:1에서 동일하게 사용되었다. 바울은 이러한 언어를 사용하여 하나님을 관계적 선물의 근원으로 가리켰다. 또한 1:27에 나오는 성령과 마찬가지로, 하나님의 역사는 교회가 영적으로 연합하는 일에서 필요조건이다. 다시 말해, 하나님이 권면, 위로, 공동체, 긍휼, 자비의 역학을 촉진하실 때, 이것들은 그분의 백성이 연대를 이루는 견고한 기초가 된다. 이러한 연대가 2:2-4의 초점이다.

2:1에서 첫 번째 절은 "그리스도 안에 무슨 권면이…있거든"(εἴ τις…παράκλησις ἐν Χριστῷ)이다. 여기서 동사의 개념은 암시되어 있을 뿐이고, 이 절을 시작하는 '만약'(εἴ)은 가정을 표시한다.[42] 바울은 이 요소와 이어서 나오는 관계적 역학이 존재한다고 가정한다. 고대 저자들은 παράκλησις라는 단어를 사용해서 "격려"나 "권고", "강한 요청"이나 "호소", "위로"와 "위안"에 대해 말했다.[43] 1:27-30에서 암시되는 공개적 반대의 상황을 고려하건대, 이 경우에 이 단어는 '위로'나 '격려'를 뜻할 수 있었다. 바울이 단순한 위안을 넘어 공적으로 어려운 입장에 처한 신자가 용기를 내도록 격려한 것이 거의 확실하기 때문에(1:27-30) 후자가 선호될 수 있다.[44] 그런 격려는 그들이 '그리스도와'(ἐν Χριστῷ) 맺은 공통 관계 안에서[45] 찾을 수 있다. 이것은 바울이 즐겨쓰는 표현으로, 여기에서는 '관련'을 나타내는 것으로 해석된다.

두 번째 구절은 "사랑의 무슨 위로…가 있거든"(εἴ τι παραμύθιον ἀγάπης)이라고 읽는다. "위로"(cheering up, παραμύθιον)로 번역된 단어는 어떤 종류의 위안이나 격려와 관계가 있다. 따라서 그것의 의미론적 범위는 παράκλησις와 비슷하다. 스피크는 παραμύθιον이 속한 단어군은 "위로나 격려 이상의 어려움을 이길 수 있는 진정한 자극, 힘"을 나타낸다고 말한다.[46] "사랑의"(prompted by love, ἀγάπης)로 번역된 소유격은 주격 소유격으로, 위로를 주시는 하나님의 사랑을 언급하는 것으로 읽을 수 있다.

1:27의 표현을 '한 영으로'(ἐν ἑνὶ πνεύματι)라고 번역하는 것이 옳다면, 바울은 이미 성령의 역할이 연합의 공동체에 근본적이라는 점을 지적한 것이다. 이제 바울은 "성령의 무슨 교제"(εἴ τις κοινωνία πνεύματος)에 대

40. Fee, *Philippians*, 179.
41. "주 예수 그리스도의 은혜와 하나님의 사랑과 성령의 교통하심이 너희 무리와 함께 있을지어다." 찬성 의견으로 Fee, *Philippians*, 179; Hellerman, *Philippians*, 92; Reumann, *Philippians*, 321.
42. Fee, *Philippians*, 177.
43. BDAG 766.
44. 유사한 상황으로 Guthrie, *2 Corinthians*, 67-68에서 고린도후서 1:3-7에 대해 논의한 것을 보라.
45. 바울이 이 문구를 광범위하게 사용한 것과 그것을 해석하는 여러 방안에 대해 Campbell, *Paul and Union with Christ*를 보라.
46. *TLNT* 3:34. Spicq는 이 단어를 '자극'으로 번역한다. 아마도 '북돋우다'라는 개념이 더 나을 것이다. 따라서 Spicq는 빌립보서 2:1에서 이 단어를 '사랑에 대한 자극'으로 해석하지만, 우리는 ἀγάπης를 하나님의 사랑을 언급하는 근원의 소유격으로 이해한다.

해 쓴다. "성령"(πνεύματος, 소유격)의 단어 형태는 '근원'을 나타내는 것으로 이해되며, 성령에게서 기원하는 무언가로 볼 수 있다. 앞에서 지적한 대로, 몇몇 사람은 '영'(spirit)을 인류학적으로 해석했지만, 이 구절의 삼위일체적 틀은 빌립보 교인 가운데서 '공동체'를 만드시는 성령을 가리킨다. 그 공동체는 공동의 목적을 위해 함께 참여한다.

2:1에 쓰인 "교제"(κοινωνία)의 한 가지 가능한 독법은 선의를 지닌 태도, 즉 한 집단 안에 있는 다른 사람들에 대한 관대함이나 이타적 감정으로 읽는 것이다. 또 다른 가능한 해석은 이 용어가 바울 서신에서 상호 관심사를 공유하는 다른 사람들과 누리는 '친교' 또는 '친밀한 관계'의 의미로 보는 것이다(예를 들어, 고전 1:9; 고후 13:13; 갈 2:9). 두 가지 해석이 모두 가능하다. 그런데 바울이 빌립보서 다른 곳에서 이 단어를 사용하는 것을 포함하여 더 넓은 문맥은, 공동 목적을 위해 함께하는 것을 뜻하는 '참여'(participation)로 이해하는 것을 추천한다.[47] 바울은 빌립보서 1:5에서 이런 뉘앙스로 이 단어를 사용한다. 거기에서 그는 빌립보 교인이 복음에 "참여"한 것을 말한다. 그리고 3:10에서도 그 의미로 쓰였다. 거기에서 사도는 그리스도를 알고, 그분의 부활의 권능과 "그 고난에 참여함"(κοινωνίαν παθημάτων αὐτοῦ)을 경험하고 싶은 열정을 표현한다. 게다가 1:27–30에서 복음을 위해 '한 영으로' 서는 것을 강조한 것을 고려하면, 이 분문의 더 넓은 문맥은 공동 목적에 '참여하는' 의미를 지지한다. 그것은 바울이 이 공동체가 경험하기를 바라는 것이다.

1절은 사도가 "긍휼"(affection, σπλάγχνον)과 "자비"(compassion, οἰκτιρμός)를 가리키면서 끝난다. 이 두 단어는 골로새서 3:12에 함께 나온다. "긍휼"(σπλάγχνον)이라는 단어는 유다의 창자가 쏟아져 나온 것처럼(행 1:18), 문자적으로 내장을 언급하는 것으로 사용될 수 있었다. 그러나 우리가 영어 단어 '마음'(heart)을 사용하는 것처럼, 이 단어는 고대 세계에서 비유적으로 감정의 좌소를 언급하는 데 광범위하게 사용되었다. 따라서 이 헬라어는 관계에 있어 사랑이나 애정의 감정을 말하고, 이것이 바울이 일반적으로 사용하는 방법이다.[48] 1:8에서 바울은 빌립보 교인을 "예수 그리스도의 심장으로" 사모하는 것을 말한 바 있다.

다른 한편으로 "자비"(οἰκτιρμός)는 다른 사람에 대한 관심이나 동정심을 언급한다. 이 단어는 주로 하나님의 속성을 언급하지만, 골로새서 3:12에서처럼 그것은 하나님 백성의 성품을 언급할 수 있다.[49] 빌립보서 2:1의 원인을 언급하는 일련의 절을 마무리 지으면서 이 두 단어는 하나님의 교회에 대한 애정과 동정심을 뜻할 수 있지만, 그 단어들은 또한 하나님이 자신의 백성을 공동체로 세워가실 때 그 백성 가운데 존재하는 역학을 의미할 수 있다.

2:2, 4d 마음을 같이하여 같은 사랑을 가지고 뜻을 합하며 한마음을 품어…나의 기쁨을 충만하게 하라(πληρώσατέ μου τὴν χαρὰν ἵνα τὸ αὐτὸ φρονῆτε, τὴν αὐτὴν ἀγάπην ἔχοντες, σύμψυχοι, τὸ ἓν φρονοῦντες). 바울의 빌립보서는 기쁨으로 가득 차 있다. 바울은 자신의 기쁨을 표현하고, 빌립보 교인의 기쁨을 언급하며, 그들에게 "주 안에서…기뻐하라"고 격려한다.[50] 헬라어 본문에서 2:2 처음에 나오는 "나의 기쁨을 충만하게 하라"는 바울의 권고는(영어 번역은 어순에 따라 "나의 기쁨을 충만하게 하라"가 2절 서두에 나옴–역주) 2:1–4의 핵심 주제는 아니다. 하지만 그것은 교회 연합을 요청하는 사도의 근본적인 목회적 동기

47. BDAG 552–53.
48. 고후 6:12; 7:15; 빌 1:8; 골 3:12; 몬 1:7, 12, 20.
49. BDAG 700; 롬 12:1; 고후 1:3; 골 3:12; 히 10:28. 이 용어는 LXX에서 31번 사용된다. 예를 들어, 삼하 24:14; 왕상 8:50; 대상 21:13을 보라.
50. 명사의 용법에 대해서 빌 1:4, 25; 2:2, 29; 4:1 그리고 동사의 용법에 대해서 1:18; 2:17–18, 28; 3:1; 4:4, 10을 보라.

를 표현하는데, 이것이 바로 요점이다. 헬러먼(Hellerman)이 지적한 것처럼, 바울의 "기쁨은 외부 환경, 특히 교회의 영적 상태와 전혀 관련이 없지 않았다. 그래서 바울이 이미 빌립보 교인에게서 기쁨을 얻고 있지만(1:4; 4:1)", 이 교회가 그리스도 중심적이고, 성령의 영감을 받은 연합 가운데서 흥성할 때까지 그의 기쁨은 완전하지 못할 것이다.[51]

그들은 어떻게 사도의 권고를 이행하고, 그리하여 그의 기쁨을 충만하게 할 것인가? "마음을 같이하여"(by being like-minded, ἵνα τὸ αὐτὸ φρονῆτε). 동사 φρονέω는 생각하거나, 의견을 갖거나, 어떤 것에 열중하는 행동을 나타내는 데 사용될 수 있었다.[52] 바울이 '마음을 같이하라'(τὸ αὐτὸ φρονῆτε)고 말하는 것은 획일성을 요구하는 것은 아니다(CSB처럼, "똑같은 방식으로 생각하여"). 오히려 바울은 다양한 공동체 안에서 연합을 요청한다(예를 들어, 롬 12:16; 15:5; 고후 13:11). 이 용어는 2:2 끝과 2:5에 다시 나온다. 거기에서 그 단어는 자신을 희생하신 그리스도의 모범을 소개한다. 빌립보 교인은 그리스도와 함께 그분의 주 되심 아래 살면서 한결같은 희생적 헌신의 자세와 목적의 조화를 추구해야 한다.[53]

이어서 바울은 빌립보 교인이 그런 연합을 구현하는 방법을 설명한다. 첫째, 빌립보 교인은 "같은 사랑을 가지고"(τὴν αὐτὴν ἀγάπην ἔχοντες) 연합을 실행하라는 요구를 받는다. 바울은 빌립보 교인이 서로 사랑하기를 원하는데, 앞 절에서 언급한 "사랑"(ἀγάπης)이 되풀이된다. 다시 말하지만, 우리가 1절을 삼위일체적 틀로 읽는 것이 옳다면, 그 절에 나오는 하나님의 사랑은 2절에서 신자들의 상호 사랑을 위한 기초를 놓는다.

"뜻을 합하며"(having solidarity)는 희귀한 헬라어 σύμψυχοι를 번역한 것인데, 그것은 '조화롭다'는 개념을 강조한다. 이 단어는 1:27에서 교인들에게 화목하라고(μιᾷ ψυχῇ) 요청한 것을 되풀이한다. 빌립보서 2:2은 "한마음을 품어"(sharing a common perspective, τὸ ἓν φρονοῦντες)라는 말로 끝나는데, 사도는 앞에 나온 "마음을 같이하여"(φρονέω)라는 동사를 다시 활용하여 하나 됨을 강조한다. 신자들은 삶과 선교를 '공통적인'(ἕν) 방식으로 생각해야 한다.

2:3–4c 아무 일에든지 다툼이나 허영으로 하지 말고 오직 겸손한 마음으로 각각 자기보다 남을 낫게 여기고 각각 자기 일을 돌볼뿐더러 또한 각각 다른 사람들의 일을 돌보아(μηδὲν κατ' ἐριθείαν μηδὲ κατὰ κενοδοξίαν ἀλλὰ τῇ ταπεινοφροσύνῃ ἀλλήλους ἡγούμενοι ὑπερέχοντας ἑαυτῶν, 4 μὴ τὰ ἑαυτῶν ἕκαστος σκοποῦντες ἀλλὰ [καὶ][54] τὰ ἑτέρων ἕκαστοι). 여기에서 바울은 공동체 안에서 연합을 이루는 방법에 초점을 맞춘다. 그것은 겸손과 다른 사람들을 위한 사심 없는 섬김이다. 이 두 절의 내용은 2절의 "마음을 같이하여"라는 진술과 그것을 어떻게 성취할 것인지를 끊임없이 계속 말하는 것이다. 사도는 A-B-A-B 패턴으로 설명할 수 있는 한 쌍의 대조를 사용한다. 각 쌍은 "오직"(but, ἀλλά)으로 분리된다.

A 아무 일에든지 다툼이나 허영으로 하지 **말고**
오직
B 겸손한 마음으로 각각 자기보다 남을 낫게 여기고
A 각각 자기 일을 돌볼**뿐더러**
또한
B 각각 다른 사람들의 일을 돌보아

51. Hellerman, *Philippians*, 97.
52. BDAG 1065–66.
53. *EDNT* 3:439.
54. NA[28]을 따름.

공동체가 연합 가운데 성장하기 위해 하지 '말아야' 할 것에 초점이 있다.[55] 이 대구법에서 두 개의 A 부분은 자기중심성의 문제를 강조하고, B 부분은 다른 사람들을 중심으로 여기는 태도를 강조한다.

그러므로 몰아내야 하는 것은 "다툼"(selfishness, ἐριθεία)과 그것의 비뚤어진 자매인 "허영"(elevated opinion, κενοδοξία)이다. 1:17에서 본 것처럼 이기적인 것(ἐριθεία)을 나타내는 이 용어는 자기 본위와 관계가 있는데, 그것은 본질상 분열적이다. 이것은 바울의 반대자들의 특징을 나타낸다. 그들은 사도가 투옥되어 있는 동안 그를 해치려고 한다(1:17). 신약에서 단지 7번 사용된[56] 이 용어는 헬라 문헌의 어디에서도 찾아볼 수 없다.[57] 이 단어는 분열시키려 하고, 자신의 지위를 높이기 위해 공동체의 혼란을 교묘히 조장하는 파벌주의 정신을 뜻한다. 물론 그런 식으로 살아가는 사람은 틀림없이 자신에 대한 "허영"(κενοδοξία, '헛된 영광'), 즉 성공의 사다리를 올라가는 과정에서 다른 사람들을 한낱 도구로 보는 태도를 지녔을 것이다. κενοδοξία는 "과장된 자기 평가" 또는 "자만심"을 뜻하고, 개인적 망상의 뉘앙스를 담고 있다.[58]

겸손과 다른 사람들을 향한 관심은 공동체를 파괴하는 두 가지 요인의 도덕적이고 유대 기독교적인 대안이다. 사도는 "겸손"(ταπεινοφροσύνη)을 '다른 사람들을 자기보다 더 중요하게 생각하는 것'(ἀλλήλους ἡγούμενοι ὑπερέχοντας ἑαυτῶν)으로 정의한다. 이 단어는 '겸손한' 또는 '겸허한'(ταπεινός)과 '생각하다'(φρονέω)라는 개념의 복합어다. 따라서 그것은 이 부분에서 φρον– 어군과 관련된다. 그것은 종종 한 관점을 공유하기 때문에 특정한 삶의 자세를 공유한다는 생각을 표현한다. "허영"에 대한 해독제는 마음을 가다듬는 것,[59] 즉 '겸손한 마음으로' 행동하는 것이다.[60] 영광을 위해 자기를 선전하는 것은 로마 빌립보 거리에서 높은 문화적 가치였다. 참된 성경적 겸손은 그런 가치를 거꾸로 뒤집는다. '올라가는' 길은 '내려가는' 것임을 인정하는 종의 자세를 취하는 것이다.

광범위한 그리스 로마 문헌에서 "겸손"은 종종 경멸적으로 사용되어 "비굴한" 자세, 거짓 겸손(참고. 골 2:18, 23), 또는 어떤 형태의 성품의 나약함에 대해 말했다.[61] 반면 성경적 겸손은 하나님 앞에서 자신이 누구인지에 대한 인식(또 자신이 어떤 사람이 아닌지에 대한 인식)을 자각하는 견고한 성품을 보여준다. 하나님을 지향하는 태도를 지닌 겸손한 사람은 타인 지향적 관점을 지니고 외부를 향할 수 있다. 게다가 하나님 앞에서 자신을 겸손하게 낮추는 것은 하나님의 은혜로 함께 세워진 사람들 사이에서 중요한 공동체 형태를 만들어낸다(마 11:29; 눅 1:48; 14:11).[62] 바울이 빌립보서 2:5–11에서 강조하는 것처럼, 그리스도는 겸손을 보여주는 최고 모범이시다(마 11:29). 그분이 다른 사람들을 위해 자신을 주셨기 때문이다. 따라서 겸손이 그리스도를 따르는 윤리에서 중요한 역할을 하는 것은 놀랄 일이 아니다(예를

---

55. 찬성 의견으로 Meyer를 따르는 Fee(Fee, *Philippians*, 186).

56. 롬 2:8; 고후 12:20; 갈 5:20; 빌 1:17; 2:3; 약 3:14, 16. 고후 12:20과 갈 5:20에서 그 용어는 악덕 목록에 사용된다.

57. *TLNT* 2:70. Spicq는 동족 동사가 본래 '고용되어 일하는 것'(긍정적 의미)과 관련되었지만, 훗날 오로지 자신의 이익만을 위해 일하는 부정적 의미가 생겨났다고 지적한다.

58. BDAG 538. 다른 곳에서 찾아볼 수 있는데, 예를 들어 LXX 4 Macc 2:15; 8:19; Wis 14:14. Epictetus는 동족 형용사를 사용해서 사기꾼인 어떤 사람을 묘사한다. "이 법은 무엇을 말하는가? 그에게 속하지 않은 것을 자신의 것인 척하는 자는 허풍선이, 허영심이 강한(κενόδοξος) 사람이다"(*Diatr.* 3.24.43). 갈라디아에서 바울은 같은 형용사를 사용해서 독자들에게 그런 자만심에 대해 경고한다. "헛된 영광(κενόδοξοι)을 구하여 서로 노엽게 하거나 서로 투기하지 말지니라"(갈 5:26).

59. Silva, *Philippians*, 87.

60. 여기에서 용법은 태도의 여격이다.

61. Bockmuehl, *Philippians*, 110. 그는 겸손이 제2성전 시대 일반적인 유대교에서 미덕이 될 수 있었다는 점을 보여준다. 예를 들어, Philo, *Alleg. Interp.* 3.82를 보라.

62. Bockmuehl, *Philippians*, 111.

들어, 행 20:19; 엡 4:2; 골 3:12; 벧전 5:5).

겸손은 각 신자가 "자기보다 남을 낫게"(ἀλλήλους ἡγούμενοι ὑπερέχοντας ἑαυτῶν) 여길 때 실현된다. 고대 저자들은 "여기고"로 번역된 동사(ἡγέομαι)를 "생각하다, 여기다" 또는 "간주하다"라는 의미로 사용했다.[63] 바울은 여기에서 자신과 비교할 때의 "남"(ἀλλήλους)에 대한 특정한 태도를 장려한다.[64] "낫게"(ὑπερέχω)로 번역된 이 용어는 그리스 로마 사회에서 지위를 나타내는 단어로 기능했다. 예를 들어, 다른 사람들보다 탁월하거나 뛰어난 사람을 언급할 때 사용되었다.[65] 이 문화는 다른 사회적 역학보다 지위의 사다리를 올라가는 것을 가장 소중하게 생각했다. 자발적으로 지위나 중요성 면에서 다른 사람들이 자신보다 위에 있다고 여기라는 바울의 제안은 체제 전복적이지는 않더라도, 급진적이고 사회적으로 불편한 것으로 보였을 것이다. 지위의 '사다리를 내려가라'는 요청은 반문화적인 것이었다.

관련된 생각은 4절에서 "각각 자기 일을 돌볼뿐더러 또한 각각 다른 사람들의 일을 돌보아"[μὴ τὰ ἑαυτῶν ἕκαστος σκοποῦντες ἀλλὰ (καὶ) τὰ ἑτέρων ἕκαστοι]로 계속된다. 이 절의 두 부분은 서로 평행을 이룬다.[66]

각각 돌볼뿐더러	ἕκαστος σκοποῦντες
자기 일을	μὴ τὰ ἑαυτῶν
또한	ἀλλὰ [καὶ]
다른 사람들의 일을 돌보아	τὰ ἑτέρων ἕκαστοι

회중의 모든 구성원 각각(ἕκαστος)은 "자기 일"(τὰ ἑαυτῶν, 문자적으로 '그들 자신의 일')[67]에 사로 잡히기보다 다른 구성원들의 일을 돌보는 것에 개인적으로 책임을 져야 한다. '돌보다'(focused on, σκοπέω)로 번역된 동사는 어떤 것에 특별히 주의를 기울이거나(예를 들어, 눅 11:35; 롬 16:17; 갈 6:1; 빌 3:17), "적절하게 반응하려는 의도로 계속 어떤 문제에 대한 정보를 얻기 위해 노력"하는 것을 뜻한다.[68] 사도는 끊임없이 자기 자신의 필요와 문제에 사로잡히는 유혹을 이야기한다. 본문에서 καὶ가 원본에 있는 것이 맞다면,[69] 바울은 우리가 자신의 필요와 문제에 모두 주의를 기울여야 하는 점을 인정한다. 하지만 이 개인적 책임(ἕκαστος)에 더하여 공동체 안에서(τὰ ἑτέρων) 집단적으로 다른 사람들의 필요와 문제에 주의를 기울이는 공동체 역학(4절 끝의 복수형 ἕκαστοι)[70]이 추가되어야 한다. 그와 같은 패턴이 겸손을 실행하는 삶의 모습이고, 다른 사람들을 자신보다 더 중요한 존재로 평가하는 것이다.

63. BDAG 434.

64. 또 다른 분사 ὑπερέχοντας는 우리에게 ἀλλήλους에 대해 무언가를 말해준다. 두 단어는 목적보어의 이중 목적격을 형성하는 반면, 소유격 ἑαυτῶν은 비교를 나타내기 때문이다. 이런 유형의 목적격에 대해서는 Wallace, *Greek Grammar*, 182–83을 보라.

65. 빌립보서 다른 곳에서 바울은 이 동사를 사용해서 그리스도를 아는 것의 '탁월한' 가치(3:8)와 하나님의 평강의 초월적 본질(4:7)에 대해 말할 것이다.

66. 여기에는 약간의 사본적 혼란이 있다. 첫째, 바울이 단수 ἕκαστος를 집단적으로 사용하는 곳에서($\mathfrak{P}^{46}$ ℵ C D K L P 075. 104. 365. 630. 1241. 1505. 1739. 1881. 2464 𝔐 $sy^{(p)}$), 다른 사본들에는 Alexandrinus와 Vaticanus를 포함해서(A B F G Ψ 0278. 33. 81. 1175 lat) 복수 ἕκαστοι가 나온다. 서기관들이 분명히 그 단어를 문맥에 있는 다른 복수들과 일치시켰을 것이다. 단수는 바울이 흔히 사용하는 양식의 변형이지만, 문법적으로 더 어려우며 따라서 선호되는 독법이다. 분사형 σκοποῦντες를 지지하는 증거($\mathfrak{P}^{46}$ ℵ A B C D F G P 075. 0278. 33. 81. 104. 365. 1175. 1241. 1739. 1881. 2464 latt)는 강력하며, 마찬가지로 καί의 보유를 지지하는 증거 역시 강력하다($\mathfrak{P}^{46}$ ℵ A B C D1 L P Ψ 075. 0278. 33. 81. 104. 365. 630. 1175. 1241. 1505. 1739. 1881. 2464 𝔐 $vg^{st,ww}$ sy; Cass). 마지막으로 앞에 나오는 ἕκαστος로 상황이 명백히 반전되면서 몇몇 서기관은 일부 사본 전통에서 볼 수 있는 것처럼(K L 0278. 630. 1505 𝔐 d sy; Hier) 복수 ἕκαστοι를 단수 ἕκαστος와 일치시켜야 할 필요를 느꼈던 것 같다.

67. 이 단어는 단수의 '분배적' 또는 '집단적' 용법으로 읽을 수 있다. Fee, *Philippians*, 175를 보라.

68. L&N 331.

69. 이것은 $\mathfrak{P}^{46}$ ℵ A B C를 포함해서 여러 강력한 사본의 지지를 받고 있다.

70. 이 반복은 강조하기 위함이고, 본문에 나오는 다른 복수들에 맞추어서 폭을 넓힌다.

적용에서의 신학

1. 선교를 위해 연합을 추구하라

빌립보서의 전개에서 1:27–2:4이 차지하는 중요성을 적절하게 표현하기가 어렵다. 이 본문은 일종의 경첩으로, 빌립보 교인을 향한 사도의 각별한 관심을 강조하려는 목적으로 중심 부분의 서두에 전략적으로 놓여 있기 때문이다. 분명히 빌립보 교회는 분열의 문제로 어려움을 겪고 있었다. 교회를 향한 세상 문화의 반대 때문에 공동체에 균열이 생기고 점차 확대되어갔다. 바울은 그에 답하면서 빌립보 교인에게 자신이 로마 식민지가 아닌 하늘의 식민지나 전초지에서 살아가고 있다고 생각하라고 권면한다. 그러려면 그들은 복음을 위해 기독교적 연합을 강화해야 한다. 알렉 모티어(Alec Motyer)는 "합당하게 생활하라"(πολιτεύεσθε)는 동사의 의미를 다음과 같이 요약한다.

> 빌립보는 로마 '식민지'였다. 이 칭호는 로마 제국에서 인기가 많으며 상으로 여겨졌다. '식민지'라는 지위는 빌립보 사람들이 로마 시민으로 간주되었다는 의미였다. 그들의 이름은 로마에 있는 명부에 올라가 있었고, 그들의 법적 지위와 특권은 로마 시민의 그것과 똑같았다. 그들은 본국의 축소판이었다. 그러나 이 모든 것은 영적으로 그리스도 안에 있는 남녀들에게도 마찬가지다. 그들은 은혜로 하늘 도시의 시민이 되었다. 멀리 떨어진 땅에서 그들은 본향인 하늘의 축소판이다. 하늘의 법이 그들의 법이며, 그들의 특권이 하늘의 특권이다. 복음에 합당한 삶을 사는 것은 불가피한 의무다. 그것이 죽임당하셨다가 다시 살아나신 어린양을 모든 삶의 초점으로 삼는 본향의 본질이다.[71]

그리스도가 참으로 신자들의 공동체의 중심에 서 계시고 그분의 자기희생적인 사랑의 율법이 '작은 본향'을 다스릴 때, 이것은 반대에 맞서는 강력한 기초가 되고 변혁적이며 연합시키는 복음을 선포하는 강력한 발판이 된다.[72] 공동체에 깊이 뿌리내리고 있는 사람들은 공동 사랑과 공동 목적을 추구하면서 같은 삶의 방향을 추구한다. 그들이 참된 시민권을 실행할 때, 그리스도인 신자들은 나란히 서서 다 함께 팔짱을 끼고 그들의 주 그리스도와 세상을 동시에 바라본다. 이것은 모순이 아니다. 그리스도인이 자신의 정체성을 따라 살려면 언제나 주 되시는 그리스도와 필요를 갖고 있는 세상을 둘 다 마주해야 한다. '무슨 수를 써서라도 연합'한다기보다, 그와 같은 삶은 큰 대가를 치르고 연합을 이루는 것이다. 그 대가는 그리스도께도 컸고 우리에게도 클 수 있다. 그와 같은 입장을 취하면 교회의 은사 중 하나인 고난(1:29)이

71. J. Alec Motyer, *The Message of Philippians* (Leicester: Inter–Varsity Press 1984), 93.

72. Cohick, *Philippians*, 3. 특히 이 페이지의 첫 번째 단락 전체에 나오는 그녀의 모범을 보라.

따라오기 때문이다.

앞서 나는 이스라엘에서 유대인과 아랍인 신자들을 대상으로 사역할 때 겪은 일화를 전했다. 몇 년 전, 그 그룹에 속한 두 사람이 모임에 참석하기 위해 미국을 방문했다. 그들은 당시 내가 가르치던 대학교에서 학생들에게 강연을 하기로 했다. 유대인과 아랍인인 이 형제들은 채플 시간에 나란히 서서 복음이 어떻게 엄청난 사회적 장벽을 부수는지 설명했다. 유대인 형제는 '하나님이 아랍인을 사랑하시는 이유'를 이야기했고, 아랍인 형제는 '하나님이 유대인을 사랑하시는 이유'를 전했다. 우리 캠퍼스 공동체는 모두 강력한 충격을 받았다.

그런 삶은 그리스도께 초점을 맞추고, 성령의 인도하심을 받으며, 복음으로 충만한 특별한 자세에서 흘러나온다. 그런 태도를 지닌 사람은 그리스도가 귀환하실 때까지 언제나 세상에서 소수일 것이다. 『사라지는 은혜』(*Vanishing Grace*)라는 책에서 필립 얀시(Philip Yancey)는 자신에게 다음과 같이 말한 무슬림 남자에 대해 쓴다. "나는 코란 전체를 읽었지만 그 책에서 무슬림이 사회에서 소수자로 살아가는 방법에 대한 지침을 발견할 수 없어요. 나는 신약 전체를 여러 번 읽었지만 그 책에서 그리스도인이 다수자로 살아가는 지침을 발견할 수 없어요." 얀시는 그에 대해 이렇게 성찰한다. "그리스도인들은 소수자, 반문화로 가장 잘 번성한다. 역사적으로 (그리스도인이) 다수가 될 때 그들은 반복음적인 방식으로 권력의 유혹에 굴복했다."[73]

빌립보서 1:27–2:4을 적용할 때, 우리는 먼저 이렇게 자문할 수 있다. 우리 삶의 초점은 무엇인가? 또 우리가 가장 깊이 관여해 있는 공동체의 초점은 무엇인가? 우리는 정말로 어떤 역경 속에서도 공동체를 연합하는 방식으로 그리스도와 그분의 선교에 초점을 맞추는가? 우리의 공동 생활은 세상 권력에 직면해서 반시민적인 모습을 드러내는가? 우리의 삶은 복음의 본질과 교회의 선교에 적절하며, 자신을 희생하는 모습을 보이는가? 아니면 우리는 자신을 자랑하고 높이는 사역에 더 많은 관심을 쏟는가? 다시 말해, 우리 삶과 공동체가 드러내는 삶은 복음과 동일시할 만큼 '가치가 있는가?'

2. 반대에 위축되지 말라

우리의 생활 패턴이 앞에서 묘사한 의미에서 복음에 '합당하다면', 반드시 반대가 따라올 것이다. 어떤 상황에서든 지배적인 문화는 지배를 좋아하고, 문화적, 정치적 힘을 발휘하는 것을 좋아하며, 그곳에 세워진 하늘 식민지에 반감을 품고 움직일 수 있다. 교회는 다른 세계에서 태어났고 다른 세계를 위해 태어났다. 따라서 전혀 다른 우선순위와 다른 사명을 갖고 태어났고, 다른 주인에게 다른 명령을 받으며, 다른 종류의 권력에 대해 전혀 다른 주장을 내세운다. 우리는 믿음과 기쁨이라는 선물을 받지만, 또한 고난이라는 선물도 받는다.

73. Philip Yancey, *Vanishing Grace: What Ever Happened to the Good News?* (Grand Rapids: Zondervan, 2014), 258.

물론 우리는 두려움에 굴복해서 급진적인 복음을 증언할 기회를 놓치기도 한다. 우리는 권력이 우리를 대항해 일어설 때 무슨 일이 일어날지 몰라 두려워한다. 존 위더스푼(John Witherspoon)은 "사람에 대한 두려움에서 우리를 구할 수 있는 것은 오직 하나님을 향한 두려움뿐이다"라고 말했다.[74] 따라서 우리는 '여호와를 경외함으로 섬기고 떨며 즐거워해야 한다'(시 2:11). 하나님과 올바른 관계를 맺고 그분 앞에서 깊은 경외의 자세를 취할 때, 우리는 기쁨이 넘치며 사람들의 위협에 위축되지 않는 올바른 '두려움'의 자리로 이동한다. 이 올바른 두려움은 위축되지 않는 교회를 권력에 대한 "증거", 곧 그들의 멸망에 대한 증거 그리고 우리의 구원에 대한 증거로 만든다. 고난은 그 순간을 넘어선 세계를 가리키는 증거가 된다.

나에게는 순교한 두 친구가 있다. 한 사람은 아프가니스탄에서, 또 한 사람은 아프리카에서 극단주의자의 손에 살해당했다. 나의 목숨을 앗아갈 살인자를 직면하는 것이 어떤 것인지 알지 못하지만, 그들이 두려움에서 벗어나려고 필사적으로 몸부림쳤을 것이라고 추측한다. 나는 여기에서 바울이 결코 두려움을 느끼지 말라고 말하는 것이 아니라고 생각한다. 우리가 위협 때문에 복음을 담대하게 공개적으로 증언하는 일을 멈추어서는 안 된다고 권면하는 것이라 생각한다. 나는 나의 용감한 친구들이 끝까지 주 그리스도의 손과 눈 아래에서 복음을 전했다고 확신한다. 그들은 악이 이기지 못할 것이라는 증거, 곧 종말론적 예고였다.

수년 전, 나는 폐쇄적인 아시아의 한 국가에서 강의한 적이 있었다. 우리는 호텔 7층에 머무르고 있었는데 그 층에만 회의실이 있었다. 나는 그곳에서 다른 교수, 그 과목의 관리자 그리고 가정교회 운동을 하는 약 60명의 형제자매와 함께 있었다. 그중 누구라도 언제든 감옥에 붙잡혀 갈 수 있었지만, 그들은 전혀 위축되지 않고 목청을 높여서 주님께 찬양을 올려드렸다. 그들이 보여준 기쁨 충만한 연합과 담대함은 전염성이 강했다. 나중에 우리가 그 호텔을 떠날 때, 바깥 거리에 군인들이 많았지만 그들은 두려워하지 않았다. 기적 중의 기적으로 우리가 군인들을 지나쳐 길을 걸을 때 나는 평안과 기쁨을 느꼈다.

반대는 언제나 교회가 직면하는 현실일 것이다. 그러나 우리가 세상에서 주 그리스도를 위한 사명을 띠고 이기심 없는 연합을 이루어 살면 위축될 필요가 없다. 우리는 증거다. 우리는 주님의 구원을 알게 될 것이다.

---

74. Charles Simmons, *Laconic Manual and Brief Remarker* (North Wrentham, MA: John D. Flagg, 1852), 192에서 인용.

CHAPTER 6

빌립보서 2:5–11

문학적 전후 문맥

빌립보서의 주요 본문은 1:27에서 시작하며 4:4a까지 확장된다. 앞에서 언급한 것처럼 1:27–2:4은 본문 서두(1:12–26)와 주요 본문의 핵심을 연결하는 경첩 역할을 한다. 1:27–2:4에는 두 개의 하위 단위가 있는데, 각각은 빌립보 교인들에게 연합을 요구한다. 빌립보서 2:1–4은 자신의 이익보다 다른 사람들의 필요를 생각하는 이타심이라는 미덕에 초점을 맞추었고, 2:5–11은 이 권면에서 흘러나온다. 2:5–11에서 바울은 사심 없는 섬김의 탁월한 모범이 되시는 그리스도를 사용한다. 그리스도의 모범은 뒤이어 나오는 빌립보 교인을 위한 일련의 모범 중 첫 번째에 해당한다. 이 아름답고 강력한 기독론적 성찰에 바로 뒤이어 사도는 2:12–18에서 연합에 대한 추가 권고와 기쁨의 외침을 표현한다. 그 다음으로 바울은 2:19–30에서 디모데와 에바브로디도의 긍정적인 모범을 제공할 것이다. 또한 마지막으로 그는 3:1–14에서 자신을 모범적인 예로 제시할 것이다.

데이비드 갈런드(David Garland)가 언급한 대로, 빌립보서 3:20–21은 인상적인 어휘를 사용해서 2:5–11과 의도적으로 평행을 만들어낸다.[1] 3:19에 나오는 부가적인 평행을 고려하건대, 나는 갈런드의 통찰을 확대해서 19절도 포함시켰다. 이에 대해 다음 쪽의 표를 참고하라.

1. Garland, "Composition," 158. Garland가 지적한 대로 빌립보서 3장 전체에 걸쳐 2:5–11과의 평행이 많이 있다(p. 159). 그럼에도 그 평행들은 특히 3:19–21에 집중되어 있다.

2:5	"마음을 품으라"(φρονεῖτε)	3:19	"생각하는"(φρονοῦντες)
2:6, 7	"형체"(μορφῇ, μορφήν)	3:21	"형체와 같이"(σύμμορφον)
2:6	"…시나"(being, ὑπάρχων)	3:20	"있는지라"(is, ὑπάρχει)
2:8	"모양"(outward appearance, σχήματι)	3:21	"변하게 하시리라"(μετασχηματίσει)
2:8	"낮추시고"(ἐταπείνωσεν)	3:21	"낮은"(ταπεινώσεως)
2:10	"모든 무릎을…꿇게 하시고" (ἵνα…πάν γόνυ κάμψη)	3:21	"그는…복종하게 하실 수 있는" (του δύνασθαι αυτόν και ὑποτάξαι)
2:10	"하늘…땅"(ἐπουρανίων, ἐπιγείων)	3:19	"땅의 일"(ἐπίγεια)
2:11	"모든 입으로…시인하여" (και πάσα γλώσσα ἐξομολογήσηται)	3:21	"만물을 자기에게"(αὑτῷ τὰ πάντα)
2:11	"예수 그리스도를 주"(κύριος Ἰησοῦς Χριστός)	3:20	"주 예수 그리스도"(κύριον Ἰησοῦν Χριστόν)
2:11	"영광"(δόξαν)	3:21	"자기 영광"(τής δόξης αὐτοῦ)

2:5-11의 그리스도 본문이 성육신과 승귀(즉, 하늘에서 땅으로 그리고 다시 하늘로 움직이는 것[2])에 초점을 맞추는 반면, 3:20-21은 그리스도를 따르는 사람들이 구세주로 말미암아 부활하여 변화하는 것을 경축한다.[3] 신자의 연약한 몸은 그분의 영광스러운 몸과 같아질 것이다. 이와 같이 2:5-11은 신자들이 그리스도를 따를 때 오는 변화된 삶의 비전에 대한 기독론적 기초를 제공한다. 또한 그들의 변화는 궁극적으로 그들이 죽은 자 가운데서 부활하는 것으로 절정에 이른다. 이것은 그리스도가 빌립보 교인들이 따라야 할 전형이 되실 뿐만 아니라, "기독교 공동체 안에서 존재하기 위해 필요한 권리를 부인하고, 다른 사람들을 존중하는 십자가의 겸손과 사랑을 제공하시는 분"[4]이 되심을 제안한다. 다시 말해, 우리는 따라야 할 모범이 필요할 뿐만 아니라 그 모범을 따를 수 있는 영적 능력이 필요하다. 그리고 그리스도는 그분을 따르는 사람들에게 본이 되시고 십자가를 따라 살아갈 수 있는 힘도 제공하신다.

2. 이 패턴에 대해 Harold W. Attridge, *The Epistle to the Hebrews: A Commentary on the Epistle to the Hebrews* (Philadelphia: Fortress, 1989), 78-81을 보라.

3. 3:19은 3:20-21에 나오는 이 초점을 위한 장을 마련한다.

4. Gorman, *Participating*, 35.

주요 개념

바울은 시적으로 그리스도 예수를 이타적인 희생의 탁월한 모범이자 그런 희생에 이르는 수단으로 제시한다. 그리스도는 높은 지위와 영광을 포기하시고, 성육신하심으로 자신을 낮추셔서 십자가에 달려 죽으심으로써 타락한 인류의 필요를 채우셨다. 결과적으로, 하나님 아버지는 그리스도를 우주에서 가장 높은 자리인 주님으로 높이셨다. 하나님 아버지께 영광을 돌리는 포괄적인 주로 높이신 것이다.

번역

빌립보서 2:5-11

5a	연관	너희 안에
b	권고	**이 마음을 품으라**
c	동일시	곧 그리스도 예수의 마음이니
6a	묘사/양보	그는 근본 하나님의 본체시나
b	자세	(1) **하나님과 동등됨을…여기지 아니하시고**
c	상관	취할 것으로
7a	대조	오히려

b	행동 1	(2) **자기를 비워**
c	동시적	종의 형체를 가지사
d	수단	사람들과 같이 되셨고
8a	형편	사람의 모양으로 나타나사
b	행동 2	(3) **자기를 낮추시고**
c	정도	죽기까지
d	수단	복종하셨으니
e	설명	곧 십자가에 죽으심이라
9a	추론	이러므로
b	행동 3/반응	**하나님이 그를 지극히 높여**
c	동시적 행동	**모든 이름 위에 뛰어난 이름을 주사**
10a	영역	하늘에 있는 자들과
b	대안	땅에 있는 자들과
c	대안	땅 아래에 있는 자들로
d	반응 1	모든 무릎을…꿇게 하시고
e	목적	예수의 이름에
11a		[그리고]
b	반응 2	모든 입으로…시인하여
c	내용/호칭	예수 그리스도를 주라
d	대상	하나님
e	동격	아버지께
f	목표	영광을 돌리게 하셨느니라

구조

1975년 모르나 후커(Morna Hooker)는 빌립보서 2:6–11에 대한 매우 영향력 있는 글을 발표했다.[5] 그녀는 브루스(A. B. Bruce)가 1876년 출간한 『그리스도의 비하』(*The Humiliation of Christ*)라는 책에서 언급한 논평을 기쁘게 받아들이면서 자신의 생각을 소개한다. 이 구절에 대해 브루스는 "그 의미와 관련해 해석자들 사이에 존재하는 다양한 의견으로 학생들은 절망에 빠지

5. Morna D. Hooker, "Philippians 2:6–11," in *Jesus und Paulus: Festschrift für Werner Georg Kümmel zum 70. Geburtstag*, ed. E. Earle Ellis and Erich Grässer (Göttingen: Vandenhoeck & Ruprecht, 1975), 151–64. 이 구절의 구조에 대한 더 최근의 성찰에 그녀가 끼친 영향의 예로 Bockmuehl, *Philippians*, 125를 보라.

고 지적 마비의 고통을 겪는다"라고 언급한다.[6] 후커는 여기에 이렇게 덧붙인다. "거의 100년이 지난 지금 그 절망의 원인은 비할 바 없이 크게 증가했지만, 그 마비는 아직도 우리를 압도하지 못했다."[7] 후커의 글이 발표된 후 40년 동안 이 구절을 둘러싼 여러 문제에 대해 생각이 바뀌어왔지만, 그와 관련된 서적 목록을 보면 "다른 어떤 신약 본문보다 많은 엄청난 학문적 토론이 벌어졌음"을 보여준다.[8] 예를 들어, 해석사에서 수많은 학자는 소위 이 그리스도 찬송가(Christ hymn, 이에 대해서는 뒤에 나오는 '심층 연구'를 보라)의 정확한 문학 형식을 밝히기 위해 도전해왔고, 나는 여기에서 이 논의 주제에 대한 시작을 알릴 뿐이다. 이제 우리는 이 본문의 문법적 구조를 살펴본 다음, 본문의 시적 내러티브 전개를 간략하게 살펴볼 것이다.

문법적 구조

2:5–11의 문법적 구조와 관련하여[9] 앞의 '번역'을 보면, 5절이 "마음을 품으라"(φρονεῖτε)는 권고와 함께 기독론적 성찰을 소개하고 있음을 알 수 있다. 6절에 나오는 관계 대명사(ὅς)는 "그리스도 예수"에 대한 묘사를 시작한다. 이 묘사의 근간은 그리스도 예수의 세 가지 행동으로 시작된다.

A. 그는 "동등됨을 취할 것으로 여기지 아니하시고"(6절).
B. "자기를 비워"(7절).
C. "자기를 낮추시고"(8절).

빌립보서 2:9은 "이러므로"(추론 접속사 διό)로 소개되며 하나님 아버지의 두 가지 행동을 가리킨다.

A. "그를 지극히 높여."
B. "모든 이름 위에 뛰어난 이름을 주사."[10]

2:10–11의 ἵνα절을 통해 그리스도의 승귀가 모든 피조물에게서 두 가지 반응을 이끌어낸

6. Alexander Balmain Bruce, *The Humiliation of Christ in Its Physical, Ethical, and Official Aspects* (Edinburgh: T&T Clark, 1876), 8.
7. Hooker, "Philippians 2:6–11," 151.
8. 찬성 의견으로 Bockmuehl, *Philippians*, 115. 예를 들어, Ralph P. Martin, *A Hymn of Christ: Philippians 2:5-11 in Recent Interpretation and in the Setting of Early Christian Worship* (Downers Grove, IL: IVP Academic, 1997)을 보라. 그리고 Martin이 언급한 600여 개의 저작은 지난 20년에 걸쳐 더 확대되었다.
9. 대안적 접근으로, Gordon D. Fee, "Philippians 2:5–11: Hymn or Exalted Pauline Prose?," *BBR* 2 (1992): 46을 보라.
10. 여기까지 모든 동사는 형태에 있어 부정과거 직설법이다. 따라서 시상에 있어 완료형인데, 그것은 종종 내러티브의 근간을 세우는 기능을 한다. 이 기능에 대해 Campbell, *Verbal Aspect*, 38–39를 보라. 하지만 나는 "원격성"을 그 형태에 있어 한 요인으로 보는 Campbell의 견해에 동의하지 않는다.

다는 것을 주목하라.

A. "모든 무릎을…꿇게 하시고."
B. "모든 입으로…시인하여."

따라서 문법적으로 이 본문은 하늘의 영광에서 성육신으로 그리고 십자가에 달리시는 비하로 이어지는 그리스도의 행동에서부터, 성자를 높이시고 그분께 모든 이름 위에 뛰어난 이름을 주신 하나님 아버지의 행동으로 이동한다. 이는 성자의 절대적인 지배가 실현되고, 하나님 아버지가 영광을 받으시도록 하기 위함이었다.

시적 내러티브 구조

지난 수십 년 동안 이 본문의 시적 구조에 대한 제안이 급격히 증가했다.[11] 두 가지 예로, 내 접근법은 한편으로는 로버트 건드리(Robert Gundry)의 접근법과[12] 또 다른 한편으로 마커스 보크뮤엘의 접근법과[13] 공통점이 많다. 하지만 나는 이 본문을 두 개의 교차대구법 움직임으로 나눈다는 점에서 두 사람과 의견을 달리한다. 첫 번째는 성자가 성육신 전에 영광 가운데 거하셨던 상태에서 시작하여, 그분의 성육신, 수난 그리고 마침내 그분을 높이시는 성부의 반응으로 이어지는 과정을 따라 네 개의 내러티브 단계로 구성된다(2:6-9b).[14] 이 내러티브 흐름 또는 '성자의 길'은 하늘에서 땅으로 내려오시고 부활하신 후 하늘로 승귀하신 그리스도에 대한 고전적인 기독교적 이해로 구성된다.[15]

두 번째 교차대구 구조는[16] 9절에서 "이름을 주사"라고 번역된 하나님의 두 번째 행동으로 시작된다. 따라서 개념적으로 예수님의 이름에 초점을 맞추는 10-11절의 ἵνα절을 위한 문을 연다. 이 절들의 주제적 초점은 성자의 지배와 성부 하나님의 궁극적인 영광에 있다.[17] 전체 본문의 구조는 다음과 같이 묘사할 수 있다.

---

11. '찬송가'로서 빌립보서 2:6-11을 둘러싸고 있는 이 문제 및 다른 문제들에 대해 뒤에 나오는 '심층 연구'를 참고하라.

12. Robert H. Gundry, "Style and Substance in 'the Myth of God Incarnate' according to Philippians 2:6-11," in *Crossing the Boundaries: Essays in Biblical Interpretation in Honour of Michael D. Goulder*, ed. Stanley E. Porter, Paul M. Joyce, and David E. Orton, BibInt 8 (Leiden: Brill, 1994), 271-93.

13. Bockmuehl, *Philippians*, 125.

14. Charles J. Robbins, "Rhetorical Structure of Philippians 2:6-11," *CBQ* 42.1 (1980): 79-80과 비슷하다. 그는 이 구절을 두 문장으로 나눈다.

15. 이것에 대해 Attridge, *Epistle to the Hebrews*, 78-81을 보라.

16. 여기에서 제안한 9-11절의 구조는 Fee의 구조와 비슷하지만 약간 조정되었다. Fee, *Philippians*, 219n6을 보라.

17. 이와 같이 나의 접근법은 많은 사람과 달리 이 구절을 성부의 행동과 대조적인 성자의 행동을 근거로 나누지 않는다. 오히려 나는 첫 번째 움직임을 성육신 전부터 승귀로 이동하는 성자의 여정에 대한 내러티브 개관을 강조하는 것으로 이해하고, 두 번째 움직임은 그리스도의 승귀 때 그분께 주어진 "이름"에 초점을 맞추는 것으로 이해한다. 뒤에서 볼 것처럼, 이 구절을 이렇게 나누는 것은 또한 빌립보서 2:6-11 배후에 있는 두 개의 다른 구약 문맥의 용법을 따른다. 이사야 52:12-53:12은 첫 번째 교차대구법 움직임의 배후에 있고, 이사야 45:23-25은 두 번째 배후에 있다.

A 그는 근본 하나님의 본체시나	**성육신 전**
하나님과 동등됨을 취할 것으로 여기지 아니하시고	**영광 가운데 거하심**
오히려	
B 자기를 비워	**성육신**
종의 형체를 가지사	
C 사람들과 같이 되셨고	
C′ 사람의 모양으로 나타나사	
B′ 자기를 낮추시고	**수난**
죽기까지 복종하셨으니	
곧 십자가에 죽으심이라	
이러므로	
A′ 하나님이 그를 지극히 높여	**승귀**
α 모든 이름 위에 뛰어난 이름을 주사	
β 예수의 이름에	**지배**
γ 모든 무릎을 꿇게 하시고	
δ 하늘에 있는 자들과	
땅에 있는 자들과	
땅 아래에 있는 자들로	
γ′ 모든 입으로 시인하여	
β′ 예수 그리스도를 주라	
α′ 하나님 아버지께 영광을 돌리게 하셨느니라	**찬송**

이 구조의 여러 요소가 주의를 끄는데, 특히 본문에 있는 평행법이 그렇다. 첫 번째 교차대구법 움직임은 하나님에 대한 언급으로 시작하고 끝나며(A-A′), 두 번째 교차대구법 움직임도 그러하다(α-α′). 이와 같이 전체 구조는 하나님과 동등하신 그리스도에 대한 언급에서 시작하여 하나님이 그리스도를 주로 높이신 것으로 나아가고, 승귀 시에 이름을 수여하시는 하나님에서부터 하나님께 영광을 돌리는 것으로 이동한다.

각 교차대구법 움직임의 초점은 복종의 자세에 관한 것이다. 성자의 복종은 종의 형체를 취하시고 자신을 낮추시는 것으로 표현되며(B-C; C′-B′), 그분이 높아지신 결과 창조 세계에 있는 모든 자가 그분께 복종할 것이다(γ-δ-γ′). 뿐만 아니라 첫 번째 움직임은 하늘에서 땅으로 그리고 다시 하늘로 진행되는 반면, 두 번째 움직임의 중심에는 '하늘과 땅과 땅 아래'가 언급된다.

더불어 이 이중 교차대구 구조는 다른 평행들을 부각한다.

- 6절의 "하나님의 본체"(ἐν μορφῇ[18] θεοῦ)는 11절의 "하나님 아버지께 영광을"(εἰς δόξαν θεοῦ)과 균형을 이룬다(A와 α').
- "자기를 비워"(ἑαυτὸν ἐκένωσεν)는 "자기를 낮추시고"(ἐταπείνωσεν ἑαυτόν)와 평행을 이룬다. 그리고 "자기"(ἑαυτόν)의 어순이 전도되는 것을 주목하라(B와 B').
- "사람들과 같이 되셨고"(ὁμοιώματι ἀνθρώπων γενόμενος)는 "사람의 모양으로 나타나사"(σχήματι εὑρεθεὶς ὡς ἄνθρωπος)와 분명한 평행을 이룬다. 또 다시 그 분사와 관련하여 "사람"(ἄνθρωπος)의 어순이 전도되는 것을 주목하라(C와 C').
- 9절에서 "그를"(αὐτόν/αὐτῷ) 두 번 언급한다(A'와 α').
- '예수님의 이름'(τῷ ὀνόματι Ἰησοῦ)은 '예수 그리스도는 주'(κύριος Ἰησοῦς Χριστός)에 의해 반영된다(β와 β').
- "모든 무릎을…꿇게 하시고"(πᾶν γόνυ κάμψῃ)라는 고백은 "모든 입으로…시인하여"(πᾶσα γλῶσσα ἐξομολογήσηται)에서 분명한 평행을 찾아볼 수 있다(γ와 γ').

마지막으로, 이런 교차대구법 움직임 각각에는 독자가 속도를 늦추거나 멈추어야만 하는 순간이 있다. 8절에서 "죽기까지"(θανάτου)를 "십자가에 죽으심이라"(θανάτου δὲ σταυροῦ)로 확대한 것은 9절에 나오는 절정의 결론 전에 적당히 숨을 돌리게 한다.[19] 그리고 10절의 '하늘과 땅과 땅 아래'(ἐπουρανίων καὶ ἐπιγείων καὶ καταχθονίων)는 최종적으로 예수 그리스도를 주로 찬양하기 직전에 무릎을 꿇고 입으로 고백하는 것 사이에 공간을 두어 속도를 늦춘다.

심층 연구

찬송가로서 빌립보서 2:6-11[20]

신약 연구에서 가장 큰 논의 중 하나는 찬송가로서 빌립보서 2:6-11의 본질에 관한 것이다. 이 본문의 정확한 본질을 고려하면 여러 문제가 제기된다. 이것은 찬송가인가? 이 자료는 어디에서 나왔는가? 그

---

18. 신적 영광 가운데 나타나신 성자 하나님에 대한 언급으로 "본체"(μορφῇ)에 대해서는 2:6에 대한 설명을 보라.

19. Bockmuehl, *Philippians*, 125-26에서 언급됨. Bockmuehl은 이 본문이 각각 3행씩 6개 세트로 구성된 것으로 이해하고, Hooker가 한 제안을 수정해서 제시한다. 게다가 그는 우리가 이 본문에서 보는 것은 정식 시가 아니라 "서정적으로 아름답게 표현된, 고급 산문"이라는 점에서 Fee와 의견을 같이한다.

20. 이 주제에 대한 광범위한 문헌을 고려하건대 기본적인 쟁점들을 약술하고 몇 가지 잠정적인 제안을 할 수 있을 뿐이다. 예를 들어, 더 폭넓게 논의한 작품으로 다음을 보라. Martin, *Hymn of Christ*; Matthew E. Gordley, *New Testament Christological Hymns: Exploring Texts, Contexts, and Significance* (Downers Grove, IL: IVP Academic, 2018); Reumann, *Philippians*, 333-83; Hawthorne and Martin, *Philippians*, 90-105. Fee는 이 본문을 다룬 자료들의 양에 통탄하면서 풍성한 논의가 "때때로 독자가 날아오르게 만들어야 하는 구절을 이해시키기보다 모호하게 하고, 심지어 논의를 교착 상태에 빠지게 하는 경향이 있었다. 그와 같이 경이로운 순간이 매우 많은 논의로 침수된다는 것은 비극적이다"라고 쓴다(Fee, *Philippians*, 192n1).

것의 목적은 무엇인가? 에른스트 로마이어(Ernst Lohmeyer)의 시대 이후로[21] 학자들은 빌립보서 2:6-11을 찬송가로 읽어야 하는 여러 가지 이유를 제시했다.[22] 그동안 해석자들이 제시한 이유는 다음과 같다. (1) 신약에 나오는 비슷한 단위들처럼(예를 들어, 골 1:15-20; 딤전 3:16b; 히 1:2b-4), 이 본문은 관계 대명사(ὅς)로 소개된다. (2) 이 본문의 언어는 보통 빌립보서 나머지 부분의 단어와 문체상 뚜렷하게 다르기 때문에 이 본문을 독립적인 단위처럼 보이게 만든다. (3) 이 본문에 쓰인 단어들은 리듬이나 아마도 운을 이루도록 배열되고,[23] 수많은 평행 구조로 이루어져 있다. 다음으로 이 찬송가가 바울이 채택한 전통적 본문이라고 보는 사람들에 따르면, (4) 이 본문에는 바울이 평소에 사용하지 않는 단어가 포함되어 있다. 그래서 빌립보서 2:6-11의 경우, 승귀 기독론은 성육신 이전의 그리스도에서부터 그분의 보편적 주 되심에 대한 고백으로 나아가는 흐름 속에서 독립된 본문으로서 의미가 잘 통한다. 이타적 마음에 대한 바울의 권고를 강화하려는 목적을 지닌 것을 감안하면, 이 기독론 내러티브 전체는 바울의 상황적 목적에 비해 과도한 신학적 반응으로 읽힐 수 있다.

하지만 빌립보서 2:6-11을 포함하여 신약의 찬송가를 식별하는 이 대담한 시도는 최근에 적어도 두 가지 주요한 측면에서 의문점이 제기되었다. 첫째, 몇몇 사람은 이른바 신약 찬송가는 일반적인 셈족, 유대교, 그리스 로마 찬송가의 양식이나 관습과 어울리지 않는다고 제안한다.[24] 둘째, 이런 본문들의 언어적, 양식적 차이는 단순히 그리스도를 찬양하는 바울 산문의 한 유형으로 읽을 수 있다.[25] 이 입

신약, 특히 빌립보서 2장에서 소위 찬송가 또는 찬송가 단편을 식별하는 것에 대해서는 다음을 보라. C. Basevi and J. Chapa, "Philippians 2.6-11: The Rhetorical Function of a Pauline 'Hymn,'" in *Rhetoric and the New Testament: Essays from the 1992 Heidelberg Conference*, ed. Thomas H. Olbricht and Stanley E. Porter, JSNTSup 90 (Sheffield: JSOT Press, 1993), 338-56; Frederick W. Danker, "A Symphony of New Testament Hymns: Commentary on Philippians 2:5-11, Colossians 1:15-20, Ephesians 2:14-16, 1 Timothy 3:16, Titus 3:4-7, 1 Peter 3:18-22, and 2 Timothy 2:11-13," *CBQ* 60 (1998): 161-62; Stephen E. Fowl, *The Story of Christ in the Ethics of Paul: An Analysis of the Function of the Hymnic Material in the Pauline Corpus* (Sheffield: Sheffield Academic Press, 1990); Otfried Hofius, *Der Christushymnus Philipper 2,6-11: Untersuchengen zu Gestalt und Aussage eines urchristlichen Psalms*, WUNT 17 (Tübingen: Mohr Siebeck, 1991); Claus H. Hunzinger, "Zur Struktur Der Christus-Hymnen in Phil 2 und 1 Petr 3," in *Ruf Jesu und die Antwort der Gemeinde: Exegetische Untersuchungen Joachim Jeremias zum 70. Geburtstag gewidmet von seinen Schülern*, ed. Eduard Lohse, Christoph Burchard and Berndt Schaller (Göttingen: Vandenhoeck & Ruprecht, 1970), 142-56; Martin, *Hymn of Christ*; Ulrich B. Müller, "Der Christushymnus Phil 2 6-11," *ZNW* 79.1-2 (1988): 17-44; Jim Purves, "The Missional Doxology of the Philippian Hymn," *BapTheo* 3.1 (2011): 15-30; Jack T. Sanders, *The New Testament Christological Hymns: Their Historical Religious Background*, SNTSMS 15 (Cambridge: Cambridge University Press, 1971); Charles H. Talbert, "A Hymn of Christ: Philippians 2:5-11 in Recent Interpretation and in the Setting of Early Christian Worship," *PRSt* 28.2 (2001): 141-42; Robert A. Wortham, "Christology as Community Identity in the Philippians Hymn: The Philippians Hymn as Social Drama (Philippians 2:5-11)," *PRSt* 23.3 (1996): 269-87.

21. Ernst Lohmeyer, *Kyrios Jesus: Eine Untersuchung zu Phil. 2,5-11* (Heidelberg: C. Winter, 1928), 4-13.

22. Fee, "Philippians 2:5-11," 30-31; Martin, *Hymn of Christ*, 25-28.

23. Adela Yarbro Collins, "Psalms, Philippians 2:6-11, and the Origins of Christology," *BibInt* 11 (2003): 368.

24. Basevi and Chapa, "Philippians 2.6-11"; Fowl, *Story of Christ*, 31-32; Benjamin A. Edsall and Jennifer R. Strawbridge, "The Song We Used to Sing?: Hymn 'Traditions' and Reception in Pauline Letters," *JSNT* 37 (2015): 290-311.

25. Fee, "Philippians 2:5-11," 31.

장을 고수하는 사람들은 이 본문을 찬송가로 분명하게 표시하는 요소가 없다고 제안한다.[26]

그럼에도 더 최근의 연구는 중재적인 입장을 새롭게 제안한다. 마이클 마틴(Michael Martin)과 브라이언 내쉬(Bryan Nash)는 한 논문에서 찬가(*hymnos*)는 고대 세계의 수사학 교본에서 다루는 주요한 표현 방식이었다고 주장한다. 이 장르는 어느 정도 융통성이 있었지만, 구체적인 관습을 따랐다. 그 장르의 특징을 검토하고 나서 마틴과 내쉬는 빌립보서 2:6-11이 하나를 제외하고 이 유형과 완전히 일치한다는 결론을 내린다. 이를테면 그리스도 찬송가 역시 그리스도의 '기원'[비교 대조법(*syncrisis*)를 통해 강조됨], 출생, 몸, 마음/덕, 행위, 죽음의 방식, 사후에 일어난 사건들 그리고 이름과 호칭들(비교 대조법을 통해 강조됨)을 포함한다. 한 가지 예외는 찬가가 일반적으로 찬양할 만한 것에 대한 로마의 관점을 강화하는 가치를 드러냈던 반면, 빌립보서 2:6-11은 세속적 가치들을 완전히 뒤집는다. 마틴과 내쉬는 다음과 같이 설명한다.

> 이 토포스(topos, 정형화된 주제-역주)는 칭찬받을 만한 가치가 있는 것(그리고 가치가 없는 것)에 대한 전통적인 개념을 전복하는 방식으로 다루어진다. 일반적으로, 그와 같은 토포스는 로마 문화에 만연한 가치를 강화하는 데 기여하는 방식으로 이해되고 사용되었다. 예를 들어, 한 신하가 고상한 가문 출신이거나(기원), 힘이나 아름다움을 지녔거나(몸), 전투에서 용기를 보였거나(마음), 또는 명예로운 방식으로 죽으면(죽음) 칭송을 받았다. 그리고 신하가 지위를 나타내는 이러한 전통적 표시가 없을 때도, 사회 질서를 뒤엎지 않고 오히려 강화하는 혁신적인 창작이 장려되었다…이와 대조적으로, 그리스도 찬송가는 이런 표시에 직접적으로 도전하는 일종의 혁신을 보여준다. 그리스도는 모든 토포스의 기준으로 보면 마땅히 누릴 수 있었던 신분보다 더 수치스러운 자리를 택하셨기 때문에 찬양을 받으신다. 그리고 그리스도 찬송가는 그리스도의 종의 본질 때문에, 즉 그분의 마음이 겸손의 특징을 지녔기 때문에 이렇게 하셨다고 주장한다.[27]

게다가 마틴과 내쉬는 그와 같은 작품이 시에만 국한되지 않았음을 증명한다(비록 본문에서는 시적 요소들을 찾아볼 수 있지만). 오히려 그와 같은 토포스는 산문을 형성하는 데도 사용될 수 있었다.[28] 내가 보기에 이 사실은 이 본문이 이미 알려진 시 유형이라기보다 '격조 높은 산문'(elevated prose)처럼 보인다는 피의 관심에 대한 답이 된다. 그러므로 마틴과 내쉬의 연구에 근거해서 빌립보서 2:6-11은 두 개의 움직임 구조(6-8절이 첫 번째 그리고 9-11절이 두 번째)로 이루어진 찬가(*hymnos*)로 읽을 수 있다. 이것은 빌립

26. Markus N. A. Bockmuehl, "'The Form of God' (Phil 2:6): Variations on a Theme of Jewish Mysticism," *JTS* 48 (1997): 3-4; Mi Young Sydney Park, *Submission within the Godhead and the Church in the Epistle to the Philippians: An Exegetical and Theological Examination of the Concept of Submission in Philippians 2 and 3*, LNTS 361 (London: T&T Clark, 2007), 11-13.

27. Michael W. Martin and Bryan A. Nash, "Philippians 2:6-11 as Subversive *Hymnos*: A Study in the Light of Ancient Rhetorical Theory," *JTS* 66.1 (2015): 111-13.

28. Martin and Nash, "Philippians 2:6-11 as Subversive *Hymnos*," 136.

보서 2:6-11이 1세기 교회가 예배 때 불렀던 '찬송가'(hymn)라는 의미는 아니지만,[29] 마틴과 내쉬가 묘사한 찬가의 일반적 패턴을 따르거나 아니면 최소한 반영하는 것처럼 보인다. 앞에서 언급한 피의 반대 의견에도 불구하고 그리고 이 본문에서 광범위하게 사용되고 있는 평행법, 교차대구법 구조, 본문의 내러티브 움직임에 비추어볼 때, 나는 '찬송가'라는 표현보다 "내러티브 시"[30]라는 마이클 고먼의 표현을 선호한다. 그리고 이 본문의 내러티브 시적 본질은 선지서의 시적 자료와 유사하다고 말할 수 있다.

이것은 우리를 빌립보서 2:6-11의 배후에 있는 전통적 자료들에 대한 논의로 이끈다. 사도가 그리스도 사건을 경축하는 데 전통적 자료(그 자신이나 다른 사람이 형성한 자료)를 사용했다면, 그것은 이 본문에서 바울의 어휘가 아닌 것으로 보이는 단어가 사용된 이유를 설명해줄 것이다. 하지만 그것은 어떤 전통 자료인가? 로이만(Reumann)은 해석사에서 제시된 14개의 의견을 언급했다.[31] 그렇지만 최선의 증거는 유대 성경을 가리킨다. 특별히 최근의 연구는 이사야 45:23-25과 52:13-53:12이 빌립보서 2:6-11에 광범위하게 나타나는 것에 대해 설득력 있는 논거를 제공한다.[32] 예를 들어, 다음은 매튜 하몬(Matthew Harmon)과 제임스 웨어(James Ware)의 주장을 재구성한 것인데, 그들은 빌립보서 2:6-11과 이사야서 본문 간의 개념적 관련성을 언급하면서 이 본문들의 일부 헬라어 형태에 사용된 언어를 지적한다.[33]

구절	빌립보서 2:6-11의 단어나 구	이사야서 본문
2:6	하나님의 본체	53:2a-b(Aquila 역본은 μορφή를 사용함)
2:7	자기를 비워	53:12
2:7	종의 형체를 가지사	52:13-14; 53:11(LXX, δουλεύοντα)
2:7	사람들과 같이 되셨고	52:14; 53:2(Aquila 역본은 μορφὴ αὐτοῦ ἀπὸ τῶν ἀνθρώπων으로 읽는다)
2:8	사람의 모양으로 나타나사	52:14; 53:2-3
2:8	자기를 낮추시고	53:3-4, 7-8
2:8	죽기까지 복종하셨으니	53:7-8, 12; 또한 53:10을 보라
2:8	십자가에 죽으심이라	52:14; 53:3-8
2:9	하나님이 그를 지극히 높여	52:13; 53:12

29. Bockmuehl, *Philippians*, 116-17을 보라.
30. Gorman, *Participating*, 33.
31. Reumann, *Philippians*, 335-38은 이란의 조로아스터교, 영지주의의 구세주 신화, 그리스 로마 찬송가 또는 유력자나 사회적 배경, 즉위식 또는 다양한 구약 신학 등을 포함한 여러 가능성을 제시한다. 최선의 대답은 이 마지막 방향에 있는 것 같다.
32. 특히 Bauckham, *Jesus and the God of Israel*, 43; Matthew Harmon, *Philippians: A Mentor Commentary* (Fearn, Ross-shire, Scotland: Mentor, 2015), 57-66, 201-3; J. Patrick Ware, *The Mission of the Church in Paul's Letter to the Philippians in the Context of Ancient Judaism*, NovTSup 120 (Leiden: Brill, 2005), 224-36.
33. Harmon, *Philippians*, 202-3; Ware, *Mission of the Church*, 225-26; 나의 이전 학생인 Taylor Brazil은 나와 서신을 교환하며 이 도해를 위한 준비 작업을 해주었다.

구절	빌립보서 2:6-11의 단어나 구	이사야서 본문
2:10	모든 무릎을…꿇게 하시고	45:23
2:11	모든 입으로…시인하여	45:23
2:11	하나님 아버지께 영광을	45:24-25

본문에 나오는 시적 내러티브의 배후에 있는 전통적 자료는 그것의 어휘와 양식의 양상을 설명해준다. 두 본문 사이에 나타나는 광범위한 개념적 일치는 이사야서 자료가 빌립보서 2:6-11의 배후에 있다는 견해를 지지한다. 게다가 이 내러티브 시의 전개는 칠십인역보다 히브리어 본문에 근거했을 수 있다. 예를 들어, 종의 '죽음'을 다룰 때 히브리어 본문은 종이 '죽기까지 그의 영혼을 쏟아내는 것'으로 표현하는(종이 이 행동을 하는 것으로 묘사하면서) 반면, 칠십인역은 "그의 영혼이 죽음에 넘겨졌다"(παρεδόθη εἰς θάνατον ἡ ψυχὴ αὐτοῦ)라고 더 수동적으로 읽는다. 빌립보서 2:7-8에서 그리스도는 처음부터 끝까지 적극적으로 죽음에 이르는 순종의 길을 가셨다. 게다가 이사야 53:12의 히브리어 본문(ערה)에서 '버리는' 행동은 빌립보서 2:7에서 '자기를 비우는' 그리스도와 일치하며, 히브리 단어와 헬라 단어의 의미가 중복된다. 빌립보서 2:6-11에 쓰인 헬라어 단어들은 칠십인역과 다르지만, 히브리어 본문에서는 개념이 일치한다. 다른 한편으로 바울은 다른 곳에서 이사야서를 인용하거나 암시하면서 칠십인역을 사용하고(예를 들어, 롬 4:25a), 때때로 칠십인역이나 우리에게 있는 히브리어 분문과 완전히 일치하지 않는 본문 형태를 사용한다. 따라서 확신할 수는 없지만, 우리는 바울이나 다른 누군가가 칠십인역을 자료 본문으로 사용해서 이 본문을 만들었다고 추정해서는 안 된다.

석의적 개요

➡ **2. 자기희생의 탁월한 모범이신 그리스도 예수님처럼 돼라(2:5-11)**

a. 그리스도의 마음을 품으라(5절)

b. 겸손하신 그리스도의 모범을 따르라(6-8절)

(1) 그분이 취하신 종의 자세(6-7절)

(2) 그분이 보이신 순종의 정도(8절)

c. 하나님이 그리스도의 지위를 대역전시키신 것을 주목하라(9-11절)

(1) 승귀(9절)

(2) 하나님의 목적, 우리의 반응(10-11c절)

(3) 궁극적인 목표, 하나님의 영광(11d-f절)

본문 설명

이 본문은 모든 신약에서 가장 논란이 되면서도 가장 아름답고 강력한 본문 중 하나다. 바울은 그리스도의 성육신 이전의 영광에서부터 그분의 승귀 그리고 최종적으로 하나님 아버지께 영광을 돌리시는 그리스도의 여정 전체에 대한 완전한 내러티브를 만든다(또는 포함시킨다). 따라서 이 간결한 본문은 "바울의 중심 이야기"로 불렸다.[34] 하지만 이 본문의 간결함 뒤에는 복잡함이 숨어 있다. 6-7절만 보더라도 해석 학계에 논란의 불을 댕기고 긴 상세 설명이 달린 수많은 주석을 만들어낸 거대한 인화점이 적어도 네 군데 발견된다. 여기에는 "하나님의 본체"(in the form of God, ἐν μορφῇ θεοῦ)라는 어구, "취할 것으로"(status to be used for his own advantage, ἁρπαγμόν)라는 용어, "비워"(ἐκένωσεν)라는 동사 그리고 "사람들과 같이 되셨고"(ἐν ὁμοιώματι ἀνθρώπων γενόμενος)와 "사람의 모양으로 나타나사"(σχήματι εὑρεθεὶς ὡς ἄνθρωπος) 같은 쌍둥이 절이 그 핵심 쟁점이다. 앞으로 본문을 설명하면서 방대한 해석사에 빠져 헤매지 않고 이런 주요 요소들에 주의를 기울일 것이다.

2:5-6 너희 안에 이 마음을 품으라 곧 그리스도 예수의 마음이니 그는 근본 하나님의 본체시나 하나님의 동등됨을 취할 것으로 여기지 아니하시고(τοῦτο[35] φρονεῖτε ἐν ὑμῖν ὃ καὶ ἐν Χριστῷ Ἰησοῦ, 6 ὃς ἐν μορφῇ θεοῦ ὑπάρχων οὐχ ἁρπαγμὸν ἡγήσατο τὸ εἶναι ἴσα θεῷ). 빌립보 교인에게 다른 사람을 향한 겸손과 섬김의 자세를 요구하면서 이제 바울은 그리스도의 모범을 말하기 시작한다. 그는 이 놀라운 생각을 "너희 안에 이 마음을 품으라"는 권고로 소개한다. 헬라어 문장의 첫 번째 단어(τοῦτο)는 그가 방금 2:2-4에서 묘사한 겸손의 패턴을 가리키는 역할을 한다.[36] 이와 같이 사도는 이 새로운 움직임의 시작 부분에 배치된 대명사를 사용하여 강조하고, 2:2-4의 권고를 그리스도의 모범과 연결한다. 그 모범은 이 본문에서 매우 아름답게 제시된다.

2:1-4에서 본 것처럼 바울은 빌립보 교인의 생각이 바르게 됨으로써 그들의 관계가 바르게 되기를 원한다(참고. 2:2). 여기에서 바울은 신자들에게 그가 방금 묘사한 겸손한 자세를 '마음에 품으라'(φρονέω)[37]고 요구한다. 이미 1:7과 2:2에서 보았듯, 이 용어는 생각 또는 관점과 관계가 있는 어휘군에 속한다. 예를 들어, 고대 저자들은 어떤 문제에 대해 '의견'을 갖거나 특별한 방식으로 생각하는 것을 말하는 데 이 단어를 사용할 수 있었다(예를 들어, 행 28:22; 고전 13:11; 빌 1:7). 마찬가지로, 어떤 것을 '주의 깊게 고려하는 것'이나 어떤 것에 마음을 집중하는 행동을 말하는 데 이 단어를 사용할 수 있었다. 이를테면 바울은 3:18-19에서 "그리스도의 십자가의 원수는…땅의 일을 '생각하는' 자라"고 말한다. 2:5의 권고는 어떤 것에 대해, 특히 그리스도의 인격과 사역 가운데 구현된 겸손과 섬김의 패턴을 주의 깊게

34. Gorman, *Participating*, xxiii, 34.

35. γάρ가 누락된 것(א* A B C Ψ 33. 81. 1241. 2464. 2495 t vg^mss co; Or Aug)이 아마도 원본일 것이다. 서기관이 의도적으로 그것을 누락할 정당한 이유가 없어 보이기 때문이다. 또한 서기관이 덧붙인 다양한 접속사는 그것의 부재로 설명될 수 있다. Metzger, *Textual Commentary*, 545를 보라.

36. 바울은 빌립보서 여러 곳에서 지시 대명사를 사용하여 그가 방금 언급한 것을 가리키는 패턴을 따른다(예를 들어, 1:7, 25; 3:7, 15; 4:8, 9). καί의 부가적 용법은 여기에서 바울이 2:1-4의 주제를 다시 시작하며, 뒤이어 나오는 그리스도의 모범을 예상함을 나타낸다. 따라서 τοῦτο는 그리스도에 대한 숙고의 내용을 가리키는 것으로 읽지 않아야 한다. 찬성 의견으로 Fee, *Philippians*, 199-200.

37. 현재 명령형은 외적 증거에 근거한 유력한 독법이다 (𝔓46 א A B C* D F G 33. 81. 1175. 1739. 1881 latt sy). 현재 명령법은 종종 일반적인 지시를 나타내는 데 사용된다. Campbell, *Verbal Aspect*, 70을 보라.

생각하는 뉘앙스를 전달하는 것 같다.[38]

사도는 빌립보 교인들에게 공동체 안에서 그와 같은 자세를 개발하라고 도전한다("너희 안에", ἐν ὑμῖν).[39] 뒤이어 나오는 "그리스도 예수의"(ἐν Χριστῷ Ἰησοῦ)와 평행을 이루는 점을 고려하면, "너희 안에"를 내적 현실(즉, '너희 속에')을 가리키는 것으로 읽을 수 있다(결국 '생각'은 사람에게 내적인 것이다). 그럼에도 집단으로 어떤 관점이나 자세를 공유하는 공동체 역학에 강조점이 있다. 따라서 나는 이 구절을 내면화보다는 '유대'를 나타내는 것으로 이해한다.

특별히 빌립보 교인들은 '그리스도 예수 안에서'(ἐν Χριστῷ Ἰησοῦ) 제시된 모범과 능력을 따라 종의 자세를 개발해야 한다. 바울은 이 어구를 사용해서 신자가 '그리스도와 연합하는 것'을 말한다.[40] 그런데 그 관계 안에서 그리스도는 또한 그분의 백성이 따라야 할 탁월한 모범이 되신다.[41] 따라서 모방을 반영하는 번역(예를 들어, CSB, CEB, CEV, NET, NIV, NLT)과 참여 혹은 장소를 나타내는 번역(예를 들어, ESV, RSV) 사이에 다양한 번역이 있는 것은 놀라운 일이 아니다. 나는 이 동사 없는 어구를 '곧 우리도 그리스도 예수 안에서 보는 것'(which we also see in Christ Jesus, 개역개정에는 "곧 그리스도 예수의 마음이니"-역주)으로 번역했는데, 이 표현은 모방을 강조한다. 살아 계시고, 가장 높은 주님이신 그리스도는 신자에게 겸손과 섬김의 영원한 모범이 되신다. 신자들은 자신을 대신하여 겸손히 희생하신 그분의 삶을 묵상해보면 그 점을 알 수 있다. 이것은 모방해야 할 일련의 모범을 제공하는 빌립보서의 중심 부분과 잘 맞는다(그리스도, 디모데와 에바브로디도, 바울). 하지만 '그리스도 안에서'라는 어구는 바울의 광범위한 참여 신학, 즉 신자와 그리스도의 상호 관계 혹은 그분의 생명에 참여하는 것에 의지하는 의미로도 이해해야 한다. 그것은 우리가 주님의 모범을 실행할 수 있는 영적인 수단이다.[42]

6절의 "하나님의 본체"(being robed in divine glory, ἐν μορφῇ θεοῦ)라는 어구는 신학적으로 풍성해서 논의가 광범위하게 이루어진다.[43] 이 어구는 우리에게 성육신 이전에 그리스도 예수의 상태와 형편에 대해 무언가를 말한다.[44] 문제는 '그것이 무엇인가?' 하는 것이다. 마가

38. BDAG 1065-66.

39. 즉, 집단적으로. 찬성 의견으로 ESV. 마찬가지로 "서로의 관계 속에서"(toward one another, NET), "서로를 향하여"(in your relationships with one another, NIV).

40. Michael Gorman은 이 구를 "메시아 예수 안에 있는 공동체"로 번역한다(*Participating*, 91-92). "그리스도와 연합"이라는 해석은 Martin의 번역에서 찾아볼 수 있다. "'그리스도 예수' 안에 있는 자들이 되므로(즉, 그분의 공동체의 일원으로)." Hawthorne and Martin, *Philippians*, 107-9에서 더 자세한 논의를 보라. 이 논쟁의 양측에 대한 논거로 Hellerman, *Philippians*, 108-9를 보라. 그는 결국 "조건부로" 윤리적("모범") 해석을 선호한다. 여기에서 윤리적 견해를 유일한 선택으로 여기는 것에 반대하는 입장으로 Silva, *Philippians*, 95-97을 보라. Silva는 '그리스도와 연합' 견해는(그는 옳다고 생각한다) 윤리적 적용과 함께 정립될 수 있다고 제안한다.

41. 이것에 대해 Campbell, *Paul and Union with Christ*, 105-6을 보라. 개인으로서 그리스도에 대해 사용된 ἐν Χριστῷ에 대해 엡 1:10; 2:15-16; 골 1:19; 2:9을 보라. 찬성 의견으로 Murray J. Harris, *Prepositions and Theology in the Greek New Testament: An Essential Reference Resource for Exegesis* (Grand Rapids: Zondervan, 2012), 123.

42. 이 절을 참여로 읽는 독법에 대한 참신한 견해로 Gorman, *Participating*, 77-93을 보라. 나의 번역과 주석이 보여주는 대로 나는 Gorman보다 모방을 더 강조한다. 또한 그가 ὃ καί 두 단어를 읽는 독법에 대해 나는 아직 납득하지 못한다. 하지만 나는 3:10-21에서 반복되어 드러나는 변화에 비추어볼 때, 그가 부활하신 그리스도께 참여하는 것을 강조하는 것이 유익하고 의미가 있다고 생각한다.

43. Gerald Hawthorne은 "이 표현에 제공된 해석들의 수와 다양성이 어떤 의미를 지닌다면 그것이 그리스도 찬송가 전체를 이해하는 데 매우 중요하고, 전체 구절의 기독론을 결정하는 데 근본적으로 중요하기 때문"이라고 언급한다(Gerald F. Hawthorne, "In the Form of God and Equal with God [Philippians 2:6]," in *Where Christology Began: Essays on Philippians 2*, ed. Ralph P. Martin and Brian J. Dodd [Louisville: Westminster John Knox, 1998], 97). Markus Bockmuehl은 더 다채롭게 이 구절에 대한 글을 소개하면서 "시체 위를 배회하는 독수리처럼, 20세기 신약 학자들은 빌립보서 2:5-11의 추정된 '찬송가' 주위에 끈질기게 계속해서 모여들었다. 결과적으로, 이 구절은 신약에서 가장 지나치게 해석된 본문 중 하나"라고 언급한다(Bockmuehl, "Form of God," 1).

44. ὑπάρχω의 현재 분사는 있는 것(being present) 혹은 여기에서처럼 '존재하는' 것, 따라서 "어떤 상태나 환경에" 처해 있는 것을 말할 수 있다(BDAG 1029-30).

복음의 긴 끝맺음(16:12)을 제외하고, 빌립보서 2:6-7은 종종 "본체"(form, μορφή)로 번역되는 용어가 신약에서 나타나는 유일한 구절이다. 여기에서 그것은 두 번 나오는데, 한 번은 "하나님의 본체"를 그다음에는 "종의 형체"를 가리킨다. 이 용어는 칠십인역에 7번 나오고,[45] 거의 언제나 외모를 언급한다. 예를 들어, 이사야서 44:13은 "목공은 줄을 늘여 재고 붓으로 긋고 대패로 밀고 곡선자로 그어 사람의 아름다움을 따라 사람의 모양을(ὡς μορφὴν ἀνδρός) 만들어 집에 두게 하며"라고 말한다. 광범위한 유대 헬라 문헌에서 이 단어는 "키, 형태, 상태, 특징" 그리고 "외적 모습" 같은 다양한 개념을 뜻하지만,[46] 무엇보다도 그것은 어떤 것의 식별 가능한 형태나 모양을 의미한다.[47]

전통적 해석은 종종 "하나님의 본체"를 하나님으로서 그리스도의 본질을 언급하는 것으로 읽는다.[48] 이 외에 다른 다양한 제안이 많은데, 그중에는 아담 기독론(하나님의 형상으로 지음받은 창세기의 아담 내러티브와 평행을 이루는 '새 아담' 그리스도)을 이 사상과 본문 전체의 주요 배경으로 보는 광범위한 논의가 포함된다.[49]

하지만 더 나은 해석은 바울이 성육신 전에 신적 영광 상태에 계신 그리스도의 '모습'을 언급한다고 이해하는 것이다.[50] 이 입장은 성육신하시기 전 하나님으로서 지니신 그리스도의 영광을 추정하지만, 그리스도의 모습에 나타난 그분의 지위 또는 신분에 강조점이 놓여 있다. 유대 전통은 때때로 하나님이 "형체"를 지니셨다고 언급한다. 예를 들어, 여러 학자는 필론의 『모세의 생애』(*On the Life of Moses*)를 언급하는데, 필론은 불타는 가시덤불 가운데 나타나신 하나님에 대해 이렇게 쓴다. "그리고 불 가운데서 어떤 매우 아름다운 형체(μορφή)가 보였다. 그것은 어떤 가시적인 것을 닮지 않았고, 가장 하나님 같은 형상이었으며, 불보다 더 눈부신 빛을 발했는데, 누구나 살아 계신 하나님의 형상이라고 상상할 수 있었다." 이와 같이 필론은 하나님의 "형체"를 언급하면서 '빛을 발하는' 신적 영광을 묘사한다. 그는 우리가 하

45. 삿[A] 8:18; 욥 4:16; 사 44:13; 단 3:19; Tob 1:13; Wis 18:1; 4 Macc 15:4.

46. *TLNT* 2:520-21.

47. 지금까지 가장 광범위한 어휘 연구가 Daniel J. Fabricatore, *Form of God, Form of a Servant: An Examination of the Greek Noun* μορφή *in Philippians 2:6-7* (Lanham, MD: University Press of America, 2010), 27-98에서 수행되었다. 2장에서 Fabricatore는 6세기에 매우 다양한 장르에 걸쳐 헬라 문헌에서 그 용어가 사용된 사례를 살펴본다. 광범위한 어휘 연구를 하고 나서 그는 다음과 같이 결론을 내린다 (p. 87).

"μορφή는 600년 동안 다소 안정된 의미론적 범위를 유지한 용어다. 그 의미론적 범위에는 어떤 사람이나 어떤 것의 물리적 형태 또는 모양이라는 개념이 포함되는데, 그것이 μορφή가 사용되는 주된 방법이다. 몇몇 경우 그것은 어떤 것의 본질을 언급할 수 있지만, 이 경우들에서조차 그 본질은 오감을 통해 인식된다."

48. 이것에 대해 Reumann, *Philippians*, 334, 342를 보라. Lightfoot은 Aristotle 및 다른 헬라 철학자들에 근거하여, 이 용어가 어떤 것의 "본질"을 가리키는 이차적인 철학적 의미를 지닌다고 주장했다(*Philippians*, 127-33). 여러 주석가와 참고 자료가 이런 생각을 따랐다. 예를 들어, Louw와 Nida는 μορφή와 그 동족어들을 '본성, 성격'(A Nature, Character)과 '형태의 외적인 표현으로서의 외관'(Appearance as an Outward Manifestation of Form)이라는 범주 아래 배치했다(L&N 586-87). 또한 예를 들어 Silva, *Philippians*, 100-101; Fee, *Philippians*, 204-5를 보라. 하지만 Fabricatore의 연구가 보여주는 대로, φύσις("본성")와 함께 사용될 때 Aristotle은 "거의 언제나 μορφή를 사용하여 눈에 보이는 어떤 것을 나타낸다"(Fabricatore, *Form of God*, 50).

49. 이 해석 및 다른 해석들에 대해서 Reumann, *Philippians*, 342-43; Hawthorne and Martin, *Philippians*, 110-15; Bockmuehl, "Form of God," 6-11; Hansen, *Philippians*, 135-42를 보라. 아담 기독론에 대해 특히 Hansen의 책에 나오는 요약 및 Martin and Dodd, *Where Christology Began*, 74-83에 수록된 James D. G. Dunn의 글, "Christ, Adam, and Preexistence," 그리고 Lincoln D. Hurst의 응답("Christ, Adam, and Preexistence Revisited," in Martin and Dodd, *Where Christology Began*, 84-95)을 보라. 내가 보기에 우리 본문과 이사야 45, 52-53장 사이의 광범위한 평행은 주요 배경으로 창세기 3장을 배제한다.

50. 찬성 의견으로 Bockmuehl, "Form of God"; 같은 저자, *Philippians*, 126-29; Fabricatore, *Form of God*, 209; Stephen E. Fowl, *Philippians*, THNTC (Grand Rapids: Eerdmans, 2005), 91-94; Joseph H. Hellerman, *Reconstructing Honor in Roman Philippi: Carmen Christi as Cursus Pudorum*, SNTSMS 132 (Cambridge: Cambridge University Press, 2005), 131-33.

나님의 형상을 보았다고 단정 짓게 하지 않으려고 약간 애매하게 말하지만, 분명히 그런 방향을 가리킨다.[51]

이 어구(ἐν μορφῇ θεοῦ)를 그리스도의 영광스러운 나타나심을 말하는 것으로 보는 주장 중에서 보크뮤엘은 부활하신 주님을 본 바울의 경험을 언급한다. 그는 사도가 유대인의 환상 경험 전통에 서 있는 것이 분명하다고 제안한다(예를 들어, 행 9장; 22장; 26장; 고전 9:1; 고후 12:1-9; 갈 1:12, 16).[52] 이것은 구약 자료와 잘 부합하는데, 거기에서 하나님은 종종 자신을 영광 가운데 나타내신다(예를 들어, 출 16:10; 24:16-17; 33:17-23; 40:34-38; 왕상 8:11; 사 6:3). 빌립보서 2:6-11의 배후에 있는 광범위한 이사야적 배경을 고려하면,[53] 이사야서 6장에 나오는 하나님에 대한 이사야의 장엄한 환상이 분명히 떠오른다. 게다가 "본체"(μορφή)는 "영광"(δόξα)이라는 단어와 동의어는 아니지만, 바울은 다른 곳에서 그리스도가 하나님의 신적 영광을 나타내신다고 생각한다(롬 1:23; 고전 11:7; 고후 3:18; 4:6).[54]

모습을 강조하면서 "본체"(μορφή)를 이렇게 이해하는 것은 다음 절에서 그 단어를 평행으로 사용하는 것과도 잘 어울린다. 다음 절에서는 흔히 "종의 형체"(μορφὴν δούλου)로 번역된다. 성육신하신 가운데 성자는 일반적인 노예의 '모습'을 취하신다.[55] 특별한 신분이나 지위를 나타내는 모습에 강조점이 놓여 있는 것 같다. 2:6에 대한 이 견해는 3:21에 나오는 비슷한 표현에 대한 독법과도 잘 맞는다. 3:21에서는 그리스도가 그분의 "영광의 몸"(τῷ σώματι τῆς δόξης αὐτοῦ)과 같이 '변하게 하실'(σύμμορφον) "우리의 낮은 몸"(τὸ σῶμα τῆς ταπεινώσεως ἡμῶν)이 언급된다.[56]

성육신 전 상태에 계신 그리스도의 영광스러운 모습을 지적한 바울은 이제 그리스도가 "하나님과 동등"(ἴσα θεῷ)한 지위를 지니신 것에 대한 그분의 자세를 말하기 시작한다.[57] "동등됨"(ἴσος)으로 번역된 이 용어는 비율이나 질에서 동등한 어떤 것을 언급할 수 있었다.[58] 또한 그 표현은 여기에서처럼 개인 간에 지위나 신분의 동등됨을 뜻할 수 있었다(예를 들어, 2 Macc 9:15). 요한복음 5:18은 빌립보서 2:6과 가장 직접적으로 평행을 이루는 것 같다. "유대인들이 이로 말미암아 더욱 예수를 죽이고자 하니 이는 안식일을 범할 뿐만 아니라 하나님을 자기의 친아버지라 하여 자기를 하나님과 동등으로(ἴσον) 삼으심이러라." 요한과 바울은 둘 다 예수님을 신

---

51. Fowl, *Philippians*, 92.
52. 빌립보서 2:5-11처럼, 그 전통에서 하나님의 나타나심은 종종 하나님의 이름과 연관된다. Bockmuehl은 "나는 바울이 비슷한 유대 신비주의 전통에 서 있다고 제안하고 싶다. 그 전통에서는 주님의 육체적 나타나심의 엄청난 규모와 아름다움을 언급함으로써 그분의 위엄과 위대함을 말하는 것이 가능했다"라고 결론을 내린다(Bockmuehl, "Form of God," 19). 예를 들어, 다메섹 도상에서 예수님이 바울에게 나타나신 것과 그리스도의 이름이 표명된 것을 생각해보라(행 9:5). 또한 Josephus, *J.W.* 2.142; Philo, *Confusion* 146을 보라. 더 자세한 논의로 Bockmuehl, "Form of God," 17-23과 같은 저자, *Philippians*, 127-29를 보라.
53. 이 책의 187-188쪽을 보라.
54. Fowl, *Philippians*, 92.
55. Hellerman은 빌립보 교인들이 신분을 의식하는 문화를 고려했을 때(당시 문화에서 지위는 옷으로 표시되었다), 성육신하시기 전 그리스도의 영광스러운 모습과 그분이 '종의 외관'을 하고 나타나신 것(이는 어떤 옷차림을 암시할 것이다)의 대조는 빌립보 교인들에게 신분의 거대한 변화를 강조했을 것이라는 흥미로운 제안을 한다. Hellerman, *Reconstructing Honor*, 131-33을 보라.
56. 3:21이 그리스도의 성육신 전 영광보다 그분의 부활체를 언급한다는 사실은 이런 대응을 전혀 약화하지 않는다.
57. τὸ εἶναι ἴσα θεῷ에서 이 관사는 그 절 앞에 나오는 것과 관련하여 조응 관계가 아니다. 그럼에도 그것은 ἐν μορφῇ θεοῦ ὑπάρχων과 '공명'하여 대략적으로 평행을 이룬다. Wesley Hill, *Paul and the Trinity: Persons, Relations, and the Pauline Letters* (Grand Rapids: Eerdmans, 2015), 91; Denny Burk, "On the Articular Infinitive in Philippians 2:6: A Grammatical Note with Christological Implications," *TynBul* 55 (2004): 253-74를 보라.
58. 예를 들어, 출 26:24; 30:34; 겔 40:5; 4 Macc 13:20; 계 21:16. 그것은 무언가나 누군가가 다른 어떤 것이나 사람과 유사한 것(신 13:6), 혹은 다른 것에 상응하는 것(욥 5:14; 10:10; 13:28), 혹은 대등한 것(사 51:23)을 말할 수 있었다. 또한 그것은 다른 것과 똑같은 것(행 11:17), 지각과 대우가 동등한 것(Wis 14:9; 마 20:12), 또는 일관된 증언처럼 일관된 어떤 것(막 14:56, 59)을 말할 수 있었다.

적인 존재라고 말한다.[59] 하지만 각각의 문맥을 고려하면, 그들은 약간 다른 방식으로 그 정체성에 접근한다. 요한은 하나님을 아버지로 언급하면서 성자와 성부 사이의 친밀한 관계를 강조한다. 특히 예수님이 성부께 깊이 의존하시는 것을 강조한다.[60] 다른 한편으로, 빌립보서 2:6은 성자가 성육신하시기 전의 지위와 그분이 우리가 스스로 채울 수 없었던 필요를 채우시기 위해 그 지위를(그분의 신성이 아니라) 일시적으로 포기하셨다는 놀라운 생각을 강조한다.[61]

그래서 바울은 빌립보인들에게 그리스도는 "하나님과 동등됨을 취할 것으로 여기지 아니하시고"(οὐχ ἁρπαγμὸν ἡγήσατο τὸ εἶναι ἴσα θεῳ)라고 쓴다. '여기다'(ἡγέομαι)라는 말은 '이끌다'라는 뜻일 수 있지만, 여기에서는 '간주하다' 또는 '여기다'라는 일반적인 의미를 담고 있다.[62] 즉, 특별한 관점에서 어떤 것에 대해 생각하는 것이다. 그리스도가 성부와 동등한 지위와 관련하여 여기지 아니하신(οὐχ) 것은 무엇인가? 이것은 우리를 이 본문에서 가장 논쟁적인 해석 문제 중 하나로 이끈다. 특히 "취할 것"(a status to be used for his own advantage, ἁρπαγμός)이라는 용어를 어떻게 이해할 것인가 하는 문제다.[63]

이 용어는 신약에서 오직 여기에만 나오고, 칠십인역에서는 쓰이지 않으며, 성경 외 헬라어 문헌에서는 드물게 나타난다. 따라서 그것은 "언어학자와 사전 편집자들에게 그리고 그들의 작품에 의존하는 이들에게 쓰라린 시험이 되었다."[64] 아마도 오래된 영어 성경 번역본들은 라틴어 불가타 성경의 본(*rapinam*, '강탈')을 따라서 이 단어를 '강탈'(예를 들어, KJV, YLT, WEB)로 번역하는 경향이 있었다. 더 최근의 영어 번역본들은 이 단어를 '움켜잡을' 것으로[NASB, ESV, NET, NIV(1984)], '고수해야 할 것으로'(NLT), '착취해야 할 것으로'(NRSV, CSB) 혹은 '그 자신에게 유리하게 사용해야 할' 것[NIV(2011)] 등 다양하게 번역한다.

이 문제는 광범위하게 반복되어왔다. 자세한 논의를 검토하기 원한다면 라이트(N. T. Wright)의 책을 읽기 바란다. 그는 후버(R. W. Hoover)의 책에 기반을 두었다.[65] 최근의 논의에서 이 단어가 성육신하시기 전 그리스도의 신분이 NRSV, CSB, NIV(2011) 번역에 반영된 대로 '이용할 어떤 것, 활용할 어떤 것'이 아니라는 견해에 합의가 이루어지고 있는 것 같다.[66] 빌립보서의 로마 문화적 배경(사실상 세계 역사)은 권력자가 자신의 지위를 이용해서 다른 사람들을 희생시키는 예로 가득하다. 사도는 영혼을 망치는 문화적 경향에서 빌립보 교인들이 빠져나오도록 이끌고 있다. 그 문화에서 지위란 다른 사

59. Bauckham, *Jesus and the God of Israel*, 41–45, 180; Andreas J. Köstenberger and Scott R. Swain, *Father, Son and Spirit: The Trinity and John's Gospel*, NSBT 24 (Downers Grove, IL: IVP Academic, 2008), 34–39를 보라.

60. C. K. Barrett, *The Gospel according to St John: An Introduction with Commentary and Notes on the Greek Text,* 2nd ed. (London: SPCK, 1978), 256을 보라.

61. Cousar, *Philippians and Philemon*, 55; Osiek, *Philippians, Philemon*, 60–61. 명예와 권위를 수여하는 왕이나 황제의 지위 또는 신분을 가리키는 것으로 "하나님과 동등됨"을 보는 견해에 대해 Hellerman, *Philippians*, 111–12를 보라.

62. BDAG 433–34.

63. 관사적 용법의 부정사 τὸ εἶναι+범위를 정하는 ἴσα θεῷ는 그 동사의 직접 목적어 역할을 하며, 결과적으로 ἁρπαγμόν은 보어 역할을 한다. 따라서 여기에서 이것은 이중 목적격의 '목적 보어' 형태다. 찬성 의견으로 Wallace, *Greek Grammar*, 182–83.

64. N. T. Wright, *The Climax of the Covenant: Christ and the Law in Pauline Theology* (Edinburgh: T&T Clark, 1991), 62.

65. R. W. Hoover, "The HARPAGMOS Enigma: A Philological Solution," *HTR* 64 (1971): 95–119; N. T. Wright, "ἁρπαγμός and the Meaning of Philippians 2:5–11," *JTS* 37 (1986): 321–52, 같은 저자, *Climax of the Covenant*, 62–98에 현재 새롭게 소개됨. 결국 Wright는 "아담이신 그리스도", "종이신 그리스도", "선재하는 분이신 그리스도"라는 용어를 통합적으로 읽으면서 자신의 해석에 너무 많은 것을 부과한다(pp. 90–91).

66. Wright, *Climax of the Covenant*, 97. 예를 들어, 찬성 의견으로 Bauckham, *Jesus and the God of Israel*, 41과 Michael W. Martin, "Άρπαγμός Revisited: A Philological Reexamination of the New Testament's 'Most Difficult Word,'" *JBL* 135.1 (2016): 175–94. 그는 Wright의 입장을 확증하는 반면 그 단어는 활용하는 것이 이미 주어의 소유인지 아닌지에 대해 내재적 의미를 갖지 않으며, 그것은 문맥에 따라 결정되어야 한다고 제안한다.

람들에 대한 권력과 그들보다 우위에 있음을 의미했다(2:3–4). 하지만 바울은 그들에게 그리스도의 모범을 요구한다. 그리스도는 최고의 지위(하나님의 지위)를 지니셨지만 자신의 지위를 이용해 인간 존재의 취약성과 고난을 피하지 않기로 결정하셨다. 따라서 "그리스도의 결정은 그분이 하나님과의 동등됨을 포기하셨다는 것을 뜻하는 것이 아니라, 다른 사람들을 위해 자신을 내어주심으로써 하나님과의 동등됨을 표현하셨다는 것을 의미한다."[67] 다시 말해, 그리스도가 세상을 향한 하나님의 구속적 목적으로 인류를 이끄는 희생적 섬김의 사역을 수행하실 수 있는 유일한 자격을 부여한 것은 성자와 성부의 동동됨, 즉 그분의 영광과 신분이었다. 오직 그분만이 그 일을 하실 수 있었다. 이와 같이 그리스도 안에서 하나님은 자신을 낮추시는 희생적인 분으로 계시된다. 그분은 우리 인간이 스스로 채울 수 없었던 필요를 채우기로 선택하셨다. 마이클 고먼이 언급한 대로, 여기에는 복음의 "시적 내러티브"가 축소되어 있다.[68]

2:7–8 오히려 자기를 비워 종의 형체를 가지사 사람들과 같이 되셨고 사람의 모양으로 나타나사 자기를 낮추시고 죽기까지 복종하셨으니 곧 십자가에 죽으심이라(ἀλλ᾽ ἑαυτὸν ἐκένωσεν μορφὴν δούλου λαβών, ἐν ὁμοιώματι ἀνθρώπων γενόμενος· καὶ σχήματι εὑρεθεὶς ὡς ἄνθρωπος 8 ἐταπείνωσεν ἑαυτὸν γενόμενος ὑπήκοος μέχρι θανάτου, θανάτου δὲ σταυροῦ). 7–8절에서 우리는 성자의 영광스러운 성육신 전의 겸손에서(2:6) 그분의 성육신과 수난으로 이동한다. 6절에서 바울은 그리스도가 하시지 않았던 일에 초점을 맞춘다. 이제 그는 대조적으로("오히려", ἀλλ᾽) 그리스도가 하신 일에 관심을 돌린다. 여기에서 주요 동사들은 본문의 내러티브 배경을 형성하고, "자기를 비워"(ἑαυτὸν ἐκένωσεν)와 "자기를 낮추시고"(ἐταπείνωσεν ἑαυτόν)로 번역된다. 이 동사들은 각각 바울이 염두에 두고 있는 것을 명확하게 하기 위해 강조된다. 따라서 내러티브 구조는 논리적으로 단계별 진행을 따라 이루어져 있다.

자기를 **비워**
종의 형체를 가지사 B
  사람들과 같이 되셨고
  (성육신) C
  사람의 모양으로 나타나사 C′
자기를 낮추시고
  죽기까지 복종하셨으니
  (수난) B′

이와 같이 성육신과 수난은 성자가 그분의 사명을 완수하신 두 가지 수단이다.

고대 저자들은 "비워"(κενόω)라고 번역된 동사를 한편으로는 어떤 것을 '비우는' 것, '쏟다', '버리다', '벗다', '포기하다'를 표현하는 데 사용했다. 또 다른 한편으로 '파괴하다, 무효로 하다', '어떤 것을 효과 없게 만들다'는 의미로 사용했다.[69] 일반적으로 신약에서 이 단어는 어떤 효과나 의미를 '비우다'라는 은유적 의미를 담고 있다. 예를 들어, 고린도전서 9:15은 바울의 자랑(즉, 그가 값없이 복음을 전하는 것)을 '헛되게' 만드는 누군가에 대해 말한다.[70]

사도가 이 용어(κενόω)를 사용하는 의도를 이해하는 데 매우 중요한 것으로, 우리는 본문에서 그리스도의

67. Hansen, *Philippians*, 145.

68. Michael J. Gorman, *Apostle of the Crucified Lord: A Theological Introduction to Paul and His Letters*, 2nd ed. (Grand Rapids: Eerdmans, 2017), 127–28.

69. BDAG 539; MGS 1113.

70. 마찬가지로, LXX에서 그 용어의 용법은 또한 은유적인 것 같다(렘 14:2; 15:9). 예레미야 14:2은 문자적으로 사람들이 없는 성문으로 읽을 수 있지만, 이 절에서 뒤에 나오는 예루살렘성의 울부짖음은 은유적 독법을 가리키는 것 같다.

신분이 강조되고 있음을 유념해야 한다.[71] 한 가지 설득력 있는 독법은 이 단어를 이사야 52:13-53:12에 비추어 이해하는 것이다. 이것은 앞에서 언급한 것처럼 본문에 대한 주요 배경이 된다.[72] 이 독법에 따르면, "자기를 비워" 종의 신분을 취하신 성자는 많은 사람을 의롭게 하시기 위해 '자기 영혼을 쏟아부으신' 또는 '비우신' 종에 대한 이사야 53:11-12의 개념과 의미상 평행을 이룬다.[73] 이것이 옳다면, 신분이나 지위의 변화라는 본문의 중심 개념 때문에 바울(또는 바울이 채택한 전통적 부분을 만든 사람)은 '넘겨주다'(παραδίδωμι, LXX 번역자가 사용한 용어)가 아닌 '비우다'(κενόω)라는 표현을 사용하는 것일지 모른다. 이와 같이 '지위를 버리다'라는 개념을 전할 수 있는 용어가 필요했는데, '비우다'(κενόω)는 ערה의 뉘앙스를 잘 표현한다.

높은 지위를 '버리는' 그리스도라는 개념은 "종의 형체를 가지사"(μορφὴν δούλου λαβών)라는 절로 더 분명해진다. 그것은 성자가 다른 지위를 취하기(λαμβάνω) 위해 한 지위를 포기하셨다는 것을 나타낸다.[74] 본문에 대한 이사야서의 배경을 고려하면, "종" 혹은 '노예'(δούλου)라는 단어는 이사야 52:13-53:12과 연관된 이사야의 종을 강력하게 암시한다. 또한 이사야서의 고난받는 종을 배경으로 하는 또 다른 구절인 마가복음 10:45이[75] 떠오른다. "인자가 온 것은 섬김을 받으려 함이 아니라 도리어 섬기려 하고 자기 목숨을 많은 사람의 대속물로 주려 함이니라."

그리스도는 종의 신분을 취하시고 "사람들과 같이 되셨[다]"(ἐν ὁμοιώματι ἀνθρώπων[76] γενόμενος). 신약에서 '되다'(γίνομαι)로 번역되는 단어는 종종 한 경험이나 존재 상태에서 다른 것으로 변화되어 "새로운 상태로" 들어감을 나타낸다.[77] 현재 문맥에서 그것은 그리스도가 자신의 신분을 종의 신분으로 바꾸신 수단을 암시한다. 그리스도가 "사람들과 같이"(ἐν ὁμοιώματι ἀνθρώπων) 되셨다는 것은 성자가 사람처럼 보였을 뿐 실제로는 사람이 아니셨다는 뜻이 아니다.[78] 그것은 그분이 인간의 본질과 우리의 인간성을 공유하셨지만, 독특하셨다는 의미다(참고. 롬 8:3). 다른 어떤 인간도 인간이 되시기 전의 성부 하나님과 동등하지 않았다. 성자는 인간이 되셔서 인간의 경험을 공유하셨고, 그분의 신성에 인간성을 더하셨다.[79]

7절의 마지막 절(개역개정에는 8절-역주)[80] "사람의 모

71. 2:6의 전통적인 독법에 대한 반응으로, 때때로 κενόω는 성자가 그분의 신적 속성의 일부를 비워서 그분의 신성의 어떤 측면을 포기하는 것으로 해석되었다. 여기에서 '비우는 것'에 대한 여러 해석을 개관한 글로 Reumann, *Philippians*, 347-48을 보라.

72. 예를 들어, Bauckham, *Jesus and the God of Israel*, 42-45; Lucien Cerfaux, *Le Christ dans la Théologie de Saint Paul* (Paris: Cerf, 1951), 283-98; J. Jeremias, "Zu Phil. 2,7: EAYTON EKENΩΣEN," *NovT* 6 (1963): 182-88.

73. Bauckham, *Jesus and the God of Israel*, 44. 그는 Jeremias, "Zu Phil. 2,7," 182-88을 따른다. 히브리 용어 ערה('쏟다')는 LXX에서 '넘겨주다'(παραδίδωμι)로 번역되는데, 이것은 갈라디아서 2:20과 에베소서 5:2에서 그리스도가 신자들을 위해 '자신을 버리시는 것', 따라서 다른 사람들을 위해 그리스도가 자신을 희생하신 행동에 대해 사용되는 단어다(그리고 두 경우에 ἑαυτόν이 사용된다). 빌립보서 2:7에서 κενόω를 사용하는 가운데 바울은 히브리어에서 비슷한 생각을 그러나 다른 뉘앙스로 표현하기를 바라는 것일지 모른다. 따라서 '쏟다'라는 개념을 가진 히브리어를 헬라어로 아주 문자적인 번역을 한 것이다.

74. 흔하지는 않지만, 부정과거 분사는 '종의 외관을 취하기 위하여'라는 번역처럼, 목적을 나타내는 것으로 읽을 수 있다. 분사의 이런 용법에 대해 Wallace, *Greek Grammar*, 634를 보라.

75. Rikki E. Watts, *Isaiah's New Exodus and Mark*, WUNT 2/88 (Tübingen: Mohr Siebeck, 1997), 271-72.

76. $\mathfrak{P}^{46}$은 단수형을 가지고 있는데, 의심할 바 없이 그것을 다음 행에 나오는 단수에 맞춘 것이다.

77. BDAG 198.

78. 예를 들어, 가현설(docetism, δοκέω에서 유래함, '…처럼 보이다')은 초대교회에서 이런 견해로 인해 이단 판정을 받았다. Millard J. Erickson, *Christian Theology*(Grand Rapids: Baker, 1983), 712-14를 보라.

79. 마찬가지로 히브리서는 동족 동사를 사용해서 "그러므로 그가 범사에 형제들과 같이(ὁμοιωθῆναι) 되심이 마땅하도다 이는 하나님의 일에 자비하고 신실한 대제사장이 되어"(히 2:17)라고 진술한다.

80. 나는 헬라어 본문의 절 구분을 따른다. 많은 영어 성경 번역본이 분사구 앞에서 절을 나눈다(찬성 의견으로, 예를 들어, NASB, ESV, NIV; Fee, *Philippians*, 214; Hansen, *Philippians*, 153).

양으로 나타나사"(καὶ σχήματι εὑρεθεὶς ὡς ἄνθρωπος)는 이어서 나오는 "자기를 낮추시고"(ἐταπείνωσεν)를 미리 예고하고, 그 의미에 대해 무언가를 말해준다. 특별히 그리스도가 수난받으신 환경을 가리킨다. 그분은 인간으로서 죽으셨다.[81] NIV는 '그리고 사람의 모습으로 발견되는(εὑρεθείς)[82]'(and being found in appearance as a man)이라고 적절하게 번역한다. 나는 이 분사를 '보통 사람처럼 보이는'(looking like[83] a normal person)으로 약간 더 우언법적으로 번역한다. 이것은 예수님의 수난을 위한 '설정'이다. 그분은 외모가 일반적인 사람이셨지만, 그와 반대로 일반적인 사람이 아니셨다. 그분은 홀로 신성에 온전한 인간성을 더하셨고, 십자가에서 죽기까지 순종의 길을 따르기 위해 인간이 되셔야만 했다. 히브리서 2:14의 말씀처럼[84] 하나님의 아들은 인간이 되시지 않았다면 죽으실 수가 없었다.

그리하여 예수님은 인간의 삶을 사시면서 "자기를 낮추시고"(ἐταπείνωσεν[85] ἑαυτόν) 십자가 처형으로 인간성을 말살하는 죽음의 길을 가셨다. 이 동사를 '자신을 겸허하게 했다'로 번역하는 더 일반적인 해석은(예를 들어, NASB, ESV, CSB, NET, NIV, NLT) 약간 순화된 것으로 볼 수 있다. 예수님이 종의 신분을 취하시고 겸손하게 '하향적인' 삶의 자세를 취하시는 것에 강조점이 있지만, 특히 고대 세계에서 종, 노예의 문화적 상황과 십자가 처형에 대한 언급을 고려하면 '치욕을 당하다'가 더 좋은 번역일 수 있다.[86] 다시 말하지만, 이사야서의 종의 노래가 이 본문의 적합한 배경이 된다. 이사야 53:4, 7에서 핵심적인 히브리어(ענה)는 '치욕을 당하다' 또는 '비하하다'와 관련이 있고,[87] 헬라어 구약 성경의 번역자들은 종종 이 단어를 빌립보서 2:8에서 사용된 용어(ταπεινόω)로 번역한다.[88] 종의 노래의 문맥에서 이런 절들은 종의 고난과 부당한 대우를 뜻하는데, 그것은 예수님이 받아들이신 수난과 완전히 일치한다.

그러면 예수님은 어떻게 치욕을 당하셨는가? 그분은 '복종하심으로[89]' 그렇게 하셨다. 그것은 물론 종의 역할이다. 그리스도의 복종에 대한 이 예는 성자의 복종하시는 삶에서 절정의 순간을 떠오르게 한다. 바로 겟세마네 동산에서 "나의 원대로 마시옵고"라고 기도하신 위대한 순간(마 26:39; 막 14:36; 눅 22:42)이다. 또한 근접 문맥에서 그것은 바울이 빌립보 교인의 복종을 기억하는 것과 2:12에서 그들에게 더욱 복종하라고 요구하는 것을 예상한다. 그리스도의 복종은 그분의 제자로 살아가는 교회에 최고의 모범이 된다.

81. Hansen, *Philippians*, 153–54처럼 이 단어를 지적 성찰, 관찰, 검토, 조사의 관점에서 읽는 것은 아마 지나치게 해석하는 것이다.
82. εὑρίσκω의 부정과거 수동태 분사.
83. 그래서 그분은 인간의 '외모'(σχήματι)로 발견되셨다. 여격(σχήματι)은 '외모' 또는 '외형'(σχῆμα)을 뜻하는 단어에서 나오는데, 그것은 신약에서 여기와 고린도전서 7:31에서만 나타난다. 그것은 관련의 여격으로 이해될 수 있다. 즉, '외형과 관련하여.' 이 단어는 앞에서 "형체"(μορφή)를 뜻하는 다른 단어와 유사하고, 이것은 '외관'의 개념을 반복한다. 그리고 그 외모는 '사람' 또는 '인간'이었다(ὡς ἄνθρωπος). 이와 같이 예수님은 사람이 되는 경험을 함께 하시고(ἐν ὁμοιώματι ἀνθρώπων) "사람의 모양으로 나타나사"(σχήματι…ὡς ἄνθρωπος) 그분의 수난에 들어가셨다.
84. "자녀들은 혈과 육에 속하였으매 그도 또한 같은 모양으로 혈과 육을 함께 지니심은 죽음을 통하여 죽음의 세력을 잡은 자 곧 마귀를 멸하시며"(히 2:14).
85. Josephus는 겸손과 '외모'의 개념을 결합하는 예를 제시한다. *Ant.* 10.11에서 그는 앗시리아 사령관의 폭언에 대한 히스기야의 반응을 말한다. 왕은 "왕의 의복을 벗고 삼베옷을 입은 다음, 슬퍼하는 사람의 태도를 취했다"(Whiston). 이 마지막 절 καὶ σχῆμα ταπεινὸν ἀναλαβών은 더 직접적으로 '겸손한 형태를 취하고'라고 번역할 수 있었다.
86. 예를 들어, Hellerman, *Philippians*, 116. 그는 '치욕을 당하다'를 선호한다. BDAG 990을 보라.
87. *HALOT* 853.
88. 이사야 53:8의 히브리어 מֵעֹצֶר, 즉 "곤욕"은 칠십인역에서 ἐν τῇ ταπεινώσει로 번역된다. J. Patrick Ware, *The Mission of the Church in Paul's Letter to the Philippians in the Context of Ancient Judaism*, NovTSup 120 (Leiden: Brill, 2005), 226을 보라.
89. 이 번역(by)은 이 분사가 '수단'을 나타내는 것으로 해석한다.

게다가 그분의 복종은 극심한 고통 속에서 "죽기까지"(μέχρι[90] θανάτου) 이루어졌다. 죽음은 예수님이 복종하신 범위였는데, 이것 또한 이사야서의 종의 노래에서 예언되었다. 그 노래에서 종의 경험은 죽음으로 가득했다(사 53:3-12). 특히 그 본문의 히브리 형태에서 그 점이 잘 드러난다.[91]

> 그가 살아 있는 자들의 땅에서 끊어짐은…그는 강포를 행하지 아니하였고 그의 입에는 거짓이 없었으나 그의 무덤이 악인들과 함께 있었으며 그가 죽은 후에 부자와 함께 있었도다…그는 자기 영혼을 버려 사망에 이르게 하며(사 53:8-9, 12).

게다가 예수님은 매우 특별한 형태의 죽음인 십자가의 죽음, 곧 치욕과 종결의 장치를 감수하셨다. 고대 세계에서 십자가 처형의 공포와 사회적 낙인은 짧은 지면에서 자세히 다루기가 어렵다. 잔인하고 의도적으로 장시간 이루어졌던 고문은 공개적 치욕과 결합되어 로마 제국의 목적에 저항한 이들의 운명을 노골적으로 알렸다. 십자가 처형이라는 주제는 고대인에게 거북하게 들렸고, 그들은 그것을 고상한 사회에서는 언급을 피해야 할 저속한 것으로 여겼다.[92] 키케로는 『베레스를 반대하며』(*Against Verres*)에서 베레스가 한 로마 시민을 십자가에 처형한 추문에 대해 쓴다. 그는 십자가 처형을 "종들에게 가한 최악의 극단적인 고문"이라고 말한다. "로마 시민을 묶는 것은 범죄이고, 그를 때리는 것은 혐오스러운 것이며, 그를 죽이는 것은 거의 살인 행위다. 그러면 그를 십자가에 못 박는 것은 무엇인가? 그토록 끔찍한 행위를 묘사할 수 있는 적합한 단어는 없다"(*Verr.* 5.66.169-70).[93]

이것은 큰 아이러니이고, 영광의 주님이 십자가에 달리셨다는 추문(빌 2:6; 고전 2:8을 보라)이다. 십자가 처형은 "유대인에게는 거리끼는 것이요 이방인에게는 미련한 것"(고전 1:23)이다. 하지만 바울에게 이것은 하나님의 지혜와 능력의 핵심이다(고전 1:24-25). 고든 피는 다음과 같이 쓴다.

> 하나님을 그와 같은 분으로 이해하고, 타락한 세상에서 하나님이 행하신 일과 행하고 계신 일을 이해하는 바울의 신학의 핵심이 바로 여기에 있다. '하나님과 동등하신 분'으로 하나님에 대한 진리를 가장 완전하게 계시하신 분이 있다. 하나님은 사랑이시고, 그분의 사랑은 사랑하는 이들을 위해 자기를 희생하시는 가운데(십자가에서 고통스럽고 치욕적으로 죽으심) 표현된다. 신적인 약함(그분의 피조물과 적의 손에 죽으심)이 신적인 추문이다(십자가는 종과 폭도에게만 내리는 형벌이었다). 빌립보에 있는 어느 누구도 십자가를 그들의 신앙의 상징으로 사용하지 않았다는 것을 기억해야 한다. 성경에 양각으로 새기거나, 목에 거는 펜던트로 사용하거나, 지역 교회의 첨탑에서 빛을 내는 금 십자가는 없었다. 십자가는 하나님의(따라서 그들의) 추문이었고, 인간의 지혜와 능력에 대한 하나님의 반박이었다. 그들이 가이사를 비롯한 만유의 주로서 경배한 분은 가이사의 총독 중 한 사람의

90. 이 경우 부적절한 전치사는 "정도나 양"을 가리키는 표시다(BDAG 644).

91. David A. Sapp가 지적한 대로, 죽음에 대한 강조는 LXX보다 히브리어 성경에서 훨씬 더 두드러진다. David A. Sapp, "The LXX, 1QIsa, and Mt Version of Isaiah 53 and the Christian Doctrine of Atonement," in *Jesus and the Suffering Servant: Isaiah 53 and Christian Origins*, ed. W. H. Bellinger and William R. Farmer (Harrisburg, PA: Trinity Press, 1998), 176-78을 보라.

92. 특히 Martin Hengel, *Crucifixion in the Ancient World and the Folly of the Message of the Cross* (Philadelphia: Fortress, 1977), 9-10, 38을 보라.

93. L. H. G. Greenwood, *Cicero: The Verrine Orations, Volume II*, LCL 293 (Cambridge: Harvard University Press; London: Heinemann, 1953), 655-57.

손에 국가 범죄자로 십자가에서 처형당하셨다. 전능자는 인간의 옷을 입고 나타나셔야 했고, 그분은 십자가에 못 박혀 죽은 '메시아'로서 그런 방식을 취하셔야만 했다.[94]

2:9–11 이러므로 하나님이 그를 지극히 높여 모든 이름 위에 뛰어난 이름을 주사 하늘에 있는 자들과 땅에 있는 자들과 땅 아래에 있는 자들로 모든 무릎을 예수의 이름에 꿇게 하시고 모든 입으로 예수 그리스도를 주라 시인하여 하나님 아버지께 영광을 돌리게 하셨느니라(διὸ καὶ ὁ θεὸς αὐτὸν ὑπερύψωσεν καὶ ἐχαρίσατο αὐτῷ τὸ ὄνομα τὸ ὑπὲρ πᾶν ὄνομα, 10 ἵνα ἐν τῷ ὀνόματι Ἰησοῦ πᾶν γόνυ κάμψῃ ἐπουρανίων καὶ ἐπιγείων καὶ καταχθονίων 11 καὶ πᾶσα γλῶσσα ἐξομολογήσηται ὅτι κύριος Ἰησοῦς Χριστὸς εἰς δόξαν θεοῦ πατρός). 바울은 이제 그리스도의 승귀를 경축한다. 우주적으로 말하면, 빌립보서 2:6과 2:8의 끝 사이에는 엄청난 간극이 있다. 그리스도 예수는 "하나님의 본체"와 "하나님과 동등됨"을 뒤로하시고, 고대 세계에서 가장 수치스럽고 경멸스럽게 여겨지는 죽음으로 가는 길을 선택하셨다. 본문은 우리를 가장 높은 곳에서 인간 경험의 가장 낮은 곳으로 데려간다. 그리고 광범위한 신약 신학을 통해 우리는 그 일이 그리스도가 인간 죄의 엄청난 무게를 짊어 지심으로써 이루어졌음을 안다(고후 5:21; 히 9:28).

하지만 이제 '대전환'을 맞이한다. 본문은 "이러므로"(διὸ καί)로 소개되는 결과적인 중심 사건을 제시한다.[95] 하나님은 그리스도의 순종적인 고난에 응하여 두 가지 일을 하셨다.

> 하나님이 그를 지극히 높여[96]
> 모든 이름 위에
> 뛰어난 이름을 주사

이 서정적이고 신학적으로 풍부한 내러티브는 성부가 성자를 높이신 것을 경축한다.[97] 예수님은 승귀로 옹호되고 만물을 다스리는 통치권을 받으셨다. 리처드 보컴(Richard Bauckham)이 지적한 대로, 이 내러티브의 논리는 본문의 이사야서 배경의 논리와 평행을 이룬다.[98] 이사야 53:12은 "그러므로 내가 그에게 존귀한 자와 함께 몫을 받게 하며…이는 그가 자기 영혼을 버려 사망에 이르게 하며"라고 말하고, 52:13은 "내 종이 형통하리니 받들어 높이 들려서 지극히 존귀하게 되리라"고 말한다. 이와 같이 이사야서에서 종의 승귀는 그가 고난받은 결과로 이루어진다. 이 사상은 지금 우리가 보고 있는 본문에도 나타난다.

"지극히 높여"(ὑπερύψωσεν)로 번역된 단어는 칠십인역에서 발견되기는 하지만[99] 신약에서 여기에만 나타난다. 하지만 관련 동사 '높이다'(ὑψόω)는 사도행전 2:33과 5:31을 포함해서 예수님의 승귀에 대해 여러 번 사용된

---

94. Fee, *Philippians*, 217–18.

95. BDF 229. 추론(διό)은 결과를 강조하기 위해 '또한'(καί)과 짝을 이룬다.

96. καί는 보충 설명을 하는 것으로 읽을 수 있다(찬성 의견으로 예를 들어, Fee, *Philippians*, 221; Hellerman, *Philippians*, 119). 즉, 하나님은 그리스도께 이름을 주심으로써 그분을 높이셨다. 하지만 이것은 "이름"(ὄνομα)을 지위나 위치의 관점에서 더 많이 읽는 것이다. 이 접속사를 대등한 관계를 나타내는 것으로, 즉 동시에 일어난 행동을 묘사하는 두 절로 읽는 것이 더 나을 수 있다.

97. 신약과 역사신학에서 승귀에 대해 James Leo Garrett, *Systematic Theology: Biblical, Historical, and Evangelical* (Grand Rapids: Eerdmans, 1995), 115–30을 보라.

98. Bauckham, *Jesus and the God of Israel*, 43.

99. 이 구절의 분명한 이사야적 배경을 고려하건대, 이 동사는 이사야 52:13b יָרוּם וְנִשָּׂא וְגָבַהּ מְאֹד("받들어 높이 들려서 지극히 존귀하게 되리라")에 나타난 히브리어를 완곡 어법으로 표현하는 것일 수 있다. 이 동사는 솔로몬과 다니엘의 송가에 담긴 많은 '축복'과 시편에서 2번 찾아볼 수 있다. 시편 97:9(96:9 LXX)의 용법은 빌립보서 2:9–11과 일치한다. "여호와여 주는 온 땅 위에 지존하시고 모든 신들보다 위에 계시나이다(ὑπερυψώθης ὑπέρ)."

다.[100] 거기에서 사도들은 예수님이 죽음의 고난을 받으신 결과로 그분이 높아지신 것을 선포한다.[101] 마찬가지로 이사야서에서 영감을 받은 요한복음은 그 이미지를 십자가 위로 '들어 올리다'와 '높이다'라는 이중 의미로 사용해서 '고난'과 '승귀'를 결합한다.[102]

이 본문은 광범위한 신약의 가르침과 비슷하게 그리스도를 만물을 다스리는 주로 높아지신 분으로 묘사한다. 그리고 그것을 알리는 행동은 하나님이 "모든 이름 위에 뛰어난 이름을 주[신]"(ἐχαρίσατο αὐτῷ τὸ ὄνομα τὸ ὑπὲρ πᾶν ὄνομα) 것이다. "이름"(ὄνομα)으로 번역된 단어는 이 본문에서 3번 사용되고, "이름", "신분", "호칭", "직무", "지위", "명예", "명성", 또는 심지어 "사람"을 포함하여 광범위한 의미를 지닌다.[103] 또한 하나님을 경건하게 지칭하기 위한 "이름"은 초기 유대 그리스도인들이 예수님을 지칭하기 위해 사용되었다.[104]

하지만 우리는 예수님께 주어진 '그 이름'에 관하여 더 말할 수 있는가? 여러 가지 제안이 있었지만, "주"(κύριος)라는 칭호가 가장 좋은 해석으로 보이는 세 가지 이유가 있다.[105] 첫째, 래리 허타도(Larry Hurtado)가 지적한 것처럼, 빌립보서가 작성되었을 무렵 "예수 그리스도는 주"라는 고백은 초대 교회의 가장 초기의 신앙 고백문으로 확립되었고(행 2:36; 롬 10:9; 고전 11:23; 12:3; 16:22), 일반적 유대교에서 "주"라는 호칭에 대한 배경을 고려하면 이것은 여호와를 언급하는 일반적인 방법이 되었다.[106]

물론 칠십인역과 광범위한 신약에서 κύριος라는 용어는 여러 가지 용법으로 사용된다.[107] 특히 칠십인역에서 κύριος는 하나님의 이름(YHWH)을 다양한 형태로 그리고 여러 용어와 결합되어 6천 번 넘게 번역된다.[108] 예를 들어, 이 패턴은 창세기 초기에 확립되었다. 하나님은 "여호와 하나님"(the Lord God, κύριος ὁ θεός, 예를 들어, 창 2:15-16, 18, 22; 3:1), 나중에는 간단히 "여호와"(Lord, κύριος, 예를 들어, 4:3, 13; 10:9; 11:5-9)로 언급된다. 물론 하나님을 위한 이 일반적인 호칭은 신약 전체에 걸쳐 나타난다[예를 들어, 마 1:20, 22, 24; 2:13; 5:33; 막 5:19; 눅 1:6, 9, 28, 46; 2:15, 22; 행 4:26(시 2:2); 7:33; 8:24]. 따라서 예수님을 "주"라고 부르는 것은 단순한 호칭이 아니라 "신적 의미를 지닌 이름"이었다.[109]

둘째, 허타도가 언급하는 대로 바울은 "주"를 하나님을 위한 이름으로 사용한다. 예를 들어, 사도가 구약 구절을 언급할 때 종종 하나님을 "주"로 지칭한다.[110] 심지어 구약 본문에서 하나님이 그 호칭으로 언급되

100. 요 3:14; 8:28; 12:32, 34; 행 2:33; 5:31.

101. 사도행전 2:33은 문맥에서 신약의 승귀 기독론의 배후에 있는 중요한 구약 본문의 하나인 시편 110:1에 의지한다. 신약에서 22번 인용되거나 넌지시 언급된 시편 110편은 신약 기독론의 하부 구조에서 중요한 역할을 한다. W. R. G. Loader, "Christ at the Right Hand: Psalm 110:1 in the New Testament," *NTS* 24 (1978): 199-217; David M. Hay, *Glory at the Right Hand: Psalm 110 in Early Christianity*, SBLMS(Cambridge: University Press, 1980)를 보라. 영광-성육신-승귀의 패턴은 그 중심에 있는 시편 110:1과 더불어 히브리서의 구조에서 찾아볼 수 있다. 히브리서에서 이 시편을 다룬 것에 대해 논의한 글로 Guthrie, *Structure of Hebrews*, 123-24를 보라.

102. Köstenberger and Swain, *Father, Son and Spirit*, 42. 이와 같이 이런 주제들과 논리가 결합된 것은 또한 히브리서 2:9에서 찾아볼 수 있다. "곧 죽음의 고난받으심으로 말미암아 영광과 존귀로 관을 쓰신 예수를 보니."

103. BDAG 711-14.

104. Richard Longenecker, *The Christology of Early Jewish Christianity* (Grand Rapids: Baker, 1981), 41-46. 예를 들어, 행 3:16; 4:7, 10; 16:18; 19:13-17; 엡 1:21.

105. 이것에 대해 Cohick, *Philippians*, 123을 보라.

106. "주"(κύριος)라는 호칭은 일반적인 유대교에서 공통적인 종교적 표현으로 여호와께 한동안 사용되었다. Larry W. Hurtado, *Lord Jesus Christ: Devotion to Jesus in Earliest Christianity* (Grand Rapids: Eerdmans, 2003), 21, 52, 112-13을 보라. Hurtado와 함께 Hawthorne and Martin, *Philippians*, 129도 보라.

107. David B. Capes, *Old Testament Yahweh Texts in Paul's Christology* (Tübingen: Mohr Siebeck, 1992), 34-36을 보라.

108. Capes, *Old Testament Yahweh Texts*, 37.

109. Hurtado, *Lord Jesus Christ*, 52, 394.

110. 예를 들어, 롬 4:8에서 시 32:1-2; 롬 9:28-29에서 사 1:9; 10:22-23; 28:22; 롬 10:16에서 사 53:1; 롬 11:34에서 사 40:13.

지 않을 때도 그렇다(예를 들어, 롬 11:3에서 왕상 19:10; 고전 14:21에서 사 28:11). 그러므로 다른 곳에서 사도가 구약의 "여호와" 본문을 사용해서 예수님을 구약에서 언급된 "주"라고 언급하는 것은 매우 중요하다.[111] 예를 들어, 이사야 45:18–25(빌 2:10–11에서 명백하게 언급되는 구절)의 광범위한 문맥에서 하나님은 자신을 "하나님", "구세주", "주"로 언급하시고, "주"는 반복적으로 사용된다.[112] "내게 모든 무릎이 꿇겠고 모든 혀가 맹세하리라"(사 45:23)고 말씀하시는 분은 여호와시며, 빌립보서 2:9–11에서 이 말은 예수님께 적용된다. [신적 이름은 구약 히브리 본문의 영어 번역본에서 종종 소형 대문자 형태(LORD)로 표기된다.]

셋째, "주"라는 호칭은 빌립보서 본문에서 절정에 이르는 역할을 담당한다. 9–11절의 교차대구법 구조에 나타난 평행 관계는 다음과 같이 표현할 수 있다.

β 예수의 **이름**에
　γ 모든 무릎을…꿇게 하시고
　　　하늘에 있는 자들과
　　　땅에 있는 자들과
　　　땅 아래에 있는 자들로
　γ′ 모든 입으로…시인하여
β′ 예수 그리스도를 **주**라

위의 β에서 예수님과 관련된 "이름"은 β′에서 모든 입이 시인할 것에 대한 완전한 경축과 평행을 이룬다. "예수 그리스도를 주라"(ὅτι κύριος Ἰησοῦς Χριστός). 헬라어 본문에서 강조하기 위해 "주"(κύριος)가 "예수 그리스도"(Ἰησοῦς Χριστός) 앞에 먼저 나온다. 이와 같이 모든 이름 위에 뛰어난 "이름"은 구약 전체에 걸쳐 하나님께 사용된 "여호와"라는 이름이다.

그리스도가 재림하실 때 '예수의 이름에[113] 모든 무릎을 꿇게' 하기 위해 예수님은 모든 이름 위에 뛰어난 이름(즉, "주")을 부여받으셨다.[114] 승귀 가운데 하나님은 존재하는 만물을 다스리시는 그리스도의 주 되심을 세계만방에 알리시며, 그리스도가 우주의 왕좌에 오르신 결과 모든 무릎이 그분 앞에 꿇고 모든 입이 시인하게 될 것이다.[115] 앞에서 언급한 것처럼, 이 언어는 이사야 45:23을 분명히 암시한다. 그 구절의 앞뒤 문맥은 다음과 같다.

> 땅의 모든 끝이여 내게로 돌이켜 구원을 받으라 나는 하나님이라 다른 이가 없느니라 내가 나를 두고 맹세하기를 내 입에서 공의로운 말이 나갔은즉 돌아오지 아니하나니 내게 모든 무릎이 꿇겠고 모든 혀가 맹세하리라 하였노라 내게 대한 어떤 자의 말에 공의와 힘은 여호와께만 있나니 사람들이 그에게로 나아갈 것이라 무릇 그에게 노하는 자는 부끄러움을 당하리라 그러나 이스라엘 자손은 다 여호와로 말미암아 의롭다 함을 얻고 자랑하리라 하느니라(사 45:22–25).

111. 예를 들어, 롬 10:13에서 욜 2:32; 고전 1:31과 고후 10:17에서 렘 9:23–24; Hurtado, *Lord Jesus Christ*, 112–13; 또한 David B. Capes, *Old Testament Yahweh Texts in Paul's Christology*, WUNT 2/47 (Tübingen: Mohr Siebeck, 1992)을 보라.

112. 사 45:1, 3, 5, 6, 7, 8, 11, 13, 14, 17, 18, 19, 21, 24, 25.

113. 전치사 ἐν+여격의 정확한 뉘앙스는 결정하기가 어렵다. 그것은 시간을 나타내는 데 사용될 수 있지만(즉, '예수의 이름이 불릴 때'), 또한 어떤 것이 성취되는 수단을 나타낼 수도 있다. 분명한 것은 '그 이름'이 권위가 있는 힘이 되었다는 사실이다.

114. Fee, *Philippians*, 223.

115. 아마도 만물이 그리스도의 주 되심 아래 있는 것을 확실히 납득시키고자, 또는 LXX의 ὀμεῖται(사 45:23)에 동화되어 서기관은 가정법을 직설법 형태로 조정했을 것이다(A C D F* G K L P Ψ[vid] 075. 0278. 6. 33. 81. 104. 365. 630*. 1175. 1241. 1505. 1739. 1881. 2464 *pm*; Ir[vl]). 가정법은 그 구절에 나오는 평행법의 관점에서 그리고 외적 증거의 관점에서 유력한 독법인 것 같다($\mathfrak{P}^{46}$ ℵ B etc.). Metzger, *Textual Commentary*, 546을 보라.

이사야 45장은 여호와 하나님의 유일성을 선포한다. "나는 여호와라 다른 이가 없느니라"(6절, 마찬가지로 13, 21, 22절). 하나님이 홀로 땅과 사람을 창조하셨다(12, 18절). 그분은 구원을 베푸시며(17, 21-22절) 또 열방을 구원하기 위해 그들을 자신에게로 모으실 것이다(20, 22, 24-25절). 빌립보서 2:10-11에서 이사야 45:23이 반복된다는 관점에서 볼 때, 그리스도 예수는 이사야가 언급하는 창조와 구원의 주님이시다.

물론 왕에게 절하고 군주의 주권을 고백하는 것은 고대 세계에서 복종의 행동이었다. 여기에서 요점은 하나님의 원수, 즉 "그에게 노하는"(사 45:24) 자들을 포함한 모든 피조물이 궁극적으로 그리스도의 주 되심을 인정하리라는 것이다.[116] 이것은 빌립보 교인들이 반대자들과의 갈등을 새로운 시각으로 보게 했을 것이며(빌 1:28), 우리에게도 올바른 관점을 제공할 것이다. 하나님께 대항하여 행동하고 노하는 자들은 언젠가 무릎을 꿇고 예수님이 참된 주님이심을 고백할 것이다. 따라서 세 종류의 장소, 곧 "하늘"(ἐπουρανίων), "땅"(καὶ ἐπιγείων), "땅 아래"(καὶ καταχθονίων)는 그리스도의 주 되심의 절대성을 말한다. 이 언어를 구체적으로 해석하기는 어렵지만, "하늘에 있는"(정확히 '하늘들'에 있는) 자들은 아마도 천사, 사탄, 귀신 그리고 주님과 함께 있는 자를 포함한 천상의 존재일 것이다. "땅"에 있는 자들은 (그리스도의 재림 때?) 온 땅에 있는 사람들을 가리킨다. 그리고 "땅 아래"는 아마도 죽은 자의 영역을 가리킬 것이다. 그것은 그리스 배경을 가진 사람들에게 특히 인상적이었을 것이다. 왜냐하면 그리스 사람들은 지하 세계에 대해 경외심을 품었기 때문이다.[117] 하지만 주요 강조점은 그리스도의 주 되심의 포괄성에 있다. 문자적으로 이런 장소들을 세 종류로 율동적으로 언급하는 것은, 본문의 흐름을 멈추어서 독자가 그런 선포의 의미를 숙고할 기회를 준다.

궁극적으로 그리스도의 승귀는 "하나님 아버지께 영광을"(εἰς δόξαν θεοῦ πατρός) 돌리기 위함이다. 스피크는 "영광"(δόξα)을 나타내는 헬라어의 의미론적 발전은 "아마도 성경에서 가장 특별한 것"이라고 언급한다.[118] 구약에서 놀랄 만큼 복잡하고 다면적 개념인 "영광"은 '무거움'을 함축하는 히브리 용어(כָּבוֹד)를 일반적으로 번역한 것이며, 존경, 명성, 부, 영광, 명예, 장려함, 장엄함, 위엄을 다양하게 뜻할 수 있다. 짐 해밀턴(Jim Hamilton)은 『심판을 통한 구원에 나타난 하나님의 영광』(*God's Glory in Salvation through Judgment*)이라는 책에서 하나님의 영광을 다음과 같이 요약한다.

> 하나님의 장엄한 선하심의 무게와 그 결과로 생긴 이름 혹은 하나님이 자신을 온전한 정의와 자비, 인자와 진실을 겸비한 창조자, 보존자, 심판자, 구속자로 계시하신 것에서 얻는 명성.[119]

이와 같이 고난받는 종이신 그리스도 예수의 위대한 사역과 마찬가지로, 하나님의 영광은 그분의 백성을 위한 그분의 구원 행위와 직접적으로 관련될 수 있다(예를 들어, 출 14:18; 16:7; 사 12:2; 35:1-4; 겔 39:21-29). 이것은 하나님이 세상 가운데서 그분의 임재(사 40:5)와 세상에 대한 그분의 주 되심을 계시하시는 주요 방법이다. 따라서 하나님의 결정적인 구원 행위와 그분의 임재는 그리스도의 성육신, 사역, 수난, 부활 및 승귀에서 절정의 계시에 이르렀다. 다시 말해, 하나님은 우주의 주이신 예수 그리스도의 희생과 승귀를 통해 자신을 영화롭게 하시고, 합당한 예배와 초점을 그분께로 돌리시며, 열

116. Witherington, *Philippians*, 153-54.
117. Fee, *Philippians*, 224-25.
118. *TLNT* 1:364.
119. James M. Hamilton, *God's Glory in Salvation through Judgment: A Biblical Theology* (Wheaton, IL: Crossway, 2010), 56. 또한 Christopher W. Morgan and Robert A. Peterson, *The Glory of God* (Wheaton, IL: Crossway, 2010), 153-87을 보라.

방을 자신에게로 이끄신다!

물론 이 고백은 교회에 선교적 의미를 지닌다. 종의 고난을 통해(사 52:13-53:12) 존재하는 모든 것에 대한 그분의 절대적 통치를 수행하시는 가운데(사 45장), 하나님은 세상 속에서 그분의 선교를 시작하셨다. 그리고 그 선교는 그리스도가 귀환하실 때 완성될 것이다. 빌립보서 2:6-11에 묘사된 종말론적 드라마는 모든 무릎이 '주 예수 그리스도' 앞에 꿇고 모든 입이 '주 예수 그리스도'를 고백하도록 복음을 전하는 교회의 선교 활동 가운데 아직도 진행 중이다.[120] 이것은 빌립보 교인에게 (그리고 우리에게) 그리스도의 승귀가 세상 권세에 대한 그리스도의 옹호라는 사실을 상기시킨다. 또한 그것은 구원으로 초대하는 것이기도 하다.

우리 위에 계신 그리스도
우리에게 오신 그리스도
우리를 위해 고난당하신 그리스도
우리를 다스리시는 그리스도
하나님의 영광을 위하여.

적용에서의 신학

1. 우리의 모범으로서 종이 되신 하나님의 겸손

우리는 우스꽝스러운 오만의 시대에 살고 있다. 인류는 상상을 초월하는 능력과 아름다움을 지니신 참된 하나님을 알지 못한 채, 스스로 상상해서 만들어낸 취약하고 무미건조한 작은 신들을 내려다보고 있다. 그들은 하나님의 공기로 호흡하고, 그분이 만드신 세상의 복잡함과 장엄함을 그분이 만드신 눈으로 바라본다. 그들은 하나님이 헤아릴 수 없을 만큼 정교하게 만들어놓으신 마음을 가지고 이 세상에 대해 생각한다. 그런데 그 선물을 사용해서 마치 자신이 하나님과 그분의 방법을 심판할 수 있다는 어리석은 생각을 한다. 하나님의 말씀을 거부하고 세상의 가치를 따른다고 주장하는 사람들은 자신이 하나님보다 더 많이 안다고 생각하기까지 한다.

그것은 하나님보다 더 잘 아는 인류, 하나님과 같이 되려고 하는 인류(창 3:1-3), 우주의 중심이 되고 싶은 인류, 우리가 자신 안에서 그리고 주변 세상의 가치에서 자유를 찾을 수 있다고 상상하는 인류에 대한 옛이야기다. 우리는 참되지도 않고 지속되지도 않는 능력을 지닌 강력한 피조물이다.

> 세상의 군왕들이 나서며 관원들이 서로 꾀하여 여호와와 그의 기름 부음 받은 자를 대적하며 우리가 그들의 맨 것을 끊고 그의 결박을 벗어버리자 하는도다(시 2:2-3).

120. Ware, *Mission of the Church*, 235-36.

그러나 하나님은 교만한 자들에게 응답하셨고 응답하실 것이다. 놀라운 것은 그분이 응답하신 방법이다. "내가 나의 왕을 내 거룩한 산 시온에 세웠다 하시리로다"(시 2:6). 그것은 맞는 말이다. 궁극적으로 인류의 교만은 하나님의 웃음과 책망 그리고 그분의 권능과 통치권 앞에서 깨져야 한다(4-11절). 잠언 16:5은 "무릇 마음이 교만한 자를 여호와께서 미워하시나니 피차 손을 잡을지라도 벌을 면하지 못하리라"고 말한다. 결국 그분은 하나님이시다. 인간인 우리가 그분께 대항할 능력이 있다고 생각하는 것은 참으로 어리석다. 이 사실은 전혀 놀랍지 않다.

놀라운 것은 영광의 주님이 온 세상의 상속자로 권좌에 오르게 된 방법이다(시 2:8). 왜냐하면 그 일은 전적인 겸손, 심지어 비하를 통해 일어났기 때문이다. 그분은 위를 향해 움직이신 것이 아니라 '그분의 가능성 아래를 향해' 움직이셨다. 이것은 우리가 함께하는 공동체를 세워나갈 때 어떻게 살아야 하는지 알려주는 인상적인 모범이 된다. 우주의 왕좌에 이르는 길을 가기 위해서는 종들의 숙소를 거쳐야 한다. 한 설교에서, 마르틴 루터는 그리스도가 취하신 놀라운 겸손의 방식을 다음과 같이 성찰했다.

> 그리스도는 인간성 가운데서조차 모든 사람 위에 자신을 높이시고 아무도 섬기지 않으실 수 있었다. 그러나 그분은 참으시고 다른 사람들처럼 되셨다. 그리고 우리는 '사람들같이 되는 것'을 어떤 특권도 누리지 않는 평범한 인간으로 이해해야만 한다. 특권이 없다면, 사람들 사이에 차이가 없다. 그렇다면 바울이 실제로 말하는 것이 무엇인지 이해하라. 그리스도는 부, 명예, 권력도 없고, 동료들보다 더 나은 이점도 없는 사람이 되셨다. 왜냐하면 많은 사람이 태어날 때부터 권력, 명예, 재산을 물려받기 때문이다. 그리스도는 어떤 사람보다도, 심지어 종과 가난한 사람들보다 더 낮아질 수 없을 정도로 낮아지셨고, 그와 같이 겸손하게 행동하셨다.[121]

그리스도는 하늘에 계신 지위에서 물러나셔서 그분의 위치를 자신에게 유리하게 사용하기를 거부하셨고, 땅에서 권력을 취하거나 휘두르지 않기로 선택하셨다. 그리스도는 하늘의 군사를 동원하실 수 있었지만, 그런 식으로 우주의 왕좌를 취하지 않으셨다. 폭풍을 명하실 수 있었던 그분은 원초적인 힘으로 로마 제국을 공격하지 않으셨다. 오히려 그리스도는 자신을 낮추시고, 종의 형체를 취하셨으며, 종으로서 죽임당할 운명을 받아들이셨다. 크리소스토무스는 다음과 같이 쓴다.

---

121. John Nicholas Lenker, ed., *Sermons of Martin Luther, Volume 7: Sermons on Epistle Texts for Epiphany, Easter, and Pentecost* (Grand Rapids: Baker, 1983), 177–78.

> 그분은 성부께 더욱더 영광을 돌렸다. 당신이 그분께 덜 영광을 돌리도록 하려는 것이 아니라 당신이 더욱더 경이로워하도록 말이다…그분의 숭고함의 정도는 그분의 겸손의 깊이와 일치한다(*Homily on Philippians* 8.2.5–11).[122]

그리스도는 겸손과 희생적인 섬김의 길을 걸으셨다. 그분은 하나님과 동등하신데도 그렇게 하신 것이 아니라, 하나님과 동등하신 것의 표현으로 그렇게 하셨다. 그리스도의 겸손에서 우리는 하나님의 성품을 보며, 그분께 그리고 서로에게 겸손으로 반응할 수 있다.

하나님의 낮아지심을 보라. '낮아짐'이라는 단어는 현대 세계에서 부정적인 의미지만, 나는 그것이 초기에 지닌 의미, 곧 다른 사람과 '함께 내려가는 것'을 숙고해보고자 한다. 그리스도는 우리와 함께 계시기 위해, 그분만이 채우실 수 있었던 필요를 채우시기 위해 자신을 낮추셨다. 그분은 우리에게 서로 어떻게 사랑해야 하는지 알려주는 모범이 되셨다. 그분의 겸손을 모방하면서 형제자매들을 위해, 교회의 연합을 위해, 그분과 '함께 내려가기' 위해 우리는 어떻게 자신을 낮출 수 있는가?

이것이 바울이 이 거대한 우주적 내러티브를 빌립보서 안에 짧은 절로 축소하여 전하는 목적이다. 우주의 가장 웅장한 이야기는 우리의 '권리'인 것까지도 이용하기를 거부하고, 종과 노예의 길을 선택하는 것이다. 그리하여 우리가 교회 안에 있는 형제자매들의 필요를 채울 수 있도록 말이다. 잠시 멈추어서 다음의 질문을 깊이 생각해보자.

> 나는 겸손을 통해 어떻게 교회 안에서 연합을 이루고 있는가?
> 나는 동료 그리스도인들을 어떻게 섬기고 있는가?
> 나는 섬기기 위해 어떤 유익을 포기하고 있는가?
> 내가 가는 길은 권력의 길인가 아니면 겸손한 희생의 길인가?

2. 신적 고난

물론 우리는 겸손의 취약성을 좋아하지 않는다. 우리는 스스로 삶을 통제할 수 있다는 착각에 사로잡혀 순간적인 위로를 얻으며 살아간다. 그 착각의 옅은 안개를 흩뜨리기 위해 우리가 해야 할 일은 우리 삶을 1백 년 후 미래로 상상하는 것뿐이다. 우리는 아무 능력도 없을 것이다. 우리는 자신을 위해 아무 일도 할 수 없을 것이다. 죽음의 저주는 예외가 없다. 취약성은 절대적이다. 타락한 우리 세계의 고통(폭탄, 암, 바이러스성 질환, 노환)은 죽음으로 절정에 이른다. 결정적인 답이 없다.

한 가지 예외가 있다. 다시 말하지만, 하나님이 직접 고통에 들어가심으로써 고통에 답하셨

122. Edwards, *Galatians, Ephesians, Philippians*, 237–38에서 인용.

다는 것은 깜짝 놀랄 일이다. 오만하게 화를 내면서 "왜 하나님은 세상의 고통을 내버려두시는가?"라고 말하는 사람들에게 우리는 그분이 어떤 일을 하셨다고 대답할 수 있다. 그리고 그분은 일하실 것이다. 그리고 이 현실은 고통, 세상, 하나님에 대한 우리의 인식을 변화시킨다.

옥스퍼드대학교 교수이자 저명한 저자인 존 레녹스(John Lennox)는 동유럽에 있는 한 회당을 관광하면서 겪은 이야기를 전하며 고통에 대한 관점을 제시한다. 거기에서 그는 남아프리카에서 온 여성을 만났다. 그녀의 친척들은 홀로코스트(Holocaust)로 죽었다. 그곳에서 그 여성은 그녀의 친척과 자기의 정체성에 대한 정보를 찾고 있었다. 랍비가 유대인 절기의 의미를 설명할 때, 레녹스와 그 여성은 전시장 중앙에 서 있는 아우슈비츠 입구의 충격적인 모형에 주목했다. 그 입구 위에는 빈정대는 어조의 불쾌한 말이 적혀 있었다. "Arbeit macht frei"(노동이 그대를 자유롭게 하리라). 전시물 뒤에는 요제프 멩겔레(Josef Mengele)가 죽음의 수용소에서 실험한 아이들의 사진이 놓여 있었다. 이때 이 유대인 여성은 그 문을 향해 가서 손을 뻗어 입구의 양쪽을 만졌다. 그녀는 하나님을 믿는다고 말했던 레녹스를 바라보며 "당신의 종교는 이 일에 대해 어떻게 생각하나요?"라고 말했다. 이 솔직한 질문에는 세상의 고통의 무게가 실려 있었고, 결국 인생에 어떤 의미가 있는가 하는 실존적 무게도 그대로 담겨 있다. 레녹스는 다음과 같이 성찰한다.

> 나는 뭐라고 답해야 했는가? 그녀는 홀로코스트에서 부모와 많은 친척을 잃었다. 나는 멩겔레의 사진을 쳐다볼 수가 없었다. 내 아이들이 그런 운명에 처해 고통당하는 것을 상상하면서 엄청난 공포를 느꼈기 때문이다. 나는 인생을 살면서 그녀의 가족이 겪었던 공포와 비슷한 것조차 경험하지 못했다.
>
> 그러나 여전히 그녀는 문가에 서서 대답을 기다리고 있었다. 나는 결국 이렇게 말했다. "저는 당신의 질문에 간단히 대답해서 부모님에 대한 당신의 기억을 모욕하고 싶지 않아요. 게다가 저에게는 어린 자녀들이 있어요. 그리고 나는 아이들에게 무슨 일이 일어난다면 내가 어떻게 반응할지 상상할 수조차 없어요. 그 일이 멩겔레가 저지른 악행에 훨씬 못 미치더라도 말이에요. 저에게 쉬운 답은 없어요. 하지만 저는 적어도 대답으로 가는 문이 무엇인지는 압니다."
>
> "그게 무엇인가요?"라고 그녀가 말했다.
>
> 나는 이렇게 답했다. "당신이 알다시피 나는 그리스도인입니다. 말인즉 나는 예슈아(Yeshua)가 메시아라는 것을 믿는다는 뜻이죠. 나는 또 그분이 성육신하신 하나님이시고, 구세주로 우리 세상에 오신 것을 믿어요. 그것이 그분의 이름 '예슈아'가 의미하는 것이죠. 지금 나는 이 문제가 당신이 받아들이기 훨씬 어려운 것임을 압니다. 그럼에도 이 문제에 대해 한번 생각해보세요. 물론 나는 예슈아가 하나님이심을 믿어요. 그런데 예슈아가 정말로 하나님이셨다면, 하나님은 십자가에서 무슨 일을 하셨나요?
>
> 하나님이 우리의 비통함을 해결하시려고 우리 인간의 고통에서 멀리 떨어져 계시지 않고,

자신이 직접 그 고통의 일부가 되셨다는 점에서부터 이야기를 시작해볼까요? 저에게 이것은 소망의 시작입니다. 그리고 그것은 죽음이라는 원수가 박살낼 수 없는 산 소망이에요. 이 이야기는 십자가의 어둠으로 끝나지 않아요. 예슈아는 죽음을 정복하셨어요. 그분은 죽은 자 가운데서 살아나셨죠. 언젠가 최종 심판자로서 그분은 모든 것을 완벽하게 공평하고 의로우며 자비롭게 평가하실 거예요."

잠시 침묵이 흘렀다. 그녀는 여전히 자리에 서 있었다. 그리고 팔을 죽 뻗어서 문 앞에 가만히 십자가를 만들어 보였다. 잠시 후 그녀는 눈물을 글썽이면서 아주 작은 목소리로 말했다. "왜 전에 아무도 나의 메시아에 대해 그렇게 말해주지 않았을까요?"

레녹스는 그의 이야기를 끝내면서 이렇게 덧붙인다. "인간의 고통이 던지는 어려운 질문에 간단한 대답은 없다. 기독교가 제시하는 대답은 일련의 명제가 아니다. 그것은 오히려 고통당하신 한 사람(a Person)이시다."[123] 이것이 바울이 논쟁하는 대신 웅장한 절정에 치닫는 한 이야기를 서정적으로 개관하는 이유다.

3. 모든 무릎이 꿇을 것이요, 모든 입이 고백할 것이다

잠시 물러나 빌립보서 2:5-11에서 그리스도 예수에 대해 읽은 내용 전체를 한 걸음 물러서서 바라보면, 그 전망은 숨이 멎을 만큼 놀라우며 모든 세부 사항을 파악하기가 어려울 정도다. 하나님과 동등하시고, 영광으로 둘러싸여 있으시며, 존재하는 모든 것의 근거이자 중심이 되시는 그리스도는 자신의 지위를 자기 이익을 위해 사용할 것으로 여기지 않으셨고 죽기까지 자신을 버리셨다. 하나님이 죽으신 것이다. 그런 다음 그분은 더 높아질 수 없을 만큼 높아지셨다. 그분은 절대적 권위와 완전한 통치권을 가지셨다. 그것은 성경의 많은 곳에서 하나님을 부르는 칭호인 "주"에 표현되어 있다.

모든 무릎과 입이 현실의 모든 곳에서 그분의 주 되심을 인정하는 절대적 통치의 그림은 반대할 여지를 남기지 않는다. 그러나 헬라어 본문의 동사들은 학수고대하는 것처럼 구성되어 있는데, 이것은 그 왕권이 개시는 되었지만 아직 완성되지 않았다고 말해준다. 가혹하고 때때로 억압적인 현실은 우리를 괴롭힌다. 우리 주님의 원수들이 여전히 온 땅을 돌아다니면서 입을 놀려 지껄인다. 세상의 많은 어두운 구석을 들여다보면, 그들 편에 모든 권세가 있는 것처럼 보인다. 그것은 완벽한 착각이지만, 실제로는 그렇게 느껴지지 않는다. 그것이 바울과 신약의 다른 저자들이 우리에게 이런 것들을 상기시키는 이유다. 그들은 주님을 목격했다. 그들은 그분이 다시 살아나신 것을 알았고, 예수님이 하나님의 오른편으로 높아지신 것을 믿

123. John Lennox, *Gunning for God: Why the New Atheists Are Missing the Target* (Oxford, UK: Lion Hudson, 2011), 141-42.

었다. 그들은 자신들의 죽음이 환상을 넘어 더 위대한 현실, 즉 모든 권세가 무릎을 꿇고 모든 죄와 사망과 악과 반역이 그 이름 앞에 멸망당할 위대한 날을 가리킨다는 사실을 믿고 그분을 위해 죽었다. 이미 패배한 권세의 손에 죽임당한 것이다. 그리고 물론 그 흐름의 전환은 8절 바로 다음 구절에 죽음이 그리스도를 에워싼 직후 나온다. 그 전환은 부활과 함께 이루어진다. 그리스도가 이 부서진 세상 가운데서 죽음을 무력하게 만드시고, 그로써 생명이 언젠가 모든 것을 다스릴 것이라는 사실을 미리 선포하시기 때문이다.

척 콜슨(Chuck Colson)은 『그리스도의 몸』(*The Body*)에서 소련이 꺾을 수 없는 강력한 권력처럼 보였던 순간에 대해 다음과 같이 쓴다.

> 1990년 노동절, 모스크바의 붉은 광장이었다. "똑바른가요, 신부님?" 한 정교회 사제가 어깨에 2미터 높이의 십자가에 달리신 예수상을 어깨에 메고 이동하면서 물었다. "예, 똑바로 되어 있어요"라고 다른 사제가 말했다. 두 사제는 거대한 십자가의 기둥을 고정하는 밧줄을 붙잡은 한 무리의 교구민들과 함께 퍼레이드 행렬이 지나가는 길을 걸었다. 그들 앞에는 소련의 공식적인 권력이 지나갔다. 보통 노동절 행렬은 탱크, 미사일, 군대, 공산당 고위 간부들에 대한 경례 등으로 진행된다. 탱크 뒤로는 엄청난 시위대 무리가 밀려오면서, 미하일 고르바초프에게 "빵을 달라! 자유를 달라! 진실을 달라!"고 외쳤다.
>
> 군중이 영예로운 자리에 서 있는 소련 지도자 바로 앞을 지나갈 때, 사제들이 그들의 무거운 짐을 하늘을 향해 들어 올렸다. 십자가가 군중 속에서 나타났다. 그러자 예수 그리스도의 모습이 고르바초프의 사열대의 배경을 이루고 있던 칼 마르크스, 프리드리히 엥겔스, 블라디미르 레닌의 얼굴이 그려진 거대한 포스터를 가렸다. "미하일 세르게예비치!"라고 사제 중 한 사람이 외쳤다. 그의 굵은 목소리가 시위대의 아우성을 가르고 화가 난 소련 지도자의 귀에 그대로 꽂혔다. "미하일 세르게예비치! 그리스도는 다시 사셨소!"[124]

그리스도는 다시 사셨다! 메시아는 지극히 높아지셨다! 그들이 지금 알든 모르든, 이 세상에 속한 나라는 모두 무너졌다. 그분 앞에 모든 무릎이 꿇을 것이며, 모든 입이 예수 그리스도가 주님이시라는 사실을 고백하고 하나님 아버지께 영광을 돌릴 것이다. 그리스도는 정말로 다시 사셨다!

124. Charles W. Colson and Ellen Santilli Vaughn, *The Body* (Nashville: Nelson, 1994), 231.

CHAPTER

7 빌립보서 2:12-17

문학적 전후 문맥

빌립보서의 주요 본문은 1:27에서 시작해서 2:12-17로 계속 이어진다. 1:27-2:4에서는 교회가 (1) 적대적인 세상에 직면하여 결속하고(1:27-30) (2) 문화의 흐름에 역행하는 이타적인 자세를 취하여(2:1-4) 연합을 이루라고 요구하는 두 개의 하위 움직임을 볼 수 있다. 이어서 바울은 2:6-11의 서정적이고 몹시 감동적인 내러티브 시를 통해 연합을 실행할 수 있는 방법을 보여주는 기본적인 모범으로 가장 먼저 그리스도 예수를 제시한다. 아름답게 짜인 이 본문은 자신의 모든 것을 쏟으신 그리스도의 역사를 추적한다. 그것은 성육신 전에 하나님과 동등한 지위에 계시다가 성육신과 죽음으로 그리고 승귀 후 모든 이에게 "주"로 불리시게 되는 여정이다. 그리고 바울은 이제 2:12-17에서 빌립보 교인에게 최고의 모범이 되시는 그리스도와 함께 공동체 안에서 구원을 이루라고 요구한다. 심지어 그는 그들이 왜곡된 세상에서 빛으로 나타나기를 바란다. 교회 안의 연합과 세상 앞에서 교회가 결속하는 것은 계속 상호 관련된 주제로 등장한다. 2:12-17에 이어서 사도는 모범이 되는 디모데와 에바브로디도로 관심을 돌리고(2:19-30), 마지막으로 그는 따라야 할 모범으로 자신을 제시할 것이다(3:1-21). 그리스도, 사역자인 디모데와 에바브로디도, 바울 자신과 같은 모범이 제시되는 사이사이에 여러 실제적인 권고와 교훈이 배치되어 있다. 이제 살펴볼 2:12-17이 그 전형적인 예다.

I. 서신 시작 부분: 서문과 기도 보고(1:1–11)

II. 서신 중심 부분(1:12–4:9)

A. 본문 서두: 바울의 현 상황(1:12–26)

B. 서신의 주요 본문: 교회 연합을 위한 호소(1:27–4:4a)

1. 공동체의 연합을 실행하라는 권고(1:27–2:4)

2. 자기희생의 탁월한 모범이신 그리스도 예수님처럼 돼라(2:5–11)

➦ **3. 연합에 대한 추가 권고와 기쁨의 외침(2:12–17)**

4. 자기희생의 모범이 되는 디모데와 에바브로디도(2:18–30)

5. 그리스도 중심적 삶과 사역에 대한 바울의 모범(3:1–14)

6. 바울의 그리스도 중심적 생활 방식을 본받으라는 권고(3:15–4:4a)

C. 본문 끝: 권고(4:4b–9)

III. 서신 끝부분(4:10–23)

주요 개념

바울은 그리스도의 모범과 승귀의 실제적인 의미를 밝히면서(2:5–11), 빌립보 교인에게 하나님이 세상에서 역사하시고 지금도 그들 가운데 계속 역사하시는 구원을 이루라고 권고한다. 그들은 하나님의 말씀을 붙잡음으로써 그렇게 할 것이다. 심지어 그들은 연합해서 살아가고, 왜곡된 세상 가운데서 빛과 같이 빛날 것이다. 바울은 빌립보 교인이 믿음을 지키는 모습을 보고 크게 기뻐하며, 그들을 향한 자신의 사역이 헛되지 않을 것을 확신한다.

번역

빌립보서 2:12-17

12a	함축	그러므로 나의 사랑하는 자들아	
b	형편		너희가 나 있을 때뿐 아니라
c	다른 형편		더욱 지금 나 없을 때에도
d	일치	항상 복종하여	
e	태도/자세	두렵고	
f		떨림으로	
g	권고	**너희 구원을 이루라**	

13a	근거	[왜냐하면]
b	영역	너희 안에서
c	주장	**행하시는 이는 하나님이시니**
d	이점	자기의 기쁘신 뜻을 위하여
e	대상	너희에게 소원을 두고
f		행하게 하시나니
14a	권고	**모든 일을…하라**
b	태도/자세	원망과
		시비가 없이
15a	목적	이는 너희가 흠이 없고 순전하여
b	상황	어그러지고
c	묘사	거스르는
d		세대 가운데서
e	묘사	하나님의 흠 없는 자녀로
f	장소	세상에서
g	행동	그들 가운데 빛들로 나타내며
16a	수단	→ 생명의 말씀을 밝혀
b	내용/행동	나의 달음질이…아니하고
c	태도	헛되지
d	행동 2	수고도…아니함으로
e	태도	헛되지
f	결과	그리스도의 날에 내가 자랑할 것이 있게
		하려 함이라
17a	강조	만일
b	가설적 조건	너희 믿음의
c		제물과 섬김 위에
d		내가 나를 전제로 드릴지라도
e	감탄	**나는 기뻐하고**
f	관련	너희 무리와 함께
g		**기뻐하리니**

구조

앞의 '번역'에 반영된 대로 2:12–17은 문법적으로 세 가지 주요 단계로 발전된다. 첫째, 2:12–13은 "너희 구원을 이루라"(τὴν ἑαυτῶν σωτηρίαν κατεργάζεσθε)는 도전과 그 권고의 근거인 "너희 안에서 행하시는 이는 하나님이시니…"(θεὸς γάρ ἐστιν ὁ ἐνεργῶν ἐν ὑμῖν)로 형성된다. 두 번째 움직임 2:14–16은 "모든 일을 원망과 시비가 없이 하라"(πάντα ποιεῖτε χωρὶς γογγυσμῶν καὶ διαλογισμῶν)는 권고에서 흘러나오는데, 그것은 "이는 너희가 흠이 없고 순전하여…"(ἵνα γένησθε ἄμεμπτοι καὶ ἀκέραιοι)라는 다중 목적절로 이어진다. 마지막으로, 2:17에 표현된 바울의 기쁨은 세 번째 마지막 움직임을 구성한다. 이것은 아주 전형적인 바울의 방식으로, 권고가 주절 앞 또는 특히 뒤에 나오는 일련의 종속절들로 뒷받침된다. 또한 기뻐하라는 초대는 다음 움직임으로 이어지는 다리를 놓고, 초점이 뒤집히기는 했지만 1:18의 기뻐하라는 초대와 평행을 이룬다. 이런 '기쁨이 충만한' 권고는 두 개의 하위 움직임 사이를 연결하는 과도적 이음매 역할을 한다.

석의적 개요

➡ **3. 연합에 대한 추가 권고와 기쁨의 외침(2:12–17)**
- **a. 하나님이 행하시는 일을 수행하라(12–13절)**
  - (1) 너희의 구원을 이루라(12절)
  - (2) 권고의 근거: 하나님이 너희 안에서 행하신다(13절)
- **b. 공동체의 연합을 실행하라(14–16절)**
  - (1) 불평하거나 말다툼하지 말라(14절)
  - (2) 목적: 흠이 없고 순수해지도록(15a, e절)
  - (3) 상황: 도덕적으로 비뚤어진 세대 가운데서(15b–d절)
  - (4) 행동: 생명의 말씀을 붙잡고 빛을 발하라(15f–16a절)
  - (5) 결과: 그리스도의 날에 바울의 자랑(16b–f절)
- **c. 빌립보 사역에 대한 바울의 기쁨(17절)**

본문 설명

2:12–13 그러므로 나의 사랑하는 자들아 너희가 나 있을 때뿐 아니라 더욱 지금 나 없을 때에도 항상 복종하여 두렵고 떨림으로 너희 구원을 이루라 너희 안에서 행하시는 이는 하나님이시니 자기의 기쁘신 뜻을 위하여 너희에게 소원을 두고 행하게 하시나니("Ωστε, ἀγαπητοί μου, καθὼς πάντοτε ὑπηκούσατε, μὴ ὡς ἐν τῇ παρουσίᾳ μου μόνον ἀλλὰ νῦν πολλῷ μᾶλλον ἐν τῇ ἀπουσίᾳ μου, μετὰ φόβου καὶ τρόμου τὴν ἑαυτῶν σωτηρίαν κατεργάζεσθε· 13 θεὸς γάρ ἐστιν ὁ ἐνεργῶν ἐν ὑμῖν καὶ τὸ θέλειν καὶ τὸ ἐνεργεῖν ὑπὲρ τῆς εὐδοκίας). 바울은 이제 빌립보 교인들에게 하나님이 그리스도 안에서 그들에게 주신 구원을 이루라고 격려한다. 이 구절은 "그러므로"(ὥστε)라는 표현으로 시작한다. 그것은 추론의 기능을 하고,[1] 뒤따라 나오는 내용을 앞의 내용에 근거하는 것으로 소개한다. 따라서 우리는 "너희 구원을 이루라"(τὴν ἑαυτῶν σωτηρίαν κατεργάζεσθε)는 권고와 뒤따라 나오는 내용이 2:6-11에 언급된 그리스도에 대한 진리의 확고한 기초 위에 논리적으로 서 있다고 읽어야 한다. 우리는 특별한 방식으로 산다. 즉, 삶에서 특별한 선택을 한다. 그리스도와 그분이 우리의 구원을 위해 이루신 일과 우주의 주이신 그분의 신분 때문에 그렇다.

바울은 종종 애정을 담아 그의 회중을 "사랑하는 자들아"(ἀγαπητοί)[2]라고 부른다. 특히 긴급한 호소를 할 때 그렇다(예를 들어, 고전 10:4; 15:58; 고후 7:1; 12:19).[3] 빌립보서에서 바울은 여기와 4:1에서만 그 단어를 사용한다. 그는 4:1에서 이 단어를 형용사적으로 사용하는데, 유오디아와 순두게에게 화해하라고 부드럽지만 단호히 요구하기 직전에 "형제들"을 "사랑하는…형제들"(ἀδελφοί μου ἀγαπητοί)이라고 부른다.[4] 여기 2:12에서 바울이 빌립보 교인들에게 "사랑하는 자들"이라고 말하는 것은 "1:3-11의 따뜻한 어조를 새롭게 한다."[5] 거기에서 바울은 그들에게 매우 개인적으로 썼다.

사도는 빌립보 교인들에게 세상 가운데서 의미 있는 방식으로 그들의 구원을 "이루라"(κατεργάζεσθε)[6]고 요구한다. 바울의 저작에서 이 단어는 '실천하거나 실행하고' 있는 삶의 패턴,[7] 또는 누군가가 준비하거나 만들고 있는 무언가에 대해 사용된다.[8] 전자가 2:12에서 나타내고 있는 뉘앙스처럼 보인다. 나는 이 용어를 '이루다'(working out)로 번역했는데, 그것은 구원을 '얻기 위해 일하라'는 의미가 아니다. 일상생활에서 구원의 의미를 적극적으로 실행하는 것을 강조하는 것이다. 바울은 빌립보 교인들에게 "너희 구원"(τὴν ἑαυτῶν[9] σωτηρίαν)을 이루라고 권고한다. 즉, 그들은 하나님이 그리스도 안에서 그들에게 제공하신 구원에 일치하는 삶의 패턴을 받아들여야 한다. 여기에서 그 사상은 1:27에서 빌립보 교인들에게 "그리스도의 복음에 합당하게 생활하라"고 요구한 것을 되풀이한다.

다시 말하지만, 이것은 빌립보 교인들이 스스로 구원을 얻으려고, 즉 그들의 구원을 '위해' 일하는 것을 뜻하지 않는다. 1:19에서 바울은 "구원"(σωτηρία)이라는 용어를 자신이 투옥에서 '구출'되는 의미로 사용했다. 그런데 2:12에서 쓰인 "구원"은 더 종말론적 의미로서 말세에 심판에서 '구원받는' 것과 그리스도 안에서 새로운

1. 비슷한 번역으로 'so then'(NASB), 'therefore'(NRSV, ESV, NIV).
2. 롬 1:7; 11:28; 12:19; 16:5, 8-9, 12; 고전 4:14, 17; 10:14; 15:58; 고후 7:1; 12:19; 엡 5:1; 6:21; 빌 2:12; 4:1; 골 1:7; 4:7, 9, 14; 살전 2:8; 딤전 6:2; 딤후 1:2; 몬 1:1, 16.
3. Hellerman, *Philippians*, 128.
4. 빌립보서에서 바울은 그들을 가족적 표현인 "형제들"(ἀδελφοί; 빌 1:12, 14; 2:25; 3:1, 13, 17; 4:1, 8, 21)이라고 더 일반적으로 언급한다.
5. Jerry L. Sumney, *Philippians: A Greek Student's Intermediate Reader* (Peabody, MA: Hendrickson, 2007), 52.
6. 찬성 의견으로 예를 들어, ESV, CSB, NIV, NET. 이 성경 번역본은 모두 이 동사를 '성취하다'라는 의미로 번역한다. 바울은 그의 저작에서 이 동사를 19번 사용하는데, 종종 '어떤 것을 저지르거나 하다' 또는 '어떤 것을 만들거나 생기게 하다'라는 뜻이다. 이 중 두 개를 제외하고 모두 로마서나 고린도전후서(예를 들어, 롬 1:27; 2:9; 4:15; 고전 5:3; 고후 4:17; 엡 6:13)에 나온다. 이 동사는 야고보서 1:3, 20; 베드로전서 4:3에도 나온다. 이 동사는 LXX에서 13번 등장한다(예를 들어, 출 15:17; 민 6:3; 신 28:39).
7. 예를 들어, 롬 1:27; 2:9; 7:8(?), 15, 17, 20; 15:18; 고전 5:3; 고후 12:12(?); 엡 6:13(?). 로마서 주석에서 Doug Moo는 이 동사와 '행하다'(πράσσω) 및 '…을 하다'(ποιέω) 사이에 상당한 중복을 지적한다. 예를 들어, 로마서 1:27-28; 고린도전서 5:2-3; 빌립보서 2:12, 14에서 κατεργάζομαι와 이런 용어들이 중복되어 사용되는 것을 보라. Moo, *Epistle to the Romans*, 455를 보라.
8. 롬 4:14; 5:3; 7:13; 고후 4:17; 5:5; 7:10; 9:11; 12:12; 엡 6:13(?).
9. 바울은 2장 처음 이후 계속 재귀 대명사를 사용하고 있고(2:3-4, 7-8, 12, 21), 여기에서 그것은 아마도 '공동체로 너희에게 주어진 구원'이라는 의미의 소유격이다.

삶으로 구원받는 것과 관계가 있다. 한센(Hansen)이 지적한 대로, 바울은 이미 그들의 구원이 "하나님께로부터 난 것"(ἀπὸ θεοῦ, 1:28)임을 강조했고,[10] 사도는 구원이 인간의 노력으로 얻을 수 없음을 시종일관 지적한다. 오히려 구원은 믿음에 근거하여 하나님이 베푸신 은혜의 결과다(롬 4:5; 10:10; 엡 2:8–9). 구원은 그리스도의 삶을 통해 오고(롬 5:10; 고후 6:2), 그리스도가 귀환하실 때까지 하나님으로 말미암아 우리 안에서 역사할 것이다(롬 13:11; 살전 5:8). 게다가 신실한 사람들의 순종은 하나님의 역사, 즉 우리가 2:12–13에서 보는 역학과 동시에 나타나며 그 역사의 결과다. 따라서 2:12의 "너희 구원을 이루라"는 말은 '공동체로서 구세주께[11] 복종하는 삶을 살라'는 말과 동일하다.[12] 이 권고를 둘러싸고 있는 보조 자료는 여러 각도에서 이 방향을 가리킨다.

첫째, 그들의 구원을 이루는 것은 사도가 그들과 함께 있든지 없든지, 바울의 가르침을 따르는 것과 관계가 있다. "너희가 나 있을 때뿐 아니라 더욱 지금 나 없을 때에도 항상 복종하여"(2:12). 바울은 회중에게 따라야 할 삶의 패턴을 가르쳤고(예를 들어, 3:17), 빌립보 교인은 지속적으로 바울의 가르침을 따라 살아왔다. 헬라어 문장에서 이 부분은 어색하다. 그들이 과거에 보여준 신실함의 패턴(예를 들어, 1:5–6)과 그들이 미래로 나아가면서 계속 '그들의 구원을 이루어야' 하는 방법 사이의 "일치"(καθώς/ὡς)[13]에 대해 말하기 때문이다. 그들은 바울이 있든 없든[14] 지속적으로 그리스도를 위해 살아야 하고, 사도는 자신이 없을 때 "더욱 지금"(νῦν πολλῷ μᾶλλον) 그의 가르침을 지키라고 그들을 격려한다. 바울이 그들과 함께하며 직접 격려와 교훈을 줄 수 없기 때문에 그들은 기독교적 삶과 사역에 대한 본을 따라 살려고 더욱 주의해야 할 것이다.[15]

둘째, 그들의 구원을 이루는 것은 특별한 방식으로, 곧 "두렵고 떨림으로" 수행되어야 한다. 여기에서 이 언어는 헬라어 구약에 나오는 관용구를 나타낸다. 예를 들어, 그것은 그분의 백성을 위해 하신 하나님의 사역에 비추어 '하나님을 경외하는 것'(출 15:16)이나, 군사적 정복에 대한 두려움(Jdt 2:28), 또는 적의 위협과 연관된 단순한 공포[시 55:5(54:6 LXX)]를 언급할 수 있었다. 바울은 일반적으로 여기에서처럼 이 언어를 사용하여 권위 앞에서 취해야 할 적절한 자세를 말한다. 예를 들어, 고린도후서 7:15과 에베소서 6:5에서 바울은 각각 고린도 교인들이 디도를 영접한 방법과 종이 주인에게 존경을 표해야 하는 방법에 대해 말한다.

하지만 현재 우리 본문에서 13절 처음에 나오는 접속사(γάρ)는 여기에서 "두렵고 떨림으로"를 하나님과 관련된 것으로, 특히 그분 앞에서 갖는 경외심를 가리키는 것으로 읽어야 함을 암시한다. 그리스도에 대한 내려

10. Hansen, *Philippians*, 172; 이에 대해 Cohick, *Philippians*, 136–38을 보라.

11. 비슷한 의견으로 Fee는 강조점이 집단이나 개인 어느 쪽에 놓여 있는가를 따지는 논의는 잘못된 이분법이라고 말한다. 하지만 구원론을 구분하는 것, '사람이 구원받는 방법'을 구원받은 사람의 윤리적 의무와 구분하는 것 역시 잘못된 이분법이다. 더 나은 최근의 논의는 이 구절에 대해 '신학적', '윤리적', '사회학적' 해석을 통합한다. Fee가 Silva에(Silva, *Philippians*, 120–21) 반응하여 지적한 대로, 그것은 언제나 "둘 다"이다. Fee, *Philippians*, 234–35; Hellerman, *Philippians*, 130–31을 보라.

12. John Hugh Michael, *The Epistle of Paul to the Philippians* (London: Hodder and Stoughton, 1928), 98.

13. ὡς의 누락은(B 33. 1241 vg^{mss}; Ambst) 우연히 발생했을 수 있지만, 몇몇 서기관은 불필요한 것으로 판단했을 수도 있다. 포함시키는 것이 유력한 외적 지지를 받는다($\mathfrak{P}^{46}$ ℵ A C D G K P Ψ 81 614 1739 Byz Lect). 찬성 의견으로 Metzger, *Textual Commentary*, 546.

14. 바울은 자신의 서신에서 때때로 '존재'를 '부재'와 대조해서 경건하게 살라고 교회에 도전하면서, 자신의 교회 접촉에 대한 평가 기준으로 사용한다(예를 들어, 고전 5:3; 고후 10:1, 11; 13:2, 10; 빌 1:27). 예를 들어, 고린도후서의 마지막 네 장에 나오는 거짓 교사들과의 대립 전체는 '존재–부재' 주제를 사용하는 인클루지오로 구성된다. 사도는 결국 자신이 그들 가운데 있을 것이라고 언급하면서 책임지는 방식을 제시한다. 따라서 그들(특히 아직 회개하지 않은 사람들)은 바울이 올 것을 대비해서 그들의 삶을 조정해야 한다. Guthrie, *2 Corinthians*, 47–48, 464를 보라.

15. 찬성 의견으로 Bockmuehl, *Philippians*, 152.

티브 시에서 본 것처럼 영광스러운 주님은 우리에게 바울이 말하는 구원을 제공하기 위해 자신을 낮추셨다. 그리고 그분은 존재하는 모든 것 위에 있는 왕좌에, 즉 하나님 아버지와 동등한 자리에 앉으신다. 신자들은 두렵고 떨림으로 자신의 구원에 주의를 기울인다. 삶에서 그들을 위한 상이 매우 크기 때문이다. "두렵고 떨림"은 한 분이신 참된 하나님을 알고 복종하려는 열망에서 비롯한 깊은 경외심과 진지함을 뜻하며, 이것은 신자가 삶의 길에서 두 가지 극단에 빠지지 않게 해준다. 하나는 공포의 도랑(하나님은 원래 우리를 구원하시리라 계획하셨다!)이고, 다른 하나는 편안함과 익숙함의 도랑이다. 우리가 있어야 할 적절한 자리는 하나님이 자신의 백성 안에서 자신의 거룩하심을 이루고 계신다는 사실을 깊이 경외하고 감사하면서 즐겁게 사는 것이다.

셋째, 빌립보인들의 구원은 하나님이 그들 가운데서 자신의 기쁘신 뜻을 이루시기 위해 그들이 원하게 하시고 행하게 하심으로 나타난다. 13절 처음에 나오는 설명적인 γάρ에서 알 수 있듯이 이 구절에는 12절의 명령을 위한 근거가 주어진다.[16] 그분의 백성을 '위한' 하나님의 일하심은 세상 속에서 이루어지는 그분 백성'의' 일에 기초가 된다. 바울은 이런 이해를 바탕으로 서신을 작성하면서 종종 신학적인 기초를 놓은 다음, 그것을 기반으로 윤리적 권고를 한다(예를 들어, 롬 12:1; 골 3:1). 신적 주권과 인간적 책임이 분업처럼 나누어졌다기보다, 하나님의 일하심이 신자의 일을 가능하게 하고 또 촉진한다.[17]

하나님은 "너희 안에서 행하시는 이"(ὁ ἐνεργῶν)로 소개된다.[18] 바울은 "행하시는"(ἐνεργέω)으로 번역된 용어를 그의 저작에서 18번 사용하는데, 항상 영적 역학을 언급한다. 세 경우[19]를 제외한 모든 경우 이 단어는 하나님의 일하심 혹은 능력 주심의 한 측면을 가리키고,[20] 어떤 신적 목적을 위해 일어나는 영적 역학을 가리킨다. 게다가 이 구절에서 하나님은 "너희 안에서", 즉 집단적으로 빌립보인들 안에서 행하시므로 그 일은 무엇보다도 신자들 가운데서 공동체를 증진하는 일이 된다. 문맥상 하나님이 빌립보인들 가운데 행하시는 이 사역은, 그들이 "원망이나 시비"(14절)를 거부하고 연합하여 살 때 드러날 것이다.

하나님은 두 가지 일을 성취하기 위해 역사하신다. "자기의 기쁘신 뜻을 위하여…소원을 두고 행하게 하시나니"(τὸ θέλειν καὶ τὸ ἐνεργεῖν ὑπὲρ τῆς εὐδοκίας). 구원을 이루는 데는 소원과 행함이 둘 다[21] 필요하다. 우리는 하나님을 기쁘시게 하기를 '원해야'(의지) 하고 하나님을 기쁘시게 하는 일을 '적극적'으로 행해야(참여) 한다. "소원을 두고"(θέλειν)로 번역된 단어는 어떤 것을 "갈망하거나 원하는 것"에 대해, 어떤 활동에 관여하기로 결심하거나 준비하는 것에 대해, 혹은 심지어 어떤 것을 즐거워하는 것을 뜻할 수 있었다.[22] 여기에서 그것은 의지를 뜻하고, 하나님이 신자들 안에 역사하시며 그들에게 하나님의 뜻을 행하려는 의지를 부여하시는 놀라운 현실을 표현한다. 하나님의 영이 역사하지 않으시면, 우리는 하나님을 위해 살아갈 능력이 없다(롬 7:15–22).[23] 하지만 바울은 하나님이 우리에게 그분의 뜻을 실행하려는 의지를 부여하실 뿐만 아니라, 그분의 기쁘신 뜻을 위하여 "행하게"(τὸ ἐνεργεῖν) 하신다고 선포한다. 곧, 하나님이 우리 안에 역사하셔서 만족스러운 결과를 얻도록 소원과 행동을 함께 일으키신다고 선언한다. 따라서 빌립보 교인들 안에서 하나님이 역사하시는 정도는, 하나님을 기쁘시게 하는 일에 참여하려는 그들의 의지와

16. Bockmuehl, *Philippians*, 153–54; Reumann, *Philippians*, 406.

17. Hellerman, *Philippians*, 132.

18. Wallace, *Greek Grammar*, 602–3.

19. 롬 7:5; 엡 2:2; 살후 2:7.

20. 고전 12:6, 11; 고후 1:6; 4:12; 갈 2:8; 3:5; 5:6; 엡 1:11, 20; 3:20; 빌 2:13; 골 1:29; 살전 2:13.

21. καὶ τό…καὶ τό 등위 구문은 영어로 'both…and'로 번역될 수 있다.

22. BDAG 447–48.

23. Bockmuehl, *Philippians*, 154.

하나님을 기쁘시게 하는 참여 자체와 관련이 있다.

문맥에서 '기쁨'(εὐδοκία)은 하나님께 기쁨을 드리는 것을 의미한다. 이는 헬라어 구약과 복음서에서 공통적으로 쓰이는 의미다. 또한 복음서와 바울은 관련 동사(εὐδοκέω)를 사용해서 하나님을 기쁘시게 하는 것을 언급한다(예를 들어, 눅 12:32; 고전 1:21; 골 1:19). 여기에서 바울은 신자들의 의지와 행위를 하나님이 역사하신 것의 열매이자 그분의 기쁨을 '위한'[24] 것이라고 말한다.

2:14-16 모든 일을 원망과 시비가 없이 하라 이는 너희가 흠이 없고 순전하여 어그러지고 거스르는 세대 가운데서 하나님의 흠 없는 자녀로 세상에서 그들 가운데 빛들로 나타내며 생명의 말씀을 밝혀 나의 달음질이 헛되지 아니하고 수고도 헛되지 아니함으로 그리스도의 날에 내가 자랑할 것이 있게 하려 함이라(πάντα ποιεῖτε χωρὶς γογγυσμῶν καὶ διαλογισμῶν, 15 ἵνα γένησθε ἄμεμπτοι καὶ ἀκέραιοι, τέκνα θεοῦ ἄμωμα μέσον γενεᾶς σκολιᾶς καὶ διεστραμμένης, ἐν οἷς φαίνεσθε ὡς φωστῆρες ἐν κόσμῳ, 16 λόγον ζωῆς ἐπέχοντες, εἰς καύχημα ἐμοὶ εἰς ἡμέραν Χριστοῦ, ὅτι οὐκ εἰς κενὸν ἔδραμον οὐδὲ εἰς κενὸν ἐκοπίασα). 14절에 또 다른 권고가 나온다. "모든 일을 원망과 시비가 없이 하라." 이것은 빌립보 교인들이 그들의 구원을 '이루고' 하나님을 기쁘시게 할 수 있는 한 가지 명백한 방법이다. 문법적으로, 연결하는 불변화사가 부재한(접속사 생략) 것은 이 명령이 12절의 권고 및 13절의 설명과 밀접한 관계가 있는 것을 나타낸다.[25]

우리는 이미 빌립보서의 중심에 교회 연합이라는 주제가 있음을 살펴보았다. 14절은 그들이 하나님을 기쁘시게 하는 방식으로 어떻게 살아야 하는지를 구체적으로 표현함으로써 그 주제를 이어간다. 이 짧은 절은 관계적 건강에 초점을 맞추면서 빌립보서의 이 움직임에 큰 역할을 한다. 결국 빌립보 교인들이 서로 원망하고 말다툼한다면 "마음을 같이하여 같은 사랑을 가지고 뜻을 합하며 한마음을 품[을]"(2:2) 수 없다. 이와 같이 빌립보 교인들은 특별한 삶의 패턴을 행하고(ποιέω) 소원함(θέλω)으로써 기독교적 삶을 '실행해야' 한다. 따라서 사도가 "모든 일을…하라"(πάντα ποιεῖτε)고 말하는 것은, 단순히 '너희 삶에 …의 특징이 나타나게 하라'는 뜻이다. 특히 그들은 불량한 행동 "없이"(χωρίς) 교회 안의 관계에서 "원망과 시비"가 생기지 않도록(χωρὶς γογγυσμῶν καὶ διαλογισμῶν) 해야 한다. 간단히 말해, 사도는 "원망하고 말다툼하지 말라!"고 말하는 것이다.

원망(γογγυσμός)이라는 단어는 "낮은 어조의 목소리로 말하는" 긍정적이거나 부정적인 속삭임을 뜻할 수 있었다. 즉, "막후에서 하는 이야기"다.[26] 부정적인 의미로 이 단어는 불평과 불만을 뜻하는데(예를 들어, 행 6:1; 벧전 4:9), 그것이 여기에서 쓰인 의미다. 바울은 고린도전서 10:10에서 어원이 같은 동사를 사용하여 광야에서 헤매던 이들이 보여준 부정적이고 위험한 예를 설명한다. 그리고 빌립보서 2:14에 나오는 권고 역시 이런 구약 내러티브를 상기시키는 것일 수 있다.[27] 이것은 2:15에서 "어그러지고 거스르는 세대"(γενεᾶς σκολιᾶς καὶ διεστραμμένης)에 대한 언급으로 더욱 확실해지는데, 이 어구는 광야의 대실패에 대한 구절인 신명기 32:5을 암시한다.[28]

두 번째 명사는 "시비"(διαλογισμός)다. 이 용어는 '추론의 과정', '의견', '논쟁의 내용' 혹은 심지어 '의심'을 말하는 데 사용될 수 있었다. 그런데 교회 안의 관계적 간

---

24. 전치사 ὑπέρ+소유격은 이점을 나타낸다.

25. Fee, *Philippians*, 243.

26. BDAG 204. 긍정적이고 부정적인 속삭임은 요한복음 7:12에서 찾아볼 수 있다. 거기에서 사람들은 예수님에 대해 좋은 것들과 나쁜 것을 수군거린다.

27. 예를 들어, LXX 출 17:3; 민 11:1; 14:27, 29; 16:41; 17:5; 그리고 시 105:25를 보라.

28. Silva, *Philippians*, 123-24, 131.

등이라는 문맥을 고려하면(예를 들어, 빌 4:2-3), 여기에서 이 단어는 거의 확실히 "언쟁" 또는 "논쟁"과 관계가 있고[29] 그것은 공동체 안에 있는 갈등이 표출된 것이다(참고. 딤전 2:8).

15절은 빌립보 교인들이 "원망과 시비"를 물리치고, 관계를 맺는 건전한 모범을 확립해야 하는 이유를 말한다. 그것은 그들이 "흠이 없고 순전"(γένησθε ἄμεμπτοι καὶ ἀκέραιοι)해지기 '위함'(ἵνα)이다. 이것들은 그들이 도덕적으로 비뚤어진 세상에서 살아가는 데 필요한 덕목이다. 이 형용사 중 첫 번째(ἄμεμπτος)는 '비난할 여지가 없는' 또는 '결점이 없는' 것을 말한다. 그것은 바울이 3:6에서도 사용하는 단어인데, 거기에서 그는 자신이 율법에 근거한 의의 관점에서 '흠이 없다'고 선언한다. 칠십인역에서 그 단어가 사용된 용법을 살펴보면, 이것은 기본적으로 하나님과 다른 사람들 앞에서 의롭게 사는 삶의 모범을 가리킨다.[30]

두 번째 형용사(ἀκέραιος)는 '순전한' 또는 '순수한' 것을 언급한다.[31] 마태복음 10:16에서 예수님은 제자들에게 "뱀같이 지혜롭고 비둘기같이 순결하라(ἀκέραιοι)"고 말씀하신다. 바울도 로마서 16:19에서 이 단어를 사용하는데, 거기에서 그는 로마인들에게 "악한 데 미련하[라](ἀκεραίους)"고 격려한다. 우리 본문에서 "흠이 없고 순전하여"는 "원망과 시비"와 선명하게 대조된다. 다시 말해, 원망과 시비는 기독교 공동체에서 일어나리라 예상되는 일반적인 관계적 싸움이 아니라 '불의하거나' 심지어 '악한' 것으로 간주되어야 한다. 결국 관계적 단절은 서로 사랑하라는 예수님의 '새' 계명과 상반된다. 서로 사랑하는 것은 신약에서 참으로 그리스도를 따르는 자들이 지녀야 할 주요한 성향이다.[32] 불평과 갈등이 가득한 교회에 휩쓸린 신자들을 보면서 세상은 당연히 "우리하고 다를 게 없네!"라고 말한다.

그들이 하나님의 자녀로(τέκνα θεοῦ) 경건하게 살도록 하기 위해,[33] 바울은 빌립보 교인들에게 '결점이나 비난할 여지가 없게'(ἄμωμα, 개역개정에는 "흠 없는"-역주) 하라고 격려한다. 이 단어는 15절에서 "흠이 없고"(ἄμεμπτος)라고 번역된 용어와 매우 큰 관련이 있다. 이 용어는 칠십인역에서 매우 흔하게 사용되는데, 종종 '흠 없는' 희생 동물의 필요성을 말할 때 사용된다.[34] 하지만 이 단어는 또한 하나님의 성품이나 하나님의 방법 또는 '비난할 여지가 없는' 방식으로 하나님과 동행하는 의로운 사람을 말하는 데 사용된다.[35]

이와 같이 빌립보 교인에 대한 바울의 소원을 묘사하는 세 개의 단어 "흠이 없고"(faultless), "순전하여"(innocent), "흠 없는"(blameless)이 속사포처럼 연달아 나온다. 15절에서 이 세 형용사가 지닌 뉘앙스를 주의 깊게 구별하기보다, 헬라 단어들의 두운(ἄμεμπτοι, ἀκέραιοι, ἄμωμα)이 "문체 강화"[36]를 이루고 있음을 보아야 한다. 즉, 바울은 논점을 분명히 하기 위해 비슷하고 강력하며 수사적으로 세밀하게 공들여 만든 다수의 표현을 배치한 것이다. 간단히 말해, 빌립보 교인들

29. BDAG 232.

30. LXX 창세기 17:1에서 여호와가 아브람에게 "너는 내 앞에서 행하여 완전하라(ἄμεμπτος)"고 말씀하신다. 이에 대해 Fee, *Philippians*, 244-45를 보라. 그것은 특히 욥기에서 사용되는데, 거기에서 그것은 하나님 앞에 경건하게 사는 것을 묘사하는 다른 서술들과 함께 나온다(욥 1:1, 8; 2:3; 4:17; 9:20; 11:4; 12:4; 15:14; 22:3, 19; 33:9; 참고. Wis 10:5, 15; 18:21).

31. Philo는 이 단어를 "섞인 것이 없는"이라는 뜻으로 사용할 수 있었고(*Embassy* 334), Epictetus는 그것을 "해가 없는" 또는 심지어 "단순한" 사람이라는 의미로 사용할 수 있었다(*Diatr*. 3.23.15).

32. 요 13:34-35; 롬 12:10; 13:8; 고후 13:11; 갈 5:13; 엡 4:2; 살전 4:9; 살후 1:3; 히 10:24; 13:1; 벧전 1:22; 3:8; 5:14; 요일 3:11, 23; 4:7, 11-12; 요이 1:5.

33. 다른 곳 요한복음 1:12; 로마서 8:16; 요한일서 3:1-2에서 신자들을 가리키는 호칭으로 사용되었다. 로마서 8:16에서 바울은 "성령이 친히 우리의 영과 더불어 우리가 하나님의 자녀인 것을 증언하시나니"라고 쓴다.

34. 예를 들어, 출 29:1, 38; 레 1:3, 10; 3:1, 6, 9; 민 15:24; 19:2; 28:3. 반의어는 μῶμος, 즉 '잘못' 또는 '결점, 결함'이다.

35. 예를 들어, 삼하 22:24, 31, 33; 시 14:2; 17:24, 31, 33; 참고. 1 Macc 4:42.

36. Silva, *Philippians*, 132.

은 그들을 지켜보고 있는 세상에 비난할 것이 없는 관계 맺음을 보여주면서, 하나님의 '올바른' 생활 방식의 특징을 드러내고 책망할 것이 없는 삶을 살도록 요구받는다.[37]

게다가 "하나님의 흠 없는(ἄμωμα) 자녀"에 대한 언급은 거의 분명히 신명기 32:5을 의도적으로 가리키는데, 바울은 그것을 15절에서 넌지시 언급한다. 칠십인역에서 이 구절은 "흠이 있고 삐뚤어진 세대"(γενεὰ σκολιὰ καὶ διεστραμμένη, 신 32:5)를 이루는 '오염된 자녀'(blemished children, τέκνα μωμητά)를 언급한다. 그것은 분명히 빌립보서의 "어그러지고 거스르는 세대"(γενεᾶς σκολιᾶς καὶ διεστραμμένης)에 대한 바울의 언급 배후에 있다.[38] "세대"(γενεά)라는 용어는 사람들의 "인종"이나 "시대"(즉, 시간적 기준) 또는 "특정한 시간에 살고 있는" 모든 사람(='너희의 동시대 사람들')을 언급할 수 있었다.[39] 신명기 32:5은 광야에서 반역하고 쓰러진 사람들(이스라엘의 그 "세대")을 염두에 두고 있고, 그들은 하나님께 반역하는 어리석음을 보여주는 완벽한 예다(참고. 고전 10:1–13). 이 언급은 특별한 유형의 반역(교회 안의 경건한 지도자들을 향한 반항)이 빌립보 교회를 괴롭게 하고 있음을 가리킬 수 있다.[40] 그럼에도 여기에서 주요하게 언급하는 대상은 '일반 세상', 즉 빌립보의 일반적인 문화와 로마 제국인 듯하다(참고. 빌 1:28). 따라서 바울은 하나님을 대적하는 반역자들에 대한 성경적 암시를 끌어와서 길 잃고 타락한 세상의 사람들을 포함하는 것으로 확대한다.[41] 바울은 빌립보 신자들이 그 "세대" 가운데 있다고 말하며, 그것은 그들 주변의 빌립보 거리에 있는 잃어버린 인류를 가리킨다.

게다가 사도는 이 세대를 "어그러지고 거스르는"(σκολιᾶς καὶ διεστραμμένης) 세대로 묘사하는데, 이것은 성품과 생활 방식의 문제를 가리키는 생생한 용어다. 이 묘사 중 첫 번째는 고대 세계에서 구부러진 칼이나 삐뚤어진 기둥처럼 물리적으로 구부러지거나, 굽거나, 삐뚤어진 무언가를 언급하는 데 사용되는 형용사다. 이 단어는 "도덕적으로 일그러진", 즉 "부정직하거나 비양심적인" 것처럼 사람의 성품에 대해 비유적으로 사용되었다.[42] 마찬가지로, 두 번째 묘사는 '형태가 망가지거나 비틀린'(동사 διαστρέφω에서 유래) 무언가를 말한다. 그런데 이 표현도 비유적으로 도덕적, 영적 가치의 용인된 표준에서 떠난 사람을 묘사하는 것으로 사용될 수 있었다.[43] 여기서 우리는 거룩하신 하나님의 방법에서 벗어난 문화의 두 갈래 특징을 볼 수 있다. 그것은 "어그러지고 거스르는" 것으로, 인간을 향한 하나님의 계획과 관련해서 구부러지고 왜곡되어 있는 상태다.

그와 같은 문화 속에서 교회는 훌륭한 대항 문화를 실천해야 한다. "세상에서 그들 가운데 빛들로 나타내며"(ἐν οἷς φαίνεσθε ὡς φωστῆρες ἐν κόσμῳ). 하나님이 이 교회 안에서 선한 일을 하고 계시기 때문에(예를 들어, 1:6; 2:13), 그들은 세상의 도덕적 왜곡이라는 어두운 배경에서 '별처럼' 밝게 '빛난다.' 여기에서 사도는 다니엘 12:3 칠십인역을 의지하는데, 거기에는 "지혜 있는 자는 궁창의 빛과 같이 빛날 것이요"(φανοῦσιν ὡς φωστῆρες τοῦ

37. Hansen, *Philippians*, 181–82.

38. 바울이 사용하는 형태에서 LXX의 주격이 소유격으로 바뀌었고, γενεᾶς는 한정된 소유격으로, μέσον은 형용사적 목적격으로 읽을 수 있다(Robertson, *Grammar*, 488을 보라).

39. BDAG 191–92.

40. Osiek, *Philippians, Philemon*, 71.

41. Hansen이 지적한 대로, 이것은 바울이 이스라엘을 교회로 '대체하려는' 움직임이 아니다. 오히려 바울은 신명기 32장에 나타난 반역의 자세에 기초하여 아직 왕 예수께 무릎을 꿇지 않은 세상의 모든 사람에게서 나타나는 특유의 반역을 추정한다(빌 2:10–11). Hansen, *Philippians*, 182를 보라. 흥미롭게도, 고난받는 종도 한 "세대"의 일부로 고난을 당하셨다(사 53:8).

42. BDAG 930.

43. BDAG 237.

οὐρανοῦ, 단 12:3a)라고 나온다. 하지만 다니엘의 말이 그들에게 더 종말론적 의미를 전하는 반면(박해를 받으면서 하나님을 따르는 이들은 영광 가운데 옹호될 것이다[44]), 빌립보서 2:15은 마태복음 5:14-16에서 예수님이 하신 매우 '실제적인' 말씀을 연상시킨다. 거기에서 주님은 이렇게 말씀하신다.

> 너희는 세상의 빛이라 산 위에 있는 동네가 숨겨지지 못할 것이요 사람이 등불을 켜서 말 아래에 두지 아니하고 등경 위에 두나니 이러므로 집 안 모든 사람에게 비치느니라 이같이 너희 빛이 사람 앞에 비치게 하여 그들로 너희 착한 행실을 보고 하늘에 계신 너희 아버지께 영광을 돌리게 하라.

예수님의 말씀과 일맥상통하게 바울은 빌립보 교인들에게 그들이 빛을 비추어야 하는 곳을 정확히 말한다. 첫째, 그들은 방금 묘사한 도덕적으로 왜곡된 세대 가운데서(ἐν οἷς, "그들 가운데") 밝게 빛나야 한다. 둘째, 그들은 "세상에서"(ἐν κόσμῳ) 빛나야 한다. "세상"으로 번역된 용어는 광범위한 의미를 지닌다. 이 단어는 여기에서 '인류', '우주', 지구 행성을 언급할 수 있다. 사도는 빛나는 별이라는 단어 그림을 가지고 언어유희를 하고 있는 듯하다. 다시 말해, 사도는 '우주'에서 빛나는 별의 이미지를 광범위한 문화 속에서 주변 사람들에 대한 빌립보 교인의 역할을 가리킨다. 사도는 교회를 지켜보는 어두운 세상을 향해 교회가 분명하고, 반문화적이며, 도덕적인 증언을 해야 한다고 말한다.

그렇다면 그들은 어떻게 빛으로 나타나야 하는가? 16절 앞부분에서 바울은 그들에게 그렇게 하는 수단을 말한다. "생명의 말씀을 밝혀"(λόγον ζωῆς ἐπέχοντες).[45] 최근 주석가들은 "밝혀"로 번역된 분사에 대한 해석에서 두 가지 주요 의미에 초점을 맞추었다. 바로 '계속 붙잡다'(hold on)와 '오랫동안 이야기하다'(hold forth)이다.[46] 둘 중 전도를 강조하는 것으로 해석되는 후자가 더 유력하다.[47] 이런 식으로 읽을 경우, 빌립보 교인들은 '생명의 말씀을 이야기함으로써 세상에서 별처럼 빛나야' 한다. 물론 그들은 말씀을 '계속 붙잡기' 때문에 그 말씀을 '이야기할' 능력을 갖는다. 하나님의 생명의 말씀을 지향하는 이 태도는 "어그러지고 거스르는" 세상과 대조되는 그들의 "흠 없는" 행위를 강조하는 문맥에 딱 맞다. "말씀"은 하나님과 우리의 친밀한 관계, 우리의 도덕적 나침반, 세상에 대한 우리의 영향력에 가장 중요

44. Osiek가 지적한 대로, 다니엘에 대한 언급은 종말론적 방향을 가리킬 수 있다. 왜냐하면 묵시 사상에서 의인은 하늘에서 영광 가운데 왕좌에 앉는 보상을 받을 것이기 때문이다. Osiek, *Philippians, Philemon*, 71을 보라. 하지만 여기에서 미완료 시상과 "세상"(이것은 당연히 '우주'로 번역될 수도 있다)을 병기한 것은 아마도 '이 세상'을 지향하고 있음을 가리킨다. "빛들로 나타나는" 것은 16절에서 "생명의 말씀을 밝혀"라는 문구로 경계가 결정된다. 이 문구는 그 배경을 이생에 두는 것 같다.

45. 나는 ἐπέχοντες가 15절 처음에 나오는 γένησθε로 거슬러 올라가는 것이 아니라, 우리에게 '빛을 비추는' 행동이 '수단'을 나타내는 것을 더 직접적으로 말한다는 Fee의 의견에 동의한다(Fee, *Philippians*, 247).

46. 우리가 성경 문헌에서 이 단어의 용법을 고려할 때, 이 두 개의 의미 중 어떤 것도 중요한 위치를 차지하지 않는다. LXX에 나타난 22번 중 절반에서 이 단어는 '참다' 또는 '삼가다'를 의미하는데(창 8:10, 12; 왕상 22:6, 15; 왕하 4:24; 대하 18:5, 14; 욥 18:2; 렘 6:11; 2 Macc 5:25; 9:25), 사도행전 19:22과 같은 의미다. 이 의미는 빌립보서 문맥에서는 말이 되지 않는다. 하지만 LXX에 나오는 다른 주된 의미는 우리 문맥에서 상당한 의미를 갖는데, 그것은 어떤 것에 '세심하게 신경을 쓰다' 또는 '주의를 기울이다'와 관계가 있으며(예를 들어, 욥 30:26; Sir 5:1, 8; 15:4; 16:3; 34:2; 35:11; 37:11), 이것은 신약에서 이 동사가 쓰이는 나머지 4번 중 세 경우에서도 동일하게 나타난다(눅 14:7; 행 3:5; 딤전 4:16; 네 번째는 빌 2:16). 하지만 이 의미는 거의 언제나 빌립보서 2:16에서처럼 목적격이 아니라 여격 목적어와 함께 나타난다.
James P. Ware는 이 단어가 '참다'와 '오랫동안 이야기하다'라는 두 가지 주요 의미를 지닌다는 것을 보여주는 광범위한 연구를 수행했다. 예를 들어, Aristotle은 이 용어를 문어가 다리를 '펼치는' 것을 묘사할 때 사용한다. Theocritus는 이 용어를 샘에 물 주전자를 내미는 사람에 대해 사용한다(Aristotle, *History of Animals* 550b; Theocritus, *Idylls* 13.46; 그리고 Ware, *Mission of the Church*, 262를 보라).

47. Reumann, *Philippians*, 393-94에서 광범위한 논의와 LSJ 619-20에 제시된 대안들을 보라. 사전과 광범위한 그리스 로마 세계에서 이 단어에 대해 Ware, *Mission of the Church*, 256-70을 보라.

하다. 사실 하나님의 말씀을 떠난 참된 '기독교적 삶'은 없다. "생명의 말씀"(λόγον ζωῆς)이라는 어구에서 "말씀"(λόγον)으로 번역된 용어는 강조를 위해 먼저 나오고, "생명의"는 목적격적 소유격인 '생명을 낳는 말씀'으로 읽을 수 있다. "생명의 말씀"이라는 어구는 바울 저작의 다른 어떤 곳에서도 찾아볼 수 없지만, 하나님의 말씀에 대한 바울의 선포와 가르침은[48] 분명히 그의 사역에 중심이었고, 생명을 주는 것으로 이해되었다.[49]

16절의 나머지 부분은 빌립보 교인이 하나님의 말씀에 주의를 기울이는 사람으로 살 때 일어날 바람직한 결과를 표현한다. "나의 달음질이 헛되지 아니하고 수고도 헛되지 아니함으로 그리스도의 날에 내가 자랑할 것이 있게 하려 함이라"(εἰς καύχημα ἐμοὶ εἰς ἡμέραν Χριστοῦ, ὅτι οὐκ εἰς κενὸν ἔδραμον οὐδὲ εἰς κενὸν ἐκοπίασα). 1:26에 대한 설명에서 이미 바울이 사용한 "자랑"의 개념을 논했다. 어떤 사람이 (유대 세계를 포함하여) 고대 세계에서 "자랑"하는 것은 인간의 교만을 드러내는 부적절한 표현으로 여겨질 수 있었다.[50] 하지만 바울은 때때로 "자랑"(καύχημα)을 사용하여 주님의 인격과 그분이 백성의 삶에서 역사하심을 '경축'하는 것에 대해 말하는데(예를 들어, 고전 9:15; 고후 1:14; 5:12; 9:3; 빌 1:26), 이것이 여기에서 뜻하는 바다. 1:26의 초점이 빌립보 교인이 다시 만난 바울을 자랑하는 것에 놓여 있던 반면, 2:16의 초점은 종말론적으로 바울이 "그리스도의 날에" 빌립보 교인의 신실함을 칭찬할 수 있기를 기대한다. 네 번 반복되는 전치사 εἰς는 의미를 분류하기 다소 어렵지만, 앞부분에서 '…하기 위해, …에'(in order that, on)로 번역된다. 첫 번째 εἰς는 목적을 나타내는 것으로 읽을 수 있다.[51] 두 번째 εἰς는 시기를 나타내며 그리스도의 날"에"로 이해할 수 있다.[52]

고대 유대교는 불경건한 사람에 대한 신적 심판과 하나님의 백성을 위한 구원을 가져다줄 주님의 "날"에 대해 말했다(예를 들어, 사 2:2–21; 욜 1–3장; 암 8:9–11; 9:9–12). 바울 서신과 신약(예를 들어, 고전 1:8; 5:5; 살전 5:2; 살후 2:2; 벧후 3:10)은 특히 주님의 귀환을 언급하면서 주님의 날을 "그리스도의 날"과 동일시한다. 그것은 빌립보 교인들에게 실행된 사역을 경축할 수 있기를 기대했던 바울에게 소망의 날이었다. 이것은 우리 본문에서 부정적으로 진술된다. "나의 달음질이 헛되지 아니하고 수고도 헛되지 아니함으로"(ὅτι οὐκ εἰς κενὸν ἔδραμον οὐδὲ εἰς κενὸν ἐκοπίασα). 그래서 사도는 그리스도의 날이 임해서 그의 모든 사역(다른 사람들의 구원을 위해 심혈을 기울여 헌신한 삶)이 무의미하지 않았다는 것과 그가 사역을 '헛되이' 수행하지 않았음을(οὐκ εἰς κενόν…οὐδὲ εἰς κενόν) 알게 되기를 간절히 바란다. "헛되지"로 번역된 어구가 반복되는 것은 수사적으로 바울이 품은 소원의 강렬함을 강조한다.[53] '헛된 것'(nothing, κενόν)으로 번역된 용어는 문자적으로든('빈손인', 예를 들어, 창 31:42 LXX) 비유적으로든(예를 들어, 욥 27:12 LXX) '비어' 있다는 개념을 함축한다. 여기에서 비유적 의미

48. 예를 들어, 롬 3:2; 고전 14:36; 고후 2:17; 엡 6:17; 골 1:25; 살전 2:13; 딤전 4:5; 딤후 2:9; 딛 2:5.

49. 예를 들어, 롬 2:7; 5:10, 17, 21; 6:4, 22; 8:2, 10; 고후 2:16; 4:11; 갈 6:8; 빌 4:3; 골 3:4; 딤전 1:16; 6:12; 딛 3:7.

50. 그리스 로마 문헌에서 καύχημα라는 용어와 그 동족어들의 부정적 용법에 대해 *TLNT* 2:295–302를 보라. 또한 Duane F. Watson, "Paul and Boasting," in *Paul in the Greco Roman World: A Handbook*, ed. J. Paul Sampley (Harrisburg, PA: Trinity Press International, 2003), 77–100을 보라. Watson은 다음과 같이 쓴다.

"자랑에 대한 바울의 이해는 유대교에서 이해된 자랑과 지배적인 그리스 로마 문화에서 이해된 자랑이 독특하게 혼합되어 있다. 바울은 그리스 로마 문화에서 적절한 것으로 규정된 상황에서 자랑을 사용하고, 그는 그런 상황을 위한 관습을 따라 자랑을 사용한다. 하지만 자랑 자체의 내용에 대한 바울의 이해는 그의 유대 유산과 그가 그리스도 안에서 새로 발견한 신앙에서 차용한 것이다"(94).

51. Hellerman, *Philippians*, 138; Fee, *Philippians*, 248의 논의를 보라. 여격 인칭 대명사 ἐμοί는 '매개'의 여격으로 해석될 수 있다(문자적으로 '나에 의한'; 또는 아마도 소유의 여격 '나의 자랑'). Hawthorne and Martin, *Philippians*, 147을 보라.

52. BDAG 289.

53. 이 본문에서 전치사 εἰς의 세 번째와 네 번째 용법은 사도가 피하고 싶어 하는 결과를 표시한다.

는 넓게 확대된다. '헛되이', 즉 '유의미한 결과 없이' 한 수고를 말하는 데까지, 혹은 영어로 "공연히 애만 썼네!"라고 말하는 데까지 확장된다. 빌립보 교인이 믿음을 지키고 신실한 삶을 살다가 주의 날이 임하는 날, 바울의 광범위하고 아주 힘든 수고 그리고 그가 모범적으로 보여준 근면한 사역은 "헛되지" 않을 것이다.

사도는 그의 사역을 "달음질"과 "수고"로 말한다. 먼저 "달음질"(ἔδραμον, 동사 τρέχω에서 유래)은 사도가 사역 과정에서 기울인 '노력'에 대한 은유를 제공한다. 바울은 이 단어 그림을 여러 번 사용해서 하나님을 위해 살거나 사역하는 데 있어 인간의 노력이나 참여 활동을 묘사한다(예를 들어, 롬 9:16; 고전 9:24, 26; 갈 2:2; 5:7). 두 번째 용어는 사역을 "수고"(ἐκοπίασα, 동사 κοπιάω에서 유래)라고 말한다. 칠십인역과 신약에서 이 용어는 종종 기진맥진한 것을 언급하지만,[54] 단순히 '열심히 일하는' 행동을 더 자주 언급한다.[55] 바울은 여기에서처럼 이 용어를 후자의 의미로 시종일관 사용한다. 이 두 가지 활동인 '달리고 수고하는 것'은 바울 사역의 어렵고 노동 집약적인 성격을 나타낸다. 바울은 말 그대로 장막을 만들면서 열심히 일했는데, 그것은 아주 힘든 육체노동이었고 동시에 사역의 기반이 되었다(행 18:3). 하지만 육체노동을 넘어, 사도는 여러 가지 노동 집약적이고 감정을 소모하는 활동을 감당했다. 힘든 여행, 지속적인 박해, 전도 활동, 가르치고 돌보는 일 그리고 여러 교회의 정서적 부담 등을 경험했다. 이로 인해 육체적, 감정적 어려움이 뒤따랐겠지만(예를 들어, 고후 11:22-12:10을 보라), 그 일에는 목적이 있었고 바울은 빌립보 교인들 가운데서 효과적으로 이루어진 그의 사역이 기쁨을 주는 결과를 낳을 것을 확신했다.

2:17 만일 너희 믿음의 제물과 섬김 위에 내가 나를 전제로 드릴지라도 나는 기뻐하고 너희 무리와 함께 기뻐하리니(ἀλλ᾽ εἰ καὶ σπένδομαι ἐπὶ τῇ θυσίᾳ καὶ λειτουργίᾳ τῆς πίστεως ὑμῶν, χαίρω καὶ συγχαίρω πᾶσιν ὑμῖν). 빌립보인들을 위한 바울의 강도 높은 사역은 그의 관점에서 볼 때 가치 있는 일이다. 우리의 관점에서 바울의 삶을 되돌아보면, 그의 희생은 고단하고 힘든 사역의 '일반적인' 패턴을 훨씬 넘어섰다(예를 들어, 고후 11:23). 주님이 다메섹 도상에서 바울을 부르셨을 때, 그분은 바울의 사역이 고난으로 이루어질 것이라고 선포하셨다. "그가 내 이름을 위하여 얼마나 고난을 받아야 할 것을 내가 그에게 보이리라"(행 9:16). 지금 바울은 투옥되어 있고, 사역하며 겪을 수 있는 가장 극심한 고통 중에 있다. 그럼에도 바울은 기뻐한다.

따라서 바울은 17절을 "만일[56]…나를 전제로 드릴지라도"로 시작한다. 사도가 전하는 의미는 '진실로, 이것

54. 예를 들어, 신 25:18; 삼상 14:31; 시 6:6; 요 4:6.

55. 예를 들어, 삼상 17:39; 삿 5:26; 전 2:18; 마 6:28; 눅 5:5; 요 4:38; 롬 6:6; 고전 4:12; 15:10; 16:16; 엡 4:28; 살전 5:12; 딤전 4:10; 그리고 *TLNT* 2:327-28을 보라.

56. 우리는 ἀλλ᾽ εἰ καί를 비록 두 접속사가 εἰ로 분리되지만(εἰ는 조건절을 소개한다), 적어도 점진적인 것으로 그리고 참으로 강조적인 것으로 읽을 수 있다. 아마도 바울은 강조적으로 사용된 ἀλλά(즉, '확실히')와 καί의 부가적 용법('…이라도')의 결합을 염두에 두고 있다. Thrall, *Greek Particles*, 13-16을 보라. 많은 사람이 ἀλλά를 대조적인 것으로 이해하지만, 우리는 주절의 '기뻐하는 것'이 무엇과 대조되고 있는지 물어야 한다. 분명히 16절의 '헛되이'는 아니다(찬성 의견으로, Reumann, *Philippians*, 397). 그리고 나는 그것이 마지막 날 바울의 "자랑"과 대조되고 있는 것도 아니라고 제안한다. Fee는 이 접속사를 '그러나'로 번역해서 '앞에 나온 것'과 대조하는 것으로 읽는다. 그는 강조적인 해석('수고뿐만 아니라 또한 죽음까지도')을 매력적으로 생각하지만, 문법적 구조에 근거하여 주의를 촉구한다. Fee, *Philippians*, 240, 250을 보라.
이 정확한 구문(ἀλλ᾽ εἰ καί)은 Josephus와 Philo에게서 여러 번 나타나며, 이런 표현 중 몇몇은 그 문장의 도입부에서 조건절을 소개하면서 강조적인 것처럼 보인다. Philo, *Drunkenness* 198; *Heir* 23; *Names* 222; *Joseph* 24; *Moses* 1.245; *Embassy* 158; *Providence* 2.62; Josephus, *Ant.* 8.278; 12.425; 16.93; 18.243; *J.W.* 3.359; 4.281; 7.351; *Ag. Ap.* 1.284에서 그 구문을 보라. 이 구문은 앞에 나온 사상을 바탕으로 해서 추가적인 주장을 하는 것으로 강조적이고 점진적으로 읽을 수 있다(예를 들어, Philo, *Names* 222; *Joseph* 24; *Embassy* 158). Josephus에 나오는 구절들에 대해서도 똑같이 말할 수 있다(예를 들어, *J.W.* 7.351).

이 나의 삶을 끝내는 시간일지라도'로 읽을 수 있다.[57] 이렇게 읽을 경우 그 구문은 앞에 나오는 사상을 기반으로 하고, 발생할 수 있는 잠재적인 상황을 더하는 데 사용된다.

고대 저자들은 이 조건절의 '나를 드리다'(I am poured out, σπένδομαι)라는 동사를 제물 위에 제주(祭酒)를 붓는 것에 대해 사용할 수 있었다. 그것은 유대교와 광범위한 그리스 로마 세계에서 흔한 관례였다. 바울은 거의 확실히 칠십인역에 의지하는데 거기에서 이 단어는 19번 나오고, 그 단어는 모두 참되신 한 분 하나님이든 거짓 신이든 신에게 전제를 드리는 것을 뜻한다.[58] 따라서 "제물과 섬김"(τῇ θυσίᾳ καὶ λειτουργίᾳ)이라는 어구가 암시하는 것처럼, 여기에서는 제사장 사역과 관련된 언어가 작동되고 있는 것 같다. 제물(θυσίᾳ)과 "섬김"(λειτουργίᾳ)이라는 용어는 구약에서 예배와 관련된 구절에 의지한다(예를 들어, 대하 31:2 LXX; 2 Macc 3:3; 4:14에서 함께). 함께 사용된 이 두 단어는 중언법('희생적 섬김')으로 읽을 수 있다. 여기에서 바울은 구약 제사의 관례와 빌립보 교인들을 향한 그의 광범위하고 '희생적인' 사역의 유사성을 끌어내면서 강력한 단어 그림을 만들어낸다. 이와 관련하여, "너희 믿음의"(τῆς πίστεως ὑμῶν)라는 어구는 '이점'을 뜻하는 것으로 읽을 수 있다. 바울의 희생적 사역은 빌립보 교인과 하나님의 관계를 강화하기 위해 수행되었다.[59]

'제물과 섬김 위에…전제로 드린다'는 사도의 말이 계속되는 고난의 사역을 말하는 것인지 아니면 그의 순교를 말하는 것인지에 대해 의견이 분분하다.[60] 그러나 나는 17절 처음에 나오는 전환어(ἀλλ' εἰ καί)에 대한 해석을 고려하면, 순교라는 의미일 가능성이 높다고 생각한다. 그 구문이 바울의 "달음질"과 "수고"의 주제를 고조하거나 심화하는 것처럼 보이기 때문이다. 바울은 언제나 죽음의 위협을 무릅쓸 정도로(예를 들어, 빌 1:20–21; 참고. 고후 1:8–9; 4:10) 사역에 혼신의 힘을 다했고, 순교를 통한 죽음은 박해받는 사역자의 삶의 자연스러운 최종 결과였다. 게다가 신약에서 '붓다'(σπένδω)라는 용어의 다른 유일한 사례인 디모데후서 4:6에서 사도는 이 단어를 사용하여 그의 사역의 끝에 순교로 '부어지는' 것을 말한다. 따라서 여기에서 사도의 요점은 순교로 삶을 끝낼지라도, 자신이 펼친 사역이 그리스도의 날까지 빌립보 교인들의 믿음을 지키는 결과를 낳을 것을 확신하고 기뻐한다는 것이다.

결과적으로 순교당할 가능성에 대한 바울의 반응은 "나는 기뻐하고 너희 무리와 함께 기뻐하리니"이다. 어원이 같은 이 용어들 중 첫 번째 χαίρω는 신약에서 74번 나온다. 그것은 마태복음 5:12에서 밀접하게 관련된 용어(ἀγαλλιάω, '크게 기뻐하다, 기쁘다')가 보여주는 것처럼 '기뻐하다'를 뜻할 수 있었고, 인사로도 사용될 수 있었다('만나서 반가워요'처럼).[61] 전자가 이 본문에 해당되는 경우다. 관련된 용어인 '함께 기뻐하다'(συγχαίρω)는 신약에서 오직 6번(눅 1:58; 15:6, 9; 고전 12:26; 13:6; 빌 2:18)밖에 쓰이지 않을 정도로 훨씬 적게 사용되고, 다른 사람과 함께 즐거워한다는 뜻이다. 우리가 살펴보

57. εἰ καί를 Fee와 같이 양보를 나타내는 것보다 상소 용법으로 읽는 것이다. Fee, *Philippians*, 240n2를 보라.

58. 창 35:14; 출 25:29; 30:9; 38:12; 민 4:7; 28:7; 삼하 23:16; 대상 11:18; 호 9:4; 렘 7:18; 19:13; 39:29; 51:17, 19, 25; 겔 20:28; 4 Macc 3:16; Sir 50:15.

59. 몇몇 주석가는 2:25, 30에 나오는 동일한 '섬김' 언어에 근거하여, 바울이 여기에서 염두에 두는 것은 바울이 그들을 섬기는 일이 아니라 빌립보 교인들의 섬김이라고 제안한다(Hellerman, *Philippians*, 140; Silva, *Philippians*, 129). 하지만 25절의 "내가 쓸 것"(τῆς χρείας μου)의 소유격과 30절에서 관련된 대명사 "나를"(τῆς πρός με λειτουργίας에서 με)은 둘 다 바울을 언급한다. 한편으로 2:17의 '섬김'은 '너희의 믿음에서 생겨나는 섬김'(λειτουργίᾳ τῆς πίστεως ὑμῶν)이다. 이것은 2:17과 2:25, 30 간에 상호적 사역 관계가 있음을 제안한다. 17절에서 빌립보 교인들에 대한 바울의 사역(이것이 기초를 이룬다)과 25, 30절에서 바울에 대한 빌립보인들의 사역.

60. 이 논쟁을 개관한 것으로 Hansen, *Philippians*, 187–88을 보라.

61. BDAG 1074–75.

고 있는 본문의 경우에 '다른 사람'은 "너희 무리"(πᾶσιν ὑμῖν)를 다 포함한다. 그래서 나는 이 구절 전체를 '나는 너희 모두와 함께 기뻐하고 즐거워한다'(I am glad and rejoice with all of you)로 번역한다. 바울은 이 시점에서 죽음을 예상하기 때문이 아니라(참고. 1:21-22) 복음을 향한 신실함과 그 신실함의 열매 때문에 즐거워한다. "죽음이나 어떤 다른 적에 맞서서 충성하는 것이 기뻐할 이유다."[62] 게다가 바울은 빌립보 교인과 '함께 기뻐'함으로써 그들을 복음 사역에서 자신이 누리는 기쁨으로 이끌고 그들을 자신의 기쁨에 포함한다. 그러므로 빌립보서 2:16-17에서 전개되는 논리적 발전은 다음과 같다.

> 빌립보 교인의 신실함은 바울이 그리스도의 날에 자신의 사역이 효과 있었음을 자랑하는 결과를 낳을 것이다.
> **그리고**
> 그가 사역을 이어가는 중에 순교할지라도, 그것은 자랑하는 일을 전혀 약화하지 못한다.

적용에서의 신학

1. '과정'으로서 구원을 이루라

나는 구원의 순간을 강조하는 전통에서 자랐다. 대개 그 순간은 사람이 '죄인의 기도'로 기도할 때나 강단 초청에 반응하여 교회 통로를 걸어 나갈 때로(또는 둘 다로) 규정되었다. 나의 십대 시절을 돋보이게 하는 것은 '부흥 집회'였는데, 때때로 대형 천막을 치고 진행했고 한때는 나무로 대충 뼈대를 만들어 세우고 그 위에 덤불을 씌운 '덤불 정자'에서도 열렸다(이와 같은 구조는 미국에서 1700년대 초에 사용되다). 부흥 집회의 성공 여부는 얼마나 많은 사람이 '구원을 받았는가'로 판가름했다. 나는 그 전통에 감사한다. 부흥회를 통해 하나님이 복음 안에서 예수님의 사역을 통해 사람들을 구원하기 원하신다는 사실과, 복음은 사람들이 반응해야 하는 중요한 일이라는 사실과(그리고 사람들이 복음에 대한 반응을 고려하도록 도전받는 특별한 순간이 중요할 수 있다는 것과), 우리가 하나님을 주님으로 고백하면서 부르짖을 때 하나님이 듣고 응답하신다는 것을 배웠다(롬 10:9-10).

하지만 계속 성경을 읽고 공부하면서 나는 구원이 훨씬 아름답고 강력하며, 삶을 변화시키는 능력이 있고, 내가 지금까지 생각해온 것보다 포괄적이라는 사실을 깨달았다. 구원은 이스라엘로 시작해서 신약의 여러 페이지에 걸쳐 행동, 단어 그림, 시간의 틀이 만화경처럼 펼쳐지는 다양한 신학적 주제를 재료 삼아 매우 심오하고 풍성한 태피스트리를 엮어낸다. 하나님은 다양한 방법으로 자신의 백성을 구원하셨고, 구원하시는 중이며, 앞으로도 구원하실 것이

62. Fowl, *Philippians*, 129.

다. 밀라드 에릭슨(Millard Erickson)과 패커(J. I. Packer) 같은 신학자들이 지적한 것처럼, 그 아름다운 태피스트리는 우리가 그리스도 안에서 경험하는 구원이 과거, 현재, 미래의 측면을 모두 아우른다는 사실을 보여준다.[63] 간단히 말해, 새 언약의 일부를 이루고 있는 사람들은 죄의 형벌에서 구원받았고, 죄의 권세에서 구원받고 있으며, 죄의 존재에서 구원받을 것이다. 물론 구원에는 그것보다 훨씬 더 많은 내용이 있지만 그것이 시작이다.

예를 들어, 디도서 3:5–6은 신자의 삶에서 이미 성취된 사실인 구원의 현 상황에 대해 말한다. "우리를 구원하시되 우리가 행한 바 의로운 행위로 말미암지 아니하고 오직 그의 긍휼하심을 따라 중생의 씻음과 성령의 새롭게 하심으로 하셨나니 우리 구주 예수 그리스도로 말미암아 우리에게 그 성령을 풍성히 부어주사"(참고. 딤후 1:9). 다른 한편으로, 에베소서 2:8은 우리가 구원받은 것을 가리키지만 현재의 실제로서 우리의 구원에 초점을 맞춘다. "너희는 그 은혜에 의하여 믿음으로 말미암아 구원을 받았으니(ἐστε σεσῳσμένοι) 이것은 너희에게서 난 것이 아니요 하나님의 선물이라." 우언적 완료 시제 구문을 주목하라. 그것은 신자의 현 상태를 가리킨다. 즉, 너희는 구원받았으며, 구원받고 있다는 것이다. 고린도후서 2:15도 계속적인 현실로서 구원(과 복음을 거부하는 이들의 멸망)을 언급하는 듯 보인다. 그 구절에서 바울은 "우리는 구원받는 자들에게나 망하는 자들에게나 하나님 앞에서 그리스도의 향기니"라고 쓴다. 마지막으로, 여러 신약 구절이 그리스도의 재림과 동시에 발생하는 미래 사건으로서 구원을 분명히 강조한다. 히브리서 9:28은 이런 구절 중 하나다. "구원에 이르게 하기 위하여 죄와 상관없이 자기를 바라는 자들에게 두 번째 나타나시리라."

이는 우리가 빌립보서 2:12–17을 묵상할 때, 구원을 단순히 과거에 죄에서 구출된 것으로 여겨서는 안 된다는 것을 의미한다. 또한 구원을 예수님이 미래에 귀환하실 때 죄와 악의 존재에서 우리를 구출하시는 것으로 생각해서도 안 된다. 이런 것들에 더해 우리는 하나님이 우리 삶의 어두운 구석 안에서와 현재 우리의 공동체 안에서 어떻게 구원의 복음을 역사하고 계신지를 잘 생각해야 한다. 당신과 나는 바로 지금 구원받고 있다!

다음과 같이 자문해보라. "오늘 나는 내 의지와 행동 속에서 일하시는 하나님에 의해 어떻게 구원받고 있는가?" "나는 적절한 '두렵고 떨림으로' 어떻게 구원을 견고하게 이루고 있는가?" "그 구원은 특히 나의 신앙 공동체 안에서 어떻게 나타나고 있는가?" 교회 안에서 내가 맺는 관계는 나의 구원을 나타내는가? 아니면 우리는 투덜거리며 다투는 모습을 보이고 있는가? 가족과 공동체 안에서 우리의 관계는 우리의 구원을 드러내고 있는가? 어떤 방식으로 드러나는가?

한때 제리 브리지스(Jerry Bridges)가 한 권고가 사람들의 입에 자주 오르내렸다. "복음을 매일 당신 자신에게 전파하라!"[64] 나는 아내가 집에서 여러 가지 일을 하면서 혼잣말을 하는 것

63. Erickson, *Christian Theology*, 929; J. I. Packer, *Rediscovering Holiness* (Ann Arbor, MI: Vine Books, 1992), 46–47.

64. Jerry Bridges, *The Discipline of Grace* (Colorado Springs, CO: NavPress, 2006), 8, 45.

을 들을 때면 아내를 놀리곤 한다. 나는 옆방에서 "당신, 누구에게 말하는 거야?"라고 소리친다. 그리고 아내는 "나 자신에게!"라고 대답한다. 그러면 나는 "당신 자신이 대답하기 시작하면 알려 달라고!"라고 말한다. 그런데 자신에게 말하는 행위, 곧 '자신에게 설교하기'는 매우 오래된 행위이고 또 장려해야 한다.

> 내 영혼아 네가 어찌하여 낙심하며 어찌하여 내 속에서 불안해하는가 너는 하나님께 소망을 두라 그가 나타나 도우심으로 말미암아 내가 여전히 찬송하리로다(시 42:5).

우리는 매일 시편 기자와 함께, 또 다른 성경 저자들과 함께 복음을 우리 자신에게 전파해야 한다. 우리는 매일 구원이 필요하기 때문이다. 우리가 그리스도의 새 언약에 들어가 '구원을 받았다'면, 우리는 죄와 이기심과 낙담과 우울, 마음과 몸의 나쁜 습관, 육체적 붕괴, 관계적 역기능, 사회적 분열 가운데서 현재 우리의 구원을 보여주어야 한다. 하나님이 "자기의 기쁘신 뜻을 위하여 소원을 두고" 우리 안에서 계속 역사하시는 순간에도, 우리는 "두렵고 떨림으로" 우리의 구원을 '이루어야' 한다.

2. 어둡고 삐뚤어진 세상 속에서 빛을 발하라

우리가 2:15-16에서 본 대로, 바울은 빌립보 교인들이 "흠이 없고 순전하여 어그러지고 거스르는 세대 가운데서 하나님의 흠 없는 자녀"가 되기를 원한다. 물론 세상은 지독하게 어둡고 폭력적인 장소가 될 수 있다. 사실 인간의 영혼을 뭉개기도 한다. 최근 세계 곳곳의 많은 문화에서 도덕적 구조가 부실해지고, 갈라지며, 갈기갈기 찢어질 지경에 이르렀다. 하지만 우리는 세상이 하나님의 영광으로 가득하다는 점을 기억해야 한다. 이는 창조 세계에뿐만 아니라 하나님의 백성, 곧 창조의 절정이요 청지기인 우리도 마찬가지다. 바울이 빌립보서 2:15에서 말했듯 우리는 '빛나야' 한다.

물론, 모든 세대 속 그리스도의 제자들은 어두운 세상 속에서 '별처럼' 빛나기 위해 부단히 애쓴다. 하지만 그 해결책은 성령님과 그분의 선한 말씀을 통해 살아 계신 하나님과 맺는 관계에 달려 있다. 왜냐하면 하나님의 말씀 가운데서, 우리는 우리의 도덕적 지주(支柱), 곧 하나님이 도덕적으로 왜곡된 세상에서 우리로 하여금 "흠이 없고 순전한" 삶을 살게 하시는 방법을 발견하기 때문이다. 성령이 우리 안에 있는 말씀에 불을 붙여주시기에 우리는 어둠에 빛을 비출 수 있다.

미켈란젤로는 1512년에 시스티나 성당의 벽화를 완성했다. 성당은 그 시점부터 예배당으로 사용되었다. 그 당시 성당은 양초로 불을 밝혔는데, 세월이 흐르면서 이 양초에서 생기는 그을음이 미켈란젤로의 대작을 가렸다. 천장에 검은 그을음이 켜켜이 쌓이면서 예술 작품의 세밀한 묘사를 가리는 어두운 막을 만들어냈다. 그래서 1984년부터 1999년까지 복원 예술가들이 천장을 복원하는 작업을 했다. 케빈 밀러(Kevin Miller)는 그 복원의 배경을 다음과 같이 설명한다.

> 복원하기 전에는 미술계의 많은 사람이 미켈란젤로가 구도의 천재라고 생각했다. 그는 어떻게 자신을 향해 손을 뻗어 하나님의 손가락을 찾으려는(그 손가락은 이미 그에게 뻗어 있었다) 아담을 생각해냈는가? 다른 한편으로 미켈란젤로의 채색은 평범하다는 것이 정설이었다. 그의 채색은 너무 어둡고 단색이고… 등등 말이 많았다. 그리고 복원 예술가들이 그의 프레스코화를 원 상태로 복원했을 때, 모든 사람은 아름답고, 생생하며, 심지어 봄같이 따스한 연분홍색, 밝은 녹황색, 산뜻한 노란색, 진주빛을 배경으로 한 하늘색을 볼 수 있었다. 화가의 참된 탁월함과 선함이 드러났을 때, 사람들은 미켈란젤로를 향한 생각을 바꾸어야 했다.[65]

이와 비슷하게, 세상은 그 나름의 빛을 제공하기 위해 불을 밝히지만, 그것은 하나님의 선한 창조 세계를 밝히 드러내기보다 더 모호하게 만드는 부식성 빛이다. 그러나 복음과 함께 임한 하나님 나라에서 하나님은 우리가 인간으로서 가지고 태어난 형상의 모든 색과 차원을 회복시키는 웅장한 회복 프로젝트를 수행하신다. 그리고 하나님은 신자가 삶의 도덕적 구조를 드러내고 빚어냄으로써 말씀이 충만한 방식으로 살 때, 그 신자를 변화시키는 빛으로 가득 채우시고 발산되게 하신다. 그리고 신자가 있는 바로 그곳에서부터 왜곡된 세상에 말씀이 전파되어, 장차 임할 온전하고 위대한 세계로 그 세상을 이끈다.

65. Kevin Miller, "Restored Sistine Chapel Reveals Maker's True Splendor," Preachingtoday.com, October 2013, www.preachingtoday.com/illustrations/2013/october/5100713.html.

CHAPTER 8

빌립보서 2:18–30

문학적 전후 문맥

우리는 빌립보서의 주요 본문을 계속 탐험해나갈 것이다. 주요 본문은 1:27에서 시작했고 4:4a까지 계속된다. 1:27–2:4에서 두 개의 하위 움직임은 교회 연합을 요구하면서 빌립보 신자들이 그들의 메시지에 반대하는 세상에 맞서 복음에 합당한 삶의 공동 목적을 갖고 살도록 격려한다(1:27–30). 연합은 서로에 대한 이타심과 겸손을 통해 이루어진다(2:1–4). 2:5–11에서 본 것처럼, 2:6–11의 서정적이고 감동적인 내러티브 시는 성육신과 죽음으로 다른 사람들을 위해 자신을 내어주신 그리스도의 이타적인 희생이라는 최고 모범을 제시한다. 그리스도는 결과적으로 하나님 아버지에 의해 높아지시고, 예수님의 이름에 모든 창조물이 무릎을 꿇으며, 예수님을 "주"로 고백할 것이다. 그다음으로 2:12–17에서 빌립보 신자들은 왜곡되고 도덕적으로 비뚤어진 세상에서 건전한 관계를 맺고 살아가며 별처럼 빛나라는 권고를 받는다. 이로써 바울은 그리스도의 날에 자신의 사역이 의미 있었다는 사실과 선한 결실을 맺은 것을 경축하기를 기대한다.

2:17에서 기쁨, 죽음의 위협, 희생적 섬김의 주제를 다시 시작한 뒤, 이제 바울은 2:18–30에서 그리스도의 모범을 발판으로 삼아 디모데와 에바브로디도를 참된 기독교 사역의 모범으로 제시한다.[1] 바울의 이 동료 사역자들은, 각각 사도를 대표하는 자로서 빌립보 교인들에게 중요한 역할을 한다. 그들은 사도가 빌립보 교인들이 본받기 바라는 미덕을 구현한다. 그들은 빌립보 교인들이 사도를 맞이할 준비를 시키고, 문학적으로 3:1–21에서 바울이 자신을 모범으로 사용할 수 있는 길을 닦는다.

1. 빌립보서의 전개에서 이 부분의 중요한 역할에 대해 R. Alan Culpepper, "Co–Workers in Suffering: Philippians 2:19–30," *RevExp* 77.3 (1980): 349–58을 보라.

I. 서신 시작 부분: 서문과 기도 보고(1:1–11)

II. 서신 중심 부분(1:12–4:9)

A. 본문 서두: 바울의 현 상황(1:12–26)

B. 서신의 주요 본문: 교회 연합을 위한 호소(1:27–4:4a)

1. 공동체의 연합을 실행하라는 권고(1:27–2:4)

2. 자기희생의 탁월한 모범이신 그리스도 예수님처럼 돼라(2:5–11)

3. 연합에 대한 추가 권고와 기쁨의 외침(2:12–17)

➦ **4. 자기희생의 모범이 되는 디모데와 에바브로디도(2:18–30)**

5. 그리스도 중심적 삶과 사역에 대한 바울의 모범(3:1–14)

6. 바울의 그리스도 중심적 생활 방식을 본받으라는 권고(3:15–4:4a)

C. 본문 끝: 권고(4:4b–9)

III. 서신 끝부분(4:10–23)

주요 개념

디모데와 에바브로디도는 바울의 선교를 대표하는 사람들로서, 바울이 빌립보에 곧 돌아올 것을 준비한다. 또한 그들은 그리스도가 보여주신 이타적인 섬김의 모범을 보여준다.

번역

빌립보서 2:18-30

18a		이와 같이
b		[또한]
c	권고	**너희도 기뻐하고…**
d		**기뻐하라**
e	관련	나와 함께
19a	소원	**내가…바람은**
b	대상	디모데를
c	기간	속히
d	간접 대상	너희에게

e	내용	**보내기를**
f	관계	주 안에서
g	시간	너희의 사정을 앎으로
h	목적	안위를 받으려 함이니
20a	설명	이는
b	주장	**뜻을 같이하여…이밖에 내게 없음이라**
c	대상	너희 사정을
d	묘사	진실히 생각할 자가
21a	주장	**그들이 다 자기 일을 구하고**
b	다름	그리스도 예수의 일을 구하지 아니하되
22a	일반적/호소	디모데의 연단을 **너희가 아나니**
b	유사	자식이 아버지에게 함같이
c	관계	나와 함께 복음을 위하여
d	구체적 예	수고하였느니라
23a	추론	그러므로 **내가…이 사람을 보내기를 바라고**
b	대상	내 일이 어떻게 될지를
c	시간	보아서 곧
24a	확신	**나도…주 안에서 확신하노라**
b	내용	속히 가게 될 것을
25a	설명	그러나…**보내는 것이 필요한 줄로 생각하노니**
b	신원	에바브로디도를
c	간접 대상	너희에게
d	동격/	그는 나의 형제요
e	목록(25d–h절)	함께 수고하고
f		함께 군사 된 자요
g		너희 사자로
h		내가 쓸 것을 돕는 자라
26a	근거/감정 1	그가 너희 무리를 간절히 사모하고
b	원인	자기가 병든 것을 너희가 들은 줄을 알고
c	감정 2	심히 근심한지라
27a	확대	**그가 병들어**

b	정도	죽게
c	대안 결과	되었으나
d	해석	**하나님이 그를 긍휼히 여기셨고**
e		그뿐 아니라 또
f		나를 긍휼히 여기사
g	목적	내 근심 위에 근심을 면하게 하셨느니라
28a	(27d–g절의) 결과	그러므로 **내가…그를 보낸 것은**
b	태도	더욱 급히
c	목적	너희로 그를 다시 보고
d	결과	기뻐하게 하며
e		내 근심도 덜려 함이니라
29a	추론	이러므로
b	권고	너희가…**그를 영접하고**
c	관계	주 안에서
d	태도	모든 기쁨으로
e		또
f	권고	**이와 같은 자들을 존귀히 여기라**
30a	근거	그가…이르러도
b	원인	그리스도의 일을 위하여
c	정도	죽기에
d	형편	자기 목숨을 돌보지 아니한 것은
e	목적	나를 섬기는 너희의 일에
f		부족함을 채우려 함이라

구조

2:18–30을 둘러싸고 있는 구조적 역학을 고려할 때, 먼저 기쁨과 관계가 있는 어휘 항목의 반복을 주목할 수 있다. 여기에서 기쁨은 보다 더 넓은 이 단위 본문의 시작과 끝에서 전환을 형성한다. 바울은 여러 곳에서 이 주제를 가지고 빌립보서의 '이음매' 또는 전환을 표시한다.[2]

2. χαίρω, συγχαίρω, χαρά라는 용어들은 빌립보서에서 총 16번 나오는데, 종종 단위의 처음이나 끝에 나온다. 1:4, 18, 25; 2:4, 17–18, 28–29; 3:1; 4:1, 4, 10.

단정하기는 어렵지만, 2:17-18의 이중 권고는 1:18의 기쁨에 대한 이중 언급과 거의 비슷하게 한 단위의 끝과 다음 단위의 시작을 표시하면서 전환하는 기능을 한다. 바울은 1:12-18g의 끝에서 반대자들에 관한 앞선 언급을 분명히 가리키면서 그리스도가 전파되고 있는 것을 기뻐한다. 1:18h-26 시작부에서 바울은 "또한 기뻐하리라"고 선포하며 계속해서 그 이유를 말한다.

마찬가지로, 2:12-17 끝에서 사도는 "나는 기뻐하고 너희 무리와 함께 기뻐하리니"라고 쓴다. 2:18의 "이와 같이 너희도 기뻐하고 나와 함께 기뻐하라"를 다음 단위를 시작하는 전환적인 문구로 이해하면, 그것은 매우 부드러운 전환이라고 볼 수 있다. 그렇다면 2:18의 이중 권고가 다음 단위로의 전환을 촉진한다고 제안하는 이유는 무엇인가?[3] 그 대답은 2:18에서 "기뻐하고…기뻐하라"는 권고가 다음 단위와 관련해서 두 가지 기능을 수행하기 때문이다. 첫째, 피의 제안대로 2:19이 1:25-26 이후에 잠시 중단되었던 바울의 여행 내러티브를 다시 시작한다면,[4] 2:18은 바울이 다시 빌립보 교인과 함께 있으리라는 생각의 재개를 돕는 문학적 연결 혹은 '멀리 있는 갈고리 단어'[5]를 포함한다고 이해할 수 있다. 1:25-26에서 사도는 자신이 빌립보 교인들의 "믿음의…기쁨"을 위해(25절) (사역 현장에) 남아 있을 것이라고 말한다. 앞서 본 것처럼, 바울은 2:18에서 빌립보로 곧 귀환할 것과 관련된 논의로 되돌아가면서 빌립보 교인들에게 자신과 함께 "기뻐하고…기뻐하라"고 권고한다.

둘째, 2:17-18에서 기뻐하라는 이중 권고는 2:28-29의 '기뻐하는 것'과 "기쁨"을 예상한다. 그것은 빌립보 교인이 바울과 함께 기뻐하고 기뻐할 한 가지 방법을 보여준다. 즉, 그들에게 돌아가는 에바브로디도를 기쁘게 환영하는 것이다. 중요한 것은 제프리 리드가 빌립보서의 담화 분석에서 '기뻐하라'는 주제가 바울의 선교와 관련하여 어느 정도 사회적 기능을 갖고 있음을 증명한 것이다. 이 주제는 사도가 미래에 방문할 것(1:18-19), 빌립보 교인을 위한 사역에 온전히 헌신하는 것(2:17-18), 에바브로디도의 도착(2:28), 선교 사역의 일부로서 그들이 관계를 정리하도록 돕는 일(4:3-4), 그들이 보낸 선물을 받는 것(4:10)에 대해 말하는 곳에 나타난다.[6] 빌립보 교인들은 바울 및 그의 사절들과 교류하는 지속적이고 유의미한 관계 안에서 그리고 복음을 위한 그들 사이의 상호 협력 가운데서 바울과 함께 기뻐하고 기뻐할 것이다.

근접 문맥에서 빌립보 교인들은 에바브로디도와 건전한 방식으로 교류하면서 사도의 기쁨에 들어간다(2:28-29). 바울에게 상호성은 그리스도의 몸에서 누리는 기쁨의 가장 중요한 요소다.[7] 왜냐하면 기쁨은 기독교 공동체에서 활성화되고 크게 증대하기 때문이다. 따라

3. 2:18을 2:17-18에서 전환을 촉진하는 구절로 이해하는 것은, 기뻐하라는 권고(2:18; 3:1; 4:4) 혹은 그 자신의 기뻐함이나 기쁨으로(1:4; 2:4; 4:1, 10) 새로운 단위나 하위 움직임을 소개하는 바울의 패턴을 따른다. 그는 1:18, 25-26, 2:17에서 상응하는 기쁨을 표현하는 것으로 한 단위나 하위 움직임을 끝낸다.

4. Fee, *Philippians*, 263.

5. Guthrie, *Structure of Hebrews*, 96-100; 같은 저자, *2 Corinthians*, 25를 보라.

6. Reed, *Discourse Analysis*, 257. Reed는 빌립보서에 포함된 예들로 1:18-19, 2:28, 4:10에 집중한다.

7. Cousar, *Philippians and Philemon*, 63.

서 기뻐하는 모습으로 빌립보인들을 격려한(1:18; 2:17) 바울은 빌립보에 사절을 보낼 것을 알리면서 이 권고를 반복하고, 그런 다음 끝에 기뻐하라는 권고를 덧붙이며 단락 전체를 괄호로 묶는다(2:18, 28–29). 이와 같이 바울은 2:28–29에서 빌립보인들에게 기뻐하라고 도전하면서 2:18에서 시작된 인클루지오[8]의 뒷부분을 만들어 다음 단위로 전환하는 장치로 배치한다. 2:18과 2:28–29은 모두 빌립보인들의 기쁨과 관련되어 있다.

2:18	"이와 같이 너희도 기뻐하고 나와 함께 기뻐하라." (τὸ δὲ αὐτὸ καὶ ὑμεῖς χαίρετε καὶ συγχαίρετέ μοι)
2:28–29	"너희로…기뻐하게 하며…주 안에서 모든 기쁨으로 그를 영접하고." (ἵνα ἰδόντες αὐτὸν πάλιν χαρῆτε…προσδέχεσθε οὖν αὐτὸν ἐν κυρίῳ μετὰ πάσης χαρᾶς)

바울이 다음 단위인 3:1–14로 전환할 때, 그는 다시 형제자매들에게 기뻐하라고 권고한다. 거기서 다시 우리는 기뻐하라는 이중 요구가 빌립보서의 이음매에서 나타나는 것을 발견한다. 2:17–3:1에 나오는 기쁨에 대한 이런 언급들은 다음 그림에 묘사되어 있다. 여기서 X는 2:12–17과 2:18–30을 그리고 2:18–30과 3:1–14을 '갈고리처럼 연결하는' 기뻐하라는 언급을 나타낸다.

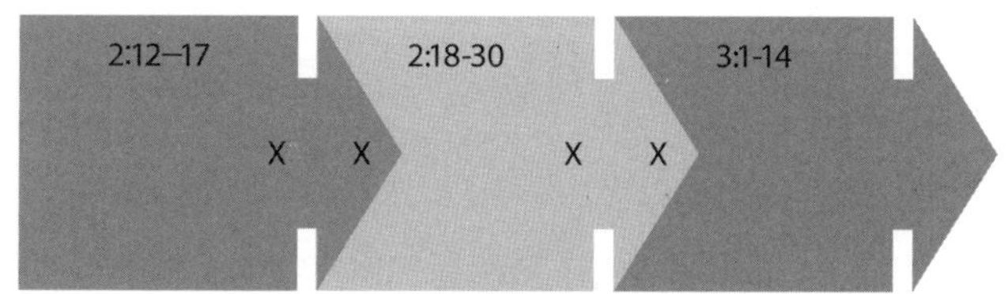

또한 2:17–19과 2:30–3:1에서 반복된 어구 "주 안에서"(ἐν κυρίῳ)와 "이와 같이"(τὸ…αὐτό/τὰ αὐτά)와, 동족어 "안위를 받으려"(εὐψυχῶ)와 "목숨"(τῇ ψυχῇ)과 "너희"(ὑμῶν/ὑμεῖς/ὑμῖν)의 용법도 빌립보서에서 전환과 연속적인 이음매를 표시하는 역할을 하는 것으로 여길 수 있다. 멀리 떨어져 있는 평행구는 담화의 중요한 표시를 형성하며, 빌립보서의 중요한 전환점들을 거의 확실하게 강조한다.

하지만 주의를 기울여야 하는 또 다른 구조적 역학이 2:18–30 내부에 있다. 디모데와 에바브로디도에 대한 단위들은 몇 가지 공통적인 특징이 있는데, 대략 평행 방식으로 제시된다. 둘 다 다음과 같은 특징이 있다.

8. 고대 문헌의 흔한 관습인 인클루지오의 용법에 대해 Guthrie, *Structure of Hebrews*, 76–89를 보라.

· '파송'에 대한 소개 진술:
  "내가 디모데를…너희에게 보내기를…바람은"(2:19).
  "에바브로디도를 너희에게 보내는 것이 필요한 줄로 생각하노니"(2:25).
· 바울이 디모데를 보낼 이유와 에바브로디도를 보낸 이유에 대한 설명(2:20-21; 2:26-27)
· 각 동역자의 가치에 대한 진술(2:22; 2:29-30)
· '파송'에 대한 각 단위 끝의 재진술:
  "그러므로 내가…이 사람을 보내기를 바라고"(2:23, 디모데).
  "그러므로 내가 더욱 급히 그를 보낸 것은"(2:28, 에바브로디도).

마지막으로, 단위 구조와 관련하여 2:18-30에서 '여행기'는 디모데의 예상된 파송 및 에바브로디도의 성취된 파송과 더불어 바울이 직접 빌립보에 가는 것을 강조한다. 그의 서신의 여러 곳에서 바울은 직접 가는 것을 언급함으로써 서신의 수신자인 교회를 향한 기대감(과 책임감)을 강화한다.[9] 따라서 디모데와 관련된 단위 끝부분인 빌립보서 2장의 이 지점에서 바울은 자신이 가는 것에 대한 확신을 표현한다. "나도 속히 가게 될 것을 주 안에서 확신하노라"(24절). 비슷한 진술을 담고 있는 바울의 다른 서신을 고려하면, 이 선언은 언뜻 보이는 것보다 더 중요한 것으로 이해할 수 있다. 이런 동역자들을 보내면서 바울은 빌립보 교인의 사도로서 자신의 권위를 강화하고, 빌립보로 돌아가는 것을 준비한다.

석의적 개요

➦ **4. 자기희생의 모범이 되는 디모데와 에바브로디도(2:18-30)**
- **a. 바울의 기쁨에 참여하라는 권고(18절)**
- **b. 디모데(19-24절)**
  - (1) 바울은 빌립보 교인들에게 디모데를 곧 보내서 그들이 어떻게 지내고 있는지 알고 싶어 한다(19절)
  - (2) 디모데는 빌립보 교인들에 대한 바울의 관심을 공유하는 반면, 다른 사람들은 자신들의 이익만 생각한다(20-21절)
  - (3) 디모데의 입증된 가치(22절)
  - (4) 디모데가 간 다음에는 바울이 빌립보에 곧 가야 한다(23-24절)

9. 롬 15:22-29; 고전 4:17-21; 고후 12:14-13:10; 살전 2:17-3:11; 몬 1:22; Hansen, *Philippians*, 191-92. 바울의 여행기와 그가 교회들과 관련해서 사절과 서신과 자신의 존재를 사용하는 방법에 대해서는 Richards, *Paul and First Century Letter Writing*, 203을 보라. 그는 Margaret M. Mitchell, "New Testament Envoys in the Context of Greco-Roman Diplomatic and Epistolary Conventions: The Example of Timothy and Titus," *JBL* 111.4 (1992): 641-62; Klauck and Bailey, *Ancient Letters*, 367을 따른다.

c. **에바브로디도(25–30절)**

(1) 바울이 에바브로디도를 보낸 이유(25–26절)

(2) 에바브로디도의 질병과 그 결과(27–28절)

(3) 환영하고 존경하라는 권고(29–30절)

a) 에바브로디도를 기쁨으로 환영하라(29a–d절)

b) 그와 같은 지도자들을 존경하라(29e–30절)

본문 설명

2:18–19 이와 같이 너희도 기뻐하고 나와 함께 기뻐하라 내가 디모데를 속히 너희에게 보내기를 주 안에서 바람은 너희의 사정을 앎으로 안위를 받으려 함이니(τὸ δὲ αὐτὸ καὶ ὑμεῖς χαίρετε καὶ συγχαίρετέ μοι. 19 Ἐλπίζω δὲ ἐν κυρίῳ Ἰησοῦ Τιμόθεον ταχέως πέμψαι ὑμῖν, ἵνα κἀγὼ εὐψυχῶ γνοὺς τὰ περὶ ὑμῶν). 바울은 빌립보 교인들에게 디모데를 보내려는 자신의 계획과 함께 그렇게 하는 동기를 설명한다. 빌립보서 2:18은 분명히 앞 절의 생각을 이어나가는데, 대부분의 주석가는 그것을 앞 단위의 결론이라고 생각한다.[10] 하지만 18절의 기뻐하라는 권고는 2:18–30으로 전환되는 것으로 볼 수 있다. 17절에서 사도는 "나는 기뻐하고 너희 무리와 함께 기뻐하리니"(χαίρω καὶ συγχαίρω πᾶσιν ὑμῖν)라고 말한다. 그런 다음 2:18에서 "너희도 기뻐하고 나와 함께 기뻐하라"(ὑμεῖς χαίρετε καὶ συγχαίρετέ μοι[11])는 말씀으로 방향을 바꾼다. 2:18의 처음에 나오는 "이와 같이…도"(τὸ δὲ αὐτὸ καί)는 앞 절을 돌이켜보고(τὸ δὲ αὐτό) 다음에 이어지는 내용을 이끌도록 구성되어 있다(καί는 부가적으로 읽는다, '또한').

"바람"(ἐλπίζω)은 확신을 갖고 미래를 기대하는 것이며, 그들이 섬기는 주님 때문에 하나님 백성의 마음 가운데 존재한다. 따라서 사도는 그의 서신에서 여러 번 "바람"을 표현하는데, 때때로 종말론적 소망에 대한 언급과 함께 나온다.[12] 또 다른 경우에는 2:19 앞부분처럼, 삶의 더 평범한 사건들에 대한 언급과 함께 나온다.[13] 바울은 '주 예수 안에서'(ἐν κυρίῳ Ἰησοῦ) 자신의 소망을 표현한다. 해리스(Harris)는 이것을 "위치"를 나타내는 것으로, 즉 "주 예수 안에 근거하는" 것으로 이해한다.[14] 하지만 이 본문에서는 "주 안에서"(ἐν κυρίῳ)를 소망의 대상으로서 그리스도를 가리키는 것으로 읽는 것이 더 낫다.[15]

바울은 자신이 바라는 것이 "디모데를 속히 너희에게 보내기를"(Τιμόθεον ταχέως[16] πέμψαι ὑμῖν)이라고 빌립보인들에게 말한다.[17] 바울은 자신의 동료와 동역자 백여 명 중[18] "주 안에서 내 사랑하고 신실한 아들"[19](고전

10. 예를 들어, 찬성 의견으로 Hawthorne and Martin, *Philippians*, 135; Reumann, *Philippians*, 384; Bockmuehl, *Philippians*, 149; Cousar, *Philippians and Philemon*, 60.

11. 여격은 관련의 여격으로 볼 수도 있다.

12. 예를 들어, 롬 8:24; 15:12; 고전 15:19; 고후 1:10, 13; 5:11; 딤전 5:5.

13. 예를 들어, 고전 16:7; 빌 2:23; 딤전 3:14.

14. Harris, *Prepositions*, 130.

15. Campbell, *Paul and Union with Christ*, 171.

16. 부사 ταχέως는 속도를 나타낼 수 있지만(즉, "속히"), 바울의 서방 시기의 불확실성을 고려하면 그것은 아마도 '그 기간의 짧음'이라는 의미일 것이다(즉, '곧'). BDAG 992를 보라.

17. 부정과거 부정사 "보내기를"(πέμψαι)은 "내가…바람은"(ἐλπίζω)을 보충하는 기능을 하며, "디모데"(Τιμόθεον)를 부정사의 목적어로 취한다.

18. 이것에 대해서는 뒤에 나오는 '심층 연구'를 보라.

19. 가족 은유를 섞어서 바울은 또한 디모데를 "형제 디모데"라고 언급한다(골 1:1; 살전 3:2; 몬 1:1).

4:17; 또한 빌 2:22; 딤전 1:18; 딤후 1:2을 보라)에 대해 가장 따뜻하게 말한다. 사도행전에 따르면, 바울은 두 번째 선교 여행 중 루스드라에서 디모데를 만났다(행 16:1). 경건한 신자인 유대인 어머니 유니게(딤후 1:5)와 이방인 아버지(행 16:1) 사이에서 태어난 디모데는 어린 나이에 그리스도의 추종자로 인정을 받았다(16:2). 교회 지도자들은 디모데의 사역을 칭찬했고(딤전 1:18; 4:14; 딤후 1:6), 디모데는 바울과 빌립보 교회를 잇는 중요한 연결 고리 역할을 할 것이다.[20] 바울은 빌립보 교회가 어떻게 지내고 있는지 듣고 격려를 받기 위해(ἵνα) 그리고 교회의 필요를 확실히 채우기 위해 디모데를 보내기 원한다(빌 2:19-20). 접속사의 부가적 의미('또한')는 디모데 자신이 그 만남에서 격려를 받을 것이며(참고. 고후 7:13), 디모데가 빌립보 교회의 상황을 보고할 때 바울이 힘을 얻을 것이라 가정한다.[21] 여기에서 격려를 말하는 동사는(εὐψυχῶ) 성경 문헌에서 오직 여기에만 나오며 고전 헬라 자료에서 희귀하다.[22] 그것은 전투에서 용기를 내거나 시련을 겪을 때 얻는 위로에 대해 사용될 수 있었다. 그러나 때때로 그것은 서신이나 묘비에서 발견되는데, 편지 왕래나 어떤 사건으로 인해 사람의 마음이 고무될 때 누리는 기쁨의 뉘앙스를 전달한다.[23] 빌립보 교인들에 대한 좋은 소식은 사도의 마음을 고무시킬 것이다.[24] 여기에서 바울은 1:28에서와 동일한 표현을 사용한다. 거기에서 바울은 빌립보 교인들이 복음을 위해 단결한다는 소식을 듣기를 기대한다. 바울은 그들이 신앙을 위해 연합하고 있다는 소식을 들을 때 마음이 고무될 것이다.

2:20-21 이는 뜻을 같이하여 너희 사정을 진실히 생각할 자가 이밖에 내게 없음이라 그들이 다 자기 일을 구하고 그리스도 예수의 일을 구하지 아니하되(οὐδένα γὰρ ἔχω ἰσόψυχον, ὅστις γνησίως τὰ περὶ ὑμῶν μεριμνήσει· 21 οἱ πάντες γὰρ τὰ ἑαυτῶν ζητοῦσιν, οὐ τὰ Ἰησοῦ Χριστοῦ). 바울은 자신이 왜 디모데를 사절로 택했는지 설명한다. 20절 앞부분에 나오는 "이는"(for, γάρ)은 설명적이고, 이 표현이 소개하는 절은 바울이 특별히 디모데를 보낸 이유를 분명히 밝힌다. 바울은 '타인 중심적'인 동역자로 말미암아 교회의 영적 필요가 확실히 채워지기를 원한다. 사도는 "뜻을 같이하여…이밖에 내게 없음이라"(οὐδένα…ἔχω ἰσόψυχον)고 고백하면서[25] 특별한 기준에 꼭 맞는 자신의 사역자를 언급한다. "너희 사정을 진실히 생각할 자"(ὅστις γνησίως τὰ περὶ ὑμῶν μεριμνήσε). 여기에서 또다시 우리는 앞 절과 1:27에서 본 것처럼, "너희 사정"(τὰ περὶ ὑμῶν)이라는 어구가 문법적으로 목적어로 기능하는 것을 발견한다. 이 어구를 반복해서 사용하는 것은 바울이 빌립보에서 부수적인 삶의 문제보다 중요한 영적 문제를 염두에 두고 있다는 견해를 강화한다. 다시 말해, 바울은 단순히 디모데 편에 "어떻게 지내는가?"라고 안부를 묻기 위해 몇 주간의 여행을 보내는 것이 아니다. 오히려 디모데는 적대적인 문화에 맞서고 있는 그들의 영적 상태와 내적

20. 바울의 선교에서, 특히 고린도인들에 대한 사역에서 디모데의 역할에 대해 Wolf-Henning Ollrog, *Paulus und seine Mitarbeiter: Untersuchungen zu Theorie und Praxis der paulinischen Mission* (Neukirchen-Vluyn: Neukirchener, 1979), 185-87을 보라.

21. 반대 의견으로 Hellerman, *Philippians*, 146 [Fee(*Philippians*, 265) 등을 따름]. 그는 빌립보인들이 기쁨을 경험하고(2:18), 그런 다음 디모데가 바울에게 돌아오면 바울"도" 격려를 받게 될 것이라고 그 의미를 추정한다. 이 견해의 문제는 "너희의 사정을 앎으로"(γνοὺς τὰ περὶ ὑμῶν)라는 분사구에서 그 동사의 범위를 정하는 것과 관련된다. 바울 외에 누가 빌립보인들이 어떻게 지내고 있는지를 알면 격려를 받을 것인가? 가장 직접적인 대답은 디모데일 것이다.

22. 그것은 Josephus, *Ant*. 11.241에서 찾아볼 수 있다. 거기에서 이 동사는 "마음을 굳게 먹도록" 에스더를 격려하는 왕을 묘사하는 데 쓰인다.

23. 흥미롭게도, 이 동사는 종종 묘비명에 나타난다. 거기에서는 사랑하는 사람이 죽은 뒤에 남겨진 자들을 격려한다. 또한 그것은 애도 서신에서도 발견된다. *TLNT* 2:155를 보라.

24. 부정과거 분사 γνούς는 시간적이며('내가 알게 될 때' 또는 '내가 알면'), τὰ περὶ ὑμῶν("너희의 사정을")은 분사의 목적어이다.

25. ἔχω를 "마음대로 사용하다"로 이해한 것에 대해 BDAG 420을 보라(예를 들어, 마 14:17; 눅 11:6; 12:17; 고전 11:22).

연합이 얼마나 잘 이루어지고 있는지를 확인할 것이다(1:27-30).

"뜻을 같이하여"(kindred spirit, ἰσόψυχος)라는 매우 희귀한 형용사는 성경 문헌에서 오직 여기와 시편 55:13(54:14 LXX)에서 나오고, 당시의 헬라 문헌에서는 좀처럼 나타나지 않는다. 시편 55:13-14(54:14-15 LXX)의 문맥에서 그 단어는 저자와 삶의 측면을 공유하는 어떤 사람을 뜻하는 것 같다.[26] "그는 곧 너로다 나의 동료(ἄνθρωπε ἰσόψυχε),[27] 나의 친구요 나의 가까운 친우로다 우리가 같이 재미있게 의논하며 무리와 함께하여 하나님의 집 안에서 다녔도다."[28] 바울은 형태가 비슷한 여러 단어를 사용했는데, 여기에는 앞 절에서 "안위를 받으려"(εὐψυχῶ)와 2:2에서 "뜻을 합하며"(σύμψυχοι)라는 표현이 포함된다.[29]

디모데가 바울과 공유하는 한 가지는 빌립보 교인의 영적 복지에 대한 진실한[30] 관심이다. 디모데는 긴 여행을 할 만큼 그들에게 깊이 헌신한 사람이었음에 틀림이 없다. 왜냐하면 여행은 고대 세계에서 쉬운 일이 아니었기 때문이다.[31] 이 경우에 사도는 빌립보 교인에게 디모데가 "너희 사정"(τὰ περὶ ὑμῶν)에 관심을 가질[32] 것이라는 자신의 확신을 전한다. 따라서 바울은 디모데가 빌립보의 상황을 둘러싼 영적 역학을 파악할 것이고, 그곳 교회의 형제자매들에게 진심으로 관심을 갖고 있기 때문에 그렇게 할 것을 믿는다.

사도는 빌립보 교인에 대한 디모데의 사역 자세와 다른 사람들의 자세를 대조한다. 바울은 이런 사역자들이("그들이 다"로 언급되는, οἱ πάντες) "자기 일을"(τὰ ἑαυτῶν) 구한다고 묘사한다.[33] 그는 이미 2:4에서 같은 단어로 자기중심적 태도를 묘사하고, 빌립보 교인에게 "자기 일"(τὰ ἑαυτῶν)에만 집중하지 말라고 권면한다. 이와 같이 디모데는 다른 사람들에게 집중하는 자세를 보여주는 긍정적인 모범이 된다.

마지막으로, 사도는 다른 사역자들의 "자기 일"과 "그리스도 예수의 일"(τὰ Ἰησοῦ Χριστοῦ)을 대조한다.[34] 이것은 물론 바울이 염두에 두는 사람들의 사역을 냉엄하고도 명백하게 부정하는 것이다. 우리는 여기에서

---

26. 여기도 마찬가지다. Bruce는 Erasmus가 이 구절을 "나는 나의 분신으로 그를 보낼 것이다"라고 의역한다고 지적한다(Bruce, *Philippians*, 94). 바울은 이 단어가 디모데의 관점을 공유하는 사람들을 말하는 것으로 읽기보다(찬성 의견으로, 예를 들어, NRSV, ESV, NET, "그와 같은"), 디모데가 자신과 함께 이런 정체성 의식을 공유하는 것에 대해 말한다(찬성 의견으로, Reumann, *Philippians*, 420; Silva, *Philippians*, 140). Hellerman, *Philippians*, 147-48에서 간략한 요약을 보라.

27. LXX는 히브리어 עֶרֶךְ를 ἰσόψυχε로 번역한다. 이 히브리 단어는 문맥에서 '내가 좋아하는' 또는 '나와 같은' 사람을 뜻한다. 물론, 이 평가는 시편 기자가 그의 친구에게 배신을 당하고 있는 상황이기 때문에 아이러니하다.

28. 따라서 나는 빌립보서 2:20에서 단지 공통된 견해를 공유한다는 개념이 아니라, 삶에서 친밀감을 나타내고자 이 용어를 '뜻을 같이하는 사람'(kindred spirit)으로 번역한다. 이와 비슷하게, NASB와 Bockmuehl, *Philippians*, 165.

29. Fee, *Philippians*, 266; Hansen, *Philippians*, 194; Hellerman, *Philippians*, 147.

30. "진실히"(γνησίως)로 번역된 부사는 진정성을 말한다. BDAG 202를 보라.

31. Bruce, *Philippians*, 94.

32. 바울은 디모데가 빌립보인들을 '생각했다'(concerned, μεριμνάω)는 것을 알았다. 이 단어는 염려 또는 우려의 뜻을 함축할 수 있지만[예를 들어, 마 6:25-34(6번); 눅 10:41], 이 문맥에서는 어떤 사람 또는 어떤 일을 '돌보다' 또는 '마음을 쓰다'라는 뜻으로 쓰였다. 찬성 의견으로 BDAG 632.

33. 소유격은 '관련'을 나타내는 것으로 읽는다('그들과 관련된 일', 즉 '자신의 이익').

34. 아마도 관련의 소유격. 많은 증거가 Ἰησοῦ Χριστοῦ를 뒤바꾸어 Χριστοῦ Ἰησοῦ로 읽는데(B L 0278. 104. 365. 630. 1175. 1241. 1505 𝔐 vgst sy^{h}; Ambst Cass; Ambst Cass), 빌립보서에서 더 흔히 나타나는 형태다(빌 1:1, 6, 8, 26; 2:1; 3:3, 8, 12, 14; 4:7, 19, 21). 우리가 여기에서 보는 순서 또한 빌립보서 전체에 걸쳐 찾아볼 수 있지만(빌 1:2, 11, 19; 2:11; 3:20; 4:23), 여섯 절 중 네 개 절에서 그 문구 앞에 κύριος가 더해져 있다. 본문을 현 상태 그대로 읽는 독법은 강력한 외적 증거를 갖고 있다(𝔓^{46} א A C D F G P Ψ [075]. 33. 81. 326. 1739. 1881. 2464. 2495 it vg$^{cl.ww}$ sy^{p}; Cl MVict). 또한 빌립보서에서 가장 흔한 것이라는 관점에서 볼 때 더 어려운 독법이다. 따라서 그것이 아마도 원본이었을 것이다.

A-B-A′ 패턴을 발견할 수 있다.

A "너희의 사정"
τὰ περὶ ὑμῶν(2:19)
B "자기 일"
τὰ ἑαυτῶν(2:21)
A′ "그리스도 예수의 일"
τὰ Ἰησοῦ Χριστοῦ(2:21)

이런 대조에 담겨 있는 한 가지 분명한 의미는 빌립보 교인의 "사정"(즉, 그들의 영적 상태)이 예수님의 일이라는 것이다. 따라서 빌립보 교인의 관심사보다 자신의 관심사에만 집중하는 "그들"(οἱ πάντες)은 그리스도의 일과 부합하지 않는다. 한 사역자에 대해 이보다 더 부정적인 평가가 있을 수 있는가? 그들은 자기희생적인 섬김의 길을 피하면서 그리스도의 길을 잃어버린다(2:3–8).

주석가들은 바울이 언급하는 "그들"(οἱ πάντες)이 누구인지 추측해왔다. 몇몇 사람은 바울이 반대자들, 즉 사도와 전혀 다른 목적을 갖고 있는 설교자들을 염두에 두고 있다고 제안한다(참고. 1:15–17).[35] 다른 사람들은 본문을 있는 그대로 읽고 "그들"이 서신을 쓸 때 바울 주변에 있던 이들이라고 이해한다. 그들은 빌립보 교인의 필요를 돌볼 수 있었지만, 자신의 일에서 손을 떼지 않고 그들을 돌보려 하지 않았다.[36] 세 번째 견해는 그 언어가 수사적이어서 "디모데를 포괄적이지만 가상의 부정적인 사례와 비교함으로 (그들이 누구든 상관없이) 더 낫게 보이게 한다는 것이다."[37] 결국 해결책은 바울의 요점, 곧 디모데의 모범적인 성품에 초점을 맞추는 것이다. 빌립보 교인은 다른 사람들을 이타적으로 섬기는 일의 훌륭한 모범으로 디모데를 받아들여야 한다.

2:22 디모데의 연단을 너희가 아나니 자식이 아버지에게 함같이 나와 함께 복음을 위하여 수고하였느니라(τὴν δὲ δοκιμὴν αὐτοῦ γινώσκετε, ὅτι ὡς πατρὶ τέκνον σὺν ἐμοὶ ἐδούλευσεν εἰς τὸ εὐαγγέλιον). 빌립보 교인들은 디모데의(αὐτοῦ) 성품과 복음 사역에서 입증된 실적을 알고 있다. 따라서 바울은 계속해서[38] 청년의 '입증된 가치'(δοκιμή)를 칭찬한다. 이 용어는 신약에서 총 7번 사용되었고(모두 바울이 사용함), 시험의 과정을 언급하는 데 사용될 수 있었다(예를 들어, 고후 8:2). 하지만 다른 곳에서 이 단어는 어떤 것의 "증거"(고후 9:13; 13:3)나 여기에서처럼 시련 속에서 개발된 성품과 밀접한 관련이 있는 개념을 뜻한다[롬 5:4(2번); 고후 2:9]. 이와 같이 이 단어는 입증된 성품을 지닌 사람의 가치에 대해 말한다. 바울의 두 번째 선교 여행부터 시작해서 교회가 세워지는 동안(행 16:11–40) 디모데가 그들과 함께 있었기에 빌립보 교인은 그의 성품이 어떠한지를 '안다'(γινώσκετε). 바울은 빌립보 교인 사이에서 이루어진 디모데의 사역을 매우 개인적으로 언급하면서 "나와 함께 복음을 위하여 수고하였느니라"(ὅτι…ἐδούλευσεν εἰς τὸ εὐαγγέλιον)고 쓴다. 젊은 사역자가 교회를 위해 '수고했다'(ἐδούλευσεν)는 것은 바울과 디모데를 메시아 예수의 "종"(빌 1:1)으로 묘사한 것을 되풀이하고, "종의 형체"(2:7)를 지니신 주님의 겸손을 되풀이한다. 특별히 디모데는 "복음을 위하여"(εἰς τὸ εὐαγγέλιον, 참고. NET: in advancing the gospel) 수고했다.[39]

바울이 디모데를 동료 사역자로 얼마나 귀하게 여기는지 말하면서 사도는 "자식이 아버지에게 함같이"(ὡς πατρὶ τέκνον)라는 어구로 유사성을 끌어낸다. 사도는 서신에서 '가족 언어'를 많이 사용하는데, 그의 교회 및 개인들과 맺는 관계를 묘사하기 위해 친족어를 사용한다. 바울은 그 자신을 영적 '아버지'(예를 들어, 고전 4:15;

35. 예를 들어, 찬성 의견으로 Fee, *Philippians*, 267–68; Bockmuehl, *Philippians*, 166; Witherington, *Philippians*, 173을 보라.

36. 이에 대해 Hansen, *Philippians*, 195를 보라.

37. 찬성 의견으로 Reumann, *Philippians*, 441.

38. 접속사 δέ는 대조보다는 계속을 표시한다. Runge, *Discourse Grammar*, 31–32를 보라.

39. 여기에서 전치사 εἰς는 이점을 나타낸다. '복음 사역을 진전시키기 위하여'(in advancing the gospel work, BDAG 290–91).

살전 2:11)와 '어머니'(갈 4:19; 살전 2:7)로 그리고 일반적으로 부모로(고후 6:13; 12:14) 묘사한다. 하지만 디모데는 바울의 마음과 사역에서 특별한 자리를 차지하고 있는 듯 보인다(딤전 1:18; 딤후 2:1).[40] 공방에서 수년간 사랑하는 아버지 아래서 도제 훈련을 받은 아들처럼, 디모데는 지난 10년 이상 박해를 견뎌내고, 전도 활동을 하며, 교회의 영적 복지를 위해 고심하며 바울와 함께 신실하게 일했다. 따라서 바울은 그 청년의 성품이 빌립보 교인들에게 분명히 드러날 것이라고 확신하면서 디모데를 그들에게 하나의 모범으로 제시할 수 있다.

2:23-24 그러므로 내가 내 일이 어떻게 될지를 보아서 곧 이 사람을 보내기를 바라고 나도 속히 가게 될 것을 주 안에서 확신하노라(τοῦτον μὲν οὖν ἐλπίζω πέμψαι ὡς ἂν ἀφίδω τὰ περὶ ἐμὲ ἐξαυτῆς· 24 πέποιθα δὲ ἐν κυρίῳ ὅτι καὶ αὐτὸς ταχέως ἐλεύσομαι). 바울은 디모데에 대한 말을 마무리 짓고 자신의 석방과 빌립보 교인에게 갈 수 있다는 확신을 표현한다. 구조적으로 이 단위는 19절에서 시작된 인클루지오[41]의 끝부분을 마무리 짓는데, 이것은 매우 정교하게 만들어진 별개의 단위임을 보여준다. 다음과 같은 평행에 주목하라.

19절	내가 디모데를 **속히** 너희에게 **보내기를** **주 안에서 바람은 너희의 사정**을 앎으로 안위를 받으려 함이니.
23-24절	그러므로 내가 내 **일이 어떻게 될지를** 보아서 곧 이 사람을 **보내기를 바라고** 나도 **속히** 가게 될 것을 **주 안에서** 확신하노라.

바울은 시기에 대해 "내가 내 일이 어떻게 될지를 보아서"(ὡς ἂν ἀφίδω τὰ περὶ ἐμὲ ἐξαυτῆς) 디모데를 보내기를 바란다고 쓴다. 1:22-26에서 사도는 투옥의 결과에 대한 확신을 표현하는데, 그는 2:24에서 다시 그 확신을 내비친다. 하지만 사도는 정확히 그 일이 언제 일어날지 알지 못한다. "곧"(ὡς ἂν…ἐξαυτῆς)은 불확실한 분위기를 잘 표현한다.[42] 바울이 디모데를 빌립보로 돌려보내기 전에 '보기'(ἀφοράω)[43] 원하는 것은 그 자신의 상황에 대한 세부 사항이다(τὰ περὶ ἐμέ, 참고. 1:12에서 비슷한 어구 τὰ κατ' ἐμέ).

이어서 24절은 디모데에 대한 바울의 생각을 "나도 속히 가게 될 것을 주 안에서 확신하노라"(πέποιθα δὲ ἐν κυρίῳ ὅτι καὶ αὐτὸς ταχέως ἐλεύσομαι)는 말로 끝낸다. 앞서 1:25에서 사도는 자신이 빌립보 교인에 대한 사역을 계속 수행하리라는 '확신'을 표현한 바 있다. 여기에서 '나는 확신하노라'(πείθω)로 번역된 동사는 어떤 것을 '확신한다'는 의미다.[44] 따라서 2:24의 생각은 1:25에 표현된 것과 매우 비슷하다. "내가 살 것과…너희 무리와 함께 거할 이것을 확실히 아노니"(τοῦτο πεποιθὼς οἶδα ὅτι μενῶ καὶ παραμενῶ πᾶσιν ὑμῖν). 하지만 바울의 확신은 그 자신의 능력이나 인간 정의의 작용에 기초하기보다 "주 안에" 있다. 따라서 바울은 어느 정도 그가 빌립보로 돌아갈 수 있는 길을 닦는 디모데의 방문과 더불어 그 자신이(αὐτός) 속히 가게 될 것을 확신한다.[45]

2:25 그러나 에바브로디도를 너희에게 보내는 것이 필요한 줄로 생각하노니 그는 나의 형제요 함께 수고하고 함께 군사 된 자요 너희 사자로 내가 쓸 것을 돕는 자라(Ἀναγκαῖον δὲ ἡγησάμην Ἐπαφρόδιτον τὸν ἀδελφὸν καὶ συνεργὸν καὶ συστρατιώτην μου, ὑμῶν δὲ ἀπόστολον καὶ λειτουργὸν τῆς χρείας μου, πέμψαι πρὸς ὑμᾶς). 바울은 이제 다른 동역자인 에바브로디도에 대해 쓰는데, 그 역시 모범적인 지도

40. Bockmuehl, *Philippians*, 167.
41. 인클루지오는 똑같거나 비슷한 언어를 사용해서 한 단위의 처음과 끝을 표시한다.
42. 나는 여기에서 Fee와 의견을 같이하고, Hawthorne과 Silva에 반대한다. Fee, *Philippians*, 269에서 그의 논의를 보라.
43. BDAG 158.
44. BDAG 791.
45. Hansen, *Philippians*, 198.

심층 연구

바울의 선교와 동역자들

바울은 '혼자 행동하는 사람'이나 '1인 악단'으로 묘사될 수 없었다.[46] 오히려 그는 늘 동료들에게 둘러 싸여 있었다. 거기에는 그의 선교에 장기적으로 동역한 사람들도 포함되어 있다. 신약에서 약 100여 명의 이름이 사도의 동료로 거명된다. 그 목록을 바울 서신에서 어떤 종류의 사역이나 특별한 역할을 한다고 언급된 사람들로 좁히면 약 36명이 되는데, 그들은 9개의 칭호로 언급된다.[47] 가장 흔하게 사용되는 칭호에는 "동역자"(롬 16:3, 9, 21; 고전 3:9; 고후 1:24; 8:23; 빌 2:25; 4:3; 골 4:11; 살전 3:2; 몬 1:1, 24), 바울이 자신에 대해서도 사용하는 "종"(롬 16:1; 고전 3:5; 고후 3:6; 6:4; 엡 3:7; 6:21; 빌 1:1; 골 1:7, 23, 25; 4:7; 딤전 3:8, 12; 4:6), 일반적으로 신자에게 사용되지만 동역자에게도 사용되는 칭호인 "형제"(고전 16:19-20; 갈 1:2; 엡 6:23-24; 빌 1:14; 4:21-22; 골 1:2; 4:15) 그리고 "사도"(롬 16:7; 고전 4:6-9; 9:5-6; 15:7; 갈 1:19)가 있다.[48] 바울의 동역자 중에는 바나바, 누가, 아굴라, 브리스길라, 실라, 디도, 두기고, 아가이고, 안드로니고, 압비아, 아볼로, 아킵보, 아리스다고, 그레스게, 데마, 에바브라, 에라스도, 브드나도, 유니아, 유스도라 하는 예수, 요한 마가, 마리아, 오네시모, 구아도, 버시, 빌레몬, 뵈뵈, 소스데네, 스데바나, 드로비모, 드루배나, 드루보사, 우르바노가 있다.[49] 이 목록에서 여성의 수를 주목하라. 그들은 대부분 복음을 선포함으로써 사도의 선교를 수행하는 일에 직접적으로 참여했다.[50]

빌립보서에서 바울은 디모데를 그리스도 예수의 종이라고 부르면서(1:1) 자신의 젊은 동료를 사역의 '아들'이라고 칭찬한다(2:22). 에바브로디도는 "나의 형제요 함께 수고하고 함께 군사 된 자요 너희 사자로 내가 쓸 것을 돕는 자"라고 부른다(2:25; 참고. 4:18). 그리고 "복음에 나와 함께 힘쓰던…여인들"인 유오디아와 순두게(4:2-3), 글레멘드와 그 외에 바울의 동역자들(4:3), 마지막으로 "나와 함께 있는 형제들"(4:21)이 있다.

바울의 많은 동역자는 지역 사역자든 바울과 함께 선교 여행을 하는 동료 여행자든 가르치고 전도하는 일을 했다. 다른 사람들은 공동 발신자나 비서로서 바울이 서신을 쓰는 일에 중요한 역할을 했다.[51] 또한 바울은 동역자들을 새로 개척한 교회들의 대표나(골 1:7; 4:12-13; 몬 1:13) 그가 어쩔 수 없이 부재할 때 교회를 돌보는 일을 맡겼다(예를 들어, 디모데와 디도).[52] 이렇게 많은 동역자를 이끄는 바울의 능력에 대해 제임스 던(James Dunn)은 이렇게 말한다. "바울은 남녀가 모두 선교 사역에 개인적으로 충성하고 헌신하도록 영감을 불러일으킨 매우 노련한 지도자였음에 틀림이 없다."[53]

46. James D. G. Dunn, *Beginning from Jerusalem* (Grand Rapids: Eerdmans, 2008), 571-72.
47. Ellis, *Prophecy and Hermeneutic*, 3-5; 동역자들의 목록은 Eckhard Schnabel (*Early Christian Mission*, 2 vols. [Downers Grove, IL: InterVarsity Press; Leicester: Apollos, 2004], 2:1426-27)을 보라. 그는 동역자의 수를 38명으로 계산한다.
48. Ellis, *Prophecy and Hermeneutic*, 7-15.
49. Schnabel, *Early Christian Mission*, 2:1426-27.
50. Schnabel, *Early Christian Mission*, 2:1428.
51. E. Earle Ellis, "Paul and His Coworkers," *DPL* 187-88.
52. Schnabel, *Early Christian Mission*, 2:1440-43.
53. Dunn, *Beginning from Jerusalem*, 572.

자라고 칭찬한다. 앞의 '구조'에서 지적한 것처럼 2:25-30에서 바울은 에바브로디도에 대해 쓰면서 여러 가지 일을 한다. 2:26-28에서 사도는 자신의 동역자를 빌립보로 돌려보내는 동기를 설명한다. 에바브로디도는 매우 아팠는데, 그로 인해 바울과 에바브로디도 그리고 빌립보 교회는 분명히 상당한 스트레스를 받았을 것이다.[54] 그래서 에바브로디도는 어느 정도 그 스트레스를 해소하기 위해 가는 것이다. 그런데 2:25과 29-30절은 빌립보 교인 앞에서 에바브로디도를 칭찬하는 기능을 한다. 2:29-30은 그의 희생적 섬김을 칭찬하고 교회에 그를 존경하라고 요구하는 반면, 2:25은 에바브로디도가 바울의 사역과 그들의 사역에서 담당한 중요한 역할을 빌립보 교인에게 상기시킨다.

25절 전체 헬라어 원문에서 처음 단어 네 개와 마지막 세 단어 사이에 "그러나 에바브로디도를 너희에게 보내는 것이 필요한 줄로 생각하노니"(Ἀναγκαῖον δὲ ἡγησάμην Ἐπαφρόδιτον⋯πέμψαι πρὸς ὑμᾶς)라는 말이 나온다. 접속사 "그러나"(δέ)는 빌립보서에서 새로운 전개를 알린다.[55] 바울은 에바브로디도를 보내는 주제로 관심을 돌린다. 주요 동사(ἡγησάμην)는 '이끌다'라는 뜻일 수 있지만, 여기에서는 '지적 과정', 즉 "생각하다, 고려하다, 간주하다"를 의미한다.[56] 문맥에서 종종 서간문 부정과거로 언급되는 이 동사의 완료 시상은 바울이 그 단어를 쓰고 있던 순간을 언급하는 것으로 번역될 수 있다(즉, '나는 그것을 고려한다' 또는 '그것을 생각한다', 예를 들어, NRSV, NIV). 또는 그것은 빌립보 교인들이 서신이 낭독되는 것을 들을 때(바울의 심사숙고가 과거에 이루어진 것처럼 들리는 때)의 기간과 관련된 것으로 번역될 수 있다. '나는 그것을 고려했다'(NASB, CSB, NLT처럼).[57] 사도는 에바브로디도를 빌립보 교인에게 돌려보내는 행위를 생각했다(Ἐπαφρόδιτον⋯πέμψαι πρὸς ὑμᾶς).[58] 바울은 보내는 이 행동이 "필요한 줄로"(ἀναγκαῖον)[59] 생각했는데, 이 용어는 '강요하는, 필요한, 필수적인' 것에 대해 사용될 수 있었고, 종종 특정한 의무와 관련된 관계적 상황에서 표현된다.[60] 바울은 이미 그와 디모데가 아직 빌립보를 향해 떠날 수 없다는 것을 언급한 바 있다(2:19, 24). 따라서 바울이 에바브로디도를 당장 보내야 할 사정이 있었던 것 같다. 주석가들은 바울이 에바브로디도를 보낸 이유에 대해 많은 추측을 하지만, 26-28절에서 사도가 직접 내놓은 이유에 초점을 맞추는 것이 최선인 것 같다.

우리는 이 구절과 4:18이 알려주는 것 외에는 에바브로디도에 대해 많이 알지 못한다. 그의 이름은 1세기에 흔했고, '매력적인'이라는 의미였다. 그 이름은 아름다움, 사랑, 풍요의 헬라 여신, 아프로디테라는 이름에서 유래했는데, 이 여신은 그리스 로마 세계에서 널리 숭배되었다. 따라서 바울의 동역자는 이방 배경에서 회심했으리라 추정된다.[61] 하지만 25절 나머지 부분은 바울이 에바브로디도를 다섯 가지 방식으로 묘사하는 것으로 구성된다. 처음 세 가지는 바울이 동료 사역자와 누리는 친밀한 동반자 관계를 강조하고, 마지막 두 가지는 에바브로디도가 빌립보 교회를 대신해서 사도를 섬

54. Colin Ogilvie Buchanan, "Epaphroditus' Sickness and the Letter to the Philippians," *EvQ* 36.3 (1964): 157-66.
55. Runge, *Discourse Grammar*, 31.
56. BDAG 434.
57. Hellerman, *Philippians*, 155를 보라. NET와 ESV는 이 동사를 "상태를 나타내는 것으로", 아마도 과거와 현재의 생각을 결합해서 번역하는 것 같다. ESV는 "나는 그렇게 생각해 왔다"(I have thought), NET는 "현재로서는 그렇게 판단했다"(for now, I have considered).
58. 실명사 부정사는 "에바브로디도"(Ἐπαφρόδιτον)를 그것의 목적어로 취하고, "너희에게"(πρὸς ὑμᾶς) 어구는 간접 목적어로 취한다.
59. 바울은 이 단어를 다른 곳, 즉 고전 12:22; 고후 9:5; 빌 1:24; 딛 3:14에서 사용한다.
60. 빌 1:24에서 사도가 빌립보인을 대상으로 계속 사역하기 위해 육신으로 남아 있을 필요성을 말할 때와 마찬가지다. 찬성 의견으로 *TLNT* 1:97. 그것은 이 용어를 일상생활의 일반적인 필요를 뜻하는 χρεία와 대조한다.
61. Hawthorne and Martin, *Philippians*, 162; Bockmuehl, *Philippians*, 169.

길 때 그가 담당하는 역할을 강조한다.[62] 에바브로디도는 다음과 같은 사람이다.

바울의	**형제**
	함께 수고한 자
	함께 군사 된 자
또한 빌립보인들의	**사자**
	바울이 쓸 것을 **돕는 자**

사도는 먼저 에바브로디도를 "형제"(τόν ἀδελφόν)라고 언급한다. 여기에서 우리는 바울이 그리스도의 몸 안에서 관계를 나타낼 때 사용하는 가장 기본적인 단어를 본다. 그의 저작에서 133번 사용된 "형제"라는 단어는 빌립보서에서 지금까지 1:12과 14절에 나왔다. 바울은 "나의"(μου)라는 인칭 대명사를 덧붙이는데, 거의 모든 번역본이 제안하는 대로 "형제요 함께 수고하고 함께 군사 된 자"라는 세 묘사에 친밀감을 더한다.[63] 어쨌든 "형제"는 바울의 애정을 확고히 하고, 그리스도 안에서 맺어진 그들의 관계에서 에바브로디도를 향한 존경심을 나타낸다. 다음에 나오는 두 개의 헬라 용어('함께 수고하는 자', συνεργόν; "함께 군사 된 자", συστρατιώτην)의 접두사(συν-)는 "우정" 언어의 특징이었다.[64] "형제"(ἀδελφόν)가 동료 그리스도인에 대한 가족적 애정을 표현한다면, '함께 수고하는 자'와 "함께 군사 된 자"는 바울이 기독교 사역의 영역에서 에바브로디도와 맺은 동반자 관계에 부여하는 가치를 드러낸다. 사도는 자신과 함께 교회를 세우는 힘든 일을 한 사람들을 언급할 때 전자의 단어를 다양하게 사용한다.[65] 바울에 따르면, 거기에는 "복음에…힘쓰던" 유오디아와 순두게 그리고 "글레멘드와 그 외에 나의 동역자들"이 포함된다(4:3).

군사적 이미지를 불러일으키는 두 번째 서술어(συστρατιώτης)는 바울이 오직 이 구절과 빌레몬서 1:2에서 아킵보에 대해 사용한다(그러나 딤후 2:3을 보라). 사도는 이 단어를 에바브로디도와 교회를 강력하게 격려하기 위해 채택했을 수 있다. 빌립보 교회의 대표로서 지금 빌립보로 돌아가는 그를 자신의 사역지를 포기하는 사람으로 보아서는 안 되고, 오히려 그리스도를 위한 '전투'에 온전히 헌신하는 명예로운 역할을 수행하는 사람으로 보아야 한다.[66] 게다가 이 용어와 "돕는 자"(minister, λειτουργός)로 번역된 용어는 광범위한 문화에서 사용된 명예로운 별칭이었다. 빌립보 전역에 있는 비문들은 그러한 칭호가 군사적, 시민적 업적을 반영하는 높은 가치를 지니고 있었음을 증명한다.[67] 이와 같이 바울은 빌립보에서 자신의 중요한 동역자 중 한 사람에 대한 존경심을 강화하기 위해 그 문화에서 흔히 쓰는 언어를 차용하는 것으로 보인다.

예를 들어, "돕는 자"(λειτουργός)라는 단어는 로마 제국에서 시민 행정관을 언급하는 데 사용되었다. 바울은 이 구절 외에 로마서 13:6에서 시 당국에 대해 말할 때와 로마서 15:16에서 이방인을 향한 그의 사역을 말할 때만 그 단어를 사용했다. 25절 여기에서 '사

62. 문법적으로 다섯 가지 표현은 에바브로디도에 대한 동격 묘사이며, 관사 τόν은 다섯 개의 묘사 전부와 관련된다. 이것은 Sharp의 관사 규칙의 한 예에 해당된다(Wallace, *Greek Grammar*, 271-72).

63. 마찬가지로 ὑμῶν('너희의')은 이 절 뒤에 나오는 "사자"와 "돕는 자"를 둘 다 포함한다. 복수형 '나의 형제들'(ἀδελφοί [-ῶν] μου)은 바울 저작에서 9번 등장하고, 빌립보서에서 2번 쓰인다(빌 3:1; 4:1; 또한 롬 7:4; 9:3; 15:14; 고전 1:11; 11:33; 14:39; 15:58을 보라). 단수형 "나의 형제"는 고전 8:13과 고후 2:13에서 찾아볼 수 있다. 나는 μου의 추가로 ἀδελφός가 함께 수고하는 자를 가리키는 또 다른 지시어로서 반(半)전문적인 용어로 사용될 것(Ellis, *Prophecy and Hermeneutic*, 13-18에서 제안한 견해) 같지 않다는 Fee의 견해에 동의한다(Fee, *Philippians*, 275를 보라).

64. Reumann, *Philippians*, 425.

65. 롬 16:3, 9, 21; 고전 3:9; 고후 1:24; 8:23; 빌 2:25; 4:3; 골 4:11; 살전 3:2; 몬 1:1, 24; 요삼 1:8.

66. 찬성 의견으로 Fee, *Philippians*, 275-76.

67. Hellerman, "Brothers and Friends," 20-21.

도'(ἀπόστολον)라는 단어가 "사자"(messenger)라는 비전문적인 의미로 사용된 것과 2:17, 30에서 "섬김"(ministry, λειτουργία)으로 번역된 용어를 고려하면, "돕는 자"(λειτουργός)는 종교적 의미에서 '사역자'의 뉘앙스뿐만 아니라 '관리자'(공동체를 대신하여 존경받는 대표로 의무를 수행한 자)의 뉘앙스를 함축할 수도 있다.[68] 두 의미가 칠십인역에 상당히 고르게 나타나고,[69] 어느 의미든 "내가 쓸 것을"(τῆς χρείας μου)이라는 어구와 잘 어울린다.[70] 중요한 것은 에바브로디도가 바울의 실제적인 필요를 돌보고 있었고, 이 목적을 위해 빌립보 교인들에게 '보냄'을 받았다가 다음 절에 제시된 이유로 이제 바울이 빌립보로 돌려보낸다는 것이다.

2:26-27 그가 너희 무리를 간절히 사모하고 자기가 병든 것을 너희가 들은 줄을 알고 심히 근심한지라 그가 병들어 죽게 되었으나 하나님이 그를 긍휼히 여기셨고 그뿐 아니라 또 나를 긍휼히 여기사 내 근심 위에 근심을 면하게 하셨느니라(ἐπειδὴ ἐπιποθῶν ἦν πάντας ὑμᾶς καὶ ἀδημονῶν, διότι ἠκούσατε ὅτι ἠσθένησεν. 27 καὶ γὰρ ἠσθένησεν παραπλήσιον θανάτῳ· ἀλλὰ ὁ θεὸς ἠλέησεν αὐτόν, οὐκ αὐτὸν δὲ μόνον ἀλλὰ καὶ ἐμέ, ἵνα μὴ λύπην ἐπὶ λύπην σχῶ). 26-27절에서 사도는 에바브로디도를 빌립보로 돌려보내는 두 가지 주요한 이유[71] 중 첫 번째를 제시한다. 에바브로디도는 빌립보 교인을 사모했다. 이 감정은 그들이 에바브로디도의 병을 걱정한다는 소식을 듣고 고조되었다. "사모하고"(ἐπιποθῶν)라는 동사는 강한 바람이나 갈망을 뜻하는데, 독수리가 그 새끼들을 간절히 바라는 것(신 32:11 LXX)과 같은 친밀한 관계를 나타낸다. 이것은 바울의 저작에서 일반적으로 쓰이는 용법인 것 같다.[72] 다시 여기에서 에바브로디도가 사모하는 대상으로 "너희 무리"(πάντας ὑμᾶς)를 포괄적으로 언급하는데,[73] 아마도 단지 한 그룹이나 다른 그룹이 아니라 교회 전체를 향한 그의(그리고 바울의) 헌신을 강조할 것이다. 게다가 에바브로디도의 사모는 염려로 말미암아 더욱 심해졌다. 그는 "자기가 병든 것을 너희가 들은 줄을 알고"(διότι ἠκούσατε ὅτι ἠσθένησεν) 근심하거나 괴로워했다(ἀδημονέω[74]). 안타깝게도, 우리는 병이 중하다는 것 외에 그 병에 대해 자세히 알지 못한다(빌 2:27). 질병은 "인생의 기본 구조의 일부"로서 신약에 자주 등장하는데, 종종 기적적인 치유에 초점을 맞춘 상황에 나온다.[75] 그러나 피가 언급하는 것처럼, 치유를 배제할 수는 없지만 '치유'는 여기에서 초점이 아니다.[76] 에바브로디도가 죽을 고비를 맞이했다는 것은 예수님의 초기 추종자들이 질병과 갑작스러운 죽음에 취약했다는 점을 상기시킨다. 하지만 이 본문에서 에바브로디도는 빌립보 교회가 자신의 질병 때문에 걱정하는 것을 염려하는 '타인 중심적' 사고방식을 보여준다.

---

68. 찬성 의견으로 Hellerman, *Philippians*, 158. 반대 의견으로 Hooker, "Philippians," 520. 그는 이 단어를 오직 제사장적 섬김을 나타내는 것으로 해석한다.

69. 이 단어를 시민 행정관이나 종을 언급하는 것으로, 예를 들어 삼하 13:18; 왕상 10:5; 왕하 4:43; 6:15; 내하 9:4; 시 103:4; 참고. Sir 10:2; 3 Macc 3 5:5을 보라. 종교적 의미로 더 많이 사용되는 것으로 스 7:24; 느 10:40; 사 61:6을 보라. 참고. Sir 50:14.

70. 아마도 관련의 소유격 "나의 필요와 관련하여"(with reference to my need).

71. 종속 접속사 ἐπειδή('…므로', '때문에')는 에바브로디도를 보내는 것이 필요한 이유를 설명한다. 현재 분사+εἰμί의 미완료 형태 구문은 미완료 시상을 가진 우회적 미완료 시제를 이루며, 또 이것은 분사 ἀδημονῶν으로도 이어진다.

72. 참고. 롬 1:11; 고후 9:14; 살전 3:6; 딤후 1:4 그리고 바울이 빌립보인들을 향한 애정 어린 사모를 표현하는 빌 1:8을 주목하라. 이것은 '향수병'이 아니다. 향수병은 사도의 용법 대부분에서 말이 되지 않을 것이다. 반대 의견으로 Hawthorne and Martin, *Philippians*, 164.

73. 몇몇 사본은 보완적 부정사 ἰδεῖν을 추가하지만('보기를 사모하고', א* A C D I^vid 0278. 33. 81. 104. 326. 365. 1175. 1241. 2495 sy bo), 이것은 바울의 병행 구절들에 맞추어 조정한 것일 수 있다(롬 1:11; 살전 3:6; 딤후 1:4). 현재 본문에 대한 외적 증거도 동등한 지지를 받는다(찬성 의견으로 Metzger, *Textual Commentary*, 546-47).

74. BDAG 19. 이 동사는 성경의 다른 곳에서 오직 겟세마네 동산에서 고민하시는 예수님에 대해서만 사용된다(마 26:37; 막 14:33).

75. 성경 세계에서의 질병에 대해 Max Sussman, "Sickness and Disease," *ABD* 6:6-15를 보라.

76. Fee, *Philippians*, 279. 그는 치유의 은사가 관련되었을 수 있다고 제안한다.

바울은 계속해서 빌립보 교인이 그들의 대표를 걱정하는 것은 잘못이 아니라는 점을 설명하면서, "그가 병들어 죽게 되었으나"(καὶ γὰρ ἠσθένησεν παραπλήσιον θανάτῳ, 27절)라고 쓴다. 접속사 καί는 강조적인 것으로 읽을 수 있고, 사도가 그 병으로 '죽게 되었다'(παραπλήσιον θανάτῳ)고 조금 더 자세히 말하므로 접속사 γάρ는 설명적인 것으로 읽을 수 있다.[77] 감사하게도, 그 위협과 대조적인(ἀλλά) 일이 일어났다. "하나님이 그를 긍휼히 여기셨고…또 나를 긍휼히 여기사"(ὁ θεὸς ἠλέησεν αὐτόν, οὐκ αὐτὸν δὲ μόνον ἀλλὰ καὶ ἐμέ). 긍휼을 보인다는 것은 다른 사람의 고통에 동정심을 품고 움직인다는 것을 의미한다.[78] 하나님이 자신의 백성을 긍휼히 여기신다는 것은 성경 신학의 초석이다.[79] 복음서에서 긍휼을 베푸시는 것은 주로 주 예수님이시다.[80] 그분을 따르는 이들도 긍휼을 베풀라는 요구를 받는데, 그것은 긍휼을 적극적인 미덕으로 만든다(예를 들어, 마 5:7; 18:33). 신약의 나머지 부분에서는 "주" 또는 "하나님"이 긍휼을 베푸신다.[81] 에바브로디도의 경우 하나님의 긍휼은 그가 죽음에서 건짐을 받는 것으로 표현되었고, 바울에게는 하나님이 그의 동역자의 목숨을 살려주시는 것으로 표현되었다.[82] 바울에 따르면, 하나님이 이렇게 하신 이유(ἵνα)는[83] 사도가 "근심 위에 근심을"(λύπην ἐπὶ λύπην) 면하도록 하기 위함이었다. 근심(λύπη)이라는 단어는 정신적 원인이든, 육체적 원인이든 비탄, 고통, 슬픔을 뜻할 수 있다.[84] 만약 에바브로디도가 죽었다면 바울은 깊은 슬픔을 경험했을 것인데, 그 슬픔의 강도는 사도를 여러 면에서 압도했을 것이다.

2:28-30 그러므로 내가 더욱 급히 그를 보낸 것은 너희로 그를 다시 보고 기뻐하게 하며 내 근심도 덜려 함이니라 이러므로 너희가 주 안에서 모든 기쁨으로 그를 영접하고 또 이와 같은 자들을 존귀히 여기라 그가 그리스도의 일을 위하여 죽기에 이르러도 자기 목숨을 돌보지 아니한 것은 나를 섬기는 너희의 일에 부족함을 채우려 함이니라(σπουδαιοτέρως οὖν ἔπεμψα αὐτόν, ἵνα ἰδόντες αὐτὸν πάλιν χαρῆτε κἀγὼ ἀλυπότερος ὦ. 29 προσδέχεσθε οὖν αὐτὸν ἐν κυρίῳ μετὰ πάσης χαρᾶς καὶ τοὺς τοιούτους ἐντίμους ἔχετε, 30 ὅτι διὰ τὸ ἔργον Χριστοῦ μέχρι θανάτου ἤγγισεν παραβολευσάμενος τῇ ψυχῇ, ἵνα ἀναπληρώσῃ τὸ ὑμῶν ὑστέρημα τῆς πρός με λειτουργίας). 28절에서 우리는 다시 '보냄'(ἔπεμψα αὐτόν, 참고. 2:25)의 주제로 돌아온다. 특히 바울이 에바브로디도를 빌립보로 돌려보낸 태도("더욱 급히")와 급파한 두 가지 이유(빌립보 교인이 기뻐하고, 바울이 슬픔에서 위안을 얻는 것)를 설명한다.

추론 접속사 "그러므로"(οὖν)는 아마도 지금까지 제공된 에바브로디도에 대한 정보의 결과를 가리키겠지만(25-27절), 뒤이어 나오는 이유를 고려하면 특히 에바브로디도가 경험한 고통과 관계가 있을 것이다(26b-c절). 바울이 그의 동료를 "더욱 급히"(σπουδαιοτέρως, 부사 σπουδαίως의 비교 형태)[85] 보낸 것은 긴박감을 표현한다. 이 용어는 '성급함', 상황의 '심각함', '근면'의 필요성 등 다양한 뜻을 나타냈다. 문맥을 고려하건대, 여기에

77. 두 접속사의 결합은 바울뿐만 아니라 일반적으로 신약에서 강조를 위해 사용되는 흔한 구문이다(예를 들어, 마 8:9; 막 10:45; 눅 1:66; 6:32-33; 7:8; 요 4:23; 행 19:40; 롬 11:1; 15:3; 고전 5:7; 고후 2:10; 빌 2:27; 살전 3:4; 살후 3:10; 히 4:2).

78. *TLNT* 1:472-73.

79. 예를 들어, 창 33:5, 11; 43:29; 시 50:3; 56:2; 호 2:25; 암 5:15; 사 30:18; 44:23; 49:13.

80. 예를 들어, 마 9:27; 15:22; 17:15; 20:30; 막 5:19; 10:47; 눅 16:24; 17:13; 18:38.

81. 롬 9:15, 18; 11:31; 고전 7:25; 고후 4:1; 딤전 1:13, 16; 벧전 2:10.

82. οὐκ…δὲ μόνον ἀλλὰ καί 구문은 긍휼의 수혜자로서 바울의 역할에 대한 강조를 강화한다.

83. 목적과 이유는 빌립보서에서 종종 밀접하게 관련된다. 예를 들어, Reed, *Discourse Analysis*, 325를 보라.

84. BDAG 605.

85. 또한 눅 7:4; 딤후 1:17; 딛 3:13에 나타난다. 참고. Wis 2:6.

서 이 단어는 고조된 긴박감을 전달한다.[86] 그의 동역자를 긴박하게 보내면서 바울은 두 가지 목적을 이루고자 했다(ἵνα로 소개됨). 첫째, 바울은 그를 보내서 "그를…보고"(ἰδόντες[87] αὐτόν), 빌립보 교인이 다시 '기뻐하게 하려'(χαρῆτε) 했다. 이 동사는 빌립보서에서 매우 중요한 '기뻐하라'는 주제를 반복하며(빌 1:4, 18, 25; 2:2, 17-18, 28-29; 3:1; 4:1, 4, 10), 앞의 '구조' 부분에서 언급한 것처럼 그것은 2:18-3:1을 표현하는 방식에서 중요한 구조적 역할을 담당한다. 이 동사는 2:18의 기뻐하라는 권고를 되풀이하고, 3:1에서 나올 "주 안에서 기뻐하라"는 권고를 예상한다. 간단히 말해, 바울은 빌립보 교인들이 에바브로디도가 건강히 살아 있는 것을 보고 염려가 순전한 기쁨으로 바뀌기를 소망했다.

둘째, 하지만 에바브로디도가 빌립보에 돌아간 것은 바울의 "근심도 덜려 함이[다]"(ἀλυπότερος ὦ).[88] 현재 본문에서 비교급으로 쓰인 '근심이 없는'(ἄλυπος)이라는 용어는 슬픔이 없는 것과 관계가 있고, 광범위한 문헌에서 종종 두려움이 없는 것과 관련된다.[89] 에바브로디도의 병에 대한 빌립보 교인들의 걱정이 바울을 무겁게 짓누르고 그를 슬프게 했을 수 있다. 이 동료 사역자가 빌립보 교회로 돌아갔다는 사실을 알게 되면서 이 슬픔은 기쁨으로 바뀌었다.

이제 바울은 2:29에서 "이러므로"(οὖν)로 번역된 추론 접속사를 사용해서 에바브로디도에 관한 권면으로 이끈다. "주 안에서 모든 기쁨으로 그를 영접하고"(προσδέχεσθε…αὐτὸν ἐν κυρίῳ μετὰ πάσης χαρᾶς). 물론 기쁨에 대한 요구는 앞 절에서 바울이 에바브로디도를 보내는 동기, 즉 그들이 "기뻐하게 하며"를 곧바로 뒤따른다. 따라서 "모든 기쁨"(μετὰ πάσης χαρᾶς)은[90] 에바브로디도가 다시 빌립보 교인과 함께 있게 된 것에 대한 자연스러운 반응일 것이다. 바울이 빌립보 교인에게 에바브로디도를 '영접하라'고, 곧 '(그를) 친절하게 응대하라'(προσδέχεσθε)고 쓸 때, 그것은 그와 교회에 긴장감이 있음을 시사하는 것이 아니라 추천에 대한 일반적인 문화적 언어를 사용하는 것이다.[91] 바울이 흔히 사용하는 표현인 "주 안에서"(ἐν κυρίῳ)는 '그리스도와 너희의 공통적인 관계를 고려해서'라는 의미인데,[92] 이는 '동료 그리스도인으로서'라는 뜻과 같다. 해리스는 이 구문을 "관련의 영역"을 나타내는 것으로 이해하여 "기독교적으로 즐겁게 그를 환영하라"고 번역한다.[93]

또한 빌립보 교인들은 에바브로디도를 따를 가치가 있는 지도자의 전형으로 높이 평가하면서 '이와 같은 자들을 존귀히 여겨야' 한다(τοὺς τοιούτους ἐντίμους ἔχετε). 사람들에게 적용될 때, 종종 '가치'(ἐντίμους)와 관련이 있는 이 용어는 존경받는 사람을 가리킬 수 있었다.[94] 명예와 수치의 제도에 근거한 광범위한 그리스로마 문화에서 지도자들은 부를 얻음으로써(그리고 다른 사람들에게 부를 아낌없이 베풂으로써), 사회적 관계, 훌륭한 연설 능력, 고등 교육, 또는 정치적 수완을 통해 높은 지위에 올랐다.[95] 하지만 빌립보 교인은 문화에 대항하는 가치를 표현하면서 에바브로디도 같은 사람

86. *TLNT* 3:284.
87. 부정과거 분사는 시간적이며, ὁράω에서 유래하고 동사 χαρῆτε의 범위를 정한다.
88. 단어 ὦ는 동사 εἰμί의 현재 가정법 형태이고, 미완료 시상은 제한이 없는 자유로운 상태를 가리킨다.
89. 예를 들어, Epictetus, *Ench.* 12.1; *Diatr.* 3.24.117; Philo, *Cherubim* 86. 여러 주석가들은 '염려'의 개념[BDAG의 주요 해설 그리고 영어 번역본의 주요 번역(예를 들어, NASB, ESV, NRSV, CSB, NET, NIV, NLT)]이 어휘론적 근거가 없다고 지적한다. 올바른 이해를 위해 LSJ 73; Fee, *Philippians*, 281; Hansen, *Philippians*, 207; Hellerman, *Philippians*, 162를 보라.
90. μετὰ πάσης χαρᾶς("모든 기쁨", lots of joy)라는 어구는 다양성(즉, '모든 종류의 기쁨')이 아니라 강도나 양을 나타낸다.
91. Fee, *Philippians*, 281.
92. 전치사는 아마도 이 경우에 관련을 나타낸다.
93. Harris, *Prepositions*, 130.
94. BDAG 340.
95. 예를 들어, Guthrie, *2 Corinthians*, 16을 보라.

을 존중해야 한다. 왜냐하면 그가 희생적 섬김을 구현하는 일에서 주님이 보여주신 모범을 따라 그리스도를 위해 고난을 겪었기 때문이다(빌 2:6-8). 이것은 희생적 섬김을 중시하는 유대 기독교 윤리에 깊이 영향을 받은 문화에서는 당연히 좋게 보일 수 있지만, 빌립보 거리에서는 은연중 이상하게 보였을 것이다. 따라서 이것은 주변 세속 문화에 대항하는 사고를 보여주는 예다.

특별히 바울은 에바브로디도가 존경을 받아야 하는 이유를 말한다. "그가 그리스도의 일을 위하여 죽기에 이르러도 자기 목숨을 돌보지 아니한 것은 나를 섬기는 너희의 일에 부족함을 채우려 함이니라"(30절). 바울은 여기에서 빌립보인들이 에바브로디도를 지도자로 높이 평가해야 하는 이유(ὅτι)를 설명한다. 에바브로디도는 그리스도의 일을 "위하여"(διὰ τὸ ἔργον Χριστοῦ) 거의 죽을 뻔했다(μέχρι θανάτου ἤγγισεν, 문자적으로 '그는 거의 죽을 지경에 이르렀다').[96] 이 주장은 2:8에 나온 "죽기까지"(μέχρι θανάτου)라는 어구를 되풀이하는데, 그것은 그리스도가 인류의 필요를 채우기 위해 행동하신 정도를 아름답게 묘사한다.[97] 그리스도는 죽기까지 행동하셨고, 죽으셨다. 에바브로디도가 동일한 지점까지 갔다가 살아났다는 것이 그가 처한 위험의 중대성을 감소시키지 않는다. 왜냐하면 여기에서 그 언어는 위험이나 위기에 노출된 것을 표현하기 때문이다.[98] 간단히 말해, 에바브로디도는 자기 생명(τῇ ψυχῇ)을 걸고 위험을 무릅썼다.

에바브로디도의 생명이 어떻게 위험에 처하게 됐는지를 두고 많은 추측이 있었지만,[99] 자세한 내용은 알 수 없다. 그럼에도 30절에서 끝나는 목적절(ἵνα)은 그 위험이 에바브로디도가 빌립보 교회를 대신하여 바울을 섬기는 사역과 직접 관련된 것임을 분명히 한다. 에바브로디도는 사도를 위한 사역을 수행하여 사실상 사도를 직접 돌볼 수 없던 사람들을 대신하는 대표 역할을 통해 빌립보 교인이 바울을 섬기는 일에서 부족한 것을(ὑστέρημα)[100] '채우려 했다'(ἀναπληρώσῃ).[101] 다시 말해, 바울을 향한 빌립보 교인의 헌신과 교회를 대신하여 실제로 이루어졌던 일의 간격을 메우는 일은 에바브로디도에게 큰 희생을 치르게 했다. 이것이 바로 빌립보 교인이 에바브로디도를 그리스도를 닮은 훌륭한 지도자로 존경하고 높이 평가하면서 그를 소중히 여겨야 하는 이유다. 따라서 그와 디모데는 다른 사람들을 자기희생적으로 섬기는 탁월한 모범이 되고, 사도는 빌립보 교인들에게 자기희생적 섬김을 연합의 비결로 내세운다.

96. 이 독법을 지지하는 외적 증거는 강력하며($\mathfrak{P}^{46}$ B F G 88 614 1739), κυριου 독법도 마찬가지다(א A P Ψ 075. 33. 81. 104. 365. 1241. 1505 sy[h] bo). Χριστοῦ 앞에 관사를 추가한 것은 D K L 630 𝔐에 나오는 독법이다. Metzger와 위원회는 Χριστοῦ는 본래 τὸ ἔργον Χριστοῦ에서 실수로 누락되었다고 믿는다. 그들은 κυρίου가 고전 15:58과 16:10에 나오는 "주의 일"을 아주 잘 아는 필사자에 의해 본문에 흡수되었을 것이라고 추측한다(Metzger, *Textual Commentary*, 547).

97. 찬성 의견으로 Reumann, *Philippians*, 432, 438; Hansen, *Philippians*, 208.

98. BDAG 759.

99. Bockmuehl, *Philippians*, 171; Reumann, *Philippians*, 428; Hawthorne and Martin, *Philippians*, 165. 그러나 Hawthorne과 Martin에 대한 반대 의견으로 에바브로디도가 어떤 방식으로든 병을 자초했으며, 따라서 그것이 그를 반대하는 비난의 원인이 될 수도 있었다는 생각은 문맥이 제안하는 것을 넘어선 추측이다.

100. '부족'을 나타내는 이 용어의 용법에 대해 삿 18:10; 19:19; 시 33:10; 눅 21:4; 고후 8:14을 보라. 그리고 부족한 것을 '채우는' 의미에 대해 고전 16:17; 고후 11:9; 골 1:24을 보라.

101. Hellerman, *Philippians*, 164를 보라. 그는 Fee와 다른 사람들을 따라서 부족한 것은 선물의 내용물이 아니라 빌립보인들의 존재라고 지적한다.

적용에서의 신학

1. 살아 있는 모범의 필요성

서구 교회는 신앙에 대한 올바른 사고를 강조해왔다. 우리가 빌립보서에서 이미 살펴본 대로, '올바른 삶'은 '올바른 사고'라는 토대가 필요하다. 주석적, 신학적 초석은 끊임없이 변화하는 현대 세계의 소용돌이 속에서 교회가 융성하기 위한 단단한 기반을 제공한다. 그런데 교회의 융성이 특히 지도자들의 삶에서 올바른 가르침이 구체적으로 나타나는 것, 즉 세상의 거친 현실 속에서 먼지가 자욱하고 꼬불꼬불한 길을 헤쳐나가는 살아 있는 모범에 달려 있다는 점은 아무리 강조해도 지나치지 않다. 훌륭한 가르침만큼, 우리는 신앙과 하나님 나라의 진보를 이루어나가는 훌륭한 모범을 보여주는 경건한 지도자들이 필요하다.

제인 오스틴(Jane Austin)의 소설 『이성과 감성』(*Sense and Sensibility*)에는 마음의 문제를 완전히 다른 방식으로 다루는 두 자매가 등장한다. 동생인 메리앤은 에너지가 넘치고, 개방적이며, 사회적 예절을 곧잘 무시하는 낭만주의자다. 그녀는 매력적이지만 성격에 결함이 있는 존 윌러비와 사랑에 빠지는데, 결국 그는 그녀를 비탄과 공개적 망신을 당하는 길로 이끈다. 언니인 엘리너는 조용하고 내성적인 성격이다. 그녀는 에드워드 페러스를 사랑하지만, 그에게서 자신의 애정에 대한 보답을 받기까지 많이 기다려야만 한다. 그녀는 또한 젊은 여인 루시 스틸 때문에 오랜 고통을 겪는데, 에드워드가 몇 년 동안 그녀와 은밀하게 관계를 유지해왔기 때문이다. 하지만 엘리너는 침착함을 잃지 않고 에드워드를 계속 신뢰하고 지지한다.

두 자매는 행복한 결말을 맞기 전에 크게 실망하게 된다. 에드워드는 루시와 결혼할 것 같고, 윌러비는 메리앤을 배신하고 그가 사랑하지도 않는 부유한 여성을 선택한다. 메리앤이 몹시 괴로워하다가 위험한 육체적 질병까지 견뎌낸 후, 그녀는 윌러비의 행동과 자신의 행동에 대해 엘리너와 논의한다.

> "내가 그를 위해 많은 걸 비는 건 아니야." 메리앤이 한숨을 쉬며 말했다. "그이가 마음속으로 생각하는 것들이 나보다 더 불쾌하지 않았으면 하고 빈다고 해서 말이야. 그런 생각만으로도 충분히 괴로울 테니까."
> "너는 네 행동과 그의 행동을 비교하니?"
> "아니. 나는 마땅히 했어야 했던 행동과 비교해. 나는 내 행동을 언니와 비교해."[102]

마침내 메리앤은 자신을 새로운 시각으로 바라본다. 그 시각은 사실 처음부터 줄곧 언니

102. Jane Austen, *Sense and Sensibility*, ed. James Kinsley, Oxford World's Classics (Oxford: Oxford University Press, 2008), 261-62.

엘리너에게서 뿜어져 나오고 있었다. 엘리너는 사랑을 품위 있게 감당하는 삶의 본보기를 한결같고 빛나는 모습으로 살아내고 있었던 것이다.

바울이 빌립보 교인들에게 디모데와 에바브로디도에 관하여 한 말은 우리에게 질문을 불러일으킨다. 우리는 누구에게 밝게 빛나는 믿음의 모범이 되는가? 우리는 누구를 위한 모범인가? 교회 안에서 사역을 감당하는 우리는 언제나 훌륭한 모범이 되는 사람들과 훌륭한 모범이 필요한 사람들 사이에 서 있다. 우리는 그곳에서 어떻게 살 것인가? 기독교 신앙은 구체적으로 삶에서 나타나기 마련이다. 이러한 삶은 공동체 안에서 신실한 지도자와 나란히 서서 그리고 성령님의 변화시키는 능력 아래에서 배우며 영향을 주고받으며 살아낼 수 있다.

2. 자기희생과 섬김의 모범

모든 기독교 지도자가 자문해야 하는 한 가지 질문이 있다. '나는 나의 일생을 어떻게 보낼 것인가?' 하는 것이다. 수년에 걸쳐, 다른 사람들의 유익을 위해 성실하게 일상적인 일을 하면서 살 수도 있다. 또는 짧은 극적인 순간에 다른 사람들을 위해 말 그대로 자신의 목숨을 버리거나 위험을 무릅쓰는 희생적인 삶을 살 수도 있다. 두 행동 모두 자신을 널리 알리고 자신을 방어하는 자세보다 '하나님의 나라를 위한' 그리고 '다른 사람들을 위한' 자세가 필요하다. 교회의 역사에서 자신을 희생한 놀라운 예를 많이 볼 수 있다.

예를 들어, 릴리아스 트로터(Lilias Trotter)는 19세기의 재능 있는 예술가이자 예술 비평가 존 러스킨(John Ruskin)의 후배였다. 러스킨은 트로터가 그녀의 어머니와 베니스에 있을 때 그녀를 만났다. 그는 트로터의 예술적 기량에 감동을 받고, 그녀에게 예술에 전념한다면 "당대 최고의 화가가 되어 불멸의 작품을 남길 것"이라고 격려했다.[103] 하지만 트로터는 다른 '불멸의' 문제를 향한 더 높은 열망을 가지고 있었다. 1879년 5월, 그녀는 예술에 헌신할 수 없다고 결정했다. 그녀는 이미 '먼저 하나님의 나라를 구하는' 일에 헌신했기 때문이다. 트로터와 러스킨은 친구로서 계속 교류했지만, 그녀는 기독교 기관에 헌신해서 낮에는 가르치는 일을 하고 밤에는 거리를 다니면서 매춘부들에게 복음을 전하기 시작했다.[104] 그러다가 1887년 5월 트로터는 북아프리카 선교사로 헌신하라는 소명을 받았다. 그녀는 건강 문제로 북아프리카 선교회의 공식적인 직책을 맡지 못했지만, 선교회는 그녀가 자립하여 선교회와 함께 일할 수 있도록 허락했다.[105] 그래서 1888년 3월, 재정적으로 독립한 두 명의 젊은 여성과 함께 알제(알제리의 옛 이름)에 도착했다. 그녀는 훗날 이렇게 회고했다. "우리 셋은 싸움터를 바라보면서 서 있었는데, 우리 중 누구도 그곳에서 일하며 살아갈 준비가 되지 않았고, 그곳에 아는 사람이 하나

103. Miriam Huffman Rockness, *A Passion for the Impossible: The Life of Lilias Trotter* (Grand Rapids: Discovery House, 2003), 83.

104. Rockness, *Passion for the Impossible*, 91.

105. Rockness, *Passion for the Impossible*, 98.

도 없었으며, 아랍어를 한 문장도 몰랐고, 미지의 땅에서 사역을 시작할 수 있는 실마리도 없었다. 우리는 오직 우리가 와야만 했다는 사실만 알았을 뿐이다. 참으로 하나님이 약함이 필요하셨다면, 그 약함을 우리에게 주셨다!"[106]

바울이 디모데와 에바브로디도를 칭찬한 것처럼, 우리는 다른 사람들을 위해 훌륭한 모범을 보여준 사람을 칭찬해야 한다. 우리는 삶에서 사역을 수행하기 위해 크게 희생한 지도자들을 알고 있다. 우리는 공동체에서 기쁨과 존경심을 품고서 그들의 사역과 위치를 따뜻하게 받아들이고 있는가? 우리는 자기 이익보다 다른 사람들의 안위를 위해 사심 없이 섬기는 지도자들을 높이 평가하고 지지하는가? 아니면 그들을 당연하게 여기는가? 우리는 그와 같은 지도자들의 영향력이 공동체를 통합하는 관계적인 힘이라는 것을 알고 그들의 긍정적인 모범을 칭찬하는가? 아니면 세상 문화 속에서 가장 각광을 받는 가치, 이를테면 매력적인 인물, 훌륭한 연설 능력, 카리스마적 리더십을 칭송하는가? 오늘 잠시 시간을 내서 당신 삶에서 희생적 모범을 보이는 지도자에게 섬김에 대한 기쁨을 표현하고, 그들의 신실함을 칭찬해보라.

106. Lisa M. Sinclair, "The Legacy of Isabella Lilias Trotter," *International Bulletin of Missionary Research* 26 (Jan 2002): 32.

CHAPTER 9

빌립보서 3:1–14

문학적 전후 문맥

바울은 빌립보서의 중요한 중심 부분에서 자기희생적 리더십을 구현하는 일련의 중요한 모범을 제시함으로써 교회 분열의 문제를 다룬다. 그는 그리스도를 첫 번째 탁월한 모범으로 제시한(2:5–11) 다음 권고의 단락을 전개한다(12–17절). 그 후 디모데와 에바브로디도를 바울 선교에서 희생적 리더십의 탁월한 모범으로 제시한다(18–30절). 바울은 3장에서 자신을 그리스도 중심적인 삶의 모범으로 제시하는데, 이는 거짓 교사들과 대조된다. 이러한 모범들을 제시하는 사도의 계획은 뒤이어 나오는 권고에서 분명히 진술된다(3:15–4:4a). 거기에서 바울은 "형제들아 너희는 함께 나를 본받으라 그리고 너희가 우리를 본받은 것처럼 그와 같이 행하는 자들을 눈여겨보라"고 말한다(3:17). 이 권고에는 1:27–2:4의 여러 주제가 반복되어 나오고, 이로써 서신의 중심부를 괄호로 묶는 인클루지오가 형성된다.[1] 그래서 3:1–14은 바울이 자신을 기독교적 헌신의 모델로 삼는 절정의 순간이다. 자신의 그리스도 중심적 삶과 사역에 대한 강력하고도 고귀한 성찰을 하는 사도는 본질적으로 '너희가 어떻게 헌신해야 하는지 알기 원한다면, 나를 보고 또 나처럼 행하는 자들을 보라'고 말하는 것이다. 따라서 그의 모범은 빌립보 교회의 연합을 해치는 사람들을 향한 직접적인 권고(4:1–4a)를 준비한다. 그리고 바울은 마지막 권고와 감사의 말로 서신을 마무리한다.

1. 이에 대해 1:27–2:4의 '문학적 전후 문맥'을 보라.

I. 서신 시작 부분: 서문과 기도 보고(1:1–11)

II. 서신 중심 부분(1:12–4:9)

A. 본문 서두: 바울의 현 상황(1:12–26)

B. 서신의 주요 본문: 교회 연합을 위한 호소(1:27–4:4a)

1. 공동체의 연합을 실행하라는 권고(1:27–2:4)

2. 자기희생의 탁월한 모범이신 그리스도 예수님처럼 돼라(2:5–11)

3. 연합에 대한 추가 권고와 기쁨의 외침(2:12–17)

4. 자기희생의 모범이 되는 디모데와 에바브로디도(2:18–30)

➦ **5. 그리스도 중심적 삶과 사역에 대한 바울의 모범(3:1–14)**

6. 바울의 그리스도 중심적 생활 방식을 본받으라는 권고(3:15–4:4a)

C. 본문 끝: 권고(4:4b–9)

III. 서신 끝부분(4:10–23)

주요 개념

거짓 교사들과 대조적으로 바울은 자신의 종교적 자격을 올바로 제시한다. 사도는 그리스도를 아는 것, '얻는 것', 죽은 자 가운데서 부활에 이르는 일과 비교하여 자신의 자격을 해(쓰레기 또는 "배설물"의 수준으로)로 여긴다.

번역

빌립보서 3:1-14

1a	애정, 인사말	끝으로 나의 형제들아
b	관계	주 안에서
c	권고	**기뻐하라**
d	간접 대상	너희에게
e	대상	같은 말을
f	진술	**쓰는 것이 내게는 수고로움이 없고**
g	확대/이점	**너희에게는 안전하니라**

2a	권고 목록	**개들을 삼가고**
b	권고	**행악하는 자들을 삼가고**
c	권고	**몸을 상해하는 일을 삼가라**
3a	동격/행동 목록	하나님의 성령으로 봉사하며
b	행동	그리스도 예수로 자랑하고
c	기준	육체를
d	행동	신뢰하지 아니하는
e	근거/(3:2c의) 대조	**우리가 곧 할례파라**
4a	양보/주장	그러나 나도
b	기준	육체를
c	주장	신뢰할 만하며
d	조건	만일 누구든지 다른 이가…신뢰할 것이 있는 줄로 생각하면
e	기준	육체를
f	주장	**나는 더욱 그러하리니**
5a	목록(3:5a–6d)/묘사	나는 팔일 만에 할례를 받고
b	동일시	이스라엘 족속이요
c	동일시	베냐민 지파요
d	동일시	히브리인 중의 히브리인이요
e	참조	율법으로는
f	관련	바리새인이요
6a	참조	열심으로는
b	행동	교회를 박해하고
c	참조	율법의 의로는
d	묘사	흠이 없는 자라
7a	강조	그러나 무엇이든지…유익하던 것을
b	이점	내게
c	반대 기대	**내가…다 해로 여길 뿐더러**
d	이점	그리스도를 위하여
8a	강조	또한
b	증언	**모든 것을 해로 여김은**

c 내용 내 주
d 동격 그리스도 예수를
e 이유 아는 지식이 가장 고상하기 때문이라

f 이점 내가 그를 위하여 모든 것을 잃어버리고
g 관점 배설물로 여김은
h 목적 1 그리스도를 얻고

9a 관계 그 안에서
b 목적 2 발견되려 함이니
c 소유 내가 가진
d 형편 의는
e 근원 율법에서 난 것이 아니요
f 수단 오직 그리스도를 믿음으로
말미암은 것이니

g 근거 곧 믿음으로
h 근원 하나님께로부터 난
i 동격 의라

10a (3:8b–e의) 확대/목적 내가 그리스도와…알고자 하여
b 목록/대상 그 부활의 권능과
c 목록/대상 그 고난에 참여함을

d 수단 그의 죽으심을 본받아

11a 결과 어떻게 해서든지…이르려 하노니

b 분리 죽은 자 가운데서
c 목적지 부활에

12a 설명 **내가 이미 얻었다 함도 아니요**
b 재진술 **온전히 이루었다 함도 아니라**
c 대안 오직
d 대상 내가 그리스도 예수께 잡힌 바 된
e 목표 그것을 잡으려고
f 증언 **달려가노라**

13a 애정의 인사말 형제들아

b	증언	**나는 아직 내가 잡은 줄로 여기지 아니하고**
c	증언	**오직 한 일**
d	행동/태도	즉 뒤에 있는 것은 잊어버리고
e	동시 행동	앞에 있는 것을 잡으려고
14a	확대	푯대를 향하여
b	관계	그리스도 예수 안에서
c	매개	하나님이
d	대상	위에서 부르신 부름의
e	목표	상을 위하여
f	증언	**달려가노라**

구조

피는 분석가들이 3:1–4:3의 모든 자료를 체계화하는 내적 논리를 찾아내기 위해 고심했다고 말하는데, 여기에는 3:1–14의 단위가 포함된다. 여러 가지 면에서 빌립보서의 이 하위 단락은 구조적으로 다양한 문제를 제기한다. 예를 들어, 갑작스럽게 거짓 교사에게로 초점이 이동하는 이유, 3:3–6의 바울의 종교적 자격과 3:7–11의 그리스도를 아는 것에 대한 기쁨이 아직 사역 목표에 도달하지 않은 사도의 상황과 관련되는 방식(3:12–14), 3:2의 거짓 교사들과 3:18–19에서 바울이 조롱하는 "원수"의 관계 등의 문제가 있다.[2] 하지만 피의 지적대로, 여기에서 그 자료는 빌립보서 앞부분에 나온 주제들을 반복하는 것이 분명하다. 예를 들어, 그리스도를 '얻는' 주제는(3:8) 1:21("죽는 것도 유익함이라")을 되풀이하고, 그리스도의 고난에 참여하는 주제는(3:10–11) 1:29–30과 2:17의 동일한 주제를 되풀이하며, 3:11–14, 20–21의 종말론적 관점은 1:6을 생각나게 한다.[3] 따라서 우리가 지금 다루는 본문을 빌립보서의 이 지점에 끼어든 단편으로 보아서는 안 된다.

구조에 대해 말하자면, 3:1–14은 세 개의 일반적인 하위 움직임으로 나뉜다. 첫째, 바울은 다시 기뻐하라는 권고로 시작하면서(1절) 새로운 단위로 부드럽게 전환한다. 그런 다음 바울은 거짓 사역자들을 경계하라는 권면을 계속한다. 특별히 하나님과 맺은 관계에 대한 거짓 기준과 참된 기준을 대조하고(2–6절), 인간적 기준(즉, 거짓 기준)에 따르면 자신은 모범적인 삶을 살아왔다고 지적한다. 셋째, 바울은 해와 유익에 대해 성찰한다(7–11절). 여기에서 바울은 자신이 실행한 인간적 기준을 이제 그리스도를 아는 것이라는 대단히 큰 유익 때문에 "해"

2. Fee, *Philippians*, 285.

3. Fee, *Philippians*, 285.

로 여긴다고 고백한다. 여기에서 바울의 사상은 매우 그리스도 중심적이다. 넷째, 사도는 그리스도와의 관계를 얻은 것이 그 관계의 궁극적 결론에 도달했다는 뜻은 아니라는 점을 분명히 밝힌다. 그것은 그의 삶의 끝에 "하나님이 위에서 부르신 부름"에 이를 때 비로소 완수된다. 따라서 사도는 계속해서 그 목표를 향해 전심전력을 다해 나아간다(12–14절).

석의적 개요

➡ **5. 그리스도 중심적 삶과 사역에 대한 바울의 모범(3:1–14)**
- **a. 기뻐하라는 권고(1절)**
- **b. 하나님과의 관계에 대한 잘못된 기준과 참된 기준(2–6절)**
  - (1) 서론: 거짓 사역자들에 대한 첫 권고(2절)
  - (2) 근거: 바울의 사역과 참된 할례(3–6절)
    - a) 주장: 우리가 할례받은 자들이다(3e절)
    - b) 참된 할례의 본질(3a–d절)
    - c) 인정: 인간적 기준을 자랑할 수 있는 사람이 있다면, 그는 바울이다(4–6절)
- **c. 하나님과의 관계에 대한 참된 본질, 그리스도를 아는 것(7–14절)**
  - (1) 바울은 그리스도를 아는 것의 "유익"과 비교해서 모든 것을 "해"로 여긴다(7–8b절)
  - (2) 그리스도를 아는 것의 "유익"(8c–14절)

본문 설명

3:1 끝으로 나의 형제들아 주 안에서 기뻐하라 너희에게 같은 말이 쓰는 것이 내게는 수고로움이 없고 너희에게는 안전하니라(Τὸ λοιπόν, ἀδελφοί μου, χαίρετε ἐν κυρίῳ. τὰ αὐτὰ γράφειν ὑμῖν ἐμοὶ μὲν οὐκ ὀκνηρόν, ὑμῖν δὲ ἀσφαλές). 바울은 다시 형제자매들에게 기뻐하라고 권고하는데, 이번에는 '주저 공식'(hesitation formula)을 추가한다. 이 절은 "끝으로"(τὸ λοιπόν)로 시작한다. 일반적으로 λοιπός는 '남아 있는' 것이나, 한 무리의 사람들, 물건, 혹은 행동의 '나머지'를 뜻한다. 그 예로, 빌립보서 4:3에 언급된 바울의 "그 외" 동역자들을 들 수 있다(참고. 고후 13:2; 빌 1:13; 계 8:13; 11:13). 부사적으로 이 단어는 '지금부터', '미래에', 단순히 '마지막으로', '게다가'라는 의미일 수 있다. 서간문 문맥에서 이 용어는 저자가 서신의 전환을 알릴 때(예를 들어, 고후 13:11) '마지막으로'라는 의미로 사용될 수 있고, 여기에서처럼 새로운 부분을 소개하는 데 쓰일 수 있다(예를 들어, 살전 4:1을 보라).[4] 빌립보서의 통일성을 고려하면, 여기에서 이 용법은 끝맺음보다는 빌립보서에서 새로운 움직임의 시작을 표시한다.[5]

---

4. BDAG 602–3.
5. 3:1을 서신 조각의 일부로 보는 몇몇 사람이 제안했다. 이에 대해 Reed, *Discourse Analysis*, 239–41에서 유익한 논의를 보라.

게다가 여기 이 중요한 전환점에서 바울은 빌립보 교인에게 건전한 사역자들을 받아들이고 거짓 사역자들을 거부하라고 호소하면서 다시 개인적으로 "나의 형제들아"(ἀδελφοί μου, 참고. 빌 1:12; 3:13, 17; 4:1, 8)라고 따뜻하게 말한다. 교회를 향한 바울의 호소는 어느 정도 하나님의 자녀로서 그들의 가족 관계에 기초한다. '우리는 가족'이라는 입장에서 사도는 그들에게 "기뻐하라"(χαίρετε, 2:18을 보라)고 권고한다. 그는 "주 안에서"(ἐν κυρίῳ)를 덧붙여 진심 어린 도전을 한다. 사도는 다시 4:4a에서 "주 안에서 기뻐하라"는 요구를 반복할 것인데, 그것은 3:1–4:4a이 빌립보서에서 중요한 움직임이라는 사실을 보여준다.[6] 반복되는 권고는 빌립보서의 구조에 배어 있는 중요하고도 기본적인 확신을 지지한다. 빌립보 교인이 연합된 기독교 공동체라는 배경에서 건전한 기독교 사상을 받아들일 때 '기뻐하기로 선택하는 것'이 가능해진다.

망설임(hesitation, 개역개정에는 "수고로움"–역주)으로 번역된 용어(ὀκνηρός)는 3:1의 여러 해석적 난제 중 하나다. 스피크가 지적한 대로, 칠십인역은 물론 1세기 문학적 헬라어에서 이 단어와 관련된 동사형은 보통 "망설이다"를 의미한다.[7] 다른 한편으로 여기에서 형용사는 게으른 사람에 대해 부정적으로 자주 사용되지만,[8] 그것은 또한 '망설임'이라는 뜻일 수 있다.[9] 따라서 제프리 리드는 빌립보서의 담화 역학을 다룬 탁월한 글에서 1절의 후반부가 서간문의 '주저 공식'을 구현한다고 분석한다. 이 공식은 빌립보 교인을 향한 애정을 표현하는 기능을 하지만,[10] 담화에서 전환을 촉진하는 기능을 하기도 한다.[11] 그와 같은 공식은 보통 동사(ὀκνέω)나 관련된 용어로 구성되는데, 때로 폭로나 저술의 동사와 결합된다(예를 들어, '내가 쓴다', γράφω).[12] 빌립보서 3:1에서 이 공식은 솔직한 의사소통을 전한다. '나는 글을 쓰는 것을 주저하지 않는다'(I do not hesitate to write). 그러나 바울이 쓰는 것에 주저함이 없는 "같은 말"(τὰ αὐτά)은 무엇을 암시하는가? 학자들은 바울이 다음 절에서 거짓 교사들에 대한 경고를 예고하거나,[13] 바울이 전에 그들에게 쓰거나 가르쳤던 것을 암시한다고 제안해왔다. 하지만 빌립보서의 광범위한 문맥에 근거하면, 가장 가능성이 높은 다른 해석이 있다.

우리가 앞에서 보았듯이 사도는 빌립보서에서 이미 여러 번 빌립보 교인에게 "기뻐하라"는 요구를 강조한 바 있다(빌 1:18; 2:17–18, 28). 따라서 3:1에서 '주저 공식'은 빌립보서의 이 지점에서 그의 말이 약간 반복적으로 들릴 수 있다는 점을 인정하는 것으로 이해할 수 있다. 하지만 바울은 다시 한번 기뻐하라는 '같은 말을 쓰는 데 주저함이 없다.' 바울은 서신서 여러 곳에서 저술 과정을 곰곰이 되짚어보며, 때로 그가 이미 쓴 내용 자체와 더불어 그 내용과 당시 쓰고 있는 내용의 관계도 되돌아본다.[14] 예를 들어, 빌립보서 3:1의 패턴은 고린도후서 9:1에 나타나는 것과 비슷하다. 거기에서 바울은 예루살렘 교회를 위한 헌금을 모으는 고린도 교인들의 계획을 이미 길게 논의했다. 따라서 그 주제를 계속 이야기하면서, 바울은 반복을 인정할 필요를 느낀 것 같

6. 여기에 다시 인클루지오의 용법이 나오는데, 그것은 저자가 담화의 한 단위의 처음과 끝을 표시하는 장치다.
7. *TLNT* 2:576. 예를 들어, 민 22:16; 삿 18:9; Tob 12:6, 13; Jdt 12:13; Sir 7:35; 4 Macc 14:4.
8. 잠 6:6, 9; 11:16; 18:8; 20:4; 21:25; 22:13; 26:13–16; 31:27; Sir 22:1–2; 37:11.
9. 예를 들어, Josephus, *Ant.* 2.236; 20.71; *J.W.* 4.584; Philo, *Spec. Laws* 1.99; *Virtues* 83.
10. 특별히 Jeffrey T. Reed, "Philippians 3:1 and the Epistolary Hesitation Formulas: The Literary Integrity of Philippians, Again," *JBL* 115.1 (1996): 73–76을 보라.
11. Reed, *Discourse Analysis*, 229–39; 같은 저자, "Hesitation Formulas."
12. Reed, *Discourse Analysis*, 330.
13. Lightfoot, *Philippians*, 126.
14. 예를 들어, 롬 15:15; 고전 5:9, 11; 14:37; 고후 2:4; 7:12; 9:1; 살전 4:9.

다.[15] 빌립보서의 초점이 이동하는 것을 표시하는 기능과 함께 고린도후서와 비슷한 패턴이 여기에서도 진행되고 있다. 하지만 몇몇 사람이 제안하는 것처럼 초점 이동이 갑작스러운 것은 아니다. 바울은 방금 디모데와 에바브로디도를 참된 기독교 사역자의 긍정적인 모범으로 제시했다. 바울이 빌립보서 3:2과 그에 뒤이어 방향을 돌리면서 자신의 삶과 사역의 모범에 대한 논의를 시작하기 위해 거짓 사역자를 언급한다. 따라서 3:2로 넘어갈 때의 강한 어조는 주제의 급진적 변화보다는 바울이 다음 움직임을 준비하는 것과 더 관계가 있다.

사도는 왜 빌립보 교인들에게 기뻐하라는 도전의 말을 다시 쓰는 것을 망설이지 않는가? 그들에게 기뻐하라고 기록하며 상기시키는 행동이 그들에게 '안전하기'(ἀσφαλές) 때문이다.[16] 이 형용사는 안전하고, 견고하며, 위험하지 않은 상태를 묘사할 때 쓰인다.[17] 따라서 대부분의 영어 번역본은 이 형용사를 빌립보 교인들에게 '안전한' 어떤 것이나 '안전장치'로 번역한다.[18] 히브리서 6:19의 닻 은유 맥락에서 이 단어는 '확고하고, 안전한' 것을 뜻한다. 현재 본문에서도 그와 같은 뉘앙스로 쓰였는데, 이 단어는 기뻐하라는 반복적 요청을 빌립보 교인을 영적으로 강화하는 역학으로 묘사한다.[19] 다시 말해, 빌립보 교인의 안전은 삶과 공동체의 패턴으로 계속 '기뻐하기로 선택'하는 건전한 자세에 달려 있다.

3:2–4 개들을 삼가고 행악하는 자들을 삼가고 몸을 상해하는 일을 삼가라 하나님의 성령으로 봉사하며 그리스도 예수로 자랑하고 육체를 신뢰하지 아니하는 우리가 곧 할례파라 그러나 나도 육체를 신뢰할 만하며 만일 누구든지 다른 이가 육체를 신뢰할 것이 있는 줄로 생각하면 나는 더욱 그러하리니(Βλέπετε τοὺς κύνας, βλέπετε τοὺς κακοὺς ἐργάτας, βλέπετε τὴν κατατομήν. 3 ἡμεῖς γάρ ἐσμεν ἡ περιτομή, οἱ πνεύματι θεοῦ λατρεύοντες καὶ καυχώμενοι ἐν Χριστῷ Ἰησοῦ καὶ οὐκ ἐν σαρκὶ πεποιθότες, 4 καίπερ ἐγὼ ἔχων πεποίθησιν καὶ ἐν σαρκί. εἴ τις δοκεῖ ἄλλος πεποιθέναι ἐν σαρκί, ἐγὼ μᾶλλον). 이제 바울은 반복되는 현재 명령법 동사 '삼가라'(βλέπετε)를 중심으로 구성한 권고를 사용해서 거짓 교사들에 대해 세 가지를 경고한다. 헬라어에서 이 동사가 '크'(k) 소리로 두운을 이루며 생생하게 묘사되어 있는 것에 주목하라.

개들을 삼가고
(βλέπετε τοὺς κύνας)
행악하는 자들을 삼가고
(βλέπετε τοὺς κακοὺς ἐργάτας)
몸을 상해하는 일을 삼가라
(βλέπετε τὴν κατατομήν)

수사적으로 거짓 교사들에게 "독설과 풍자"를 내뱉는 이 세 개의 강력한 일격은[20] 모두 같은 문제 집단을 대상을 염두에 둔 것으로 읽어야 한다. 그것은 또한 2:29–3:1에 나오는 긍정적 권고에 대한 강력한 대조로 보아야 한다. 거기에서 바울은 빌립보 교인들에게 에바브로디도를 "영접하고", "이와 같은 자들을 존귀히 여기라", '주 안에서 기뻐하라'고 도전한다.[21] 우리는 이 반대

15. Guthrie, *2 Corinthians*, 432.
16. 여기에서 나는 중성 단수 주격 형용사로 읽는데, 그것은 부정 접두사 알파(α)와 동사 σφάλλω(어떤 것에 '미끄러지다, 떨어지다 또는 놓치다')를 결합하는 단어군의 일부다.
17. *TLNT* 1:214–15. 사도행전 다른 곳에서 이 단어는 상황에 대한 '진실'(즉, 실제 사실 또는 구체적인 정보)을 함축한다. 한 예로, 행 21:34에서 로마 장교가 바울이 군중에게 공격당하고 있는 진짜 이유를 알아내려고 했던 때를 들 수 있다(참고. 행 22:30; 25:26). Victor Furnish는 본문에 대해 비슷한 의미('구체적인')를 제안했지만, 그 제안을 따르는 사람은 많지 않다. Victor Paul Furnish, "The Place and Purpose of Philippians 3," *NTS* 10 (1963): 87을 보라. 또한 Fee, *Philippians*, 292에 나온 논평을 보라.
18. 예를 들어, NASB, NRSV, ESV, CSB, NET, NIV, NLT.
19. BDAG 147.
20. Fee, *Philippians*, 293–94.
21. Reed, *Discourse Analysis*, 260.

자들의 신원을 정확히 모르지만,[22] 그들을 "몸을 상해하는 일"(τὴν κατατομήν)로 묘사한 것은 유대 선동가들을 가리키는 것 같다. 나는 앞으로 그들에 대해 더 다룰 것이다. 그럼에도 바울의 염려는 빌립보 교회에 당면한 위협과 관련된 것이 아닐 수 있다. 오히려 바울은 광범위한 지중해 세계에서 이루어진 자신의 사역에 근거하여 강하고 일반적인 경고를 하는 것일 수 있다.[23] 여기에서 "삼가라"(βλέπω)고 번역된 단어가 반드시 날카로운 경고의 어조를 나타내는 것이 아닐 수 있지만, 거짓 교사들에 대한 바울의 예리한 묘사와 함께 문맥은 분명히 이런 사람들에게 '주의를 기울여라' 또는 '살펴보라' 정도로 해석하는 것 이상을 요구한다.[24] "삼가라"(watch out for)는 말로 전달되는 경각심은 아마 사도의 의도와 크게 다르지 않을 것이다.

따라서 빌립보인들은 "개들"(τοὺς κύνας)을 경계해야 한다. 이 단어는 성경 문헌에서 "더러움, 비참한 가난 그리고 사회 계급의 밑바닥에 있는 천민의 삶"을 나타내는 흔한 단어 그림이다.[25] 당시의 개는 현대의 깨끗하고 길들여진 애완동물과 달리, 더러운 것을 먹고 토해내는[26] 역겨운 동물로 여겨졌다.[27] 이런 이미지는 일반적인 모욕으로 사용될 수 있고(예를 들어, 삼하 16:9), 그것은 확실히 여기에서처럼 나쁜 지도자들에게 적용된다(사 56:10).[28] 중요한 것은 하나님 백성의 원수들이 "개들"로 불렸고(시 22:16, 20; 59:6, 14), 요한계시록에서 이 이미지는 "점술가들과 음행하는 자들과 살인자들과 우상 숭배자들과 및 거짓말을 좋아하며 지어내는 자"(계 22:15)와 관련된다. 그리 기분 좋은 목록이 아니다!

해석사에서 주석가들은 일반적으로 유대인 교사나 저자들이 때때로 신앙을 버린 유대인이나 이방인을 "개"(마 7:6; 15:26-27)로 언급했다고 제안하는데, 그 이미지는 이방인의 '부정한' 식습관을 암시한다. 하지만 이 생각은 고대 유대 본문에서 거의 지지를 받지 못하는 것 같다.[29] 그럼에도 바울은 여기에서 복음을 왜곡해가면서 전통적 유대교를 전파하는 신학적으로 불량한 이들을 경멸하는 단어 그림으로 "개들"을 사용했음이 분명하다.[30]

두 번째로 바울은 거짓 교사들을 "행악하는 자들"(τοὺς κακοὺς ἐργάτας)로 언급한다. 빌립보서에서 사도는 시종일관 선행(1:6, 22; 2:30)과 선한 동역자들을(4:3) 칭찬한다. 그러나 3:2에서 사도가 염두에 두는 이들은 '악한'(κακός) 일, 즉 "도덕적으로 비난받을 만한" 혹은 심지어 "위험한" 일을 한다.[31] 어떤 사람들은 이 구절에 언어유희가 쓰였다고 보고, 이 거짓 '일꾼들'(ἐργάτας)을 '율법의 행위'와 연관시켜서 그들이 이방인 회심자들에

---

22. 반대자들의 신원에 대한 여러 입장에 대해서는 Hansen, *Philippians*, 217-18과 뒤에 나오는 '심층 연구'를 보라.

23. 찬성 의견으로 Bockmuehl, *Philippians*, 183-84. "이방인들이 하나님의 백성에 통합됨을 가리키는 성경 해석이 포함되면서 매우 실제적인 신학적 약속과 관련된 유대인 내부 논쟁"에 대해서는 Christopher Zoccali, "Rejoice, O Gentiles, with His People: Paul's Intra-Jewish Rhetoric in Philippians 3:1-9," *CTR* 9.1 (2011): 31을 보라. Mikael Tellbe는 사회적 상황으로 인해 (특히 빌립보에서 로마 당국과의 갈등을 고려하건대) 유대인 선동가들의 호소가 로마 제국에서 적법한 종교(공인된 종교, *religio licita*)로 인정받기를 바라는 사람들에게 인기를 끌었을 것이라고 제안한다. Tellbe, "Sociological Factors"를 보라.

24. 찬성 의견으로 Hansen, *Philippians*, 217; Garland, "Composition," 165-66.

25. "Dogs," *DBI* 214.

26. 예를 들어, 출 22:31; 왕상 14:11; 잠 26:11; 벧후 2:22.

27. 막 7:27에서 지소사의 용법은 예외일 수 있다. 거기에서 예수님과 여자는 집에서 기르는 작은 개를 염두에 두고 있는 것 같다. 개들은 또한 사냥, 목축, 가축 떼를 지키는 경비견으로 사용되었고, 실용적인 목적을 지녔다. Reumann, *Philippians*, 460을 보라.

28. *DBI* 214.

29. Mark D. Nanos, "Paul's Reversal of Jews Calling Gentiles 'Dogs' (Philippians 3:2): 1600 Years of an Ideological Tale Wagging an Exegetical Dog?," *BibInt* 17.4 (2009): 448-82. Nanos는 조심할 것을 강력히 주장하고, 바울의 경멸적인 용법은 특별한 문화적 현상에 의존하지 않는다. 하지만 나는 바울이 이방인 반대자들을 염두에 두고 있다는 Nanos의 제안은 잘못이라고 믿는다(480).

30. Garland, "Composition," 167-68; Still, *Philippians & Philemon*, 99.

31. BDAG 501.

게 율법을 순종하라고 요구하는 것이라고 주장한다.[32] 하지만 이 해석의 문제는 바울이 '일꾼(들)'을 일반적으로 어떤 식으로든 사역을 '하는' 사람들에 대한 언급으로 사용한다는 것이다.[33] 고린도후서 11:13("속이는 일꾼")과 빌립보서 3:2에서 부정적인 용법은, 거짓 교사들을 선하고 정직한 일을 하는 기독교 사역자들과 대조하여 정반대의 지시 대상을 신랄하게 나타내는 것으로 볼 수 있다.[34] 요점은 이런 소위 사역자들이 '선행'으로 이루어진 바울의 선교를 본받아 행동하기보다 극악한 '일'을 해서 교회를 해친다는 것이다.

세 번째로 사도는 거짓 사역자들을 '의식을 따라 다른 이들을 절단하는 자들'(those who ritually dismember others, τὴν κατατομήν, 문자적으로 '신체 훼손', 개역개정에는 "몸을 상해하는 일"-역주)이라고 부르면서 거친 말을 구사한다. 바울은 다음 절에 나오는 "할례"(περιτομή)라는 단어로 이 단어를 만들어서(성경 문헌에서 오직 여기에서만 사용됨) 그들의 종교 의식에 대한 견해를 분명히 피력한다. 따라서 이 반대자들이 누구든지 간에 그들의 '사역'에서 할례를 중시했음은 분명하다.[35] 바울은 "할례"라는 단어의 περι-를 접두사 κατα-로 대체하여 '잘라내다'보다 '절단하다'를 뜻하는 단어를 만들어낸다. 따라서 영어 번역본은 이 단어를 '거짓 할례'(NASB), '육체를 훼손하는 자들'(NRSV, ESV, CSB, NET), '육체의 훼손자들'(NIV)로 다양하게 번역한다. NLT는 그것을 '너희는 구원받기 위해 할례를 받아야 한다고 말하는 그 훼손자들'로 해석한다. 사도는 육체적으로 할례를 받았지만 이방인처럼 살았던 하나님의 백성을 비난한 예레미야를 상기시키는 것 같다(렘 4:4; 9:25-26).[36] 바울의 용어는 칠십인역에 나오는 동사와 관련되었을 수 있는데, 거기에서는 이방인의 자해에 대해 사용되었다.[37] 따라서 하나님의 성령이 없는 거짓 사역자들은 하나님의 백성이라기보다는 이방인처럼 행동한다.

또한 바울은 육체의 일부를 절단할 뿐만 아니라 그 대상을 복음 자체와 참된 교회에서 분리시킨다는(참고. 갈 5:2-4) 이중적 의미를 염두에 두었을 수도 있다. 크리소스토무스는 이 생각과 비슷한 의견을 다음과 같이 쓴다. "그는 무엇을 말하고 있는가? '그 할례는 신체 훼손이다'라는 말이다. 왜냐하면 이런 일이 불법으로 일어날 때, 그것은 육체를 축소하는 '절단'에 불과하기 때문이다. 이것이 그 이유였거나, 아니면 그들이 교회를 토막 내려고 시도했기 때문이었다"(*Homily on Philippians* 10).[38] 다시 말해, 행악자들은 할례의 육체적 절단으로 사람들을 참된 복음과 교회에서 분리하고 있던 것이다.

3절에는 설명적 대조가 나온다. "우리가 곧 할례파라"(ἡμεῖς γάρ ἐσμεν ἡ περιτομή, 문자적으로 "…할례"). 사도의 포괄적인 "우리가…라"(ἡμεῖς…ἐσμεν)는 강조적이고, 할례받은 유대인인 바울 자신과 빌립보 가정 교회의 유대인과 이방인을 포함하는데, 그들 중 일부는 아마 육체적으로 할례를 받지 않았을 것이다.[39] 하지만 새 언약 복음 안에서 예수님으로 말미암아 마음이 변화된 이들은 마음의 참된 할례를 경험했다.

육체적 할례는 본래 하나님의 선민에 속한다는 표시

32. 찬성 의견으로 Bockmuehl, *Philippians*, 188; Fee, *Philippians*, 295-96; Silva, *Philippians*, 147.
33. 예를 들어, 고후 11:13; 빌 3:2; 딤전 5:18; 딤후 2:15.
34. 고린도 상황과 빌립보 상황의 차이에 대해 Bockmuehl, *Philippians*, 183을 보라.
35. 하지만 몇몇 사람은 Hawthorne처럼 바울의 경고를 유대인 그리스도인들이 아니라 유대인 교사들에 대한 것으로 읽는다. Hawthorne, *Philippians*, xliv-xlvi, 125를 보라.
36. 예레미야 본문은 부분적으로 "무릇 모든 민족은 할례를 받지 못하였고 이스라엘은 마음에 할례를 받지 못하였느니라"(렘 9:26)고 읽는다.
37. κατατέμνω; LXX 레 21:5; 왕상 18:28; 사 15:2; 호 7:14; 찬성 의견으로 *EDNT* 269.
38. Edwards, *Galatians, Ephesians, Philippians*, 254. 이 구절은 ACCS에서 설교 11(homily 11)로 잘못 표시되어 있다.
39. γάρ의 설명적 용법에 더하여, 이 구문은 주어 역할을 하는 대명사와 뒤이어 나오는 존재의 동사로 구성되며, 그 동사 다음에 술어 주격 "할례"(ἡ περιτομή)가 나온다.

였지만(창 17:9–14), 육체적 표시는 마음의 깊은 상태를 평가하는 적절한 척도가 아니었다. 따라서 하나님의 참된 백성에게는 '마음의 할례'가 필요했을 것이며,[40] 이것이 바울이 이곳과 다른 곳에서 그 이미지를 사용하는 방식이다.[41] 더 나아가 여기에서 사도의 진술은, 그리스도를 따르는 것이 유대교라는 종교를 대체했다고 보는 일종의 '대체 신학'이 아니다. 오히려 바울의 이해는 옛 언약 성경의 심오한 의도를 성취하시는 그리스도 안에 있는 새 언약의 현실과 더불어 '성취 신학'이라고 명명할 수 있다. 복음은 옛 언약의 소망과 약속을 그리스도와 그분을 따르는 사람들(유대인과 이방인) 안에서 하나님이 바라시던 결말로 이끈다. 가장 기본적인 용어로 이것은 변화, 곧 인간 마음의 "할례"(롬 2:28–29; 참고. 신 30:6)를 의미하는데, 그것은 예수님을 믿는 자들(유대인과 이방인)을 참된 "아브라함의 자손"과 "하나님의 이스라엘"로 만든다(갈 3:7, 29; 6:16).[42]

따라서 바울은 하나님의 참된 백성을 "할례파"로 명명하면서 이 명칭을 세 개의 동격 묘사로 확대한다.

하나님의 성령으로 봉사하며
(οἱ πνεύματι θεοῦ λατρεύοντες καὶ)
그리스도 예수로 자랑하고
(καυχώμενοι ἐν Χριστῷ Ἰησοῦ καὶ)
육체를 신뢰하지 아니하는
(οὐκ ἐν σαρκὶ πεποιθότες)

이 중 첫 번째는 헬라 사본 사이에서 혼란이 있음을 보여주지만, 표준판에 반영된 본문은 옳은 것 같다.[43] '봉사하는 사람들'(실명사 분사 λατρεύοντες)이라는 단어는 때때로 '예배하는 사람들'(예를 들어, ESV, NRSV, NET, NLT)로 번역되지만, 그것은 봉사를 언급하는 것으로 번역되어야 한다(예를 들어, NIV). 왜냐하면 여기에서 바울은 사역에 대한 접근법들을 대조하기 때문이다. 이 동사는 옛 언약에서 하나님에 대한 종교적 봉사라는 풍부한 배경을 갖는다.[44] 다른 곳에서 사도는 참된 기독교 사역이 생명을 주시는 성령의 능력으로 말미암아 이루어진다는 점을 강조한다(예를 들어, 고후 3:6, 8).[45]

둘째, 그리스도의 참된 사역자들은 '그리스도 예수로 자랑한다'(καυχώμενοι ἐν Χριστῷ Ἰησοῦ). 1:26과 2:16에 대한 설명에서 언급한 대로 바울은 "자랑"이라는 주제를 흔히 다루는데, 거기에서 바울은 관련 명사(καύχημα)를 사용한다.[46] 빌립보서 3:3에서 사용된 동사는 사도의 저작에서 34번 더 등장하고,[47] 우리는 바울의 글과 광범위한 성경 문헌에서 그 표현의 뉘앙스를 파악해야

40. 예를 들어, 렘 4:4; 겔 44:7; 참고. 6:10; 9:25; 신 10:16; 30:6.

41. 예를 들어, 롬 2:25–29; 골 2:11; 참고. 고전 7:19; 갈 5:6; 6:15; 엡 2:11; 찬성 의견으로 Frank S. Thielman, *Philippians*, NIVAC (Grand Rapids: Zondervan, 1995), 168.

42. Silva, *Philippians*, 148.

43. 표준적인 헬라어 본문은 οἱ πνεύματι θεοῦ λατρεύοντες, 즉 "하나님의 성령에 의해 섬기는 자들"(the ones serving by the Spirit of God, ℵ* A B C D[2] G K 33. 81. 614. 1739 it[g] sy[hmg] cop[sa, bo] al)로 읽는다. 다른 한편으로, 𝔓[46]은 하나님에 대한 언급 없이 πνεύματι를 읽지만, 이것은 아마도 필사자가 우연히 누락한 것으로 이해해야 한다. 그리고 여러 사본은 소유격 대신에 여격 θεῷ, "성령 안에서 하나님을 섬기는 자들"(the ones serving God in spirit, ℵ[2] D* P Ψ 88 it[d, ar] v[g] sy[p, h] goth eth Speculum)로 읽는데, 그것은 하나님에 대한 언급을 목적어로 바꾼다. 외적 증거와 가능성 있는 필사자의 활동 면에서 볼 때, 이 중에서 첫 번째가 가장 유력한 독법인 것 같다. 찬성 의견으로 Fee, *Philippians*, 288; Metzger, *Textual Commentary*, 547.

44. 찬성 의견으로 Fee, *Philippians*, 299–300. 예를 들어, 모세오경에서 바로를 '섬기는' 이스라엘 사람들과 하나님을 섬기는 이스라엘 사람들이 대조된다(예를 들어, 출 3:12; 4:23; 7:16, 26; 8:16; 9:1, 13; 23:24; 레 18:21).

45. Guthrie, *2 Corinthians*, 191–200을 보라. "성령"(πνεύματι)을 뜻하는 단어의 여격은 매개의 여격으로 읽을 수 있으며('…통해, …의해'), 소유격 "하나님의"(θεοῦ)는 아마도 동격의 소유격인 '하나님이신 성령'으로 읽을 수 있다. "하나님"(θεοῦ)으로 묘사된 "성령"은 또한 롬 8:9에 나온다.

46. 이 명사는 또한 롬 4:2; 고전 5:6; 9:15–16; 고후 1:14; 5:12; 9:3; 갈 6:4에서 사용된다.

47. 예를 들어, 롬 2:17, 23; 5:2–3, 11; 고전 1:29, 31; 고후 5:12; 갈 6:13–14; 엡 2:9.

한다. 왜냐하면 현대 서양인은 보통 '자랑하다'(boast)라는 단어를 허풍쟁이의 부정적인 행동으로 받아들이기 때문이다. 실제로 광범위한 그리스 로마 상황과 유대교에서 적절한 자랑은 긍정적으로 여겨졌다. 한 예로 바울에게 중요한 구절인 예레미야 9:23–24(9:22–23 LXX)을 들 수 있다.

> 여호와께서 이와 같이 말씀하시되 지혜로운 자는 그의 지혜를 자랑하지 말라 용사는 그의 용맹을 자랑하지 말라 부자는 그의 부함을 자랑하지 말라 자랑하는 자는 이것으로 자랑할지니 곧 명철하여 나를 아는 것과 나 여호와는 사랑과 정의와 공의를 땅에 행하는 자인 줄 깨닫는 것이라 나는 이 일을 기뻐하노라 여호와의 말씀이니라.

신학적인 의미가 가득한 이 본문에는 부적절한 것을 자랑하는 것과 주님을 자랑하는 것이 대조된다. 이 둘의 중요한 차이점은 사람이 자랑하는 대상과 관계가 있다.[48] 자랑하는 사람은 주 안에서 자랑해야 한다. 따라서 우리 본문의 광범위한 문맥에서, 그분의 영광스러운 긍휼과 정의와 의에 비추어 주님을 아는 것(참고. 빌 3:10)은 바울이 자랑하는 대상이 된다. 왜냐하면 바울은 "그리스도 예수 안에서"(ἐν Χριστῷ Ἰησοῦ) 자랑하기 때문이다.[49] 바울이 삶에서 몹시 기뻐하는 것의 중심은 그리스도 안에서 이루어진 하나님의 은혜 사역이다. 이는 자신과 자신의 종교적 행위를 자랑하는 사람들과 현저한 대조를 이룬다.[50]

마지막으로, 성령으로 봉사하며 그리스도로 자랑하는 사람들에 보조를 맞추어 바울은 그의 선교에 관련된 사람들이 "육체를 신뢰하지 아니[한다]"(καὶ οὐκ ἐν σαρκὶ πεποιθότες)고 묘사한다. 이 장이 전개되면서 사도는 그리스도를 만나기 전에는 그분이 아닌 다른 것을 신뢰하는 것이 자신의 자세였음을 밝힌다. 바울이 빌립보서 3:5–6에서 열거하는 "육체"는 그의 "유익"(κέρδη, 7절)이었지만, 이제 그리스도를 아는 것에 비추어 재평가되었다(8–11절). 그와 같은 것이 바울의 신뢰의 대상이었지만, 더 이상은 그렇지 않다.

'신뢰하다'(πείθω)라는 동사는 어떤 사람이나 어떤 것을 '의지하다' 또는 '믿다'라는 뜻이다.[51] 사도에게 그리스도가 아닌 다른 것이나 사람을 믿는 것은 "육체를"(in human standards, ἐν σαρκί)[52] 신뢰하는 것이다. 사도는 이 문구를 그의 저작에서 15번 사용한다. 그것은 인간 몸의 육체(예를 들어, 롬 2:28; 갈 6:12), 일반적인 인간 존재(고후 10:3; 갈 2:20; 골 2:1; 딤전 3:16; 몬 1:16), 또는 하나님의 영의 방식 및 역사하심과 반대되는 인간 존재의 측면(롬 8:8–9)에 대해 사용될 수 있다. 여기에서 바울은 이 언어를 '인간적 기준'을 나타내는 표현으로 사용하는데, 그것은 다른 곳에서 사용된 "육체를 따라"(κατὰ σάρκα)라는 문구와 비슷하다(예를 들어, 롬 8:12; 고전 1:26; 고후 1:17; 5:16; 10:2; 11:18). 그와 같은 세속적 기준은 참된 신자가 신뢰하는 것이 아니다. 그들의 신뢰는 '주 안에' 있다.

하지만 4절에서 바울은 전략적으로 양보한다. "그러나 나도 육체를 신뢰할 만하며"(καίπερ ἐγὼ ἔχων πε-

48. LXX에서 전치사 ἐν+여격(ἐν τούτῳ, "이것으로", LXX 렘 9:22)은 자랑의 '지시 대상'을 나타낸다.

49. '그리스도 예수 안에서'(ἐν Χριστῷ Ἰησοῦ)는 1:26에서 그것과 다른 뉘앙스로 사용된다. 약간 다른 해석으로 Campbell, *Paul and Union with Christ*, 99, 101, 104, 111, 370을 보라.

50. 예를 들어, 특히 고후 10:12–18을 보라(Guthrie, *2 Corinthians*, 486–501을 보라).

51. 여기에서 여격과 함께 사용된 실명사 완료 분사. BDAG 791–92.

52. 바울은 일반적으로 "육체"(σάρξ)라는 단어를 사람으로서 인간(예를 들어, 롬 3:20; 갈 1:16), 또는 인간의 몸(예를 들어, 고전 6:16; 고후 7:1; 12:7; 갈 4:13), 또는 단순히 인간의 생명이나 인간의 본성(예를 들어, 롬 4:1; 8:3; 9:8; 고전 1:29)이라는 뜻으로 사용한다. 부정적으로, 사도는 하나님으로부터 독립 또는 하나님에 대한 반대의 뜻을 나타내기 위해 "육체"를 사용한다(롬 7:5; 8:8; 13:14; 갈 5:13–19). Moo, *Epistle to the Romans*, 47을 보라.

ποίθησιν καὶ ἐν σαρκί). "그러나"(καίπερ)라는 접속사는 바울의 경우 오직 여기에서만 찾아볼 수 있고, 신약의 다른 곳에서 네 번 등장하는데 그중 세 번이 히브리서에 나온다(히 5:8; 7:5; 12:17; 벧후 1:12). 이 용어는 양보의 의미를 담고 있다.[53] 하지만 사도의 양보는 하나님과 맺은 관계와 관련해서 '육체적' 기준에 대한 그의 확신을 전혀 약화하지 않는다. 오히려 사도는 그 양보를 사용해서 그런 것들에 대한 자신의 급진적 태도, 곧 살든지 죽든지 그가 확신하는 유일한 대상에 주의를 돌리게 한다.[54] 앞에서 언급한 대로, '신뢰'를 뜻하는 단어는 어떤 것에 대한 의존, 믿음, 신뢰의 상태를 뜻하고,[55] 여전히 바울이 신뢰하는 근거는 "육체"가 아닌 다른 곳에 있다. 그럼에도 바울이 육체를 신뢰하지 않지만, 그 역시(καί)[56] 자신이 원한다면 그렇게 할 수 있는 자격을 갖추고 있다.

사도는 '단순 조건'을 계속 이야기한다. "누구든지 다른 이가 육체를 신뢰할 것이 있는 줄로 생각하면 나는 더욱 그러하리니"(εἴ τις δοκεῖ ἄλλος πεποιθέναι ἐν σαρκί, ἐγὼ μᾶλλον).[57] 바울은 시종일관 부정 대명사("누구든지", τίς)를 사용해서 그들의 이름을 부르지 않고 (따라서 그들에게 위엄을 부여하지 않고) 반대자들을 언급한다. 그와 같은 언급은 종종 여기에서처럼 조건절로 표시된다.[58] "다른 이"(ἄλλος)로 번역된 용어는 단순히 바울과 육체를 신뢰하는 거짓 교사들을 대조하는 역할을 할 수 있다. 그들이 육체를 신뢰하면(δοκεῖ···πεποιθέναι[59] ἐν σαρκί), 바울은 그렇게 할 훨씬 강력한 근거를 갖고 있다. 그는 동사 없이 짧고 강렬한[60] 문구로 자신의 뜻을 표현한다. "나는 더욱 [그러하리니]"(ἐγὼ μᾶλλον).

심층 연구 **로마와 빌립보에 있는 바울의 '반대자들'**

빌립보서에서 가장 논쟁적인 문제 중 하나는 사도가 언급하는 이른바 반대자들의 신원이다.[61] 사도의 진술은 그들을 명시적으로 묘사하거나 신원을 확인해주지 않고 암시만 할 뿐이다. 따라서 그들의 정체를 알아내기가 어렵고, 그 결과 매우 많은 설명이 제시되어왔다. 한 조사에 따르면 무려 18가지에 이른다.[62] 몇몇 학자는 빌립보서에서 여러 반대자 그룹이 그 배경에 있다고 보는 반면,[63] 또 다른 학자들은 바울의 언급이 한 그룹을 향한 것이라고 믿는다.[64] 가장 논쟁을 불러일으키는 두 본문은 1:15-17과

53. BDF 219.
54. 인칭 대명사와 "나도···만하며"(ἐγὼ ἔχων)로 번역된 동사의 현재 분사가 같이 쓰이는 용법은 사도가 그의 자격을 강조하므로 강조적이다. 물론 분사 '신뢰하는'(πεποίθησις)의 목적어는 3절 끝에 나오는 분사와 같은 어족이다.
55. BDAG 796.
56. 부가적으로 해석된 접속사('또한').
57. 이것은 4절의 나머지에 있는 최고 조건절로, 사실로 추정되는 전제절과 직설법 주동사로 이루어져 있다.
58. 예를 들어, 고후 2:5; 3:1; 10:2, 7, 12; 11:16, 20-21; 12:6에 나타난 광범위한 용법과 Guthrie, *2 Corinthians*, 131, 478에 언급된 논평을 보라.
59. 완료 부정사는 주동사 δοκεῖ를 보완한다.
60. 1:15-17, 27-28; 3:2-3, 18-19을 보라. Fee, *Philippians*, 306.
61. 나는 2:21을 포함시키지 않는다. 거기에서 바울은 거짓 교사나 반대자의 문제를 다루기보다, 그가 보내는 그룹에 속한 다른 사람들과 대조해서 디모데의 진실성을 주로 칭찬한다.
62. 찬성 의견으로 Fee, *Philippians*, 7.
63. 예를 들어, Robert Jewett, "Conflicting Movements in the Early Church as Reflected in Philippians," *NovT* 12 (1970): 362-90.
64. 예를 들어, Chris Mearns, "The Identity of Paul's Opponents at Philippi," *NTS* 33 (1987): 194-204.

3:2-3이다.

예를 들어, 빌립보서 1:15-17에 언급된 반대자들의 정체에 관해, 학자들은 다음과 같이 다양한 제안을 했다.

1. 바울을 쫓아(혹은 그보다 앞서) 로마로 가서 다른 곳에서와 마찬가지로 이단을 전파하는 유대인 선동가들.[65]
2. 바울보다 먼저 로마에 있던 기독교 사역자들. 그들은 복음을 전하지만, 개인적인 경쟁심 때문에 바울을 적대시하고 해치려 한다.[66]
3. 바울이 고린도 서신에서 논쟁을 벌인 사람들과 동일한 분쟁 야기자.[67]
4. 로마 당국에 맞서 반제국 메시지를 선포하여 바울의 어려움을 가중하는 기독교 설교자들.[68]
5. 유대인 대적자든 아니든, 바울의 인격과 메시지에 대한 공개 토론을 통해 그를 해치려 하는 정치적 경쟁자들.[69]

빌립보서 3:2-3에 언급된 반대자들의 정체에 대해서도 비슷한 제안이 제시되었다. 가장 흔한 제안들은 이런 거짓 교사들에 대해 다음과 같이 말한다.

1. 율법과 관련하여 일종의 완전주의를 주장하는 영지주의 기독교 선교사들.[70]
2. 완전주의자라기보다 자유 사상가인 영지주의 기독교 선교사들.[71]
3. 율법에 근거한 완전주의를 제시하는 유대 선교사들.[72]

---

65. 찬성 의견으로, Johann Albrecht Bengel, *Gnomon of the New Testament, Tr., with Notes, Revised and Ed. by A. R. Fausset* (Edinburgh: T&T Clark, 1857), 4:124; Lightfoot, *Philippians*, 88; Heinrich August Wilhelm Meyer, *The Epistles to the Philippians and Colossians*, trans. John C. Moore and William P. Dicksone (Edinburgh: T&T Clark, 1875), 36; Ellicott, *Commentary*, 17-18.

66. 나는 1 Clement에 나오는 평행에 근거해서, 로마 교회에서 사도들에 대한 개인적 경쟁과 적대감이 바울의 상황의 배경을 형성한다고 제안하는 Oscar Cullmann에게서 이 입장을 본다. Oscar Cullmann, *Peter, Disciple, Apostle, Martyr: A Historical and Theological Study*, trans. F. Filson (London: SCM, 1953), 104-9를 보라. 참고. Vincent, *Philippians*, 19; Witherington, *Philippians*, 80.

67. 이에 대해 Guthrie, *2 Corinthians*, 41-46을 보라. 또한 T. W. Manson and Matthew Black, *Studies in the Gospels and Epistles* (Manchester: Manchester University Press, 1962), 161-63을 보라. 그들은 바울이 고린도와 갈라디아에서 발견되는 것 같은 분파주의를 언급하는 것으로 이해한다. Manson은 이 분파주의가 교회들 내에 있는 유대 기독교적 요소들과 바울이 충돌하면서 생긴 것으로 본다. 따라서 여기에서 '유대주의자' 입장과 중복된다.

68. T. Hawthorn, "Philippians 1:12-19: with Special Reference to vv 15, 16, 17," *ExpTim* 62.10 (1951): 316-17.

69. 이것은 1:15-17에 대한 설명에서 제시했던 나의 입장이다.

70. 예를 들어, Helmut Koester, "The Purpose of the Polemic of a Pauline Fragment," *NTS* 8 (1961): 317-32.

71. W. Schmittals, "Die Irrlehrer des Philipperbriefes," *ZTK* 54 (1957): 297-341.

72. A. F. J. Klijn, "Paul's Opponents in Philippians iii," *NovT* 7 (1964): 278-84.

4. 완전함, 의를 얻는 수단으로 할례를 전파하는 유대 기독교 선교사들('유대인 선동가들').[73]

물론 이 목록에는 중복되는 것이 있다. 그렇다면 우리는 무수히 많은 선택지에 대해 무엇이라고 말할 수 있는가? 이 문제를 본격적으로 다루기보다(그러려면 책 한 권을 써야 할 것이다), 몇 가지 예비적 요점을 제시한 후 그 증거를 가려내기 위한 몇 가지 제안을 해보겠다.

본격적인 논의에 앞서 예비적인 의견을 말하자면, 먼저 이 구절들 각각의 언어는 악명이 높을 정도로 모호하고 교조적으로 확실하지 않다. 3:2–3의 할례에 대한 언급처럼 관심을 끌 만한 실마리가 있지만, 반대자들의 정확한 신원에 대한 구체적인 세부 사항은 극히 드물다. 이렇듯 본문의 한계로 인한 제약이 있으므로 주어진 증거 이상으로 반대자를 특정하지 않도록 조심해야 한다. 둘째, 바울은 사역하는 동안 지중해 지역에서 여러 유형(일부는 정치적이고, 또 다른 일부는 종교적인)의 반대자들을 만났고, 하나 이상의 그룹이 빌립보서에 암시되어 있을 수 있다. 빌립보서에서 바울의 언급 배후에 있는 한 반대자 그룹을 제안하는 것이 더 간단하게 보일 수 있지만(이 견해가 정확할 수 있다), 실제는 종종 우리가 생각하는 이론보다 더 복잡할 때가 많다. 마지막으로, 1:15–17의 진술과 3:2–3의 진술을 고려할 때, 본문은 적어도 두 가지 주된 사회적 상황을 다룬다. 바로 바울의 투옥(1:15–17)과 빌립보 도시 자체(1:27–30; 3:2–3, 18–19)다. 따라서 서로 다른 유형의 반대자들이나 적어도 두 그룹의 반대자들을 다루고 있을 가능성이 있다. 하나는 사도가 감금된 도시에 있는 그룹이고, 다른 하나는 빌립보에 있는 그룹이다.

빌립보의 반대자들에 대한 나의 제안은 다음과 같다. 1:15–17에 대한 설명에서 자세히 논의한 대로, 우리는 바울이 투옥 중에 맞서고 있는 반대자들의 정확한 의도가 무엇인지 잘 모른다. 그들은 유대인 선동가인가? 아니면 다른 성향을 지닌 정치적 반대자인가? 우리는 정확히 알 수 없다. 그러나 그들이 누구든 그들은 정치적 상황에서, 공개적인 방식으로, 그리고 그리스도와 복음에 대한 논의와 선포를 포함하는 방식으로 바울과 갈등을 빚고 있다. 나는 바울이 그들을 참된 기독교 사역자로 여긴다고 믿지 않는다. 그리스도에 대해 말함으로써 사도를 해치려 하는 그들은 바울의 투옥으로 말미암아 복음을 선포하도록 용기를 얻은 사람들과 완전히 다르다(1:14). 1:18에서 바울은 그리스도가 이 반대자들을 통해 선포된다고 말하는데, 나는 이것을 반대자들이 그리스도를 공개적으로 말한다는 의미로 이해한다. 그들은 바울과 그의 메시지에 대해 공개적으로 말하면서 본의 아니게 그 메시지를 퍼뜨리고 있다.[74]

우리는 바울이 감금된 장소에 있는 반대자들이(1:15–17) 유대인 대적자인지, 유대인 선동가인지, 다른 동기를 품은 정적인지 알 수 없다. 1:18에서 그들의 메시지에 대한 바울의 온건한 반응을 고려하면, 나는 그들이 유대인 선동가나 고린도의 거짓 교사라고 생각하지 않는다. 바울은 거짓 교사들에 대해 온

73. Jewett, "Conflicting Movements." Jewett은 그 상황을 가상적인 것으로, 즉 이 거짓 교사들이 아직 빌립보에 도착하지 않은 것으로 본다. 비슷한 입장으로 Francis Watson, *Paul, Judaism, and the Gentiles: Beyond the New Perspective* (Grand Rapids: Eerdmans, 2007), 143; Mearns, "Identity." 이 입장들 및 여러 가지 다른 입장들에 대해 Reumann, *Philippians*, 470을 보라.

74. 이 입장을 옹호하는 것으로 1:15–18에 대한 설명을 보라.

건하게 말하지 않았다. 그는 거짓 교사를 교회를 파괴하고 거짓 복음을 퍼뜨리는 이들로 보았다(예를 들어, 고후 2:16-17; 11:4; 갈 1:6). 어쨌든 1:15-17에 거짓된 가르침에 대한 증거는 없다. 반대자들이 그리스도를 공개적으로 말함으로써 바울을 해치려 하면서 공적, 정치적 상황에서 바울을 반대하고 있는 것은 분명해 보이는데, 이것이 요점이다. 그들은 기독교적 전도를 하고 있지 않다. 그들은 바울을 해치려고 그리스도에 대해 말한다(1:17). 그들은 바울과 그의 메시지를 공개적으로 반대함으로써 바울에게 문제를 일으키려고 하는 것 같은데, 그 순간 그들은 본의 아니게 그 메시지를 널리 알린다.[75]

우리는 빌립보서 1:27-28에서도 반대자들을 만나는데, 그들은 빌립보 교회를 반대하는 이들이다. 다시 한번 말하지만, 바울은 그 반대가 공개적이고, 위협이 뒤따르며, 교회에 고통을 유발하고 있고, 어떤 면에서 자신의 상황과 유사하다는 것(28-30절) 외에 그 반대의 본질을 명확하게 말하지 않는다. 나는 이것이 빌립보 교인이 경험한 반대가 공공 광장에서 일어났고, 적어도 어느 정도 정치적이거나 시민적이었다는 의미로 받아들인다. 리처드 캐시디(Richard Cassidy)는 다음과 같이 쓴다.

> 바울이 경험하는 싸움과 고통은 로마에서 로마 당국이 그에게 부과한 조치에서 비롯된다. 하지만 1:30에서 바울의 말은 빌립보 교인들이 바울과 동일한 싸움과 고통에 관여하고 있음을 나타낸다. 어떤 면에서 동일한가? 그것은 두 도시에서 이 조치들이 제국의 제도 안에서 권한을 부여받은 당국에 의해 개시되고 있기 때문에 동일하다. 이와 같이 빌립보의 로마 당국은 바울이 1:28에서 언급하는 빌립보 그리스도인들의 '반대자들'이다. 실제로 로마 당국만이 빌립보 기독교 공동체 전체에 고통을 초래할 만한 권력을 갖고 있다.[76]

따라서 빌립보 교인은 그 도시의 이교적이고 제국적인 의식에 참여하기를 거부하거나, 도시의 조합에서 탈퇴하거나(조합 활동은 종종 이교 숭배 의식을 포함했다), 그 두 행동을 다 했기 때문에 빌립보 당국의 억압을 받았을 것이다. 다시 말해, 예수님의 추종자들은 빌립보의 문화와 시민 사회의 정책과 상충되었고, 반문화적 생활방식을 택한 대가를 치렀다.

바울이 3:2-3과 아마도 3:18-19에서 언급하는 반대자들은 더욱 가상의 인물인 것 같다. 바울은 당면한 위협을 다루는 것이 아니라, 자신의 광범위한 사역 경험에 근거하여 빌립보 교인들에게 경고한다. 예를 들어, 바울이 고린도후서의 반대자들과 하는 싸움과 달리, 빌립보 신자들 중 누가 잘못을 범한 것 같지는 않다. 3:2의 '개들을 삼가라'는 말은 단순히 빌립보 교인이 언젠가 만날 수 있는 유대인 선동가를 조심하라고 경고한다. 또한 "개들"은 헌신된 기독교 리더십에 대한 바울의 모범을 돋보이게 한다. "그리스도의 십자가의 원수"로 사는 "여러 사람들"(3:18-19)이 빌립보에 와서 잘못된 리더십을 보여줄 수 있는 잠재적인 반대자다. 바울은 3:2-14에서 자세히 설명한 것처럼 자신의 모범과 대조하여 그들에 대해

75. 이 역학의 현대적 사례는 1:12-18g의 '적용에서의 신학'을 보라.

76. Cassidy, *Paul in Chains*, 169-70.

말한다.

따라서 나는 빌립보서에서 바울이 실제와 가상의 반대자를 모두 다룬다고 제안한다. 한편으로 바울과 빌립보 교인은 공개적으로, 아마도 정치적으로 비난받는 상황에서 반대를 겪고 있다. 하지만 다른 한편으로, 사도는 미래에 닥칠 위협을 경고하면서 교회에 삶과 가르침의 영역에서 자신의 모범을 따르라고 요구한다. 바울의 본보기는 거짓 교사가 빌립보 거리에 나타났을 때 빌립보 교인이 거짓 교사들을 알아보는 데 도움을 줄 것이다.

3:5-6 나는 팔일 만에 할례를 받고 이스라엘 족속이요 베냐민 지파요 히브리인 중의 히브리인이요 율법으로는 바리새인이요 열심으로는 교회를 박해하고 율법의 의로는 흠이 없는 자라(περιτομῇ ὀκταήμερος, ἐκ γένους Ἰσραήλ, φυλῆς Βενιαμίν, Ἑβραῖος ἐξ Ἑβραίων, κατὰ νόμον Φαρισαῖος, 6 κατὰ ζῆλος διώκων τὴν ἐκκλησίαν, κατὰ δικαιοσύνην τὴν ἐν νόμῳ γενόμενος ἄμεμπτος). 바울은 이제 그의 자격을 "육체"(ἐν σαρκί, 3:3-4)의 관점에서 일일이 열거한다. 조셉 헬러먼은 사도가 이 속사포 같은 지위 기준 목록을 쓸 때 로마의 쿠르수스 호노룸(*cursus honorum*, '엘리트 코스' 또는 '명예로운 관직의 연속'), 즉 빌립보의 비문에서 발견되는 것과 같은 명예 목록의 패턴을 따른다고 주장했다. 바울의 목록에서 처음 네 개의 명예는 그의 출생과 관계가 있고, 그다음에 나오는 세 개의 명예는 성인 시절에 이룬 것인데, 그것은 당대의 명예 목록에서 발견되는 패턴과 동일하다.[77] 하지만 바울은 대부분의 문화에서 높이 평가하는 '명예 경쟁'을 하기보다, 자신의 자격을 제시하면서 그리스도를 아는 것과 비교하여 그것들이 얼마나 허망한지를 지적한다.

첫째, 사도는 자신이 "팔 일 만에 할례를 받고"(περιτομῇ ὀκταήμερος)라고 언급한다. 아브라함에게 '언약의 표시'로 행한 것으로 남자의 포피를 자르는 것은 유대교에서 하나님의 방법에 헌신하는 것을 나타냈다.[78] "팔 일"(ὀκταήμερος)로 번역된 단어는 형용사지만, '팔 일 사람'이라는 명사 같은 기능을 한다. 유대 종교에서 "팔 일"은 헌신의 날 또는 '의식 실행 가능성'의 날로 특별한 의미가 있었다.[79] 유대인 남자는 아브라함 언약과 율법을 따라, 태어난 지 팔 일 만에 할례를 받았다(창 17:12; 레 12:3; 참고. 눅 1:59; 2:21).

바울은 자신의 유대 혈통을 강조하면서 그가 "이스라엘 족속"(ἐκ γένους Ἰσραήλ)과 "베냐민 지파"(φυλῆς Βενιαμίν)라고 말한다. 여기에서 "족속"(people, γένος)이라는 말은 사람이나 물건의 '등급' 또는 '종류', 또는 심지어 조상이 같은 작은 집단이나 가족을 언급하는 데 사용될 수 있었다. 그러나 여기에서 바울은 이스라엘의 "국가" 또는 "민족"을 뜻한다.[80] 이 표현은 고대 세계에서 유대인이 자신을 지칭하는 가장 일반적인 칭호로서 그들이 하나님의 선택받은 민족이라는 것을 환기했

77. Hellerman, *Philippians*, 176; 같은 저자, *Reconstructing Honor*, 121-27.
78. 예를 들어, 유월절 행사에 참여하려면 할례를 받아야 했으며(출 12:43-49), 이스라엘이 가나안 땅에 들어갈 때 여호수아는 길갈에서 모든 이스라엘 남자가 할례를 받게 했다(수 5:2-9). 이 관례는 광범위한 그리스 로마 문화에서 명예로운 표지로 여겨지지 않고 폄하되었다. Tacitus, *Hist.* 5.2; Strabo, *Geography* 16.2.37; Suetonius, *Domitian* 12.2. David A. Bernat, "Circumcision," *EDEJ* 471, 474를 보라.
79. 찬성 의견으로 Bernat, "Circumcision," 471; 예를 들어, 레 14:10, 23; 15:14, 29; 22:27; 23:36, 39; 민 6:10; 7:54; 29:35; 대하 7:9; 29:17; 느 8:18; 겔 43:27.
80. BDAG 194.

다. 바울은 다른 곳에서 그가 육체적 혈통이 하나님 백성의 경계를 표시한다는 전제에 이의를 제기하지만(롬 9:6; 11:13-24), 여기에서 이 칭호를 환기시킨다.[81] 그럼에도 그것은 중요한 종교적 칭호였다. 인종의 측면에서 바울은 자신이 종교적 내부자임을 주장한다.

사도는 더욱 특별하게 베냐민 지파 출신이었는데(참고. 롬 11:1), 그것은 빌립보 교인이 파악하지 못할 수도 있는 미묘한 의미를 지녔다. 설령 그들이 라헬의 아들[베냐민 지파는 "여호와의 사랑을 입은 자"(신 33:12)였다]이나 바울과 이름이 같은 사울 왕(행 7:58) 혹은 부림일에 칭송된 베냐민 자손 모르드개(에 2:5)에 대해 아무것도 몰랐다 할지라도, 그들은 빌립보의 비문에서 종종 언급된 볼티니아(Voltinia)같이 고대의 한 지파에 속한 것에 큰 가치를 두었을 것이다.[82]

게다가 사도는 자신이 "히브리인 중의 히브리인"(Ἑβραῖος ἐξ Ἑβραίων)이었다고 쓰면서 유대인 가족 출신인 부모와 더불어 자신의 혈통이 순수하다는 점을 말한다. 피는 이것을 "전환" 용어, 즉 "앞에 나오는 세 개의 칭호를 요약하고 마지막 세 개의 칭호를 준비하는" 경첩이라고 부른다.[83] 대부분의 디아스포라 유대인과 이스라엘 안의 많은 유대인은 헬라어를 그들의 일상 언어로 받아들였고, 그 언어로 성경을 읽는다. "히브리인"이라는 표현은 히브리어나 아람어를 1차 언어로 사용하고, 성경을 그 언어로 읽는 유대인을 가리키는 전문어였다.[84] 게다가 "히브리인"은 언어, 땅, 유대 종교의 관례를 높이 평가한 종교적 전통주의자였다.[85] 따라서 바울이 "히브리인 중의 히브리인"이라고 강조해서 말한 칭호는 자신의 혈통에 대한 넘치는 자부심을 암시한다.

사도는 "율법으로는 바리새인"(κατὰ νόμον Φαρισαῖος)이라는 말로 하나님의 율법에 대한 충성에 초점을 맞춘 유대교 관례의 특별한 구현에 관심을 돌린다. 바울 시대에 이스라엘에는 약 6천 명의 바리새인이 있었다. 바리새파('분리주의자'라는 뜻, 히브리어에서 유래한 용어)는 시내산에서 성문법과 함께 구전 토라가 주어졌다고 가르쳤다. 그들은 구전 율법이 이스라엘의 선지자와 교사를 통해 전해졌고 유대인의 일상생활의 모든 측면, 특히 정결과 관련된 문제를 다루었다고 믿는다.[86] 바울이 바리새파에 속했다는 것은(행 23:6-9; 26:5; 갈 1:14) 그가 율법 준수를 아주 진지하게 받아들였음을 의미한다.[87]

바울이 율법에 헌신한 것은 교회 박해로 나타났다("열심으로는 교회를 박해하고", κατὰ ζῆλος διώκων τὴν ἐκκλησίαν). 여기서 교회는 특정한 지역 회중보다 보편적 교회를 가리킨다.[88] "열심"(ζῆλος)이라는 용어는 시기 같은 강렬하고 부정적인 감정을 나타내는 데 사용될 수 있었지만(예를 들어, 롬 13:13; 고전 3:3), 여기에서는 아마도 "헌신적인 마음이 특징으로 나타나는…무언가에 대한 강렬한 긍정적 관심"을 뜻한다.[89] 예를 들어, 사도는 다른 곳에서 자신을 향한 고린도 교인의 관심 또는 경건한 열심을 긍정적으로 말한다(고후 7:7, 11; 9:2; 11:2). 물론 '긍정적 관심'과 '헌신'은 몹시 빗나가거나 잘못 사용될 수 있다. 바울은 하나님을 위해 그런 열심을 품고 교회를 핍박했고, 그의 일부 유대인 동료들처럼 열심에 합당한 올바른 토대가 없었다(롬 10:2).

마지막으로 이 자격 목록에서 사도는 "율법의 의로는 흠이 없는 자라"(κατὰ δικαιοσύνην τὴν ἐν νόμῳ γενόμενος ἄμεμπτος)고 언급한다. 바울이 사용하는 "의"(δικαιοσύνη)

81. Hansen, *Philippians*, 223.
82. Bockmuehl, *Philippians*, 196.
83. Fee, *Philippians*, 307.
84. 행 6:1; Philo, *Moses* 2.32를 보라. 참고. 행 21:40; 22:22; 고후 11:22.
85. Bockmuehl, *Philippians*, 196. Martin Hengel and Roland Deines, *The Pre-Christian Paul* (London: SCM; Philadelphia: Trinity Press, 1991), 4-6을 따름.
86. Jacob Neusner and William Scott Green, eds., *Dictionary of Judaism in the Biblical Period: 450 B.C.E. to 600 C.E.* (New York: Macmillan Library Reference, 1996), 478-79.
87. Reumann, *Philippians*, 484-85.
88. 찬성 의견으로 Fee, *Philippians*, 308.
89. BDAG 427.

라는 개념은 악명이 높을 정도로 복잡하다. 때때로 사도는 그리스도와 맺은 관계 안에서만 발견될 수 있는 의를 가리킨다(예를 들어, 롬 1:17; 고후 5:21). 한 예로 그는 "하나님께로부터 난 의"(빌 3:9)를 말한다. 하지만 더 일반적으로 무(Moo)는 헬라어 구약에서 이 용어가 '언약' 언어로 기능하면서 이스라엘이 언약에 헌신하는 것에서 흘러나오는 삶의 패턴을 가리킨다고 지적한다.[90] 이러한 무의 이해는 바울이 여기에서 이 용어를 사용한 용법에 적합하다.

"율법의"(by means of the law, ἐν νόμῳ)라는 어구는 형용사적 기능과 수단적 역할을 하면서[91] 의의 특별한 형태를 가리킨다. 빌립보서 3:5에서 바울은 이미 "율법으로는"(κατὰ νόμον) 자신이 바리새인이었고, 하나님의 명령을 실행하는 일에 집중했다고 언급했다. 3:9에서 바울은 이 형태의 의(δικαιοσύνη)를 '율법에서 난 자신의 의'라고 말하며, 그것을 구현한 것에 대해 언급할 것이다. '율법 안에 있는 의'를 제공한 바리새주의의 기준에서 바울은 자신이 "흠이 없는 자라"(ἄμεμπτος)고 선언한다. 2:15에 대한 설명에서 언급한 것처럼 "흠이 없는"이라는 단어는 '결점이 없는' 혹은 '비난의 여지가 없는' 것을 뜻하고, 하나님과 다른 사람들 앞에서 의롭게 사는 것을 암시한다. 따라서 이것은 죄가 없다는 주장이 아니다. 율법에는 회개와 용서에 대한 조항이 있었기 때문이다. 그것은 오히려 기록되고 구전된 토라를 철저하게 지키는 삶에 대한 관심을 말하는 것이다.[92] 이와 같이, 바울은 모세 율법을 철저히 지키며 살았다는 주장으로 이 명예로운 자격 목록을 끝마친다.

3:7-8e 그러나 무엇이든지 내게 유익하던 것을 내가 그리스도를 위하여 다 해로 여길뿐더러 또한 모든 것을 해로 여김은 내 주 예수 그리스도 예수를 아는 지식이 가장 고상하기 때문이라([Ἀλλ'] ἅτινα ἦν μοι κέρδη, ταῦτα ἥγημαι διὰ τὸν Χριστὸν ζημίαν. 8 ἀλλὰ μενοῦνγε καὶ ἡγοῦμαι πάντα ζημίαν εἶναι διὰ τὸ ὑπερέχον τῆς γνώσεως Χριστοῦ Ἰησοῦ τοῦ κυρίου μου). 바울은 그리스도를 아는 지식의 훨씬 더 큰 가치와 비교해서 유익하거나 가치 있다고 여겨지는 모든 것을 "해"로 여긴다.[93] 이 목록의 진정한 정점은 "무엇이든지 내게 유익하던 것을"이라는 요약 진술에 뒤따라 나오는 "내가 그리스도를 위하여 다 해로 여길뿐더러"라는 선언이다. "무엇이든지"(ἅτινα)라는 말은 인간적 기준이나 가치의 관점에서 칭찬할 만하거나 유익한 것으로 여겨질 수 있는 모든 것이 포함되도록 바울의 성취 목록을 확대한다.[94]

5절과 6절의 내용은 그리스도 예수를 만나기 전에 바울에게 "유익하던 것"(ἦν…κέρδη)이었다. 우리는 이미 빌립보서 1:21에서 "유익"(gain)을 뜻하는 이 단어를 살펴보았다. 거기에서 바울은 "죽는 것도 유익함이라"(τὸ ἀποθανεῖν κέρδος)고 언급하는데, "유익함"은 '사도에게 유리하다'는 뜻이다. 성경 문헌에서 이 명사가 나타나는 유일한 다른 경우는 디도서 1:11이다. 거기에서 사도는 부정한 "이득"을 위해 사역하는 거짓 교사들에 대해 말

90. Moo, *Epistle to the Romans*, 80.

91. Wallace, *Greek Grammar*, 357, 372.

92. Hellerman, *Philippians*, 180. "토라에 따른 의"에 대해서는 4QMMT 113, 117을 보라. Bockmuehl, *Philippians*, 201에서 언급됨.

93. 표준 본문에서 괄호로 나타낸 대로 7절 처음의 ἀλλ'은 논쟁의 대상이 되는데, 거기에는 충분한 이유가 있다. Michael Holmes의 *SBL Edition of the Greek New Testament*는 ἀλλά를 포함하는데, Westcott와 Hort를 따라서 생략하지 않고 그 표현을 기록한다. 이 단어는 𝔓[46,61vid] ℵ* A G 0282. 33. 81. 1241 b d; Lcf Ambst and included by ℵ[2] B D F K L P Ψ 075. 104. 365. 630. 1175. 1505. 1739. 1881. 2464 𝔐 lat sy co에는 생략되어 있다. 분명히 강력한 대조 접속사가 문맥에 아주 잘 맞기 때문에, 생략된 것은 더 어려운 독법이며 외적 증거는 그것을 지지한다. 따라서 Fee는 생략이 본래의 독법일 가능성이 있다고 제안한다(Fee, *Philippians*, 311). 그럼에도 대조가 문맥에 분명히 내포되어 있다.

94. BDAG 729; Hellerman, *Philippians*, 180. 게다가 이 대명사는 불완전 구문의 주격 역할을 하는데, 전체 관계절이 뒤이어 나오는 목적격 복수 ταῦτα('이런 것들')로 요약된다. Wallace, *Greek Grammar*, 51-53을 보라.

한다. 이와 같이 이 용어와 그것의 동족 동사(κερδαίνω)는 이익, 이점, 가치 획득을 뜻할 수 있었다. 코이네 헬라어에서 이런 단어들은 종교적 의미를 지니기도 했다. 예를 들어, 그 동사는 형제를 '얻는 것'을 말하는 데 사용될 수 있었다(마 18:15). 또한 바울은 회심자들을 '얻는 것'을 말할 때 그 동사를 사용했다(고전 9:20-22).[95] 빌립보서 3장에서 현재 구절에 사용된 이 명사는 3:5-6의 명예 목록인 바울의 인간적 자격에 대한 그의 과거 관점을 알려준다. 개인적으로 바울은 그런 자격을 유리한 것(μοι)으로 여겼다.[96]

그렇지만 가치 있는 것들은 관점의 문제다. 바울은 다메섹 도상에서 그리스도를 만난 후, 자격 목록(3:5-6)에 있는 '이런 것들'[ταῦτα, 진실로 "무엇이든지" 유리한 것으로 여길 수 있었다(3:7a), 개역개정에는 "다"-역주]을 다르게 평가한다. 여기에서 '여기다'(ἡγέομαι)로 번역된 동사는 리더십의 실행을 뜻할 수 있었지만, 사도는 여기에서 그 용어를 '믿다, 생각하다, 고려하다'라는 의미로 사용한다.[97] '이런 것들'은 전에 가치 있거나 유리한 것으로 여겨졌지만, 이제는 다른 관점에서 "해"(ζημία)로 여겨진다. 이와 같이 삶에서 중요한 것에 대한 바울의 평가는 근본적으로 변화되었다.[98] "유익"(κέρδος)이 이익이나 이점과 관계가 있는 반면,[99] "해"(loss, ζημία)라는 단어는 정반대로 "불리함"이나 누군가가 잃는 것을 뜻한다.[100] 우리는 바울의 사상 배후에 있는 예수님의 말씀을 깨닫지 못하는 성경적 문맹이 되어서는 안 된다. "사람이 만일 온 천하를 얻고도 자기 목숨을 잃으면 무엇이 유익하리요"(막 8:36; 눅 9:25; 마 16:26).[101] 바울은 유익하다고 여겨온 모든 것을 이제 복음을 위해 포기했다.[102]

존 바클레이(John Barclay)에게서 인용한 다음의 글은 사람이 전에 매우 가치 있게 여겼던 것들로부터 그리스도께로 돌아설 때 일어나는 교환을 설명한다.

> 과거에 당연한 것으로 여겼던 가치 체계는 여기에서 약화된다. 과거의 가치 분류는 더 이상 중요하지 않다. 이것이 "유대인이나 헬라인이나 종이나 자유인이나 남자나 여자"(갈 3:28)라는 기준선이 없는 새로운 공동체, 이전의 가치 순위를 전복하고 상호 발전이라는 새로운 가능성을 창조하는 실험적 공동체를 만들어낼 수 있게 한다. 인간적 가치 기준에 따른 오래된 지위 다툼과 거리가 먼 이런 공동체에는 경쟁을 반대하는 새로운 정신이 있다. 또한 각 사람은 자신의 가치가 그리스도 안에 나타난 하나님의 사랑으로 보증된다는 점을 확실히 알고서 다른 사람들에게 기여한다. 그 가치는 그들의 사회적 지위나 인기, 부와 성공, 인종이나 성별에 영향을 받지 않는다. 바울은 서신에서 시종일관 명예에 사로잡힌 사회를 지배

95. *TLNT* 2:157-60.

96. 이점의 여격으로 이해된 헬라어 대명사.

97. *EDNT* 2:113.

98. 반대 의견으로, 예를 들어 Hansen, *Philippians*, 233. 물론 바울이 그의 지성을 갖고 새로운 방식으로 주님을 사랑하는 법을 배웠지만, 세상을 바라보는 바울의 새로운 방식의 지적 성향을 지나치게 강조할 필요는 없다. 바울의 근본적 변화는 "지적 과정"의 결과라기보다 다메섹 도상에서 그리스도를 개인적으로 대면하면서 더 많이 이루어졌다(Hansen, BDAG를 인용함).

99. 이중 목적격 구문, ταῦτα…ζημίαν은 그 동사의 목적어와 그것의 보어를 제공한다. Wallace, *Greek Grammar*, 185-86을 보라.

100. BDAG 428.

101. 예수님의 말씀에서 동사 동족어 κερδαίνω와 ζημιόω가 사용된다. 여기에서 예수님의 가르침과의 관계에 대해 Michael B. Thompson, *Clothed with Christ: The Example and Teaching of Jesus in Romans 12.1-15.13*, JSNTSup 59 (Sheffield: JSOT Press, 1991)를 보라.

102. 우리는 또한 2:6-11에 나오는 그리스도 찬송가에서 상당한 반향을 듣는다. 찬성 의견으로, 예를 들어 Fee, *Philippians*, 314-15; Silva, *Philippians*, 155. 그리스도가 "하나님과 동등됨을 취할 것으로 여기지(ἡγήσατο)" 아니하신 것처럼(2:6; 3:7-8), 바울은 더 이상 그의 명예 목록의 내용을 유익으로 여기거나 '간주하지' 않았다. 그리스도가 '자기를 비우신' 것처럼, 바울도 지위를 과시하는 종교적 표지들을 "해"로 여기면서 그것들을 외면했다(2:6-7; 3:7-8). 그리스도는 사람들과 같은 형체로 '발견되었으며'(found, εὑρεθείς), 바울은 이제 그리스도 안에 있는 것으로 '발견된다'(εὑρεθῶ, 2:7; 3:9). 이것은 그리스도께 죽음을 의미했던 것처럼(2:8; 3:10), 바울에게 '죽음'을 의미하지만 영광스러운 옹호를 뜻하기도 한다(2:9; 3:11).

하는 경쟁 문화의 가치를 깎아내리고, 최고가 되는 것이 아니라 다른 사람들을 섬기는 겸손에 가치를 부여한다. 왜냐하면 바울의 공동체는 경쟁이라는 일반적 가치 위에 세워지지 않았기 때문이다. 은혜로 부름받고 그리스도 안에 있는 것만이 유일하게 중요한 가치이고, 모든 것에 유의미한 가치였다. 바울이 언급한 자유의 의미에는 바로 인간적 가치 기준에서 벗어나는 해방이라는 뜻도 있다.[103]

따라서 바울의 사상에서 핵심은 그가 전에 높이 평가했던 것을 근본적으로 재평가하게 된 이유다. 바울은 "그리스도를 위하여"(διὰ τὸν Χριστόν) 그렇게 했는데, 이 표현은 심오한 관계적 의미를 담고 있는 것으로 봐야 한다. 이 문구는 '그리스도 때문에'[104](예를 들어, NRSV, CSB, NET) 또는 '그리스도를 위하여'(예를 들어, NASB, ESV, NIV)로 다양하게 번역된다.[105] 이 둘 중 하나를 선택할 필요는 없다. 둘 다 바울이 가치를 근본적으로 재평가한 이유가 되기 때문이다. 그것은 바울을 변화시킨 자극, 즉 그리스도가 바울을 만나 그를 변화시키신 것을 뒤돌아보는 '회고적'인 것이었는가?[106] 물론이다. 그것은 그리스도를 얻는 목표를 위해 모든 것을 포기하는 미래적인 것이었는가? 물론이다. 그리스도는 바울의 관점이 근본적으로 변화된 이유였다. 다메섹 도상에서 시작된 이 극적인 변화는 계속해서 바울의 삶을 형성했고, 다음 절에서 자세히 설명하듯이 사도가 '목표'에 도달하면서 절정에 이를 것이다(3:12, 14).

8절은 11절까지 이어지는 한 문장을 시작하며, 바울의 삶에서 다른 모든 가치를 대체한 위대한 가치를 요약한다. 그 가치는 그리스도를 아는 것, 곧 "바울이 존재하고 행하는 모든 것을 가득 채우고, 능력을 부여하며, 동기를 부여하는 관계"다.[107] 바울은 "또한 모든 것을 해로 여김은 내 주 그리스도 예수를 아는 지식이 가장 고상하기 때문이라"(ἀλλὰ μενοῦνγε καὶ ἡγοῦμαι πάντα ζημίαν εἶναι διὰ τὸ ὑπερέχον τῆς γνώσεως Χριστοῦ Ἰησοῦ τοῦ κυρίου μου)고 쓴다. 이 문장은 일련의 접속사로 시작한다. 첫 번째(ἀλλά)는 대조('그러나')로 읽을 수 있지만, 나는 여기에서 그것을 강조('진실로', indeed)로 번역하기를 선호한다. 바울은 수정의 뜻을 전달하면서[108] 바로 다음에 접속사(μενοῦνγε)를 문장에 끼워 넣는데, 그것은 '오히려', '그 반대로'라는 의미다.[109] 마지막으로 바울은 καί를 추가한다. 그것은 여기에서 부가적일 수 있다('또한', '더욱').[110] 따라서 8절 앞부분에서 바울이 이 구문을 어색한 방식으로 결합하는 것 같지만, 그것들은 강조('진실로'), 부가('더욱'), 대조('그 반대로')로 이루어진 전환이므로, 매우 강조적인 전환을 나타낸다. '진실로, 그것보다 훨씬 더.'[111] 본질적으로 사도는 3:7에서 언급된 '이

103. John Barclay, "Paul, Grace, and Liberation from Human Judgments of Worth"(2017년 미주리주 세인트루이스에 있는 컨콜디아신학교에서 한 강의), 9-10.

104. BDF 119.

105. Robertson, *Grammar*, 583-84에서 언급됨.

106. 찬성 의견으로, 예를 들어 Fee, *Philippians*, 315; Reumann, *Philippians*, 489.

107. Bockmuehl, *Philippians*, 206.

108. 고전 헬라어에서 μεν οὖν 또는 μεν οὖν γε 구문은 방금 진술한 어떤 것을 수정하거나 고조시키는 데 사용될 수 있었다. BDF 234를 보라.

109. μεν οὖν 구문이 그리스 로마 문헌에서 흔했던 것처럼, ἀλλὰ μεν, ἀλλὰ οὖν γε 그리고 ἀλλὰ καί 구문 역시 흔했다. 바울은 μενοῦνγε를 다른 곳에서 두 번 사용하며(롬 9:20; 10:18), 거기에서도 그는 강조적 수정의 뜻을 나타낸다. Margaret Thrall은 8절 처음에 나오는 복잡한 구문을 ἀλλὰ καί와 μενοῦνγε의 결합으로 이해하면서, 후자가 강조를 위해 추가된 것으로 본다. '그뿐만 아니라 더욱더.' 하지만 이것은 일반적인 '뿐만 아니라…또한' 구문이 아니다. Silva, *Philippians*, 168; Thrall, *Greek Particles*, 11-16; Fee, *Philippians*, 317을 보라.

110. 우리는 신약, LXX, 광범위한 그리스 로마 문헌에서 γε καί가 부가적인 것처럼 보인다는 점을 지적해야 한다. 그것은 고려하기 위해 추가된 어떤 것이라는 생각을 전하는 '더욱'(even)의 의미를 지닌다.

111. 대부분의 표준 영어 번역본은 이 결합을 '그것보다 더'[more than that, NASB, NRSV, CSB, NET; 참고. NIV, '더욱이'(what is more)] 또는 '진실로'(indeed, ESV)로 번역하지만, 이 구문의 강조적 본질은 더 많은 것을 요구한다.

것들'을 해로 여긴 것이라는 생각에서 더 나아가, 8절에서는 그 범위에 "모든 것"을 포함하여 확대한다.

내가 **이것들**을 해로 여길뿐더러
ταῦτα ἥγημαι⋯ζημίαν(7절)
진실로 그것보다 훨씬 더
ἀλλὰ μενοῦνγε καί(8a절)
모든 것을 해로 여김은
ἡγοῦμαι πάντα ζημίαν εἶναι(8b절)

이와 같이 바울이 이전 삶의 종교적 가치를 포기한 것은 절대적이고 모든 것을 포함한다. 그는 '인간적 기준'(4절, 개역개정에는 "육체"–역주)으로 가치 있다고 여겼던 "모든 것"을 포기했다. 그것들은 그리스도를 얻는 기회를 위해 완전히 버려진 절대적이고 전적인 "해"다. "내 주 그리스도 예수를 아는 지식이 가장 고상하기 때문이라"(διὰ τὸ ὑπερέχον τῆς γνώσεως Χριστοῦ Ἰησοῦ τοῦ κυρίου μου). 바울이 근본적으로 헌신하는 원인(διά)은 무엇인가? 바울은 "가장 고상한"(τὸ ὑπερέχον) 어떤 것에 직면했다. 이 단어는 다른 어떤 것을 능가하거나 뛰어나거나 더 좋은 것을 말한다.[112]

그다음에 대단히 고상한 것은 무엇이었는가? 첫째, 어떤 형태의 "지식",[113] 특히 "내 주 그리스도 예수"를 아는 지식이다. 이 주제는 10–11절에서 자세히 설명된다. 바울은 먼저 다메섹 도상에서 개인적인 대면을 통해 그가 염두에 두고 있는 지식을 얻었고, 자신의 삶과 사역 가운데서 계속 그리스도에 대해 배웠다. 이것이 '예수에 대한' 지식이지만,[114] 그것은 단순히 정보를 모으는 것이 아니다. 오히려 사도는 깊은 관계적 지식을 말한다. 물론, 우리는 어떤 사람을 개인적으로 알기 위해서는 그 사람에 대해 배워야만 한다. 따라서 사도는 때때로 그리스도에 대한 기본적인 '이해'나 "지식" 또는 제자도에 필수적인 것으로서 기독교 신앙에 대해 말한다(예를 들어, 롬 15:14; 고전 1:5; 고후 2:14; 4:6; 골 2:3). 그런 지식은 기본적인 것이다. 하지만 이 본문에 스며들어 있는 지식은 일련의 개념에 대한 인지적 동의보다 훨씬 심오하다.

바울은 다른 곳에서 율법에 근거한 일종의 지식을 지닌 유대교에 대해 말하지만(롬 2:20), 여기에서 우리는 근본적으로 다른 유형의 지식을 접한다. 이것은 광범위한 그리스 로마 세계에서 발견되는 유형의 철학적 지식(신비적이고 지적인 내부자의 지식)이 아니다. 오히려 바울은 우리가 10절에서 더 자세히 살펴보게 될 것처럼, 다른 사람에 대한 친밀한 관계적 지식을 말한다. 앞서 언급했듯이 '주님을 아는 것'은 풍부한 구약 배경이 있는 개념이다(예를 들어, 렘 9:23–24). 이 친밀한 종류의 지식은 계시를 포함한다. 그것은 하나님과 개인적이고 친밀한 관계를 맺도록 이끈다. 앞으로 이에 대해 더 자세히 말할 것이다. 이와 같이 그리스도는 바울에게는 단순한 "주"[115]가 아니다. 바울은 그분을 "내 주"(τοῦ κυρίου μου)라고 부른다.[116]

3:8f–9 내가 그를 위하여 모든 것을 잃어버리고 배설물로 여김은 그리스도를 얻고 그 안에서 발견되려 함이니 내가 가진 의는 율법에서 난 것이 아니요 오직 그리스도를 믿음으로 말미암은 것이니 곧 믿음으로 하나님께로부터 난 의라(δι᾽ ὃν τὰ πάντα ἐζημιώθην, καὶ ἡγοῦμαι σκύβαλα, ἵνα Χριστὸν κερδήσω 9 καὶ εὑρεθῶ ἐν αὐτῷ, μὴ ἔχων ἐμὴν δικαιοσύνην τὴν ἐκ νόμου

112. BDAG 1033. 여기에서 관사+분사(ὑπερέχω에서 유래)의 현재 능동태.
113. 아마도 한정된 소유격, 즉 '대단히 위대한' 또는 '훨씬 더 귀중한 지식.' 이 구문 범주에 대해 Wallace, *Greek Grammar*, 90; Hellerman, *Philippians*, 183을 보라.
114. BDAG 1033.
115. "주"가 되시는 그리스도에 대해서는 2:11에 대한 설명을 보라. '주를 아는 것'에 대해서는 3:9에 대한 설명을 보라.
116. Fee, *Philippians*, 318. 게다가 τοῦ κυρίου μου 문구는 Χριστοῦ Ἰησοῦ와 동격이다.

ἀλλὰ τὴν διὰ πίστεως Χριστοῦ, τὴν ἐκ θεοῦ δικαιοσύνην ἐπὶ τῇ πίστει). 바울은 자신의 과거 삶에서 지위를 나타내는 '명예'에 대한 평가를 이어나가면서 자신의 동기에 대해 진술하는데, 이것은 특별히 감동적이다. 그는 그리스도를 위하여 모든 것을 "해"로 여기고 "배설물"로 간주한다. 사도는 하나님이 그리스도에 대한 믿음에 근거해서 사람에게 주시는 생명의 의와 그리스도를 '얻기' 위해 자신의 과거 삶과 업적을 내버렸다. 바울은 그리스도와 관련된 언어를 반복해서 사용하여 이 동기를 설명하기 때문에, 그가 사용하는 표현은 독자로 하여금 심오한 그리스도 중심성을 떠올리게 한다.

"그리스도를 위하여."	διὰ τὸν Χριστὸν(3:7d)
"내 주 그리스도 예수를 아는 지식이 가장 고상하기 때문이라."	διὰ τὸ ὑπερέχον τῆς γνώσεως Χριστοῦ Ἰησοῦ τοῦ κυρίου μου(3:8c–e)
"그를 위하여."	δι᾽ ὃν(3:8f)

각각의 경우, 바울은 그리스도와 관계를 맺기 위해 세상에서 일정한 지위를 누릴 수 있는 이전의 자격과 이점을 "해"로 재평가해야 했다.

"내가…다 해로 여길 뿐더러."	ταῦτα ἥγημαι…ζημίαν(3:7c)
"모든 것을 해로 여김은."	ἡγοῦμαι πάντα ζημίαν εἶναι(3:8b)
"내가…모든 것을 잃어버리고 배설물로 여김은."	τὰ πάντα ἐζημιώθην, καὶ ἡγοῦμαι σκύβαλα(3:8f–g)

따라서 이런 반복은 수사학적으로 그리스도를 아는 지식의 더 큰 가치와 그분을 위해 손해를 보는 것의 적합성을 납득시킨다.[117] 중요한 방식으로, 바울은 해를 표현하면서 그 언어를 다양하게 사용한다. 7절에서 바울이 다 해로 '여겼다'(ἥγημαι)고 말할 때 사용한 동사 형태는 과거의 결정뿐만 아니라 계속 진행 중인 상태를 함축한다. 이런 계속적인 헌신은 또한 8절에서 동일한 동사의 현재 시제 형태로 표현된다.[118] 다시 말해, 바울이 그리스도를 만났을 때 그의 가치 체계는 변화되었고, 그의 새로운 관점이 계속해서 그의 삶을 이끌어간다.

때때로 해를 나타내는 동사(ζημιόω)[119]는 고통과 역경, 사람이 박탈당한 것, 상해를 입는 것과 관련된다.[120] 바울이 전하고자 하는 의미는 분명하다. 그리스도를 받아들이는 것은 바울이 세상에서 자신의 지위를 평가했던 모든 것을 희생시켰다. 그렇다 하더라도 사도는 잃어버린 것에 큰 가치를 부여하지 않는다, 오히려 정반대다. 바울은 그리스도를 아는 것을 위해 "모든 것"(τὰ πάντα)을 "배설물"과 같은 수준의 가치를 지닌 것으로 분류했다. 나는 그 단어(σκύβαλα, σκύβαλον의 복수형)를 그것의 천함으로 불쾌감을 주기 위해 거칠게 '똥'(crap)이라고 번역했다.

117. 찬성 의견으로 Hooker, "Philippians," 526–27.

118. 두 번째 일련의 반복에서 동사들의 시상이 중요하다. 7절에서 ἥγημαι는 완료 중간태이므로 상태를 나타내며, 아마도 바울의 과거 회심 경험에서 그의 현재 자세까지 이어진다. 하지만 8절에서 사도는 동일한 동사의 현재형(ἡγοῦμαι)으로 바꾸어 미완료 시상으로 계속되는 자세를 말할 것이다. 8절의 후반부에서 사도가 "해"(loss, ζημία)로 번역된 명사에서 관련 동사 "내가…모든 것을 잃어버리고(lost, ζημιόω)"로 바꾸면서 재평가는 약간 다르게 표현된다. 여기에서 그 동사는 완료 시상으로 "해"에 대한 요약을 제공한다. 하지만 바울은 8절 끝에서 ἡγοῦμαι를 다시 현재 중간태로 사용하여 그리스도께 대항할 수 있는 "모든 것"에 대한 계속적인 자세를 다시 나타낸다.

119. 이 동사는 신약에서 수동태로만 발견되며, BDF 87이 제안하는 대로 그것은 중간 의미인 '잃다'(lose)로 바뀌었을 수 있다. 예를 들어, 마 16:26; 막 8:36; 눅 9:25; 고전 3:15; 고후 7:9을 보라.

120. BDAG 428.

왜냐하면 그것은 조잡하기[121] 때문이다. 몇몇 주석가가 언급한 대로, 영어 속어인 crap(쓰레기, 똥)은[122] 고대 세계의 거리에 있는 사람이 여기에서 바울의 언어를 어떻게 들었을지 짐작할 수 있게 해준다. 이 용어는 식탁에서 떨어진 부스러기, 쓰레기, 찌꺼기를 뜻할 수 있었고, 흔히 똥이나 대변을 의미했다.[123] 다시 말해, 바울은 오직 쓰레기에 알맞은 것 또는 오물로 버려질 것을 언급한다. 한 번 쓰고 버릴 뿐만 아니라 아주 더러운 것 말이다.

사도의 요점은 그의 유대 유산을 모욕하는 것이 아니라(참고. 롬 3:1-2; 9:1-5), 최고 가치를 만들어내는 정체성인 그 유산을 포기하는 이유를 설명하는 것이다. 존 바클레이는 갈라디아서 2:15-16을 주해하면서 이렇게 말한다. 바울에게 "유대 인종은 더 이상 자기 정체성의 1차 형태나 규범을 결정하는 궁극적 요인이 아니다. 유대성은 제거되는 것이 아니라, 그리스도께 속하는 우월한 지위에 의해 그 규범적 중요성이 상대화되었다."[124] 우리 본문에서도 동일한 관점이 작용하고 있다. 바울의 경우에는 그의 유대 유산과 그것의 종교적 정체성 및 삶의 패턴을 포함하여 세속적 관점에서 그리스도보다 가치 있게 여겨질 수 있었던 모든 것이, 그리스도를 아는 것이라는 훨씬 더 큰 가치를 위해 버려졌다. 이것들은 비교할 바가 못 된다. 그리스도는 최상의 가치를 지니신 분이다. 세상의 시각에서 볼 때 '좋거나 명예로운' 것조차도 그것의 적합한 자리에 놓여야 한다. 바울은 유대교를 다른 것으로 대체하지 않았다. 그는 그리스도를 유대교의 참된 구현과 성취로 받아들였다.

게다가 바울은 '그리스도를 얻기' 위해(ἵνα Χριστὸν κερδήσω) 모든 것을 오물로 여겼다.[125] 그렇다면 '그리스도를 얻는 것'은 무슨 의미인가? 우리는 이미 8절에서 어떤 의미에서 그리스도를 '얻는 것'은 '주를 아는 것'을 뜻함을 살펴보았다. 그에 대해서는 10절에서 더 분석할 것이다. 하지만 9절에서 우리는 그리스도와 맺는 관계에 대해 사도가 이해하는 것의 또 다른 측면("의"의 개념에 초점을 맞춘 측면)을 본다. 바울은 '그리스도를 얻는 것'을 "그 안에서 발견되려 함이니"(καὶ εὑρεθῶ ἐν αὐτῷ)라는 말로 확대한다.[126] '발견되다'라는 동사는 그 목적절의 전반부에 나오는 '얻다'(κερδήσω)라는 단어와 평행을 이룬다.[127] 그러나 초점은 지금 하나님께 있다(즉, '하나님에 의해 발견되려 함이니'). 아마 바울은 마지막 심판 때 자신이 하나님 앞에 서는 것을 염두에 두고 있을 것이다(참고. 고후 5:10).

따라서 발견된다는 언어는 어느 정도 그리스도를 얻

121. 찬성 의견으로 Silva, *Philippians*, 157. Silva는 "스퀴발라(*skybala*)의 의미를 '쓰레기' 같은 등가물로 경시할 필요가 없다"라고 주장한다.

122. 이것은 교육받은 사람들에게 어울리지 않는 상스러운 말이다. 이 용어를 사용하는 것이 금지된 가정에서 자란 나는 그 단어를 쓰는 것조차 불편하게 느껴진다. 그리고 이것이 바로 바울이 σκύβαλον을 사용하는 요점이다. 의미론적으로 영어 단어 crap은 대변이라는 뜻일 뿐만 아니라, 쓰레기나 쓰고 버릴 수 있는 것 혹은 품질이나 가치가 거의 없는 것을 가리킬 수도 있나. 수사적으로 그것은 독자가 잠시 멈추어 생각하게 해주고, 그리스도를 따르려는 자에게 요구되는 근본적 재평가가 얼마나 철저한 것인지를 보여주기 위해 사용되었다.

123. *TLNT* 3:263-65.

124. John M. G. Barclay, *Paul and the Gift* (Grand Rapids: Eerdmans, 2015), 372.

125. 동사 κερδήσω는 κερδαίνω의 부정과거 능동태 가정법이며, 미완료 시상을 가진 ἡγοῦμαι와의 관계 속에서 읽어야 한다. '그는 얻기 위하여…여긴다.' 이것은 바울이 3:10-11에서 언급한 대로, 부활 때 그리스도와 맺은 관계가 완성될 것을 기대한다는 의미다. 하지만 바울의 개시된 종말론, 즉 '이미와 아직' 관점은 그의 신학적 체계에 구석구석 스며들어 있다. 이 본문에서 바울은 오로지 현재 그리스도와의 관계에만 초점을 맞추지도 않고, 오로지 미래에만 초점을 맞추지도 않는다. 오히려 그리스도와 맺은 관계는 그가 회심할 때 시작되었고 계속해서 현재 그의 삶을 형성하지만, 언제나 종말에 그것이 완성될 것을 바란다. 찬성 의견으로 Fee, *Philippians*, 317-20, 330, 335; Hawthorne, *Philippians*, 139-40.

126. 동사 '발견되다'(εὑρίσκω)는 여기에서 2:7에 나오는 동일한 동사를 되풀이한다. 거기에서 그리스도는 '사람의 모양으로 나타나셨다(found).'

127. 나는 καί로 결합된 두 동사가 이사일의(hendiadys)를 형성하는 것으로 보는 Fee의 독법을 완전히 지지하기 어렵다. Fee는 두 번째 구성 요소가 첫 번째 요소의 개념을 발전시킨다고 본다. "그리스도를 얻고, 즉 그 안에서 발견되려 함이니." 찬성 의견으로 Fee, *Philippians*, 320.

는 것이 의미하는 바를 설명한다. '그리스도 안에서 발견됨'을 말하는 것은 공간적 의미를 지닐 수 있다. 바울은 위치와 정체성의 의미에서 '그리스도 안에' 있다. 이와 같이 바울은 그리스도와 맺은 관계 안에서 산다. 그는 그 관계로 말미암아 그리스도와 함께하는 집단적 연합과 정체성을 다른 신자들과 공유한다. 이 관계를 통해 바울은 그리스도의 죽음과 부활 가운데 그분과 연합하고(예를 들어, 갈 2:20; 골 2:20; 3:1, 3), 그가 계속 설명하는 것처럼 그는 그리스도의 의를 공유한다.[128]

따라서 사도는 '그리스도 안에서' 발견되는 사람들의 상황을 분석한다. 매틀록(R. B. Matlock)이 πίστις Χριστοῦ('그리스도에 대한 믿음/그리스도의 믿음') 구문을 다룬 글에서 제시한 분석을 따라, 여기에서 바울의 사상의 구조는 다음과 같이 정리할 수 있다.[129]

I	μὴ	ἔχων ἐμὴν	δικαιοσύνην	τὴν	ἐκ νόμου ἀλλὰ
				τὴν	διὰ πίστεως Χριστοῦ
	아니요	내가 가진	의		율법에서 난 것
					오직 그리스도를 믿음으로 말미암은 것
II	τὴν	ἐκ θεοῦ	δικαιοσύνην		ἐπὶ τῇ πίστει
		하나님께로부터 난	의		믿음으로

여기에는 "의"가 '그리스도 안에서' 발견되는 것과 어떤 관련이 있는지 설명되어 있다. 바울은 먼저 독자에게 의가 아닌 것을 말하고, 그다음에 그 의가 무엇인지 설명하면서 그 의의 수단이 그리스도에 대한 믿음이며 그 의의 근원이 하나님이라고 제시한다. 매틀록의 분석에 따르면, II행은 I행과 평행을 이루고, "의"가 중심 주제다. I행은 더 복잡하고, "오직"(but rather, ἀλλά)의 대조적 용법이 가리키는 것처럼, 상반되는 단어들로 구성되어 있다. 여기에서 우리는 긍정적인 평가("오직 그리스도를 믿음으로 말미암은 것이니")와 대조되는 부정적인 평가("내가 가진 의는 율법에서 난 것이 아니요")를 접한다. II행은 I행의 더 단순한 반복으로 첫 번째 행을 더 자세히 진술하는데, 바울이 다루는 의의 긍정적 근원과 수단에만 초점을 맞춘다.

이런 대조적인 두 형태의 의는 각각 '개인화된' 행위자와 관계가 있다. 하나는 "내가 가진"(ἔχων ἐμήν)[130] 인간적인 의이고, 또 다른 하나는 "하나님께로부터 난"(ἐκ θεοῦ) 신적인 의다. 바울이 더 이상 주장하지 않는 의는 먼저 "내가 가진 의"로 진술된다.[131] 앞에서 바울은 이미 "육체"(ἐν σαρκί, 4절)로 평가된 의에 따라, 자신이 모세 율법의 명령을 철저하게 따르는 "흠이 없는"(ἄμεμπτος, 6절) 자였다고 말했다. 따라서 바울의 의는 율법과 일치했었다(τὴν ἐν νόμῳ). 5절에서 바울은 자

128. Campbell, *Paul and Union with Christ*, 184–89.

129. 비슷하게 들리는 μή와 τήν 그리고 ἔχων과 ἐκ를 일렬로 줄을 맞추기 위해 약간 변화를 주었다. R. Barry Matlock, "The Rhetoric of πίστις in Paul: Galatians 2:16, 3:22, Romans 3:22, and Philippians 3:9," *JSNT* 30.2 (2007): 178–81을 보라. Matlock은 그의 접근법을 자주 인용되는 W. Schenk의 유사 교차대구법 구조 및 M. Bockmuehl의 더 산만하게 설명된 구조와 대조시킨다. 교차대구법 구조는 다음과 같다.

μὴ ἔχων ἐμὴν
δικαιοσύνην
τὴν ἐκ νόμου
ἀλλὰ τὴν διὰ πίστεως Χριστοῦ
τὴν ἐκ θεοῦ
δικαιοσύνην
ἐπὶ τῇ πίστει

Schenk, *Die Philipperbriefe des Paulus*, 250–51을 보라. 여기에서 문제는 Matlock이 지적한 것처럼 τὴν διὰ πίστεως Χριστοῦ가 분명히 그 초점인 반면, ἐπὶ τῇ πίστει와의 관계는 왜곡되어 있다는 것이다. 다른 한편으로 Bockmuehl(*Philippians*, 209)은 "내가 가진"과 "그리스도를 믿음으로"를 짝지으며, "율법에서 난" 의를 "하나님께로부터 난" 의와 대조한다. 이 둘 또한 문제가 있는 것 같다.

130. 우리는 마가복음 7:1–13에서 예수님이 바리새인들에게 하신 말씀을 생각할 수 있다. 거기에서 예수님은 그들의 전통을 "사람의"(τῶν ἀνθρώπων) 전통이라고 말씀하신다.

131. 여기에서 δικαιοσύνην과 일치시키기 위해 여성 단수 형태를 취한 인칭 소유 대명사 ἐμός는 형용사적으로 그 명사의 범위를 정한다.

신을 "율법으로는"(κατὰ νόμον) 바리새인으로 살아왔다고 묘사했다. 그것은 그가 구전된 율법과 기록된 율법을 엄격하게 지키면서 살았다는 것을 의미한다. 따라서 5절과 6절에 나오는 바울의 진술은 "내가 가진 의는 율법에서 난 것이 아니요"(ἐμὴν δικαιοσύνην τὴν ἐκ νόμου)라는 말의 의미에 대한 유익한 배경을 제공한다. 그것은 바리새주의에 구현된 특별한 형태의 율법 준수를 언급한다. 바울에게 그 종류의 의의 궁극적 근원은 인간이었으므로, "하나님께로부터 난 의"(τὴν ἐκ θεοῦ δικαιοσύνην)와 대조하면 불충분했다.

게다가 "율법에서 난"(τὴν ἐκ νόμου)이라는 어구는 "그리스도를 믿음으로 말미암은"(τὴν διὰ πίστεως Χριστοῦ)과 대조를 이룬다.[132] 두 묘사는 의를 획득하는 수단에 대해 말한다.[133] 게다가 "그리스도"(Χριστοῦ)에 대한 언급은 바울이 신뢰하는 대상이 되시는 메시아를 가리킨다.[134] πίστις라는 헬라어는 "믿음" 혹은 '신뢰'로 번역되는데, 바울은 때때로 이 단어로 그리스도를 따르는 사람의 신실함을 나타내기도 하고, 대부분의 경우 하나님을 향한 신뢰나 확신의 자세를 가리킨다(예를 들어, 롬 1:5, 8, 12, 17; 3:27–28; 4:5, 9). 하지만 그것은 하나님의 신실하심을 말할 수도 있다(예를 들어, 롬 3:3). 종종 그리스도는 믿음의 대상으로 분명히 제시되는데, 빌립보서 1:29은 물론이요 3:9에서도 그렇다. "그리스도를 위하여 너희에게 은혜를 주신 것은 다만 그를 믿을(τὸ εἰς αὐτὸν πιστεύειν) 뿐 아니라 또한 그를 위하여 고난도 받게 하려 하심이라"(1:29).

바울 자신의 율법에서 난 의는 그리스도를 믿음으로 말미암은 의와 대조된다. 바울은 이제 그리스도께 얻은 의를 자세히 설명하는데, 그것을 "믿음으로 하나님께로부터 난 의"(τὴν ἐκ θεοῦ δικαιοσύνην ἐπὶ τῇ πίστει)라고 부른다. 사도는 이 의를 두 가지 방법으로 묘사한다. 첫째, 그것은 "하나님께로부터"(ἐκ θεοῦ) 난 또는 '하나님이 가져오신' 의다. 즉, 그것은 하나님이 그것의 궁극적인 행위자가 되시는 의다. 둘째, 그것은 "믿음으로"(ἐπὶ τῇ πίστει) 갖게 된 의다. 9절의 "믿음으로 말미암은"(διὰ πίστεως)이라는 말을 의를 얻는 수단으로 올바르게 읽는다면, 이 문구(διὰ πίστεως)와 9절 끝에 나오는 "믿음으로"(ἐπὶ τῇ πίστει)는 대응 관계에 있다고 볼 수 있다. 여기에서 "…으로"로 번역된 매우 유연한 의미를 지닌 전치사(ἐπί)는 존재 상태나 행동의 근거를 표시하는 기능을 한다. 즉, 하나님께로부터 난 의는 하나님에 대한 적극적인 신뢰를 '근거로' 한다. 따라서 '신뢰'(πίστις)와 관련된 두 문구는 개념적으로 거의 동등하고, 사람이 의를 경험하고 '그리스도 안에서' 발견되는 수단으로서의 믿음을 말한다.[135] 이러한 것은 율법의 수단이 아니라 그리스도를 신뢰함으로 이루어진다. 여기에 예수 그

132. 이 문구 각각의 앞에 있는 관사들은 관계 대명사 역할을 한다. 두 명사는 소유격이고, 그 앞에 전치사가 나오며, 각 문구는 세 번째 한정적 위치에 놓여 있다. Matlock, "Rhetoric," 180.

133. '…에서 난'(issuing from, ἐκ νόμου의 ἐκ)은 근원이나 수단을 나타내지만, 바울의 사상은 후자를 선호하는 것 같다. BDAG 297을 보라. 바울이 여기에서 '수단'을 나타낸다는 제안은 부분적으로 이 본문에서 발견되는 대조적인 구조적 평행에 근거한다. 그 의미는 διὰ πίστεως에서 διά+소유격과 비슷한데, 그것 또한 수단을 나타낼 수 있다('믿음에 의하여'). 전치사들의 변동은 문체상 변화와 구조적 균형을 제공한다(참고. 예를 들어 롬 3:30에서 전치사들이 비슷하게 기능한다). 찬성 의견으로 Matlock, "Rhetoric," 180–81. 그는 다음과 같이 쓴다.

"현저하게 되풀이되는 패턴에서 바울은 πίστις와 νόμος를 대립시키는데, ἐκ 또는 διά와 같은 도구적 전치사(또는 때때로 문체상 변형들)와 함께 연결되고, 중간 용어는 δικαιόω 또는 δικαιοσύνη(그리고 변형들)가 나온다. 그 예는 다음과 같다.

- ἐκ와 함께: 갈 2:16; 3:2, 5, 7, 8, 9, 10, 11, 12, 18, 21, 22, 24; 5:5; 롬 3:20, 26, 30; 4:2, 14, 16; 5:1; 9:30, 32; 10:5, 6; 빌 3:9.
- διά와 함께: 갈 2:16, 19, 21; 3:14, 26; 롬 3:20, 22, 25, 27, 30, 31; 4:13; 빌 3:9.
- 기타: 갈 2:20; 3:11; 5:4(ἐν); 롬 3:28(단순 여격); 롬 3:21, 28; 4:6(χωρίς); 롬 4:11, 13(단순 소유격); 빌 3:9(ἐπί)."

134. 주요한 대안은 이 문구를 주격 소유격, 즉 '그리스도의 믿음 또는 신실하심'으로 읽는 것이다. 이 모호한 구문에 대한 광범위한 논의에 대해 뒤에 나오는 '심층 연구'를 보라.

135. Matlock, "Rhetoric," 181.

심층 연구

πίστις Χριστοῦ 논쟁[136]

'그리스도의 믿음/그리스도에 대한 믿음'(πίστις Χριστοῦ)이라는 문구에 대한 해석은 바울 신학의 핵심 주제로 부상하여 엄청난 논의를 불러일으켰다. 이 문제에 대한 개관으로 홀러웨이의 주석에 수록된 부록을 보라.[137] 또한 광범위한 신약 연구에서 이 주제를 다룬 글을 모은 탁월한 책인 『예수 그리스도의 믿음』(Faith of Jesus Christ)을 보라.[138] 나는 여기에서 그 문제에 대해 간단한 개요만 제공할 수밖에 없다. 관심 있는 독자들은 더 자세하게 다룬 자료를 찾아보아야 한다.

리처드 헤이스(Richard Hays)를 따르는 학자들은 이 문구를 주격적 소유격, 즉 그리스도의 '믿음' 또는 '신실하심'으로 읽는다.[139] 이 입장을 지지하는 논거들은 다음과 같다. (1) 사도가 πίστις라는 용어를 소유격으로(이 경우에 Χριστοῦ) 사용하는 다른 모든 경우에서 소유격은 주격(즉, 주어의 역할)이다. (2) 이 문구를 목적격적 소유격으로 읽는 것은 종종 불필요한 중복을 극복하기 위해 수행된다. 왜냐하면 근접 문맥에서 때때로 믿음의 대상에 대한 진술이 존재하기 때문이다(예를 들어, 갈라디아서 2:16에서 "그리스도 예수"의 반복). (3) 그리스도의 인격과 사역을 지향하는 신학은 복음을 받아들이는 사람들의 특정한 반응에 초점을 맞춘 신학보다 이치에 더 맞다.[140]

제임스 던과 배리 매틀록을 포함하여 다른 사람들은 이 문구를 목적격적 소유격(즉, 믿음의 대상으로서 그리스도)으로 읽는다.[141] 이 입장을 지지하는 가장 강력한 논거들은 다음과 같다. (1) 오리게네스와 크리소스토무스를 포함한 여러 교부가(헬라어를 사용했던 사람들) 이 표현을 목적격적 소유격으로 이해했는데, 그것은 그 언어의 자연스러운 독법임을 명백히 보여준다. (2) 바울은 종종 믿음으로 행동하는 사람보다 믿음의 대상이신 그리스도를 말한다(신약에서 전자를 보여주는 명백한 예는 없다). (3) πίστις가 '명확한 전치사를 지닌 머리 용어로, 그 사이에 관사 없이 그리고 이어지는 소유격 요소와 함께' 사용될 때, 그 소유격은 목적격이라는 언어학적 근거가 있다. 이 세 번째 요점에 대해서는 포터(Porter)와 피츠(Pitts)의 글을 보라.[142] 그들은 다른 주석적, 신학적 증거와 함께 고려해야 할 강력한 문법적 근거를 제시한다. 또한 다른 사람들은 두 입장이 결합된 해석을 선택하는데, 이는 가우드 앤더슨(Garwood Anderson)의 저작과 모나

136. 전문적인 문법적 논의에 관심이 없는 독자는 이 부분을 건너뛰어도 좋다.

137. Holloway, *Philippians*, 165–68.

138. Michael F. Bird and Preston M. Sprinkle, eds., *The Faith of Jesus Christ: Exegetical, Biblical, and Theological Studies* (Milton Keynes: Paternoster; Peabody, MA: Hendrickson, 2010).

139. 이에 대해, Richard B. Hays, *The Faith of Jesus Christ: An Investigation of the Narrative Substructure of Galatians 3:1-4:11* (Atlanta: Scholars Press, 1983); Morna Hooker, "ΠΙΣΤΙΣ ΧΡΙΣΤΟΥ," *NTS* 35 (1989): 321–42; Ian G. Wallis, *The Faith of Jesus Christ in Early Christian Traditions*, SNTSMS 84 (Cambridge: Cambridge University Press, 2005)를 보라.

140. Holloway, *Philippians*, 165–66.

141. 예를 들어, James D. G. Dunn, "Once More, Πιστις Χριστου," in *Pauline Theology, Volume IV: Looking Back, Pressing On*, ed. E. Elizabeth Johnson and David M. Hay (Atlanta: Scholars Press, 1997), 61–81; Matlock, "Rhetoric."

142. Stanley E. Porter and Andrew W. Pitts, "Πίστις with a Preposition and Genitive Modifier," in Bird and Sprinkle, *Faith of Jesus Christ*, 33–53.

후커(Morna Hooker)가 제시한 최신 입장에서 볼 수 있다.[143]

모든 것을 종합해보면, 빌립보서 3:9에서 목적격적 소유격으로 읽는 독법을 지지하는 논거가 주석적, 문법적, 상황적 요인에 근거하여 볼 때 가장 유력한 것 같다. 게다가 이 논쟁에서 한 가지 실수는 우리가 "믿음"의 본질을 어떻게 이해하느냐와 관련되어 있다. 이 구문을 주격적 소유격으로 읽는 몇몇 사람은 신자의 "믿음"을 행위의 한 형태로 여긴다. 하지만 우리가 πίστις를 신자 편에서 '신뢰'와 관계되는 것으로 이해한다면, 신뢰에는 본질적으로 그리스도의 신뢰성 또는 신실하심이 전제된다. 이것이 주격적 소유격의 독법이 강조하는 것이다. 이러한 '신뢰'는(행위의 한 형태라기보다) 사람이 자신의 의를 놓거나 포기할 것을 요구한다. 이것이 바울이 "내가 가진 의는…아니요"라고 말할 때 의미하는 것이다.

리스도를 통해 하나님과 맺은 관계에 뿌리를 두고 있는 변화된 삶의 기초가 있다. 그것은 사도가 계속해서 설명하는 것처럼 '그리스도를 아는 것'으로 이루어진다.

3:10-11 내가 그리스도와 그 부활의 권능과 그 고난에 참여함을 알고자 하여 그의 죽으심을 본받아 어떻게 해서든지 죽은 자 가운데서 부활에 이르려 하노니(τοῦ γνῶναι αὐτὸν καὶ τὴν δύναμιν τῆς ἀναστάσεως αὐτοῦ καὶ κοινωνίαν παθημάτων αὐτοῦ, συμμορφιζόμενος τῷ θανάτῳ αὐτοῦ, 11 εἴ πως καταντήσω εἰς τὴν ἐξανάστασιν τὴν ἐκ νεκρῶν). 신학적으로 꽉 차 있고 영적으로 풍부한 긴 문장의 끝을 향해 움직이면서, 바울은 그 절정으로 자신의 삶의 궁극적 목적 및 궁극적 유익이 되는 것에 초점을 맞춘다. '그리스도를 얻는 것'(3:8)과 그리스도 '안에서 발견되는 것'(3:9)이라는 두 신념에 근거해서 사도는 이제 그리스도를 '아는 것'에 대한 자신의 생각을 마무리한다.

앞부분에서 언급한 대로 '주님을 아는 것'의 신학적 배경은 구약에 깊게 뿌리를 내리고 있다(예를 들어, 삼상 3:7; 렘 31:34; 호 6:3). 그와 같은 지식은 약속된 새 언약 아래 하나님과 맺은 관계라는 특징을 이루고 있을 것이다. "그들이 다시는 각기 이웃과 형제를 가르쳐 이르기를 너는 여호와를 알라 하지 아니하리니 이는 작은 자로부터 큰 자까지 다 나를 알기 때문이라 여호와의 말씀이니라"(렘 31:34). 따라서 그와 같은 "지식"은 "하나님 편에서 은혜와 선택으로 말미암아(예를 들어, 출 33:12; 사 45:1) 그리고 인간 편에서 하나님을 향한 사랑과 그분의 계명에 대한 순종으로 말미암아(호 4:1-2; 6:6) 표현된 상호 신실함의 관계로 이루어진다."[144] 바울에게 있어 특히 예레미야 9:23-24(9:22-23 LXX)에 비추어 사람은 하나님을 아는 것으로 특징지어진 관계 외에 다른 것을 자랑하는 것을 거부해야 한다(예를 들어, 고전 1:29-31; 고후 10:17-18). 따라서 '아는 것'이 내포하는 친밀한 관계는 바울이 복음을 이해하는 기초가 된다. 복음은 하나님에 대한 지식을 제공할 뿐만 아니라, 신자들에게 "예

143. Garwood P. Anderson, *Paul's New Perspective: Charting a Soteriological Journey* (Downers Grove, IL: IVP Academic, 2016), 150-51; Morna D. Hooker, "Another Look at πίστις Χριστοῦ," *SJT* 69 (2016): 46-62.

144. Bockmuehl, *Philippians*, 205. Bockmuehl은 '하나님을 아는 지식'에 대한 이 견해가 성경 완성 후 기간의 유대 문헌에서 이어져왔다고 지적한다. 예를 들어, Wis 15:3; Bar 2:15, 31; Sib. Or. 3.693; 1QS 1.12; 4.22; 11.16-20.

수 그리스도의 얼굴에 있는"(고후 4:6) 하나님의 인격을 소개한다. 바울은 '그분을 알기'(τοῦ γνῶναι αὐτόν) 원한다.[145]

그다음에 사도는 그리스도와 맺은 이 관계를 둘러싸고 있는 역학을 죽음과 부활의 언어로 서술하는데, 그 개념들은 교차대구법 구조로 배치된다. 바울은 그리스도를 알고자 소원하며 다음을 알기 원한다.

A 그 부활의 권능과

B 그 고난에 참여함을 알고자 하여

B′ 그의 죽으심을 본받아

A′ 어떻게 해서든지 죽은 자 가운데서

부활에 이르려 하노니

몇몇 사람은 '그'(him, αὐτόν) 다음에 나오는 접속사(καί)를 단순히 부가적으로('…와') 읽는다. "내가 그리스도**와** 그의 부활의 권능과 그의 고난에 참여함을 알고자 하여"(예를 들어, NASB, CSB, NRSV, ESV). 다른 사람들은 그 언어를 보충적 해설로 읽는다. 즉, 부활 권능의 경험과 고난에 참여함이 그리스도를 아는 것의 핵심을 이룬다고 이해한다. '내가 그리스도, 즉 그의 부활의 권능과 그의 고난에 참여함을 알고자 하여.'[146] "참여함"(fellowship, κοινωνίαν)이라는 단어 앞에 관사가 없는 것은[147] 이 후자의 해석을 매력적이게 만든다. 왜냐하면 그것은 "그 부활의 권능"과 "그 고난에 참여함"을 구조적으로 평행되는 개념으로 강조하기 때문이다. 하지만 이 해석은 그리스도의 부활의 권능과 그 고난에 참여함에 대한 지식을 '그분을 아는 것'과 동일시한다는 의미다. 그것들이 정말로 그 경험의 전부인가? 이런 망설임에 비추어, 나는 "…와"(καί)를 부가적으로 읽는 것을 선호한다. '내가 그리스도와 그의 부활의 권능과 그의 고난에 참여함을 알고자 하여.'[148] 이 해석은 그리스도의 부활 권능의 경험과 그 고난에 참여함을 우리가 그리스도와 맺은 관계의 중요한 측면으로 이해하지만, 그 관계의 전부로 여기지는 않는다.

따라서 그리스도와 연합한 관계는 강력한 의미를 지닌다. 바울이 "그 부활의 권능"(τὴν δύναμιν τῆς ἀναστάσεως αὐτοῦ)을 말할 때, 그는 분명히 자신이 경험한 그 변화를 염두에 둔다. 첫 열매로서 그리스도는 종말에 하나님의 모든 아들과 딸이 부활할 수 있는 길을 닦아놓으셨다(롬 8:11; 고전 15:20, 23). 이것이 위대한 기독교적 소망이다. 그러나 사도는 시대가 완성될 때 이루어질 부활 그 이상을 염두에 두고 있을 수 있다. 왜냐하면 신약에서 광범위하게 그리고 바울의 신학에서 특히 예수님의 부활 가운데 나타난 권능은(롬 1:4; 엡 1:20) 세상에서 교회 안에 역사하시는 하나님의 권능을 알리기 때문이다. 예를 들어, 부활 권능은 신자로 하여금 의로운 삶을 살 수 있게 하고(롬 6:13; 7:4; 골 2:12), 표적과 기사 가운데 나타나서 교회가 세상에서 선교 활동을 수행할 때 부활을 증거한다(예를 들어, 행 4:30; 5:12; 14:3;

145. 관절 부정사 τοῦ γνῶναι αὐτόν(그 관사의 소유격 형태가 앞에 놓인다)은 3:8d-e에 나오는 τῆς γνώσεως Χριστοῦ Ἰησοῦ를 돌이켜 보면서 그것을 확대한다. 이 부정사 구문은 그 본문에 있는 '궁극적 목적'을 나타내는데, 그것은 그리스도를 얻고 그 안에서 발견되려는 '차상위 목적'에 기반을 둔다. 그 논리는 다음과 같다.

내가 그리스도를	얻고	**차상위 목적**
그 안에서	발견되려 함이니…	
내가 그리스도를	알고자 하여	**궁극적 목적**

146. 찬성 의견으로 NET, NIV; Fee, *Philippians*, 328; Hansen, *Philippians*, 243; Silva, *Philippians*, 163.

147. $\mathfrak{P}^{46}$ ℵ* A B 1241. 2464와 같이 관사가 부재한다면(그리고 외적 내적 증거에 근거해서 그것은 거의 확실히 생략되어야 한다), 그다음에 우리는 δύναμιν을 소개하는 목적격 관사가 또한 κοινωνίαν까지 이어져서 둘의 밀접한 관계를 강조하는 것으로 이해해야 한다(Sharp의 관사 규칙의 한 예로 그것은 여기에서 그리스도와 관련된 이런 명사들에 적용된다). Wallace, *Greek Grammar*, 270-71을 보라.

148. 아마 NLT도 마찬가지일 것이다. "나는 그리스도를 알고 또 그분을 죽은 자 가운데서 일으킨 강력한 능력을 경험하고 싶다. 나는 그분과 함께 고난을 겪고, 그분의 죽음에 참여하고 싶다."

15:12; 롬 15:19; 히 2:4). 진실로 바울은 그의 사도 됨을 증명하는 표지로 부활 권능의 나타남을 제시한다(고후 12:12; 13:4).

사도는 또한 "그 고난에 참여함"(καὶ κοινωνίαν παθημάτων αὐτοῦ)을 진정한 사역의 표시로 받아들인다. "참여함"(κοινωνία)으로 번역된 용어는 어떤 것을 공유하는 관계 또는 친밀한 유대나 참여를 뜻한다. 빌립보서 앞부분에서 바울은 교회가 "복음을 위한 일에 참여"(τῇ κοινωνίᾳ ὑμῶν εἰς τὸ εὐαγγέλιον, 1:5)하는 것과 "성령의…교제"(κοινωνία πνεύματος, 2:1)에 대해 말한다. 다른 곳에서 바울은 신자들이 "그의 아들 예수 그리스도 우리 주와 더불어 교제하게"(고전 1:9; 참고. 요일 1:3, 6) 부름받았다고 언급한다. 고린도 교인에게 성찬에 대해 가르치는 문맥에서 그는 그리스도의 피와 몸에 "참여함"(고전 10:16)을 언급한다.

바울은 고난을 통해 그리스도의 "죽으심을 본받[는]"(συμμορφιζόμενος τῷ θανάτῳ αὐτοῦ) 것이 특별한 종류의 '교제'를 형성한다는 점을 이해한다. 바울은 고린도후서 4:7-15의 성찰에서 예수의 생명이 사람들에게 알려지게 하기 위해 "질그릇", 즉 "예수의 죽음"을 몸에 짊어지고 다니는 사도들을 통해 나타나는 하나님의 능력을 칭송한다. 사도들이 끊임없이 "예수 때문에 죽음에 넘겨지는 것은 예수의 생명이 알려지도록 하기 위함이다."[149] 하지만 죽음은 또한 예수님의 삶과 사역에 나타난 패턴인 부활로 이끌며(예를 들어, 행 17:3; 26:23), 바울은 사역하면서 그리스도의 고난에 참여할 때도 자신의 부활을 기대한다.

11절의 '죽은 자 가운데서 부활에 이르기를 소망하는 가운데'(εἴ πως καταντήσω εἰς τὴν ἐξανάστασιν τὴν ἐκ νεκρῶν)라는 표현은 겉으로 보이는 만큼 명쾌하지 않다. '소망 가운데'(in hope, 개역개정에는 "어떻게 해서든지"-역주)로 번역된 헬라어 구문은 "더 가능성 있는 미래", 즉 소망을 나타낼 수 있고,[150] 또 문법적으로는 가장 직접적으로 앞 절에 나오는 "그의 죽으심을 본받아"와 관련된다. '죽음'의 경험과 부활 생명의 기대는 함께 간다. 게다가 신약에서 εἴ πως 구문은 불확실한 예감[151][영어로 '만약 어떻게든'(if somehow)으로 번역할 경우 잘못 읽을 수 있는 감정(예를 들어, NRSV, NET, NIV에서 다양한 형태로 번역됨)]보다 종종 소망을 전하는 상황에서 사용되는 것 같다. 그럼에도 만일의 사태에 대한 암시와 함께 이 구문은 커져가는 소망 속에서도 겸손한 신중함을 나타낸다.[152] 바울은 하나님 앞에서 자신의 지위나 자신이 부활할 것을 의심하는 것이 아니다(예를 들어, 롬 6:5; 고후 4:14; 딤후 1:12). 그는 신중하고 겸손하게 진술을 작성해서 어떤 식으로든 자만이나 과시의 모습이 드러나지 않게 한다.

바울은 자신이 부활에 '이를 것'(καταντάω)이라고 기대하는데, 이 동사는 목적지에 '도달한다'는 뜻이다. 따라서 이 단어는 문자적으로 여행과 관련하여 사용할 수 있었지만, 저자는 그것을 목표 또는 상태에 도달한다는 은유적 의미로도 사용한다.[153] 여기에서 그 목표는 "죽은 자 가운데서 부활"(τὴν ἐξανάστασιν τὴν ἐκ νεκρῶν)하는 것이다.[154] 부활(ἐξανάστασις)을 뜻하는 용어는 신약에서 오직 여기에만 나오지만, 다른 형태의 헬라 문헌에서는

149. 이것에 대해 Guthrie, *2 Corinthians*, 252, 258-61을 보라.

150. Wallace, *Greek Grammar*, 696. 그것은 신약에서 3번 다른 경우에 나타나며(행 27:12; 롬 1:10; 11:14), LXX에서 6번 나타난다(삼하 14:15; 16:12; 왕상 21:31; 왕하 19:4; 욥 20:23; 렘 28:8).

151. 반대 의견으로 Jean-Baptiste Edart, *L'Épître aux Philippiens: Rhétorique et Composition Stylistique* (Paris: Gabalda, 2002), 239-41, 263-64. 의심이 함축되어 있지 않다는 것에 대해 Judith M. Gundry Volf, *Paul and Perseverance: Staying in and Falling Away*, WUNT 2/37 (Tübingen: Mohr Siebeck, 1990), 257-58을 보라.

152. Hawthorne, *Philippians*, 148; Silva, *Philippians*, 166.

153. BDAG 523.

154. BDAG 289에서 언급한 대로, εἰς+목적격은 "가다, 오다, 이끌다의 동사들과 함께 존재의 상태에 들어가는 것"을 나타내는 데 사용될 수 있다.

어떤 의미에서 '일어나다', '일으켜 세우다', '일어서다'를 언급한다.[155] 몇몇 사람은 이것을 바울이 부활에 대해 더 흔히 사용하는 단어(ἀνάστασις)를 강화한 것으로 보지만,[156] 오히려 ἐξανάστασις는 더 흔한 ἀνάστασις와 관련된 단어 그림('일어나는' 행위로 극적으로 묘사된 죽은 자 가운데서의 부활)을 나타내는 것 같다. 이와 같이 사도는 "부활"이라는 이 생생한 묘사를 "죽은 자 가운데서"(τὴν ἐκ νεκρῶν)로 채색한다. 바울은 자신을 십자가 처형을 당하신 그리스도와 동일시하기 때문에 두들겨 맞아 땅바닥에 쓰러지거나 심지어 죽임을 당할 수도 있지만, 죽은 자 가운데 누워 있는 그는 종말에 '기립'이라는 대역사에 참여하여 죽은 자 가운데서 일어서고 부활한 모습으로 살게 될 것이다.

3:12 내가 이미 얻었다 함도 아니요 온전히 이루었다 함도 아니라 오직 내가 그리스도 예수께 잡힌 바 된 그것을 잡으려고 달려가노라(Οὐχ ὅτι ἤδη ἔλαβον ἢ ἤδη τετελείωμαι, διώκω δὲ εἰ καὶ καταλάβω, ἐφ' ᾧ καὶ κατελήμφθην ὑπὸ Χριστοῦ Ἰησοῦ). 여기에서 바울은 자신의 말을 명백히 설명한다. 바울은 자신이 그리스도와 맺은 관계에서 이미 궁극적 목표에 도달했다고 말하는 것이 아니다. 그렇다. 그것은 미래에, 하나님이 "위에서 부르신 부름"(3:14)에 놓여 있다. 이 절들에 나타난 개념들은 다음과 같이 정리할 수 있다.

부정	'잡는' 행위	대상	바울의 행동
아니요	내가 이미 얻었다 함도	[이것을]	
아니라	온전히 이루었다 함도	[목표를]	
	그리스도 예수께 잡힌 바 된		
	잡으려고	그것을	달려가노라
아니하고			여기지
	내가 잡은 줄로		
		한 일	뒤에 있는 것은 잊어버리고
			잡으려고
		앞에 있는 것을	달려가노라
		푯대를 향하여	
		그리스도 예수 안에서 하나님이 위에서 부르신 부름의 상을 위하여	

이 본문은 반복으로 가득 차 있고,[157] 바울의 행동이 본문을 지배한다. 사도는 자신을 특별한 목표를 향해 온 힘을 다해 달려가는 달리기 선수처럼 "달려가노라", "여기지 아니하고", "잊어버리고", "잡으려고" 행동하는 자로 묘사한다. 여기에서 육상 경기 이미지가 분

155. 예를 들어, 창 7:4 LXX; Josephus, *J.W.* 6.69; Herodotus, *Hist.* 9.106; 마찬가지로 훨씬 더 흔한 동족 동사 ἐξανίστημι: 예를 들어, LXX 창 18:16; 19:1, 32, 34; 출 10:23; 21:19; 레 19:32; 민 25:7; 수 8:7, 18–19; 삿 3:20; 5:7, 12; 왕상 1:49; 2:19; 18:27; 에 7:7; 욥 4:4; 1 Macc 9:40; 11:69; 16:16; 2 Macc 14:45; 4 Macc 6:8; Sir 8:11; Josephus, *Ant.* 17.132; 19.96, 101, 157; 20.256; *J.W.* 2.279; 3.328; 4.174; 막 12:19; 눅 20:28; 행 15:5.

156. 예를 들어, Silva, *Philippians*, 169. ἀνάστασις는 신약에서 이런 방식으로 분명하게 사용된다. 눅 14:14; 20:27, 33, 35–36; 요 5:29; 11:24–25; 행 1:22; 2:31; 4:2, 33; 17:18, 32; 23:6, 8; 24:15, 21; 26:23; 롬 1:4; 6:5; 고전 15:12–13, 21, 42; 빌 3:10; 딤후 2:18; 히 6:2; 11:35; 벧전 1:3; 3:21; 계 20:5–6.

157. '아니다'(not, οὐχ, οὐ)로 표현된 부정어들의 반복, '받다'라는 뜻을 지닌 동사들(λαμβ– 어근에 의거함, 12절: ἔλαβον, καταλάβω, κατελήμφθην, 13절: κατειληφέναι), '추구'(pursuing)와 관련된 동사(διώκω, 12, 14절에서 볼 수 있음)의 반복, "그리스도 예수"(Χριστοῦ Ἰησοῦ, 12, 14절)의 반복을 주목하라.

명하게 드러난다.[158]

12절은 "내가 이미 얻었다 함도 아니요"(οὐχ ὅτι ἤδη ἔλαβον)라는 부인하는 말로 시작한다. 여기에서 '붙잡았다'(taken hold, λαμβάνω)라는 단어는 종종 어떤 것을 '잡는 것' 또는 '받는 것'과 관련된다. 그러나 본문에 묘사된 단어 그림을 고려하면, 그것은 '붙잡다'나 '잡다'로 번역할 수 있다.[159] 그 의미는 "온전히 이루었다 함도 아니라"(ἢ ἤδη τετελείωμαι)는 문구로 분명해진다.[160] 이때 쓰인 동사(τελειόω에서 유래)는 어떤 것을 '완료하다', '끝내다', '끝맺다', '목표를 달성하다'를 뜻할 수 있다. 따라서 그것은 "완성"이나 "완전"이나 "최대치"에 이르는 것을 표현할 수 있다.[161] 바울은 이 단어를 자신의 '완전'에 대해 사용할 수 있었지만, 육상 경기 이미지를 고려하면 그는 목표에 도달하는 것을 말하는 것 같다(참고. 눅 13:32).

사도는 경기 이미지를 계속 사용하면서 뒤이어 "오직 내가 그리스도 예수께 잡힌 바 된 그것을 잡으려고 달려가노라"(διώκω δὲ εἰ καὶ καταλάβω, ἐφ' ᾧ καὶ κατελήμφθην ὑπὸ Χριστοῦ Ἰησοῦ)고 쓴다. 여기에서 δέ는 계속적이거나 약하게 대조적인 접속사로 쓰일 수 있다.[162] 바울은 그의 저작에서 διώκω를 21번 사용해서 (의, 손대접, 화평, 사랑 같은) 미덕을 추구하는 것을 말하거나,[163] 빌립보서 3:6에서처럼 박해에 대해 쓴다.[164] 하지만 여기에서 바울은 전자의 의미를 염두에 두는 것 같고, 육상 경기 이미지를 고려하건대 그 용어는 어떤 것을 좇아 '열심히 달려간다'는 의미를 나타낸다.[165]

12절 앞부분에서 '붙잡았다'(ἔλαβον)로 번역된 동사에 대한 언어유희를 계속하면서,[166] 바울은 관련 동사(καταλαμβάνω)를 두 번 사용한다. 그것은 "얻다", "이루다", 어떤 것이나 어떤 사람을 "따라잡다" 또는 "붙잡다"라는 뜻일 수 있었다.[167] 이런 여러 이미지는 육상 경기 은유에 잘 맞는다. 간단히 말해, 바울은 그리스도께 잡힌 바 된 그것을 "잡으려고" 할 수 있는 한 열심히 달리고 있다.[168] 그리스도는 다메섹 도상에서 바울을 붙잡으셔서 그를 죽은 자의 부활 때에 얼굴을 맞대고 주님을 아는 자리로 이끄셨다. 이것이 바울이 그의 모든 힘을 다해 추구하는 목표다. 이 시나리오에 등장하는 두 '배우'인 그리스도와 바울은 "그리스도 안에 있는 (바울의) 경험의 수동적, 능동적 측면들을" 나타내고,[169] 각각의 목표는 종말에 이루는 완전한 관계와 관련된다. 피

158. Cousar, *Philippians and Philemon*, 76.

159. "얻었다"(obtained, NASB, NRSV, ESV, NIV)는 육상 경기 이미지와 잘 어울리지 않으며, "목표에 도달했다"(reached the goal, CSB)는 그 동사의 일반적인 해설이 아니다. "이루었다"(attained, NET) 또는 "달성했다"(achieved, NLT)가 조금 더 낫다.

160. 바울은 동사 τελειόω의 1인칭 단수 완료 중간태 직설법 형태를 사용하며, 따라서 시상은 상태를 나타낸다. 그것은 또한 수동태로도 읽을 수 있었다. '완성되었다.' 몇몇 필사자가 ἢ ἤδη τετελείωμαι를 ἢ ἤδη δεδικαίωμαι, "이미 의롭게(justified) 되었다" 또는 "옹호되었다"(vindicated)로 대체함으로써 신학적 해석을 추가했다($\mathfrak{P}^{46}$ D[*,c] [F G] ar [b; Ir[lat]] Ambst).

161. BDAG 996. 이 동사는 또한 헬라어 구약에서 제사장들의 위임 또는 개시에 대해 말할 수 있었다. 레 4:5; 8:33; 16:32; 21:10을 보라. 또 레 7:27; 8:22, 26, 28–29, 31, 33에서 이 동사의 동족 명사 τελείωσις를 보라. 둘 다 제사장 직분에서 제사장의 비준에 대해 말하는데 사용된다.

162. 마찬가지로 Hellerman, *Philippians*, 201. Hansen, *Philippians*, 251을 따름.

163. 예를 들어, 롬 9:30; 12:13; 14:19; 고전 14:1.

164. 또한 고전 4:12; 15:9; 고후 4:9; 갈 1:13, 23; 4:29; 5:11; 6:12.

165. 예를 들어, Josephus, *Ant.* 1.178; 2.240, 320, 322, 340; 4.91; Epictetus, *Diatr.* 1.1.124; Philo, *Alleg. Interp.* 3.20; *Cherubim* 74. 그리스 로마 문헌에서 어떤 사람을 좇아 달린다는 더 문자적 개념과 미덕을 추구하는 비유적 용법은 둘 다 흔하다. 동사 διώκω와 καταλαμβάνω는 롬 9:30–31에서 비슷한 육상 경기 이미지와 함께 사용된다. 찬성 의견으로 Bockmuehl, *Philippians*, 221.

166. 조건절 구문 εἰ καί+가정법은 의심보다 기대를 나타내며, καί는 부가적으로 사용되고 바울은 그리스도의 사역을 '잡는 것'에 대해 말한다. Fee, *Philippians*, 345를 보라.

167. BDAG 519–20.

168. 이런 의미에서 나는 Hansen, Harris, Silva처럼 이 구절을 원인을 나타내는 것으로 읽는 사람들보다(CSB, ESV; Hansen, *Philippians*, 252; Harris, *Prepositions*, 140; Silva, *Philippians*, 176) 이 구절을 연속적인 관계를 나타내는 것으로 읽는 사람들과 의견을 같이한다. 예를 들어, Bockmuehl, *Philippians*, 221을 보라. 그는 Joseph A. Fitzmyer, "The Consecutive Meaning of Eφ' Ω in Romans 5.12," *NTS* 39 (1993): 321–39를 따른다.

169. Osiek, *Philippians, Philemon*, 98.

는 이에 대해 다음과 같이 아름답게 이야기한다.

> 이것이 바울이 그리스도를 마지막으로 붙잡는 것 외에 다른 것을 언급할 수 있었다고 생각하기는 어렵다. 11절에서 부활이 언급된 것을 인정하지만, 20-21절은 바울의 관심을 끄는 것은 부활 자체가 아니라 마지막 영광임을 나타낸다. "사는 것이 그리스도니 죽는 것도 유익함이라(죽는 것도 그리스도를 얻는 것이다)"는 좌우명을 가진 사람은, 이제 그 목적에 이르는 수단이 아니라 종말론적 절정 자체(그리스도를 궁극적으로 붙잡는 것)에 초점을 맞추고 있다.[170]

3:13-14 형제들아 나는 아직 내가 잡은 줄로 여기지 아니하고 오직 한 일 즉 뒤에 있는 것을 잊어버리고 앞에 있는 것을 잡으려고 푯대를 향하여 그리스도 예수 안에서 하나님이 위에서 부르신 부름의 상을 위하여 달려가노라(ἀδελφοί, ἐγὼ ἐμαυτὸν οὔπω λογίζομαι κατειληφέναι· ἓν δέ, τὰ μὲν ὀπίσω ἐπιλανθανόμενος τοῖς δὲ ἔμπροσθεν ἐπεκτεινόμενος, 14 κατὰ σκοπὸν διώκω εἰς τὸ βραβεῖον τῆς ἄνω κλήσεως τοῦ θεοῦ ἐν Χριστῷ Ἰησοῦ). 여기에서 바울은 12절의 부인하는 말을 확대한다. 그는 자신이 아직 그 상을 잡은 것으로 여기지 않고, 그 목표를 향해 온 힘을 다해 달려간다. 이 장의 대부분에서 사도는 그리스도와 자신이 맺은 관계를 성찰하는 데 집중했다. 하지만 여기에서 그가 다시 빌립보 교인들에게 말하고 있다는 사실이 부각된다. 바울은 3:1 이후 처음으로 그들에게 직접 쓴다. 1:12과 3:1에서 그는 이미 "형제들아"(ἀδελφοί)로 번역된 애정 어린 가족 단어로 빌립보 교인을 언급했다. 이 단어의 남성 복수 형태는 고대 세계의 종교적 상황에서 남자들과 여자들에 대해 사용되었고, 사도는 계속 빌립보서에서 이렇게 따뜻한 방식으로 그들을 부른다(3:17; 4:1, 8). '여기다'(λογίζομαι)로 번역된 동사는 사도가 자주 쓰는 단어이고,[171] 그것은 '간주하다' 또는 어떤 것에 대해 '생각하다'(4:8에서처럼)라는 뜻일 수 있지만, 여기에서 그것은 어떤 것을 특별한 관점에서 보는 것에 대해 말한다. 이와 같이 그것은 매우 성찰적인 이 본문에서 명백한 자기 성찰이 된다.

12절에서 강조한 것처럼, 사도는 자신이 그리스도와 맺은 관계의 정점에 도달한 것으로 여기지 않는다. 사도는 여기에서 12절의 앞부분 이후 세 번째로 '잡다'(καταλαμβάνω)라는 동사를 사용한다.[172] 이렇게 반복하는 것은 그 개념을 수사학적으로 강조하기 위함이다. 바울은 그리스도께 붙잡혔지만, 그는 아직 그 관계의 완전한 실현(오직 부활 때 당도할 종말론적 절정)을 '잡는' 상태에 도달하지 못했다. 바울의 관점은 그리스도가 늦어지신다면, 자신이 죽은 뒤 그리스도와 함께 있게 되리라는 것이다(1:23). 그러나 바울은 종말 때까지 하나님이 의도하신 대로 그분을 완전히 알지 못할 것이다.

새로운 절은 '하나'(ἕν)를 뜻하는 헬라어로 시작하고, 그다음에 접속사 δέ가 이어진다. 동사가 없어서 눈에 띄는 감탄사를 형성하는데, 우언적으로 "오직[173] 한 일"(but I focus on one thing)로 번역한다. 뒤이어 나오는 두 가지 행동은 바울이 경주할 때 취하는 태도나 자세를 말한다. 이 절들은 '한편으로…다른 한편으로' 구문으로(μέν…δέ) 함께 결합되어 있다.

뒤에 있는 것은	τὰ μὲν ὀπίσω
잊어버리고	ἐπιλανθανόμενος
앞에 있는 것을	τοῖς δὲ ἔμπροσθεν
잡으려고	ἐπεκτεινόμενος[174]

170. Fee, *Philippians*, 346.

171. 바울의 저작에서 34번 사용됨(예를 들어, 롬 2:3, 26; 고전 4:1; 고후 3:5; 갈 3:6).

172. 이번에는 완료 능동태 부정사 형태. 이것에 대해 12절에서 그 논의를 보라.

173. 그 문맥에서 대조가 읽힌다.

174. ἕν, ἐπιλανθανόμενος, ἔμπροσθεν, ἐπεκτεινόμενος에서 '에'(ε) 소리의 두운을 주목하라.

여기에서 사용된 것처럼 "잊어버리고"(ἐπιλανθάνομαι)라는 단어는 바울의 자세를 나타낸다. 이 용어는 '잊다' 또는 '무시하다'라는 뜻이지만, 전자를 염두에 두었을 것이다. 바울은 "뒤에 있는 것"(τὰ…ὀπίσω)[175]을 잊고 있다. 즉, 그의 과거에 놓여 있는 사건, 명예, 지위 등을 무시하고 있다. 바울은 3:5–6에서 그중 일부를 자세히 설명했다. 하지만 바울은 육상 경기 이미지를 계속 사용해서 그 앞에 있는 것을(τοῖς…ἔμπροσθεν)[176] "잡으려"(ἐπεκτεινόμενος) 하고 있다. 뒤에 있는 "것"과 앞에 있는 "것"이 무엇인지 명확히 규정되어 있지 않지만, 우리는 그 중심에 다음 절에 제시되는 "하나님이 위에서 부르신 부름의 상"이 있다고 확신할 수 있다. 성경 문헌에서 오직 여기에서만 사용되는 '잡다'(ἐπεκτείνομαι)라는 동사는 그것보다 더 흔히 쓰이는 사촌 격인 단어(ἐκτείνω, '뻗다')를 강화한 것이고,[177] 이 문맥에서는 결승선을 향해 열심히 달리는 운동선수의 모습을 그린다. 이 이미지는 바울의 삶에서 '지금과 아직'의 순간, 곧 지금 대체된 가치의 삶과 그리스도 안에 있는 궁극적 목표에 아직 도달하지 않은 삶 사이를 생생하게 보여준다.

14절은 목적을 단호하고 명확하게 나타내는 선언으로 계속된다. "푯대를 향하여 그리스도 예수 안에서 하나님이 위에서 부르신 부름의 상을 위하여 달려가노라"(κατὰ σκοπὸν διώκω εἰς τὸ βραβεῖον τῆς ἄνω κλήσεως τοῦ θεοῦ ἐν Χριστῷ Ἰησοῦ). 이 절의 핵심에 있는 동사적 개념인 '달려가다'(διώκω)는 이미 3:6과 3:12에서 보았고, 이 용법은 3:12의 용법과 평행을 이룬다. 바울은 다시 온 힘을 다해 어떤 것을 좇아 달려가는 것을 말한다. 바울은 "푯대를 향하여"(κατὰ σκοπόν) 은유적으로 "달려간다."[178]

신약에서 오직 여기에서만 나타나는 '목표'(goal, σκοπός, 개역개정에서는 "푯대"–역주)라는 단어는 광범위한 헬라 문헌에서 '파수꾼'을 언급하는 데 사용될 수 있었지만, 바울의 용법은 '과녁', '표적', '목표'와 더 어울린다.[179] 따라서 이 명사의 뉘앙스는 찾는 것이나 중점을 두는 것과 관련된다. 바울의 육상 경기 이미지를 따라 이 용어는 주자가 멀리서 바라보며 열심히 달려가는 '목표'의 의미를 전달한다.

물론 하나의 관을 놓고 경쟁하는 방식의 '관 경기'(crown game)에서 그 목표에 도달한 후 선수는 "상"(βραβεῖον), 즉 관이라는 '상'을 받았다.[180] 빌립보서 3:14 여기에 나오는 표현과 비슷하게, 고린도전서 9:24에서 사도는 "운동장에서 달음질하는 자들이 다 달릴지라도 오직 상을(τὸ βραβεῖον) 받는 사람은 한 사람인 줄을 너희가 알지 못하느냐? 너희도 상을 받도록(ἵνα καταλάβητε) 이와 같이 달음질하라"고 말한다. 그렇다면 그 상은 무엇인가? 관 경기에서조차도 "관" 자체는 핵심이 아니었다. 관은 승리자와 승리자의 고향 도시에 주어진 큰 명예를 상징했다. 따라서 "단순한 셀러리 화관"[181]이나 그리스 로마의 영광이 넘쳐나는 명성이나 지위는 바울의 목표가 아니었다. 그는 훨씬 더 높은 것을

---

175. 관사 τά는 그 분사의 목적어다.

176. 이 관사는 목적지의 여격으로 읽을 수 있다.

177. 그것은 신약 내러티브에서 손을 내미는 어떤 사람을 언급하는 데 가장 자주 사용된다(예를 들어, 마 8:3; 막 1:41; 눅 5:13; 요 21:18; 행 4:30).

178. 전치사 κατά+목적격은 '…향하는'(toward) 움직임을 나타낸다(공간적 용어이거나, 여기에서 더 가능성이 있는 것으로 시간적 용어로 표현된).

179. 예를 들어, LXX에서 이 용어는 과녁을 맞히는 화살에 대해 사용될 수 있었다(예를 들어, 욥 16:12; 애 3:12; Wis 5:12, 21). 동족 동사 σκοπέω는 빌 2:4에서처럼, '찾다 또는 주목하다'를 뜻한다. 여기에서 사도는 빌립보인들에게 다른 사람들의 이익을 '살펴보라'(watch out for)고 권고한다.

180. 딤후 4:7–8에서 관 이미지를 보라. 그리스 로마 경기에서 관은 셀러리 화관이었지만, 기원전 2세기 후에 그것은 소나무나 말린 셀러리로 만들 수 있었다. O. Broneer, "The Isthmian Victory Crown," *AJA* 66 (1962): 259–63과, Mark Golden, *Sport in the Ancient World from A to Z* (London: Routledge, 2004), 89를 보라.
빌 3:14에서 이 용어는 전치사구 εἰς τὸ βραβεῖον 안에 위치해 있는데, εἰς+목적격은 은유적으로 '목표를 포함하는 확장'을 표현하는 것, 즉 '상으로'(to the prize)라고 번역할 수 있다.

181. Fee, *Philippians*, 348–49.

목표로 했다. 바울은 그 상을 "그리스도 예수 안에서 하나님이 위에서 부르신 부름"(τῆς ἄνω κλήσεως τοῦ θεοῦ ἐν Χριστῷ Ἰησοῦ)으로 밝힌다. 그 부름이 "위에서"(ἄνω) 온다는 것은 초점을 하늘의 영역에 두고(참고. 골 3:1–2), 나중에 빌립보서 3:20에서 바울은 신자들의 하늘 시민권을 환기할 것이다. "하나님의"(τοῦ θεοῦ) 부름은 거의 확실히 주격적 소유격이다. 성경 문헌에서 하나님은 거의 언제나 그 부름의 주도자로 묘사된다.

하지만 "하나님이 위에서 부르신 부름"은 무엇을 의미하는가?[182] "상"과 "그리스도 예수 안에서 하나님이 위에서 부르신 부름"은 같은 것으로 이해해야 하는가? 그것들은 둘 다 단순히 하늘에서 그리스도와 함께 있는 것을 언급하는가?[183] 이 통설과 반대로 바울에게 "부름"이 보통 한 과정의 최고점이 아니라 하나님이 신자의 삶에서 무언가를 시작하실 때 사용하는 단어이기 때문에(예를 들어, 고전 1:26; 7:20; 엡 4:1; 살후 1:11; 딤후 1:9), 여기서 상을 하나님의 부르심과 동일시해서는 안 된다.[184]

또 다른 가능성으로 아마 바울은 육상 경기 이미지를 확대해서 승리자가 공개적으로 소개되는 장면을 포함하는 것 같다. "위에서 부르신 부름"을 승리자의 이름, 그의 아버지의 이름, 그의 도시 또는 국가가 공적으로 인정받는 것으로 보는 것이다. 그와 같은 시나리오에서 승리자는 경기 관리에게 종려나무 가지를 받았을 것이다.[185] 이렇게 읽을 경우 상은 경주가 끝날 때 이루어지는 영광스러운 인정과 관련이 있지만, 그것과 전적으로 동일시되지는 않을 것이다.

세 번째 견해는 바울이 상을 받도록 부름받은 것으로 이해한다(갈 4:26; 골 3:1; 살전 2:12).[186] 여기에서 기본적인 의미는 바울이 회심할 때 하나님이 그를 자신에게로 부르셨고, 하나님은 계속해서 사도를 지속적으로 '위로'(즉, 하늘로) 부르시는데, 궁극적으로 바울을 그의 삶의 끝에 혹은 종말에(참고. 히 3:1) 그분의 임재로 부르신다는 것이다. 그때 바울은 상을 받을 것이다. 이 견해는 현재 문맥 및 일반적으로 바울의 신학을 가장 잘 이해한다. 바울은 언제나 그의 삶의 가장 큰 목적인 하나님을 향해 움직인다. 이 '부르심'은 사도가 "그리스도 예수 안에" 있는 것과 별개로 이해할 수 없다. 우리가 이 단위에서 두루 살펴본 것처럼, 그리스도와 맺은 언약 관계는 바울의 존재의 모든 기반과 본질과 목표이기 때문이다.[187] 그러므로 "상"은 사도가 이미 빌립보서에서 경축한 바 있는 큰 "유익", 즉 영광 가운데 계시는 그리스도를 얼굴을 맞대고 아는 유익과 같은 것일 수 있다. 간단히 말해, 상은 죽은 자 가운데서 부활할 때 온전히 '그리스도를 아는' 완성의 순간이다. 그것은 사도의 마음을 온통 빼앗는 소망이다.

182. 이 문제는 소유격 "부름의"(τῆς…κλήσεως)가 "상"(τὸ βραβεῖον)과 관련하여 문법적으로 어떤 역할을 하는가와 관계된다.

183. 찬성 의견으로, 예를 들어, Holloway, *Philippians*, 175.

184. 찬성 의견으로, Fee와 Bockmuehl. Bockmuehl, *Philippians*, 222–23; Fee, *Philippians*, 349를 보라. 하지만 엡 1:18; 4:4을 참고하라.

185. Hawthorne, *Philippians*, 154–55. 그는 그리스도를 상으로 본다.

186. 예를 들어, Bockmuehl, *Philippians*, 223; Mark Keown, *Philippians 2:19-4:23*, EEC (Bellingham, WA: Lexham, 2017), 208. 이 독법은 τῆς…κλήσεως를 주격 소유격으로 해석한다.

187. 따라서 여기에서 여격은 '관계의 여격,' 즉 '그리스도 예수와 맺은 관계 안에서'로 읽을 수 있다. 바울의 글에서 매우 흔하게 나타나는 이 강력한 문구에 대해 우리는 이미 빌 1:1, 26; 2:5; 3:3에서 이 형태를 살펴본 적이 있다. Campbell, *Paul and Union with Christ*를 보라.

적용에서의 신학

1. 기쁨을 누리기 위해 필요한 관점

우리는 바울이 빌립보서 여러 곳에서 기쁨이 넘치는 성찰을 전하고, 빌립보 교인들에게 기뻐하라고 권고하는 것을 들었다. 3:1에서 바울은 이 주제를 되풀이하고, 문학적으로 4:1과 4:4에서 다시 그 주제를 다룰 것을 예상한다. 빌립보서에서 기쁨은 구조적으로나 영적으로나 모두 중요한 주제다. 사도는 인생의 '경주'(3:7–14)를 마지못해 지는 짐이나 억지로 견디는 싸움으로 여기지 않는다. 오히려 그 경주는 특별한 관점, 즉 그리스도를 아는 것에 비추어 모든 것을 평가할 때 피어난 기쁨으로 가득 차 있다.

나이지리아의 조스(Jos)라는 도시는 남부의 기독교 지역과 북부의 무슬림 지역을 가르는 경계에 걸쳐 있다. 몇 년 전, 무슬림 극단주의자들이 한 나이지리아 침례교회를 공격해서 교회당과 함께 젊은 목사 선데이 곰나의 집을 불태웠다. 공격이 일어난 후 2주가 지나 주일 예배를 드리러 온 교인들은 폐허가 된 교회에서 가까운 곳에 토담으로 지은 작은 지역 사회 센터에 모였다. 대니 매케인(Danny McCain) 교수는 그 목사의 반응을 묘사하면서 '관점'에 대해 설명한다.

> 그 목사는 이렇게 말했다. "첫째, 저는 우리 교회 성도가 아무도 죽이지 않은 것에 감사합니다." 많은 그리스도인이 그들의 손에 피를 묻혔다. 하지만 선데이 목사는 동네를 돌아다닐 때 몇몇 무슬림에게서 이런 말을 들었다고 한다. "목사님, 당신이 교인들에게 어떻게 행해야 하는지 가르치신 것에 감사드려요. 기독교인들이 우리를 보호해주었어요." 그래서 선데이 목사는 교인들이 단 한 명의 무슬림도 죽이지 않은 것을 자랑스러워했다.
>
> "둘째, 저는 그들이 우리 교회를 불태우지 않아서 감사합니다." 우리는 모두 약간 의심스러운 눈빛으로 그를 쳐다보았다. 교회 건물이 불타는 바람에 교인들이 좁고 불편한 장소에서 모이고 있었기 때문이다. 선데이 목사는 계속해서 이렇게 말했다. "이 위기 동안 어떤 교인도 죽지 않은 점을 고려하면, 그들은 우리 교회를 불태운 것이 아닙니다. 그들은 단지 건물만을 불태웠을 뿐입니다. 건물은 다시 지을 수 있지만, 우리 교인 중 누구를 다시 살릴 수는 없습니다. 그래서 저는 그들이 우리 교회를 불태우지 않은 것에 감사합니다."
>
> 그는 계속해서 "셋째, 저는 그들이 저희 집을 불태운 것에 감사합니다"라고 말했다. 그가 살고 있던 사택이 잿더미가 되어버렸는데도 말이다. 그는 이어서 이렇게 말했다. "그들이 제 집이 아니라 여러분의 집을 불태웠다면, 제가 어떻게 목사로서 여러분을 섬기는 방법을 알 수 있겠습니까? 하지만 그들이 저의 집과 모든 소유물을 불태웠기 때문에, 저는 여러분이 경험하고 있는 것을 더 잘 알게 되었고, 앞으로 여러분에게 더욱 좋은 목사가 될 수 있

을 것입니다. 그래서 저는 그들이 저의 집도 불태운 것에 감사합니다."[188]

이런 말은 핍박을 기뻐하고, 그것을 복음 메시지가 전파되는 기회로 보는 기독교적 관점에서 나온다. 팀 켈러는 "하나님에 대한 모든 반대는 결국 그분의 계획을 확증하고 발전시키는 데 기여한 것으로 밝혀지리라"고 언급한다.[189] 하나님은 악의 창시자가 아닌 악의 구속자시다. 즉, 악의 영향을 철저히 뒤집어엎으시고, 해로운 것을 유익한 것으로 바꾸셔서 거꾸로 하나님의 선하고 은혜로운 계획에 기여하는 것으로 만드신다. "우리가 알거니와 하나님을 사랑하는 자 곧 그의 뜻대로 부르심을 입은 자들에게는 모든 것이 합력하여 선을 이루느니라"(롬 8:28). 이것이 우리가 반대에 직면해서 기뻐할 수 있는 이유다. 하나님은 우리를 위해 일하실 뿐만 아니라 그리스도의 몸을 위해 일하신다. 신자들이 하나님 아들의 형상을 따라 빚어져갈 때, 하나님은 세상의 반대 속에서도 자신의 선한 의도대로 그리스도의 몸을 세워나가신다. 그리스도는 실재하시며 우주의 보좌 위에 계신다. 이 사실이 모든 것을 바꾼다. 바울은 다메섹 도상에서 강력한 현실을 마주하고 관점이 새롭게 바뀌었다. 그 길 위에서 그는 그리스도가 살아 계시고, 실제로 알 수 있는 분이며, 그분이 자신을 부르신 목표가 있다는 것을 깨달았다. 그 사건의 의미를 제대로 파악하지 못한다면, 바울이나 그가 감옥에서 "기뻐하라"고 말한 것을 결코 이해할 수 없을 것이다. 이처럼 삶의 방향을 완전히 변화시키는 관점 때문에 감옥은 바울에게 활동 무대가 될 수 있었다.

2. 목표

아내와 나는 가끔 공영 텔레비전에서 '골동품 로드쇼'(*Antiques Roadshow*)라는 프로그램을 시청한다. 이 프로그램은 도시마다 여행을 다니면서 주민들에게 생방송으로 감정받을 수 있는 골동품을 가져오라고 초청한다. 할머니의 담요, 삼촌의 그림, 19세기 가구 한 점, 동전, 풋볼 카드, 유명인이 보낸 편지 등이 나오는데, 종종 소유자가 예상했던 것보다 훨씬 더 높은 가치를 지닌 보물로 판명되는 경우가 있다. 이 쇼의 역사상 가장 값나가는 물품은 요제프 클라이치(Joseph Kleitsch), 로버트 헨리(Robert Henri), 프레데릭 레밍턴(Frederic Remington), 디에고 리베라(Diego Rivera)가 그린 그림들, 동양의 비취와 도자기, 19세기 보스턴 레드삭스 야구팀의 기념품, 나바호(Navajo)족 담요, 1914년 제작된 파텍 필립 주머니 시계 등으로, 모두 약 2억에서부터 20억에 이르는 감정가를 기록했다. 종종 가족이 물려주거나, 때로 벽장에 있는 오래된 가방이나 문 뒤에 있는 옷걸이나 다락의 한구석에서 나온 물건이 갑자기 보물이 된 것에 소유자는 충격을 받는다. 그 물건을 대하는 자세가 즉시 극적으로 바뀐다. 분실에 대비한 보험을

188. Danny McCain, *To the Ends of the Earth* (Calabar: Flourish Brands, 2010), 164–65.

189. Tim Keller, *Galatians for You* (Epsom, UK: The Good Book Company, 2013), 29.

들어야겠다고 결심한다. 수십 년 동안 잊혀 있던 소유물이 마침내 대단한 가치를 지닌 물건으로 본래의 자리를 되찾는다.

바울은 하나님이 우리를 매우 귀중한 진주, 일생에 단 한 번 발견할 만한 밭 속의 보물로 부르신다는 것을 잘 알았다(마 13:44-46). 그것은 두껍게 쌓인 종교적 먼지나 문화적 혼란 아래 감추어져 있다가 하나님의 성령으로 말미암아 드러나고 다메섹 도상에서 평가받는다. 삶 전부를 바쳐 추구해야 하는 큰 상(다른 모든 것은 그 상을 위해 포기해야 한다)은 애정과 권위 면에서 경쟁자를 허용하지 않는 왕이 주시는 것이다. 헤아릴 수 없는 가치를 지닌 그분의 진주는 많은 싸구려 보석 중 하나로 치부되거나, '더 나은 삶'으로 이끄는 여러 목표 중 하나로 여겨지지 않을 것이다. 오히려 그것은 다른 모든 것을 부정하고 추구해야 하는 것, 다른 모든 것을 능가하는 관계, 다른 모든 것을 쓰레기로 여길 만큼 최고로 중요한 가치가 있는 한 가지 일이다. "너희가 하나님과 재물을 겸하여 섬기지 못하느니라"(마 6:24).

1979-1997년에 쓰인 『목조 합창단』(*A Timbered Choir*)이라는 제목의 안식일 시집에서 남부의 농부이자 시인인 웬델 베리(Wendell Berry)는 현대 사회의 '목표' 지향성을 탄식한다. 그는 이러한 집착이 삶의 방향 감각이나 유의미한 목적이나 장소를 송두리째 없애고, 결국 사람들이 아무 데도 도달하지 못하게 한다고 말한다. 베리는 자신이 한 도시에 가는 장면을 묘사한다. 그 도시는 다른 도시와 똑같은 모습을 하고 있고, 그곳 사람들은 모두 '목표'만을 좇으며 살아간다. 그들은 자유로워 보이지만, 사실은 끝없이 무언가를 추구하는 일에 종속된 노예다. 가장 높은 가격을 제시하는 사람에게 자신을 팔고, "가장 많은 돈을 주는 감옥"의 문이 열리기만을 기다린다. 이 일은 모두 승진, 발전, 계약 성사, 판매 실적이라는 이름 아래 벌어진다. 그 사람들은 "자아실현"과 "자기 창조"를 "구원"으로 여긴다.[190]

세상이 가치 있다고 평가하는 것에 따라 '나의' 삶을 얻기 위해 '목표'를 추구하다 보면 참된 삶을 잃어버린다. 종교, 기업, 자아의식, 대의, 관계에서 나의 궁극적인 정체성을 찾으려고 현시대의 목표를 추구하면, 그리스도 안에서 하나님을 아는 것이라는 최고 목표와 멀어진다. 이 시대의 작은 신들을 받아들이면, 현재를 관통하고 변화시키시는 하나님 나라의 도래를 포기하게 된다. 예수 그리스도 앞에서 구원을 성취하는 것을 열망하지 않고 이 시대의 우상 앞에서 구원을 열망하면, 나는 마땅히 품어야 할 것보다 훨씬 하찮은 갈망에 나를 내어주게 되고 결국 나의 품위를 떨어뜨린다. 이러한 갈망은 지속 가능한 기반을 제공하지 못한다. 역설적이게도 내 생명을 잃을 때 나는 생명을 얻으며, 하나님이 새롭게 하신 온 세상도 함께 주어진다.

따라서 바울의 삶 전체, 즉 그가 가장 귀중하게 여기는 정체성과 목적에 대한 이해는 그가 온 곳과 가고 있는 곳에 기초를 두고, 뿌리를 내리며, 방향을 잡았다. 바울의 소명과 목표, 그

190. Wendell Berry, *A Timbered Choir: The Sabbath Poems, 1979-1997* (Washington, DC: Counterpoint, 1998), 208-9.

가 상으로 여긴 모든 것이 그리스도에게서 흘러나와 그리스도께로 흘러갔다. 따라서 그는 전적으로 그리스도를 얻고, 그분의 의와 고난과 부활에 참여하는 면에서 삶을 평가했다. "내게 사는 것이 그리스도니."

바울과 우리에게 그리스도는 시작이 없는 과거와 끝이 없는 미래를 담은 보물이다. C. S. 루이스(C. S. Lewis)가 재치 있게 한 유명한 말처럼 "영원하지 않은 모든 것은 영원히 시대에 뒤떨어진다." 그리스도를 '얻는 것'은 우리가 가진 모든 것을 바칠 가치가 있고, 우리의 모든 노력이 그것에 비추어 평가될 것이다. 그러므로 우리 삶 전체는 그 방향을 지향해야 하고, 그 상에 단호히 고정되어야 한다.

소중한 친구여, 여러분의 삶은 무엇을 그리고 누구를 절실히 지향하고 있는가? 당신이 마음속 가장 깊은 곳에서 '여기에 나의 삶을 위한 답이 있다! 내가 그것을 얻을 수만 있다면 모든 일이 잘될 것이다'라고 믿는 크고 작은 '목표'는 무엇인가? 건강인가? 지위인가? 아니면 능력? 종교? 부? 사람? 장소? 스트레스가 많은 상황이나 함부로 대하는 사람에게서 벗어나는 것인가? 게다가 '기독교적 삶'을 사는 것, 곧 적극적으로 사역하거나 바른 신학을 지닌 것이 우리가 삶에서 올바른 목표에 초점을 맞추고 있는 것을 보장하지는 않는다. 바울이 붙잡은 핵심은 그가 그리스도 예수의 얼굴에서 하나님의 영광을 보았다는 것이다(고후 4:5–6). 우리는 그러한 관계를 맺고 있는가? 그리고 그것이 우리에게 '모든 것'이 되는가?

10 CHAPTER

빌립보서 3:15-4:4a

문학적 전후 문맥

우리는 사도 바울이 빌립보 교회의 분열에 대한 해독제를 제안하는 빌립보서의 위대한 중앙 회랑을 지나왔다. 앞에서 살펴본 것처럼 빌립보서의 이 위대한 중심 부분은 자기희생을 구현하는 지도자들의 모범을 제시한다. 물론 그리스도는 교회의 모든 지도자 중 가장 모범적인 지도자가 되신다. 그리스도의 모범은 2:5-11의 내러티브 시에서 구체적으로 표현되고, 그 뒤에 한 단위의 권고가 이어진다(2:12-17). 그다음에 바울은 동료 디모데와 에바브로디도가 보여준 모범으로 시선을 돌린다. 그들은 각각 나름대로 희생적 리더십을 구체적으로 보여준다(2:18-30). 마지막으로, 3:1-14에서 바울은 좋은 모범이자 거짓 교사들에 대한 적절한 대안으로 자신을 제시한다. 이제는 다시 권고로 관심을 돌리면서 '삶의 모든 영역에서 그리스도를 위해' 살라는 사도의 메시지가 독자의 귀에 울려 퍼진다(3:15-4:4a).

여기에서 모방하라는 바울의 요청은 명백하다. "형제들아 너희는 함께 나를 본받으라 그리고 너희가 우리를 본받은 것처럼 그와 같이 행하는 자들을 눈여겨보라"(3:17). 3:15-4:4a에 나오는 솔직한 격려는 이 단위의 구조적 중요성을 보여준다. 이 단위는 1:27-2:4(빌립보서의 중심 부분을 시작한 단위)과 2:6-11(그리스도께 초점을 맞춘 내러티브 시)을 전체적으로 되풀이한다. 따라서 3:15-4:4a은 바울이 빌립보서의 주요 본문을 통해 형성해온 완전한 결론을 제공한다. 사도는 3:15-4:4a에 이어 4:4b-9에서 중심 부분을 끝내면서 또 다른 일련의 권고를 추가한다. 그런 다음 바울은 4:10-23에서 끝부분을 공들여 작성한다. 이와 같이 3:15-4:4a은 중심 부분(1:12-4:9)의 끝에서 두 번째 단위인데, 여기에서 사도는 빌립보서의 중요한 관심사에 집중하고, 빌립보 교인에게 특별한 반응을 보이라고 요청한다.

I. 서신 시작 부분: 서문과 기도 보고(1:1–11)
II. 서신 중심 부분(1:12–4:9)
A. 본문 서두: 바울의 현 상황(1:12–26)
B. 서신의 주요 본문: 교회 연합을 위한 호소(1:27–4:4a)
1. 공동체의 연합을 실행하라는 권고(1:27–2:4)
2. 자기희생의 탁월한 모범이신 그리스도 예수님처럼 돼라(2:5–11)
3. 연합에 대한 추가 권고와 기쁨의 외침(2:12–17)
4. 자기희생의 모범이 되는 디모데와 에바브로디도(2:18–30)
5. 그리스도 중심적 삶과 사역에 대한 바울의 모범(3:1–14)
➦ **6. 바울의 그리스도 중심적 생활 방식을 본받으라는 권고(3:15–4:4a)**
C. 본문 끝: 권고(4:4b–9)
III. 서신 끝부분(4:10–23)

주요 개념

바울은 빌립보 신자들에게 그의 생활 방식을 받아들이라고 요구한다. 그는 거짓 교사의 역할을 거부하고, 부적절한 지위에 대한 관심을 버리며, 그리스도를 위해 교회 연합을 받아들인다.

번역

빌립보서 3:15-4:4a

15a	추론	그러므로
b	정도	누구든지 우리 온전히 이룬 자들은
c	권고	**이렇게 생각할지니**
d	조건/완화	만일 어떤 일에 너희가 달리 생각하면
e	예측	하나님이 이것도…나타내시리라
f	간접 대상	너희에게

절	구분	본문
16a	대조/추가	오직
b	정도	우리가 어디까지 이르렀든지
c	권고	**그대로 행할 것이라**
17a	권고/애정	형제들아 **너희는 함께 나를 본받으라**
b	확대	그리고
c	일치	너희가 우리를 본받은 것처럼
d	대상	그와 같이 행하는 자들을
e	권고	**눈여겨 보라**
18a	동일시	내가 여러 번 너희에게 말하였거니와
b	태도	이제도 눈물을 흘리며 말하노니
c	대조/17절의 이유	**여러 사람들이…행하느니라**
d	묘사	그리스도의 십자가의 원수로
19a	묘사/	그들의 마침은 멸망이요
b	목록(19a–d절)	그들의 신은 배요
c		그 영광은 그들의 부끄러움에 있고
d		땅의 일을 생각하는 자라
20a	설명	그러나
b	주장/대조	**우리의 시민권은 하늘에 있는지라**
c	기대	거기로부터 구원하는 자…기다리노니
d		곧 주 예수 그리스도를
21a	묘사	그는…변하게 하시리라
b	대상	만물을
c	간접 대상	자기에게
d	수단	복종하게 하실 수 있는 자의
e	일치	역사로
f	대상	우리의 낮은 몸을
g	목표	자기 영광의 몸의 형체와 같이
4:1a	추론	그러므로
b	호칭/애정	나의…형제들,
c	묘사/목록(1c–d절)	사랑하고 사모하는

d		나의 기쁨이요 면류관인 사랑하는 자들아
e	태도	이와 같이
f	관계	주 안에
g	권고	**서라**
2a	호소	**내가 유오디아를 권하고**
b	호소	**순두게를 권하노니**
c	관계	주 안에서
d	권고	같은 마음을 품으라
3a	단언	또 참으로
b	호소	**나와 멍에를 같이한 네게 구하노니…저 여인들을 돕고**
c	묘사	복음에…힘쓰던
d	관련	나와 함께
e	(목록)	또한 글레멘드와
f		그 외에
g		나의 동역자들을 도우라
h	묘사	그 이름들이 생명책에 있느니라
4a	관계	주 안에서
	불변	항상
	권고	**기뻐하라**

구조

3:15–4:4a에 일련의 권고가 긴급하게 쏟아져 나온다. 본문의 구조는 일반적인 움직임 세 개로 나누어진다. 3:15–16과 3:17–21과 4:1–4a이다. 첫째로, 3:15–16은 바울의 그리스도 중심적인 생활 방식을 받아들이라고 요청한다. 15절에는 '이 태도를 받아들이라'(τοῦτο φρονῶμεν, 개역개정에는 "이렇게 생각할지니"–역주)는 권고가 나오고, 이 '마음' 동사는 4:2에 다시 나타난다. 거기에서 유오디아와 순두게는 "주 안에서 같은 마음을 품으라"(τὸ αὐτὸ φρονεῖν ἐν κυρίῳ)는 권고를 받는다.[1]

두 번째 움직임(3:17–21)은 자신을 본받으라는 주제에 초점을 맞춘다. 바울은 이 단위에서

1. 한 구절의 처음과 끝에 똑같거나 비슷한 단어들을 배치하는 인클루지오 용법은 3:15–4:4a을 별개의 단위로 표시하는 데 중요한 역할을 한다.

먼저 빌립보 교인들에게 자신의 삶과 자신을 따라 사는 사람들의 삶을 본받으라고 권고한다(17절). 그런 다음에는 그와 매우 다른 방식으로 살아가고 사역하는 사람들을 조심하라고 경고한다(18-19절). 이 두 번째 움직임에는 빌립보 교인이 이런 방식으로 살 수 있는 근거가 포함된다. 그 근거는 하늘의 시민권과 궁극적인 부활이다(3:20-21).

마지막으로 세 번째 움직임(4:1-4a)은 바울이 빌립보서를 공공연하게 쓰는 주된 이유를 말한다. 사도는 교회가 연합해서 확고하게 서기를 원하며, 여기에는 두 여성 지도자인 유오디아와 순두게가 포함되는데, 그들은 사이가 나쁜 것 같다. 따라서 이 움직임은 이 여성들에게 "같은 마음을 품으라"는 요청과 바울의 동역자, 즉 그의 '참된 동료'들에게 그렇게 할 수 있도록 도우라고 호소하는 것으로 끝난다.

석의적 개요

➡ **6. 바울의 그리스도 중심적 생활 방식을 본받으라는 권고(3:15-4:4a)**

- **a. 바울의 그리스도 중심적 생활 방식을 본받으라는 요청(15-16절)**
  - (1) 이렇게 생각하라(15절)
  - (2) 너희가 달성한 삶의 기준을 따라 살라(16절)
- **b. 올바른 지도자들을 본받으라(17-21절)**
  - (1) 바울과 그의 삶의 방식을 따르는 이들을 본받으라(17절)
  - (2) 다른 방식으로 살아가고 사역하는 이들을 주의하라(18-19절)
    - a) 신원 확인: 바울은 전에 그들을 언급했다(18절)
    - b) 묘사(19절)
  - (3) 바울의 패턴을 본받아야 할 근거(20-21절)
    - a) 다른 시민권(20a-b절)
    - b) 강력한 구세주와 주(20c-21절)
- **c. 연합을 확실히 유지하라는 마지막 권고(4:1-4a)**
  - (1) 그러므로 주 안에서 굳게 서라(1절)
  - (2) 유오디아와 순두게의 관계(2-3절)
  - (3) 기뻐하라(4a절)

본문 설명

3:15–16 그러므로 누구든지 우리 온전히 이룬 자들은 이렇게 생각할지니 만일 어떤 일에 너희가 달리 생각하면 하나님이 이것도 너희에게 나타내시리라 오직 우리가 어디까지 이르렀든지 그대로 행할 것이라(Ὅσοι οὖν τέλειοι, τοῦτο φρονῶμεν· καὶ εἴ τι ἑτέρως φρονεῖτε, καὶ τοῦτο ὁ θεὸς ὑμῖν ἀποκαλύψει· 16 πλὴν εἰς ὃ ἐφθάσαμεν, τῷ αὐτῷ στοιχεῖν). 바울은 빌립보 교인들에게 자신이 삶과 사역에서 보여준 태도를 받아들이라고 도전한다. 바울은 3:1–14에서 자신의 그리스도 중심적 삶을 성찰한 다음, 이제 그것을 바탕으로("그러므로", οὖν) 일련의 권고를 제시한다. 사도는 삶의 참된 목표와 궁극적 상을 향해 전심전력으로 달려가고 있다. 따라서 그는 빌립보 교인이 어떻게 생각하고 살아야 하는지 보여주는 적합한 모델이다. 물론 바울은 영적으로 성숙한 사람만 그런 자세를 취할 수 있다는 점을 이해한다. "온전히 이룬 자들."[2] 본문은 일반적인 목회적 상황을 반영하는 것 같다. 바울은 영적으로 성숙한 빌립보 교인은 '이해할' 수 있는 반면, 다른 사람들은 그리스도 중심적 자세로 성장해야 할 것이라는 점을 안다.[3] 12절에서 사도가 자신이 "온전히 이루었다"(τετελείωμαι)는 것을 부정한 것을 고려하면, 3:15에서 "온전히 이룬 자"(mature, τέλειος)라는 관련 단어의 용법은 역설적으로 '온전한' 자들에게 그들이 아직 '이르지' 못한 관점을 취하라고 요청한다.[4] 적어도 바울은 창조적인 언어유희를 하고 있다.

다시 바울은 빌립보 교인들에게 특별한 태도(mindset, φρονῶμεν)를 받아들이라고 요구한다. 이 단어는 3:15에서 두 번 쓰이고, 빌립보서에서 여덟 번 등장한다.[5] 이 책 다른 곳에서 언급한 것처럼, 이 용어는 특정한 노선을 따라 생각하는 것과 어떤 것에 마음을 집중하는 것, 또는 관점을 택하는 것을 의미한다.[6] 그러나 사도는 종종 이 단어를 다른 사람 또는 사람들과 한마음이 된다는 의미로도 사용한다.[7] 따라서 나는 '이 태도를 받아들이자'(let us embrace this mindset)라고 번역한다. 빌립보서 2:2에서처럼 여기에서 이 권고는 공동 목적, 즉 그리스도의 주 되심 아래 선교하는 공동체로 강건하게 사는 것에 일편단심으로 헌신하는 통일된 자세로 살아가라는 바울의 격려로 이해해야 한다.

목회 현장에서 우리는 교인들의 성숙도가 다양하다는 사실을 볼 수 있다. 그래서 사도는 그의 권고에 단서를 단다.[8] "만일 어떤 일에 너희가 달리 생각하면 하나님이 이것도 너희에게 나타내시리라"(καὶ εἴ τι ἑτέρως φρονεῖτε, καὶ τοῦτο ὁ θεὸς ὑμῖν ἀποκαλύψει). 바울은 자신의 삶의 자세[9]를 따르라는 요청을 완화하면서 아직 그의 관점을 공유하지 못한 이들이 계속 성장할 것을 확신한다고 표현한다. 이 완화는 바울이 곧 유오디아와 순두게를 향해 직접적으로 권고(4:2)하는 것을 예상할 수 있다. 그것이 사실이든 아니든, '널리 알리다', '계시하다'(ἀποκαλύπτω)라는 의미의 신학적으로 강력한 동사는 3:15 여기에서 사도가 한 언급이 단순한 여담이 아님을 시사한다. 하나님의 계시는 심각한 사안이고,

---

2. "온전히 이룬 자"라는 명사는 더 진보된 삶의 단계를 나타낸다. 찬성 의견으로 Osiek, *Philippians, Philemon*, 99. "누구든지"(ὅσος)로 번역된 용어는 양적인 관계 대명사로, 영어 성경에서 종종 관계 대명사 who로 번역된다(찬성 의견으로 NRSV, ESV, CSB, NET, NIV, NLT). Hellerman, *Philippians*, 206을 보라.
3. 찬성 의견으로 Reumann, *Philippians*, 559–60; Hellerman, *Philippians*, 206; Cousar, *Philippians and Philemon*, 77.
4. 예를 들어, Reumann, *Philippians*, 559–60; Silva, *Philippians*, 177.
5. 빌 1:7; 2:2(2번), 5; 3:19; 4:2, 10(2번).
6. BDAG 1065.
7. 예를 들어, 롬 12:16; 15:5; 고후 13:11; 빌 2:2, 5; 4:2.
8. 바울은 최상급 조건문으로 그 단서를 만든다.
9. Holloway, *Philippians*, 176.

바울은 "그리스도의 십자가의 원수"를 논의하려 할 때 처럼(3:18–19) 여기에서 그 용어를 사용한다.[10] 바울은 빌립보서의 주요 본문 전체에 걸쳐 빌립보 교인에게 온전한 이의 모범을 따르고 그들을 연합하게 해줄 공통의 선교적 태도를 취하라고 단호하게 요청한다. 3:2, 18–19은 빌립보 교인이 거짓 가르침의 유혹에 맞서도록 돕는 것이 연합의 한 기능임을 암시한다. 하나님이 계시하신 올바른 신학은 올바른 모범을 따를 수 있는 건강한 공동체 안에서만 번성할 수 있다(3:17–19). 간단히 말해, 교인들은 복음을 위해 자신의 관점을 조정해야 한다(4:2–3).

16절은 계속해서 "오직 우리가 어디까지 이르렀든지 그대로 행할 것이라"(πλὴν εἰς ὃ ἐφθάσαμεν, τῷ αὐτῷ στοιχεῖν)고 말한다. 부사 '어쨌든'(in any case, πλήν, 개역개정에는 "오직"–역주)은 접속사의 역할을 하고, 3:15에 나오는 권고 "이렇게 생각할지니"에 주의를 돌린다.[11] 16절은 교회에 이런 집중적 헌신을 요구하는 다소 모호한 두 구절로 구성되어 있다.[12] 첫 번째 구절의 동사(φθάνω, '도달하다, 이르다')는 신약에서 오직 여섯 번 등장한다.[13] 여기에서 그것은 관계절의 일부로 역할을 한다.[14] "우리가 어디까지 이르렀든지." 16절의 나머지 부분이 가리키는 것처럼, 바울은 그들이 믿음을 실행하고 있는 정도를 언급하는 것 같다.

동사 στοιχέω는 어떤 종류의 행위 기준에 부합해 있는 것, 그 기준에 동의하는 것, 그것에 따라 사는 것을 의미한다.[15] 이 현재 부정사는 명령의 뜻을 지니며, 문맥상 교회에 특정한 삶의 방식을 요구한다.[16] 예를 들어, 사도행전 21:24에서 그 동사의 의미를 볼 수 있다. 거기에서 바울은 "율법을 지켜"(στοιχεῖς καὶ αὐτὸς φυλάσσων τὸν νόμον) 행하라는 말을 듣는다. 또 로마서 4:12에서는 "우리 조상 아브라함이 무할례시에 가졌던 믿음의 자취를 따르는 자들"(τοῖς στοιχοῦσιν τοῖς ἴχνεσιν τῆς…πίστεως τοῦ πατρὸς ἡμῶν Ἀβραάμ)에 대해 말한다. 빌립보서 현재 절에서 사도는 빌립보 교인에게 "그대로"(τῷ αὐτῷ) 행하라고 요구하는데, 그것은 이 절의 전반부에 나오는 전치사구를 언급하는 것이 거의 분명하다. 다시 말해, 빌립보 교인은 기독교적 삶을 살아갈 때 '도달한 단계'의 본을 따라 살라는 요청을 받는다.

언제든지 공동체 관계가 무너지고, 그리스도와 복음이 초점에서 멀어지며, 교회가 영적으로 퇴보할 위험이 있다.[17] 바울은 빌립보 교회에 생긴 공동체 안의 불화가 교인들의 영적 삶에 실제로 위협이 될 수 있다는 점을 염려하는 것 같다. 그래서 바울은 그들 사이의 사소한 차이보다 공동 목표에 집중하라고 요구한다.[18] 그들은 기독교적 삶의 진정한 목표를 염두에 두어야 한다. 그리스도와 친밀한 관계를 맺는 것이 최종 목표이고, 그 관계는 죽은 자가 부활할 때 절정에 달할 것이다. 교회 안에 있는 모든 사람이 푯대를 향하는 바울의 그리스도 중심적 자세를 완전히 이해할 만큼 성숙하든 그렇지 않든, 바울은 그들이 모두 이미 도달한 믿음의 수준을 따

---

10. 반대 의견으로 Hansen, *Philippians*, 259.

11. 이 표현은 "우리의 관점이 일시적으로 어긋나 있다"와 그 의미가 비슷하다. BDAG 826을 보라. 15절에서 바울은 1인칭 복수 권고적 가정법(φρονῶμεν)에서 2인칭 복수 직설법(φρονεῖτε)으로 바꾼다. 그런 다음 16절에서 바울은 다시 빌립보인들에게 1인칭 복수로 말한다.

12. 이 모호함은 부분적으로 16절 후반부 τῷ αὐτῷ στοιχεῖν의 애매함에 기인한다. 이 애매함 때문에 필사자들이 그 절의 뜻을 분명하게 하고자 여러 문구를 추가하는 일이 생겼다. 하지만 현재의 형태에는 유력한 증거들이 있다(𝔓16.46 ℵ* A B Γvid 6. 33. 1739 b co; Hil Aug). Fee가 지적한 대로, 16절의 애매함은 바울이 반대자들을 어떻게 언급하고 있는지에 관해 불필요한 많은 추측을 하게 만들었다. Fee, *Philippians*, 360을 보라.

13. 마 12:28; 눅 11:20; 롬 9:31; 고후 10:14; 살전 2:16; 4:15.

14. 정도를 뜻하는 εἰς+목적격 대명사 구문. '…까지'(up to), 즉 "충분히"(fully) 또는 "완전히"(completely, BDAG 289).

15. BDAG 946.

16. 찬성 의견으로, 예를 들어 Hellerman, *Philippians*, 209.

17. 찬성 의견으로 Fee, *Philippians*, 361–62.

18. 찬성 의견으로 Reumann, *Philippians*, 561–62.

라 살고, 인간관계의 격심한 갈등 속에서 중요한 것을 놓치거나 영적으로 길을 잃지 않기를 바란다. 그들은 다음 절에서 살펴볼 훌륭한 역할 모델들을 본받음으로써 그렇게 살아갈 것이다.

3:17-19 형제들아 너희는 함께 나를 본받으라 그리고 너희가 우리를 본받은 것처럼 그와 같이 행하는 자들을 눈여겨 보라 내가 여러 번 너희에게 말하였거니와 이제도 눈물을 흘리며 말하노니 여러 사람들이 그리스도의 십자가의 원수로 행하느니라 그들의 마침은 멸망이요 그들의 신은 배요 그 영광은 그들의 부끄러움에 있고 땅의 일을 생각하는 자라(Συμμιμηταί μου γίνεσθε, ἀδελφοί, καὶ σκοπεῖτε τοὺς οὕτω περιπατοῦντας καθὼς ἔχετε τύπον ἡμᾶς. 18 πολλοὶ γὰρ περιπατοῦσιν οὓς πολλάκις ἔλεγον ὑμῖν, νῦν δὲ καὶ κλαίων λέγω, τοὺς ἐχθροὺς τοῦ σταυροῦ τοῦ Χριστοῦ, 19 ὧν τὸ τέλος ἀπώλεια, ὧν ὁ θεὸς ἡ κοιλία καὶ ἡ δόξα ἐν τῇ αἰσχύνῃ αὐτῶν, οἱ τὰ ἐπίγεια φρονοῦντες). 빌립보서의 주요 본문에서 바울은 그리스도(2:5-11)와 디모데와 에바브로디도(2:18-30)같이 본받을 만한 훌륭한 모범들을 제시한다. 3:2에서 바울은 대조적인 방법을 써서 빌립보 교인에게 거짓 교사들을 조심하라고 경고한다. 그런 다음 바울은 3:7-14에서 자신이 끊임없이 그리스도를 추구하는 것에 대해 말한다. 이제 바울은 빌립보서 중심 부분의 절정을 향해 움직이면서 자신뿐만 아니라 자신을 본받아 사는 사람들을 거짓 사역자인 "그리스도의 십자가의 원수"와 극명히 대조되는 모범으로 제시한다.[19] 이와 같이 교회에 대한 바울의 모범은 교회를 해칠 사람들에 대한 염려라는 괄호에 묶여 있다.

그래서 사도는 그의 '형제자매들'(ἀδελφοί)[20]에게 훌륭한 모델을 본받으라는 두 가지 권고를 한다. 첫 번째는 바울을 본받으라는 권고이고, 두 번째는 바울의 삶과 사역 패턴을 따르는 이들을 본받으라는 권고다. 바울은 자신이 영적으로 성공했다고 여기면서 교만하게 말하지 않는다. 그는 3:12-14에서 그 점을 강력히 부인한다. 오히려 바울은 자신이 올바른 동기와 올바른 목표를 염두에 두고 올바른 방향으로 가면서 경주를 적절히 하고 있음을 알고, 빌립보 교인에게 그리스도를 추구하는 삶과 사역의 동반자로서 자신과 함께 경주하자고 초대한다.[21]

고대 세계의 그리스와 유대 배경에서 모방의 힘은 교육적 가치가 높다고 여겨졌다. 예를 들어, 교사들은 부모를 모방하는 자녀(예를 들어, Philo, *Sacr.* 68)나 교사를 모방하는 학생의 중요성을 강조했다.[22] 바울은 일반적으로 "본받는 자"(μιμητής, 고전 4:16; 11:1; 엡 5:1; 살전 1:6; 2:14)로 번역된 명사 혹은 '본받다'(μιμέομαι, 살후 3:7-9)로 번역된 동사를 사용하지만, 여기에서 그는 모방을 공동체 역학으로 가리키면서[23] '함께 본받는 자들'(συμμιμηταί)을 의미하는 복합어 형태를 사용한다.[24] 공동체 안에서 모방은 지속적인 삶의 패턴이 되어야 한다.[25]

바울이 사역에서 겪었던 어려움 중 하나는 그의 회중으로부터 장기간 떨어져 있어야 했다는 것이다. 그가 현재 투옥되어 있기에 빌립보에 가지 못한 것이 그 예다. 감사하게도 사도의 선교와 관련하여 본받을 만

19. John Chrysostom은 "앞에서 그가 '개를 삼가라'고 말하면서 빌립보 교인을 그들에게서 떼어놓은 것을 기억하는가? 이제 그는 교인들을 본받아야 할 모범으로 안내한다"라고 쓴다(Edwards, *Galatians, Ephesians, Philippians*, 262).

20. 이 책 앞부분에서 언급한 대로 ἀδελφοί는 고대 종교적 상황에서 남자와 여자를 모두 언급하는 데 사용되었다. 빌립보서의 광범위한 문학적 맥락은 사도가 서신 내내 "형제들"과 '자매들'에게 말한다는 점을 분명히 한다(예를 들어, 4:2).

21. 찬성 의견으로 Silva, *Philippians*, 179.

22. Keown, *Philippians 2:19-4:23*, 237; Bockmuehl, *Philippians*, 229.

23. Hansen, *Philippians*, 261; Reumann, *Philippians*, 566; Silva, *Philippians*, 188.

24. 그리스 문헌 다른 곳에서 그 용어를 찾을 수 없기 때문에, 몇몇 사람은 사도가 그 용어를 만들었을 수 있다고 생각한다(예를 들어, 찬성 의견으로 Bockmuehl, *Philippians*, 228).

25. '…이 돼라'(be, γίνεσθε)로 번역된 현재 명령법은 또한 영어에서 '…이 되다'(become)로 번역될 수 있다. 그 동사는 계속적인 생활 패턴을 요구하는 일반적인 명령을 제시한다.

한 모범이 있었다. 우리는 이미 디모데와 에바브로디도에 대해 살펴보았다(빌 2:18-30). 따라서 바울은 이제 빌립보 교인에게 그의 삶의 패턴을 따르는 이들을 "눈여겨보라"(σκοπεῖτε)고 권고한다. 2:4에 대한 설명에서 살펴보았듯, 이 동사[26]는 독자에게 어떤 것이나 어떤 사람을 특별히 주목하라는 의미를 지닌다. 이것은 로마서 16:17에서처럼 거짓 교사들의 활동에 주의를 기울이는 것을 포함할 수 있다. 로마서 16:17에서 바울은 "내가 너희를 권하노니 너희가 배운 교훈을 거슬러 분쟁을 일으키거나 거치게 하는 자들을 살피고(σκοπεῖν) 그들에게서 떠나라"고 쓴다. 물론 그 경고는 빌립보서 3:2에서 "삼가라"(βλέπετε)를 세 번 사용한 것과 평행을 이룬다. "개들을 삼가고 행악하는 자들을 삼가고 몸을 상해하는 일을 삼가라." 빌립보서의 광범위한 문맥에서 이런 거짓 교사들은 주목할 만한 생활 방식을 보여주는 모범적인 지도자들과 대조된다.

'행하다'(walk, περιπατέω)라는 동사는 문자적으로 걷는 행동에 대해 사용될 수 있지만(예를 들어, 그것은 공관복음에서 지배적인 용법이다),[27] 바울은 그 동사를 어떤 사람을 특징짓는 삶이나 행동의 패턴이라는 뜻으로 은유적으로 사용하는 것을 선호한다. 따라서 여기에서 그 단어는 빌립보 교인에게 바울이 사는 '것처럼 살아가는 자들'(τοὺς οὕτω περιπατοῦντας)을 본받으라고 요청하는 데 기여한다.[28] 패턴이라는 이 개념은 종종 '모범'이나 '본'으로 번역되는 단어(τύπος)로 강조된다. 고대 세계에서 이 용어는 타격이나 압력으로 만들어진 자국(사용된 물체의 모양을 나타내는 자국을 남김)이나 물질적 '사본', '이미지', '모델'에 대해 사용될 수 있었다. 하지만 사도는 여기에서 이 단어를 따를 가치가 있는 원형, 모범, 본이라는 비유적 의미로 사용한다.[29] 바울이 자신 및 자신과 아주 가까이에 있는 사람들, 즉 그가 보통 함께 선교여행을 다녔던 "형제들"을 언급하므로 빌립보 교인은 "우리"(목적격 대명사 ἡμᾶς)와 관련하여 그런 모범을 '갖고 있다'(ἔχετε). 그러나 빌립보 교인은 또한 특정한 지역 지도자들에게서 그 모범을 볼 수 있다. 그들이 바울과 그의 선교 활동에서 이런 유형의 삶을 목격했기 때문에, 그들은 공동체의 건전한 지도자들에게서 그것을 알아볼 수 있다.[30]

18절에서 사도는 빌립보 교인들이 훌륭한 모범을 '눈여겨보아야' 하는 이유(γάρ)를 설명한다. 바울과 그의 동역자들이 확립한 모델과 대립하는 '삶의 패턴을 사는'(περιπατοῦσιν) 영향력 있는 사람들이 '많이'(πολλοί)[31] 있다. 3:2에 나오는 경고에 비추어, 바울이 유대인 선동가들을 염두에 두고 있을 수 있다.[32] 하지만 바울이 여기에서 말하는 것을 고려하면, 다른 선택지를 생각해야 한다. 예를 들어, 미덕의 결여가 3:18-19의 한 가지 강조점인 것 같은데(즉, 그들의 '행동'), 그것 때문에 일부 학자들은 바울이 그들의 신학적 오류보다 이 미덕의 결여에 더 관심을 가진다고 제안했다.[33]

또한 바울은 이런 사람들을 여러 번 언급한 적이 있다. 실제로 바울은 그들에 대해 "내가 여러 번 너희에게 말하였거니와"(οὓς πολλάκις ἔλεγον ὑμῖν)라고 말한다. 예를 들어, 바울이 소위 제3차 선교 여행을 하면서 빌립보를 지나갈 때(행 20:1-2, 6), 그는 거짓 교훈을 가르치

---

26. 3:14에 나오는 명사 σκοπός("푯대")의 동족어.

27. 예를 들어, 마 4:18; 9:5; 11:5; 15:31; 막 2:9; 5:42; 6:48-49 등.

28. τοὺς…περιπατοῦντας 구문은 실명사('행하는 자들')로 기능하며, σκοπεῖτε의 직접 목적어다.

29. 이런 다양한 용법에 대해 BDAG 1019-20을 보라.

30. οὕτω…καθώς의 용법은 상관적이다(예를 들어, 눅 24:24; 롬 11:26). "그렇게"(thus) 또는 "그래서"(so)를 뜻하는 οὕτω(οὕτως에 대한 대체 철자)는 바울의 선교에 대한 비교를 언급하는 καθώς("…처럼")을 예상한다.

31. 이 단어는 관사 없이 실명사로 규칙적으로 나타난다(예를 들어, 마 7:22; 12:15; 20:28; 막 2:2; 3:10).

32. 이 책 260-264쪽을 보라.

33. 예를 들어, Hansen, *Philippians*, 264-65.

고 부정한 삶을 사는 고린도의 반대자들에 대해 공개적으로 말했으리라고 상상할 수 있다.[34] 그래서 아마도 바울은 빌립보 교인들에게 글을 쓰면서 과거 고린도의 침입자들, 곧 그가 전에 언급했던 나쁜 지도자들과 갈등한 일을 생각하면서 말했을 것이다.[35]

사도는 "이제"(νῦν) 그들을 다시 언급할 필요를 느끼는데, 그는 '울면서'(κλαίων) 그렇게 한다.[36] 이 언어는 감정의 강렬함을 나타낸다. 바울이 신약에서 울 때, 그는 교회든(행 20:31; 고후 2:4) 이스라엘 백성이든(롬 9:1-5; 10:1) 사람들에 대한 깊은 관심을 나타낸다.[37] 바울이 3:18에서 눈물을 흘리며 말하는 이유도 비슷하다. 그는 삶이나 가르침의 잘못된 패턴을 통해 교회가 예수님과 그분의 복음에 대한 진리에서 벗어나게 만드는 위협을 염려한다. 이런 지도자들은 바울의 지적 논쟁 상대보다 훨씬 심각한 존재다. 오히려 그들은 "그리스도의 십자가의 원수"(τοὺς ἐχθροὺς τοῦ σταυροῦ τοῦ Χριστοῦ)다.[38]

원수(ἐχθρός)라는 단어는 적대감과 미움을 뜻하고, 원수의 적대감은 "십자가"(τοῦ σταυροῦ)를 향한다.[39] 그리고 그 십자가는 그리스도 자신과 관련된다.[40] 십자가는 바울의 복음의 핵심 가까이에 서 있다. 원수들이 바울의 십자가 메시지를 증오하는 것인지, 아니면 십자가가 사람들에게 요구하는 생활 방식을 증오하는 것인지는 분명하지 않다. 다시 한번 말하지만, 몇몇 학자는 여기에서 원수들을 가르침이 아닌 생활 방식의 면에서 그리스도의 길에서 떠난 이들을 가리킨다고 이해하지만, 이는 그릇된 이분법을 조성하는 것 같다. 사람들은 자신이 믿는 것을 삶으로 실천한다. 누군가 잘못 살고 있다면, 그것은 잘못 생각하고 있기 때문이다. 기회가 주어진다면, 그들은 빌립보 교인들을 파괴적인 생활 패턴으로도 이끌 수 있었다.

십자가의 수치는 명예와 지위를 소중하게 생각한 그리스 로마 문화와 반대되는 불가해한 것이었다. 현대인이 바울 당시의 유대인과 그리스인이 십자가에 대해 가졌던 혐오를 제대로 이해하기란 매우 어렵다. 그리스도가 십자가에 달려 죽으신 것은 중대한 장애물이 되었다. 바울은 "우리는 십자가에 못 박힌 그리스도를 전하니 유대인에게는 거리끼는 것이요 이방인에게는 미련한 것이로되"(고전 1:23)라고 썼다. 그러나 바울은 뒤이어 그리스도 안에 있는 유대인과 이방인 형제자매들에게 "그리스도는 하나님의 능력이요 하나님의 지혜니라"(1:24)고 선포했다. 사도는 십자가 없이는 참된 그리스도를 따르는 것이 아님을 알았다. 원수들도 이것을 분명히 알았다.

빌립보서 3:19에서 사도는 거짓 지도자들을 네 가지 신랄한 표현으로 묘사한다.

그들의	마침은 멸망이요	ὧν	τὸ τέλος ἀπώλεια
그들의	신은 배요	ὧν	ὁ θεὸς ἡ κοιλία καὶ
	그 영광은 그들의 부끄러움에 있고		ἡ δόξα ἐν τῇ αἰσχύνῃ αὐτῶν
자라	땅의 일을 생각하는	οἱ	τὰ ἐπίγεια φρονοῦντες

34. 이것에 대해 Guthrie, *2 Corinthians*, 41-46을 보라. 에베소 투옥설을 고수하는 Frank Thielman은 바울이 빌립보서를 쓸 때 고린도의 반대자들을 염두에 두었을 수 있다고 추측한다(Thielman, *Philippians*, 198).
35. 하지만 Bockmuehl이 지적한 대로, 바울은 어디에서도 원수들을 '교사'로 언급하지 않는다. 그들은 "그리스도의 십자가"를 미워하는데, 그것은 주로 도덕적 개념보다 신학적 개념으로 이해될 수 있다. 참고. Bockmuehl, *Philippians*, 230-31.
36. 태도를 나타내는 부사적 분사. 여러 영어 번역본은 καί를 부가적으로 이해한다("더욱", 예를 들어, NASB, NRSV, ESV, NIV). 이 접속사의 강조적 용법에 대해 Wallace, *Greek Grammar*, 670-71을 보라.
37. Hellerman, *Philippians*, 216-17.
38. 헬라어는 동사가 없어 불완전하다. 아마도 그 때문에 𝔓[46]이 τοὺς ἐχθρούς 앞에 동사 βλέπετε를 추가했을 것이다.
39. 헬라어 형태는 주격 소유격의 기능을 한다.
40. 여기에서 τοῦ Χριστοῦ는 관련의 소유격으로 읽힌다.

세 개의 주절이 나오는데, 중간 절에서 두 묘사가 καί라는 표현을 통해 하나로 결합된다. 첫 번째는 그들의 삶과 '사역'의 궁극적 결과를 묘사하고, 마지막은 그들 삶의 초점을 묘사한다. 가장 비판적인 것으로, 중간의 두 묘사는 그들의 우상숭배적 마음 상태를 다룬다. 이런 거짓 지도자들의 잘못된 언행의 핵심에는 그릇된 예배와 왜곡된 가치가 놓여 있다.

바울은 이미 3:12에서 '온전히 이루는 것'(τετελείωμαι)에 대해 언급했다. 이제 그는 비슷한 언어를 사용해서 거짓 지도자의 목적지를 묘사한다. "그들의 마침은 멸망이요"(ὧν τὸ τέλος ἀπώλεια). 사도는 서신에서 "마침"(end, τέλος)으로 번역된 단어를 14번 사용하는데, 로마서 6:21과 고린도후서 11:15에서 현재의 문맥과 비슷한 용법으로 사용된다. 로마서 본문에서 로마 교인들은 사망이라는 결과를 낳을 일을 부끄러워하라는 말을 듣는다. 고린도후서에서 바울은 "그들의 마지막은 그 행위대로 되리라"(ὧν τὸ τέλος ἔσται κατὰ τὰ ἔργα αὐτῶν)고 쓴다. 여기 빌립보서 3:19에서 '마지막' 또는 마침은 "멸망"(ἀπώλεια)이 될 것이다. 이 용어는 사람이 초래하는 낭비나 멸망에 사용될 수 있지만(예를 들어, 막 14:4), 악인이 심판의 한 형태로 경험하는 멸망에 대해 가장 자주 사용된다(예를 들어, 마 7:13; 요 17:12; 행 8:20; 롬 9:22; 살후 2:3; 딤전 6:9). 바울은 빌립보서 1:28에서 이미 빌립보 교회의 반대자들에게 다가오는 "멸망"을 언급했다. 바울은 신자들이 반대에 맞서 단결하는 용기를 그 멸망의 확실한 표시로 꼽는다.

3:19의 두 번째 절에는 평행 묘사가 나온다. "그들의 신은 배요 그 영광은 그들의 부끄러움에 있고"(ὧν ὁ θεὸς ἡ κοιλία καὶ ἡ δόξα ἐν τῇ αἰσχύνῃ αὐτῶν). "배"(appetite, κοιλία)로 번역된 용어는 문자적으로 위를 뜻했지만, "내적 생명, 감정, 욕구의 좌소"에 대해 비유적으로 사용될 수 있다(참고. 롬 16:18).[41] 바울이 후자를 염두에 두고 있다면, 이런 '욕구'는 분명히 문자적으로 육체적 식욕을 포함할 수 있다. 거짓 지도자들은 주도적인 사람들이지만, 그들을 움직이는 것은 하나님의 선교가 아니라 그들의 식욕이고, 그것은 더 깊은 영적 부패를 나타낸다. 프레드릭 비크너(Frederick Buechner)는 『말을 넘어서』(*Beyond Words*)라는 책에서 그와 같은 질병에 대해 쓰면서 이렇게 말한다. "폭식가는 영적 영양실조를 치료하기 위해 냉장고를 습격하는 사람이다."[42]

바울은 계속해서 "그 영광은 그들의 부끄러움에 있고"라고 쓴다. 여기에서 이 언어는 바울이 속한 문화의 '명예–수치' 구조를 이용한다. 반대자들은 부끄럽게 여겨야 하는 것을 영광스러운 것으로 여긴다.[43] 그들의 가치는 완전히 뒤틀려 있다.

마지막으로, 바울은 빌립보인들에게 그들의 관점을 조정하거나 그들의 초점을 바꾸라고 시종일관 요구한다. 여기에서 바울은 "생각하는"(φρονέω)이라는 언어를 사용한다. 이 동사는 어떤 것에 대해 '신중하게 생각하다', '열중하다', '의견을 갖다'라는 뜻으로 다양하게 사용되었다. 예를 들어, 빌립보서에서 바울은 그들에게 "한마음을 품[고]"(2:2) 그리스도의 겸손한 마음을 "품으라"(2:5)고 도전했다. 3:15에서 바울은 빌립보인들에게 '위대한 경주'를 그와 동일한 관점으로 바라보라고 도전했다. 바울은 4장 서두에서 유오디아와 순두게에게 "주 안에서 같은 마음을 품으라"고 권고할 것이다(4:2).

---

41. BDAG 550.

42. Frederick Buechner, *Beyond Words: Daily Readings in the ABC's of Faith* (San Francisco: HarperOne, 2004), 130.

43. 사도가 "부끄러움"(αἰσχύνη)으로 번역된 이 명사를 사용하는 유일한 다른 곳은 고후 4:2인데, 거기에서 그것은 속임과 하나님의 말씀을 혼잡하게 하는 것과 관련된다. 빌 1:20에서 바울이 동족 동사 αἰσχύνω를 사용한 용법을 보라. 거기에서 바울은 자신을 부끄러워하지 않기를 바라는 소원을 표현한다. 바울은 또한 어떤 사람을 '부끄럽게 하는 것'(shaming)을 말하는 ἐπαισχύνομαι와 더불어(예를 들어, 롬 5:5; 9:33; 10:11), 롬 1:16과 6:21에서 동족 동사 καταισχύνω를 사용한다.

올바른 사고방식 및 초점과 대조적으로, 3:19에 언급된 반대자들은 "땅의 일을 생각하는 자"(οἱ τὰ ἐπίγεια φρονοῦντες)다.[44] 일반적인 용법에서, "땅의 일"(ἐπίγεια)로 번역된 단어는 하늘의 일과 공간적으로 대조를 이루는데, 이것이 신약에서 대부분 사용되는 용법이다.[45] 하지만 사도는 여기에서 "땅의 일"을 거짓 교사들의 삶 가운데 있는 "세속적인"[46] 것과 연결하고, 이는 다음 절에서 언급되는 하늘의 시민권과 대조적인 것에 바친 그들의 헌신과 관련된다.[47] 그러므로 이 구절은 야고보서 3:15에서처럼 "땅의 일"이라는 용어가 부정적으로 사용된 것을 보여준다. 3:15에서 야고보는 "땅 위의 것이요 정욕의 것이요 귀신의 것"인 지혜에 대해 말한다. 이와 같이 반대자들의 땅을 향한 초점은 '하늘에 있는' 기쁨과 대조를 이루며, 다음 두 절에서 기독교의 소망이 어떻게 그리스도의 성육신, 죽음, 부활 그리고 우주를 다스리시는 주님으로 승귀하심과 밀접하게 관련되는지를 성찰하게 한다.

3:20-21 그러나 우리의 시민권은 하늘에 있는지라 거기로부터 구원하는 자 곧 주 예수 그리스도를 기다리노니 그는 만물을 자기에게 복종하게 하실 수 있는 자의 역사로 우리의 낮은 몸을 자기 영광의 몸의 형체와 같이 변하게 하시리라(ἡμῶν γὰρ τὸ πολίτευμα ἐν οὐρανοῖς ὑπάρχει, ἐξ οὗ καὶ σωτῆρα ἀπεκδεχόμεθα κύριον Ἰησοῦν Χριστόν, 21 ὃς μετασχηματίσει τὸ σῶμα τῆς ταπεινώσεως ἡμῶν σύμμορφον τῷ σώματι τῆς δόξης αὐτοῦ κατὰ τὴν ἐνέργειαν τοῦ δύνασθαι αὐτὸν καὶ ὑποτάξαι αὐτῷ τὰ πάντα). 바울은 이제 하늘의 시민권의 중요성으로 관심을 돌리면서 구세주 되시는 그리스도께 초점을 맞춘다. 우리는 지금까지 본문에서 짧은 일련의 권고를 살펴보았다(3:15-17). 그에 뒤이어 바울의 삶의 패턴(그를 본받는 이들과 더불어)과 "그리스도의 십자가의 원수"가 보여주는 삶의 패턴이 대조된다(18-19절). 3:18의 서두에 γάρ로 소개된 이 대조는 이제 또 다른 대조로 바뀌는데, 그것 역시 γάρ로 소개된다(20절).[48] 이제 바울은 원수에서 눈을 돌려 다시 바울의 선교 사역에 참여하는 자들의 모범에 관심을 기울인다. 3:15-4:4a에 대한 서론과 '문학적 전후 문맥'에서 언급한 대로 3:20-21은 2:6-11에 기록된 그리스도에 대한 내러티브 시를 전체적으로 되풀이하는데, 주님의 성육신과 승귀가 부활을 통한 신자들의 변화와 신학적으로 연결된다.

19절에서 "땅의 일"(τὰ ἐπίγεια)에 대한 언급은 이제 20절에서 "하늘에"(ἐν οὐρανοῖς, 복수, 문자적으로 '하늘들에')라는 대조적인 공간적 표현으로 이어진다. 사도가 지시하는 대상은 물질적 우주를 가리키기보다, 하나님의 초월적인 거처인[49] "우리의 시민권"이 있는 장소(ἡμῶν…τὸ πολίτευμα…ὑπάρχει[50])로서의 하늘이다. 1:27에서 바울은 빌립보 교인에게 '하늘 시민답게 살아가

44. 바울은 이 세 번째 묘사에서 관계 대명사를 관사로 바꾸었지만, 그 관사는 관계사의 기능을 한다. 바울은 또한 동사 없는 관계절들에서 분사구를 사용하는 것으로 옮김으로써, 거짓 지도자들에 대한 그의 묘사를 완결한다.

45. 그래서 예를 들어 요 3:12에서 니고데모에게 말씀하실 때 예수님은 니고데모가 믿어야 했던 "땅의 일"을 말했다고 언급하신다. 고전 15:40에서 바울은 "하늘에 속한" 형체와 "땅에 속한" 형체를 대조한다. 고후 5:1에서 바울은 인간의 몸을 "땅에 있는" 장막으로 언급한다. 그리고 빌 2:10에서 살펴본 것처럼, 이 단어는 일반적으로 땅과 관련된 것들에 대해 사용될 수 있다.

46. ἐπίγεια 용어의 한 가지 독법은, 세상 속에서 일상생활의 흔한 문제들을 언급하기보다 하나님의 뜻에 반대하는 '세속적 가치'에 대해 말한다. Thielman, *Philippians*, 198을 보라.

47. 앞에 나오는 '문학적 전후 문맥'에서 제시한 대로, 구조적으로 ἐπίγεια와 φρονοῦντες는 2:6-11의 그리스도 찬송가의 요소들을 상기시킨다. 2:6-11은 3:21에서 계속되는 일련의 반복을 개시한다.

48. 헬라어 문법에서 일련의 절들은 γάρ로 소개될 수 있는데, 각 절은 한 가지 중요한 개념을 지지하거나, 또는 이 본문의 경우처럼 17절의 두 가지 권고를 지지한다. 17절에서 18절로 이동하고, 또다시 19절에서 20절로 이동하는 문맥에 '대조'가 분명히 담겨 있지만, γάρ의 기능은 권고를 위한 근거를 제공한다는 일반적 의미에서 여전히 설명적이다.

49. 예를 들어, 마 5:16; 6:1; 7:11; 10:33; 12:50; 16:17; 막 11:25; 눅 11:2을 보라.

50. 2:6에서 동일한 용어의 반복을 주목하라.

라'(πολιτεύομαι, 개역개정에는 "합당하게 생활하라"–역주)고 권고하는데, 시민권을 언급하는 관련 명사(πολίτευμα)가 여기에도 나온다. 앞서 1:27을 논의하면서 언급한 대로, 이 용어의 어족은 시민 집단, 협회, 민정(民政)을 말하는 데 사용될 수 있다. 명사 형태는 신약에서 오직 여기에서만 쓰인다. 그런데 이 표현은 또한 칠십인역, 에픽테토스, 요세푸스,[51] 필론,[52] 위경 등 다양한 문헌에 등장하고, 매번 시민 집단 또는 협회를 언급한다. 특히 이 단어는 해외에 사는 시민 집단을 뜻할 수 있다.[53]

1:27에서 이 동사에 대해 논의하면서 아마도 빌립보 사람들이 로마 식민지로서 도시의 법적 지위에 부여한 높은 가치에 비추어 바울이 시민권 언어를 사용한다는 점을 주목했다. 그 논의에서 지적한 대로, 빌립보서에서 매우 두드러지게 드러나는 '연합'이라는 주제는 사회적으로 중요한 가치였다. 그것은 그 시대의 비문에 자주 나타나는데, 정치적 협회의 맥락에서 연합의 미덕을 찬양한다.[54] 하지만 바울이 언급하는 것은 '기독교적' 방식으로 로마의 시민적 가치를 실행하는 것이 아니라 하늘의 시민권이다.[55] 하늘의 시민권이라는 개념은 또한 히브리서 11:8–16에 나온다. 거기에서 저자는 "더 나은 본향…하늘에 있는 것", 곧 하나님이 그들을 위해 예비하신 도성을 사모하면서 하나님을 신뢰하는 믿음의 사람들을 칭송한다. 오직 하나님만이 영원한 것을 건설하신다.

그래서 여기 3:20에서 바울의 "시민권" 신학은 반문화적이다. 빌립보 교인들은 가이사를 제국을 다스리는 주인으로 받드는 로마 식민지의 시민이 아니라, 그리스도가 다스리시는 식민지의 시민이라는 정체성을 확립해야 한다. 그들이 모든 사람의 참된 주가 되시는(참고. 빌 2:10–11) 예수님을 위해 살기 때문이다.[56] 그 정체성에는 인간 역사의 절정의 순간에 주님이 "하늘"에서[57] 오셔서 세상의 일들을 바로잡고, 자기 백성을 그분께로 모으실 것이라는 이해가 포함된다.

그리스도의 재림은 신약의 일관된 주제다. 그리스도가 지상 사역을 하시는 동안 제자들은 재림이라는 사건에 관심을 갖고 "어느 때에 이런 일이 있겠사오며 또 주의 임하심과 세상 끝에는 무슨 징조가 있사오리이까"(마 24:3)라고 묻는다. 예수님은 재림이 갑자기 이루어질 것이며(27, 39절), 평범하게 일상을 살아가는 사람들의 허를 찌를 것이라고(37절) 말씀하셨다. 이와 대조적으로 그리스도를 따르는 사람들은 큰 기쁨과 축제의 시간으로 재림을 기대하면서(살전 2:19), 흠이 없는 거룩한 삶으로 그날을 맞이할 준비를 해야 한다(3:13; 5:23; 요일 2:28). 신자는 재림을 기대해야 하지만, 인내하면서 기대해야 한다(약 5:7–8; 벧후 3:12).

바울은 우리가 그리스도의 재림을 '간절히 기다린다'(ἀπεκδεχόμεθα)고 말한다.[58] 이 동사는 보통 그리스도의 재림과 관련하여 쓰인다(고전 1:7; 갈 5:5; 히 9:28). 예를 들어, 종말에 하나님의 자녀들이 나타나기를 피조물이 간절히 바라는 것을 말하고(롬 8:19), 신자들이 부활과 양자 될 것을 고대하는 것을 말한다(8:23–25). 그리스도는 재림하실 때 우주의 주님(행 2:34; 고전 16:22; 빌

51. 일반적으로 정부 또는 연방을 언급한다. 예를 들어, *Ant.* 1.5, 13; 11.157; 12.108; *Ag. Ap.* 2.145, 164–65, 184, 250, 257.

52. *Creation* 143; *Agriculture* 81; *Confusion* 109; *Joseph* 69; *Spec. Laws* 2.45.

53. Bockmuehl, *Philippians*, 233.

54. Winter, *Welfare of the City*, 102–3.

55. 찬성 의견으로 Fee, *Philippians*, 162; Silva, *Philippians*, 80, 88.

56. 찬성 의견으로 Bockmuehl, *Philippians*, 98.

57. 관계 구문 ἐξ οὗ는 거의 확실히 τὸ πολίτευμα보다는 οὐρανοῖς의 범위를 한정한다. 참고. 살전 1:10에 나오는 평행 사상, "또 죽은 자들 가운데서 다시 살리신 그의 아들이 하늘로부터 강림하실 것을 너희가 어떻게 기다리는지를 말하니 이는 장래의 노하심에서 우리를 건지시는 예수시니라."

58. 복합어 ἀπεκδέχομαι는 신약에서 8번 나오는데, 이 구절과 롬 8:19, 23, 25; 고전 1:7; 갈 5:5; 히 9:28; 벧전 3:20에서 사용된다. 접두사 ἀπ–와 함께 이 단어는 ἐκδέχομαι를 강화한 것인데, 그것은 어떤 사람이나 어떤 사건의 도래를 '기대하다' 또는 '기다리다'라는 뜻이다.

2:10–11)과 메시아(행 3:20)로 오실 뿐만 아니라, 그분 백성의 구세주(σωτήρ)로서 행하실 것이다(요 4:42; 행 5:31; 딤전 1:1; 딤후 1:10; 히 9:28).

"구원하는 자"(σωτήρ)[59]로 번역된 명사는 그리스 로마 문화에서 사람들을 구출하고, 치유하며, 보호하는 신들에 대해 사용되었고, 장군과 왕과 때로 "세상의 구세주"로 찬사를 받은 황제에게 사용되었다.[60] 당시 문화에서 사용된 이 의미는 칠십인역에서의 용법과 극명히 대조된다. 거기에서는 하나님이 "구세주"로 찬양을 받으신다(예를 들어, 시 24:5; 26:9; 사 45:15; 미 7:7). 흥미롭게도, 바울만이 여기와 에베소서 5:23 그리고 목회 서신에서 광범위하게 그 칭호를 사용한다. 목회 서신에서는 "하나님"과 "주 예수"에 대해 교대로 사용된다.[61] 빌립보서 3장 끝에 나오는 문맥을 고려하면, 이것은 거의 확실히 성경 신학의 한 줄기에 의지하는 반제국 수사법의 한 예다. 심지어 사도는 담대하게 그리스도를 우주의 참된 '가이사'로 선포한다.[62] 우리는 구원을 완성하실 우리의 구세주를 고대한다. 그분은 우리를 어둡고 타락한 세상의 참화에서 구출하시고, 만물을 새롭게 하시기 때문이다.

구원의 가장 중요한 측면 중 하나가 21절에서 칭송된다. 거기에서 예수님은 "우리의 낮은 몸[63]을 자기 영광의 몸의 형체와 같이 변하게 하[실]"(ὃς μετασχηματίσει τὸ σῶμα τῆς ταπεινώσεως ἡμῶν σύμμορφον τῷ σώματι τῆς δόξης αὐτοῦ) 분으로 찬양을 받으신다. 이 진술에서 네 단어가 2장에 나오는 내러티브 시를 되풀이하는데, 여기에서 "변하게"(μετασχηματίσει), "낮은"(ταπεινώσεως), "…같이"(σύμμορφον), "영광의"(δόξης)로 번역된다. 동사 μετασχηματίσει는 어떤 것의 "형태를 변화시키는 것"에 대해 말한다.[64] 예를 들어, 고린도후서 11:14에서 바울은 이 용어를 사용해서 광명의 천사로 가장하는 사탄에 대해 말한다.

여기 21절에서 바울은 부활의 변화를 세 가지 방식으로 묘사한다. 첫째, "우리의 낮은 몸", 곧 우리의 죽을 몸은 '무엇이 변화 되는가'라는 질문에 답한다(참고. 고전 15:35–56). 부활의 소망은 땅에 속한 몸과 새로워진 부활의 몸 사이에 연속성과 불연속성을 포함한다. "낮은"(ταπείνωσις)으로 번역된 단어는 겸손과 관련된 어족에 속한다(참고. 눅 1:48; 행 8:33; 약 1:10). 우리의 몸은 '부패하거나 죽을 수밖에 없다'는 의미에서 '낮다.' 우리는 나이가 들면서 그것을 점점 더 느낀다. 또한 우리는 박해를 포함하여 여러 종류의 고통을 경험한다. 바울은 이 용어를 이 절 뒤에 나오는 "영광"(δόξα)과 극명하게 대조한다. 또다시 우리는 2:6–11의 내러티브 시가 반복되는 것을 본다. 왜냐하면 예수님이 "자기를 낮추시고(ἐταπείνωσεν) 죽기까지 복종하셨으니", 즉 자신을 죽을 수밖에 없도록 취약하게 만드셨기 때문이다. 예수님의 낮아지심은 그분이 십자가에 달려 죽으신 것과 직접적인 관계가 있고, 그분이 영광스러운 몸으로 부활하시는 것의 전 단계였다. 그래서 부활이 일어날 때, 우리의 해체되고 죽을 비천한 몸은 예수님의 몸이 그랬던 것처럼 영광스럽게 변화될 것이다.

둘째, 그 변화는 우리의 몸이 그리스도의 영광스러운 몸의 형체(σύμμορφος)와 같이 되는 것을 포함할 것이

59. 그것은 관사의 부재 및 그 절의 앞에 놓인 위치를 통해 강조적으로 표시된다. 찬성 의견으로 Fee, *Philippians*, 380–81.

60. Reumann, *Philippians*, 577.

61. 엡 5:23; 빌 3:20; 딤전 1:1; 2:3; 4:10; 딤후 1:10; 딛 1:3–4; 2:10, 13; 3:4, 6.

62. 찬성 의견으로 Hansen, *Philippians*, 270–71; Reumann, *Philippians*, 598; Peter Oakes, *Rome in the Bible and the Early Church* (Carlisle: Paternoster, 2002), 138–39.

63. 헬라어에서 이 단수형의 용법은 집단적으로 신자들의 개별적 몸을 언급한다.

64. 이 동사는 신약의 다른 곳, 고전 4:6과 고후 11:13에서만 사용된다. '변화시키다'라는 의미 외에 이 동사는 '한 가지 일과 다른 일의 관계 또는 관련을 보여주다, 적용되다'라는 뜻일 수도 있다(예를 들어, 고전 4:6). BDAG 641을 보라.

다. 이것은 '우리의 몸은 어떤 모습이 될 것인가'라는 질문에 답한다. 이 용어는 "비슷한 형태, 본질, 또는 방식을 지닌 것"을 뜻한다.[65] 그것은 현재 구절과 로마서 8:29에서만 나타난다. "하나님이 미리 아신 자들을 또한 그 아들의 형상을 본받게 하기(συμμόρφους) 위하여 미리 정하셨으니 이는 그로 많은 형제 중에서 맏아들이 되게 하려 하심이니라." 빌립보서 3:21에서 그 용법은 2:6-7에서 "형체"(μορφή)와 관련된 단어를 두 번 사용한 것을 상기시킨다. 거기에서 그것은 각각 "근본 하나님의 본체시나", "종의 형체를 가지[신]" 성자를 언급한다. 그것은 또한 3:10에 언급된 그리스도의 죽으심을 본받는 것(συμμορφιζόμενος)을 상기시킨다. 하지만 빌립보서의 다른 두 문맥과 달리 3:21에서 그 강조점은 정확히 부활의 몸의 본질에 놓여 있다.[66] 부활의 "첫 열매"(고전 15:20)이신 그리스도는 신자의 부활에 앞서시지만, 신자들은 그분의 몸과 같은 부활의 몸을 받을 것이다. 그리고 그것은 "영광의" 또는 '영광스러운'(τῆς δόξης) 몸이다. 이것은 그들이 초월적인 영역에 적합하게 된 것을 언급할 수도 있다. 그런데 고린도전서 15:40-43에서 바울이 여러 종류의 몸의 "영광"에 대해 논의하는 것을 고려하면, 그는 여기에서 그들의 장엄함을 언급하는 것일 수 있다.[67] 바울의 고백은 "이 죽을 것이 죽지 아니함을 입으리로다"(고전 15:53)라는 말이나, "만일 땅에 있는 우리의 장막 집이 무너지면 하나님께서 지으신 집이 우리에게 있는 줄 아느니라"(고후 5:1)는 언급을 다른 방식으로 말하는 것이다. 그 몸은 우리의 땅에 속한 몸과 찬란하게 다르다.

셋째, 그 변화는 역사(power, ἐνέργεια)로 만물을 다스리시는 그리스도의 통치 가운데 행사되는 종말론적 권능으로 말미암아 이루어질 것이다. "그는 만물을 자기에게 복종하게 하실 수 있는 자의 역사로"(κατὰ τὴν ἐνέργειαν τοῦ δύνασθαι αὐτὸν καὶ ὑποτάξαι αὐτῷ τὰ πάντα). 여기에서 사도는 '우리는 어떻게 변화되는가'라는 질문에 답한다. 신약의 다른 곳에서 '복종시키다'(ὑποτάσσω)라는 동사는 그리스도의 높아지심과 관련하여 사용되는데, 이는 시편 8:6과 110:1(LXX 8:7과 109:1)을 반영한다. 초대교회는 언어적 유사성을 바탕으로 이 시편들을 연결하여 이해했다. 두 시편은 "그의 발" 아래 복종하는 "원수"와 "만물"을 언급한다.

시편 110:1 (109:1 LXX)	ἕως ἂν θῶ τοὺς ἐχθρούς σου ὑποπόδιον "내가 네 원수들로 네 발판이 되게 하기까지."	τῶν ποδῶν σου
시편 8:6 (8:7 LXX)	πάντα ὑπέταξας ὑποκάτω "만물을 그의 발 아래 두셨으니."	τῶν ποδῶν αὐτοῦ

종말에 만물이 그리스도께 복종하는 것(히브리서 2:5-9에 사용된 대로 시편 8편에 따르면 이미 사실)은 모든 원수가 그리스도의 발아래 놓이면서 완성될 것이다(참고. 히 1:13에 나오는 시 110:1 등). 대종말에 나타나는 그 권능은 경쟁자가 없을 것이며, 모든 원수가 무릎을 꿇고, 모든 권세가 머리를 조아릴 것이며, 사망조차 완전히 최종적으로 패배한다.[68] 또한 그 권능은 그리스도 안에서 죽은 모든 자의 죽음으로 손상된 원자(原子)에게 명하여 새 하늘과 새 땅에 적합한 새로운 불멸의 몸으

65. BDAG 958.
66. 반대 의견으로 Fee는 이렇게 말한다. "마치 새로운 몸 자체의 본질을 묘사하는 것처럼, 바울이 '영광의 몸'이라는 의미로 사용했는지 특히 의심스럽다." 그는 그것을 오히려 예수님의 영화로운 상태를 언급하는 것으로 해석한다. 즉, 그것은 "그분의 영광에 속한다"(Fee, *Philippians*, 382-83). 하지만 고전 15:42-44에 나오는 바울의 평행 논의(여기에서는 육의 몸을 영의 몸과 대조해서 묘사한다)는 이 추정과 모순된다. 거기에서 "영광스러운 것"이 "욕된 것"과 "강한 것"이 "약한 것"과 "썩을 것"이 "썩지 아니할 것"과 대조되는데, 이 모든 것이 몸의 본질을 가리키는 것 같다.
67. 예를 들어, 바울은 15:43에서 부활의 몸의 "영광스러운 것"을 땅에 속한 몸의 "욕된 것"(ἀτιμίᾳ)과 대조한다. BDAG 256-58을 보라.
68. Silva, *Philippians*, 185.

로 변화시킬 것이다. 우리는 기대해야 할 것이 많다.

4:1 그러므로 나의 사랑하고 사모하는 형제들, 나의 기쁨이요 면류관인 사랑하는 자들아 이와 같이 주 안에 서라(Ὥστε, ἀδελφοί μου ἀγαπητοὶ καὶ ἐπιπόθητοι, χαρὰ καὶ στέφανός μου, οὕτως στήκετε ἐν κυρίῳ, ἀγαπητοί). 사도가 끝맺는 말로 방향을 돌리면서 3:20-21의 하늘 관점은 이제 절정에 이르는 권고의 근거(ὥστε, "그러므로")가 된다.[69] 4:1에는 다정한 표현에서 흘러나오는 애정이 가득하다. 바울이 다음 절에서 유오디아와 순두게를 책망할 준비를 하므로 이러한 애정 표현은 진실한 감정인 동시에 전략적인 장치이기도 하다.

사도는 다시 '가족' 언어를 사용하여 빌립보 교인을 "형제들"(ἀδελφοί)이라고 부르는데, 이는 빌립보서에서 여섯 번 사용된다(1:12; 3:1, 13, 17; 4:1, 8).[70] "나의"(μου)가 추가된 가족 용어는 사도의 저작에서 매우 개인적인 표현으로 흔히 사용된다.[71] 바울은 계속해서 빌립보 교인을 향한 자신의 애정을 드러내면서 그들을 '사랑하는'(ἀγαπητοί) 이들로 부른다.[72] 또한 이 단어는 절의 끝에서 호격으로 사용된다. 바울은 빌립보 교인들을 "사랑하는", "소중한", "대단히 가치 있는" 자로 부른다.[73] 그들은 또한 "사모하는"(longed for, ἐπιπόθητοι) 자들이다. 다른 사람을 사모하는 주제는 고대 세계의 우정 서신에서 일반적인 모티브였다.[74] 이 형용사는 어떤 종류의 강렬한 소원을 뜻한다. 우리가 떨어져 지내는 소중한 친구나 가족을 그리워하는 것처럼, 바울은 단순히 자신이 빌립보 교인을 몹시 '그리워하고' 있음을 전한다.

또한 바울은 앞에서 빌립보 교인을 위해 "기쁨으로" 기도하고 있는 것과(1:4) 그들이 믿음 안에서 연합하는 것이 그에게 기쁨을 준다는 사실을 이미 언급했다(2:2).[75] 바울 서신에서 기쁨은 가장 자주 나오는 관계적 역학이고, 하나님 및 다른 신자들과 맺는 관계의 부산물이다.[76] 이제 바울은 그들을 "나의 기쁨이요 면류관"(χαρὰ καὶ στέφανός μου)이라고 부른다. 간단히 말해, 사도는 "기쁨"을 느끼며 교회와 맺은 관계 안에서 즐거워한다. 하지만 그것은 관계적 즐거움의 차원을 뛰어넘는다. 왜냐하면 "기쁨"과 "면류관"은 종말론적 현실을 가리키기 때문이다(참고. 살전 2:19). 빌립보 교인이 믿음의 궁극적인 결과에 이를 때 바울은 기쁨을 경험할 것이다(참고. 빌 3:14-15). 바울이 빌립보 교인을 "나의 면류관"(στέφανός μου)이라고 부를 때, 바울은 그리스 로마의 운동 경기에서 나온 이미지에 의존한다. 승리를 기념하는 관은 월계수, 담쟁이, 참나무, 올리브 가지를 엮어서 만들었다. 종말에 빌립보 교인들은 바울의 탁월한 섬김

69. Reumann, *Philippians*, 605. 하지만 Reumann은 1절을 새로운 단위의 시작으로 본다. 내가 이 단위를 4a절까지 확대하는 한 가지 이유는 1:27-2:4과 3:15-4:4a 전체의 어휘적 연결과 어느 정도 관련이 있다(앞의 '문학적 전후 문맥'을 보라).

70. 바울은 또한 2:25에서 에바브로디도에게 그리고 4:21에서 그의 선교에 참여하는 '형제자매들'에게 이 다정한 용어를 사용한다. 몇몇 번역은 후자를 "형제들"로 번역하는데, 그것은 바울이 보통 다른 남자들과 함께 여행을 다니기 때문이다(예를 들어, NASB, ESV, CSB, NET, NLT). 하지만 바울이 현재 로마에 투옥되어 있는 것을 고려하면, 그가 그 기독교 공동체의 남자와 여자 교인들을 다 염두에 두는 것이 당연하다.

71. 롬 7:4; 9:3; 15:14; 고전 1:11; 8:13; 11:33; 14:39; 15:58; 고후 2:13; 8:22-23; 빌 3:1, 13; 살전 3:2; 몬 1:20을 보라.

72. 이 진심 어린 호칭 '나의 사랑하는 형제자매들'(ἀδελφοί μου ἀγαπητοί)은 바울 저작에서 고전 15:58과 야고보서에서 세 번(1:16, 19; 2:5) 나타난다.

73. BDAG 7.

74. Fee, *Philippians*, 387; Stanley K. Stowers, "Friends and Enemies in the Politics of Heaven: Reading Theology in Philippians," in *Pauline Theology*, ed. J. M. Bassler (Minneapolis: Fortress, 1991), 109를 보라.

75. 그뿐 아니라 바울이 계속 그들과 함께 있는 것은 그들에게 기쁨을 줄 것이며(1:25), 그들은 마찬가지로 에바브로디도를 기쁨으로 영접해야 한다(2:29).

76. 롬 14:17; 15:13, 32; 고후 1:24; 2:3; 7:4, 13; 8:2; 갈 5:22; 골 1:11; 살전 1:6; 2:19-20; 3:9; 딤후 1:4; 몬 1:7.

의 증거로 나타날 것이다. 따라서 그들은 바울이 주 앞에서 하나님의 일을 "자랑"(살전 2:19)하는 근거가 된다.[77]

이 절은 바울이 '사랑하는 자들'(ἀγαπητοί)에게 '주 안에 굳게 서라'(στήκετε ἐν κυρίῳ)고 권고하는 것으로 끝난다. 그들은 3장 끝에 나오는 일련의 권고를 되짚는 표현인 "이와 같이"(οὕτως) 굳게 서야 한다.[78] 바울은 그가 전체 교회에 방금 말한 일반적인 권고를 그 말로 끝마친다. 빌립보서 앞부분에서 사도는 빌립보 교인들에게 '서라'(στήκω, 1:27)고 권고했다. 물론 이 용어는 문자적으로 서 있는 자세를 묘사하는 것으로 이해할 수 있다. 하지만 바울은 빌립보서에서 그 단어를 특별한 믿음과 그에 따른 생활 방식에 근거하여 확고하게 헌신하는 것을 비유적으로 말할 때 사용한다.[79] 특히 삶과 공동체의 안정성은 복음에 대한 공통적인 헌신 그리고 주님과 맺은 공통적인 관계에서 나온다. 4:1에서 "주 안에"(ἐν κυρίῳ)가 관계의 여격으로 이해되기 때문이다.[80]

4:2-4a 내가 유오디아를 권하고 순두게를 권하노니 주 안에서 같은 마음을 품으라 또 참으로 나와 멍에를 같이한 네게 구하노니 복음에 나와 함께 힘쓰던 저 여인들을 돕고 또한 글레멘드와 그 외에 나의 동역자들을 도우라 그 이름들이 생명책에 있느니라 주 안에서 항상 기뻐하라(Εὐοδίαν παρακαλῶ καὶ Συντύχην παρακαλῶ τὸ αὐτὸ φρονεῖν ἐν κυρίῳ. 3 ναὶ ἐρωτῶ καὶ σέ, γνήσιε σύζυγε, συλλαμβάνου αὐταῖς, αἵτινες ἐν τῷ εὐαγγελίῳ συνήθλησάν μοι μετὰ καὶ Κλήμεντος καὶ τῶν λοιπῶν συνεργῶν μου, ὧν τὰ ὀνόματα ἐν βίβλῳ ζωῆς. 4 Χαίρετε ἐν κυρίῳ πάντοτε). 바울은 이제 교회 안에 있는 두 지도자에게 매우 직접적이고 개인적인 권고를 한다. 바울이 두 여인의 이름을 부르면서 그들에게 각각 개인적으로 권고하는 것은(동사의 반복을 주목하라) 드문 일이므로 대단히 중요하다. 사도의 권고는 공개적으로 창피하게 만드는 행위라기보다는, 특히 3절에서 유오디아와 순두게를 동역자로 강력하게 칭찬하는 것에 비추어 확고하고도 따뜻한 격려로 읽어야 한다. 바울은 반대자들을 익명으로 다루지만, 친구들과 동료들은 이름을 부른다. 그런데 이름을 부른다는 것은 이 여인들의 불편한 관계가 심각하다는 것을 말해준다. 그 상황은 빌립보서의 바로 이 지점에서 강렬하게 말할 정도로 심각했음이 분명하다.[81]

유오디아(Εὐοδία)라는 이름은 "좋은 여행"이라는 뜻이고, 그리스 로마 문화에서 성공을 바라는 소원과 관련되었다.[82] 다른 한편으로 순두게(Συντύχη)는 "기회", "운명의 변화", "행운"을 뜻할 수 있다.[83] 유두고(행 20:9), 두기고(행 20:4; 골 4:7), 브드나도(고전 16:17)라는 이름과 더불어 그녀의 이름은 여신 포르투나(Fortuna)와 관계가 있었다. 사람들은 그 여신이 인간사를 다스린다고 믿었다.[84] 우리가 유오디아와 순두게에 대해 아는 모든 것은 현재 본문에만 나오는데, 이 문맥은 우리에게 많은 것을 말해준다. 두 여인에 대한 언급의 전략적 배치를 고려하면, 그들의 갈등이 빌립보 교인의 연합에 대한 바울의 진심 어린 관심의 핵심이었던 것 같다. 이 추론은 두 가지 사실에 근거한다.

---

77. Hellerman, *Philippians*, 227. 복음서에서 "면류관"(στέφανος)은 예수님의 가시관에 사용된다(마 27:29; 막 15:17; 요 19:2, 5). 신약 나머지에서 이 용어의 여러 용법에 대해 고전 9:25; 살전 2:19; 딤후 4:8; 약 1:12; 벧전 5:4; 계 2:10; 3:11; 4:4, 10; 6:2; 9:7; 12:1; 14:14을 보라.

78. 이 단어는 다음에 나오는 것을 예상하는 데 사용될 수 있지만(찬성 의견으로, Silva, *Philippians*, 186), Fee, *Philippians*, 388이 제안하는 대로 그것은 보통 회고하는 의미로 사용된다.

79. BDAG 944를 보라.

80. 다른 선택은 이 선치사를 메개를 나타내는 것으로 이해하는 것이다. 즉, 빌립보인들은 '주님에 의해'(by the Lord) 설 수 있게 된다(찬성 의견으로 Harris, *Prepositions*, 129).

81. 빌립보서의 구조에서 이 순간에 대해 Garland, "Composition," 173을 보라.

82. LSJ 724.

83. LSJ 1729.

84. Hellerman, *Philippians*, 229.

첫째, 유오디아와 순두게는 이름을 불려가면서 강한 단어로 이루어진 "주 안에서 같은 마음을 품으라"(τὸ αὐτὸ φρονεῖν ἐν κυρίῳ)는 권고를 받는다. "권하노니"(παρακαλῶ)로 번역된 동사는 "촉구하다, 호소하다, 간청하다, 강력하게 권고하다"라는 뜻으로 사용될 수 있다.[85] 바울은 그들에게 관점을 조정하라고 권고하는데, 이 서신에서 빌립보 교인에게 특정한 방식으로 생각하라고 요청할 때 여러 번 사용한 동사를 다시 사용한다[φρονέω, 참고. 1:7; 2:2(2번), 5; 3:15(2번), 19; 4:10(2번)에서 용법과 설명]. 또 여기에서 그들은 "주 안에서…같은"(τὸ αὐτό…ἐν κυρίῳ) 생각을 하라는 격려를 받는다. 따라서 그들은 자신의 관점을 조정하거나 그들이 주님과 맺은 공통 관계에 근거해서 "같은 마음을 품어야" 한다.[86] 그 관계는 연합에 대한 권고에서 가장 중요한 준거 틀이다. "주 안에서" 그들의 공통 관계는 그리스도의 교회의 구성원으로서 건강한 관계를 위한 강력한 동기와 확고한 근거가 된다. 바울이 현재 능동태 명령법 동사 παρακαλῶ('강력하게 권고하다', '촉구하다', '간청하다')를 두 번 사용해서 각각의 여인에게 개인적으로 말한다는 사실은 그 권고가 강력하다는 점을 드러낸다.[87]

둘째, 1:27-2:4과 3:15-4:4a의 '문학적 전후 문맥'에서 지적한 것처럼 유오디아와 순두게를 향한 권고는 빌립보서의 구조에서 중요한 정점이다. 연합하라는 이 권고는 빌립보서의 주요 본문 주변에 형성된 인클루지오의 끝부분에서 중요한 역할을 한다. 빌립보서의 이 중요한 곳에서 두 사람의 이름이 언급되고 연합하라는 권고가 나오는 것은 바울이 관심을 갖는 관계 역학을 말해준다. 이제까지 빌립보서에 나타난 중요한 주제들의 맥락을 고려하면, 그들 사이의 문제는 "질투, 경쟁의식, 아집, 이기적 야망, 우월감"에서 기인하는 것일 수 있다.[88]

바울이 유오디아와 순두게를 향해 진심 어린 관심을 보이고 있다는 추가 증거는 4:3에서 찾아볼 수 있는데, 그것은 호소로 시작한다. "또 참으로 나와 멍에를 같이한 네게 구하노니…저 여인들을 돕고"(ναὶ ἐρωτῶ καὶ σέ, γνήσιε σύζυγε, συλλαμβάνου αὐταῖς). 유오디아와 순두게를 향한 관심에서 다른 곳으로 방향을 전환하면서 바울은 이름이 알려지지 않은 교회 지도자[바울은 단순히 '참된 동료'(true companion, γνήσιε σύζυγε, 개역개정에는 "참으로…멍에를 같이한"-역주)라고 언급한다]에게 하는 요청(ἐρωτῶ)에 강조 표현인 "참으로"(indeed, ναί)[89]를 덧붙인다. 바울은 이 동료를 '참되다'(γνήσιος)고 묘사하는데, 그것은 '참된' 혹은 '합법적인'이라는 뜻이며, 원래는 '합법적인' 자식을 가리키는 표현이다. 디모데전서 1:2과 디도서 1:4에서도 그런 의미로 사용되었다. 다른 곳에서 바울은 고린도 교인의 사랑의 진실함을 말할 수 있었다(고후 8:8).[90] 바울이 유오디아와 순두게를 거론하면서 동역자에게 호소하는 것은 '그들을 도우라'(συλλαμβάνου αὐταῖς)는 것이다. 이 동사는 다양한 의미를 지닐 수 있다. 거기에는 '체포하다' 또는 '붙잡다', '잡다', '임신하다'가 포함되며, 이 중에서 어떤 뜻을 택하든 흥미로운 번역이 될 것이다. 하지만 여기에서 바울은 "지지하다, 돕다, 거들다"[91]라는 뜻을 전한다. 바울은 그의 친구들에게 이 여인들의 관계를 회복시키기 위해 그들과 함께 일하라고 호소한다.[92]

3절은 계속해서 유오디아와 순두게에 대한 추가 정

85. BDAG 764-65.
86. 빌 1:1, 26; 2:5; 3:3, 14; 4:7, 19, 21에서 ἐν Χριστῷ Ἰησοῦ의 용법과 빌 1:13; 2:1에서 ἐν Χριστῷ의 용법을 보라. ἐν κυρίῳ는 빌 1:14; 2:19, 24, 29; 3:1; 4:1, 4, 10에서 사용된다.
87. 이 동사는 '정중히 요청하다' 또는 '친절한 태도로 말하다'로 번역될 수 있지만, 이중으로 권고하는 문맥은 이런 의미보다는 보다 좀 더 절박함을 전달한다. BDAG 764-65를 보라.
88. Keown, *Philippians 2:19-4:23*, 314.
89. BDAG 665.
90. *EDNT* 255.
91. BDAG 955.
92. 여격 복수 αὐταῖς는 관련의 여격일 수 있다.

보를 제공한다. 바울은 그들을 보다 넓은 사역 팀의 구성원으로 언급한다. 이 여인들은 사도와 더불어("나와 함께", μοι) '복음에 힘썼다'(ἐν τῷ εὐαγγελίῳ συνήθλησάν). 참여를 나타내는 동사(συναθλέω)는 공동 목적을 위해 다른 사람들과 함께 노력하는 것을 말한다.[93] 1:27에서 분사 형태의 용법과 마찬가지로, 그 노력은 아마도 적대적인 문화에 맞서 복음을 단호히 지키는 것과 그 복음을 선포하는 것을 포함했다. 어쨌든 유오디아와 순두게는 그리스도를 전파하는 일에 바울과 함께 수고했다. 그들은 "글레멘드와 그 외에" 그의 "동역자들"(μετὰ καὶ Κλήμεντος καὶ τῶν λοιπῶν συνεργῶν μου)과 함께 사역을 감당했다. 글레멘드는 라틴어 이름인 클레멘스에서 유래하지만, 이 사람이 초대교회에서 같은 이름을 가진 다른 사람들과 관련되어 있다는 증거는 없다.[94] "동역자"(συνεργῶν)로 번역된 이 단어는 바울의 선교에 참여하는 동반자를 가리키는 매우 일반적인 용어다(참고. 빌 2:25).[95]

바울이 "그 이름들이 생명책에 있느니라"(ὧν τὰ ὀνόματα ἐν βίβλῳ ζωῆς)고 쓸 때, 관계 대명사 "그"(ὧν)는 아마도 유오디아와 순두게를 포함하여 그 절에서 말한 모든 사람을 가리킬 것이다. 그들의 "이름들이 생명책에 있느니라"는 말은 이전에 구약에서 사용된 이미지를 암시한다(출 32:32-33; 시 69:28; 단 12:1; 참고. 계 3:5; 20:15). 바울이 드물게 사용하지만, 여기에서 이 언어는 자신의 이름이 영생의 수혜자로 기록되어 있는 사람들을 언급한다. 빌립보에 로마 시민의 시민 등록부가 있었던 것처럼, 하늘의 시민들은 하나님의 "생명책"에 이름이 기록되어 있었다.[96]

바울의 "기뻐하라"는 권고는 서신을 관통하는 밝은 주제를 형성해서(1:18; 2:17-18, 28; 3:1; 4:4, 10) 담화에서 중요한 구조적이고 격려하는 역할을 한다. 우리가 빌립보서 전체에서 본 대로 기뻐하라는 이중 권고는 담화의 중요한 이음매에서 등장하는데, 첫 번째는 한 움직임을 마무리 짓고 두 번째는 다음 움직임을 소개한다. 구조적으로 4:4a에서 "기뻐하라"는 이 권고는 3:1에 나오는 동일한 권고와 함께 괄호(인클루지오)를 형성해서 빌립보서에서 주요한 움직임의 시작과 끝을 표시한다.

"주 안에서 기뻐하라"(χαίρετε ἐν κυρίῳ, 3:1).
"주 안에서 항상 기뻐하라"(χαίρετε ἐν κυρίῳ πάντοτε, 4:4a).

바울은 이런 식으로 빌립보서의 위대한 중심 부분을 끝낸다. 주 예수 그리스도(2:5-11), 디모데와 에바브로디도(2:18-3:1) 그리고 바울(3:2-14)이라는 희생적 리더십의 두드러진 모범은 빌립보 교인들, 특히 특정한 지도자들에게 교회 연합을 강화하는 단호한 행동을 취하라는 요청으로 절정에 이른다. 그와 같은 연합은 교회가 하늘 도성의 시민으로서 그들의 주님을 위해 선교하는 공동 목적을 기억할 때 성취될 것이다.

93. *EDNT* 296.
94. Hellerman, *Philippians*, 232-33.
95. 또한 롬 16:3, 9, 21; 고전 3:9; 고후 1:24; 8:23; 골 4:11; 살전 3:2; 몬 1:1, 24을 보라. 이것은 이 절에서 바울이 συν-('동료-', '함께') 접두사가 붙은 복합어를 사용하는 네 번째 경우다(σύζυγε, συλλαμβάνου, συνήθλησάν)! 그런 형태들의 계속적인 표현은 교회 내에서 연합의 필요성을 직설적으로 강조하는 효과가 있다.
96. Fee, *Philippians*, 396-97.

적용에서의 신학

1. 공동체와 갈등의 과정

유오디아와 순두게의 갈등을 다루는 것은 바울에게 쉬운 일이 아니었을 것이다. 왜냐하면 우리가 빌립보서 4:2-3에서 보았듯, 그는 문제를 해결하는 데 애를 많이 썼기 때문이다. 공동체 안의 갈등을 다루는 것은 결코 쉽지 않다. 그러나 우리는 복음을 위해 바울과 함께 수고했던 두 여성에게 연합을 요청하는 것에서 교훈을 얻을 수 있다. 우리가 교회 안의 갈등을 다룰 때 여기에서 어떤 도움을 받을 수 있을까? 첫째, 바울은 유오디아 및 순두게와 함께한 역사가 있다. 앞에서 말한 것처럼, 사도가 이름을 부른다는 것은 그들을 친구로 존중하고 신뢰한다는 뜻이다. 함께한 '역사'가 있는 사람이라면 대면하기가 언제나 더 쉽다. 둘째, 그들은 공동 목적을 위해 함께 일했다. 이것은 그들이 미래로 나아갈 때 '일을 훌륭히 해낼 수 있는' 근거가 된다. 우리는 복음에 공동으로 헌신하면서 사람들에게 호소해야 한다. 우리는 그들이 헌신하도록 훈련하고, 삶의 모든 측면에서 그 헌신의 최고 가치를 알 수 있도록 도와야 한다. 그것이 존재하지 않는다면, 교회 안에서 화해하기 위한 동기를 찾기가 매우 어렵다. 셋째, 바울이 명령하기보다 호소한다는 점에 주목하라. 이 여성들에 대한 바울의 공개적 요청은 권위적이지 않다. 오히려 바울은 그들을 궁지에 밀어 넣기보다 정말로 강력히 권고한다. 사람들이 서로 화해하도록 노력할 때, 우리의 어조와 자세가 중요하다. 마지막으로, 바울의 호소는 전체 공동체의 맥락에서 이루어진다. 그리스도인이 건강한 기독교적 삶을 가꾸기 위해서는 공동체가 필요하고, 공동체를 세우는 데는 건강한 그리스도인들이 필요하다. 사람들이 사랑이 넘치고 복음에 초점이 맞추어진 공동체에 안에 있다면, 우리는 언제나 그들을 화해로 이끄는 더 큰 기회를 얻을 수 있다.

2. 이미타티오 베리(*Imitatio Veri*, 진리의 모방)

앞서 자세히 설명한 대로, '따를 만한 모범'과 '모방'이라는 두 주제가 빌립보서의 중심 부분을 형성한다. 역사의 현 시점에서 (적어도 북미에서) 목사가 강단에 서서 "내가 그리스도를 따르는 것처럼 나를 모방하십시오"라고 말하는 것은 교만해 보일 수 있다. 그러나 우리는 교회 안에서 건강한 삶의 패턴을 세우기 위해 모방이 중요하다고 주장하는 바울의 말을 실천할 방법을 숙고해야 한다.

자녀를 양육하면서 마음을 몹시 졸이는 때가 있다. 나는 몇 년 전 가족과 함께 도보 여행을 하던 중 영국 도버의 백색 절벽 꼭대기에서 그런 순간을 맞이했다. 지켜보는 부모의 입장에서 그 길은 위험천만해 보였다. 절벽 너머로 하늘과 바다가 끝없이 펼쳐져 있었고, 험준한 길이 절벽 가장자리를 따라 굽이쳐 있었다. 절벽 아래로는 바위밖에 보이지 않았고, 부모의 눈에는 그 길이 죽음의 덫처럼 보였다. '그래, 우리 아이들은 스스로 조심하는 법을 배워야 해', '고지식한 부모가 되지 말자'는 생각은 한 발자국만 잘못 내디디면 모든 게 끝장이라고 날카롭게 외치는 내적 보호자의 외침에 묻혀버렸다. 그 당시 내가 얼마나 많은 사람이 그 절벽에서 떨어져 죽었는지 몰랐던 것이 얼마나 다행인지 모르겠다. "내가 걷는 곳만 따라 걷고, 내가 가는 길을 따라 오고, 내가 하는 대로 하라"고 말하는 것이 완벽하게 적절한 순간이 있다. 주변의 너무나 많은 것이 위험해 보인다. 우리는 하나님을 신뢰하고, 또한 그분에 대해 가르친다. 우리는 사람들이 성장할 수 있도록 무한한 격려와 기회를 제공하고, 또한 한계를 정한다.

사도 바울은 지중해 전역에 흩어져 있는 그리스도의 어린 교회의 '아버지' 역할을 하면서 틀림없이 그와 같은 긴장을 느꼈을 것이다(예를 들어, 고전 4:15). 위태로운 상황을 고려하건대, 바울이 영적으로 어린 신자들(그들 중 많은 사람이 이교도 출신이었다)에게 "내가 걷는 곳을 걷고, 내가 가는 길을 가고, 내가 하는 대로 하라"고 말하는 것은 전적으로 적절했다. 그와 같은 언행은 교만이 아니라 합당한 돌봄이었다. 어떤 문화에서든, 의심하지 않는 신자들을 치명적인 멸망의 절벽으로 이끄는 거짓 선생들이 있다. 빌립보서 3:18-19에 나오는 원수들처럼 그들은 멸망으로 향하고 있고, 균형을 잡아주는 건전한 역할 모델이 없다면 그들과 함께 다른 사람들을 데려갈 것이다. 교회 안에는 훌륭한 역할 모델들이 필요하다. 우리는 건전한 가르침과 건전한 삶을 구현하고 통합하는 사람들이 필요하다. 우리는 확신과 겸손을 품고 "내가 걷는 곳을 걷고, 내가 가는 길을 가며, 내가 하는 대로 하라"고 말할 수 있는 사람들이 필요하다.

3. 하늘의 시민들

그리스도를 따르는 사람이 하늘의 시민권에 비추어 산다는 것은 무엇을 의미하는가? 바울에 따르면, 우리는 먼저 신자들이 근본적으로 하늘의 시민이라는 사실을 성찰할 수 있다(빌 3:20). 그들의 간절한 기대는 지상적 문화의 성과와 지위보다 그리스도와 그분의 재림에 초점이 맞추어져 있고, 그들은 세상의 방법보다 그리스도의 방법에 헌신한다. 그리스도인은 존재의 본질과 태도와 헌신의 방향을 통해 앞으로 올 세상의 시민권을 지향하는 삶을 산다.

우리가 '세상'이나 세상 문화에 대해 말할 때, 시간과 장소가 구별되고 세상 주변에 일반은총이 아름답게 표현된 '문화'를 말하는 것이 아니다. 아시아 음식의 강렬한 맛을 높이 평가하고, 중동의 환대를 누리며, 유럽 건축의 아름다움을 즐기고, 영국 마을의 고요한 예스러움을 기뻐하는 것은 적절하다. 그리고 이 모든 것이 문화의 표현이다. 오히려 우리가 '반대하며' 살아가는 것은 '세상'의 가치 체계에 오염된 문화, 즉 하나님께 반항하는 창조 세계의 일부다. 또한 악은 장소와 시간에 구현되어 있으므로 세상 문화에 스며들어 선하고 아름다운 것을 왜곡한다. 그것이 "이 세상이나 세상에 있는 것들을 사랑하지 말라"(요일 2:15)는 말씀이 의미하는 것이다. 더 높은 사랑은 우리에게 더 높은 수준의 생활 방식을 요구하고, 그것은 우리 주변에 있는 문화를 향해 나아가 복음을 선포하게 한다.

세상 가운데서 하늘의 시민권이 아름답게 표현된 일이 2006년 10월에 일어났다. 어느 날 아침, 정신적으로 불안정한 우유 배달부 찰스 로버츠가 웨스트 니켈 마인 아미시 학교(West Nickel Mine Amish School)의 소녀들이 가득 찬 교실에서 인질극을 벌였다. 오랜 대치 끝에 로버츠는 다섯 명의 여학생을 죽이고, 또 다른 여섯 명에게 상처를 입힌 뒤 결국 자살했다.

하지만 그 어두운 순간에 내세의 밝은 빛이 비치고 있었다. 다음 토요일, 아미시 공동체의 약 30명의 교인이 찰스 로버츠의 장례식에 참석했다. 그들은 깊은 슬픔에 빠져 있었지만, 불안정하고 폭력적인 한 남자의 가족에게 심심한 조의를 전했다. 그런 행동은 상식에 어긋날뿐더러 세상의 지배적 문화의 가치에 반하기 때문에 아무도 그와 같은 은혜의 반응을 예상하지 못했을 것이다. 소방서 목사 브루스 포터는 그 장면을 회고하며 이렇게 말했다. "그것은 사랑의 표현이고, 그들이 그 가족에게 베푸는 진심 어린 용서다. 나는 그것이 선명히 드러나는 현장을 보고 감정을 억누를 수 없어 눈물을 흘리고 말았다." 그는 살인자의 아내 마리 로버츠가 "그 사랑의 표현에 정말 깊은 감동을 받았다"라고 한 말도 전했다.[97] 그것은 하늘과 땅이 맞닿는 순간이었다.

97. "Amish Mourn Gunman in School Rampage," *USA Today*, October 7, 2006.

11 CHAPTER

빌립보서 4:4b-9

문학적 전후 문맥

빌립보서의 주요 본문은 연합이라는 주제에 초점을 맞춘다. 바울은 일련의 모범과 권고를 사용해서 빌립보 교회에 삶과 사역의 건전한 패턴을 모방하라고 촉구한다(1:27-4:4a). 바울은 본문 끝(4:4b-9)에서 속사포 같은 권고를 하는데, 이는 다시 모방하라는 요청으로 끝난다. 중심 부분을 이 짧은 단위로 마무리 지은 뒤 사도는 빌립보서의 결론(4:10-23)으로 넘어간다. 거기에서 사도는 빌립보 교인이 그의 사역에 참여한 일을 말하고(10-20절) 마지막 인사를 전한다. 마지막으로 바울은 축복한 뒤 서신을 마무리한다(21-23절).

I. 서신 시작 부분: 서문과 기도 보고(1:1-11)
II. 서신 중심 부분(1:12-4:9)
  A. 본문 서두: 바울의 현 상황(1:12-26)
  B. 서신의 주요 본문: 교회 연합을 위한 호소(1:27-4:4a)
➦ **C. 본문 끝: 권고(4:4b-9)**
III. 서신 끝부분(4:10-23)

주요 개념

그리스도인의 생활에는 경건한 삶, 올바른 사고, 다른 사람들이 보여주는 올바른 행동을 모방하는 것이 포함된다.

번역

빌립보서 4:4b-9

4b	탄성	**내가 다시 말하노니**
c	권고/반복	**기뻐하라**
5a	권고	**너희 관용을…알게 하라**
b	정도	모든 사람에게
c	4:6의 근거	**주께서 가까우시니라**
6a	정도	아무 것도
b	권고	**염려하지 말고**
c	대조/정도	다만 모든 일에
d	수단	기도와
e	수단	간구로,
f	권고	**너희 구할 것을…아뢰라**
g	태도	감사함으로
h	간접 대상	하나님께
7a	약속	그리하면…**하나님의 평강이**
b	묘사	모든 지각에 뛰어난
c	관계	그리스도 예수 안에서
d	대상	**너희 마음과**
e	행동/대상	**생각을 지키시리라**
8a	애정, 호칭	끝으로 형제들아
b	목록–속성–내용 (8b–i절)	무엇에든지 참되며
c		무엇에든지 경건하며
d		무엇에든지 옳으며
e		무엇에든지 정결하며
f		무엇에든지 사랑 받을 만하며
g		무엇에든지 칭찬 받을 만하며
h		무슨 덕이 있든지
i		무슨 기림이 있든지

j	권고	**이것들을 생각하라**		
9a	목록–내용/행동 (9b–e절)		너희는 내게	
b				배우고
c				받고
d				듣고
e				본 바를
f	권고	**행하라**		
g		그리하면		
h	약속	**평강의 하나님이 너희와 함께 계시리라**		

구조

이 단위의 구조는 아주 간단하다. 여기에는 다양하고 복잡한 일련의 여섯 개의 권고가 나온다. 처음 네 개는 기도와 관련되고(4:4b–7), 마지막 두 개(매우 정형화된 결론)는 다시 올바른 사고와 모방에 초점을 맞춘다(4:8–9). 여섯 개의 권고는 다음과 같이 제시된다. 첫 번째 권고는 기뻐하라는 요청을 반복한다(4c절, "기뻐하라"). 두 번째로 바울은 교회에 공개적으로 관용적인 자세를 취하라고 권고한다(5a절). "주께서 가까우시니라"(5c절)는 세 번째 권고인 '염려하지 말라'(6a–b)를 위한 근거('번역'에서 '근거')다. 그 권고는 기도를 요청하는 네 번째 권고와 대조를 이룬다(6c–h). 이 요청 다음에는 평강에 대한 약속이 나온다(7절). 마지막 두 권고는 "끝으로"(τὸ λοιπόν)라는 말로 소개되고, 일련의 상관절(ὅσα)과 조건절(εἴ)이 그 앞에 나온다. 이 권고는 빌립보서의 주요 모티브 두 개를 요약한다. "이것들"에 대해 올바르게 생각하는 것(8절)과 바울을 본받아서 '이것들을 행하는 것'(9a–f절)이다. 빌립보 교인들이 올바르게 생각하고 올바르게 산다면, 그들은 하나님의 평강을 경험할 것이다(9h절).

석의적 개요

➡ **C. 본문 끝: 권고(4:4b–9)**

1. 기뻐하라(4b–c절)
2. 공개적으로 관용을 보여주라(5절)
3. 염려하지 말고 기도하라(6–7절)
   - a. 염려 대신 기도를 선택하라(6절)
   - b. 약속(7절)

4. 올바른 것들을 생각하라(8절)

5. 모방하라는 마지막 권고(9절)

본문 설명

4:4b–7 내가 다시 말하노니 기뻐하라 너희 관용을 모든 사람에게 알게 하라 주께서 가까우시니라 아무 것도 염려하지 말고 다만 모든 일에 기도와 간구로, 너희 구할 것을 감사함으로 하나님께 아뢰라 그리하면 모든 지각에 뛰어난 하나님의 평강이 그리스도 예수 안에서 너희 마음과 생각을 지키시리라(πάλιν ἐρῶ, χαίρετε. 5 τὸ ἐπιεικὲς ὑμῶν γνωσθήτω πᾶσιν ἀνθρώποις. ὁ κύριος ἐγγύς. 6 μηδὲν μεριμνᾶτε, ἀλλ᾽ ἐν παντὶ τῇ προσευχῇ καὶ τῇ δεήσει μετὰ εὐχαριστίας τὰ αἰτήματα ὑμῶν γνωριζέσθω πρὸς τὸν θεόν. 7 καὶ ἡ εἰρήνη τοῦ θεοῦ ἡ ὑπερέχουσα πάντα νοῦν φρουρήσει τὰς καρδίας ὑμῶν καὶ τὰ νοήματα ὑμῶν ἐν Χριστῷ Ἰησοῦ). 바울은 여기에서 일련의 권고로 이동하는데, 처음 네 개는 주로 기도와 관련된다. 그는 제일 먼저 기뻐하라는 권고를 반복한다. "내가 다시 말하노니 기뻐하라"(πάλιν ἐρῶ, χαίρετε).[1] 앞서 여러 번 언급한 것처럼, 바울은 기뻐하라는 요청을 빌립보서의 중요한 이음매에서 표현한다(1:18; 2:17–18; 2:28–3:1; 4:4). 기뻐하라는 두 개의 권고를 읽는 한 가지 방법은 그 모티브를 전환 장치로 보는 것이다. 첫 번째는 한 부분을 끝내는 격려로 그리고 두 번째는 다음 부분을 시작하는 것으로 읽는 것이다. 이 본문에서 기뻐하라는 두 개의 권고는 4:1–3의 연합에 대한 요청에서 자연스럽게 흘러나온다. "너희가 한마음이 될 때 너희는 주 안에서 기뻐하고, 너희가 주 안에서 기뻐할 때 너희는 한마음이 되고 주 안에서 단결할 수 있다."[2]

바울이 여기에서 "기뻐하라"고 말하는 것은[3] 어떤 것이나 어떤 사람에 대해 '깊이 기뻐하는' 것 또는 '기쁨을 표현하는' 것과 관계가 있다. 이 경우 '어떤 사람'은 주님이다(ἐν κυρίῳ, 4a절을 보라). 주님은 자신이 어떤 분이신지와 백성의 삶 가운데 성취하신 것을 계시하셨다. 따라서 기뻐하라는 이 권고는 "'기운을 내라'거나 '좋은 하루를 보내라'는 그럴듯한 말만 하는 형식적 충고"[4]가 아니다. 이 말은 다양한 삶의 환경에서 하나님의 선하심과 역사하심을 분별할 수 있는 능력을 제공하는 깊은 영적 생명력과 관점을 요구한다. 인내와 염려하지 않는 것과 같은 미덕에 대한 권고는 그리스 로마 가치와 일치하는 반면, '순전하고 자유로운 즐거움'에 대한 요청은 유대 기독교적 미덕이고 그리스도의 진실한 추종자의 독특한 표시다.[5] 그리스도가 우리의 주님이시기 때문에, 우리는 이 어둡고 어려운 삶의 환경에 정서적으로나 의지적으로 포로가 되지 않아야 한다. 오히려 "항

---

1. 3:1의 χαίρετε ἐν κυρίῳ는 3:1–4:4a에 나오는 큰 부분의 시작이다.
2. Edwards, *Galatians, Ephesians, Philippians*, 267에 인용된 Marius Victorinus의 말.
3. Bockmuehl이 지적한 대로 이 동사를 '작별'의 의미로 해석하는 것은 "항상"(πάντοτε)이 추가된 것에 비추어보건대 분명한 잘못이다. Bockmuehl, *Philippians*, 244를 보라.
4. Bockmuehl, *Philippians*, 244.
5. Fee, *Philippians*, 404.

상"(πάντοτε) 기뻐하라는 권고는 우리에게 어려운 삶의 상황에서도 한결같이 기뻐하라고 요구한다.[6]

바울은 5절에서 "너희 관용을 모든 사람에게 알게 하라"(τὸ ἐπιεικὲς ὑμῶν γνωσθήτω πᾶσιν ἀνθρώποις)고 말한다. 신약에서 "관용"(reasonableness, ἐπιεικής)[7]으로 번역된 단어는 폭력(딤전 3:3), 비방(딛 3:2), 거침(벧전 2:18)과 대조를 이룬다. 미덕으로서 그것은 평화를 사랑함(딤전 3:3; 딛 3:2), 순수함과 자비가 가득한 것(약 3:17)과 관련된다. 칠십인역 문맥에서 이 용어(와 관련 단어 ἐπιείκεια)는 다른 사람들을 공정하게 대하는 의롭고 자비로운 태도를 뜻한다[예를 들어, 시 86:5(85:5 LXX); Wis 12:18; Pr Azar 19]. 그러므로 이 단어는 사려 깊고 이해심이 많은 사람, 다른 사람들에게 "호의"를 베푸는 사람을 묘사한다.[8] 그와 같은 "관용"은 유오디아 및 순두게와 관련된 일과 같은 갈등 상황이나(4:2-3) 외부 문화의 반대자들로 인해 커져가는 압박에 직면하면(1:27-30) 가치 있는 미덕이 될 것이다. 이런 압박 요소 중 어느 것(교회 내의 갈등 또는 교회 밖에 있는 자들과의 불화)이든 바울이 빌립보 교인에게 그들의 온화함을 모든 이에게 알릴 수 있도록 살라고 도전하는 이유가 될 수 있다. 빌립보 교인들은 주변 문화에 속해 있는 사람들에게 그들의 미덕을 명백하게 드러내는 방식으로 살아야 한다.

"주께서 가까우시니라"(ὁ κύριος ἐγγύς)는 다음 절에 나오는 대조적 권고(염려하지 말고 기도하라)를 위한 근거가 된다. 빌립보서의 전체 문맥에서 "주"는 그리스도 예수를 언급한다. 칠십인역에서는 '주의 날'이 '가깝다'고 표현된다.[9] 하지만 "주"가 '가까우시다'는 언어는 시편의 몇 구절과 좀 더 비슷하다. 예를 들어, 시편 34:18(33:19 LXX)은 "여호와는 마음이 상한 자를 가까이 하시고(ἐγγὺς κύριος) 충심으로 통회하는 자를 구원하시는도다"라고 선포하고, 시편 145:18(144:18 LXX)은 "여호와는 자기에게 간구하는 모든 자 곧 진실하게 간구하는 모든 자에게 가까이 하시는도다(ἐγγὺς κύριος)"[또한 시 119:151(118:151 LXX)을 보라]라고 선언한다. 5절의 표현은 이런 시편들과 아주 비슷하다. 그것은 바울이 다음 절에서 기도를 요청하고, 하나님이 평강을 주시리라는 약속을 확고히 하기 위해 주님의 가까이 오심을 찬양한다는 것을 암시한다. 주님이 가까이 오시는 것은 평강이 넘치는 삶의 근거가 되고, 주님의 백성은 이 분열되고 타락한 세상에서 평강이 필요하다. 염려는 삶의 가장 큰 유혹 중 하나임이 확실하다. 또 빌립보 교인이 직면한 문화적 압력을 고려하면, 그들은 염려라는 유혹에 빠지기 쉬웠을 것이다.[10] 따라서 빌립보서 4:6-7에서 사도는 상호 보완적인 권고를 하고(하나는 부정적으로 "염려하지 말고", 다른 하나는 긍정적으로 "너희 구할 것을…하나님께 아뢰라"), 이어서 한 가지 약속을 제시한다("하나님의 평강이 그리스도 예수 안에서 너희 마음과 생각을 지키시리라").

여기에서 염려하는 것에 대해 사용된 단어(μεριμνάω)는 2:20에서 보았듯이 고대 세계에서 어떤 사람이나 어떤 것에 대한 적절한 걱정을 표현했다. 2:20에서 바울은 빌립보 교인의 안녕에 대한 디모데의 '우려'를 언급한

---

6. LXX에 기뻐하라는 바울의 권고와 비슷한 것이 여러 개 나온다. 합 3:18(LXX)은 "나는 여호와로 말미암아 즐거워하며 나의 구원의 하나님으로 말미암아 기뻐하리로다"(ἐγὼ δὲ ἐν τῷ κυρίῳ ἀγαλλιάσομαι χαρήσομαι ἐπὶ τῷ θεῷ τῷ σωτῆρί μου)라고 기록한다. 비슷하게 슥 10:7(LXX)은 "그들의 자손은 보고 기뻐하며 여호와로 말미암아 마음에 즐거워하리라"(καὶ τὰ τέκνα αὐτῶν ὄψονται καὶ εὐφρανθήσονται καὶ χαρεῖται ἡ καρδία αὐτῶν ἐπὶ τῷ κυρίῳ)고 묘사된다. 욜 2:23은 그 생각을 권고로 표현한다. "너희는 너희 하나님 여호와로 말미암아 기뻐하며 즐거워할지어다"(χαίρετε καὶ εὐφραίνεσθε ἐπὶ τῷ κυρίῳ θεῷ ὑμῶν). 이와 같이 기뻐하라는 바울의 권고에는 풍부한 구약 배경이 있다.

7. 형용사 ἐπιεικής는 신약에서 네 번 더 사용되고(딤전 3:3; 딛 3:2; 약 3:17; 벧전 2:18), 여기에서 유일하게 관사와 함께 나타나며 추상적 실명사로 문법화된다. Hellerman, *Philippians*, 236을 보라.

8. *TLNT* 2:37-38.

9. 사 13:6; 57:19; 렘 42:4; 겔 30:3; 욜 1:15; 2:1; 4:14; 옵 1:15; 습 1:7, 14.

10. Reed, *Discourse Analysis*, 270.

다. 그러나 여기에서 바울은 이 단어의 의미적 범위의 일부를 활용하는데, 그것은 쓸데없는 염려나 걱정이라는 의미다. 그것은 마태복음 6:25에서 예수님이 하신 말씀과 같은 뜻이다. "그러므로 내가 너희에게 이르노니 목숨을 위하여 무엇을 먹을까 무엇을 마실까 몸을 위하여 무엇을 입을까 염려하지 말라(μὴ μεριμνᾶτε)." 누가복음 10:41에서 예수님이 하신 말씀도 같은 의미로 쓰였다. 거기에서 주님은 부드럽게 자신의 친구를 훈계하시면서 "마르다야 마르다야 네가 많은 일로 염려하고 근심하나"라고 말씀하신다. 실제로 삶의 문제로 염려하지 말라고 권고할 때, 바울은 이 복음 전통을 취하는 것일 수 있다.[11]

빌립보 교인은 "아무것도"(μηδέν) 걱정하지 말아야 한다.[12] 즉, 그들은 '어떤 것'(이 격려를 포괄적으로 만드는 효과가 있는 단어)에 대해서도 염려하지 않아야 한다.[13] 어떤 것도 염려하지 말라는 격려는 또한 다음 절에 나오는 "모든 일에"(ἐν παντί)와 극명하게 대조된다(ἀλλ'). 그것은 아마 '삶의 모든 환경'을 가리킬 것이다. 물론 그 생각은 '어떤 것에 대해서도 걱정하지 말고, 그 대신 모든 것을 두고 기도하라'(NLT)는 것이지만, 문법은 그것보다 조금 더 관련되어 있다. 앞의 '번역' 부분에서 보았듯이 빌립보 교인이 '구할 것을 아뢰는'(τὰ αἰτήματα ὑμῶν γνωριζέσθω) 다섯 가지 방법이 있기 때문이다. 그것이 6절의 중심 권고다. 그들은 다음과 같이 아뢰어야 한다.

· 모든 일에(ἐν παντί)
· 기도와(τῇ προσευχῇ καί)
· 간구로(τῇ δεήσει)
· 감사함으로(μετὰ εὐχαριστίας)
· 하나님께(πρὸς τὸν θεόν)

첫째, 바울은 이 기도 요청을 수단을 나타내는 두 구절의 형태로 만든다. "기도와 간구로"(τῇ προσευχῇ 그리고 τῇ δεήσει). 이 용어 중 첫 번째(προσευχή)는 기도에 대해 더 흔히 쓰이는 용어로 신약에서 자주 등장한다. 실바의 말처럼, 두 번째 용어(δέησις)는 여기에서처럼 기도를 일반적으로 언급하는 것으로 사용될 때 첫 번째 단어와 의미가 많이 중첩된다. 그것은 또한 하나님께 긴급하게 요청하는 것을 뜻하는 것으로 더 좁게 사용될 수 있다.[14] 두 단어를 동시에 사용한 용법은 단순히 강조하기 위한 것일 수 있다.

둘째, 우리가 기도해야 하는 태도 혹은 자세[15]는 "감사함으로"(μετὰ εὐχαριστίας) 하는 것이다. 그것은 감사의 표현으로, 하나님의 신실하심보다 우리의 필요에 집중하는 것을 교정하는 수단이 된다. 감사는 자기중심적 관점에서 벗어나서 하나님이 이미 하신 일, 그분이 현재 하고 계신 일, 미래에 하실 일을 기억하게 한다. 이것은 "감사함으로" 기도하는 것이 바울이 말하는 경건의 표준적인 측면이라고 여겨지는 이유일 것이다.[16]

마지막으로, 구할 것은 "하나님께"(πρὸς τὸν θεόν) 아뢰야 한다. 이는 하나님께 우리의 필요를 알려드려야 한다는 의미라기보다, '너희의 특별한 필요에 대해 하나님께 이야기하라'는 말의 관용적 표현(바울에게 상당히 특이한 방식[17])이다. 하나님은 여러 가지 이유로 자신의 백성

11. Hawthorne and Martin, *Philippians*, 183.
12. 이것은 아마도 관련의 대격, 즉 '아무것과도 관계없이'(with reference to nothing)다.
13. BDAG 647.
14. Silva, *Philippians*, 199.
15. 찬성 의견으로 Fee, *Philippians*, 409–10.
16. 이것에 대해 Fee, *Philippians*, 409를 보라. 고전 14:16; 고후 4:15; 9:11–12; 엡 5:4; 골 2:7; 4:2; 살전 3:9; 딤전 2:1; 4:3–4에 나타난 이 명사의 용법도 보라.
17. 신약에서 이 명사가 기도에 대해 사용되는 유일한 다른 곳은 요일 5:15이다. 또한 바울은 보통 이 동사(γνωρίζω)를 사람들에게 '알려진' 것들을 말하는 데 사용한다(롬 9:22–23; 16:26; 고전 12:3; 15:1; 고후 8:1; 갈 1:11; 엡 1:9; 3:3, 5, 10; 6:19, 21; 빌 1:22; 골 1:27; 4:7, 9).

을 기도하게 하시고, 7절은 그중 매우 중요한 이유를 강조한다. 신자의 평강과 정서적 안정을 위해서다. "그리하면 모든 지각에 뛰어난 하나님의 평강이 그리스도 예수 안에서 너희 마음과 생각을 지키시리라"(καὶ ἡ εἰρήνη τοῦ θεοῦ ἡ ὑπερέχουσα πάντα νοῦν φρουρήσει τὰς καρδίας ὑμῶν καὶ τὰ νοήματα ὑμῶν ἐν Χριστῷ Ἰησοῦ). 접속사 "그리하면"(καὶ)은 기도의 효과에 관한 이 약속과 앞 절의 두 권고를 의미상 연결한다.[18]

폭력적이고 소란스러운 세계에서 살았던 성경 문헌의 저자들은 종종 "평강"(εἰρήνη)으로 번역된 이 용어를 전쟁이나 폭력 행위의 부재를 가리킬 때 사용했다. 그들은 평강을 하나님의 축복이자[예를 들어, 시 37:11(36:11 LXX); 72:7(71:7 LXX); 119:165(118:165 LXX)] 하나님이 주신 언약의 표현으로 경축했다.[19] 예를 들어, 하나님은 이스라엘 땅에 "평강"을 약속하시고, 자기 백성을 사나운 짐승과 적의 공격에서 벗어나게 하시며(레 26:6), 주님은 괴롭거나 무서운 상황에 처한 자들에게 평강을 베푸신다(삿 6:23; 요 14:27). 이와 같이 평강은 추구해야 할 대상이고(시 33:15; 눅 1:79), 궁극적으로 "평강의 하나님"(빌 4:9)이 그 근원이시다(눅 2:14). 신자들은 특히 주 그리스도와 관련해서 평강을 안다(행 10:36; 롬 14:17; 15:13; 고전 1:3; 고후 1:2).

바울은 하나님의 평강을 "모든 지각에 뛰어난 것으로"(ἡ ὑπερέχουσα πάντα νοῦν) 묘사한다. 고대 저자들은 "뛰어난"(ὑπερέχω)이라는 동사를 "질이나 가치가 뛰어나다, 보다 더 낫다, 능가하다, 탁월하다"는 의미로 사용할 수 있었다.[20] 사도는 이미 그 단어를 2:3과 3:8에서 그 의미로 사용한 바 있다. 2:3에서 그는 다른 사람들을 자신보다 '더 낫게' 여기는 것을 말하고, 3:8에서는 그리스도를 아는 특권을 세상의 유익보다 '훨씬 더 고상한' 것으로 여기고 찬양한다. 이제 사도는 그 단어를 다시 사용해서 하나님의 평강이 '모든 지각에 뛰어나다'고 선포한다.

"지각"(νοῦς)이라는 용어는 고대 세계에서 인간의 능력으로서 '정신'이나 '지력'을 뜻할 수 있었다. 즉, 지적으로 이해하거나 처리할 수 있는 사람의 능력이다. 그것은 또한 사고방식, 태도, 사고 과정의 결과(즉, '의견'이나 '생각')를 뜻할 수 있었다.[21] 바울은 거의 언제나 이 단어를 사람의 '정신'이라는 의미로 그리고 가끔 사람의 '생각'이라는 의미로 사용한다.[22] 따라서 4:7에서 사도는 하나님의 평강이 사람의 '정신'이나 '생각'보다 염려를 해결할 수 있는 더 나은 방법이라고 말하는 것일 수 있다. 즉, 하나님의 평강은 인간의 지력이나 이성이 할 수 없는 방식으로 환경을 초월한다. 그것은 하나님의 평강을 이해할 수 없다는 말이 아니다. 오히려 그것은 하나님의 평강이 염려를 다루는 우월한 수단이라는 뜻이다.[23] 다른 한편으로, "모든"(πάντα)이라는 용어는 모든 인간("모든")의 지적 능력이나 어떤 사람의 능력('어떤', '각각')을 가리킬 수 있었다.[24]

하나님의 평강을 능력이라는 면에서 우월한 것으로 읽는 해석은 다음에 나오는 약속에서 추가 지지를 받는다. 하나님의 평강은 신자를 정신과 마음을 향

18. Runge는 그런 경우 καί가 의미상 연속성을 표현한다고 제안한다. Runge, *Discourse Grammar*, 23을 보라. Fee가 지적한 대로 καί로 한 문장을 시작하는 것은 바울의 저작에서 병렬의 드문 예다(Fee, *Philippians*, 410).

19. 이 용어는 LXX에서 270번 이상 사용된다. 하나님의 언약의 한 측면으로서 "평강"에 대해 Keown, *Philippians 2:19-4:23*, 348을 보라.

20. BDAG 1033.

21. BDAG 679–80.

22. 롬 1:28; 7:23, 25; 11:34; 12:2; 14:5; 고전 1:10; 2:16; 14:14–15, 19; 엡 4:17, 23; 골 2:18; 살후 2:2; 딤전 6:5; 딤후 3:8; 딛 1:15.

23. Fee와 다른 사람들은 바울이 "단순히 인간의 믿지 않는 마음을 말한다"라고 제안한다(Fee, *Philippians*, 410). 그러나 그 문맥은 오히려 신자들과 관계가 있으며, 그 범위를 정하는 단어는 "모든"(πάντα)이다. 하나님의 평강이 우리 인간의 지력만으로는 할 수 없는 방식으로 염려와 싸우는 일에 유용하다는 점을 말하는 것일 수 있다.

24. 이것은 지혜를 뛰어난 생각으로 말하는 1 En. 82.2와 비슷하다(Holloway, *Philippians*, 183).

한 모든 공격에서 보호하는 강력한 보초가 될 것이다. 바울은 하나님의 평강이 "그리스도 예수 안에서 너희 마음과 생각을 지키시리라"(φρουρήσει τὰς καρδίας ὑμῶν καὶ τὰ νοήματα ὑμῶν ἐν Χριστῷ Ἰησοῦ)고 쓴다. '지키다'(φρουρέω)로 번역된 동사는 신약에서 여기와 다른 세 곳에서만 찾아볼 수 있는데(고후 11:32; 갈 3:23; 벧전 1:5), 그것은 지키고, 가두며, 붙들거나 보호하는 것을 함축할 수 있었다. 이 단어는 군사적 상황이나 로마법이 집행되는 상황에서 사용되었다.[25] 하나님의 평강은 인간의 지적 능력을 능가하기 때문에 사람의 생각뿐만 아니라 마음도 지킬 수 있는 힘이 있고, 인간의 내적 삶의 두 중심 측면을 보호한다. 일반적인 유대교에서 "마음"(καρδία)은 내적 삶(사람의 생각, 감정, 의지)의 중심과 근원으로 여겨졌다(잠 4:23). "생각"(τὰ νοήματα)은 정신의 산물로서, 정신이 지적 과정에서 이용하는 것 또는 의지가 의도하는 것이며, 성경 문헌에서는 마음과 밀접한 관계가 있다. 예를 들어, 시편에서 마음은 생각이 처리되는 곳이다. "내 입은 지혜를 말하겠고 내 마음은 명철을 작은 소리로 읊조리리로다"(시 49:3). 또한 정신이 문제에 대한 해결책을 어지럽게 뒤흔들어 놓는 것처럼, 우리 마음과 정신은 삶의 염려에 공격받는다.[26] 하지만 우리가 그리스도와 맺은 관계(ἐν Χριστῷ Ἰησοῦ)[27] 덕분에 우리는 하나님의 평강이 그런 공격에서 우리의 내적 삶을 지킬 수 있다는 확실한 약속을 지니고 있다. 우리가 다음 두 절에서 볼 수 있듯, 하나님은 평화의 중개자인 리더의 모범에서 드러나는 올바른 사고와 올바른 행동을 도구로 사용하셔서 신자들이 삶의 불안에 맞설 힘을 주신다.

4:8 끝으로 형제들아 무엇에든지 참되며 무엇에든지 경건하며 무엇에든지 옳으며 무엇에든지 정결하며 무엇에든지 사랑 받을 만하며 무엇에든지 칭찬 받을 만하며 무슨 덕이 있든지 무슨 기림이 있든지 이것들을 생각하라(Τὸ λοιπόν, ἀδελφοί, ὅσα ἐστὶν ἀληθῆ, ὅσα σεμνά, ὅσα δίκαια, ὅσα ἁγνά, ὅσα προσφιλῆ, ὅσα εὔφημα, εἴ τις ἀρετὴ καὶ εἴ τις ἔπαινος, ταῦτα λογίζεσθε). 바울은 여기에서 빌립보 교인에게 훈련되고 성숙한 사고를 하도록 도전한다. 올바른 생각이 염려를 해결하는 역할을 하기 때문이다. 이것은 9절에 나오는 '행동'의 올바른 패턴에 반영될 것이다. 사도는 이 두 권고를 소개하고, "끝으로 형제들아"(τὸ λοιπόν, ἀδελφοί)[28]라는 문구를 사용하여 4:4b–9의 끝을 향해 간다. 또한 바울은 3:1에서 이 문구를 사용하여 빌립보서의 전환을 표시했다. 4:8은 "무엇에든지"(ὅσος)[29]가 나오는 절들을 단조롭게 반복하면서 생각할 가치가 있는 미덕을 소개한다. 빌립보 교인은 "이것들을 생각"(ταῦτα λογίζεσθε)해야 한다. 이 목록의 거의 모든 항목이 그리스 로마 문화에서 매우 높이 평가되었지만,[30] 여기에서 사도는 그것들을 기독교 제자도의 맥락에 놓는다. 바울은 깊이 성찰할 가치가 있는 여덟 종류의 생각을 다음과 같이 열거한다.

무엇에든지 참되며
무엇에든지 경건하며
무엇에든지 옳으며
무엇에든지 정결하며
무엇에든지 사랑받을 만하며
무엇에든지 칭찬받을 만하며

25. 예를 들어, 고후 11:32; Jdt 3:6; 1 Esd 4:56; Jos., *Ant.* 9.42; 11.345; 13.26, 39.
26. 예를 들어, 시 10:11; 13:2; 25:17; 38:10.
27. 다시 이 문구는 관계를 뜻하는 것으로 읽힌다.
28. 빌 1:12, 14; 2:25; 3:1, 13, 17; 4:1. 교회 내에 있는 남자들과 여자들을 언급하는 것으로 ἀδελφοί의 용법에 대해 1:12에 대한 설명을 보라.
29. 이 용어는 일반적으로 상관관계가 있는 것으로 기능한다.
30. Plato, Aristotle, the Stoics, Dio Chrysostom 그리고 고대 세계의 다른 저자들은 비슷한 미덕 목록을 제안했다. 예를 들어, Hansen, *Philippians*, 295–96; Reumann, *Philippians*, 616–17을 보라.

무슨 덕이 있든지
무슨 기림이 있든지

바울은 "무엇에든지 참되며"(ὅσα ἐστὶν ἀληθῆ)로 시작한다. 그리스 로마 세계에서 도덕적 탁월함은 진리 탐구의 산물로 여겨졌다.[31] 예를 들어, 플라톤은 삶과 죽음에서 완전함을 깨우치기 위해 진리를 발견하는 것이 목표라고 말했다(*Gorg.* 526). 성경 문헌에서 진리의 사람이 되는 것은 '거짓된' 것 또는 거짓의 사람과 반대되는 것을 뜻할 수 있다. 따라서 맹세나 증언과 관련하여 참됨이 강조될 수 있다.[32] 따라서 우리는 '참된' 사람 혹은 참되신 하나님이라는 표현을 읽는다.[33] 그러므로 '참된' 것을 생각하는 것이 하나님의 사람, 곧 세상에서 도덕적이고 인격적인 사람으로 살아가는 것의 핵심이다.[34]

둘째로 빌립보인들은 '경건한'(worthy of respect, σεμνός) 것들을 신중하게 생각해야 한다. 이 용어는 '진지한', '고귀한', '공경하거나 존경할 가치가 있는' 것과 관계가 있다. 따라서 그것은 영어권에서 진지함(*gravitas*)을 지녔다고 말할 때 의미하는 바와 관련된다. 그것은 존경하는 마음으로 주목해야 하는 삶의 패턴과 개인적 태도다. 칠십인역에서 이 단어는 일반적으로 공경의 의미를 나타낸다.[35] 신약의 다른 곳에서 이 표현은 목회 서신에만 나타나는데, 거기에서 교회 지도자들은 '정중한/정숙한' 또는 '경건한' 사람이 되어야 한다는 권고를 받는다(딤전 3:8, 11; 딛 2:2). 그래서 빌립보 교인들은 존경할 가치가 있는 것들을 생각해야 한다.

셋째로 신자들은 '옳은'(just, δίκαιος) 것들을 생각해야 한다. 신약에서 매우 흔히 쓰이는 단어인[36] 이 용어는 고대 저자들이 "옳고, 의롭고, 공정하고, 공평한" 것을 묘사하는 데 사용했다.[37] 예를 들어, 이 단어는 그리스 문헌 전반에서 관습이나 법을 준행한 자들에 대해 사용되었다. '옳은' 자는 하나님과 인간에 대한 그들의 의무를 이행하는 사람이다.[38] 헬라어 구약의 저자들은 하나님을 '정의로운' 또는 '의로운' 분으로 찬양하는데[신 32:4; 시 11:7(10:7 LXX); 렘 12:1; 단 9:14], 그것은 어느 정도 그분이 공의를 나누어 주시기 때문이다(습 3:5).[39] 신약에서 이 단어는 적절한 것을 행하는 공정한 사람이라는 도덕적 의미일 수 있었다. 예를 들어, 우리는 일꾼들에게 공평하게 삯을 주는 주인에게서 이 뉘앙스를 본다(마 20:4). 빌립보서 4:8과 다른 곳에서(엡 6:1; 딤전 1:9; 딛 1:8) 바울은 이 단어를 사용하여 사람의 인격이나 올바른 행동을 묘사한다.[40]

네 번째 기술어(ἁγνός)는 '정결한' 또는 '거룩한' 것에 대해 말하는데, 그것은 부패한 것과 반대된다. 예를 들어, 고린도후서 7:11에서 바울은 자신의 '근심의' 서신에 대한 고린도 교인들의 반응, 즉 그들이 그 서신에서 이

31. Epictetus, *Diatr.* 1.4.31; 3.24.40; Thucydides, *History* 1.20.3; Plutarch, *Is. Os.* 2.

32. 예를 들어, 요 5:31-32; 8:13, 14, 17; 21:24; 딛 1:13; 요삼 1:12.

33. 예를 들어, 참된 사람에 대해 마 22:16; 요 7:18; 참되신 하나님에 대해 창 41:32; 단 2:47; Wis 1:6; 요 3:33, 8:26; 롬 3:34.

34. *TLNT* 1:66-83.

35. 잠 6:8; 8:6; 15:26; 참고. 2 Macc 6:11, 28; 8:15; 4 Macc 5:36; 7:15; 17:5.

36. 예를 들어, 마 1:19; 5:45; 눅 5:32; 12:57; 요 7:24; 17:25; 행 3:14; 롬 1:17; 갈 3:11; 벧전 4:18; 요일 2:1; 계 22:11.

37. BDAG 246-47.

38. *TLNT* 1:320-21.

39. *TLNT* 1:322-23.

40. 로마서에서 사도는 하나님과 관련해 '올바른'(right) 또는 '의로운'(just, δίκαιος) 사람에 대해 신학적으로 말한다. 믿음으로 사는 자는 '의롭고'(1:17), 그들이 율법을 행하기 때문에 하나님과 올바른 관계에 있는 자가 '의롭다'(2:13). 누구도 그리스도를 떠나서는 참으로 의롭지 못하지만(3:10), 의로우신 하나님은 그리스도와 복음 안에서 자신의 의를 나타내셔서 사람들을 그분 보시기에 의롭게 만드셨다(3:26, 5:19). 이 단어는 빌 4:8에서처럼 의롭게 행동하는 사람의 윤리적 행동에 대해 사용될 수 있다. 또는 그것은 로마서의 여러 곳에서 본 것처럼 법정적으로, 즉 하나님이 그리스도의 사역 때문에 어떤 사람이 그분 앞에서 올바른 지위를 갖고 있다고 선언하시는 것으로 사용될 수 있다. 법정적인 의로움과 윤리적인 의로움의 관계에 대해, Richard N. Longenecker, *The Epistle to the Romans: A Commentary on the Greek Text*, NIGTC (Grand Rapids: Eerdmans, 2016), 174-75를 보라.

야기한 상황을 '깨끗하게' 다룬 것을 증명하는 그들의 회개를 칭찬한다. 또한 고린도후서에서 바울은 자신이 고린도 교인들을 그리스도께 "정결한" 신부로 드리기 원한다고 언급한다(11:2). 그것은 그가 거짓 교사들의 부패시키는 영향으로부터 그들을 보호해야 한다는 것을 의미한다. 부패에서 자유롭게 된다는 이 의미는 목회 서신에서도 찾아볼 수 있는데, 거기에서 사도는 공적 지도자 디모데(딤전 5:22)와 젊은 여자들에게 인격의 거룩함에 관한(딛 2:5) 교훈을 가르친다.

다섯째로 "사랑받을 만하며"(προσφιλής)로 번역된 단어는 신약 여기에서만 나타나고, 그리스 로마의 미덕 목록에는 없다. 즐거움, 상냥함, '사랑스러운' 것을 표현하는 '기쁨이 가득한' 이 단어는 행동이나 태도에서 다른 이를 기쁘게 하는 사람을 묘사한다.[41] 칠십인역에서 이 단어는 다른 사람들에게 긍정적 반응을 불러일으키는 방식으로 자신을 소개하는 사람들에 대해 사용된다(Esth 15:5; Sir 4:7; 20:13). 요세푸스는 이 단어를 다양하게 사용해서 다른 사람들에게 친절하거나 상냥한 사람에 대해 특히 다른 사람들에게 사랑을 받는 사람에 대해 말한다.[42] 그래서 '사랑받을 만한' 사람은 다른 사람들이 함께 어울리기를 즐거워하는 '유쾌한' 사람이다. 보크뮤엘이 지적하는 것처럼 이 용어는 단순한 도덕 그 이상을 암시한다. 오히려 사도는 신자들이 미적 진리(aesthetic truth)에 의해 형성되기를 원한다. 그 진리는 "사랑받을 만한" 것이고, "창조 세계와 인간 삶에 있어 아름다운 모든 것으로 확대된다.[43]

여섯째, 빌립보 교인들은 '칭찬받을 만한'(εὔφημος) 것을 깊이 생각해야 한다. 여기에서 우리는 신약 여기에서만 발견되는 또 다른 단어를 만날 수 있다. 이것은 그리스 로마 문헌에서 드물게 등장한다. 예를 들어, 요세푸스와 필론의 글에서 이 용어는 어떤 사람에 대해 좋게 말하는 것과 관계가 있다.[44] 그러므로 그 강조점은 '칭찬받을 만한' 사람이 아니라,[45] 다른 사람들에 대해 또는 관찰하는 상황에 대해 긍정적으로 말하는 사람에게 있다. 따라서 사도가 고린도후서 6:8에서 사용하는 동족 명사는 다른 사람들이 바울에게 하는 '칭찬'(a good report, εὐφημία)을 뜻한다. 물론 이 단어는 불평하며 말다툼하고 싶지만, 연합하려고 노력하는 교인에게 매우 실제적인 권고가 된다.

빌립보 교인들이 생각을 고정해야 하는 일곱 번째와 여덟 번째 항목은, 지금까지 8절을 특징지었던 율동적인 "무엇에든지"(ὅσα+형용사)의 패턴을 벗어난다.[46] 하지만 문제는 바울이 이 마지막 용어들, 즉 "무슨 덕(exceptional in character, ἀρετή)이 있든지 무슨 기림(worthy of recognition, ἔπαινος)이 있든지"를 사용하는 방법이 정확히 무엇인가 하는 것이다. 첫째, 사도는 8절에서 이제까지 사용된 "무엇에든지" 패턴에 단순히 문체의 변화를 주는 것일 수 있다.[47] 둘째, 사도가 이 두 용어를 사용해 앞에 나오는 여섯 개의 묘사에 단서를 달면서 빌립보 교인이 그들의 문화적 맥락에서 통용되는 개념을 받아들일 때도 분별력을 지녀야 한다고 말하는 것일 수도 있다.[48] 셋째, 바울이 앞에 나오는 여섯 개의 용어를 요약하는 것일 수도 있다.[49] 하지만 네 번째 해석을 택하는 것이 가장 좋을 수 있다. 그것은 "어떤 목록도 완

---

41. BDAG 886.

42. *Ant*. 1.258; 2.186; 4.203; 5.189; 17.149; 19.115, 121.

43. Bockmuehl, *Philippians*, 253.

44. Josephus, *Ant*. 15.52; 17.331; *Ag. Ap*. 2.248, 253; Philo, *Confusion* 159; *Flight* 86; *Names* 242; *Dreams* 130; *Joseph* 12; *Virtues* 2; *Rewards* 47.

45. 반대 의견으로 BDAG 414; *EDNT* 86.

46. 심지어 그것들은 앞서 빌 2:1에서 본 최상급 조건문 구문(εἰ+부정대명사)과 아주 닮아 있다(그 구절에 대한 설명을 보라). 하지만 두 문맥은 우리에게 두 개의 다른 상황을 제시한다. 2:1의 조건절은 중요한 기독교적 개념들을 단언하는 '전제'다. 여기에서 우리는 주로 그리스 로마 세계에서 취한 미덕 목록의 '단서'를 접한다.

47. Reumann, *Philippians*, 640.

48. Fee, *Philippians*, 416; Hansen, *Philippians*, 299; Hellerman, *Philippians*, 247.

49. 예를 들어, Hawthorne, *Philippians*, 186–87과 같이 일반적인 이해.

전할 수 없기 때문에, 바울의 권고의 총괄적인 특성"을 강화하는 것으로 보는 것이다. 따라서 이 마지막 두 단어는 앞서 언급되지 않은 올바른 인격의 다른 측면을 환기하는 것으로 읽을 수 있다.[50]

"덕"(ἀρετή)을 의미하는 단어는 신약의 다른 곳에서 오직 베드로 서신에서만 나타나지만[벧전 2:9; 벧후 1:3, 5(2번)], 칠십인역에서는 32번 등장한다.[51] 헬레니즘 유대 문헌에서 그것은 '미덕'을 뜻하는 기본 단어로 나타난다. 흥미롭게도, 저자들은 그 용어를 '의'(δικαιοσύνη)의 개념과 함께 자주 사용한다.[52] 게다가 이 단어는 윤리적인 의미를 지니고 있다.[53] 진실로 그것은 하나님의 선하심과 찬양받으실 만한 성품에 대해 말할 수 있다(벧전 2:9; 벧후 1:3). 이와 같이 이 단어는 최고 수준의 성품을 함축한다.

우리 목록의 마지막 단어(ἔπαινος)는 '인정할 만한' 또는 '칭찬할 만한' 것을 묘사하는데, 그것은 또한 칭찬, 찬성, 인정의 행동을 언급할 수 있다.[54] 바울은 흔히 이 단어를 후자의 의미로 사용하면서, 어떤 사람이 하나님이나 사람들에게서 받는 칭찬이나 하나님께로 향하는 찬송을 언급한다. 그리고 그 의미는 빌립보서 1:11에서 보았다.[55] 하지만 여기에서 바울은 아마도 전자의 의미를 염두에 두는 것 같다. 칭찬할 가치가 있는, 인정받을 만한 가치가 있는 어떤 것이다.

요약하면 사도는 빌립보인들에게 참되고, 경건하며, 옳고, 정결하며, 사랑받을 만하고, 칭찬받을 만한 것, 그리고 실로 뛰어난 인격과 인정받을 만한(즉, 덕과 기림) 모든 것을 생각하라고 요청한다. 이것들은 그들이 숙고하고 신중하게 생각해야(λογίζομαι)[56] 하는 것들(ταῦτα)[57]이다. 참되고 선하며 칭찬받을 만한 것을 숙고하는 것이 지속적인 삶의 패턴이 되어야 한다.

4:9 너희는 내게 배우고 받고 듣고 본 바를 행하라 그리하면 평강의 하나님이 너희와 함께 계시리라(ἃ καὶ ἐμάθετε καὶ παρελάβετε καὶ ἠκούσατε καὶ εἴδετε ἐν ἐμοί, ταῦτα πράσσετε· καὶ ὁ θεὸς τῆς εἰρήνης ἔσται μεθ' ὑμῶν). 빌립보 교인에게 경건하고 아름답게 사는 삶을 깊이 생각하라고 도전한 뒤 이제 바울은 모방의 주제로 돌아와(참고. 3:17–19), 빌립보 형제자매들에게 자신의 모범을 따르라고 요청한다. 바울은 8절에서 올바른 생각을 요구한 것을 9절에서 올바른 삶에 대한 권고로 나타낸다.[58] 게다가 9절은 8절의 일반적인 충고를 취해서 그것을 사도의 삶과 가르침에서 볼 수 있는 기독교 제자도와 사역의 패턴이라는 매우 특별한 렌즈를 통해 굴절시킨다. 빌립보 교인이 이 삶의 패턴을 자신의 것으로 받아들여서 그대로 산다면, 하나님의 평강이 그들에게 임할 것이다.

---

50. Silva, *Philippians*, 197.

51. 예를 들어, 사 42:8, 12; 43:21; 63:7; 합 3:3; 슥 6:13; Wis 4:1; 5:13; 8:7; 4 Macc 13:27; 17:12, 23을 보라. 4 Macc와 Wisdom of Solomon에서 이 단어는 일반적으로 '미덕'의 개념을 함축한다. 성경의 선지서에서 이 용어는 일반적으로 '찬양'의 개념을 나타내는 것 같다.

52. 예를 들어, Philo의 글에서 두 용어는 124번 함께 나타난다. 예를 들어, *Creation* 73, 81; *Alleg. Interp*. 1.63, 65, 72; 3.150, 247; *Cherubim* 5, 96; *Sacrifices* 27, 37, 57, 84를 보라.

53. Keown, *Philippians 2:19-4:23*, 364.

54. BDAG 357.

55. 예를 들어, 하나님께 받은 칭찬으로 롬 2:29; 고전 4:5, 사람들에게 받은 칭찬으로 롬 13:3; 고후 8:18, 또는 하나님께 드린 찬송으로 엡 1:6, 12, 14.

56. 이 동사의 용법에 대해 3:13에 대한 설명을 보라.

57. ταῦτα는 강조하기 위해(목적어–동사 패턴) 또는 주제를 부각하기 위해 그 동사 앞에 놓인다. Reed, *Discourse Analysis*, 394를 보라.

58. 앞의 본문에 대한 '번역'에서 본 대로 8–9절에서 바울은 "이것들"(ταῦτα)에 관한 권고로 각각의 목록을 끝낸다. 8절의 목록과 관련하여 그들은 이것들을 '생각해야' 한다. 그리고 9절에서 그들은 이것들을 '행해야' 한다. 사실상 이 목록은 권고의 직접적인 대상의 내용, 즉 "이것들"(ταῦτα)을 제시한다. 문장의 처음에 있는 관계절이 일반적으로 그 앞에 나온 것을 분석하는 기능을 하지만, 8절과 9절에서 우리는 관계절들이 권고 동사의 목적어인 ταῦτα 앞에 나오면서 그것에 의해 요약되는 분명한 패턴을 본다. 예를 들어, 찬성 의견으로 Hansen, *Philippians*, 300; Bockmuehl, *Philippians*, 254.

따라서 바울은 이 신자들 가운데서 이루어진 그의 삶과 사역의 네 가지 특징적 방식을 간략하게 서술한다.[59] 빌립보 교인들은 8절에서 삶의 모범적 패턴을 "생각하라"는 요청을 받는 반면, 9절에서는 '행해야'(πράσσετε) 한다. 즉, 바울의 삶과 가르침을 통해 경험한 패턴에 '따라 행동하라'는 것이다. 문맥에서 명령법 동사의 미완료 시상은 다시 지속적인 생활방식을 가리킨다. 사도는 교인들이 실행해야 하는 삶과 가르침을 생각나게 하는 네 가지 '촉진제' 또는 차원을 제시한다.

너희는 배우고(ἃ καὶ ἐμάθετε)
받고(καὶ παρελάβετε)
듣고(καὶ ἠκούσατε)
본(καὶ εἴδετε)

이 네 가지 사항은 대략 두 쌍으로 '배우고 받은 것' 그리고 '듣고 본 것'으로 나눌 수 있지만, 바울의 가르침(첫 번째 쌍)과 그의 모범(두 번째 쌍)[60]을 엄격히 구분하는 것은 다소 인위적이고 불필요하다. 바울의 가르침, 그가 받아서 그들에게 전달한 기독교 전통, 빌립보 교인들이 그에게서 들은 것 그리고 교인들이 관찰한 바울의 행동 등 모든 것이 함께 엮여서 교육적 영향을 끼치는 태피스트리가 되었을 것이다. 바울의 삶 전체가 십자가에 달려 죽으시고 다시 살아나신 그리스도를 선포하는 일에 맞추어져 있었다. 따라서 가르침과 모범의 이런 패턴들은 사도가 빌립보 교인을 그리스도의 길로 안내한 다차원적 교육 형태를 나타낸다. 하지만 네 가지는 각각 사도의 접근법의 다양한 뉘앙스를 가리킨다.

처음부터 초기 기독교 운동은 유대 성경(예를 들어, 마 5:19)과 예수님의 가르침(마 28:19–20)에서 배우는 것에 관심을 기울였다. 그의 사역에서 바울은 건전한 교훈을 배우는 것의 중요성을 강조했다.[61] 때때로 그는 '전한 것'과 '받은 것'을 언급하면서 랍비의 언어를 사용한다.[62] 그러므로 여기에서 사도가 빌립보 교인이 '받은'(παρελάβετε) 것을 언급한 것은 아마 그가 그들에게 전한 올바른 교훈을 강조할 것이다.

물론 빌립보 교인이 바울에게서 '들은' 것은 분명히 그들이 배운 교훈을 포함했다. 그런데 그들은 사도가 믿음을 위해 고난당하는 것 또한 '보고 들었으며'(빌 1:30), 바울은 그 사실을 언급하여 인내하며 고군분투하고 있는 그들을 격려한다. 따라서 그들이 바울에게서(ἐν ἐμοί), '그의 모범에서'[63] "듣고 본" 것에는 그가 그리스도를 위해 적대적인 세상과 맞서며 겪은 고난의 패턴이 포함된다. 가르침, 실천, 대화의 이런 구현과 그들이 바울의 삶과 사역에서 본 모범적 패턴은 빌립보 교인이 그런 삶의 패턴을 모방하는 것을 가능하게 한다. 그렇다면 그 결과는 무엇인가? 평강이다. 그들은 거칠고, 적대적인 세상에서도 그리고 때때로 분열된 교회 안에서도 평강을 경험할 수 있다.

그 평강은 하나님의 임재를 통해 알게 된다. "그리하면 평강의 하나님이 너희와 함께 계시리라"(καὶ ὁ θεὸς τῆς εἰρήνης ἔσται μεθ' ὑμῶν). "평강의 하나님"에 대한 언급은 사도의 저작에서 4번 나온다.[64] 그는 특히 서신 시작 부분에서(예를 들어, 롬 1:7; 고전 1:3; 고후 1:2; 갈 1:3) 또는 축복의 말에서(롬 15:13, 33; 엡 6:23) 종종 평강을 하나님과 연관시킨다. 하나님은 평강의 근원이시고, 그

59. 예를 들어, 찬성 의견으로 Fee, *Philippians*, 413–14; Hellerman, *Philippians*, 249; Reumann, *Philippians*, 640을 보라.
60. 찬성 의견으로, 예를 들어, Hansen, *Philippians*, 300; Hellerman, *Philippians*, 249.
61. 예를 들어, 롬 12:7; 15:4; 16:17; 고전 14:31; 엡 4:14; 딤전 4:6; 딤후 3:14; 딛 1:9.
62. Fee, *Philippians*, 420. 예를 들어, 고전 11:23; 15:1–3; 살후 3:6을 보라.
63. 전치사 ἐν은 아마도 '…의 사례에서', 즉 '나의 모범으로부터'를 의미할 것이다. BDF 118; Robertson, *Grammar*, 587을 보라.
64. 롬 15:33; 16:20; 살전 5:23을 보라. 참고. 히 13:20.

리스도의 복음(롬 5:1)과 성령의 권능(14:17)을 통해 평강을 주셨다. 하나님을 위해 사는 것은 신자에게 평강을 가져다주고, 그들이 다른 사람들과 맺은 관계에 평강을 가져다준다(고전 7:15; 고후 13:11). 신자들이 하나님의 생각과 방법을 따라 생각하고 살면, 그들의 삶은 하나님이 창조하신 선한 패턴과 조화되는 삶을 살 것이다. 따라서 하나님과 올바른 관계를 유지하고 다른 사람들과 바른 관계를 맺는 것의 결과로 평강이 임한다(참고. 갈 6:16; 살전 5:23).

적용에서의 신학

1. 염려를 다루는 법, 하나님의 평강을 누리며 사는 법

오늘 오후 앉아서 글을 쓰면서 나는 특히 심한 스트레스를 느꼈다. 오늘 중에 (마감일이 다가온) 이 원고를 마무리 짓는 것, 깊은 염려와 우울증으로 괴로워하는 학생, 은퇴 자금(어제 하락한 주식장), 다음 주에 가르칠 수업, 지속적으로 연락하지 못한 불신자 친구, 신앙을 저버린 친구, 친척의 건강, 서둘러서 준비해야 할 특별 강의, 오는 주일에 할 설교, 팬데믹이 누그러져서 이번 여름에 우리 아이들이 밴쿠버에 올 수 있을지, 요즘 내가 담당하는 수업이 학생들에게 어떻게 받아들여지고 있는지, 신경 써서 봐야 할 증정책과 논문, 교수회에서 논의되고 있는 중요한 문제들, 아내와 내가 다가오는 안식년에 여행할 수 있을 것인지 등등을 생각했다. 이 문제들은 내 머리를 꽉 채우고 있는 고민의 일부일 뿐이고, 당신도 나름대로 많은 문제로 고민하고 있으리라 확신한다. 어떤 독자들에게 이런 걱정은 삶을 위협하는 치명적인 질병이나 재정의 위기, 관계 단절과 비교하면 웃음이 나올 정도로 가벼워 보일 것이다. 염려는 상대적이지만, 그 일들은 우리 눈앞에 놓인 현실로서 존재한다. 브리티시 컬럼비아의 아름다운 오후, 하나님을 신뢰하고 미래에 대해 희망을 품을 충분한 이유가 있는 날에도 염려가 나의 타운하우스 문을 끊임없이 요란하게 두드리거나, 한밤중에 집 주변을 돌면서 쉬익쉬익 소리를 내면서 내 마음의 창문을 긁는다.

나는 나를 성가시게 하는 이 해충들에게 문을 열어주고 싶은 유혹을 받는다. 어둡고 복잡한 이 세상에서 그 유혹은 수그러들지 않는 것 같다. 주식 시장의 급락, 상사와의 대립, 자녀의 건강에 관한 나쁜 소식은 우리의 마음을 분주하게 할 수 있다. 그것들이 지속적인 관심을 요구하기 때문에 우리는 염려를 해결해야 한다. 그렇지 않으면 그것들은 우리를 산만하게 만들고, 망가뜨리며, 심지어 죽일 수 있다.

폴 마틴(Paul Martin)은 『병든 마음』(*The Sickening Mind*)이라는 책에서 1990년대 초반 걸프전 동안 이라크가 이스라엘에 스커드 미사일을 발사해서 많은 민간인을 죽인 사건을 이야기한다. 그런데 많은 죽음은 예기치 않은 원인으로 일어났다. 전쟁 후 그 데이터를 연구한 이스라엘 과학자들은 사망자가 대부분 미사일 자체의 직접적인 물리적 폭력보다는 극단적인 스트레스와 염려로 인한 심장마비로 죽은 사실을 발견했다. 1991년 1월 17일, 전쟁이 발발하고 스커드 미사일 공격의 첫째 날 절정에 이르기 직전에 이스라엘 시민은 이라크가 생화학 무기를 사용할 것이라는 두려움에 사로잡혔다. 이스라엘 정부는 주민들에게 방독면과 아트로핀 주사기를 지급했고, 집에 밀폐된 방을 마련해두라고 지시했다. 이라크가 처음에 한 공격은 이스라엘이 두려워했던 것보다 훨씬 덜 치명적이었고, 사람들이 새로운 일상에 적응하면서 스트레스 수준은 거의 즉시 떨어졌다. 스트레스가 줄면서 사망자 수 역시 내려갔고, 다음 몇 주 동안 이어진 17발의 미사일 공격 내내 일반적인 사망률 수준을 유지했다. 그럼에도 이라크가 위협하는 초기 단계 동안 극심한 수준의 염려가 큰 피해를 입혔다.[65]

그리스도를 따르는 우리가 '일상적인' 생활의 스트레스를 다루든지 또는 중대한 삶의 위기를 다루든지, 심지어 전쟁의 위협을 다루든지 간에 빌립보서 4:4b–9은 우리에게 염려를 다루는 법을 배우라고 도전한다. 그 방법은 주로 하나님께 염려를 이야기하고, 우리의 생각을 조정하며, 인생을 잘 살아가는 다른 신자들의 모범을 따르고, 기뻐하는 것이다. 물론 우리 영혼에는 감정을 켜고 끄는 스위치가 없지만, 기도는 완전한 관점과 절대적 권능을 갖고 계시며 안전한 미래를 제공하시는 분의 발앞에 우리를 데려간다. 진짜 위협이든, 상상의 위협이든 삶이라는 환경은 위대한 현실 앞에 비추어보아야만 한다. 따라서 바울은 우리에게 염려에 직면해서 우리의 '구할 것을 감사함으로 하나님께 아뢰라'고 요청한다. 그는 우리에게 스트레스를 받을 때도 정결하고 옳으며 아름다운 생각을 하고, 우리보다 먼저 염려의 길을 걸어간 자들의 모범을 따르라고 권고한다. 그러므로 염려를 다루는 기본적인 규율은 마음에 여유의 공간을 남겨두고, 규칙적으로 하나님과 이야기하는 시간을 마련하며, 깊은 감사로 하나님께 간구하고, 성경을 규칙적으로 깊이 묵상하며(그것은 거룩하고 즐거운 것을 생각하도록 우리를 훈련한다), 우리를 위로하고 염려에서 벗어나게 하여 의심과 두려움의 구름 너머로 우리 마음을 들어올려줄 수 있는 멘토와 대화하는 것과 관계가 있다.

사랑하는 독자여, 당신이 현재 염려와 싸우고 있다면 오늘 시간을 내서 동네를 산책하거나 홀로 커피나 차를 마시면서 30분 정도 조용한 시간을 보내보라. 그리고 하나님 앞에 당신의 걱정과 요청 거리들을 내려놓고, 그분께 감사의 기도를 드리라. 하나님이 과거에 당신의 필요를 채워주신 것, 현재 당신의 필요를 채워주고 계신 것, 미래에 당신의 필요를 채워주실 것 등 크고 작은 모든 일에 감사하라. 말씀이 당신의 상처 입은 영혼 깊이 침투하도록 성경을 묵상하는 일에 많은 시간을 투자하라. 당신이 하늘의 관점과 소망을 발견하도록 도와줄 수 있는 친구를 찾아가라.

65. Paul R. Martin, *The Sickening Mind: Brain, Behaviour, Immunity and Disease* (New York: HarperCollins, 1997), 3–4.

2. 기독교와 이름다운 삶

빌립보서 4:4b–9에서, 특히 8절에서 본 것처럼 바울은 문화의 도덕적 감수성을 활용하여, 공통적으로 지니고 있는 미덕을 그리스도 중심적, 공동체 지향적 권고로 바꾼다. 이것은 바울이 '일반 은총'의 측면들, 이 경우에는 인간이 일반적으로 공유하는 도덕적 양심을 그의 신학적 틀로 엮어서 하나님 및 다른 신자들과 연결하는 것이다. 기독교 사상에서 복음의 진리는 사랑의 공동체 안에서 최고의 도덕적 기준을 실행하고, 하나님으로부터 오는 거룩함을 실행함으로써 언제나 실제 생활로 구체화되고 통합되었다. 진리와 도덕은 함께 간다. 이레나이우스(Irenaeus)는『사도적 설교』(*On the Apostolic Preaching*)에서 다음과 같이 쓴다.

> 몸을 더럽히고 악행을 저지른다면,
> 말로 진리를 아는 것이 무슨 소용이 있는가?
> 진리가 영혼 속에 없다면,
> 몸의 거룩함에서 정말로 무슨 유익이 생길 수 있는가?[66]

진리와 거룩함이 아름다움의 개념과 통합되는 것이 기독교 사상과 전통의 한 계통에서 특히 강력하다. 예를 들어, 아우구스티누스의『고백록』(*Confessions*)에 담겨 있는 진리, 도덕적 성찰, 아름다움, 기쁨의 상호 작용을 주목하라. 이 책에서 아우구스티누스는 중생하지 않은 그의 이전 자아와 관련하여 다음과 같이 하나님께 외친다.

> 그 책을 썼던 26살, 27살의 저는 이런 곤경에 처해 있었습니다. 물리적 세계의 바깥 소음으로 제 귀를 가득 채운 채, 당신의 내적 음악인 달콤한 진리를 들으려고 노력했습니다. 그러는 동안에도 물리적 세계에 대한 제 자신의 개념을 껴안고 있었습니다. 아름다움과 품위를 다루면서 저는 정신적으로 고양되고 당신의 음성을 들으려고 노력했으며 제 배우자가 부르는 소리에 기뻐했지만, 결국 저는 그 음성을 들을 수 없었습니다. 제 실수의 소음이 저를 제 자신 밖으로 끌어내고, 제 교만의 무게가 저를 자신 아래로 가라앉혔습니다. 거기에서 당신은 저에게 '참된 행복과 기쁨의 소식'을 들려주실 수 없었습니다. 제가 자신을 낮추지 못했기 때문에 제 뼈는 들어 올려질 수 없었습니다.[67]

이 수사학자는 '아름다움과 품위'에 끌렸을지라도, 그가 추구한 '내적 음악'을 들을 수 없었다. 그는 정신적으로 고양될 필요성을 느꼈지만, 그의 실수와 교만에 가로막혔다. 그는 직관

---

66. St. Irenaeus of Lyons, *On the Apostolic Preaching*, translated by John Behr (Crestwood, NY: St. Vladimir's Seminary Press, 1997), 40.

67. Augustine, *Confessions*, translated by Garry Wills, Penguin Classics (New York: Penguin, 2006), 78.

적으로 하나님께로 가까이 이끄는 과정, 즉 '행복과 기쁨'을 찾으려는 노력에 아름다움이 어느 정도 역할을 한다는 것을 알았지만, 부도덕이 뒤죽박죽 섞여 있었다.

기독교적 생활은 참되어야 한다. 참되다는 것은 올바르게 질서가 잡히고 아름답다는 것이다. 이 아름다움과 질서는 다양한 방식으로 나타난다. 즉, 염려를 일으키는 상황에서 기쁨, 친절, 평강을 드러내는 데서 그리고 명예, 정의, 순수함, 사랑스러움, 도덕성과 세상 사람들이 우리의 모습을 알아차리고 찬양하게 하는 일에서 나타난다. 따라서 우리가 21세기 교회에서 더욱 강조할 수 있는 것은 서로와 세상 앞에서 아름답게 사는 것이다. 왜냐하면 그것이 그리스도의 진리를 세상에 알리는 일의 좋은 출발점이기 때문이다.

12 CHAPTER

빌립보서 4:10–20

문학적 전후 문맥

이 책 전반에 걸쳐 지적했듯이 빌립보서의 주요 본문은 특별히 연합이라는 주제에 초점을 맞추고 있다. 바울은 권고에 일련의 모범들을 섞어서 서신을 쓴다(1:27–4:4a). 본문 끝(4:4b–9)에는 올바른 사고와 올바른 생활 방식을 중심으로 다루는 일련의 권고가 나오고, 이것들은 다시 교회에 타당하고 고귀하며 옳고 정결하며 사랑받을 만한 것(칭찬받을 수 있는 미덕들)을 좇으면서 사도의 사역을 본받으라고 요청함으로 정점에 이른다. 중심 부분을 마무리 짓고 나서 바울은 이제 빌립보서를 끝낸다(4:10–23). 바울은 4:10–20에서 1:3–11의 언어를 상기시키는 표현을 사용하여[1] 빌립보 교인이 자신과 동역한 일을 칭찬하고 그들이 관대하게 자원을 선물해 준 것에 초점을 맞춘다. 그런데 사도는 다시 당대의 문화적 가정을 전복하는 방식으로 그렇게 한다. 그는 후원자와 피보호자의 호혜성의 요구보다, 하나님을 지향하는 동반자 관계의 신학을 주의 깊게 서술한다. 이와 같이 4:10–20에서 사도는 다시 빌립보 교인과 자신의 관계에 초점을 맞추고, 그들이 최근에 자신의 필요를 채우기 위해 헌금한 일을 다룬다. 마지막으로, 당시 문화의 서신 형태에서 예상되는 패턴을 따라서 4:21–23의 추신에는 인사말과 끝맺는 축복이 나온다.

1. 빌립보서의 통일성과 구조에 대해 '빌립보서 서론'에서 지적한 대로, Gerald Peterman은 지금 살펴보는 이 단락이 1:3–11과 광범위한 언어적, 개념적 평행을 이루고 있음을 입증했다. 따라서 빌립보서 전체는 사도와 빌립보인들의 관계의 특정한 측면을 반영한 내용으로 구성되어 있다. 그 논의에 대해 '빌립보서 서론' 56–58쪽을 보라. Peterman, *Paul's Gift from Philippi*, 91–92를 보라.

주요 개념

바울은 다양한 상황에서 만족하는 법을 배웠다. 하지만 그는 빌립보 교인이 하나님의 일에 함께 참여하면서 그의 사역을 재정적으로 후원해준 것에 깊이 감사한다.

번역

빌립보서 4:10-20

10a	증언	**내가…기뻐함은**
b	관계	주 안에서
c	태도	크게
d	원인	너희가…이제 다시 싹이 남이니
e	이점	나를
f	사건	생각하던 것이
g	명료화	너희가 또한 이를 위하여 생각은 하였으나 기회가 없었느니라
11a	원인	내가 궁핍하므로
b	명료화	말하는 것이 아니니라
c	형편	어떠한 형편에든지
d	주장	**나는 자족하기를 배웠노니**
12a	주장/내용	**나는** 비천에 처할 줄도 **알고**
b	대조	풍부에 처할 줄도 알아
c	상황/정도	모든 일

d	형편	곧 배부름과
e	대조	배고픔과
f	형편	풍부와
g	대조	궁핍에도
h	주장	**처할 줄 아는 일체의 비결을 배웠노라**
13a	매개	내게 능력 주시는 자 안에서
b	주장	**내가 모든 것을 할 수 있느니라**
14a		그러나
b	상황	너희가 내 괴로움에
c	연관	함께
d	수단	참여하였으니
e	주장	**잘 하였도다**
15a	주장	빌립보 사람들아 **너희도 알거니와**
b	내용/시간	복음의 시초에
c	시간	내가 마게도냐를 떠날 때에
d	관련	주고 받는
e	연관	내 일에
f	예외	참여한 교회가…아무도 없었느니라
g	주장	너희 외에
16a	확대/내용	
b	시간	데살로니가에 있을 때에도
c	정도	너희가 한 번뿐 아니라 두 번이나
d	도착지	나의
e	목적	쓸 것을
f	행동	보내었도다
17a	통고	**내가 선물을 구함이 아니요**
b	대안	오직
c		너희에게 유익하도록
d		**풍성한 열매를 구함이라**
18a	보고	**내게는 모든 것이 있고**
b		또
c	평가	**풍부한지라**
d	원인	에바브로디도 편에 너희가 준 것을 받으므로
e	반복	**내가 풍족하니**

f	묘사	이는 받으실 만한
g	재진술	향기로운 제물이요
h	결과	하나님을 기쁘시게 한 것이라
19a	확언	**나의 하나님이…너희 모든 쓸 것을 채우시리라**
b	관계	그리스도 예수 안에서
c	묘사	영광 가운데
d	일치	그 풍성한 대로
20a	수혜자	하나님 곧 우리 아버지께
b	지속	세세 무궁하도록
c	축도	**영광을 돌릴지어다** 아멘

구조

이 단위에서는 바울의 개인적인 성찰 혹은 주장이 제시되며, "내가…기뻐함은", "나는 자족하기를 배웠노니", "나는…알고" 등 1인칭 단수 표현이 두드러지게 사용된다(4:10-13, 17-18). 이런 개인적 성찰은 "너희가…잘하였도다", "너희도 알거니와"(14-16절) 등과 같이 빌립보 교인을 언급하는 말로 잠시 중단된다. 이 단위는 마지막 두 절에서 바울, 빌립보 교인, 하나님이 언급되며 끝난다. "나의 하나님이…너희 모든 쓸 것을 채우시리라", "하나님 곧 우리 아버지께…영광을 돌릴지어다"(19-20절). 형식의 면에서 볼 때, 이런 성찰들은 바울이 빌립보서의 끝을 향해 이동하는 과정에서 예상되는 내용이다. 그런데 이 성찰들은 특별히 세 개의 관계에 대한 바울의 신학적 확신에 기반을 두고 있다. 바울은 하나님의 사도인 자신, 하나님이 자원으로서 보내주신 동료 청지기인 빌립보 교인, 모든 선한 선물을 주시며 그분의 백성을 통해 위대한 복음을 전진시키시는 하나님이라는 세 주체 간의 관계를 말한다.[2]

석의적 개요

➡ **A. 빌립보 교인들의 선물과 동반자 사역**(4:10-20)

1. 빌립보 교인들이 준 선물에 대한 바울의 기쁨(10절)

2. 바울의 자족하는 삶(11-13절)

2. 이것에 대해, 특히 Briones, "Paul's Intentional 'Thankless Thanks' in Philippians 4.10-20," 62-64를 보라.

a. 이것은 나의 필요를 말하는 것이 아니다! 나는 자족한다!(11절)
b. 다양한 형편(12절)
c. 자족의 고백(13절)

3. 바울과 동역하는 빌립보 교인들(14–20절)

a. 잘하였도다!(14절)
b. 빌립보 교인들이 이전에 한 후원(15–16절)
c. 바울의 동기: 그들의 유익(17절)
d. 선물에 대한 바울의 찬양(18절)
e. 빌립보 교인에 대한 확언: 하나님이 너희의 필요를 채우실 것이다(19절)
f. 주는 행위의 목표: 하나님 아버지께 영광을(20절)

본문 설명

4:10–11 내가 주 안에서 크게 기뻐함은 너희가 나를 생각하던 것이 이제 다시 싹이 남이니 너희가 또한 이를 위하여 생각은 하였으나 기회가 없었느니라 내가 궁핍하므로 말하는 것이 아니니라 어떠한 형편에든지 나는 자족하기를 배웠노니(Ἐχάρην δὲ ἐν κυρίῳ μεγάλως ὅτι ἤδη ποτὲ ἀνεθάλετε τὸ ὑπὲρ ἐμοῦ φρονεῖν, ἐφ᾽ ᾧ καὶ ἐφρονεῖτε, ἠκαιρεῖσθε δέ. 11 οὐχ ὅτι καθ᾽ ὑστέρησιν λέγω, ἐγὼ γὰρ ἔμαθον ἐν οἷς εἰμι αὐτάρκης εἶναι). 이 단위의 처음 두 절에서 바울은 빌립보 교인이 자신의 사역을 재정적으로 후원한 일을 언급하면서 기쁨(빌립보서의 일관된 주제)을 표현한다. 또한 사도는 "궁핍"으로 인해 절망적인 상황에 내몰리지는 않았다고 언급함으로써 그의 칭송에 단서를 덧붙인다. 오히려 사도는 그의 처지에서 "자족"하며 산다. 이는 하나님의 충분성에 근거를 둔 적절함이다. 이 주제가 이 단위를 크게 형성한다.

이 본문은 앞에 나온 내용을 접속사 δέ로 연결하는데, 그것은 담화에서 발전을 표시한다.[3] 이 경우에, 바울은 4:4b–9에 나오는 일련의 권고에서 빌립보 교인에게 재정적 후원 및 청지기 직무에 대한 하나님의 기쁨을 직접 말하는 것으로 이동한다. 사도의 관점에는 그 상황에서 누리는 순전한 기쁨("내가…기뻐함은", ἐχάρην)이 포함되어 있고, 빌립보서의 마지막 단계로 이동함에 따라 이 중요한 주제가 반복된다.[4] 동사 '기뻐하다'(χαίρω)는 여기에서처럼 행복이나 안녕의 상태를 표현할 수 있다. 그 선물은 바울 안에 기쁨을 용솟음치게 했다. 그는 자신의 기쁨을 세 가지 방식으로 묘사한다.

첫째, 그의 기쁨은 "주 안에서"(ἐν κυρίῳ) 이루어졌다. 바울은 이미 빌립보서에서 이 강력한 문구를 8번 사용했고(빌 1:14; 2:19, 24, 29; 3:1; 4:1–2, 4), '그리스도 안에서'라는 주제를 표현하는 관련 문구는 빌립보서에서 12번 더 나타난다.[5] 콘스탄틴 캠벨이 언급한 대로, 이 모티브는 복잡하지만 일반적으로 강력한 관계적 의미를 함축

3. Runge, *Discourse Grammar*, 31–36.
4. 빌 1:18; 1:25; 2:2; 2:17–18, 28–29; 3:1; 4:4을 보라. 앞서 언급한 대로, 기쁨이라는 모티브는 빌립보서에서 구조적 역할을 하면서 중요한 이음매 혹은 전환점을 표시한다. 성경 문헌 및 빌립보서에 나오는 기쁨의 주제에 대해 '빌립보서 서론'(56–58쪽)과 1:4에 대한 설명을 보라.
5. 빌 1:1, 13, 26; 2:1, 5; 3:3, 9, 14; 4:7, 19, 21을 보라.

하고 있다.[6] 바울은 4:10에서 "주 안에서"(ἐν κυρίῳ)라는 표현을 사용하여 그의 말을 그리스도 중심적인 관계적 연결망에 고정한다. 바울은 주를 위해 선교 활동을 한다. 빌립보 교인은 사도의 필요를 채우는 일을 후원함으로써 그 선교에 참여해왔는데(4:10; 1:5을 보라; 참고. 고후 8:1-5), 그것은 하나님을 기쁘시게 한다. 또 하나님은 빌립보 교인의 필요를 채우실 것이다(빌 4:19). 이 모든 것이 하나님께 영광을 돌리게 하며(20절), 바울과 그의 선교와 빌립보 교인 그리고 그들이 그 선교에 참여하는 것이 "주 안에서" 진행되고 있음을 나타낸다.

둘째, 기쁨에 대한 바울의 경험은 "크게"(μεγάλως)로 번역된 부사가 나타내는 것처럼 풍성했다. 이 용어는 신약에서 여기에만 나오지만, 칠십인역에 나오는 20번 중 일부가 사람의 감사나 기쁨의 정도를 강조하는 데 사용된다는 것은 흥미롭다. 예를 들어, 다윗 왕은 백성이 성전 건축을 위해 드린 예물로 심히 기뻐했다.[7] 따라서 기쁨에 대한 바울의 표현에는 강력한 성경적 선례가 있다.

셋째, 빌립보 교인들이 바울의 상황에 다시 관심을 품게 된 것이 바울이 기뻐하는 이유(ὅτι)[8]였다. "너희가 나를 생각하던 것이 이제 다시 싹이 남이니"(ὅτι ἤδη ποτὲ ἀνεθάλετε τὸ ὑπὲρ ἐμοῦ φρονεῖν). 그들이 "다시"(ἤδη ποτέ) 주었다는 것은 빌립보인들이 전에 바울의 선교를 후원했음을 가리킨다. 여기에서 사용된 것처럼, 이 문구는 빌립보 교인이 전에 선교 후원에 대해 지녔던 열정이 다시 살아남을 뜻한다.[9] 그들은 이제 "다시"(찬성 의견으로, NLT) 사도의 필요를 신중하게 생각하고 있다. 우리는 마치 바울이 더 빨리 후원하지 못했다고 교회를 꾸짖으며 거친 어조로 말한다고 받아들여서는 안 된다.[10] 다음에 나오는 말은 사도가 그들의 참여를 진심으로 칭찬하고, 그들의 도움에 대해 하나님께 감사하는 것을 분명히 밝힌다.[11]

바울은 빌립보 교인이 그를 "생각하던 것이"(τὸ ὑπὲρ ἐμοῦ φρονεῖν) "다시 싹이 남이니"(ἀνεθάλετε)라고 말하면서 그들을 칭찬한다.[12] 고대 문헌에서 "다시 싹이 남이니"(ἀναθάλλω)로 번역된 단어는 종종 다시 식물이 "싹트는" 혹은 "꽃이 피는" 원예 단어 그림을 나타냈다.[13] 우리는 이때 매년 봄마다 오랫동안 척박해 있던 땅의 딱딱한 표면을 뚫고 나와 세상에 아름다움을 선물하는 구근 식물을 떠올릴 수 있다. 이 이미지는 과거에 일어난 어떤 것의 갱신과 관계가 있다. 이 경우에 바울의 상황에 대한 빌립보인들의 신중한 생각을 말한다. 따라서 나는 이 동사를 '새롭게 하다'(renewed)로 번역하는 것을 선호한다.

빌립보서 전체에 걸쳐, 바울은 동사 φρονέω를 되풀이해서 사용한다. 이 본문에서 두 번 쓰였고, 첫 번째 경우는 "생각하던 것"으로 번역되었다(빌 1:7; 2:2, 5; 3:15, 19; 4:2). 앞에서 언급한 것처럼 이 단어는 "생각하다", "의견을 지니다", "열중하다", 어떤 것을 "신중히 생각하다"를 포함하는 의미론적 범위가 있다.[14] 10절에서 그 의미는 궁핍한 친구를 향한 애정을 나타낸다. 예를

6. 이 주제의 뉘앙스를 요약한 것으로 Campbell, *Paul and Union with Christ*, 420을 보라.
7. 대상 29:9을 보라. 참고. 느 12:43; 2 Macc 1:11; 15:27; 1 Esd 9:54; 3 Macc 4:16.
8. 하지만 Fee가 지적한 대로, 여기에서 ὅτι의 용법은 모호하다. 이것은 내용절이 될 수도 있다(Fee, *Philippians*, 428-29).
9. 찬성 의견으로 BDAG 434; Hellerman, *Philippians*, 255.
10. 성경 문헌에서 ἤδη ποτέ 조합은 오직 여기와 롬 1:10에 나타나고, 대부분의 번역본은 그것을 '이제 마침내'로 번역한다. 하지만 바울이 일이 지체된 것 때문에 화가 난 것으로 해석해서는 안 된다. 오히려 그는 그들이 다시 참여하게 된 것을 칭송한다.
11. 찬성 의견으로 Fee, *Philippians*, 429.
12. 중성 단수 목적격 관사는 동사 ἀναθάλλω의 목적어로서 부정사 구문을 나타낸다.
13. BDAG 63.
14. BDAG 1065-66. 거의 보편적으로 영어 번역본들은 여기에서 이 동사를 빌립보인들이 바울에 대해 '우려하는'(being concerned) 것과 관계된 단어로 번역했다(찬성 의견으로 NASB, NRSV, ESV, CSB, NET, NIV, NLT). 하지만 이 의미는 빌립보서에 여러 차례 쓰이는 이 동사의 많은 용례 중 전례가 없고, 다른 곳에서도 일반적인 해석이 아니다. 따라서 그 동사를 더 일반적인 의미로 번역하는 것이 더 낫다고 생각한다.

들어, 우리는 "당신이 처한 상황에 대해 생각을 좀 해봅시다"라고 말한다. 빌립보 교회는 바울을 위해 무엇을 해야 할지 신중히 생각했다.[15] 그래서 나는 10절의 첫 부분을 이렇게 번역했다. '내가 주 안에서 크게 기뻐함은 너희가 나를 위해 무엇을 해야 할지를 다시 주의 깊게 생각하는 것을 새롭게 했기 때문이다'(now I rejoiced in the Lord greatly because once again you renewed giving careful thought to what might be done for me).

하지만 후원이 지체된 것을 자신이 비판적으로 여길 것이라 일부 사람이 오해할 수 있음을 예상한 바울은 추가로 진술한다. "너희가 또한 이를 위하여 생각은 하였으나 기회가 없었느니라"(ἐφ' ᾧ καὶ ἐφρονεῖτε, ἠκαιρεῖσθε δέ).[16] 이 경우에 사도는 그들이 전에 가졌던 관심을 인정하면서 그의 진술을 명료하게 한다("이를 위하여", 즉 내가 방금 말한 것과 관련하여). 접속사(καί)는 부가적인 것으로 보이고("또한"), 앞의 진술에 대한 단서를 소개하는 기능을 한다.

마지막으로, "생각은 하였으나"(φρονέω)라는 바울의 언급은 빌립보 교인이 그의 상황에 줄곧 관심을 가졌다는 점을 인정한다. 그렇다면 빌립보 교회가 단순히 '생각'을 하다가 사려 깊은 행동을 하게 된 이유는 무엇인가? 전에 그들은 "기회가 없었[다]"(ἠκαιρεῖσθε). 신약 여기에만 나타나는 이 동사(ἀκαιρέομαι)는 어떤 것을 해낼 수 있는 좋은 시간이나 때가 없다는 뜻을 전한다. 이 용어는 전에 빌립보 교인이 처한 상황을 묘사하지만, 분명히 환경이 변화되었고 이제 빌립보 교회는 바울의 필요를 해결할 수 있는 기회를 맞았다.

11절에는 또 다른 단서가 나온다. "내가 궁핍하므로 말하는 것이 아니니라"(οὐχ ὅτι καθ' ὑστέρησιν λέγω). "궁핍"(ὑστέρησις)이라는 용어는 박탈의 개념('필요, 부족, 가난')을 나타내며, 신약에서 여기와 마가복음 12:44에서만 발견된다. 마가복음에서 예수님은 "가난한 중에서" 성전 헌금함에 돈을 넣은 가난한 여인에 대해 말씀하신다. 바울은 그가 특별한 이유로 빌립보 교인의 재정적 후원의 주제를 꺼내는 점 그리고 자신의 "궁핍"이 그 이유 중 하나가 아니라는 점을 분명히 한다. 바울의 기쁨은 배가 부르고 머리 위에 지붕이 있어야 생기는 것이 아니다.

실제로 바울은 자족한다. "어떠한 형편에든지 나는 자족하기를 배웠노니"(ἐγὼ γὰρ ἔμαθον ἐν οἷς εἰμι αὐτάρκης εἶναι). 다양한 사역 환경[그중 많은 환경이 큰 어려움과 관련되어 있었다(참고. 고후 11:24-33)]을 통해 그리스도를 섬기면서 사도는 자족하는 비결을 배웠다. '배우다'(μανθάνω)라는 동사는 교육을 통해 어떤 것을 배우거나 경험을 통해 어떤 것을 알게 되는 것을 함축할 수 있다. 여기에서 이 동사는 아마도 사람이 일상생활 속에서 경험을 통해 배우는 후자의 뉘앙스를 전하는 것으로 보이고,[17] 바울은 그 배움의 과정을 전체로서 언급한다. 어쨌든 바울은 그가 겪은 경험을 자족하는 배경으로 묘사한다. "어떠한 형편에든지"(ἐν οἷς εἰμι).[18] 어떤 의미에서, 바울의 형편은 자족을 배우는 '교실'이기도 했고, 그가 그 자족을 삶으로 드러내는 배경이었다.

종종 "자족"(αὐτάρκης)[19]으로 번역되는 형용사는 자족이나 자급자족을 표현한다. 몇몇 사람은 견유학파

---

15. 전치사 ὑπέρ+소유격은 거의 언제나 바울의 저작에서 다른 어떤 사람을 '위해' 실행된 일을 말하는 데 사용된다. 예를 들어, 롬 5:8; 8:31-32, 34; 15:30; 고후 1:11; 5:12, 21; 7:7, 12; 갈 2:20; 3:13; 엡 5:2; 6:19; 살전 5:10; 딛 2:14을 보라. 하지만 1:7의 용법은 4:10과 구조적 평행을 형성한다. 또한 거기에서 그 용례는 생각의 내용 측면에서 사용된 것 같다. 즉, "너희에 대해."

16. 전치사 구 ἐφ' ᾧ는 난해한 구문인데, 그것에 앞서는 부정사 절에서 흘러나오는 것으로 해석될 수 있다.

17. BDAG 615.

18. 문자적으로 '내가 있는 곳에서'(in which I am).

19. 이것은 또 다른 하팍스(*hapax*)로 신약에서 오직 여기에서만 발견된다. 동족 명사 αὐταρκεία는 고후 9:8과 딤전 6:6에 나타나는데, 둘 다 '너희가 필요한 것을 얻다'라는 의미다.

와 스토아학파에서 이 단어의 배경을 찾지만, 피는 바울 당시에 이 단어가 "자족"의 의미로 흔히 사용되었다고 지적한다.[20] 예를 들어, 로마에 살면서 네로 황제의 고문으로 활동했던 스토아학파 철학자 세네카는 바울이 빌립보서를 쓰기 바로 몇 년 전에 다음과 같이 썼다. "행복한 사람은 그것이 무엇이든 자신의 현재의 운명에 만족하며, 자신의 형편을 받아들인다"(*Vit. beat.* 6.2). 이것이 사람이 삶에 필요한 것을 가지고 있음을 받아들이는 자족이다. '충분히' 가지고 있다는 것이다.[21] '충분한' 혹은 '자급자족할 수 있는'이라는 의미로 이 단어를 일관되게 사용하는 요세푸스[22]가 쓴 인상적인 구절에서 그는 다음과 같이 언급한다. "첫 번째 명령은 하나님에 관한 것이며, 하나님이 만물을 포함하고 계시고, 모든 점에서 완전하시고 행복하시며, 자급자족하시고(αὐτάρκης), 다른 모든 존재에게 공급하시는 존재이시며, 만물의 처음과 중간과 끝이시라고 확언한다"[*Ag. Ap.* 2.190(Whiston)]. 참으로 자급자족하시는 분이자 다른 모든 존재를 돌보시는 분이신 하나님에 대한 이 생각이 바울의 자족의 개념에 대한 이해 아래 깔려 있다. 그것은 사도가 자급자족할 수 있다는 말이 아니다. 오히려 바울은 '하나님으로 충분하다.' 따라서 어떠한 형편에든지 자족할 수 있다. 그것이 바울이 언제나 "나는 충분하다"라고 말할 수 있는 이유다.

우리의 문맥에서 매우 중요한 것으로 "궁핍"(ὑστέρησις)이라는 용어는 그리스 로마 세계의 후견자-피보호자 관계에서 의무를 수반하는 상황에서 사용될 수 있었다. 그 당시 문화 가치 체계의 관점에서 빌립보 교인이 개인적 필요를 채워준 것과 그 일로 인해 그들에게 감사한다는 바울의 언급은 그들의 피보호자로서 그들에 대한 자신의 의무를 인정하고 있는 것이다. 그리고 그들에게 보답할 것이라고 넌지시 말하고 있는 것이다. 하지만 바울은 이 관계적 역학을 다르게 이해한다. 그의 이해는 그리스도를 따르는 것으로 말미암아 형성되었고, 당대 문화와 대조된다. 바울은 능숙하게 하나님께 주의를 돌리면서, 궁극적으로 하나님이 자신의 피보호자(하나님의 선교의 동반자로서 바울과 빌립보 교인을 포함)의 모든 필요를 충족시키실 후견자가 되심을 강조한다(4:13, 18-20).[23] 따라서 바울과 빌립보 교인은 하나님에 대한 의무 아래 있다. 문화적 배경의 관점에서 이것은 바울이 여기에서 자세한 설명을 하는 이유와, 그가 빌립보인들의 선물에 대해 그들에게 명시적으로 감사하지 않는 이유가 된다. 그들은 그 선물의 궁극적인 근원이 아니었다.[24]

우정에 대한 그리스 로마의 관습은 우리가 이 본문에서 보는 "궁핍"과 "자족"을 이해하는 데 도움을 줄 수 있다. 당시의 문화적 상황에서 한쪽이 다른 한쪽의 필요를 채워주는 우정은 동등한 사람들 사이의 우정보

---

20. 특히 Fee의 논평을 보라(Fee, *Philippians*, 431-32). 그 용법은 LXX, 예를 들어 잠 30:8; Sir 5:1; 11:24; 31:28; 40:18; 4 Macc 9:9에서 충족 또는 자급자족을 강조한다. Josephus는 이 용어를 주로 "충족"이라는 의미로 사용하지만, 그는 *Ag. Ap.* 2.291에서 다음과 같이 "자족하는" 의로운 사람이라는 의미로 사용한다. "그들은 불의에 대한 적이다. 그들은 의를 소중히 다룬다. 그들은 게으르고 돈이 많이 드는 생활을 제거하며, 사람들에게 그들이 가진 것에 만족할 것과 그들의 소명에 최선을 다할 것을 가르친다."

21. 여기에서 그 의미는 Sir 11:24에서 경고하는 자만의 자세와 매우 다른 정서를 전달한다. "'나는 충분히(αὐτάρκη) 가지고 있다, 그러니 내가 지금부터 무슨 곤란을 당하겠는가?'라고 말하지 말라"(NETS). 바울의 이 용법은 그가 현재 비축하는 것이 근심 걱정이 없는 미래를 보장한다고 추정하는 주제넘은 자세와 상관없다. 오히려 바울은 그 순간의 필요에 대한 하나님의 공급하심을 증언한다.

22. *Ant.* 2.220, 259; 4.259-60; 12.152; 15.91, 334; 16.117; *J.W.* 1.215; 7.307; *Ag. Ap.* 1.247; 2.190. 이 단어를 46번 사용하는 Philo도 마찬가지다. 예를 들어, *Creation* 146; *Alleg. Interp.* 3.163, 165, 198; *Cherubim* 46; *Posterity* 49.

23. 찬성 의견으로 Reed, *Discourse Analysis*, 295; Hellerman, *Philippians*, 257; Fee, *Philippians*, 444; Reumann, *Philippians*, 705.

24. 오늘날 우리가 어떻게 해서든 우리의 필요를 채워준 사람들에게 감사할 필요가 없다는 말이 아니다. 바울은 그 시대의 관습 안에서 말하고 있고, 그 관습에는 사회의 가진 자와 못 가진 자 사이에 강력한 행동 원리가 있었다.

다 못한 것으로 여겨졌다. 그들은 자신이 처한 상황에서 '자급자족'하거나 '자족'했다(예를 들어, Cicero, *Amic.* 14:51).[25] 다시 말해, 참된 친구 사이에는 한 사람이 다른 사람에게 도움을 호소하는 행위의 사회적 압력이 존재하지 않는다. 바울은 빌립보서 4:10-20에서 '충족함'을 주장함으로써 빌립보 교인을 후견자나 피보호자보다는 참된 친구로 대한다. 동시에 그는 빌립보 교인이 그리스도의 대의 안에서 동역자 됨을 인정한다. 다시 말하지만, 바울은 하나님 나라를 지향하는 것을 드러냄으로써 광범위한 그리스 로마 문화와 다른 입장을 취한다. 하나님 나라에서 바울과 빌립보 교인은 공동 후견자이신 하나님을 공유한다. 앞에서 언급한 대로, 바울과 빌립보 교인이 누리는 깊은 우정의 유대는 그들이 하나님 나라의 일을 함께 하는 데서 비롯된다. 그들의 관계는 빌립보 교인이 바울의 선교에 자원을 제공하는 것도 포함한다. 하지만 그 자원은 궁극적으로 하나님의 것이기 때문에 바울과 빌립보 교인은 그리스도의 주 되심 아래 살며 의무를 다해야 한다. 그리고 하나님의 자원은 모든 백성의 필요를 채우기에 충분하다.

4:12-13 나는 비천에 처할 줄도 알고 풍부에 처할 줄도 알아 모든 일 곧 배부름과 배고픔과 풍부와 궁핍에도 처할 줄 아는 일체의 비결을 배웠노라 내게 능력 주시는 자 안에서 내가 모든 것을 할 수 있느니라(οἶδα καὶ ταπεινοῦσθαι, οἶδα καὶ περισσεύειν· ἐν παντὶ καὶ ἐν πᾶσιν μεμύημαι, καὶ χορτάζεσθαι καὶ πεινᾶν καὶ περισσεύειν καὶ ὑστερεῖσθαι· 13 πάντα ἰσχύω ἐν τῷ ἐνδυναμοῦντί με). 바울은 매우 다양한 사역 환경 속에서 자족을 배웠다. 이제 일련의 대조를 통해 바울은 그가 경험한 상황의 유형을 더 구체적으로 설명한다. 바울은 이것들을 세 쌍으로 제시하는데, 그중 두 번째와 세 번째 쌍은 첫 번째 쌍의 묘사를 보완하고 도치시킨다.[26]

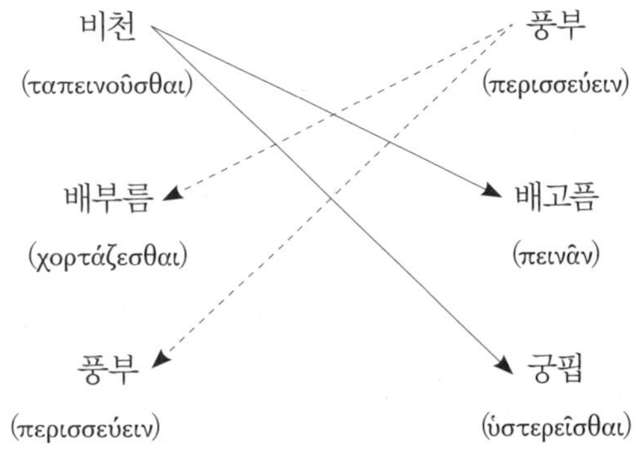

바울의 요점은 자족이 그가 삶과 사역에서 겪은 다양한 경험을 아우른다는 것을 보여주는 것이다. 그래서 외견상 반대되는 상황들도 하나님의 충분성에 포함된다. 자족은 '환경에 좌우'되지 않고 삶과 사역의 다양한 경험을 초월할 수 있다. 바울은 하나님이 충분히 공급하신다는 것을 몸소 배웠기 때문에(11절), 이런 매우 다양한 상황에서 사는 법을 '안다'(οἶδα).[27] 현재의 문맥에서 이 동사는 정보의 소유보다 어떤 것을 할 수 있는 것과 더 관계가 있다. 물론 경험과 지식은 서로 밀접하게 관련되어 있다.

그래서 첫째, 사도는 '풍부에 처해'(περισσεύειν) 사는 법뿐만 아니라 '비천에 처해'(ταπεινοῦσθαι) 사는 법도 안다. 바울은 계속해서 이런 대조적인 상황에 직면한다. "비천"(ταπεινόω)의 개념을 전달하는 이 동사는 이미 빌

25. Hellerman, *Philippians*, 256; Hansen, *Philippians*, 311; 같은 저자, "Transformation of Relationships: Partnership, Citizenship, and Friendship in Philippi," in *New Testament Greek and Exegesis: Essays in Honor of Gerald F. Hawthorne*, ed. Amy Donaldson and Timothy B. Sailors (Grand Rapids: Eerdmans, 2003), 201.

26. 바울은 Denniston이 상응적 καί…καί 구문이라고 부른 일련의 표현들로 각 쌍을 함께 잇는다. 그런 구문에서 종종 '둘 다'(both)로 번역되는 첫 번째 καί는 그 생각에 덧붙여지는 두 번째 항목을 예상한다. 두 번째 καί는 보통 연결사로('그리고'), 그 쌍의 두 번째 요소를 소개한다. Denniston and Dover, *Greek Particles*, 323-25를 보라.

27. 바울은 첫 번째 대조 쌍에서 각각을 동등하게 강조하기 위해 각각의 부정사 앞에 "나는…알고"(οἶδα)를 포함시킨다. 동사 οἶδα는 두 번째와 세 번째 대조의 쌍에 생략되어 있는 것으로 감안해서 이해할 수 있다.

립보서 2:8에 나타난 바 있는데, 거기에서 바울은 그리스도가 죽기까지 순종의 길을 따름으로써 '자기를 낮추셨다'고 선포한다. 이 동사는 물리적 위치 면에서 '낮은' 곳에 있는 것을 함축하지만(예를 들어, 눅 3:5), 그것은 (사회적 위신이나 영예가 상승하는 것과 반대로) 미천한 지위나 빌립보서 2:8에서 본 대로 낮추는 것을 의미하는 경우가 더 많다. 현재 부정사는 중간태보다 수동태로서, 바울의 비천한 형편이 그에게 강요되었음을 암시하는 것일 수 있다. 그럼에도 바울은 그런 형편을 십자가(고대 세계에서 가장 수치스러운 죽음의 형태 중 하나)의 '수치'를 받아들이셨던 예수님의 길을 따르는 것으로 받아들였다.[28] 이와 같이 제자의 길은 비천한 형편의 하나가 될 수 있었고, 바울은 그런 상황에서 사는 법을 배웠다.

바울은 이 동사(ταπεινόω)를 현재 본문 외에 고린도후서 11:7과 12:21에서만 사용하는데, 둘 다 그의 기독교 전파 사역에 대해 말한다.[29] 바울은 자신의 손으로 일함으로써 자신을 '낮추었고'(고후 11:7), 다시 고린도로 돌아갔을 때 고린도인들의 행실로 인해 하나님 앞에서 그가 낮아질 것을 염려했다(12:21). 빌립보서 4:12에서 그 동사의 용법은 경제적 궁핍으로만 제한해서는 안 되지만,[30] 뒤따라 나오는 서술적 쌍들이 나타내는 것처럼 이 문맥은 분명히 삶을 위한 기본 자원이 부족하다는 의미를 내포한다.

마찬가지로, 바울은 "풍부에 처할 줄도"(περισσεύειν)라고 번역된 동사를 사용해서 풍부한 것 또는 어떤 것을 풍부하게 갖는 것에 대해 말한다. 이 용어는 보통 경제적 번영을 말하지 않는다.[31] 오직 4:12과 4:18에서만 이 용어는 풍부한 자원을 소유한 상태를 말하는 것처럼 보이는데, 문화적 상황에서 그것은 수치스러운 지위와 대조되는 '높은 지위'를 나타내는 표지가 되었을 것이다. 경제적 번영은 종종 공적 지위와 영예의 수단이었다. 이와 대조적으로, '궁핍하다'(ὑστερεῖσθαι) 또는 '없이 지내다'라는 표현은 수치스러운 상태를 의미했다. 바울은 사역의 일반적인 과정에서 최고로 풍족한 상태와 궁핍한 상태를 둘 다 경험했다. 하지만 그의 참된 후견자가 되시는 하나님과 함께 바울은 자족했다. 즉, 그는 풍요롭다고 기뻐하지 않았고, 부족하다고 수치스러워하지 않았다. 두 상태 모두 하나님의 사람으로서 사명을 수행하는 삶의 일부였다.

바울이 받은 자족의 훈련 과정은 '모든 상황'(ἐν παντὶ καὶ ἐν πᾶσιν), 즉 다양하고 포괄적인 형편과 관련되어 있었다. 고대 세계에서 "비결을 배웠노라"(μεμύημαι)로 번역된 단어는 보통 입회식과 관계가 있었다. 예를 들어, 마카비 3서 2:30에 나온 것처럼,[32] 프톨레마이오스 4세의 통치 아래서 알렉산드리아의 유대인들은 디오니소스 숭배 의식의 입회식에 참여하여 박해를 피할 기회를 얻었다. 하지만 여기에서 바울은 이 용어를 은유적으로 사용하고, 그의 동시대인이었던 필론과 매우 비슷하게 사용한다. 필론은 이 단어를 사용해서 하나님의 길을 따르며 얻은 교훈을 말한다.[33] 바울은 "배부름과 배고픔과 풍부와 궁핍에도 처할 줄 아는(καὶ χορτάζεσθαι καὶ πεινᾶν καὶ περισσεύειν καὶ ὑστερεῖσθαι) 일체의 비결을 배웠[다]." 바울 서신에서 오직 여기에서만 사용되는 또 다른 단어인 "배부름"(χορτάζω)은 음식으로 "가득 차" 있는 것을 말하지만, 만족이라는 뜻도 담고 있다.[34] 다른 한편으로, "배고픔"(πεινάω)으로 번역된 동사는 은유적

---

28. 2:8에 대한 설명에서 언급한 것처럼, 사 53:4, 7-8은 아마도 빌립보서 2장에 나오는 찬송가의 배경으로 비하와 억압을 강조한다.

29. 그러나 동족어는 롬 12:16; 고후 7:6; 10:1; 엡 4:2; 빌 2:3, 8; 3:21; 4:12; 골 2:18, 23; 3:12에서 11번 더 나타난다. 이 어족은 다양한 고난과 관련되지만, 삶과 사역의 적절한 자세와도 관련된다.

30. 찬성 의견으로 Fee, *Philippians*, 432-33.

31. 바울은 이 동사를 26번 사용한다(예를 들어, 롬 3:7; 고전 8:8; 고후 1:5; 엡 1:8; 골 2:7; 살전 3:12).

32. 이 용어는 신약에서 여기에서만 사용된다. 또한 Epictetus, *Diatr*. 4.1.106, 140을 보라.

33. 예를 들어, *Alleg. Interp*. 3.71, 100; *Cherubim* 49; *Sacrifices* 62; *Giants* 57; *Unchangeable* 61.

34. BDAG 1087. 예를 들어, 마 5:6; 14:20; 15:33, 37; 막 6:42; 7:27; 8:4, 8; 눅 6:21; 9:17을 보라.

으로 어떤 것에 대한 강한 욕구에 사용될 수 있지만 여기에서는 문자 그대로 굶주림을 말한다.[35] 사도는 배가 부르든지 고프든지, 어떤 상황이든 대처하는 법을 배웠다고 말한다.

4:13로 넘어가면 많은 사람에게 사랑받는 본문을 만날 수 있다. 유감스럽게도, 어떤 문화적 맥락에서 이 구절은 엉뚱한 방식으로 해석될 수 있다. "내게 능력 주시는 자 안에서 내가 모든 것을 할 수 있느니라"(πάντα ἰσχύω ἐν τῷ ἐνδυναμοῦντί με). 외견상 그리고 문맥과 분리해서 보면, 이 구절은 높은 수준의 능력이 필요한 신실한 추종자들에게 주님이 놀라운 능력을 주시는 것을 말하는 듯하다. 시편 18:29과 같이, 그런 방식의 해석을 강하게 지지하는 본문이 있다.[36] 하지만 이것은 그런 본문 중 하나가 아니다. 그 이유를 살펴보자.

첫째, 앞에서 이 절의 문맥은 기술 면에서의 능력을 다루지 않고, 하나님의 충분성 안에서 "자족"을 다룬다는 점을 언급했다. 둘째, "내가…할 수 있느니라"(ἰσχύω)로 번역된 동사가 능력을 뜻할 수 있지만,[37] 그 단어는 여기에서처럼 능숙함에 대해서도 사용될 수 있다(예를 들어, 행 15:10을 보라). 바울은 자원이 많고 적음에 상관없이 언제나 주어진 것을 다루는 법을 배웠다고 말하는 것이다. 즉, 그는 다양한 상황을 다루는 데 능숙해졌다. 셋째, 이에 상응하여 "내게 능력 주시는 자"(ἐνδυναμοῦντί)로 번역된 분사는 필요한 순간에 바울에게 강한 힘을 주시는 행위자이신 하나님을 말한다.[38] 이것은 바울이 기술 면에서 놀라운 능력을 얻은 것을 가리키는 것이 아니다. 삶의 어려운 순간을 다룰 수 있도록 하나님이 바울에게 불어넣어주신 힘을 가리킨다. 사도는 하나님께 의지하는 법을 배웠다. '내게 능력 주시는 자의 도움으로(with the help of the one…)'에서 전치사는 매개를 나타낸다. 다시 말해, 바울은 사람들이 공급하는 자원에 의지하지 않고 사는 것을 배웠다. 그의 "자족"은 주님께 전적으로 의지하는 것에 달려 있다.[39] 이 자세가 본문을 떠받친다.[40]

4:14–16 그러나 너희가 내 괴로움에 함께 참여하였으니 잘하였도다 빌립보 사람들아 너희도 알거니와 복음의 시초에 내가 마게도냐를 떠날 때에 주고 받는 내 일에 참여한 교회가 너희 외에 아무도 없었느니라 데살로니가에 있을 때에도 너희가 한 번뿐 아니라 두 번이나 나의 쓸 것을 보내었도다(πλὴν καλῶς ἐποιήσατε συγκοινωνήσαντές μου τῇ θλίψει. 15 οἴδατε δὲ καὶ ὑμεῖς, Φιλιππήσιοι, ὅτι ἐν ἀρχῇ τοῦ εὐαγγελίου, ὅτε ἐξῆλθον ἀπὸ Μακεδονίας, οὐδεμία μοι ἐκκλησία ἐκοινώνησεν εἰς λόγον δόσεως καὶ λήμψεως εἰ μὴ ὑμεῖς μόνοι, 16 ὅτι καὶ ἐν Θεσσαλονίκῃ καὶ ἅπαξ καὶ δὶς εἰς τὴν χρείαν μοι ἐπέμψατε). 바울은 여기에서 함께 사역하는 빌립보인들과 맺은 동반자 관계를 기뻐한다. 빌립보서 4:10–20의 앞부분에서 바울은 빌립보인들이 자신에게 베푼 친절을 기뻐한 사실을 언급했다(10절). 그리고 그들이 그 관계의 본질을 오해하지 않도록 몇 절에 걸쳐 설명을 덧붙였다(11–13절). 그 칭찬은 절박한 필요의 관점에서 나오지 않았다. 바울은 후견인에게 도움을 구하는 의존적 존재라든지, 빌립보인들의 자원이 필요한 가짜 친구로서 '굽실거리면서' 그들에게 가지 않았다. 오히려 바울의 기쁨은

35. BDAG 792.
36. "내가 주를 의뢰하고 적군을 향해 달리며 내 하나님을 의지하고 담을 뛰어넘나이다"(시 18:29).
37. 예를 들어, 마 26:40; 눅 8:43; 약 5:16.
38. 참고. 롬 4:20; 엡 6:10; 딤전 1:12; 딤후 2:1; 4:17.
39. 바울에게 능력 주시는 분이 그리스도라는 점을 분명히 하기 위해, 여러 사본이 이 절 끝에 Χριστῷ를 덧붙이지만(א² D² [F G] K L P Ψ 075. 81. 104. 365. 630. 1175. 1241. 1505. 1881. 2464 𝔐 sy; Hier), 현 상태의 본문은 초기부터 다양한 사본의 지지를 받는다(א* A B D* I 33. 629. 1739 lat co; Cl).
40. Hellerman, *Philippians*, 261; Hawthorne and Martin, *Philippians*, 266.

신학적 관점에서 비롯되었다. 바울은 자족하고 하나님의 충분성을 확신한다. 그리고 여기에 언급된 대로 그는 주로 빌립보인들과 함께하는 사역을 기뻐하며 칭송한다.

그래서 14절에서 사도는 이 본문을 시작했던 칭송의 어조로 주제를 되돌린다(πλήν, "그러나"). "그러나 너희가 내 괴로움에 함께 참여하였으니 잘하였도다." 바울은 빌립보인들의 후원을 기뻐하는 이유에 단서를 달았지만, 이것은 그가 그들의 후원을 가볍게 여긴다는 의미는 아니다. 실제로 그들이 "잘하였도다"(καλῶς ἐποιήσατε)라고 진술하면서, 바울은 빌립보인들의 헌금을 얼마나 가치 있게 여기는지를 강조한다.[41] 부사(καλῶς)는 평범한 것(예를 들어, '올바른 방법으로', '이의가 없는 방식으로', '흔쾌히 받아들일 수 있게')에서 감탄하는 것(예를 들어, '탁월하게', '훌륭하게' 행동하는 것)에 이르기까지 다양한 의미를 내포한다. 우리는 이 문맥에 쓰인 이 용어에서 따뜻함과 열의를 느껴야 한다(그래서 나는 이 본문을 번역할 때, 느낌표를 사용하는 것을 선호하는데, 이는 이 구절을 바울의 질책으로 읽는 해석을 배제한다).[42] 바울의 필요에 반응하여 구체적인 어떤 일을 함으로써(ἐποιήσατε)[43] 빌립보인들은 선교 활동을 하는 사도와 맺은 동반자 관계에 지속적인 헌신을 표현했다. 바울은 바로 그 점을 기뻐한다. 따라서 바울은 1:5에서 시작한 중요한 인정, 즉 그들이 "첫날부터 이제까지 복음을 위한 일에 참여"하고 있다는 주제를 엮어서 빌립보서의 결말을 작성한다.

바울은 이어서 이 동반자 관계를 '나와 함께 자원을 나눈 것'(sharing your resources with me, συγκοινωνήσαντες, 개역개정에는 "함께 참여하였으니"-역주)이라고 표현하는데, 그것은 시간적으로('너희가 나누었을 때') 또는 수단을 나타내는 것으로('나눔으로써' 또는 '나누는 가운데') 읽을 수 있다. 신약에서 이 동사(συγκοινωνέω)는 두 번 더 사용되는데, 거기에 "참여"의 의미가 분명히 내포되어 있다. 에베소서 5:11은 어둠의 일에 참여하는 것을 말하며, 요한계시록 18:4은 세상의 죄에 참여하는 것을 말한다. 현재 본문에서는 '함께 나누다'로 번역하는 것이 더 나을 수 있는데, 그것은 물질적 자원을 고려하는 것처럼 보이기 때문이다. 하지만 빌립보 교회가 고통 '가운데'(in)[44] 있는(μου τῇ θλίψει, 참고. 1:17) 바울과 계속 연관되어 있다는 것은 그들 역시 사회적 어려움에 직면하고 있다는 말이기 때문에(참고. 1:29-30), "참여"의 어조가 거의 분명히 존재한다. "괴로움"(θλῖψις)으로 번역된 이 단어는 일반적인 고난을 뜻할 수 있지만, 바울은 이것을 박해를 둘러싼 여러 가지 도전을 말할 때 종종 사용한다.[45] 문법적 구조가 다소 특이하지만,[46] 소유격 "내(μου) 괴로움"은 바울이 현재 투옥되어 있는 상태를 가리킨다.

우리는 가까운 사람과 함께 과거를 떠올리며 기쁨을 나누곤 한다. 예를 들어, 남편과 아내 또는 절친한 친구들이 자신들의 관계를 특별하게 만들어준 중요한 순간들을 이야기하는 것이다. 15절과 16절에서 바울은 그와 빌립보인들의 동반자 관계의 역사를 이야기함으로써 빌립보에 있는 친구들을 기념한다. 바울은 "너희도 알거니와"(οἴδατε…ὑμεῖς)라고 언급한다. 바울과 빌립보인들

41. 용어 καλῶς는 빌립보서에서 의미상 연결된 일련의 '가치'와 관련된다(δοκιμή, ὑπερέχω, ἀξίως, ἔντιμος, κρείττων). Reed, *Discourse Analysis*, 315-16을 보라.

42. 찬성 의견으로 Fee, *Philippians*, 438.

43. ποιέω는 생산을 함축할 수 있지만(예를 들어, '생산하다'), 그것은 여기에서 어떤 것을 이루기 위한 행동, 곧 '완수하기 위해' 혹은 아마도 다른 누군가를 위해 어떤 일을 '행하다'라는 의미로 사용된다. BDAG 839-42를 보라.

44. 이 단어의 여격 형태를 주목하라. 그것은 연관의 여격으로 이해될 수 있다.

45. 롬 5:3; 8:35; 고후 1:4, 8; 4:17; 6:4; 7:4; 8:2; 엡 3:13; 빌 1:17; 골 1:24; 살전 1:6; 3:3, 7; 살후 1:4, 6을 보라.

46. 비슷한 구문은 (문장에서 앞으로 옮겨진 대명사) 롬 11:14; 고전 9:27; 빌 2:2; 몬 1:20에서만 찾아볼 수 있다. 찬성 의견으로 Fee, *Philippians*, 439.

이 함께 경험한 일의 한 장면을 말하는 것이기 때문이다.[47] 바울은 계속해서[48] 최근의 이 후원은 그들이 선교에 헌금한 최초의 경험이 아니라고 지적한다. 그들은 또한[49] 사도와 그들의 관계 초기에도 신실했다. 게다가 바울은 빌립보 교회를 "빌립보 사람들아"(Φιλιππήσιοι)라는 호칭으로 부르는데, 이는 그 도시 주민들의 라틴 이름을 그리스 이름으로 바꾼 것이다. 그는 앞서 그들을 "빌립보에 사는" 사람들이라고 칭했지만(1:1), 이 절에 나오는 직접적인 호칭은 드물고(다른 곳에서는 고후 6:11과 갈 3:1에서만 나옴), 감정적인 따뜻함을 나타낸다. 대부분의 해석자는 이 표현이 애정을 전달한다고 제안한다.

빌립보인들이 "아는" 것은 다음과 같다. (1) 그들만이 바울이 마게도냐를 떠날 때 그의 선교를 후원했다는 것(4:15), (2) 바울이 아직 마게도냐에 있는 동안 훨씬 더 큰 도시인 데살로니가에서 선교 활동을 할 때도 그들의 후원을 받은 것이다(16절). 이와 같이 빌립보인들은 그들의 지역과 그 너머에서 "복음의 시초에"(ἐν ἀρχῇ τοῦ εὐαγγελίου)[50] 바울을 후원하는 일에 참여했었다(15절). 앞의 '빌립보서 서론'에서 언급한 대로, 바울은 서기 49년 말 또는 50년 초에 빌립보에 와서 교회를 개척했다. 이 첫 번째 유럽 여행에서 루디아, 빌립보 간수 그리고 그들의 가족이 복음을 받아들였다(행 16:6-34). 교회는 비교적 작게 시작되었다. 하지만 빌립보서 4:15에서 바울의 요점은 빌립보 교회가 처음부터 바울의 선교에 물질적으로 참여했고, 이것은 그가 남쪽으로 계속 선교를 하기 위해 "마게도냐를 떠날 때"(ἐξῆλθον ἀπὸ Μακεδονίας)[51] 매우 중요했다는 것이다. 바울은 또한 고린도후서 8:1-4에서 예루살렘 교회를 위한 헌금과 관련하여 마게도냐 사람들의 관대함을 칭송한다.

> 형제들아 하나님께서 마게도냐 교회들에게 주신 은혜를 우리가 너희에게 알리노니 환난의 많은 시련 가운데서 그들의 넘치는 기쁨과 극심한 가난이 그들의 풍성한 연보를 넘치도록 하게 하였느니라 내가 증언하노니 그들이 힘대로 할 뿐 아니라 힘에 지나도록 자원하여 이 은혜와 성도 섬기는 일에 참여함에 대하여 우리에게 간절히 구하니.[52]

열정적인 헌신의 패턴은 처음부터 빌립보인들의 특징이었던 것으로 보인다. 또한 바울이 고린도후서 8:5에서 그들이 먼저 그들 자신을 "우리에게" 주었다고 말할 때, 바울은 그들이 그의 선교에 깊이 헌신하고 있음을 암시하는 것일 수 있다. 그것이 고린도후서 11:8-9에서 강조된 요점이다. 실제로 이러한 점이 빌립보인들을 특별하게 만든다. 그때 복음 사역을 위해 바울과 함께 참여한 교회가 빌립보인들을 제외하고(μοι[53]…ἐκοινώνησεν[54]…εἰ μὴ ὑμεῖς μόνοι, 빌 4:15) "아무도 없었[다]"(οὐδεμία…ἐκκλησία).

---

47. Hansen, *Philippians*, 317. 이 경우에 대명사 ὑμεῖς는 강조적이다. Fee는 우정과 도움의 교환에 대해 Cicero와 Seneca의 글을 인용한다. 후자는 "혜택의 경우…준 사람은 그것을 준 사실을 즉시 잊어버려야 하는 반면, 받은 사람은 그것을 받은 사실을 결코 잊지 말아야 한다"라고 언급한다(Fee, *Philippians*, 439에 인용). 이런 정서를 따라 바울은 빌립보인들이 과거에 그를 섬긴 사실을 적절히 떠오르게 한다.

48. 접속사(δέ)는 여기에서 단순히 담화의 추가 전개를 나타낸다. 찬성 의견으로 Runge, *Discourse Grammar*, 31. δὲ καί 구문은 바울 저작에서 33번 나타날 만큼 흔하며, 빌립보서에서는 1:15과 3:18에 나타난 바 있다. $\mathfrak{P}^{46}$을 포함해서, 여러 증거에 δέ가 누락되어 있다.

49. καί가 추가된 것은 부가적 어조를 제공한다('또한').

50. 마찬가지로, "너희가 복음을 알게 된 초기에"(NIV), "내가 너희에게 좋은 소식을 처음으로 가져다주었을 때"(NLT).

51. 여기에서 부정과거 ἐξῆλθον은 사실을 진술하는 것으로, 일반적으로 아가야에서 수행한 불특정 기간의 사역을 언급한다고 이해되어야 한다. Reumann, *Philippians*, 660을 보라.

52. 참고. Guthrie, *2 Corinthians*, 390.

53. 이 대명사는 아마도 연관의 여격으로 이해되어야 한다.

54. 1:5에 대한 설명에서 이 동사와 관련된 명사를 살펴보았고, 그 단어군이 관계적으로 풍부하며, 친밀한 관계 속에서 함께 나누는 것에 대해 말한다고 언급했다. 이 단어군은 다른 사람과 함께 '나누는 것' 혹은 어떤 과제에 그들과 함께 참여하는 것에 대해 사용되었다. 바울은 이 동사를 롬 12:13; 15:27과 갈 6:6에서 자원을 나누는 것을 말하는 데 사용한다.

"주고받는…일에"(εἰς λόγον δόσεως καὶ λήμψεως)라는 표현과 관련하여 살펴볼 두 가지 요점이 있다. 첫째, 이 문구는 재무 회계의 문화적 맥락에서 나온 것으로, "주고받는 계좌"라는 뜻의 라틴어 '라티오 다티 에트 아켑티'(*ratio dati et accepti*)를 헬라어로 옮긴 것이다.[55] 이 표현은 로마 식민지에서 상거래를 할 때 사용되었고, 빌립보 교회의 길거리 상인들에게 매우 친숙했을 것이다. "일"(λόγος)로 번역된 단어는 '계산'이나 '추산'이라는 뜻일 수 있고, "일에"(εἰς λόγον)라는 문구는 상업적인 거래 계좌의 결산을 가리킬 수 있다.[56] 하지만 바울은 이 언어를 문자적으로, 즉 빌립보 교회와 자신의 선교 활동 사이에서 주고받은 내역을 추적하는 어떤 계좌에 대해 말하지 않는 것이 거의 분명하다.[57] 오히려 사도는 친숙한 언어와 개념을 사용해서 빌립보인들에게 의미가 있는 영적으로 풍부한 단어 그림을 만들어낸다. 이것은 17절로 뒷받침된다. 거기에서 바울은 이익이나 누적된 '이자'(interest, τὸν καρπόν)를 언급한다. 그가 말하는 것은 재정적인 수익이 아니라 영적인 유익이다. 그리고 18절에서 바울은 그가 풍부하게 받았다고 언급한다. 따라서 그들이 공급한 자원은 말 그대로 재정이지만, 그들이 주고받은 것은 거래를 넘어선 영적인 차원의 것이었다. 이것은 바울이 다른 서신에서 언급하는 내용과도 부합한다. 그는 하나님의 광범위한 사역 안에서 작동하는 교환의 원리로서 물질적 자원과 영적 자원을 함께 말한다. 영적 열매를 거두기 위해 뿌린 것은 물질적 후원으로 응답해야 한다(참고. 롬 15:27; 고전 9:11).

최근 연구에서는 이 표현이 그리스 로마의 "우정"에 기반한 호혜성과 관련된다는 점을 밝혀냈다.[58] 그것은 친구들 사이에서 서로 주고받는 것으로, 상거래가 아니라 타인을 배려하는 건강한 관계에서 주고받는 것이다.[59] 따라서 바울과 빌립보인들의 우정에는 사랑의 상호성이 있다. 공동의 선교와 자원은 하나님 안에서 살아가는 진실하고 따뜻한 동반자 관계를 보여준다.

또한 바울은 자신이 데살로니가에 있을 때 빌립보인들이 제공한 도움을 언급한다(4:16).[60] "데살로니가에 있을 때에도 너희가 한 번뿐 아니라 두 번이나 나의 쓸 것을 보내었도다"(ὅτι καὶ ἐν Θεσσαλονίκῃ καὶ ἅπαξ καὶ δὶς εἰς τὴν χρείαν μοι ἐπέμψατε). 그들의 후원은 사도가 마게도냐를 떠날 때 한 번 특별하고 매우 중요했을 '뿐만 아니라',[61] 그가 아직 마게도냐 지역의 데살로니가에 있는 동안에도 '여전히' 그들은 '한 차례 이상'(καὶ ἅπαξ καὶ δίς, 문자적으로 "한 번…두 번") 그의 사역을 지원하기 위해 헌금했다.[62] 데살로니가 서신에 비추어보면, 빌립보인들이 바울이 데살로니가에 머무르는 동안 그의 모든 필

55. 이 문구는 고대 그리스 문헌에서 정확히 일치하는 것이 없다. Julien M. Ogereau, *Paul's Koinonia with the Philippians: A Socio-Historical Investigation of a Pauline Economic Partnership*, WUNT 377 (Tübingen: Mohr Siebeck, 2014), 101; Holloway, *Philippians*, 188을 보라.

56. 찬성 의견으로 BDAG 601(2.b를 보라).

57. 여러 해석에 대해 Peterman, *Paul's Gift from Philippi*, 11-17; Ogereau, *Paul's Koinonia*, 104를 보라.

58. 특히 Peterman, *Paul's Gift from Philippi*, 55-89를 보라.

59. 현대 서구 문화의 맥락에서 생각해보자. 가끔 점심을 먹으러 나가서 한 친구가 다른 친구에게 "이번에는 내가 계산할게"라고 말하는 상황을 떠올려보라. 우리는 친구를 저녁 식사에 초대했을 때, 그 친구에게 밥값을 '청구'할 생각조차 하지 않는다. 오히려 그런 우정에서 '회계'는 관계의 자연스러운 일부로서 주고받는 기쁨으로 바뀐다.

60. ὅτι는 "바울이 15절에서 말한 것을 정당화하는" 원인절이 아닌 4:15의 내용절에 대해 문법적으로 평행을 이루는 것으로 이해된다(찬성 의견으로 Hellerman, *Philippians*, 265, Fee, *Philippians*, 445를 따름, 참고. CSB, NIV, NET, NRSV). 두 절은 시간적으로 구별되는데, 첫 번째는 바울이 그 지역을 떠난 후의 시간을 나타내고, 두 번째는 그가 아직 그 지역에 있을 때를 나타낸다. 둘의 관계는 (Hellerman이 지적한 대로) 정당화보다는 강조를 나타낸다. 바울은 "데살로니가인들조차 내가 마게도냐를 떠날 때 선교를 돕지 않았다"라고 말하는 것이 아니다. 그는 빌립보인들의 후원이 그가 아직 그 지역에 있는 동안 시작되었다는 점을 강조한다.

61. 접속사(καί)의 첫 번째 용법은 강조하는 기능을 한다("…도", even).

62. 이 표현은 관용구로, 동일한 표현이 살전 2:18에서 사용된다. 그 앞에 καί가 없는 ἅπαξ καὶ δίς 문구는 LXX 신 9:13, 삼상 17:39; 느 13:20; 1 Macc 3:30에서 볼 수 있다.

요를 충족시키지는 않았음을 분명히 알 수 있다. 왜냐하면 바울은 생계를 유지하기 위해 일했기 때문이다(살전 2:9; 살후 3:8). 그러나 빌립보인들은 분명 바울의 자원을 채워주었다. 바울은 "너희가…나의 쓸 것을 보내었도다"라고 말한다(빌 4:16). 여러 번역본이 여기서 대명사를 소유격("나의")으로 번역하지만,[63] 바울이 그들의 관대한 선물의 수혜자임을 나타내는 여격('나에게')으로 이해하는 것이 더 타당하다. 다른 한편으로, "쓸 것을"(εἰς τὴν χρείαν)이라는 문구는 그들이 선물한 목적을 가리키는 것으로 이해할 수 있다. 요점은 사도가 도움이 필요할 때마다 빌립보인들이 그를 계속 후원함으로써, 그들이 선교의 참된 동반자임을 증명했다는 것이다.

4:17–18 내가 선물을 구함이 아니요 오직 너희에게 유익하도록 풍성한 열매를 구함이라 내게는 모든 것이 있고 또 풍부한지라 에바브로디도 편에 너희가 준 것을 받으므로 내가 풍족하니 이는 받으실 만한 향기로운 제물이요 하나님을 기쁘시게 한 것이라(οὐχ ὅτι ἐπιζητῶ τὸ δόμα, ἀλλὰ ἐπιζητῶ τὸν καρπὸν τὸν πλεονάζοντα εἰς λόγον ὑμῶν. 18 ἀπέχω δὲ πάντα καὶ περισσεύω· πεπλήρωμαι δεξάμενος παρὰ Ἐπαφροδίτου τὰ παρ᾽ ὑμῶν, ὀσμὴν εὐωδίας, θυσίαν δεκτήν, εὐάρεστον τῷ θεῷ). 4:17에서 바울은 추가 단서("내가…아니요")와 추가 설명("오직…구함이라")을 제공한다. 단서는 그들의 금전적 도움을 받은 사도의 기쁨 뒤에 있는 그의 '동기'에 관한 것이다.

"구함"(ἐπιζητέω)으로 번역된 동사는 무언가에 "진심으로 관심을 갖고 강한 열망을 품는것"이라는 뜻이다.[64] 또 강조를 더 부각하기 위해 그 앞에 부정어(οὐχ)를 배치한다. 여기에서 이 동사의 목적어는 빌립보인들의 재정적 도움, 곧 "선물"(τὸ δόμα)이 바울의 관심사가 아님을 분명히 한다. 바울은 그들에게 후원해달라고 요청하지 않았다는 사실과, 이런 문제를 꺼낸 것이 더 지원해달라고 완곡하게 간청하기 위한 것이 아님을 밝힌다.[65] "선물"(δόμα)이라는 단어는 신약 다른 곳에 세 번 나타난다. 마태복음 7:11과 누가복음 11:13에서 예수님은 아버지가 자식에게 좋은 "것"(gifts, δόματα)을 주는 것을 말씀하신다. 또한 시편 68:18을 인용한 에베소서 4:8은 "그가 위로 올라가실 때에 사로잡혔던 자들을 사로잡으시고 사람들에게 선물(δόματα)을 주셨다"라고 말한다. 15–16절에서 본 것처럼 선물을 주고받는 것은 우정, 곧 "따뜻하고 지속적인 관계"를 드러내는 것으로 보아야 한다.[66] 하지만 바울은 자신과 빌립보인들의 관계, 그들의 영적 안녕, 그리고 복음 안에서 맺은 동반자 관계가 자신의 주요 관심사라는 점을 분명히 밝힌다.

사도는 대조적인 방식으로 추가 설명을 한다. "오직 너희에게 유익하도록 풍성한 열매를 구함이라"(ἀλλὰ ἐπιζητῶ τὸν καρπὸν τὸν πλεονάζοντα εἰς λόγον ὑμῶν). "오직"(ἀλλά)은 대조를 형성하면서 그가 기뻐하는 것에 대한 적절한 해석으로 이끈다. 바울은 '그들이 보낸 선물이 그들에게 하고 있는 것 때문에' 그 선물에 기뻐한다. 바울은 다시 상업 언어로 그 혜택을 묘사하지만, 그 어휘는 기독교적 사상에 맞추어 사용되었다. 여기에서 '이익'(interest, καρπός, 개역개정에는 "열매"–역주)[67]으로 번역된 단어는 일반적으로 어떤 것의 결과 또는 결

63. 예를 들어, ESV, CSB, NASB, NRSV, NET. 또 그 의견은 μοι 대신에 이형 μου로 변화된 것에도 반영되어 있는데(D P 614, 630 등), 그것은 분명히 필사자가 수정한 것이다.

64. BDAG 371. 이 단어는 신약에서 13번 사용되며, 종종 긴급하거나 진지한 관심이 작용하는 상황에서 사용된다(우리 본문에 두 번 나타난 것에 더하여, 마 6:32; 12:39; 16:4; 눅 4:42; 12:30; 행 12:19; 13:7; 19:39; 롬 11:7; 히 11:14; 13:14을 보라).

65. Bockmuehl, *Philippians*, 265; Silva, *Philippians*, 205–6. Silva는 바울이 당시 빌립보인들에게 그 더 이상 자원을 보내지 말라고 주장하고 있었다고 믿는다.

66. Cousar, *Philippians and Philemon*, 90.

67. 동사 ἐπιζητῶ의 두 번째 용법의 목적격적 직접 목적어로 사용됨.

과물을 뜻한다. 그것은 문자 그대로 "열매", 후손, 바울의 용법에서 항상 그렇듯 영적 부산물을 뜻할 수 있다.[68] 이미 1:11에서 사도는 빌립보인들에게 "의의 열매"가 풍성히 맺히기를 기도했고, 1:22에서는 계속되는 그의 사역이 많은 열매를 맺게 될 것이라고 말했다. 로마서 15:28, 고린도전서 9:7, 디모데후서 2:6에서 바울은 "열매"의 이미지를 재정적 상황과 연결한다. 사실 빌립보서 4:17에서 바울의 언어의 재정적 의미 구조는 이 단어와 그에 뒤따라 나오는 형용사적 분사(즉, τὸν καρπὸν τὸν πλεονάζοντα)를 '복리 이자'(compounding interest)로 번역하도록 이끈다. 여기에서 '복리'로 번역된 분사는 '증가하는' 또는 '더욱 더…이 되는' 무언가와 관련된다. "유익"(account, λόγος)으로 번역된 단어는 비유적으로 회계 장부 또는 원장에 대해 사용된다. 바울의 요점은 빌립보인들이 그의 선교에 재정적으로 투자함에 따라 영적 배당금이 쌓이고 있고, 이것은 바울의 진짜 이익, 즉 그들의 영적 유익이 된다는 것이다.

18절의 처음 세 절(여섯 단어)은 빌립보인들의 선물이 바울에게 끼친 영향에 대한 감사가 넘치는 간결하고도 강한 확언이다. 이 일련의 헬라어에서 피(p) 소리의 두운을 주목하라.

내게는 모든 것이 있고 또	ἀπέχω δὲ
	πάντα καί
풍부한지라	περισσεύω
내가 풍족하니	πεπλήρωμαι

본문에서 계속 사용되는 상업 언어 중 첫 번째 동사는 '전액을 가지다' 또는 '전액이 지불되다'(ἀπέχω)라는 뜻이다. 그 시대의 파피루스 고문서에서 그것은 '지불되었다'는 의미를 나타낸다. 즉, "나는 이 금액을 받았고, 여기에 내 영수증이 있다"[69]는 것이다. 바울에 대한 빌립보인들의 사역에서 부족했던 것이(2:30을 보라) 이제 완전히 이행되었고, 바울은 손에 전액(문자적으로 "모든 것", πάντα)을 가지고 있다. 게다가 '지불되다'(ἀπέχω)라는 뜻의 용어와 '전액'(모든 것)의 조합은 스토아학파 저자들이 '자급자족하는', '자족하는' 것과 동의어로 사용했다.[70] 또 이것은 4:11-13에 나오는 바울의 말을 돌아보게 만든다. 거기에서 바울은 그가 풍부한 자원을 갖고(περισσεύειν) "자족하기"(αὐτάρκης)를 배웠다고 말한다. 또한 그것은 18절에 반영되어 있는 자신의 현재 형편을 두고 한 말이다. 그래서 바울은 이어서 "또 풍부한지라"(καὶ περισσεύω)고 말한다.[71] 4:12에 대한 설명에서 언급한 것처럼, 바울은 보통 '풍부하다'(περισσεύω)라는 용어를 재정적 자원을 말하는 데 사용하지 않지만, 빌립보서 4장의 이 구절에서는 분명히 그렇게 하고 있다.

바울은 자신이 '완전히 채워졌다'(πεπλήρωμαι),[72] 즉 '풍족하다'고 외친다. 이 말은 바울이 1장에서 드린 기도를 상기시킨다. 거기에서 바울은 하나님께 빌립보인들이 "의의 열매가 가득하[게]"(1:11, πεπληρωμένοι καρπὸν δικαιοσύνης) 해달라고 간청한다. 이 공급은 에바브로디도가 빌립보 교회의 선물을 바울에게 전달한 결과였다. "에바브로디도 편에 너희가 준 것을 받으므로."[73]

이어서 바울은 빌립보인들의 선물을 부분적으로 구

---

68. 예를 들어, 열매에 대해 마 21:19, 34, 41을 보라. 후손에 대해 눅 1:42; 행 2:30을 보라. 영적 부산물에 대해서는 마 3:8, 10; 7:16-20; 12:33; 눅 3:8; 요 4:36; 12:24; 15:2, 4-5, 8, 16; 행 2:30; 롬 1:13; 6:21-22; 15:28; 고전 9:7; 갈 5:22; 엡 5:9; 빌 1:11, 22; 딤후 2:6을 보라.

69. BDAG 102.

70. Fee, *Philippians*, 450-51; Lightfoot, *Philippians*, 166.

71. 이 접속사는 강조적으로 읽는다.

72. 세 번째 마지막 동사는 완료시제, 수동태, 상태 시상(처음 두 동사의 현재시제, 능동태, 미완료 시상에서 전환)이다.

73. 에바브로디도의 역할에 대해 2:25-30에 대한 설명을 보라. παρά+소유격의 두 용법에서 전치사는 어떤 것을 "시작하거나 지도하는 사람"을 표시하는 기능을 한다. 즉, "…으로부터." BDAG 756을 보라.

약에서 가져온 희생 제물 언어로 묘사한다. "받으실 만한 향기로운 제물이요 하나님을 기쁘시게 한 것이라"(ὀσμὴν εὐωδίας, θυσίαν δεκτήν, εὐάρεστον τῷ θεῷ). 18절의 이 마지막 움직임은 결정적인 방향 전환을 포함하는데, 사도는 빌립보인들과 맺은 수평적 관계를 넘어 하나님께 정확히 초점을 고정한다. 칠십인역에서 함께 사용된 표현인 '냄새'(ὀσμή)와 "향기"(εὐωδία)는 하나님께 올라가는 제물의 유쾌한 냄새를 말하는 전문 용어다.[74] 이 전문 용법이 신약에서 나타나는 유일한 다른 경우는 에베소서 5:2이다. 거기에서 그 이미지는 신자들을 위한 그리스도의 희생에 대해 사용된다.[75] 희생적 이미지는 "받으실 만한…제물"(θυσίαν δεκτήν)이라는 단어로 분명해진다. "받으실 만한"(δεκτός, '받다'라는 의미의 동사 δέχομαι에서 유래)으로 번역된 동사적 형용사는 '받아들일 수 있는', '환영받는', '인가된' 것이라는 뜻이고, 그 단어는 구약 문맥에서 "받으실 만한" 제물을 가리키는 데 사용될 수 있었다.[76] 이 형용사는 바울이 이어서 말하는 것과 거의 동의어다. 즉, 빌립보인들이 드리는 희생적 선물은 "하나님을 기쁘시게 한 것이[다]"(εὐάρεστον τῷ θεῷ). 이것은 바울이 자주 사용하는 언어지만,[77] 신약에서 바울의 저작을 제외하고 오직 히브리서 13:21에서만 사용된다. 요컨대, 하나님은 빌립보인들이 바울에게 준 선물을 마치 달콤한 향기가 나는 받으실 만한 "제물"로 받으시면서 기뻐하신다.

4:19-20 나의 하나님이 그리스도 예수 안에서 영광 가운데 그 풍성한 대로 너희 모든 쓸 것을 채우시리라 하나님 곧 우리 아버지께 세세 무궁하도록 영광을 돌릴지어다 아멘(ὁ δὲ θεός μου πληρώσει πᾶσαν χρείαν ὑμῶν κατὰ τὸ πλοῦτος αὐτοῦ ἐν δόξῃ ἐν Χριστῷ Ἰησοῦ. 20 τῷ δὲ θεῷ καὶ πατρὶ ἡμῶν ἡ δόξα εἰς τοὺς αἰῶνας τῶν αἰώνων, ἀμήν). 바울은 이미 빌립보인들에게 그리스도를 따르는 자신을 본받을 것을 요구했다(3:17). 19절은 하나님이 바울에게 공급해주신 것처럼(4:11-13), 빌립보인들에게도 하나님이 충분히 공급해주실 것을 신뢰하라고 요구하는 확언이다.[78] 바울이 "나의 하나님"(ὁ…θεός μου)이라고 매우 개인적으로 하나님을 언급한 경우는 신약에서 17번 등장한다.[79] 빌립보서 4:19과 동일한 형태로 나타난 다른 세 번은, 예수님이 십자가에서 외치신 마가복음 15:34,[80] 도마가 예수님을 "나의 주님이시요 나의 하나님"이라는 호칭으로 부르는 요한복음 20:28, 바울이 제멋대로 행동하는 고린도인들을 감정에 호소하면서 경고하는 고린도후서 12:21("또 내가 다시 갈 때에 내 하나님이 나를 너희 앞에서 낮추실까 두려워하고")[81]이다. 하지만 하나님에 대한 이 개인화된 언

74. 이 용어들은 LXX에서 모두 50번 사용된다. 창 8:21; 출 29:18, 25, 41; 레 1:9, 13, 17; 2:2, 9, 12; 3:5, 11, 16; 4:31; 6:8, 14; 8:21, 28; 17:4, 6; 23:13, 18; 민 15:3, 5, 7, 10, 13-14, 24; 18:17; 28:2, 6, 8, 13, 24, 27; 29:2, 6, 8, 11, 13, 36; 겔 6:13; 16:19; 20:28, 41; 단 4:37; Jdt 16:16; Sir 24:15; 50:15. 오직 Sir 24:15에서만 두 용어가 정형화된 희생적 용법과 별도로 사용된다.
75. 전문적인 정형화된 문구와 별도로 사용된 (따라서 희생적 언어로 사용되지 않은) 두 단어의 용법에 대해 고후 2:14-16a을 보라. 그리고 이것에 대해 Guthrie, "Triumphal Procession"과 같은 저자, *2 Corinthians*, 152-75를 보라. 고대 세계의 헬라어 문헌에서 이 단어들이 동일한 문맥에서, 그러나 고후 2:14-16에서처럼 이런 정형화된 문구가 아닌 방식으로 사용될 때, 그것들은 ὀσμή의 경우 좋거나 나쁜 냄새에 대해 또는 εὐωδία의 경우 쾌적한 냄새에 대해 말한다.
76. 예를 들어, 출 28:34; 레 1:3-4; 17:4; 19:5; 22:19-21, 29; 23:11을 보라. 현재의 문맥과 별도로 이 단어는 신약의 다른 곳에서 사용된다. 즉, 사 49:8을 인용한 고후 6:2에서(주께서 지정하신 "받을 만한" 때), 그리고 누가의 저작에서 주의 "은혜"(눅 4:19), 그의 고향에서 "환영을 받는" 선지자(4:24), 하나님을 경외하며 의를 행하는 사람(행 10:35)을 가리킬 때 쓰인다.
77. 롬 12:1-2; 14:18; 고후 5:9; 엡 5:10; 골 3:20을 보라. 참고. Wis 4:10; 9:10; Philo, *Prelim. Studies* 156-57; *Names* 42, 48; *Joseph* 195, 255; *Spec. Laws* 1.201; *Virtues* 67, 208. 또한 사도적 교부들이 이 언어를 받아들였다. 1 Clem. 21.1; 35.5; 49.5; 60.2; 61.2; Ign. *Smyrn*. 8.2; Herm. 46.1; 55.2; 56.2.
78. Osiek, *Philippians, Philemon*, 123.
79. 마 27:46; 막 15:34; 요 20:17, 28; 롬 1:8; 고전 1:4; 고후 12:21; 빌 1:3; 4:19; 몬 1:4; 계 3:2, 12.
80. "나의 하나님, 나의 하나님, 어찌하여 나를 버리셨나이까."
81. 참고. Guthrie, *2 Corinthians*, 609, 622-23.

급은 칠십인역에 83번 나타나며, 특히 시편에 널리 퍼져 있다. 시편에서 그 표현은 종종 기도하면서 주를 직접 부르는 호칭으로 54번 쓰인다.[82] 이와 같이 바울은 그의 친구들에게 그들의 매우 개인적인 하나님, 즉 그들의 필요, 그들이 선교 사역을 위해 물질을 후원하면서 어려워진 형편을 알고 계신 하나님을 향한 신뢰의 자세를 언급하면서 성경의 언어에 의지한다. 구약의 관점에서 재정적 자원을 나누는 것은 하나님께 보상을 받는 선행이었다. 예를 들어, 칠십인역 잠언 19:17은 "가난한 자를 불쌍히 여기는 것은 여호와께 꾸어 드리는 것이니 그의 선물에 따라 그에게 갚아주시리라"(NETS)고 말한다.[83] 이처럼 하나님은 재물을 나누는 의인에게 보답하신다는 확신이 빌립보서 4:19에 담긴 바울의 확신의 핵심인데, 그것은 19절의 다음 부분에 표현되어 있다.

당시 그리스 로마 세계 전반에서와 빌립보서 문맥 전체에 쓰이는 재정적 언어를 따라, '공급하다'(supply, πληρόω)[84]로 번역된 동사는 '제공하다' 혹은 '전액을 지불하다'라는 의미도 나타낼 수 있었다.[85] 하나님은 빌립보인들의 필요를 채워주심으로써 그들에게 보답하실 것이며, 그분은 "모든 쓸 것을"(πᾶσαν χρείαν) 채워주시는 포괄적인 방식으로 그렇게 하실 것이다. 바울은 이미 빌립보인들이 의의 열매가 가득하기를 기도했고(1:11), 다른 곳에서 그는 하나님이 사람들을 선한 것으로 채우시는 것에 대해 쓴다.[86] 빌립보서 4:19에 따르면, 하나님이 공급하시는 것은 "너희 모든 쓸 것"(πᾶσαν χρείαν ὑμῶν)이다. 바울이 다른 곳에서 '필요'(need, χρεία)라는 용어를 사용해서 재정적, 물질적 자원의 '필요'를 언급하지만[87](빌립보인들이 그의 "쓸 것"을 어떻게 채워주었는지 말하는 빌립보서 2:25과 4:16을 포함해서), "너희 모든 쓸 것"이라는 표현은 독특하다.

그래서 사도는 빌립보인들에게 그들이 궁핍한 바울에게 물질을 후원했던 것처럼, 이제 하나님이 그의 풍성함에 따라(κατὰ τὸ πλοῦτος αὐτοῦ) 보답할 책임을 지신다고 확언한다. 이런 하나님의 풍성함은 "영광 가운데"(ἐν δόξῃ) 있는데, 이것은 이 약속이 정확히 종말에 이루어진다는 의미는 아니다. 오히려 이 전치사는 공간적으로, 즉 하나님의 영광스러운 거처를 언급하는 것으로 이해해야 한다. 따라서 하나님의 공급은 그분의 영역에 그 원천을 두고 있고, 하나님의 임재로부터 그리고 하나님의 권능으로 말미암아 제공된다.[88] 게다가 "그리스도 예수 안에서"(ἐν Χριστῷ Ἰησοῦ)는 강한 관계적 의미를 함축하고 있고, 그리스도의 백성이라는 빌립보인들의 정체성을 가리킨다. 그리스도와 연합한 가운데 바울과 빌립보 교회의 동반자들은 하나님이 주신 자원을 그분의 나라를 위해 그리고 그분의 백성으로서 선교 활동을 위해 사용한다. 이 관계망은 그들이 주고받는 배경을 형성한다.

바울은 20절에서 이 부분을 마무리하면서 전통적 형태를 따라 하나님을 찬양한다.[89] "하나님 곧 우리 아버지께 세세 무궁하도록 영광을 돌릴지어다 아멘"(τῷ δὲ θεῷ καὶ πατρὶ ἡμῶν ἡ δόξα εἰς τοὺς αἰῶνας τῶν αἰώνων, ἀμήν). 이 송영의 "영광"(δόξα)은 19절의 "영광"에서 이어지며, 빌립보서 1장의 기도 끝에 나오는 "하나님의 영광과 찬송"(1:11, εἰς δόξαν καὶ ἔπαινον θεοῦ)을 되풀이한다. 4:19에서 이 용법은 공간적으로 하나님의 영광스러운 거처

82. 예를 들어, 창 28:3; 30:23; 신 31:17; 룻 1:16; 삼하 15:31; 왕상 3:7; 대상 28:20; 시 3:8; 5:3.

83. Peterman, *Paul's Gift from Philippi*, 23–27, 155. Peterman은 잠언에서 빌 4:17에서처럼 용어 δόμα의 용법을 언급한다.

84. 그 형태는 3인칭 단수 미래 능동태 직설법이다. 이 미래형은 (제2부정과거 중간태 명령법이나 부정과거 능동태 부정사보다는) 문맥에서 3인칭 단수 부정과거 능동태 희구법 πληρώσαι와 비교해서 강력한 지지를 받는다(𝔓[46] ℵ A B D[2] K L P). 필사자들은 아마도 바울의 확언이 약속처럼 들리는 것보다 '소원'으로 완화될 필요가 있다고 생각했을 것이다.

85. LSJ 1420(III.5).

86. 예를 들어, 롬 15:13–14; 엡 1:23; 3:19; 5:18; 골 1:9; 2:10.

87. 예를 들어, 롬 12:13; 엡 4:28; 살전 4:12; 딛 3:14.

88. Bockmuehl, *Philippians*, 267.

89. I. Howard Marshall, *The Epistle to the Philippians* (London: Epworth, 1992), 122.

를 가리키지만, 20절에서 "영광"은 하나님께 마땅히 돌아가야 할 명예를 언급한다. "하나님…우리 아버지"(τῷ …θεῷ καὶ πατρί)의 여격 형태는 하나님이 그분의 위대함을 찬양하는 이 독실한 찬송의 수혜자이심을 나타낸다. 사도는 "하나님 곧 우리 아버지"라고 아주 개인적으로 하나님을 언급한다.[90] 이것은 다시 빌립보서의 서두로 돌아가게 한다. 1:2에서 바울은 은혜와 평강이 "하나님 우리 아버지"(θεοῦ πατρὸς ἡμῶν)와 주 예수로부터 온다고 말했기 때문이다. 바울이 지금 영광을 돌리는 분은 개인적으로 만난 영광스러운 하나님이고, 그것이 "세세 무궁하도록"(εἰς τοὺς αἰῶνας τῶν αἰώνων, LXX에서 흔한 표현)[91] 지속될 것이라고 고백한다. 유대인의 관례와 비슷하게(예를 들어, 대상 16:36; 느 8:6; 시 41:13), 초대교회의 찬가는 하나님께 속한 영광에 느낌표를 붙이는 강한 확신을 담은 대답(아멘!)으로 울려 퍼졌다.[92] 따라서 바울도 "아멘"으로 마무리한다.

적용에서의 신학

최전방에서 복음을 전하는 사역자들과 그들을 후원할 자원이 있는 사람들이 협력하며 상호작용하는 것은 빌립보서에서 보는 것처럼 그 역사가 깊다. 하나님 나라를 위한 전략적 관계, 즉 자원을 제공하는 사람과 그것을 사역에 사용하는 사람은 하나님의 통치 아래 사는 복음의 동반자 관계를 맺고 있다. 우리는 이에 대해 생각할 때 올바른 관점으로 접근해야 한다. 그런 동역의 관계 안에서 돈이 필요한 영역으로 흘러가는 방식에 대한 세부 사항은 다루기가 어렵고, 때때로 요청이나 선물에 어떻게 반응해야 할지 확신이 서지 않을 수 있다. 다른 한편으로 그런 동반자 관계는 매우 큰 성취감을 줄 수 있다. 이 본문에서 바울의 요점 중 하나는 하나님이 자신의 백성에게 필요한 것(주는 것이든 받는 것이든)을 공급하신다는 것이다. 핵심은 우리가 하나님 나라를 전진시키는 일에 자신의 자원을 사용하면서 함께 일한다는 것이다.

전 세계에는 신자들이 사용할 수 있는 막대한 자금이 있다. 2019년 「국제 선교 연구 회보」(*International Bulletin of Missions Research*)의 보고에 따르면, 전 세계 그리스도인의 연간 총 소득이 약 8경 원이라고 한다.[93] 우리는 그리스도인으로서 국내외에서 복음의 전진을 위한 선교 사역에 우리의 자원을 청지기처럼 잘 관리하고 사용할 책임이 있다. 때때로 우리는 후원자의 자원에 의존하면서 선교 사역의 최전방에서 일할 수 있다. 혹은 그 사역을 후원할 수 있는 자원을 창출해낼 재능을 받을 수도 있다. 하나님이 펼쳐나가시는 선교 사역에 의미 있게 참여하는 것은 우리의 선택이 아닌 의무다.

90. 하나님을 "우리 아버지"라는 다정한 호칭으로 부르는 것은 아마도 예수님이 제자들에게 가르치신 기도에서 유래하며(마 6:9-13), 이 주제는 신약 문헌에 광범위하게 표현되어 있다(예를 들어, 고전 8:6; 15:24; 갈 1:4; 4:6; 엡 1:3, 17; 4:6; 골 3:17; 약 1:27; 요일 2:14).

91. 예를 들어, 시 9:5(9:6 LXX); 45:6(44:7 LXX); 84:4(83:5 LXX); 단 12:3을 보라.

92. Hansen, *Philippians*, 328; Keown, *Philippians 2:19-4:23*, 459.

93. Gina A. Zurlo, Todd M. Johnson, and Peter F. Crossing, "Christianity 2019: What's Missing? A Call for Further Research," *International Bulletin of Mission Research* 43.1 (2019): 100.

여러 해 동안, 아내 팻과 나는 다양한 문화적 상황에서 진행되는 장단기 사역 프로젝트를 후원할 수 있는 기회가 많이 있었다. 또한 우리는 지역 교회를 통해 정기적으로 후원하는 기쁨을 누려왔다. 후원할 수 있는 자원과 기회가 주어진 것은 그리스도의 몸이라는 공동체 안의 삶에서 우리에게 큰 성취감을 주었다. 또한 우리는 삶과 사역의 다양한 영역에서 여러 번 후원을 받기도 했다. 예를 들어, 우리 가정이 2018년 5월 캐나다 밴쿠버로 이사할 때, 감사하게도 기꺼이 헌신하는 사람들에게서 도움을 받았다. 우리가 해외에서 사역하도록 부르심받았다고 믿은 그들은 우리의 엄청난 이사 비용의 일부를 지불해주었다.

빌립보서 4:10-20에서 바울은 신학적 통찰이 풍부하게 담긴 본문을 제공한다. 북미에 사는 많은 사람은 매년 선교 사역을 후원할 수 있는 많은 기회(주요 선교 단체와 교회, 장기 후원자를 구하는 개인, 또는 단기적으로 도움을 구하는 사람들에게)를 얻는다. 이때 우리는 이런 사역에 참여하는 것을 성경적 관점에서 바라보아야 한다. 이를 위해 이 본문을 관통하는 다음과 같은 신학적 주제들과 바울이 빌립보인들에게 준 교훈에 비추어 몇 가지 문제를 함께 생각해보자.

첫째, **우리의 하나님은 선교적인 분으로, 동역자들이 복음 사역을 위해 상호 협력할 수 있게 하신다.** 궁극적으로 우리는 주님이 참된 선교 사업을 직접 이끌어가신다는 점을 알아야 하고, 그분의 인도하심을 따라 우리가 맡은 역할을 신실하게 행해야 한다. 이는 우리가 어디에서 어떻게 선교에 참여해야 할지, 직접 선교를 나갈 것인지 혹은 후원할 것인지의 문제에 대해 하나님의 뜻을 구해야 한다는 것을 의미한다. 당신은 전 세계에서 이루어지고 있는 중요한 일에 어떻게 참여해야 할지의 문제를 두고 기도하는가?

둘째, 이 본문에서 **복음을 전진시키는 동반자 관계를 맺고 있는 사람들은 국내외를 막론하고 선교 사역을 위해 자원을 나눈다**는 점이 확실하다. 우리는 세상에서 하나님의 나라를 전진시키는 일에 자원을 어떻게 사용하는지 평가해야 한다. 사역을 후원하기 위해 자원을 어떻게 나누고 있는가? 최근에 하나님 나라의 일에 당신의 자원을 나누어야겠다고 고민한 적이 있는가? 현재 당신이 있는 자리에서 선교 사역을 수행하기 위해 자원을 어떻게 사용하고 있는가?

셋째, **하나님은 후원을 하는 사람이든 받는 사람이든 복음 사역에 참여하는 모든 동역자에게 필요한 것을 풍성하게 채워주신다.** 하나님은 자신의 백성에게 맡기신 일을 이루시기 위해 그들의 필요를 채우신다. 혹시 사역을 위한 자원이 부족하다고 염려하고 있는가? 아니면 사역을 후원하는 것 때문에 염려하고 있는가? 이러한 염려가 하나님을 향한 태도에 어떤 영향을 미치는가? 하나님 나라를 위해 당신이 가진 자원을 신실하게 사용할 때, 하나님이 당신의 필요를 채워주실 것이라고 신뢰하는가?

마지막으로, **하나님은 복음 전파에 헌신한 사람이 필요한 것을 공급하시는 하나님의 절대적 충분성에 비추어 자족하며 살 수 있게 하신다.** 이 세상을 살아가는 데는 돈이 필요하기 때문에, 우리는 재정이 부족해질 것을 쉽게 염려한다. 우리가 하나님의 일을 위해 신실하게 자원을 사용할 때, 하나님이 우리에게 필요한 모든 것을 갖고 계신다는 사실을 배운다. 하나님의 자원은 우리의 필요를 채우기에 절대적으로 충분하다. 또한 그분의 자원은 우리가 다른 사람들을 섬기고, 다른 사람들이 우리를 섬길 수 있는 기회를 줄 수 있을 만큼 절대적으로 충분하다. 당신은 자족하는가? 당신의 기본적인 필요를 모두 채워주시는 하나님의 절대적인 충분성을 확신하는가?

CHAPTER 13

빌립보서 4:21–23

문학적 전후 문맥

우리는 이제 빌립보서의 추신인 서신 끝부분(4:10–23)의 마지막 움직임에 이르렀다. 바울은 1:2에서 "하나님 우리 아버지와 주 예수 그리스도로부터 은혜와 평강이 너희에게 있을지어다"(χάρις ὑμῖν καὶ εἰρήνη ἀπὸ θεοῦ πατρὸς ἡμῶν καὶ κυρίου Ἰησοῦ Χριστοῦ)라는 축복으로 서신을 시작했고, 이제 "주 예수 그리스도의 은혜가 너희 심령에 있을지어다"(ἡ χάρις τοῦ κυρίου Ἰησοῦ Χριστοῦ μετὰ τοῦ πνεύματος ὑμῶν)라는 축복으로 끝낸다.

I. 서신 시작 부분: 서문과 기도 보고(1:1–11)
II. 서신 중심 부분(1:12–4:9)
III. 서신 끝부분(4:10–23)
  A. 빌립보 교인들의 선물과 동반자 사역(4:10–20)
➡ **B. 추신: 마지막 인사말과 축복(4:21–23)**

주요 개념

바울은 공식적인 인사말과 축복으로 서신을 끝낸다.

번역

빌립보서 4:21-23

21a		그리스도 예수 안에 있는
b	인사말/권고	**성도에게 각각 문안하라**
c	인사말	**나와 함께 있는 형제들이 너희에게 문안하고**
22a	인사말/일반적	**모든 성도들이 너희에게 문안하되**
b	구체적	특히…몇이니라
c	장소	가이사의 집 사람들 중
23a	축복	**주 예수 그리스도의 은혜가 너희 심령에 있을지어다**

구조

추신은 서신의 끝에서 인사말과 축복의 표준적 형태를 따른다. 세 번에 걸친 인사말은 바울 서신 끝부분에 공통적으로 쓰이는 요소들을 담고 있고, 축복도 마찬가지다. 매우 정교하게 짜인 평행들은 헬라어 본문으로 보면 더 분명하게 드러난다.

ἀσπάσασθε(문안하라)	**πάντα ἅγιον(목적어**, 성도에게 각각)
	ἐν Χριστῷ Ἰησοῦ(그리스도 예수 안에 있는)
ἀσπάζονται(문안하고)	ὑμᾶς(목적어, 너희에게)
	οἱ σὺν ἐμοὶ ἀδελφοί(나와 함께 있는 형제들이)
ἀσπάζονται(문안하되)	ὑμᾶς(목적어, 너희에게)
	πάντες οἱ ἅγιοι(주어, 모든 성도들이)
	μάλιστα δὲ οἱ(몇이니라)
	ἐκ τῆς Καίσαρος οἰκίας(특히 가이사의 집 사람들 중)

ἡ χάρις τοῦ κυρίου Ἰησοῦ Χριστοῦ(주 예수 그리스도의 은혜가)
μετὰ τοῦ πνεύματος ὑμῶν(너희 심령에 있을지어다)

여기에서 우리는 다른 사람들에게 문안하라는 요청을 만난다. 그 요청 다음에 두 개의 인사말이 나오고, 또 한 개의 축복이 뒤이어 나온다. '문안하다'(ἀσπάζομαι)라는 뜻의 동사가 세 번 사용되는 것을 주목하라. 또한 "각각"(πάντα)–"너희"(ὑμᾶς)–"너희"(ὑμᾶς)–"모든"(πάντες)의 순서로 이루어진 A-B-B-A 패턴도 눈에 띈다. 이것은 이 부분 전체가 시작 부분의 "그리스도 예수"(Χριστῷ Ἰησοῦ)와 끝 무렵에 순서가 뒤바뀌어 나오는 "예수 그리스도"(Ἰησοῦ Χριστοῦ)라는 표현으로 둘러싸여 있음을 보여준다. 또한 "그리스도 예수 안에"(ἐν Χριστῷ Ἰησοῦ)는 "가이사의 집"(ἐκ τῆς Καίσαρος οἰκίας)과 균형을 이루고, 둘 다 "성도"를 가리킨다.

석의적 개요

➦ **B. 추신: 마지막 인사말과 축복(4:21-23)**

1. 끝인사(21-22절)
2. 축복(23절)

본문 설명

4:21-23 그리스도 예수 안에 있는 성도에게 각각 문안하라 나와 함께 있는 형제들이 너희에게 문안하고 모든 성도들이 너희에게 문안하되 특히 가이사의 집 사람들 중 몇이니라 주 예수 그리스도의 은혜가 너희 심령에 있을지어다(Ἀσπάσασθε πάντα ἅγιον ἐν Χριστῷ Ἰησοῦ. ἀσπάζονται ὑμᾶς οἱ σὺν ἐμοὶ ἀδελφοί. 22 ἀσπάζονται ὑμᾶς πάντες οἱ ἅγιοι, μάλιστα δὲ οἱ ἐκ τῆς Καίσαρος οἰκίας. 23 ἡ χάρις τοῦ κυρίου Ἰησοῦ Χριστοῦ μετὰ τοῦ πνεύματος ὑμῶν). 인사말을 전하는 것은 신약 시대의 흔한 사회적 관습이었고,[1] 축복의 말도 마찬가지였다. 빌립보서의 마지막 세 절에서, 바울은 세 번의 인사말을 전하고, 이어서 은혜의 축복으로 마무리한다. 이 단어들은 간결하지만, 바울의 서신 끝부분에서 흔하게 쓰인다. 그 간결함은 아마도 바로 앞 단위를 끝마친 "영광"의 찬양과 "아멘"(4:20) 때문일 것이다.[2] 첫 번째 절의 요청은 "그리스도 예수 안에 있는 성도[3]에게 각각 문안하라"(Ἀσπάσασθε πάντα ἅγιον ἐν Χριστῷ Ἰησοῦ)이다. 다른 곳에서 사도는 독자들에게 거룩한 입맞춤으로 "서로" 문안하라고 요청한다(롬 16:16; 고전 16:20; 고후 13:12; 살전 5:26). 또는 여기에서처럼 동료 신자들, '형제자매들'(골 4:15), "믿음 안에서 우리를 사랑하는 자들"(딛 3:15), 또는 브리스가와 아굴라(딤후 4:19) 같은 특정한 신자들에게 "문안하라"고 권한다. 로마서 끝에 나오는 정교한 인사말에서 바울은 이런 형태들을 골고루 사용하여 많은 특정 개인에게 문안하고, 여러 가정의 구성원들에게 집단적으로 문안하며, 마지막으로 로마인들에게 "거룩하게 입맞춤으로 서로 문안하라"고 요청한다(16:3-16a).

몇몇 번역본이 두 개의 단수 형용사(πάντα ἅγιον)를

1. 동사 ἀσπάζομαι는 "다른 사람에게 따뜻한 인사를 건네는 것"이라는 뜻으로 사용될 수 있었다(BDAG 144). 예를 들어, 마 5:47; 10:12; 눅 1:40; 행 18:22; 히 13:24; 벧전 5:13; 요이 1:13을 보라.
2. 바울의 저작 중 갈라디아서, 에베소서, 디모데전서에만 인사말이 나오지 않고, 그의 서신은 모두 은혜의 표현으로 끝난다. Fee, *Philippians*, 456을 보라.
3. ἅγιος의 용법은 1:1에 대한 설명을 보라.

'모든 성도' 또는 비슷한 동의어로 번역하지만(예를 들어, NIV, NET), 이 단수 형태는 분배적인 것으로 번역하는 것이 더 낫다("각각", '하나하나 다', 예를 들어, ESV, CSB, NASB, NLT, NRSV). 이것은 아마도 회중 개개인에 대한 관심을 고조시키기 위해 사용되었을 것이다.[4] 또한 우리에게 친숙한 바울의 문구 "그리스도 예수 안에"(ἐν Χριστῷ Ἰησοῦ)는[5] 부사적으로,[6] 즉 "문안하라"는 요청을 강조하는 것으로 읽어야 한다. 다시 말해, 신자들이 "공동생활의 근원이자 중심"이신 그리스도 안에 포함됨으로써 그들이 갖는 공동의 유대감을 강조하는 것이다.[7]

21c-22절에서 두 그룹의 사람들이 바울을 통해 빌립보인들에게 문안한다. 바울은 첫 번째 그룹을 "나와 함께 있는 형제들"(οἱ σὺν ἐμοὶ ἀδελφοί)로 묘사한다. 이 사람들은 투옥되어 있는 바울 주위에 모여 있고, 구체적인 신원은 추측만 할 수 있을 뿐이다.[8] 문안하는 두 번째 그룹은 로마 전역의 교인이다. "모든 성도들이 너희에게 문안하되"(ἀσπάζονται ὑμᾶς πάντες οἱ ἅγιοι). 하지만 놀라운 점은 바울이 "특히 가이사의 집 사람들 중 몇이니라"(μάλιστα δὲ οἱ ἐκ τῆς Καίσαρος οἰκίας)고 덧붙임으로써 다시 특정한 소집단을 가리킨다는 것이다. 이들은 가이사의 가족이라기보다 황제의 피보호자, 친구, 종을 가리키는데, 그들 중 일부는 노예이거나 노예 신분에서 해방된 자유민이었다. 그런 사람들은 황제 주변에서 일하면서 영향력을 행사하는 다양한 역할을 담당했다. 보크뮤엘은 브루스 및 다른 사람들과 함께 이 표현과 로마서 16장에 나오는 이름 목록의 흥미로운 연관성을 주목한다. 예를 들어, "나깃수의 가족"(롬 16:11)은 거의 확실히 클라우디우스 황제(서기 41-54년)의 영향력 있는 피보호자인 티베리우스 클라우디우스 나르키수스(Tiberius Claudius Narcissus)의 집에 속한 사람들을 가리킨다. 또한 "아리스도불로"(10절)는 헤롯 대왕의 손자일 수 있는데, 그 역시 클라우디우스의 궁중 회원이었다. 유명한 이 두 가족 사이에 언급되는 바울의 "친척"(συγγενῆς) 헤로디온(11절)은 로마의 공무원 계급 내에 사도와 가족 관계에 있는 사람이 있었음을 나타낸다.[9] 이런 제안들은 바울이 빌립보서 4:22에서 언급한 사람들에 대해 어렴풋이나마 알 수 있게 해준다. 복음이 제국의 심장부와 가이사의 세력권에 침투한 것은 빌립보 같은 로마 식민지의 신자들에게 매우 큰 격려가 되었을 것이다.

빌립보서의 마지막 절은 "주 예수 그리스도의 은혜가 너희 심령에 있을지어다"(ἡ χάρις τοῦ κυρίου Ἰησοῦ Χριστοῦ μετὰ τοῦ πνεύματος ὑμῶν)이다. 일반적인 헬라 서신이 '안녕'(farewell, ῥώννυμι, 참고. 행 15:29)이라는 의미의 동사로 끝나는 반면, 바울은 거의 언제나 주 예수로부터 오는 "은혜"의 축복으로 끝낸다.[10] 갈라디아서 6:18과 빌레몬서 1:25에서처럼, 바울은 마지막 인사에 "너희 심령에"(μετὰ τοῦ πνεύματος ὑμῶν)를 덧붙인다.[11] 이

4. Fee, *Philippians*, 457.
5. 이에 대해 1:1에 대한 설명을 보라. 이 문구의 형태들은 빌립보서 1:1, 13, 26; 2:1, 5; 3:3, 14; 4:7, 19에서 나타난다.
6. "성도"의 범위를 정하는 형용사 용법으로 읽는다면, 이 문구는 불필요한 것처럼 보일 것이다. 바울은 모든 성도가 "그리스도 안에" 있다고 여긴다.
7. 찬성 의견으로 Fee, *Philippians*, 458.
8. 대조적으로, 다른 옥중 서신에서 바울은 개인들의 이름을 밝힌다. 예를 들어, 골 4:10-15에서 아리스다고, 마가, 유스도라 하는 예수, 에바브라, 누가, 데마를 언급하는데, 그들은 모두 골로새인들에게 문안한다. 유스도를 제외하고 이들은 모두 몬 1:23-24에서 문안하는 것으로 언급된다.
9. Bockmuehl, *Philippians*, 269-70. 물론 바울이 클라우디우스의 통치 후에 빌립보서를 썼다면, 이 가족들은 여전히 황실과 연결되어 있었을 가능성이 충분하다.
10. 롬 16:20; 고전 16:23; 고후 13:13; 갈 6:18; 살전 5:28; 살후 3:18; 몬 1:25을 보라. 에베소서 6:24은 예외인데, 거기에서 바울은 "우리 주 예수 그리스도를 변함없이 사랑하는 모든 자에게 은혜가 있을지어다"라고 쓴다. 골 4:18, 딤전 6:21, 딤후 4:22, 딛 3:15에는 간단하게 "은혜가 너희에게 있을지어다"라고 나온다(참고. 히 13:25).
11. 몇몇 학자는 갈라디아서와 빌레몬서의 그 형태로부터 압력을 받아서 빌립보서의 종결이 그렇게 순응한 것으로 생각했지만, 현 상태의 독법은 유력한 지지를 받는다(𝔓[46] ℵ A B D F G P 6. 33. 81. 104. 365. 424. 436. 459. 1175. 1319. 1881. 2127 it[d, g, r] vg cop[sa, bo] arm eth). Metzger, *Textual Commentary*, 550-51을 보라.

와 같이 빌립보서가 "하나님 우리 아버지와 주 예수 그리스도로부터 은혜와 평강이 너희에게 있을지어다"(1:2, χάρις ὑμῖν καὶ εἰρήνη ἀπὸ θεοῦ πατρὸς ἡμῶν καὶ κυρίου Ἰησοῦ Χριστοῦ)라는 축복으로 시작한 것처럼, 이제 "주 예수 그리스도의 은혜가 너희 심령에 있을지어다"(ἡ χάρις τοῦ κυρίου Ἰησοῦ Χριστοῦ μετὰ τοῦ πνεύματος ὑμῶν)라는 소원 기도이자 축복의 형태로 끝난다.

적용에서의 신학

메릴린 맥엔타이어(Marilyn McEntyre)는 짧지만 강력한 교훈을 담은 책 『거짓말의 문화 속에서의 단어 사용법』에서 신자들이 로고스 중심주의적(logocentric)인 사람이라고 쓴다.

> 서로에게 설교하고 가르치고 사역하는 우리는 우리가 맡은 일의 일환으로 말(단어들)에 더 명백하고 의도적으로 그리고 기꺼이 초점을 맞추어야 한다. 다음은 우리가 긴급하게 실천해야 할 행동이다. 통제하기 위해 조작하고 왜곡한 표현을 거부하고, 정확성과 명료성을 강력히 요구하며, 선명한 진술, 긴 문장, 구체적인 예시, 확장된 정의, 이야기의 세부 사항 그리고 주머니 속의 성경과 책장에 꽂혀 있는 셰익스피어에게서 물려받은 언어 유산을 사랑해야 한다. 우리는 우리에게 맡겨진 보물을 관리하는 청지기다. 우리는 화석 연료나 습지를 잘 관리하지 못하고 있다. 물론 이러한 문제들에 대한 책임에 대해서도 관심을 가져야 한다. 이와 함께 대화 자체, 즉 시민 사회 생활의 기본 요소인 긴 대화는 보존되어야 하고 혁신되어야 한다.[12]

주석을 쓰고 세심하게 읽는 것은 긴 대화를 보존하고 혁신하는 것이다. 우리는 단어들의 독특함, 단어들이 배열된 방식의 의미, 그 말이 나오게 된 원인, 그리고 그 말씀이 하나님의 영광을 위해 자신과 사람들의 삶에 적용하게 하는 방법에 매우 깊은 주의를 기울인다. 빌립보서와 관련된 대화는 하나님이 친히 바울을 통해 시작하신 것으로, 지중해 세계의 외딴 농업 공동체에 살았던 그리스도를 따르는 소수의 사람들에게 주어진 것이었다. 당신이 이 책을 손에 들고 있다는 사실은 그 대화가 여전히 진행 중이라는 것을 증언하며, 나는 이 점이 중요하다고 생각한다. 이 서신의 104개 구절에 담긴 1,631개 단어 하나하나를 다루는 방법이 중요하다.

빌립보서의 서문(1:1–2)에 대한 성찰을 담은 '적용에서의 신학'에서 언급한 것처럼, 빌립보서와 같은 서신을 연구할 때 우리는 바울 당시의 언어와 문화('세속적'이고 '교회적'인)가 반영된

12. Marilyn McEntyre, *Caring for Words in a Culture of Lies* (Grand Rapids: Eerdmans, 2009), 20.

본문을 다룬다. 빌립보서의 처음과 끝에 나오는 의례적인 표현은 그 당시 그 장소에서 쓴 서신에 적합하다. 그런데 그 언어는 깊이 있는 관계, 곧 바울이 더 광범위한 교회의 일원으로서 빌립보인들과 맺은 관계와 바울이 그리스도를 통해 하나님과 맺은 관계를 바탕으로 이루어졌다.

이 추신의 형식이 아름답게 정제된 언어를 통해 살아 있는 역학을 어떻게 전달하는지 생각해보라. 본질상 교회는 지역과 문화를 초월한다. 이런 인사말은 제국의 다른 지역에 있는 동료 신자들에게 전달된다. 바울과 함께 전체 교회가 집단적으로 인사를 전하는데, 심지어 "가이사의 집" 같은 예기치 않은 장소의 사람들에게까지 전달된다. 이 인사는 형제자매로 여겨진 사람들과 또 다른 사람들에게 전달된다. 인사말의 본래 목적대로 연결된 관계망에 대한 메시지를 전하는 것이다. 이 인사말은 바울이 으레 사용하는 진부한 표현일 뿐인가? 바울이 잘 모르는 사람에게 예의상 덧붙이는 '진심을 담아'와 같은 표현을 사용한 것인가? 나는 그렇게 생각하지 않는다. 이 추신에 가득한 진심 어린 '인사말'(동사 '문안하다'가 세 번 사용된다)은 빌립보서 전체에 나타난 역학에서 흘러나온다. 바울의 인사는 관계적 연합을 드러내고, 복음을 온 세상에 전파하려는 공동 목적을 나타낸다. 또한 그리스도의 주 되심 아래 있는 축복의 공동체, 하나님의 은혜로 감화된 공동체, 성령이 중요한 역할을 하는 공동체를 반영한다. 이 짧은 인사말조차도 주의 깊게 상황과 맥락을 살펴서 읽는다면, 관계의 따뜻함을 전하는 것을 알 수 있다. 형식은 중요한 기능을 한다.

이 책을 읽고 있는 당신이 오랜 세월 걸쳐 이어져온 그리스도의 확장된 해석적 공동체의 일원으로서 이 말씀을 받기를 바란다. 빌립보서의 말씀이 당신을 풍요롭게 하고, 반대에 직면해 있는 당신을 격려하며, 장거리 경주를 뛰는 당신이 넉넉히 견딜 수 있게 해주고, 당신의 교회 공동체가 연합하는 기초가 되기를 소망한다. "주 예수 그리스도의 은혜가 너희 심령에 있을지어다." 우리는 우리 자신보다 훨씬 큰 어떤 것의 일부이고, 현재 전 세계에 퍼져 있는 한 공동체의 일원이다. 당신이 있는 곳의 형제자매들에게 문안하라. 그들에게 '조지'의 집 사람들이 문안한다고 말하라.

빌립보서의 신학

빌립보서를 전체적으로 살펴보건대, 바울은 이 서신을 신학 논문으로 쓴 것이 아니라 그가 복음의 동반자로 여긴 교회 공동체에 다양한 형태의 격려와 권고를 전하기 위해 쓴 것이 분명하다. 예를 들어, 빌립보서에는 로마서처럼 신학적 모티브들에 대한 체계적 논의도 나오지 않고, 에베소서의 첫 번째 움직임에 나오는 풍부하고도 긴 신학적 성찰도 없다. 앞서 논의한 것처럼, 바울이 그의 반대자들을 넌지시 언급한 부분조차 구체적인 관심사를 아무것도 드러내지 않는다. 하지만 바울의 삶은 하나님으로 충만해서 그분에 대한 말씀이 이 서신의 모든 행을 형성하고, 확대하며, 토대를 제공한다. 빌립보서는 실용적 의도(회중의 연합을 촉구함), 수사학적 접근 방식(다양한 유형의 논증을 사용함), 철저한 관계 지향적(우정 서신)인 요소를 포함하는데, 이 모든 것의 배후에는 심오한 신학적 확신이 자리 잡고 있다. 그렇다면 우리는 이런 확신에 대해 무엇을 파악할 수 있는가?[1]

성부 하나님

그의 다른 저작과 마찬가지로, 빌립보서는 하나님 중심적이다. 바울은 이 짧은 서신에서 θεός라는 용어를 23번 사용한다[빌 1:2, 3, 8, 11, 28; 2:6(2번), 9, 11, 13, 15, 27; 3:3, 9, 14, 15, 19; 4:6, 7, 9, 18–20]. 하나님은 '형체'(2:6)를 갖고 계신 분으로, 이는 그분의 영광스러운 모습을 의미하며 성육신 이전의 그리스도 예수와 공유하신 것이다. 하나님의 영광과 그분의 보좌를 공유하심에 있어(2:9) 성부 하나님은 그분의 아들이신 그리스도와 전적으로 동일시하시다(1:2). 하나님은 하늘에 거하신다. 그곳은 하나님이 세상을 통치하시는 곳이고, 세상에 그리스도를 보내셨

1. 바울 신학의 광범위한 맥락에서 빌립보서의 신학을 고찰하기보다, 여기에서는 빌립보서 자체의 본문에서 명백히 알 수 있는 것에 초점을 맞출 것이다.

던 곳이며, 자기 백성을 부르시는 곳이다(3:14). 나머지 피조물과 관련하여 하나님은 우주에서 최고의 권위와 권능을 갖고 계신다. 하나님은 그리스도를 하늘 보좌로 높이셨고, 그리스도께 모든 이름 위에 뛰어난 이름을 주셨다. 그러므로 모든 사람은 궁극적으로 그리스도께 무릎을 꿇게 될 것이고, 존재하는 모든 것을 다스리는 왕을 보좌에 앉힐 권위와 권능을 지니신 전능하신 하나님께 영광을 돌릴 것이다(2:9–11).

하지만 하나님은 세상에서 동떨어져 계시지 않는다. 하나님은 세상에서 그리고 그분의 백성 가운데서 일하고 계신다. 이와 관련하여 하나님은 백성이 그분을 기쁘시게 하는 일을 하도록 그들 안에서 일하시고(2:13), 신자들은 서로 긍정적인 영향을 끼치도록 하나님께 사용받을 수 있다(1:3). 신자는 이 모든 일의 궁극적 근원이신 하나님께 감사를 드려야 한다. 더 나아가 사람들은 하나님과 개인적인 관계를 맺을 수 있다. 바울은 그분을 개인적으로 "우리 아버지"(1:2)라고 언급한다. 따라서 신자들은 성자 그리스도를 통해 하나님과 가족 관계를 맺으며, 하나님의 "자녀"로 여겨진다(2:11, 15; 4:20).

빌립보서의 주요 관점 중 하나는 하나님을 선하고 유익한 것의 최고 근원으로 보는 것이다. 하나님은 백성에게 모든 은혜와 평강과 긍휼의 근원이 되신다(1:2; 2:27; 4:7, 9, 23). 하나님은 자신의 긍휼하심을 따라 동역자를 질병에서 구해내실 수 있다(2:27). 하나님은 자신의 백성이 다양한 환경에서 자족할 수 있도록 힘을 더해주신다(4:13). 신자들은 사역 면에서 육체를 신뢰하기보다 하나님의 성령으로 봉사한다(3:3). 성령님은 기독교 공동체가 역동적으로 기능할 수 있게 하시고, 교회 안의 관계에 친절과 자비가 가득하게 해주신다(2:1). 게다가 하나님은 기도와 찬양의 대상이 되시고, 신자들은 그들의 염려와 필요를 들고 그분께 나아간다(4:6). 하나님은 신자들이 세상에서 도덕적으로 살면서 그분의 명성을 선포할 때 영광을 받으신다(1:11; 4:20).

그리스도 예수

바울이 다메섹 도상에서 주 예수 그리스도를 만났을 때 그의 세계는 근본적으로 재정립되었다(행 9:1–22; 참고. 빌 3:8). 따라서 바울의 서신은 그리스도에 대한 언급으로 가득하다. 빌립보서에서 바울은 주를 독립적 칭호인 "그리스도"(Χριστός)로 16번(빌 1:10, 13, 15, 17–18, 20–21, 23, 27, 29; 2:1, 16, 30; 3:7, 9, 18), "그리스도 예수"(Χριστοῦ Ἰησοῦ 또는 동족어)로 12번(1:1, 6, 8, 26; 2:5; 3:3, 12, 14; 4:7, 19, 21), "내 주 그리스도 예수"(Χριστοῦ Ἰησοῦ τοῦ κυρίου μου)로 한 번(3:8), "예수 그리스도"(Ἰησοῦ Χριστοῦ 또는 동족어)로 세 번(빌 1:11, 19; 2:21), "주 예수 그리스도"(κύριος Ἰησοῦς Χριστός 또는 동족어)로 네 번(1:2; 2:11; 3:20; 4:23), "주 예수"(κυρίῳ Ἰησοῦ)로 한 번(2:19), "예수"(Ἰησοῦ) 단독으로 한 번(2:10) 언급한다.

본질적으로 예수님은 신적 영광으로 충만한 하나님이시다. 예수님은 하나님과 동등됨을 취할 것으로 여기지 아니하셨기 때문에(2:6) 성육신하셔서 종의 역할을 하시고 사람으로 살다가 죽으셨다(2:7–8; 사 52:13–53:12). 좋은 소식은 그리스도를 통해 사람이 하나님을 알 수 있게 되었고(3:8–10), 하나님이 사람 안에서 구원의 "착한 일"을 이루실 수 있게 하셨다는 것이다(1:6). 그 구원은 사람이 복음에 반응하는 '과거'(1:5), 하나님이 계속 "성도" 안에서 의를 행하시는 '현재'(1:6; 2:12–13; 4:21) 그리고 신자들이 그리스도의 날에 이르러 부활을 경험하는 '미래'(1:10; 2:16; 3:20–21)라는 세 가지 시제를 갖는다. 신자는 그리스도를 믿는 믿음을 통해 하나님께로부터 의(하나님 앞에 올바른 지위를 얻은 결과 하나님을 위해 올바를 삶을 사는 것)를 얻을 수 있다(3:9).

그리스도가 십자가에서 죽으시기까지 순종하셨기 때문에 성부 하나님은 그분을 우주에서 가장 높은 권위의 자리로 높이셨다. 그리하여 창조 질서 안에 있는 만물이 무릎을 꿇고, 모든 혀가 예수 그리스도를 주라고 고백할 것이다(2:8–11). 이와 같이 인간은 하나님 앞에 책임이 있고, 그리스도를 통해 온 세상과 인류를 다스리시는 하나님의 궁극적인 권위에 복종할 것이다. 이 모든 일은 하나님께 영광을 돌리게 될 것이다.

현재 부활의 몸을 지니신 예수님은 하늘에 계시고, 우리의 구세주로서 종말에 하늘에서 돌아오실 것이다(3:20). 그날은 "그리스도의 날"이며, 그때 예수님은 신자들의 영적 성장을 완성시키실 것이다(1:6, 10). 모든 것을 통제하시는 최고 권능을 지니신 주로서 그리스도는 신자들의 몸을 그분의 부활의 몸처럼 변화시키실 것이다(3:21).

그리스도 예수는 그분의 본질, 권능, 지위로 인해 신자에게 선한 것의 근원이 되신다. 예를 들어, 그분은 성부와 더불어 은혜와 평강의 근원이시고(1:2), 신자들이 서로에게 품고 있는 애정의 근원이시다(1:8). 그분은 신자들이 풍성하게 맺어야 하는 의의 열매의 근원이실 뿐만 아니라, 하나님께 영광과 찬송을 올려드릴 수 있는 수단이시다(1:11; 3:9). 따라서 그리스도는 신뢰와 믿음의 대상이시고, 그 신뢰와 믿음은 그리스도가 신자들을 붙잡으실 때 선물로 그들에게 주어진다(1:29; 3:9, 12). 또한 그리스도는 우리가 하나님의 일을 찬양할 때 우리가 자랑하는 대상이시다(1:26; 3:3, 9). 우리 삶 전체는 그리스도를 최고의 가치로 여기고 그분께 초점을 맞춘다. 그렇기에 우리는 "사는 것이 그리스도"라고 말할 수 있다(1:21; 3:8–9). 죽음 속에서도 우리의 모든 소망은 그분께 초점이 있다(1:21; 3:10–11).

하나님의 백성

그리스도의 사역으로 말미암아 하나님의 백성은 그리스도와 연합되었고, 그분의 고난과 의와 부활에 동참할 수 있는 기회를 얻었다(2:1; 3:10–11). 이것은 신자들에게 위로와 격려가 된다(2:1–2). 그러므로 그리스도를 위해 모든 것을 버릴 가치가 있다. 그리스도는 우리가 알 수 있는 분이고, 그분을 아는 것은 최고의 가치를 지닌다(3:7–8). 신자들에게는 사는 것이 그리스도니 죽는 것도 유익하며, 그들은 살든지 죽든지 자신의 몸에서 그리스도를 존귀하게 하는 것을 목표로 삼아야 한다(1:20–21). 죽음은 기쁨으로 여겨질 수 있다. 죽는 것은 떠나서 그리스도와 함께 있는 것이기 때문이다. 소망은 그리스도의 권능으로 변화되어 부활의 몸을 받는 것인데, 그 몸에서 우리는 그리스도를 온전히 알게 될 것이다(3:10–11).

동시에 우리의 영적 변화는 절실하게 그리스도를 따르기 위해 계속 전진해야 하는 경주와 비슷하다(3:12–14). 우리는 '이미와 아직' 사이에 있는 현실 속에서 살아간다. 그 가운데서 우리는 하나님의 자녀가 되었지만 여전히 그리스도를 추구한다. 그 경주는 하나님이 우리 안에서 시작하신 사역으로부터 출발했다. 하나님은 성령님으로 말미암아 그 일을 이루셨다. 이는 "할례", 곧 마음을 변화시키는 영적 수술(3:3; 참고. 롬 2:29; 골 2:11)로 묘사될 수 있다. 하나님은 그리스도의 날까지 우리 안에서 일하실 것이다(1:6). 우리는 하늘의 시민이고(3:20), 우리가 이 세상에서 그 시민권을 실현할 때도 마찬가지다(1:27–28). 우리가 하나님을 기쁘시게 하는 일을 할 수 있도록 하나님이 계속 우리 안에서 그분의 뜻을 이루어가실 때도(2:13) 우리의 삶은 하나님을 지향하고, 그리스도를 지향하며, 하늘을 지향한다(3:14–15). 우리는 사랑과 지식과 총명과 분별력의 면에서 자라가고, 그리하여 진실하고 허물이 없으며 의의 열매로 가득해질 수 있다(1:9–11; 3:15). 참된 의는 그리스도 한 분만을 신뢰함으로 얻을 수 있고, 그 근원은 하나님이시다(3:9).

하나님은 자녀인 우리가 부패하고 부정한 세상과 교류할 때 흠이 없고 순전하기를 원하신다(2:15). 즉, 복음에 합당한 방식으로 살아가기를 원하신다(1:27). 이러한 삶은 교회 안에서 서로 잘 어우러져 살아가는 방식을 통해 실현된다. 우리는 연합을 유지하고, 서로 말다툼하고 불평하는 것을 피함으로써 어느 정도 그것을 행한다. 연합을 유지하는 것은 다른 사람들을 겸손히 섬기고, 교만과 이기심을 버리며, 다른 사람들을 자신보다 더 중요한 존재로 생각함으로써 이루어진다(2:1–4). 하나님의 선한 생명의 말씀을 굳게 지킬 때, 우리는 하늘의 별처럼 빛나는 삶을 살 수 있다. 이와 같은 방식으로 우리는 "두렵고 떨림으로" 구원을 이루어나가는(2:12–16) 동시에, 하나님을 기쁘시게 하는 것을 성취하도록 그분이 우리 안에서 일하신다는 사실로 안식을 누린다.

신자들은 하나님께 기도로 아뢸 수 있는 특권이 있다. 기도는 즐겁고 관계적인 활동으로서 하나님께 찬송 및 감사를 드리는 것과 더불어 요청하는 것을 포함한다(1:9–11; 4:4–6). 우리가 담대하게 기도할 수 있는 근거는 '주께서 가까우시기' 때문이고, 그분이 우리가 염려하는 일에 관심이 있으시기 때문이다(4:5–6). 게다가 기도는 효력이 있기에 우리가 동료 신자들의 필요나 교회의 선교를 위해 기도할 때 세상의 일들을 변화시키는 수단이 된다(1:7, 19). 기도는 또한 마음과 생각을 지키는 수단이기도 하다(4:7). 마음과 생각은 그리스도인의 삶에서 매우 중요하다. 우리가 생각하는 방식이 영적 건강에 중대한 영향을 미치기 때문이다(예를 들어, 2:2, 5; 3:15, 19; 4:2). 또한 건강한 믿음의 본보기를 따라 사는 것도 중요하다(2:5; 3:17; 4:8–9).

세상 속의 선교

하나님의 백성인 우리는 세상에서 선교를 수행하면서 관계적인 방식으로 복음의 전진에 참여한다. 또한 선교는 신자들이 하나님의 은혜를 경험하면서 서로 건강한 공동체 안에서 사는 것을 통해 이루어진다(1:5, 7). 복음은 세상 앞에서 담대하게 선포되고, 변호되며, 확증되어야 한다(1:7, 16). 그래야 복음이 세상 사람들에게 전파될 수 있다(1:12, 14). 이를 위해 하나님의 백성은 한마음으로 함께 서 있어야 한다(1:27–28; 4:3). 선교에 대한 충실함은 신자들이 그 일을 재정적으로 후원하는 것으로 표현할 수 있다. 어떤 의미에서는 하나님의 일에 헌금을 하는 신자들의 계좌에 '신용'이 쌓이고, 하나님은 헌신한 신자들의 필요를 채우심으로써 보답하신다(4:17–19).

물론, 교회의 선교는 세상의 불의한 사람들의 반대에 부딪힌다. 그들 중 일부는 시기, 이기심, 당파심 때문에 교회를 반대한다. 그리스도에 대해 공개적으로 말하는 모든 사람이 하나님의 참된 사역자는 아니다(1:15–17). 일부는 행악자요 몸을 훼손하는 사람인데(3:2), 그들은 육체를 신뢰하고(3:3) 율법에 근거한 의를 추구한다. 그들은 그리스도의 십자가의 원수들이므로(3:18–19), 신자들은 그들을 경계해야 한다(3:2). 종교적이든 세속적이든, 불의한 자들의 운명은 멸망이다. 그들은 땅의 일만을 생각하기 때문이다. 그들은 오히려 부끄러운 것을 자랑삼는다(1:28; 3:18–19).

그러므로 불의한 자들이 복음을 반대한다는 것은, 복음의 전진이 종종 그리스도를 위한 고난을 수반한다는 것을 의미한다. 하지만 이러한 고난은 선물로 여겨진다(1:29–30). 거짓 교사들은 그리스도의 참된 사역자들을 해치려고 할 수도 있다(1:17). 신자들에게 그리스도를 '얻는' 것은 세상의 관점에서 '손해'를 경험하는 것을 의미한다(3:7–8). 때때로 사역에는 위험, 위기, 슬픔이 따르지만, 하나님은 그런 일들 속에서도 긍휼을 베푸신다(2:27). 역설적이게도 복음을 위해 받는 고난은 세상에서 복음을 선포할 수 있는 기회가 될 수 있다(1:12–14, 18, 20). 복음 전파 사역이 세상에서 전진하고 신자들이 그리스도를 알기 때문에, 그리스도인들은 기쁨 가운데 살아간다. 심지어 고난 중에도 그 기쁨을 누리며 살 수 있다(1:12–14, 18: 2:17–18, 28; 3:1).

바울에게 건전한 리더십은 교회의 선교에서 핵심 요소다. 교회 안에는 감독과 집사 같은 공식적인 역할이 있지만(1:1), 바울은 교회 안에 있는 사람들과(1:3–8; 4:1–3, 14) 디모데처럼 지역 교회 외부에 있는 동역자들을(2:19–24) 사역의 동반자로 여긴다. 참된 기독교 리더십의 기초는 그리스도의 주 되심 아래 있는 "종"(1:1)의 자세다. 따라서 리더십은 큰 대가를 치러야 하고, 희생적이며, 섬김을 지향하는 특성이 있다(2:17, 22). 이는 곧 다른 사람의 필요를 자신의 필요보다 우선시하는 것이며, 이러한 모습은 진정으로 그리스도의 이익만을 생각하는 것이다. 왜냐하면 그리스도는 자신의 백성의 필요를 중요하게 여기시기 때문이다(2:5–8, 20–21). 훌륭한 기독교 지도자들은 그들이 행한 희생적 사역으로 칭찬과 존경을 받아야 한다(2:29–30). 또한 그들은 세상 속에서 그리스도를 위해 올바른 삶의 본을 보이는 모범이 되어야 한다(3:17).

성구 찾아보기

요한복음

사도행전

로마서

고린도전서

고린도후서

갈라디아서

에베소서

빌립보서

골로새서

데살로니가전서

데살로니가후서

디모데전서

디모데후서

디도서

빌레몬서

히브리서

야고보서

베드로전서

베드로후서

요한일서

요한삼서

요한계시록